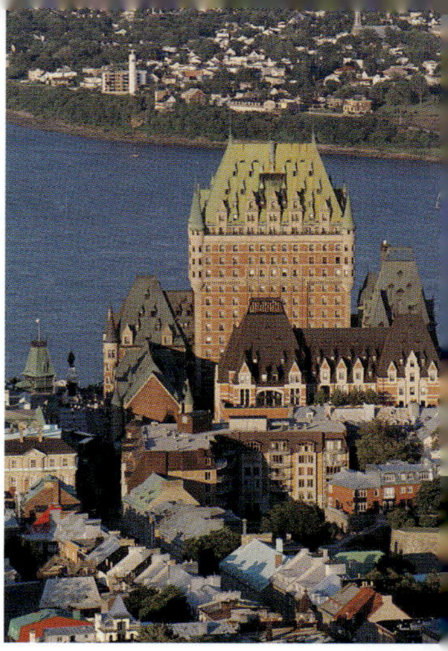

pélican poche

Québec
et Acadie

ISBN : 2 7191 0753 0
Dépôt légal : 2e trimestre 2006
Siège social : 25 rue Ginoux - 75737 Paris cedex 15 - Tél. : 01 45 77 08 05 - Fax : 01 45 79 97 15
Direction éditoriale : Jean-Michel Renault - 826, av. du Pr-Emile-Jeanbrau - 34009 Montpellier
Tél. : 04 67 02 66 02 - Fax : 04 67 02 66 01 - Courriel : pelican-manufacture@wanadoo.fr
Mise en page : Sylvie Lelong-Lefranc - 30250 Aubais
Cartographie : Marie et Antoine d'Herbès - 34980 Saint-Gely-du-Fesc
Photogravure : Groupe Horizon - 13420 Gémenos

Imprimé en France sur les presses du **Groupe Horizon** - 13420 Gémenos - N° d'imprimeur : 0508-043 pélican poche

Québec
et Acadie

Textes : Philippe Renault et Nathalie Didier
Photos : Philippe Renault

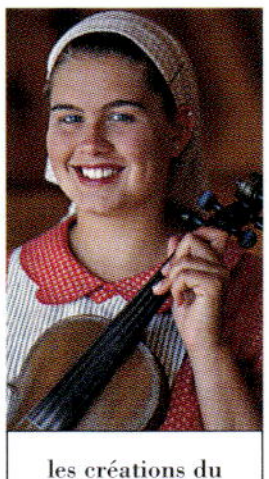

les créations du
Pélican

Sommaire

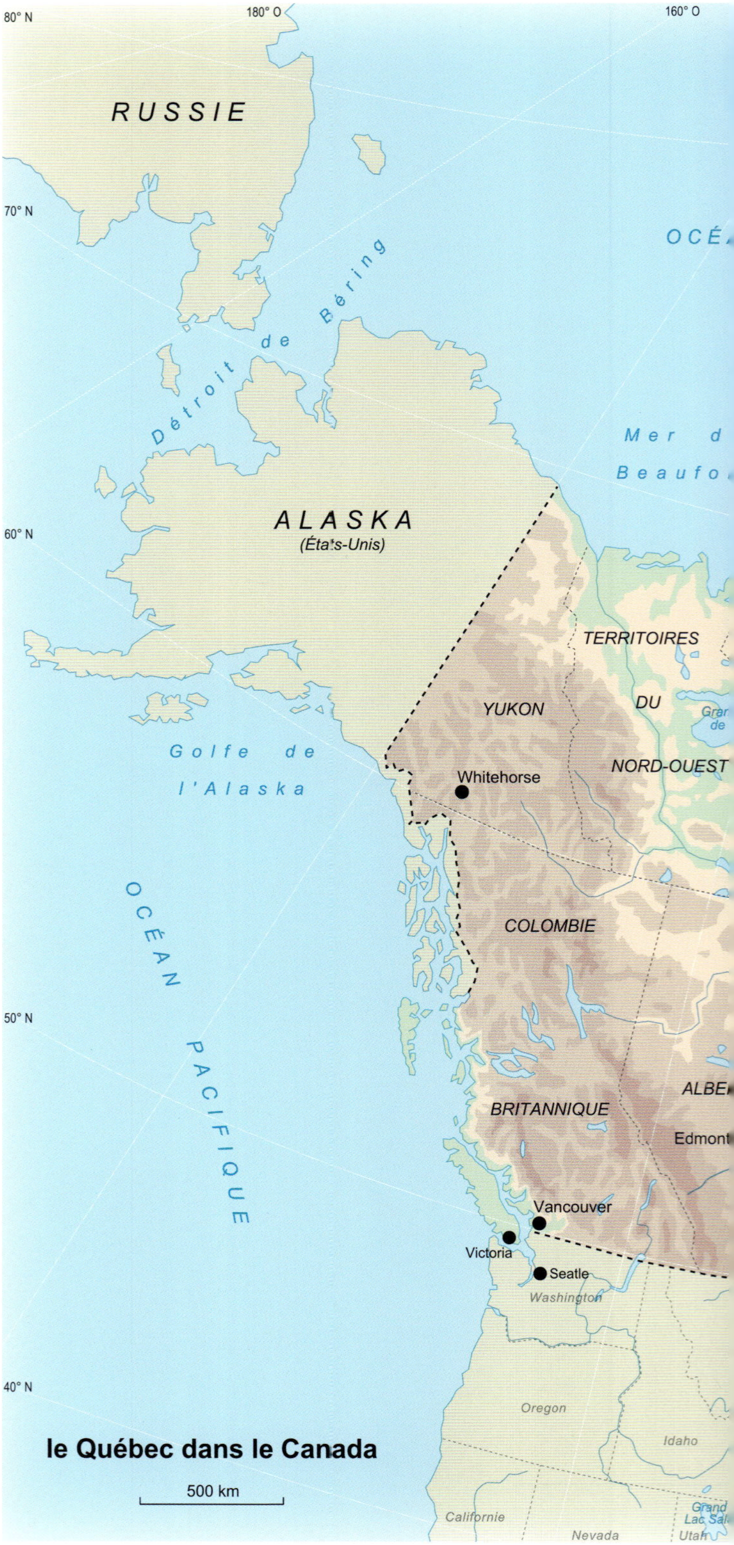

le Québec dans le Canada

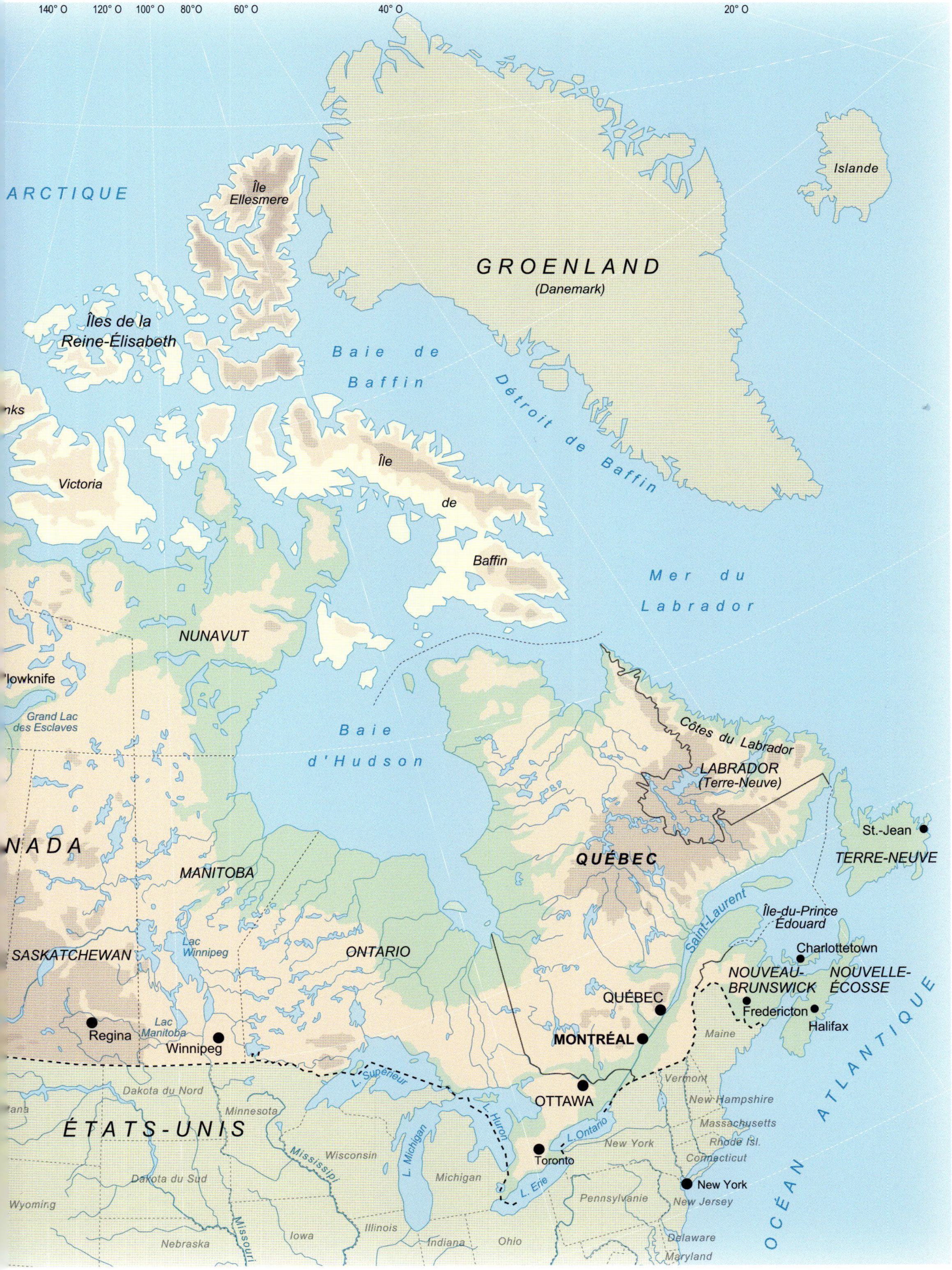
140° O
120° O
100° O
80° O
60° O
40° O
20° O
ARCTIQUE
Île Ellesmere
GROENLAND
(Danemark)
Islande
Îles de la Reine-Élisabeth
Baie de Baffin
Détroit de Baffin
nks
Victoria
Île de Baffin
Mer du Labrador
NUNAVUT
lowknife
Grand Lac des Esclaves
Baie d'Hudson
Côtes du Labrador
LABRADOR
(Terre-Neuve)
St.-Jean
TERRE-NEUVE
NADA
QUÉBEC
MANITOBA
Saint-Laurent
Île-du-Prince Édouard
Charlottetown
SASKATCHEWAN
Lac Winnipeg
ONTARIO
NOUVEAU-BRUNSWICK
NOUVELLE-ÉCOSSE
QUÉBEC
Fredericton
Halifax
Regina
Lac Manitoba
Winnipeg
MONTRÉAL
Maine
L. Supérieur
Vermont
OTTAWA
Dakota du Nord
L. Huron
New Hampshire
Minnesota
Massachusetts
ÉTATS-UNIS
L. Ontario
Rhode Isl.
New York
Mississipi
Wisconsin
L. Michigan
Toronto
Connecticut
Dakota du Sud
Michigan
L. Erie
New York
Wyoming
Pennsylvanie
New Jersey
OCÉAN ATLANTIQUE
Illinois
Iowa
Missouri
Nebraska
Indiana
Ohio
Delaware
Maryland

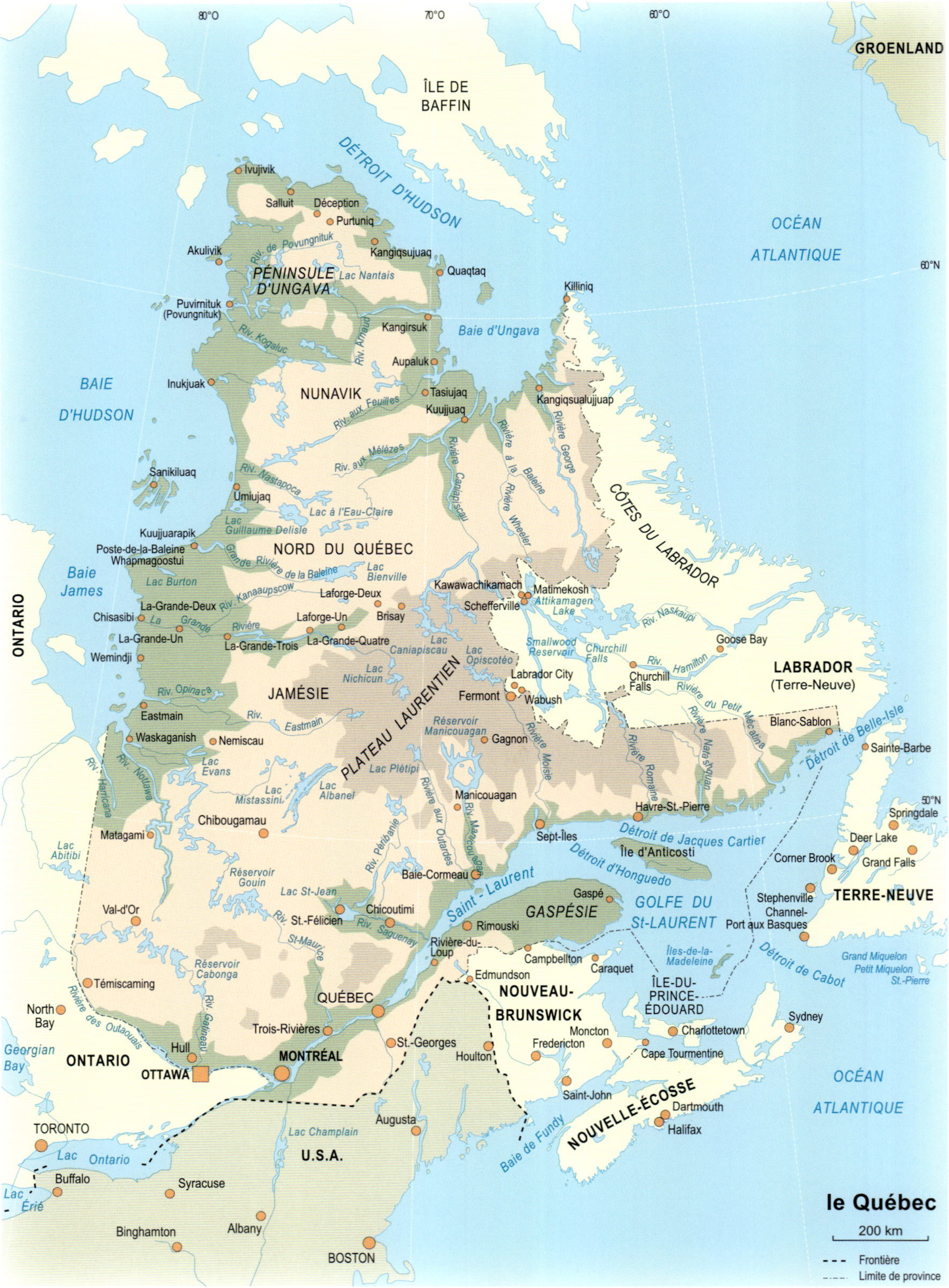
le Québec
200 km
Frontière
Limite de province
80°O
70°O
60°O
60°N
50°N
GROENLAND
ÎLE DE BAFFIN
DÉTROIT D'HUDSON
OCÉAN ATLANTIQUE
BAIE D'HUDSON
Baie James
ONTARIO
PÉNINSULE D'UNGAVA
NUNAVIK
NORD DU QUÉBEC
JAMÉSIE
PLATEAU LAURENTIEN
CÔTES DU LABRADOR
LABRADOR (Terre-Neuve)
TERRE-NEUVE
GASPÉSIE
NOUVEAU-BRUNSWICK
ÎLE-DU-PRINCE-ÉDOUARD
NOUVELLE-ÉCOSSE
U.S.A.
GOLFE DU St-LAURENT
Baie d'Ungava
Détroit de Belle-Isle
Détroit de Jacques Cartier
Détroit d'Honguedo
Détroit de Cabot
Baie de Fundy
Saint-Laurent
Île d'Anticosti
Îles-de-la-Madeleine
Grand Miquelon
Petit Miquelon
St-Pierre
Ivujivik
Salluit
Déception
Purtuniq
Akulivik
Kangiqsujuaq
Quaqtaq
Riv. de Povungnituk
Lac Nantais
Puvirnituk (Povungnituk)
Kangirsuk
Riv. Kogaluc
Riv. Arnaud
Aupaluk
Killiniq
Inukjuak
Tasiujaq
Kuujjuaq
Riv. aux Feuilles
Kangiqsualujjuap
Rivière George
Rivière à la Baleine
Riv. aux Mélèzes
Rivière Caniapiscau
Rivière Wheeler
Sanikiluaq
Riv. Nastapoca
Umiujaq
Lac à l'Eau-Claire
Lac Guillaume Delisle
Kuujjuarapik
Poste-de-la-Baleine
Whapmagoostui
Grande Rivière de la Baleine
Lac Bienville
Lac Burton
Riv. Kanaaupscow
Laforge-Deux
Kawawachikamach
Matimekosh
Schefferville
Attikamagen Lake
Riv. Naskaupi
La-Grande-Deux
Brisay
Chisasibi
La Grande Rivière
Laforge-Un
La-Grande-Un
La-Grande-Trois
La-Grande-Quatre
Lac Caniapiscau
Smallwood Reservoir
Churchill Falls
Goose Bay
Wemindji
Lac Opiscotéo
Riv. Hamilton
Lac Nichicun
Labrador City
Churchill Falls
Riv. Opinaca
Fermont
Wabush
Rivière du Petit Mécatina
Eastmain
Riv. Eastmain
Réservoir Manicouagan
Blanc-Sablon
Waskaganish
Nemiscau
Gagnon
Rivière Moisie
Rivière Romaine
Rivière Natashquan
Sainte-Barbe
Riv. Harricana
Riv. Nottaway
Lac Evans
Lac Plétipi
Lac Mistassini
Lac Albanel
Rivière aux Outardes
Manicouagan
Riv. Manicouagan
Havre-St.-Pierre
Springdale
Matagami
Chibougamau
Sept-Îles
Deer Lake
Lac Abitibi
Riv. Péribonka
Corner Brook
Grand Falls
Réservoir Gouin
Baie-Comeau
Lac St-Jean
Gaspé
Stephenville
Val-d'Or
Chicoutimi
Channel-Port aux Basques
Riv. St-Maurice
St.-Félicien
Riv. Saguenay
Rimouski
Rivière-du-Loup
Campbellton
Caraquet
Réservoir Cabonga
Edmundson
Témiscaming
Rivière des Outaouais
Riv. Gatineau
QUÉBEC
North Bay
Sydney
Charlottetown
Moncton
Fredericton
Trois-Rivières
Georgian Bay
Hull
St.-Georges
Houlton
Cape Tourmentine
OTTAWA
MONTRÉAL
Saint-John
Dartmouth
Halifax
Augusta
TORONTO
Lac Champlain
Lac Ontario
Buffalo
Syracuse
Lac Érié
Binghamton
Albany
BOSTON

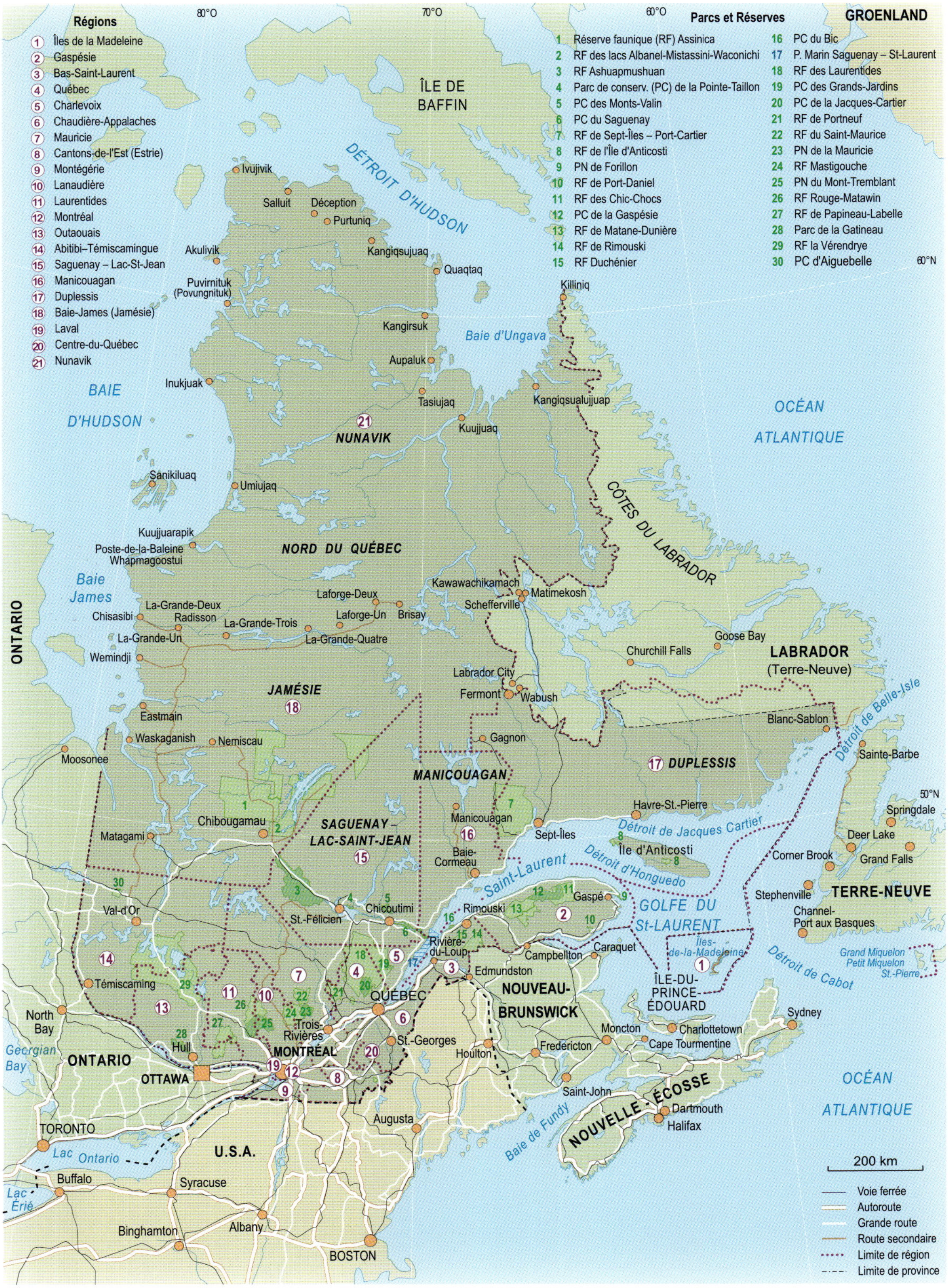
Régions
1 Îles de la Madeleine
2 Gaspésie
3 Bas-Saint-Laurent
4 Québec
5 Charlevoix
6 Chaudière-Appalaches
7 Mauricie
8 Cantons-de-l'Est (Estrie)
9 Montégérie
10 Lanaudière
11 Laurentides
12 Montréal
13 Outaouais
14 Abitibi–Témiscamingue
15 Saguenay – Lac-St-Jean
16 Manicouagan
17 Duplessis
18 Baie-James (Jamésie)
19 Laval
20 Centre-du-Québec
21 Nunavik
Parcs et Réserves
1 Réserve faunique (RF) Assinica
2 RF des lacs Albanel-Mistassini-Waconichi
3 RF Ashuapmushuan
4 Parc de conserv. (PC) de la Pointe-Taillon
5 PC des Monts-Valin
6 PC du Saguenay
7 RF de Sept-Îles – Port-Cartier
8 RF de l'Île d'Anticosti
9 PN de Forillon
10 RF de Port-Daniel
11 RF des Chic-Chocs
12 PC de la Gaspésie
13 RF de Matane-Dunière
14 RF de Rimouski
15 RF Duchénier
16 PC du Bic
17 P. Marin Saguenay – St-Laurent
18 RF des Laurentides
19 PC des Grands-Jardins
20 PC de la Jacques-Cartier
21 RF de Portneuf
22 RF du Saint-Maurice
23 PN de la Mauricie
24 RF Mastigouche
25 PN du Mont-Tremblant
26 RF Rouge-Matawin
27 RF de Papineau-Labelle
28 Parc de la Gatineau
29 RF la Vérendrye
30 PC d'Aiguebelle
GROENLAND
80°O
70°O
60°O
60°N
50°N
ÎLE DE BAFFIN
DÉTROIT D'HUDSON
BAIE D'HUDSON
Baie d'Ungava
OCÉAN ATLANTIQUE
CÔTES DU LABRADOR
NUNAVIK
NORD DU QUÉBEC
JAMÉSIE
MANICOUAGAN
SAGUENAY - LAC-SAINT-JEAN
DUPLESSIS
LABRADOR (Terre-Neuve)
TERRE-NEUVE
Baie James
ONTARIO
Ivujivik
Salluit
Déception
Purtuniq
Akulivik
Kangiqsujuaq
Quaqtaq
Killiniq
Puvirnituk (Povungnituk)
Kangirsuk
Aupaluk
Tasiujaq
Kuujjuaq
Kangiqsualujjuaq
Inukjuak
Sanikiluaq
Umiujaq
Kuujjuarapik
Poste-de-la-Baleine
Whapmagoostui
Kawawachikamach
Schefferville
Matimekosh
Laforge-Deux
Laforge-Un
Brisay
La-Grande-Deux
Radisson
Chisasibi
La-Grande-Trois
La-Grande-Quatre
La-Grande-Un
Wemindji
Goose Bay
Churchill Falls
Labrador City
Fermont
Wabush
Eastmain
Waskaganish
Nemiscau
Moosonee
Gagnon
Blanc-Sablon
Détroit de Belle-Isle
Sainte-Barbe
Springdale
Deer Lake
Grand Falls
Corner Brook
Stephenville
Channel-Port aux Basques
Havre-St.-Pierre
Détroit de Jacques Cartier
Île d'Anticosti
Détroit d'Honguedo
Manicouagan
Sept-Îles
Baie-Comeau
Chibougamau
Matagami
Saint-Laurent
GOLFE DU St-LAURENT
Gaspé
Chicoutimi
St.-Félicien
Rimouski
Rivière-du-Loup
Campbellton
Caraquet
Îles-de-la-Madeleine
Grand Miquelon
Petit Miquelon
St.-Pierre
Détroit de Cabot
Val-d'Or
Témiscaming
North Bay
Edmundston
NOUVEAU-BRUNSWICK
ÎLE-DU-PRINCE-ÉDOUARD
Sydney
QUÉBEC
Trois-Rivières
MONTRÉAL
Hull
OTTAWA
ONTARIO
Georgian Bay
St.-Georges
Houlton
Moncton
Charlottetown
Cape Tourmentine
Fredericton
Saint-John
NOUVELLE-ÉCOSSE
Dartmouth
Halifax
Baie de Fundy
Augusta
TORONTO
Lac Ontario
U.S.A.
Buffalo
Syracuse
Lac Érié
Binghamton
Albany
BOSTON
200 km
Voie ferrée
Autoroute
Grande route
Route secondaire
Limite de région
Limite de province

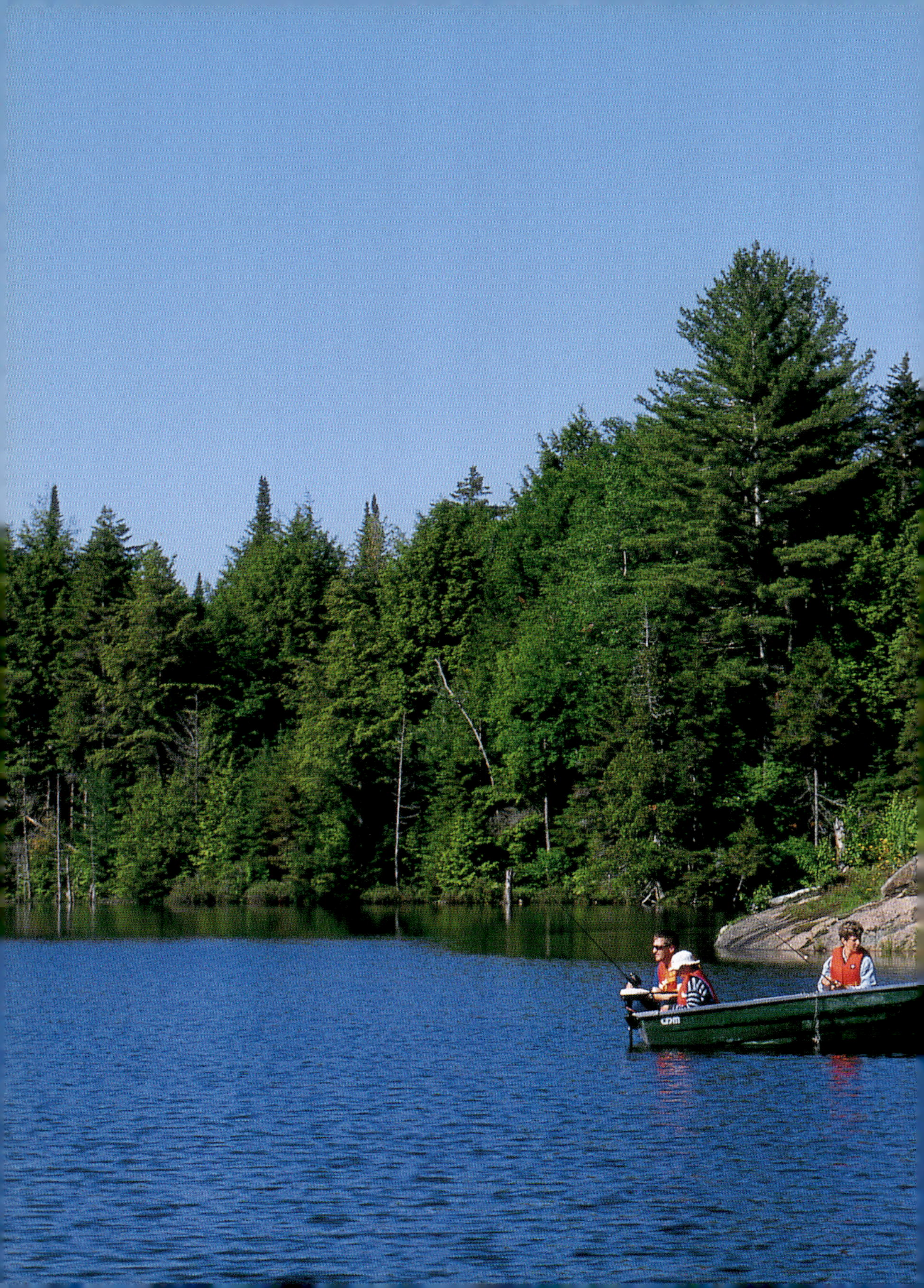

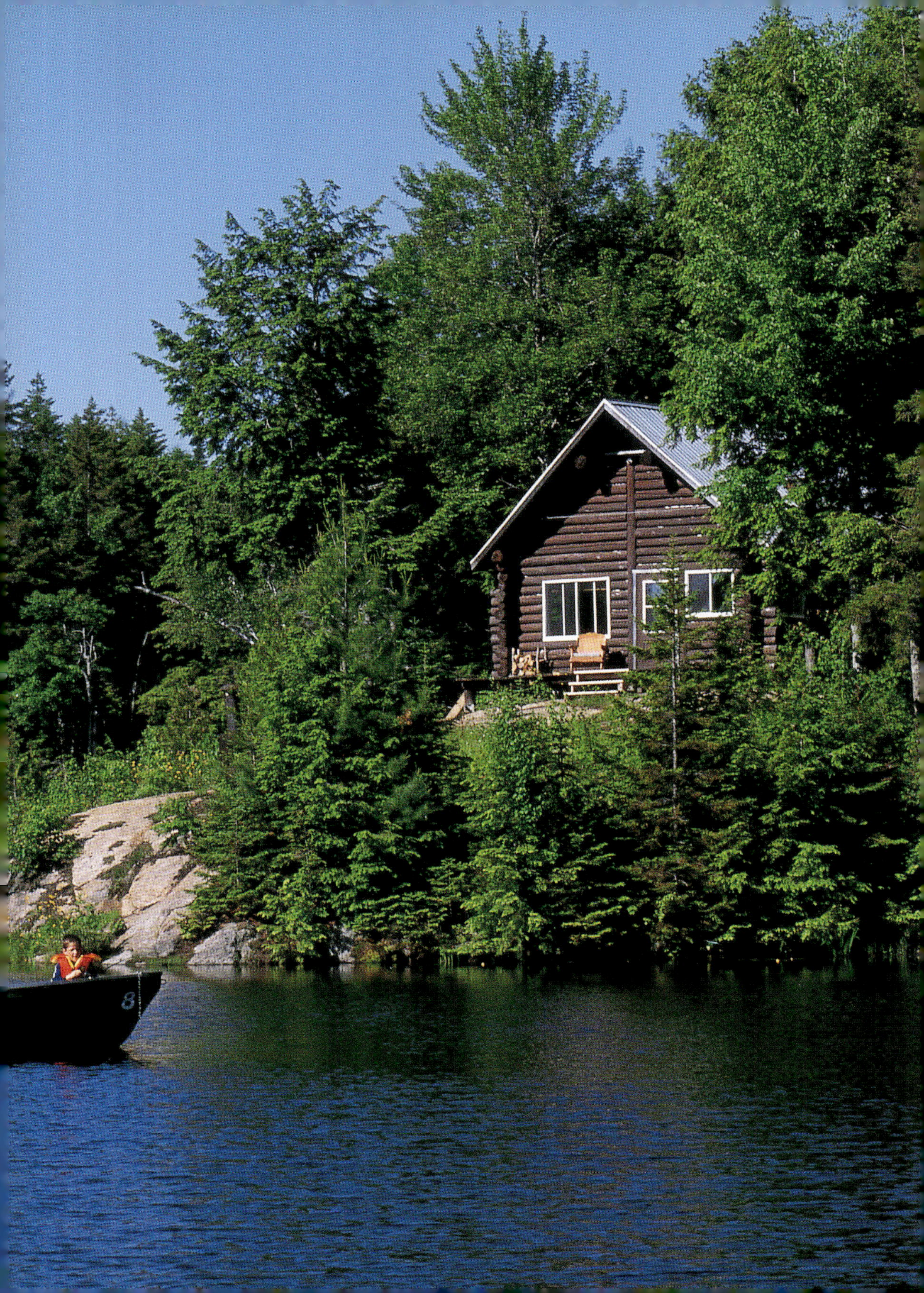

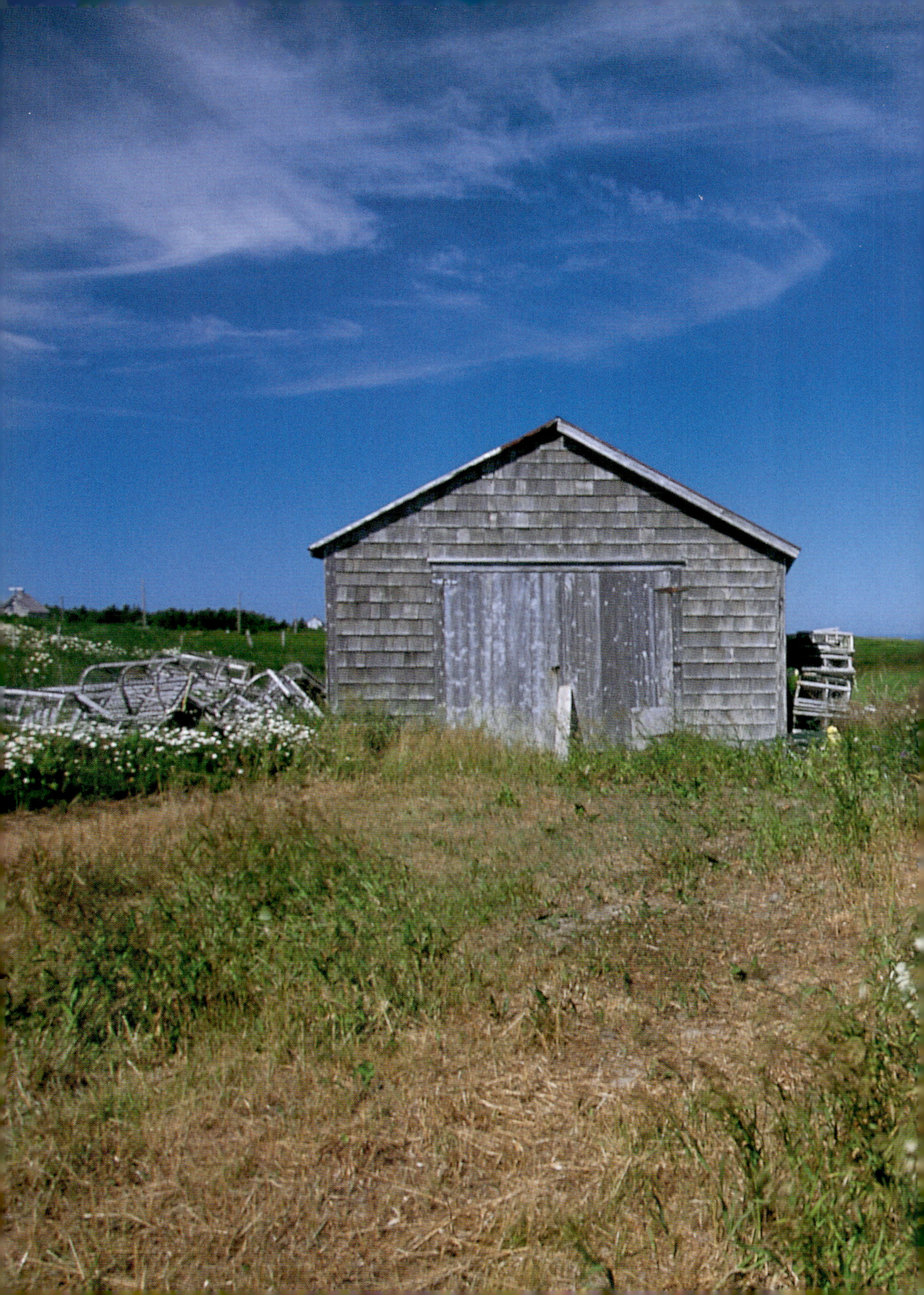

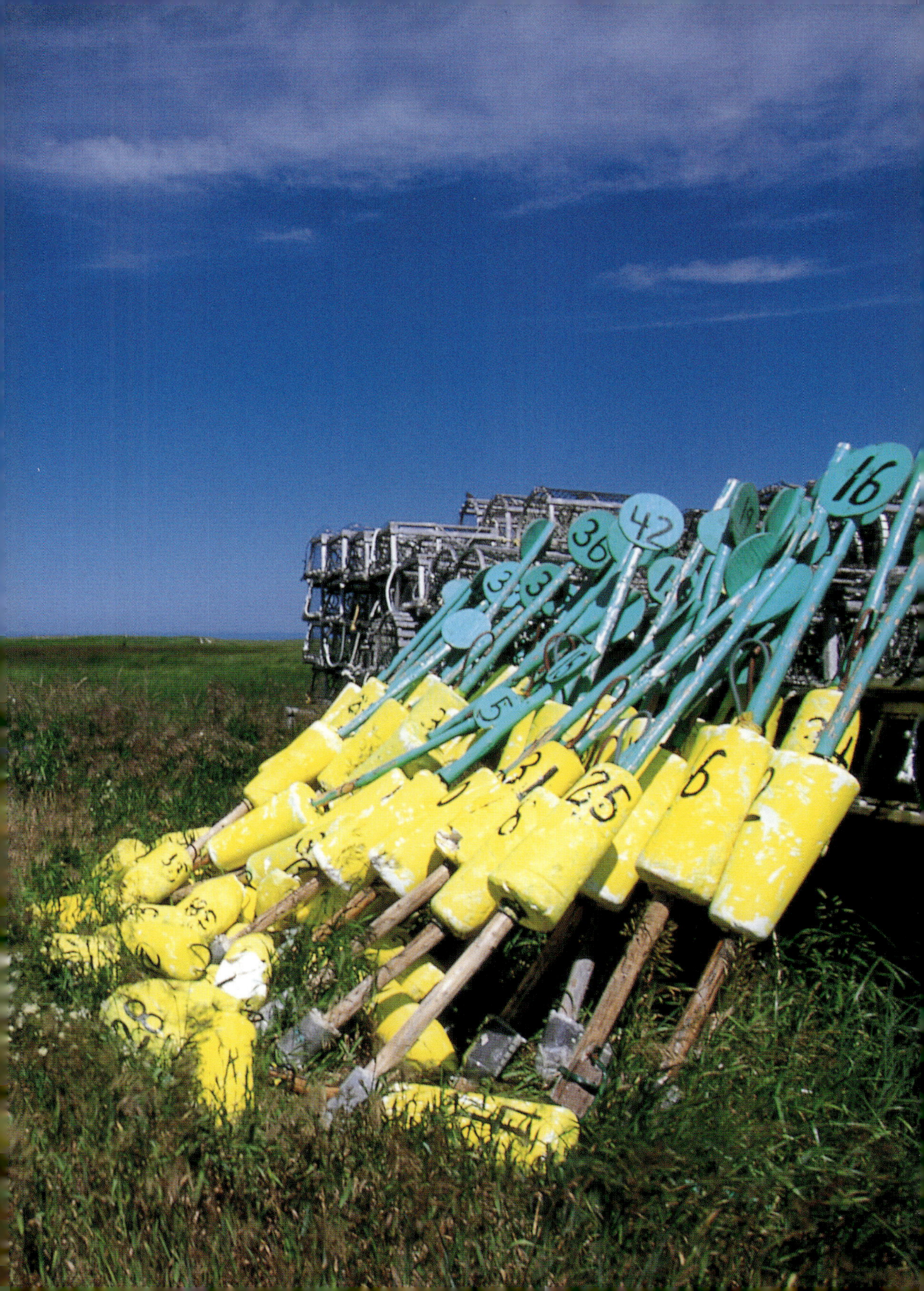
16
42
25
6

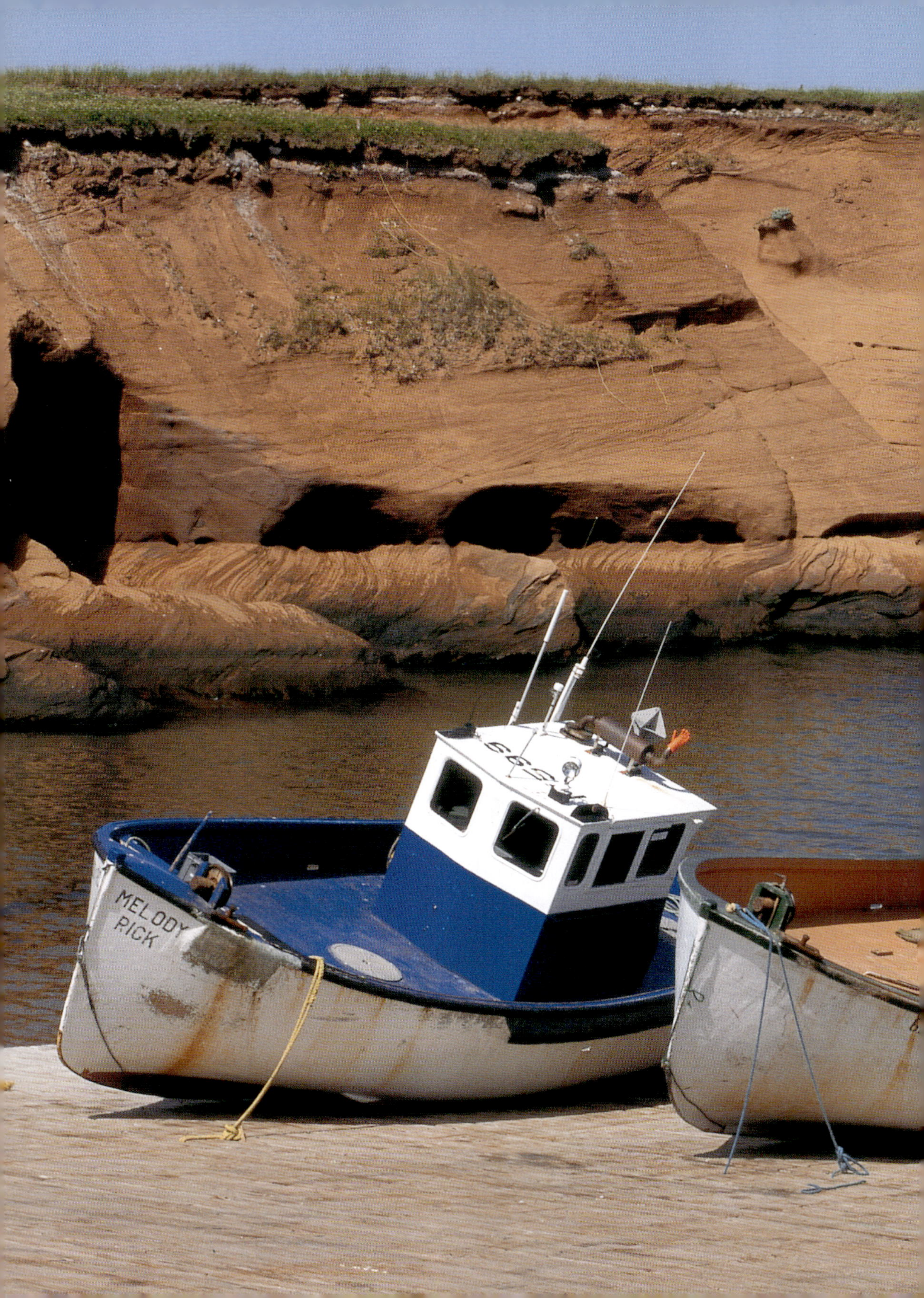
MELODY
RICK

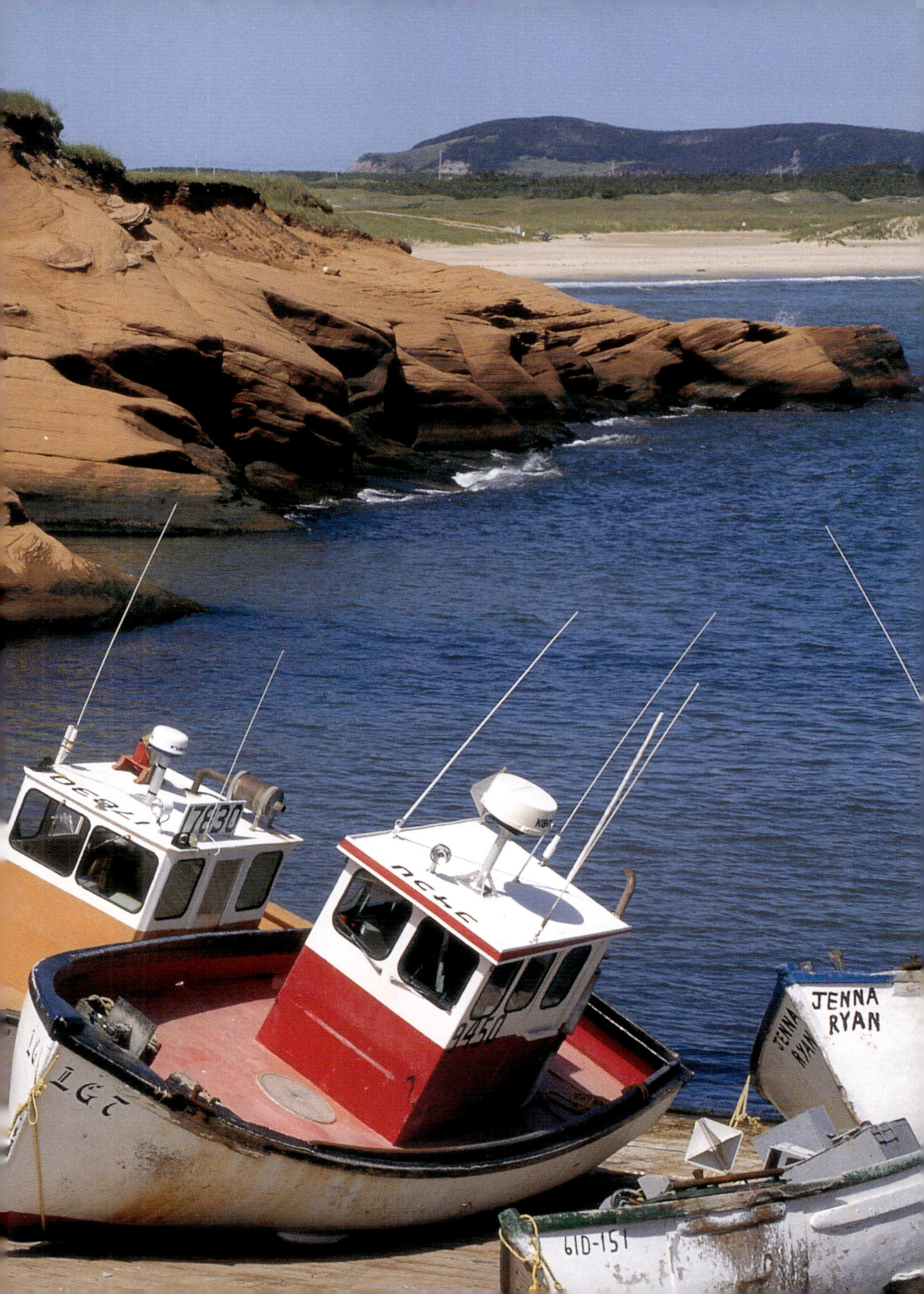
JENNA
RYAN
7830
9450

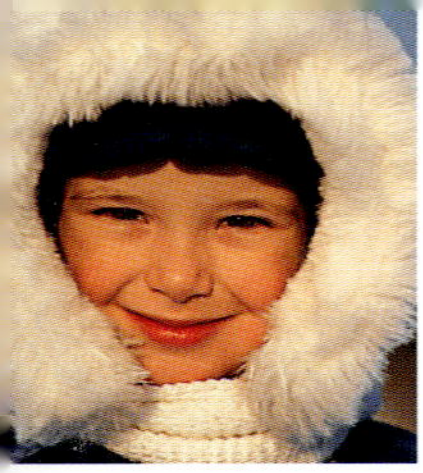

Le Québec

Il est des pays qui donnent le vertige ; le Québec est de ceux là...

"Le Québec est un pays de rêve pour un historien de la mémoire. Il retrouve là, dans cette province dont la devise même est fondée sur le culte du souvenir, toute la panoplie des déterminations historiques qui condamnent une communauté menacée à ce que le poète Paul Éluard appelait le "dur désir de durer""

Pierre Nora (historien) allocution à l'université de Laval en 1999.

Doubles pages précédentes :

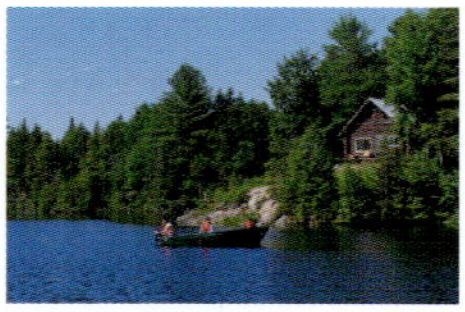

Partie de pêche dans une pourvoirie de Mauricie.

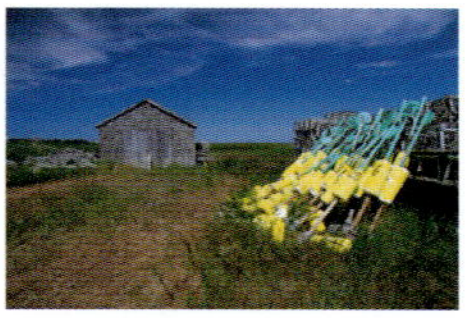

L'île Miscou, sur la côte acadienne du Nouveau-Brunswick.

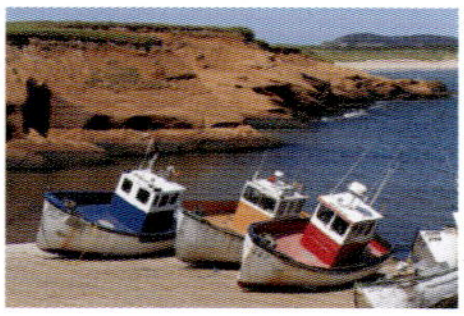

Bateaux de pêche au repos sur les îles de la Madeleine.

Page de droite : matin de brume sur le lac Massawippi dans les Cantons-de-l'Est.

Pays dans l'âme, province dans la loi, tiraillé entre ses attaches européennes et ses goûts nord-américains, s'exprimant tantôt en français tantôt en anglais, le Québec n'est à nul autre pareil.

De la longue bataille acharnée que menèrent la France et l'Angleterre pour sa conquête, il est ressorti hybride, revendiquant son origine française tout en s'enracinant dans une culture anglo-saxonne.

Impossible aujourd'hui de le cataloguer. Le Québec reste une énigme, un mystère qui fait la fierté de ses habitants.

Mais quel charme il déploie !

LA BEAUTÉ EN HÉRITAGE

Les bonnes fées se sont penchées sur le berceau de la Nouvelle-France. Deux heures avant d'atterrir à Montréal, l'Atlantique tout juste traversé, regardez à travers le hublot. Vous découvrez soudain tout l'éclat et la diversité de cette terre nichée au cœur de l'Amérique du Nord, sur laquelle une poignée de Français débarqua il y a quatre siècles, avec la volonté de "faire un pays".

Vous survolez d'abord la Gaspésie, allongée et ventrue comme une baleine. Traversée par les monts Chic-Chocs, elle est sillonnée de superbes rivières à saumons et couverte de conifères abritant des ours et des caribous.

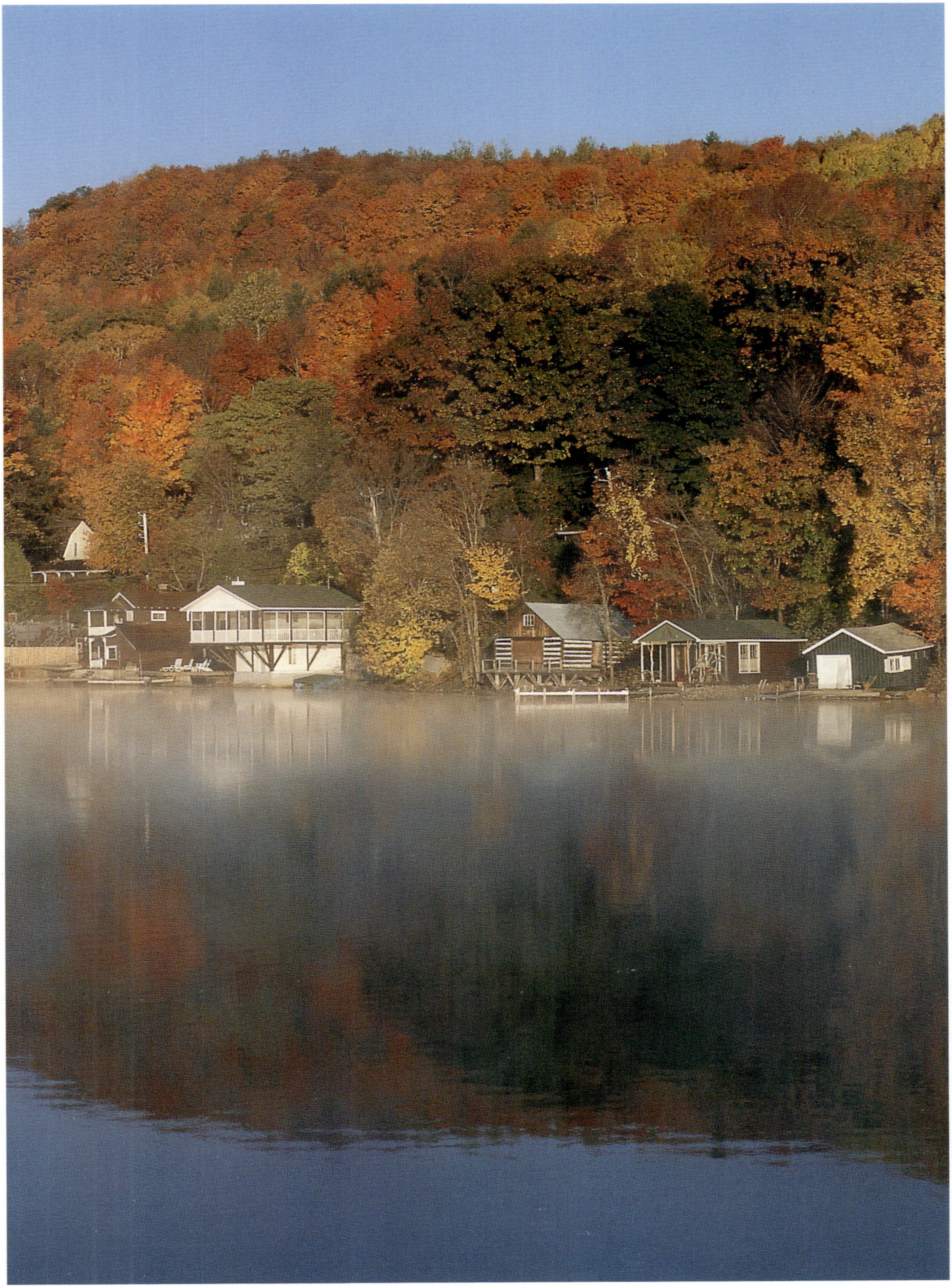

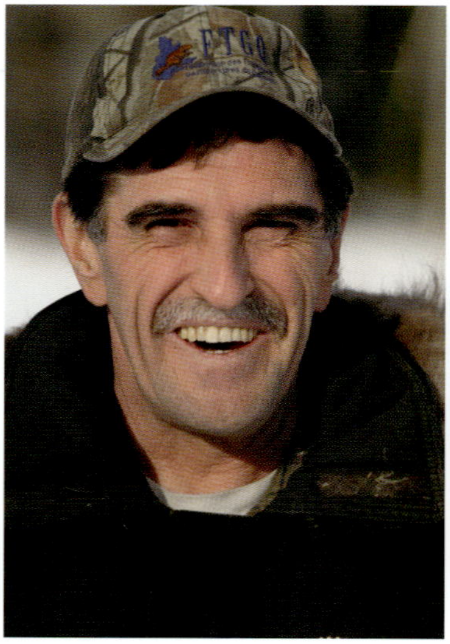

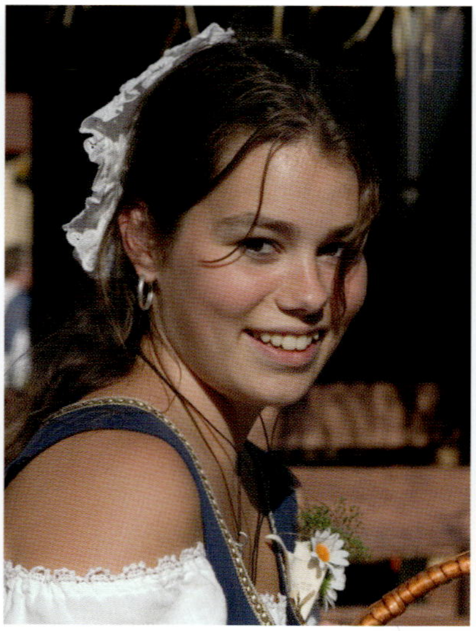

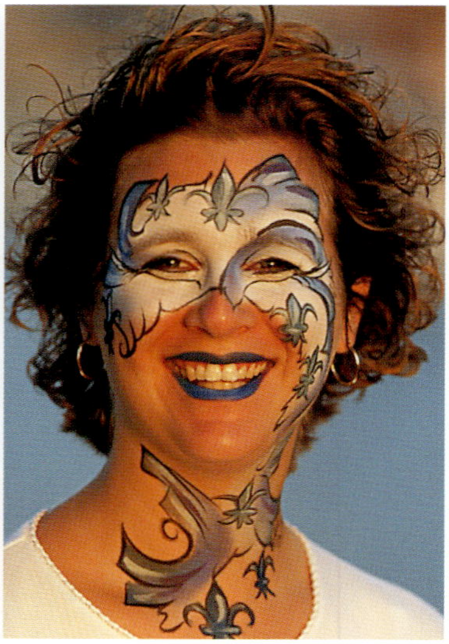

Ci-dessus : des Québécois, fidèles à leur devise "je me souviens".

Doubles pages suivantes :

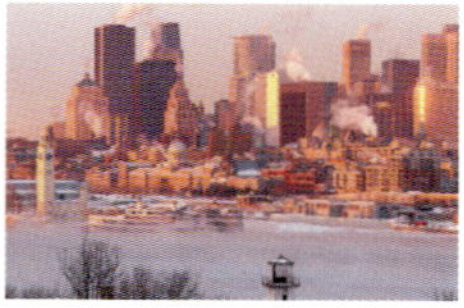

Le port de Montréal dans la brume hivernale.

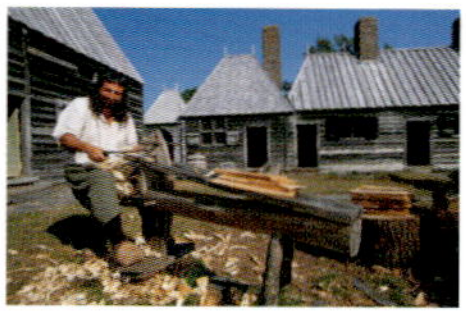

Ancienne Acadie : l'Abitation de Port-Royal.

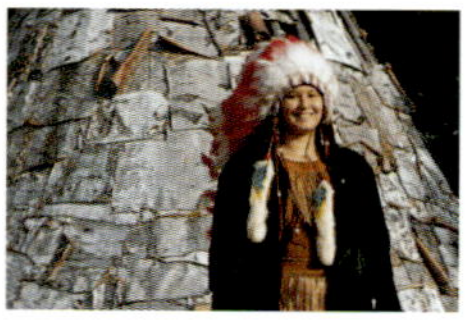

Amérindienne abénaquis en tenue d'apparat devant un wigwam recouvert d'écorce de bouleau.

Page de droite : concert de percussions au pied du monument Cartier dans le parc du Mont-Royal à Montréal.

Vous apercevez ensuite les rives du Saint-Laurent et ses villages tapissés de maisons de bois peint. Omniprésent, ce fleuve d'un gabarit exceptionnel – un des plus puissants cours d'eau d'Amérique du Nord – ne vous quittera plus jusqu'à l'île de Montréal.

Avant même d'avoir posé le pied sur le sol québécois, vous aurez admiré selon la saison une mosaïque de verts et de bleus, des arbres trempés de pourpre, d'or, de carmin et de vermillon ou une étendue glacée, blanche ou argentée… à l'infini.

Espace, c'est le mot clé de ce pays. Plus d'un million de lacs et de cours d'eau parcourent le territoire, les forêts sont si vastes qu'elles représentent la superficie de la France et de la Grande-Bretagne réunies, et le fleuve est si large qu'il faut deux à trois heures de bateau pour le traverser à son embouchure.

Le Québec est une contrée excessive, à l'échelle du continent. Ne vous y trompez pas, cependant !

Visiter ce pays, ce n'est pas seulement découvrir des paysages grandioses, c'est aussi aller à la rencontre d'un peuple, d'une histoire et d'une culture exceptionnels. Les descendants des pionniers français ne sont plus depuis longtemps, contrairement à l'image d'Épinal qui leur colle à la peau, ces trappeurs habitant dans des cabanes en bois. Les sept millions et demi de Québécois vivent aujourd'hui à la pointe de la modernité dans un confort typiquement nord-américain. De leurs aïeuls partis chercher une vie meilleure sur une terre inconnue, ils gardent cependant un esprit d'entreprise dont ils sont très fiers et une approche de la vie si pragmatique qu'elle ne cesse d'étonner les "Français de France".

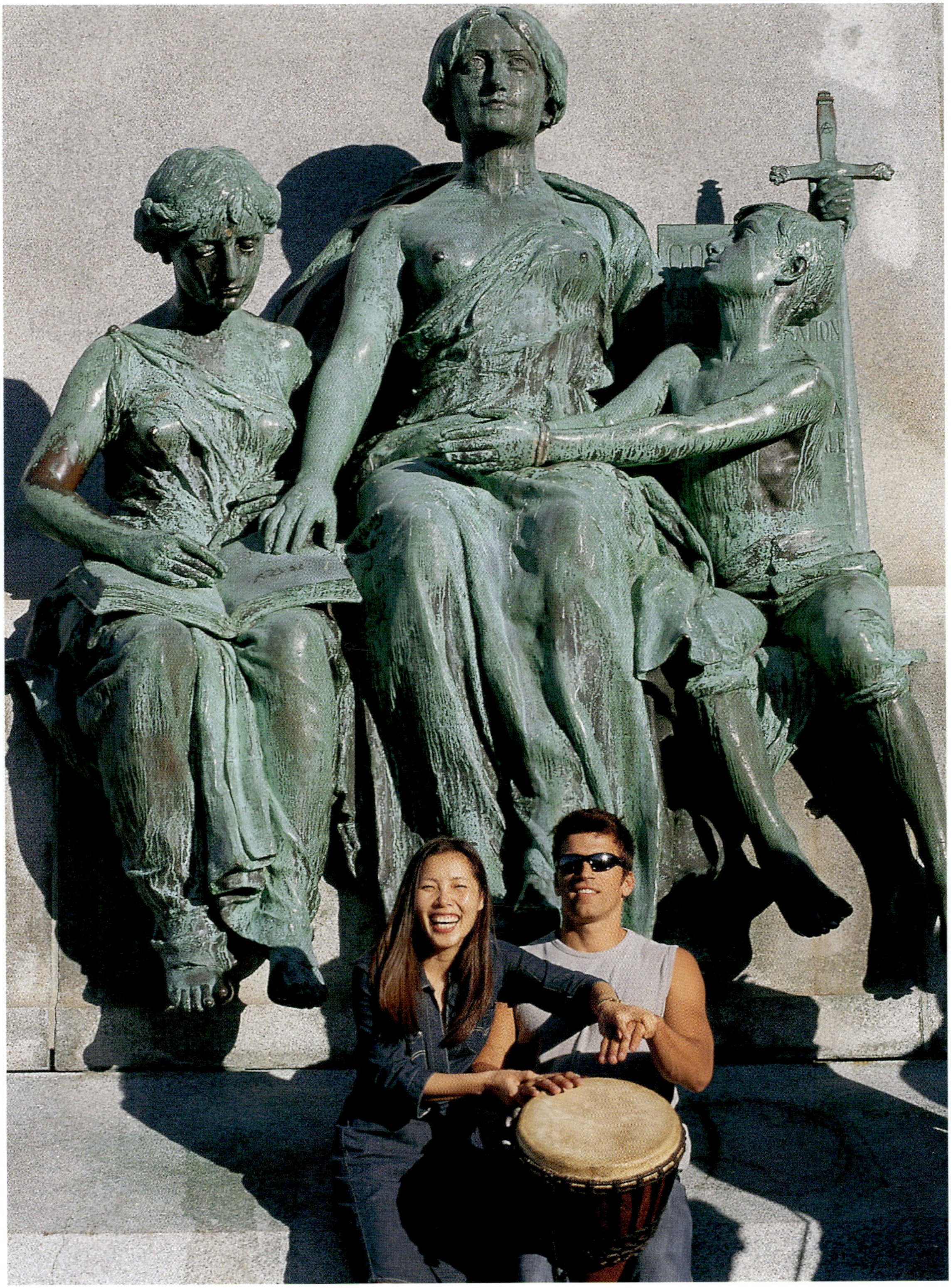

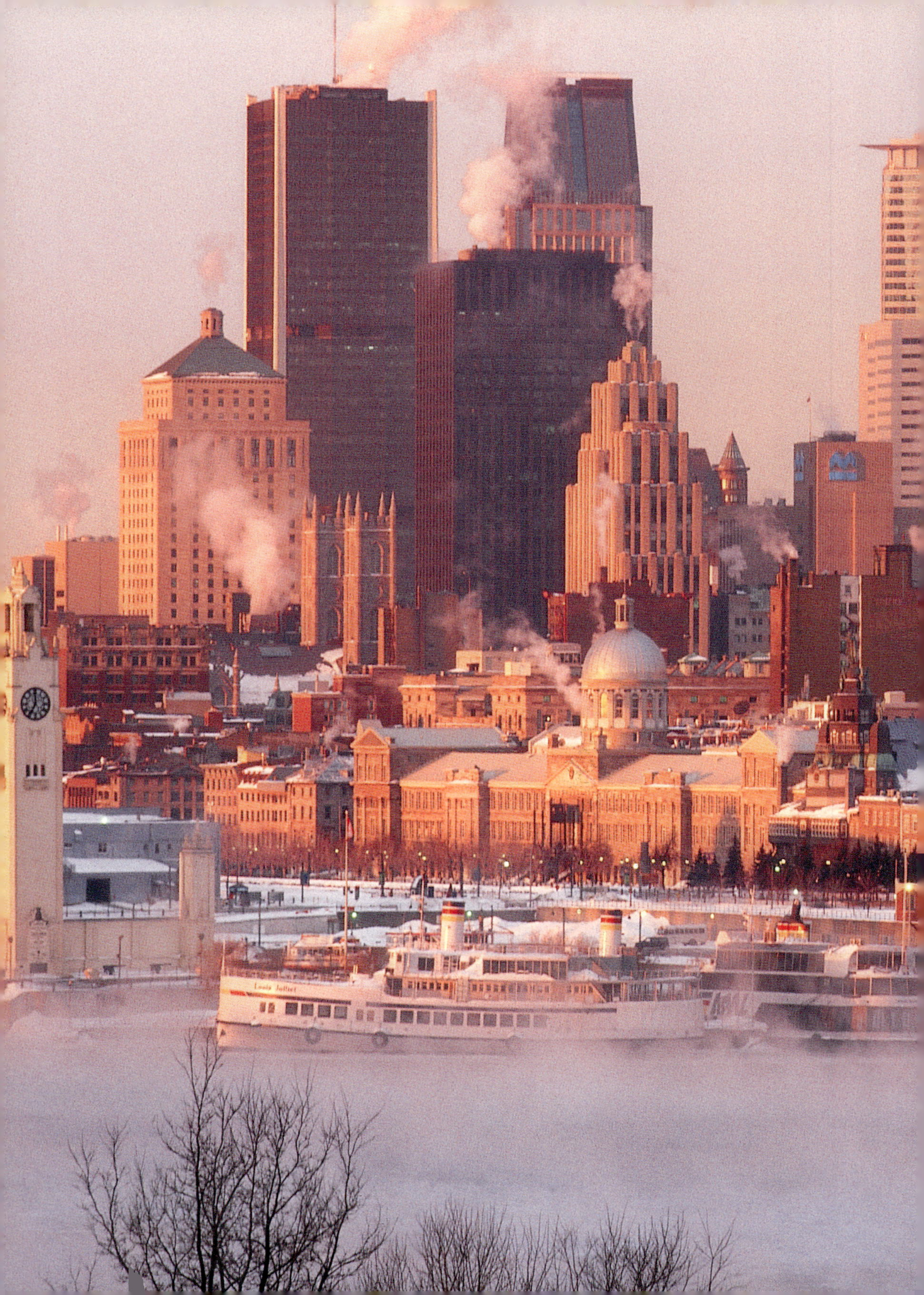

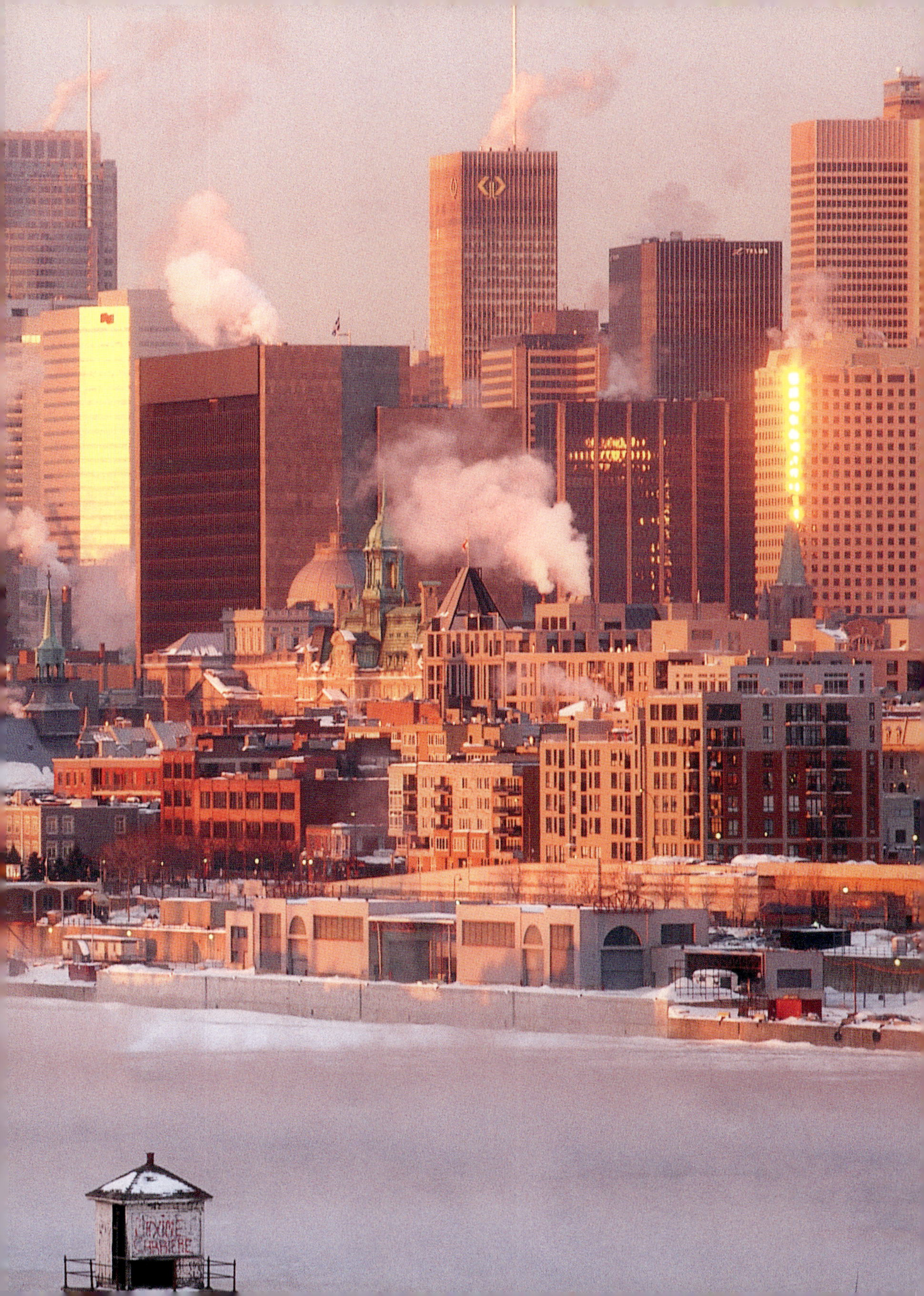

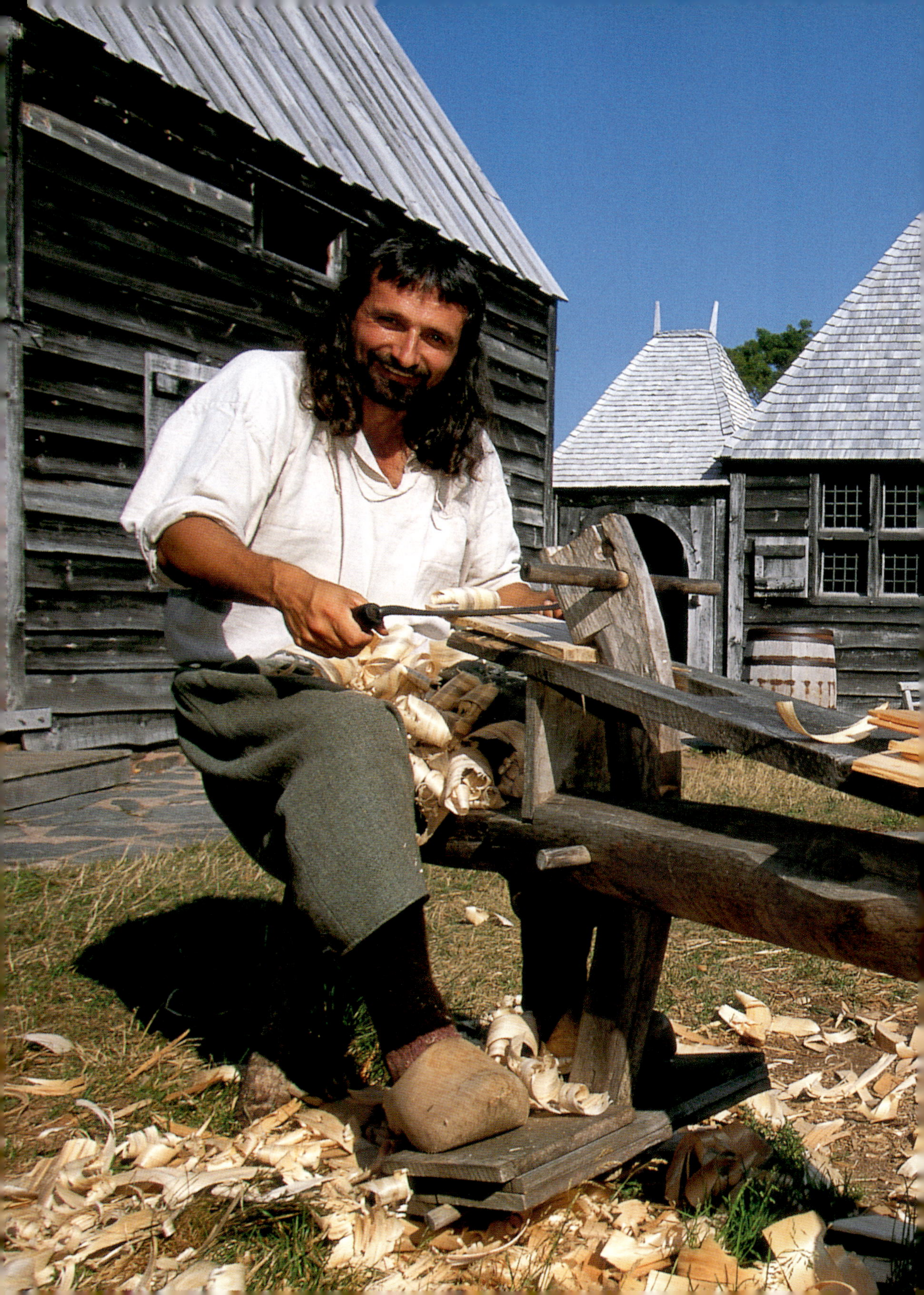

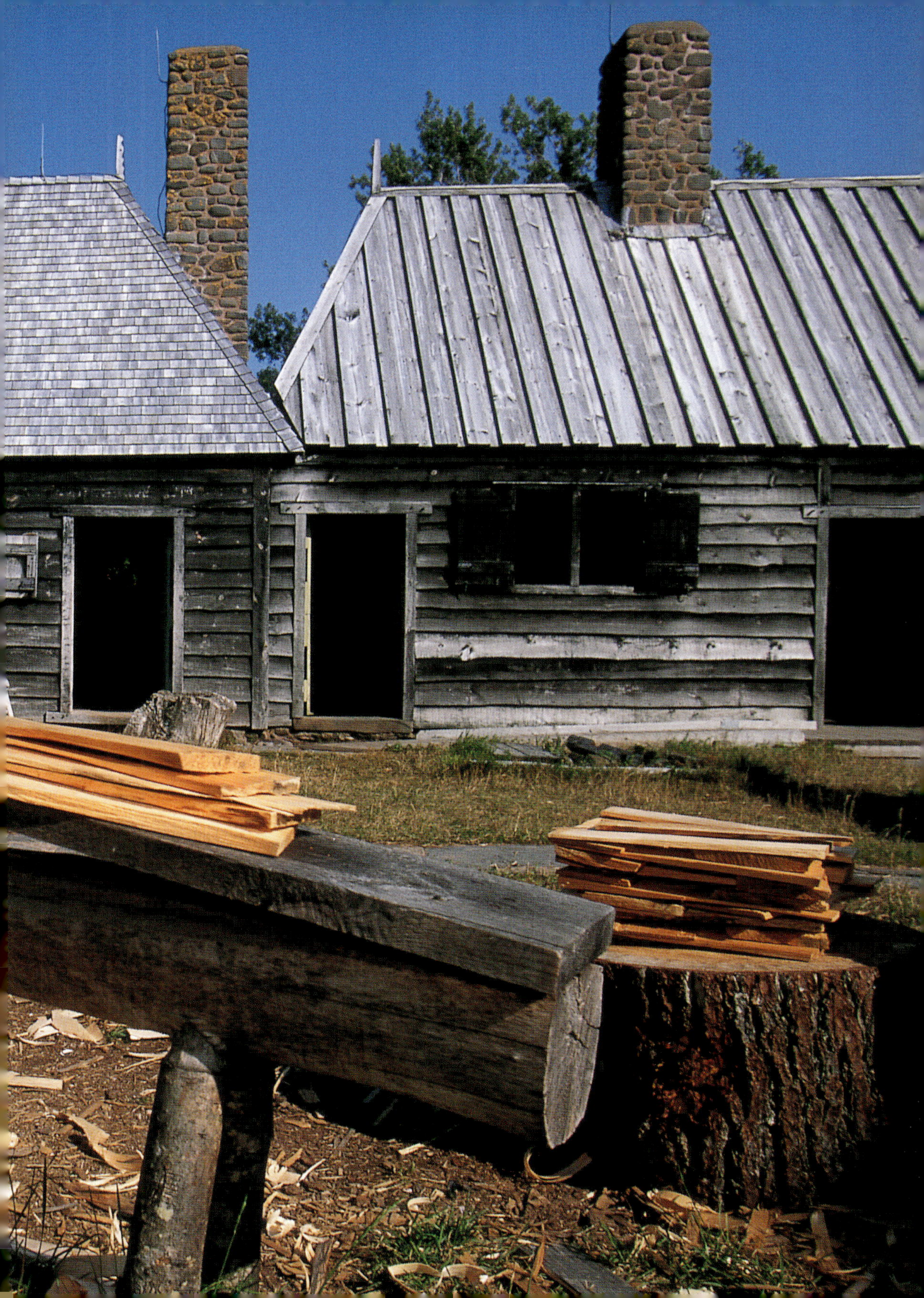

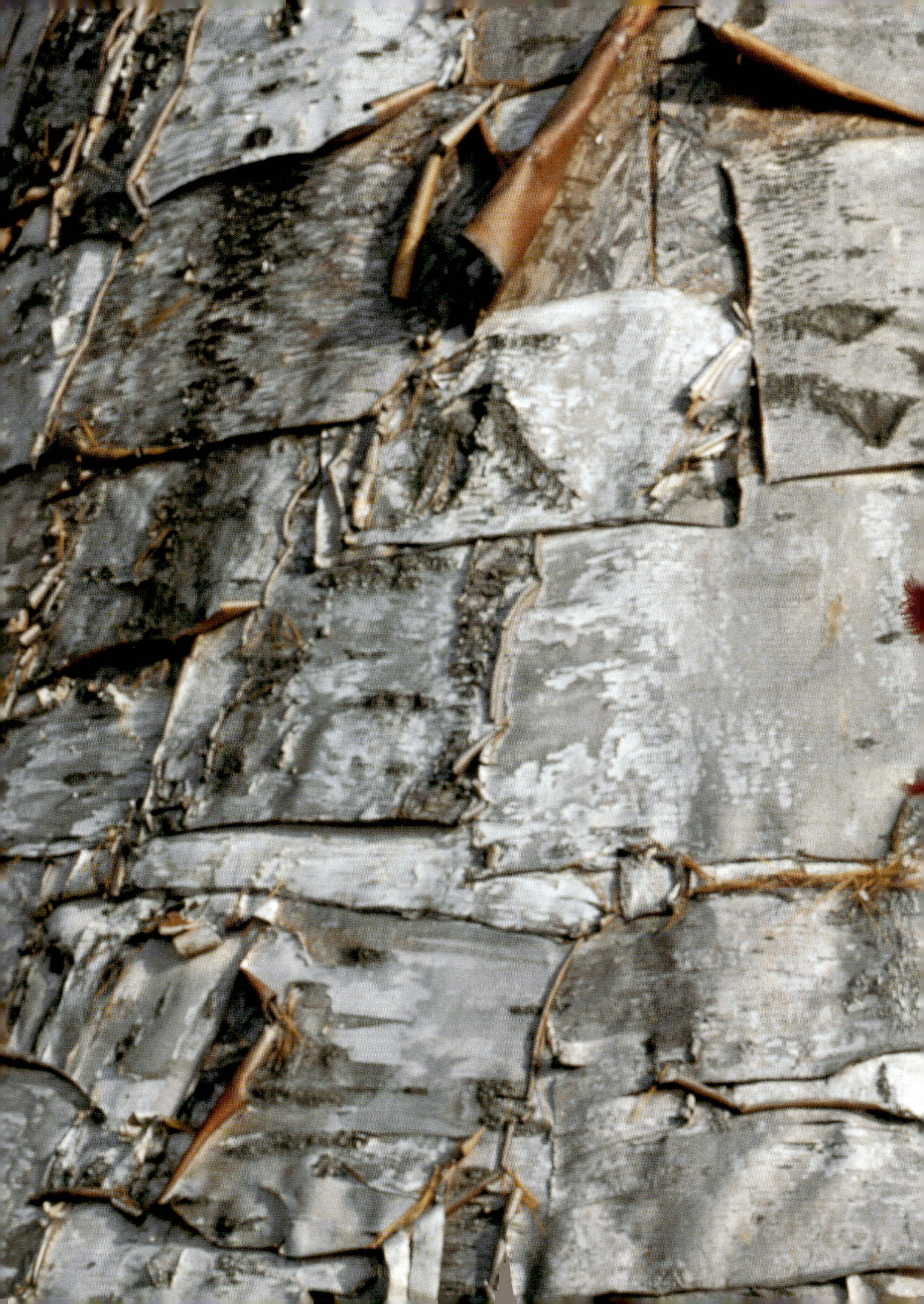

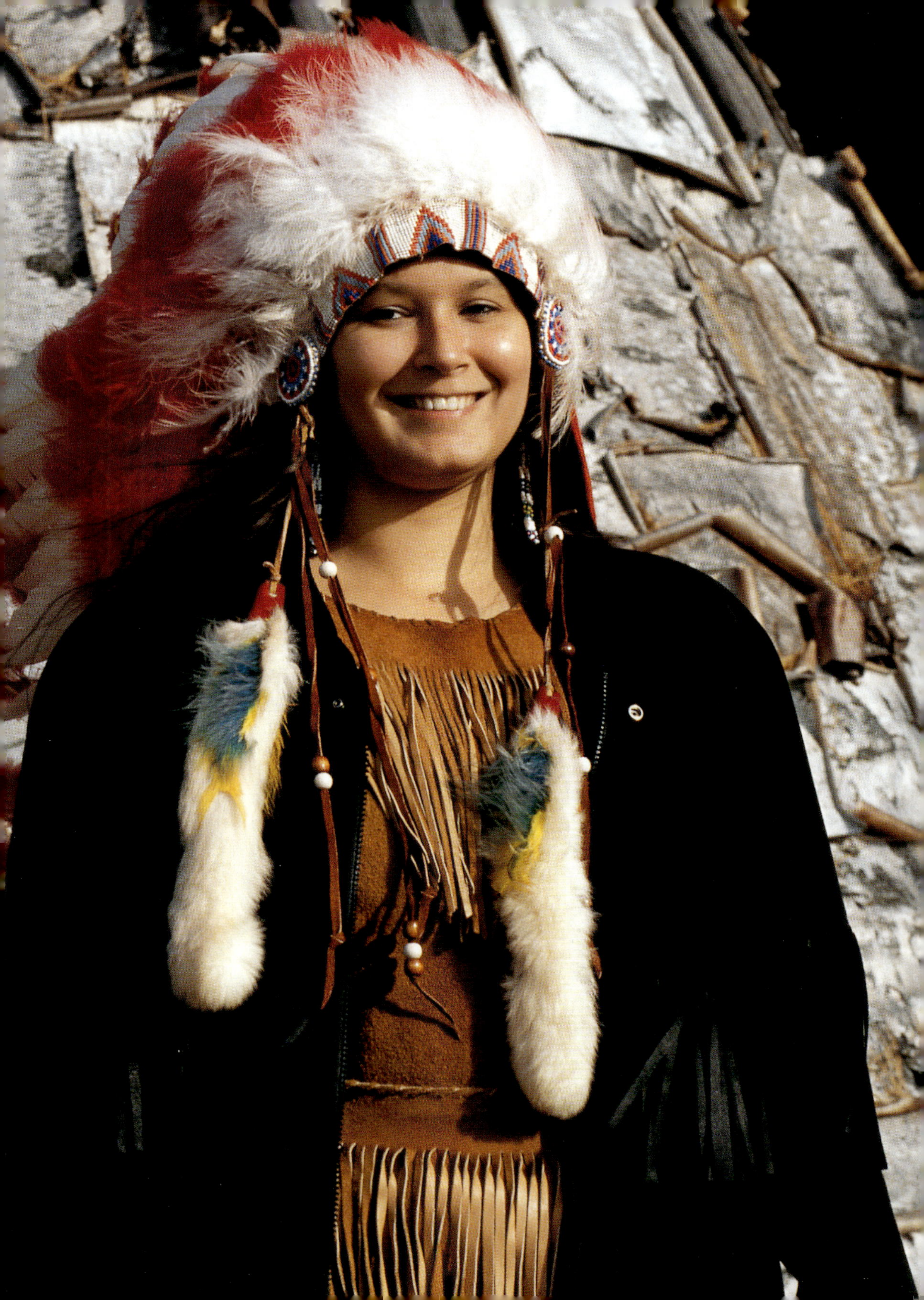

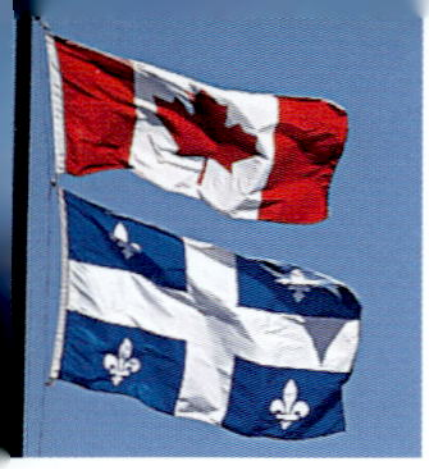

Histoire

Je me souviens…

"Nous sommes les enfants d'un siècle fou
Et d'une terre patiente…
Nous sommes les enfants d'un rêve fou
Et d'un chemin si fragile.
Nous ne rêverons plus d'ailleurs
Et bâtirons en chantant
Un monde à refaire par nos enfants"

Marie-Claire et Richard Seguin "les enfants d'un siècle fou"

AVANT JACQUES CARTIER, LES AMÉRINDIENS

Arrivée de Jacques Cartier à Gaspé.
Tableau d'Adam Sherriff Scott (musée de Gaspésie).

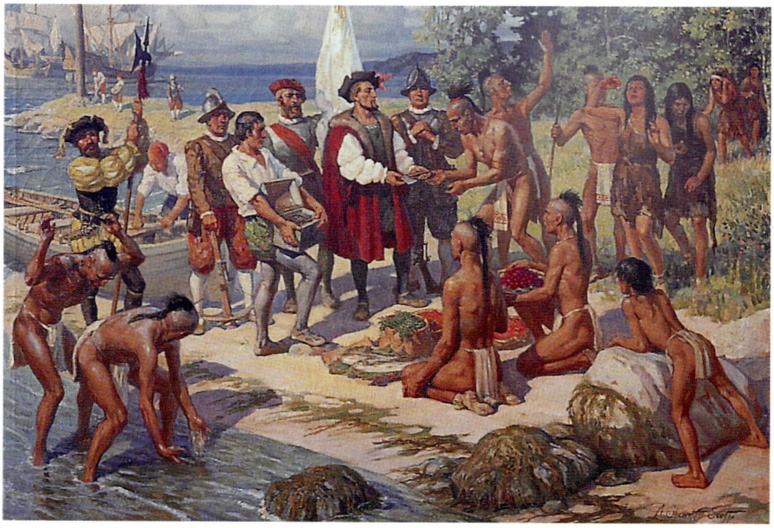

Dans les manuels scolaires, la découverte du Canada date du 24 juillet 1534, lorsque Jacques Cartier débarque dans la baie de Gaspé et prend possession du territoire au nom du roi de France François Ier. Avant lui, les Vikings, Giovanni Caboto, navigateur italien envoyé en 1497 par le roi d'Angleterre Henri VII, et des pêcheurs bretons et basques avaient déjà remonté les eaux du Saint-Laurent, mais sans vraiment s'y installer.

Les terres, cependant, étaient déjà peuplées. Et depuis 12 000 ans ! Quand quelques hommes et femmes originaires d'Asie avaient suivi des troupeaux de mammouths et de bisons, puis

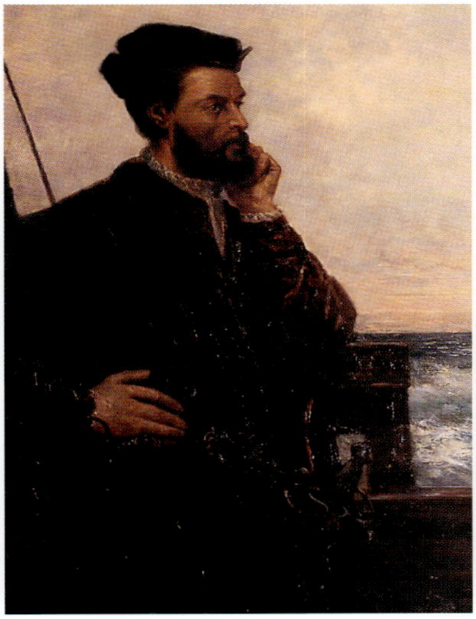

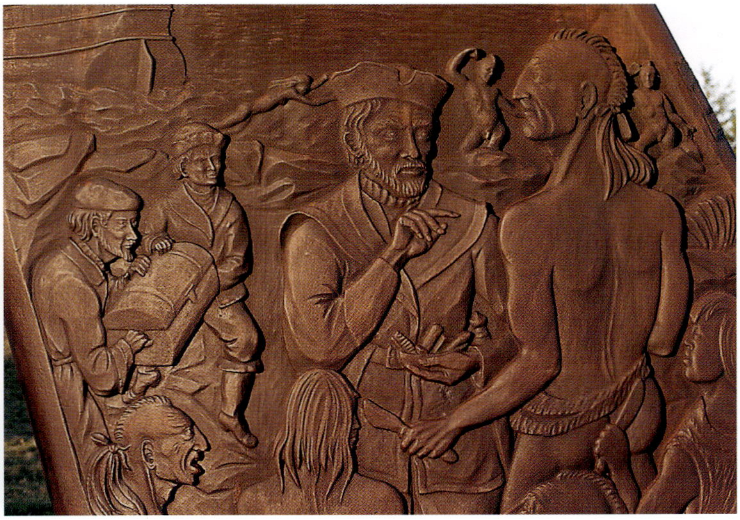

Jacques Cartier par A. Lemoine (musée de Saint-Malo, 1895) et représenté sur le "monument à Jacques-Cartier" de Gaspé.

franchi à pied la mer de glace qui séparait alors la Sibérie de l'Alaska (aujourd'hui le détroit de Béring). Lointains ancêtres des Amérindiens d'aujourd'hui, ils étaient plus d'un million dans tout le Canada en 1534.

Trois grandes nations se partageaient le territoire qui ne s'appelait pas encore le Québec : les Inuit demeuraient dans le Grand Nord, les Algonquins se déplaçaient au gré de leurs chasses et de leurs pêches, tandis que les Hurons et les Iroquois vivaient au sud, autour des Grands Lacs.

Qu'ils soit nomades ou sédentaires, ils s'étaient parfaitement adaptés aux rigueurs du climat et à l'immensité du territoire. Pour vivre, les uns chassaient et pêchaient, les autres y ajoutaient le produit de leurs potagers. Certains voyageaient régulièrement dans des canots en écorce de bois à la rencontre des autres nations indiennes, installées plus au sud du continent nord-américain.

L'arrivée des Européens, emmenés par Jacques Cartier, troubla définitivement leur vie.

Suivant les ordres de François Ier qui le presse de "découvrir certaines isles du pays où on dit qu'il doit se trouver grant quantité d'or et d'autres riches choses", Jacques Cartier effectue trois voyages au Canada entre 1534 et 1542. Il remonte loin le fleuve jusqu'aux villages indiens de Stadaconé (aujourd'hui Québec) et d'Hochelaga (actuelle île de Montréal), où il noue les premiers contacts "officiels" avec les autochtones. Mais l'explorateur ne trouve ni or, ni denrée précieuse. Déçue par cette terre qu'elle juge inhospitalière, glacée et sans intérêt, la France délaisse le Canada pour le Brésil et la Floride, réputés plus "riches".

C'est la mode des vêtements de fourrure, à la fin du XVIe siècle qui relance l'intérêt du royaume de France pour le

Canada. Ayant enfin trouvé une matière première exploitable dans ce territoire, et comptant en tirer de substantiels bénéfices, la France décide, vers la fin des années 1590, d'ériger un vaste réseau de postes de traite sur les rives du Saint-Laurent.

En 1599, le premier comptoir de commerce provisoire, dit "tabagie" est installé à Tadoussac.

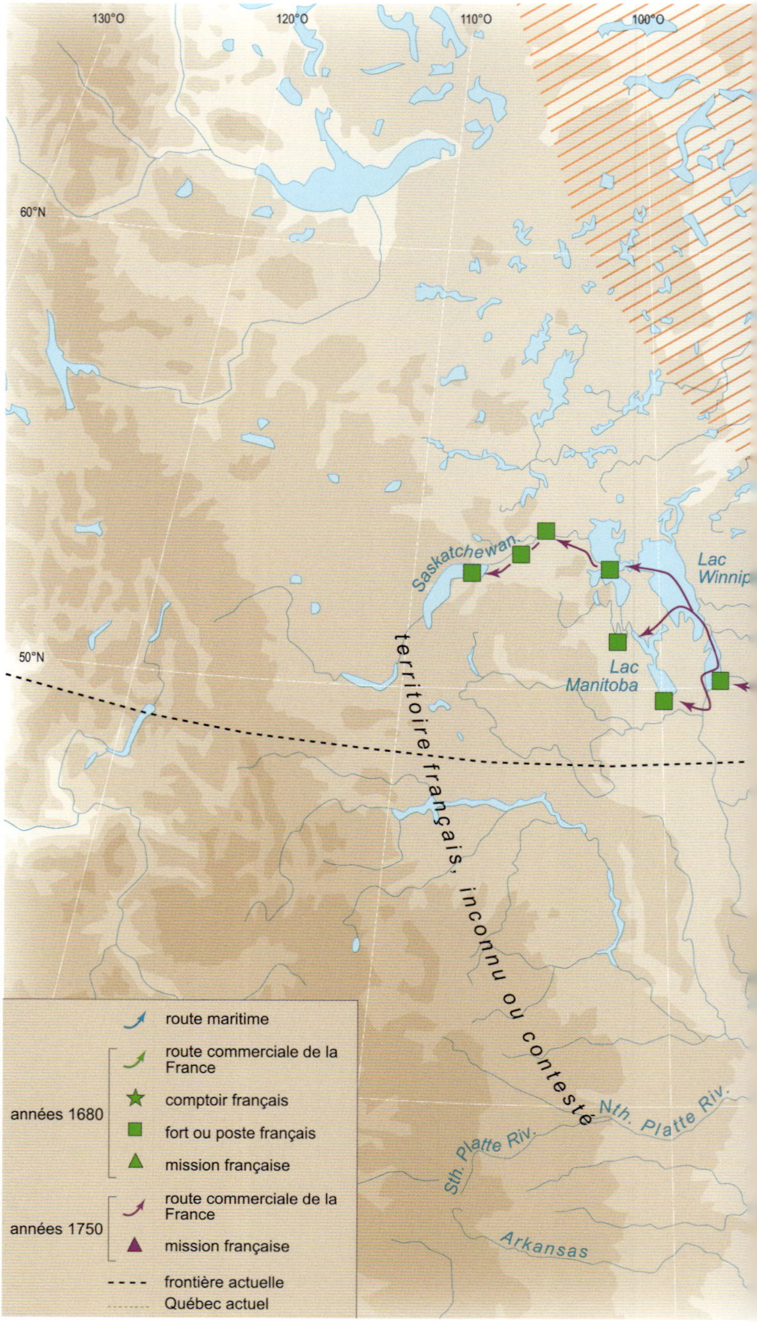

Doubles pages suivantes :

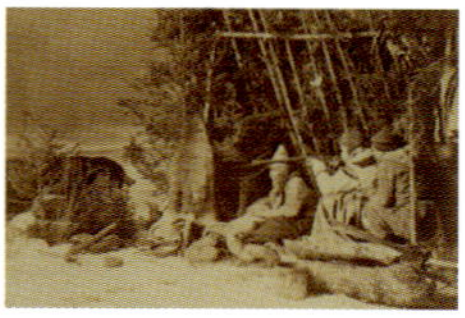

Chasse à l'ours au milieu du XIXe vue par William Notman.

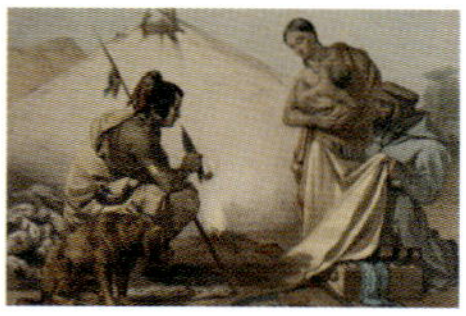

Premiers échanges commerciaux avec les Amérindiens en Nouvelle-France.

Le 3 juillet 1608, Samuel de Champlain, lieutenant du roi, accoste sur la rive nord du Saint-Laurent et fonde le premier poste de traite permanent, à "Kebec", au pied d'un promontoire faisant face à un étranglement du fleuve. "Ce lieu est le commencement du beau et bon pays de la Grande Rivière", écrit Champlain.

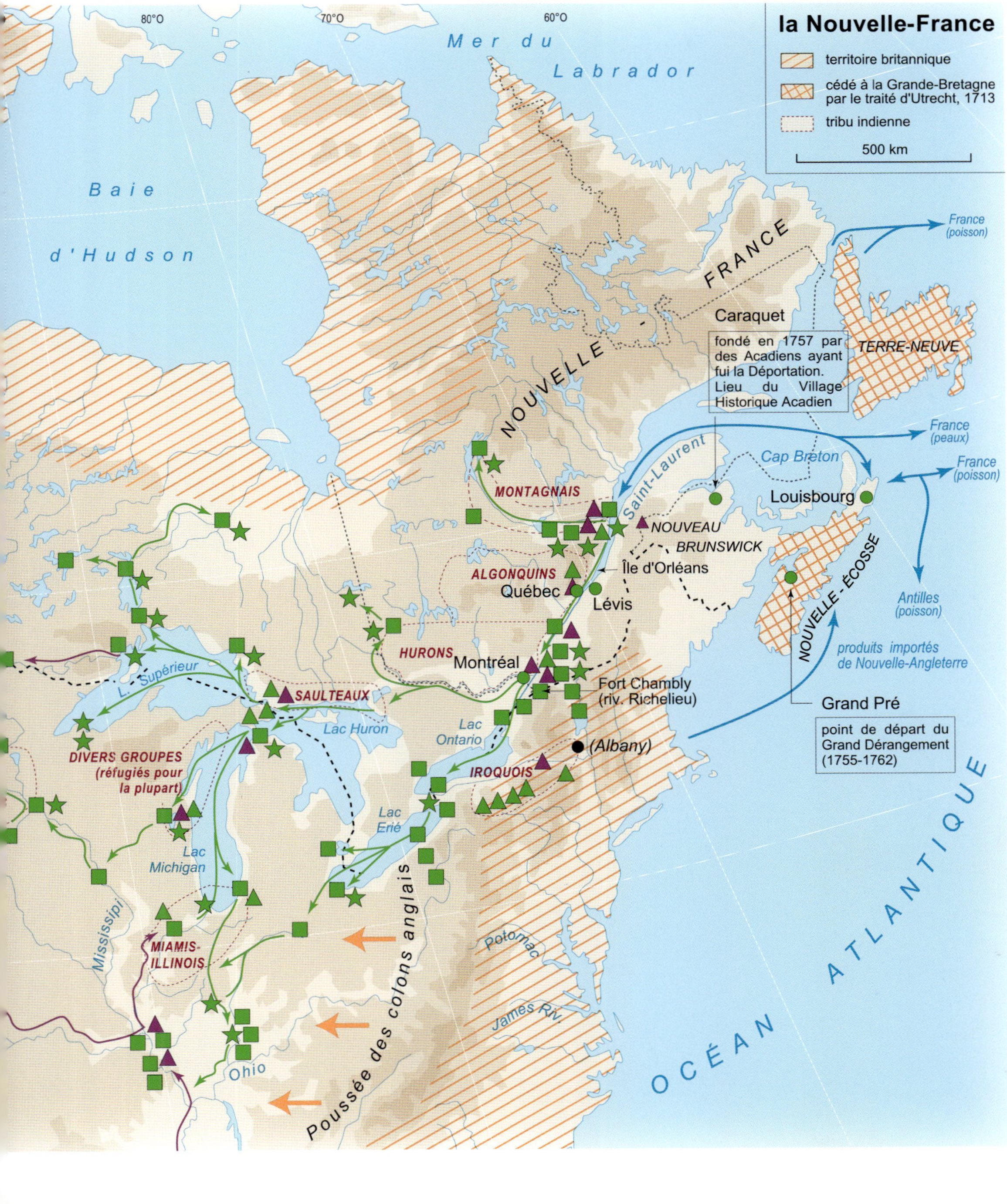

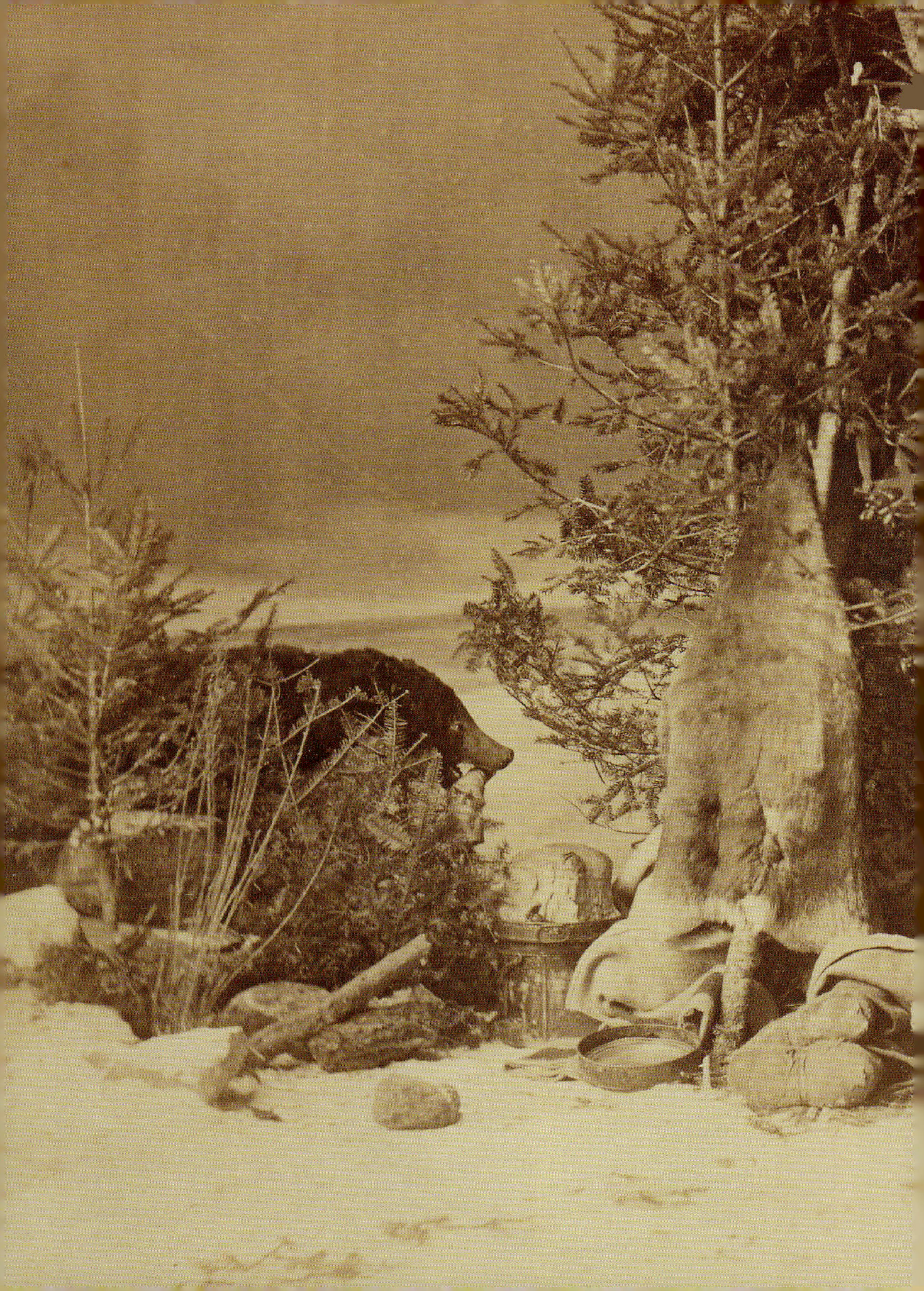

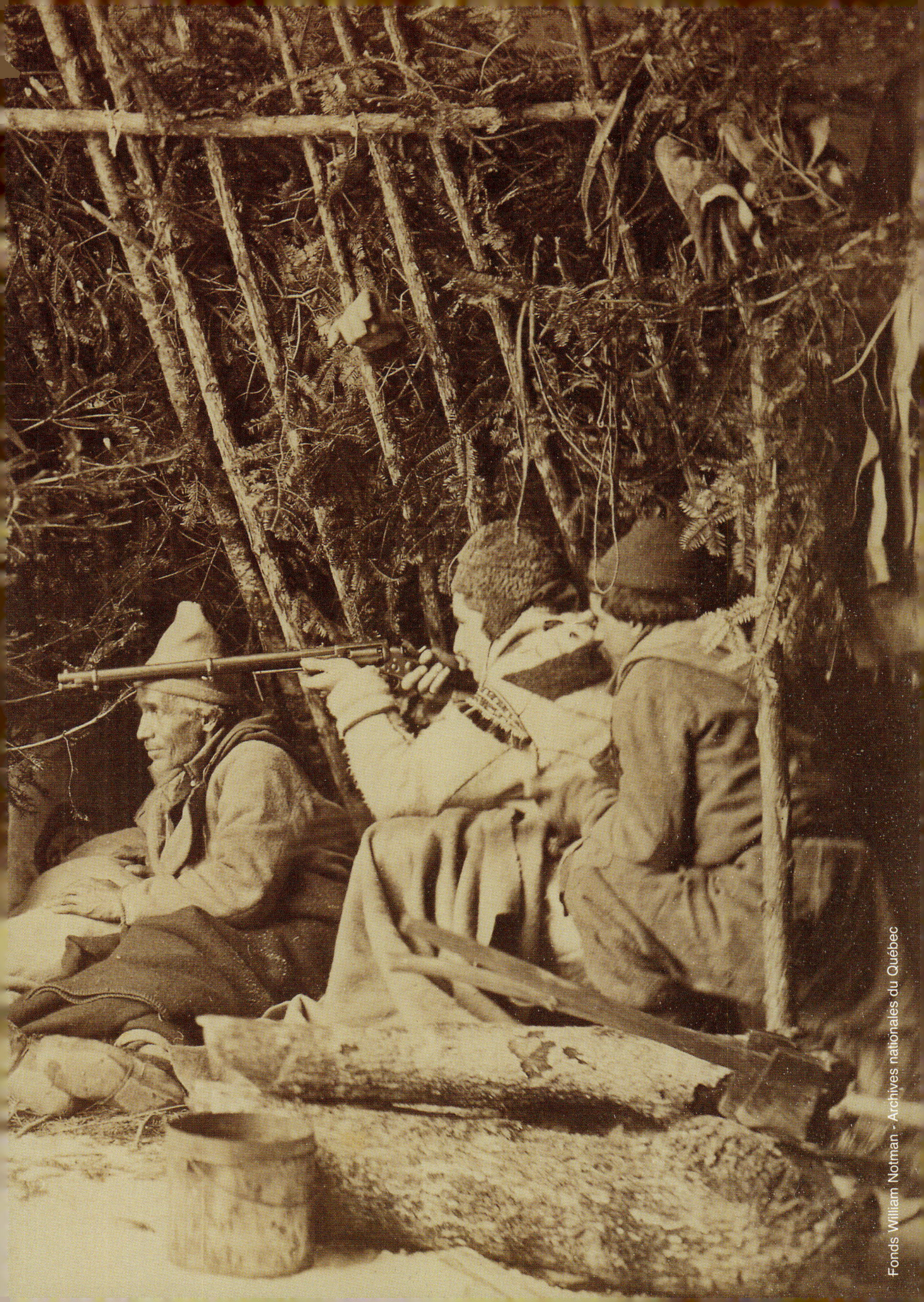

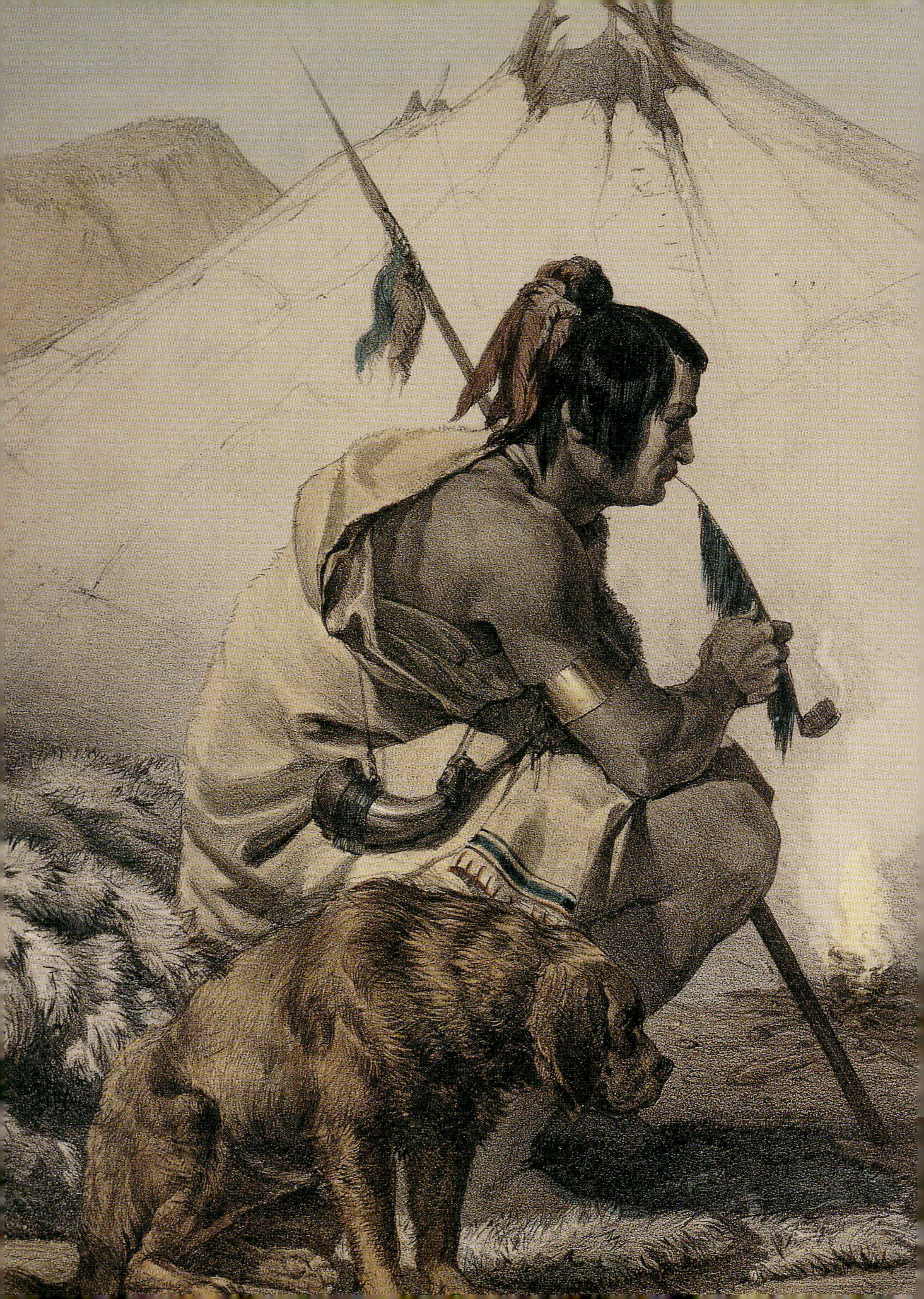

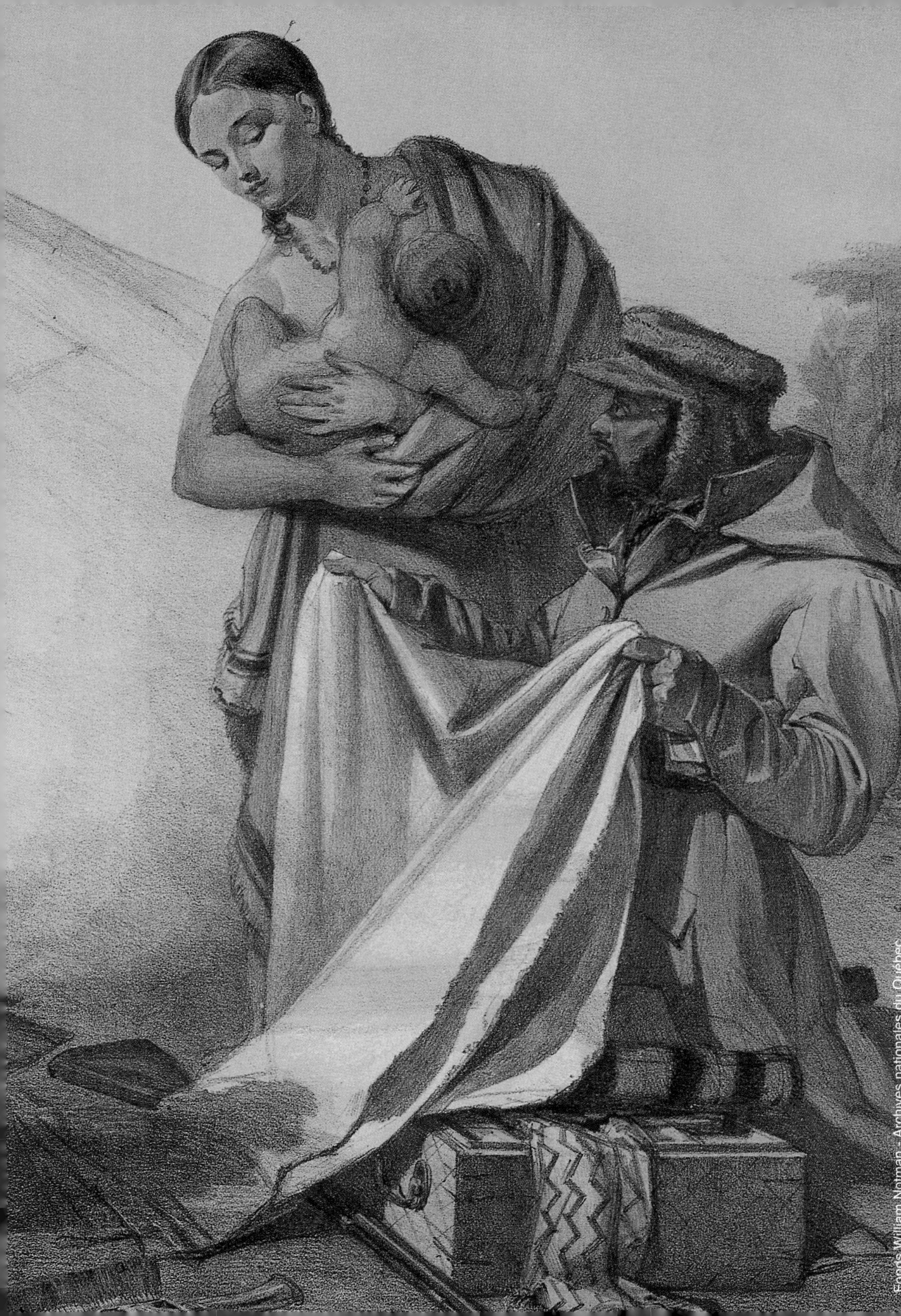

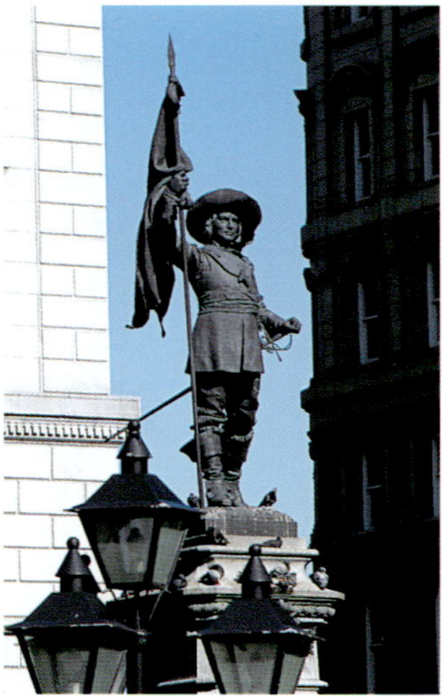

Chomedey-de-Maisonneuve, fondateur de Ville-Marie en 1642, la future Montréal.

UN DIFFICILE APPRENTISSAGE POUR LES FRANÇAIS

Les premiers mois sont plus difficiles que prévus : vingt des vingt-huit hommes vivant à l'intérieur du gros fort de bois édifié par Champlain mourront pendant l'hiver, victimes du scorbut. 1608 reste cependant une date historique pour ce qui deviendra par la suite le Québec : pour la première fois, des Européens s'installent sur ce territoire avec la ferme intention d'y rester. Débute alors un lent processus de colonisation. Trois-Rivières est fondée en 1634, puis Ville-Marie, en 1642, qui prend plus tard le nom de Montréal.

Tout au long du XVIIe siècle, le commerce des fourrures reste la principale activité économique de la colonie. Le monopole de ce commerce est détenu successivement par plusieurs compagnies qui, en échange, promettent au roi de France, de "peupler le pays, d'entretenir les missionnaires - chargés d'évangéliser les autochtones - et d'assurer la défense du territoire".

En réalité, les Compagnies s'intéressent surtout au développement du commerce lucratif des fourrures. La nécessité de trouver toujours plus de peaux de castors les conduit rapidement à nouer des relations commerciales étroites avec les Hurons et les peuples Montagnais et Micmacs, tous excellents chasseurs.

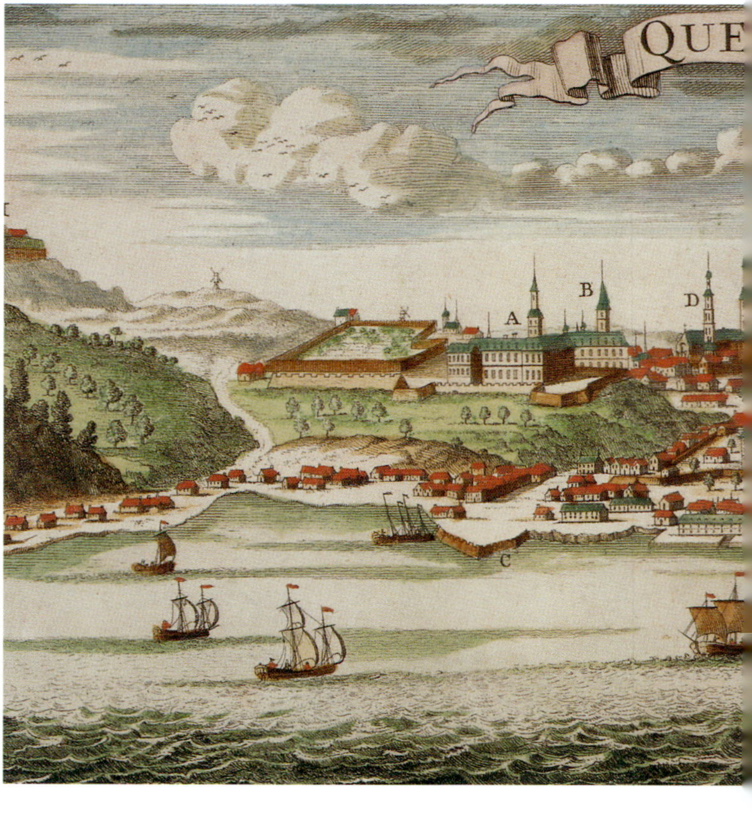

La ville de Québec vers 1685.

En échange de leurs fourrures, ceux-ci reçoivent des chaudrons en cuivre ou en fer, des outils, de l'alcool et des fusils, pour se protéger de leurs plus féroces ennemis : les Iroquois. De leur côté, les Français ont de sérieux rivaux dans leur conquête du Canada en la personne des Anglais.

Entre 1648 et 1660, l'inimitié franco-anglaise va accentuer la rivalité entre Hurons et Iroquois. Regroupés sous la puissante confédération iroquoise des Cinq-Nations, les tribus Iroquoises anéantissent la quasi-totalité des Hurons en 1645 et 1655, puis s'attaquent aux Français, ruinant les récoltes et entraînant le déclin du commerce des fourrures.

Au début des années 1660, c'est la désolation dans la jeune colonie française.

En 1663, conseillé par Colbert, Louis XIV décide de réorganiser entièrement la colonie. Il administre lui-même la Nouvelle-France, qu'il déclare “province française”. Pour encourager les paysans français à traverser l'Atlantique, il développe un système de culture des terres adapté à l'immensité du territoire. Selon le “système seigneurial”, tout individu ou communauté religieuse méritant reçoit de longs rectangles de terres donnant sur le fleuve ou un de ses affluents.

Pour accélérer les naissances, il envoie dans la colonie de jeunes françaises célibataires. Entre 1663 et 1673, plus de 800 de

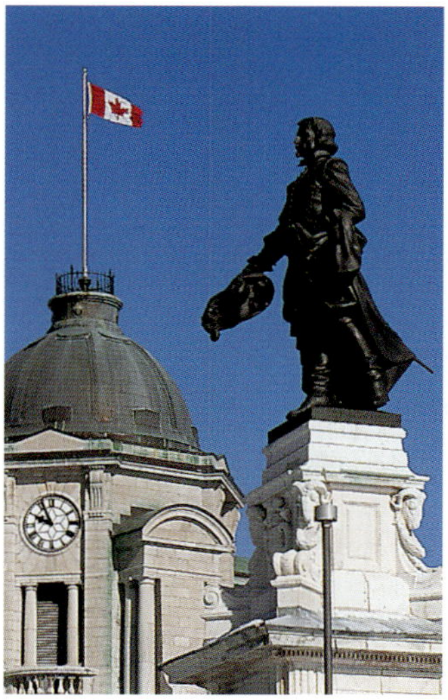

Samuel de Champlain, fondateur de la ville de Québec.

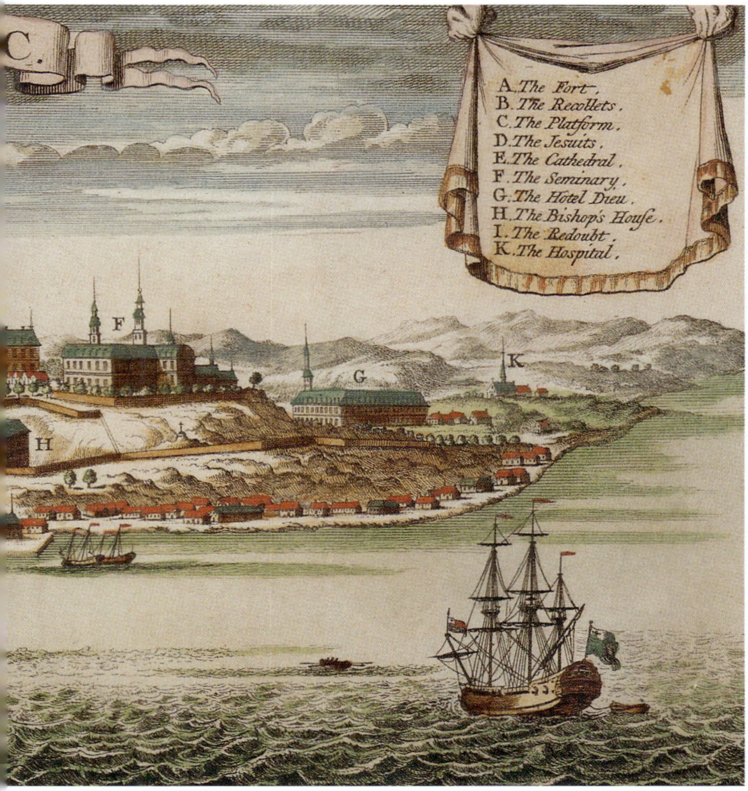

Archives nationales du Québec

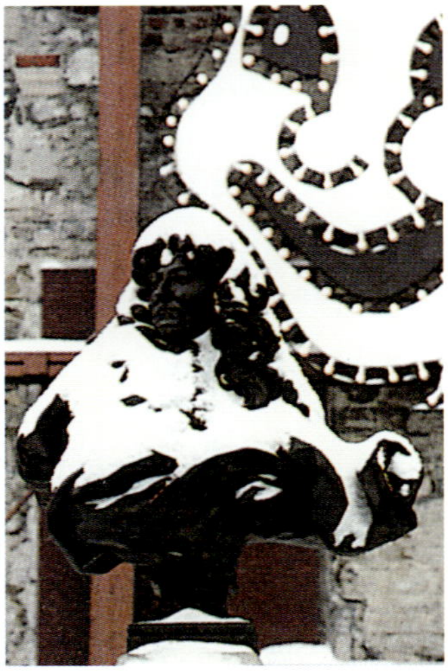

Buste de Louis XIV, Place-Royale à Québec.

ces "filles du Roy" débarquent en Nouvelle-France, dot payée par Louis XIV, pour trouver un époux parmi les "coureurs des bois", émigrants arrivés de France très souvent restés célibataires. L'incitation au mariage est pressante : les "coureurs des bois" ont quinze jours pour prendre femme, sinon ils perdent leur permis de chasse.

Ainsi, bon gré, mal gré, la Nouvelle-France se peuple, au cours du XVIIIe siècle. En 1760, elle compte environ 70 000 habitants de souche française, qui se concentrent surtout entre Québec et Montréal.

1760 : LA CAPITULATION FRANÇAISE

En se peuplant, la France acquiert une certaine assurance et elle n'a de cesse d'agrandir sa colonie d'Amérique du Nord.

Il y a plusieurs années déjà qu'elle s'est arrogé la région des Grands Lacs, maintenant elle pousse au nord jusqu'à la baie d'Hudson et occupe, au sud, les vallées de l'Ohio, du Missouri et du Mississippi. En 1701, elle fonde la Louisiane, en 1718, la Nouvelle-Orléans...

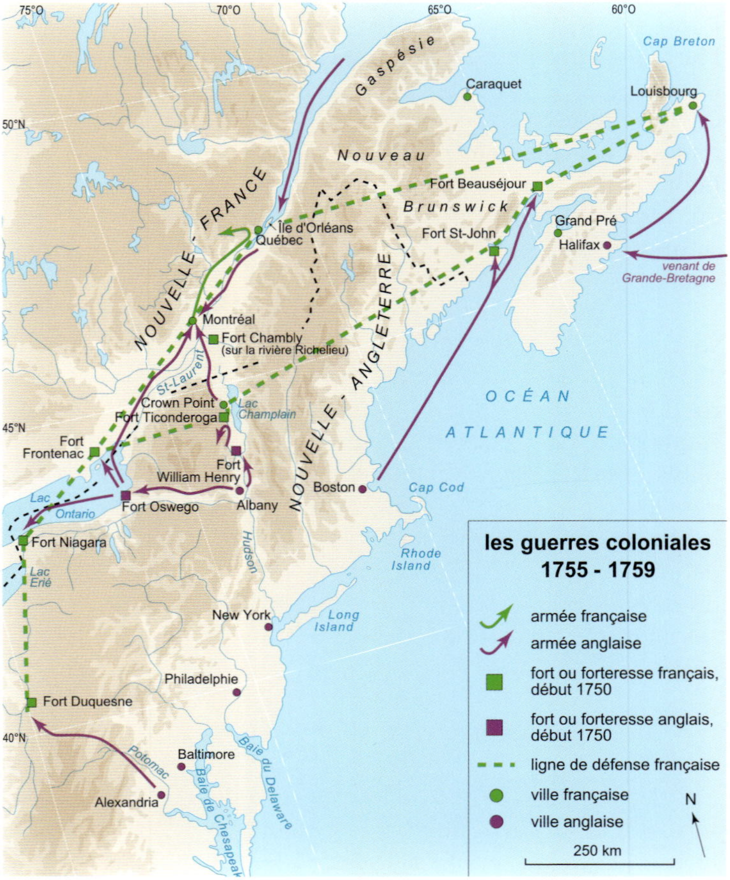

C'en est trop pour les Anglais. L'épreuve de force commence après le traité d'Utrecht en 1713 et se termine le 13 septembre 1758, sur le site des Plaines d'Abraham à Québec. Après un long siège, les troupes du général français Montcalm sont écrasées en moins d'une heure et quelques salves de fusil par celles du général anglais Wolfe. C'est la défaite. Le 8 septembre 1760, c'est au tour de Montréal de capituler.

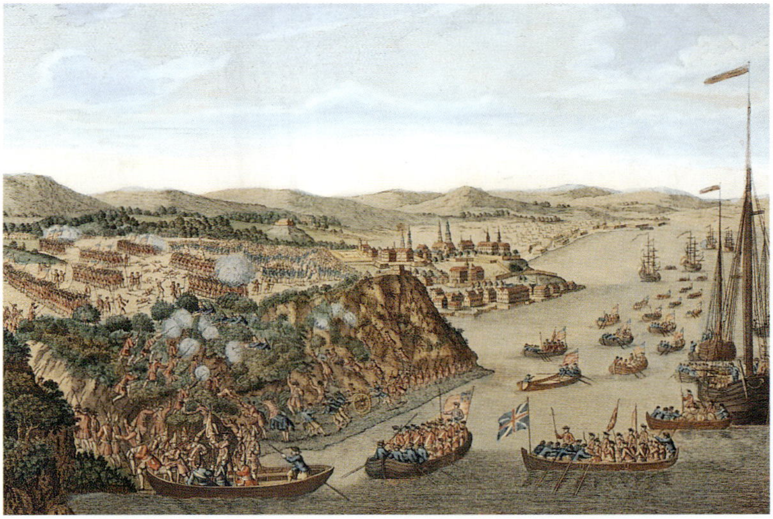

Archives nationales du Québec

Par le traité de Paris signé le 17 février 1763, la France reconnaît l'autorité de l'Angleterre sur presque toute son ancienne colonie ; il ne lui reste que Saint-Pierre-et-Miquelon et un droit de pêche sur les côtes de Terre-Neuve. Les colons français ont dix-huit mois pour quitter le pays, ceux qui resteront devront prêter serment d'allégeance à la couronne britannique.

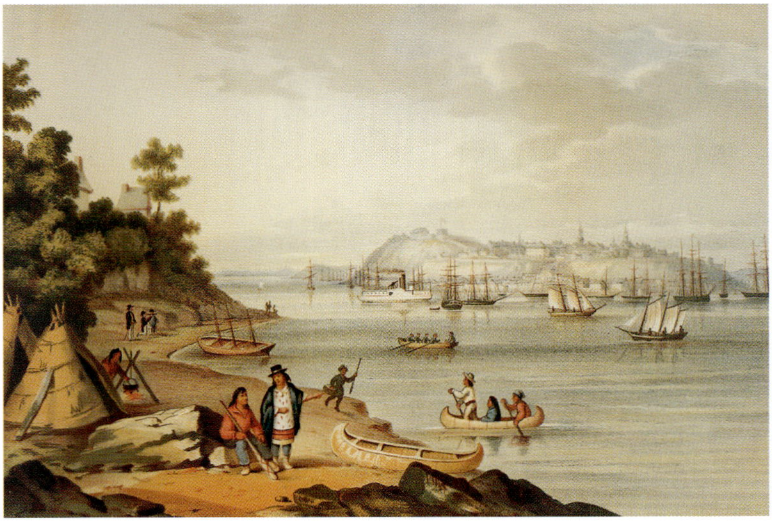

Archives nationales du Québec

Siège et prise de Québec en 1759.
Vue de Québec en 1832.

Les premières années sont difficiles ; en octobre 1763, une proclamation du roi d'Angleterre abolit les lois françaises, refuse de reconnaître l'autorité du pape et exclut les catholiques de toutes les charges publiques. L'administration et le commerce passent aux mains des Anglais et des protestants. Les Canadiens français sont réduits à l'état de citoyens de second ordre, à qui l'on interdit de jouer le moindre rôle dans la vie politique et commerciale du pays. Plusieurs milliers d'entre eux préfèrent quitter le pays. Les autres se replient sur leurs terres qu'ils exploitent juste pour vivre, ou dans leurs ateliers d'artisans.

1791 : LE CANADA COUPÉ EN DEUX

La proclamation de l'Indépendance américaine, en 1783, va marquer le début du peuplement anglophone du Canada. Plusieurs milliers de loyalistes fidèles à la couronne s'installent

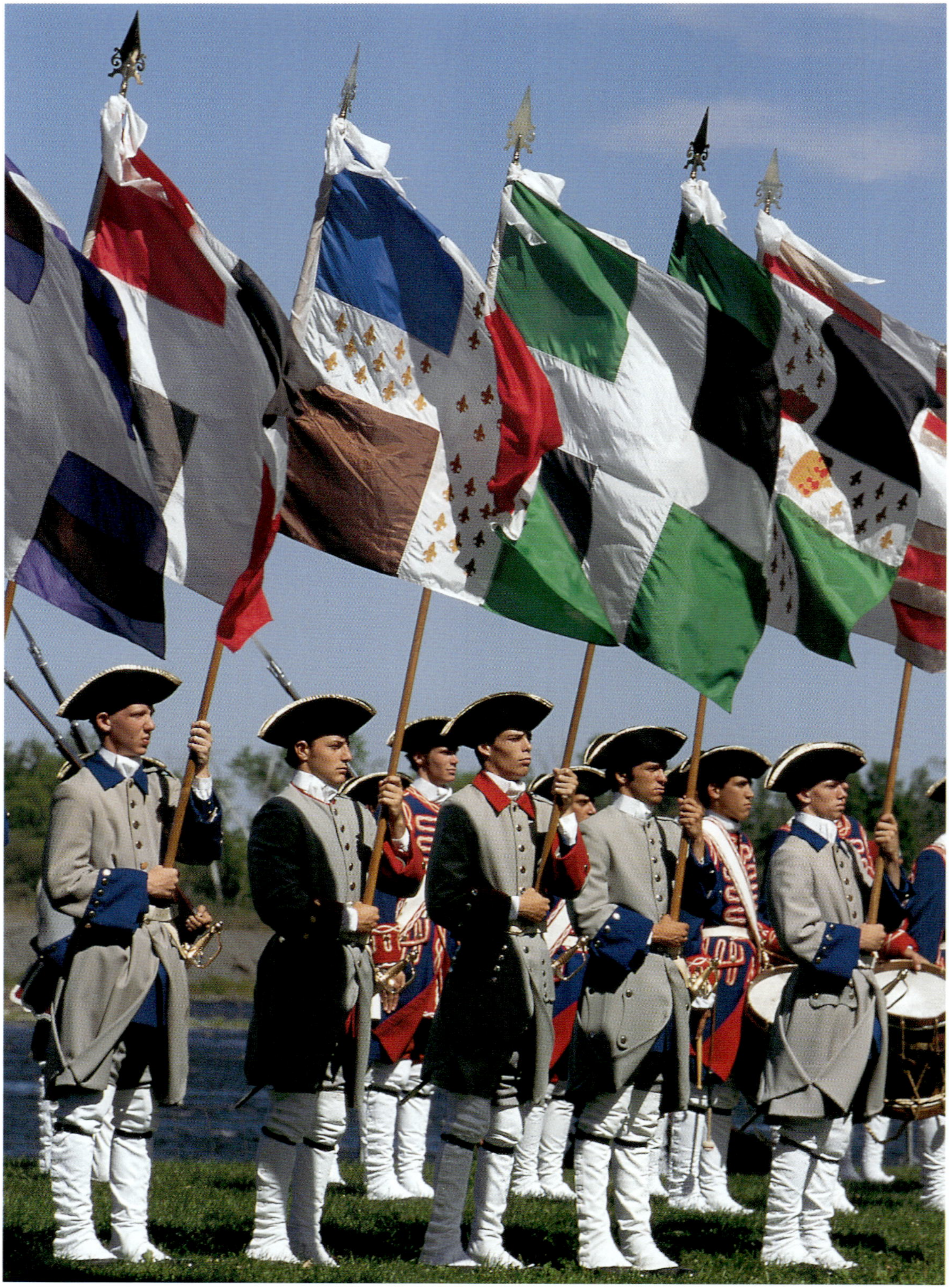

dans les cantons de l'est et dans le sud de l'actuel Ontario. Très vite, ils réclament un district séparé et distinct de celui des Canadiens francophones, un système parlementaire et des lois civiles anglaises.

Promulgué par le roi d'Angleterre en 1791, le "Constitutionnal Act" coupe le Canada en deux provinces, d'ethnies, de religions et de langues différentes : le Haut-Canada et le Bas-Canada. Le Haut-Canada, d'où naîtra l'Ontario, est régi par les lois civiles anglaises ; le Bas-Canada correspond approximativement au Québec actuel moins sa partie nordique, et continue d'être régi par le droit civil français.

Sous l'impulsion d'une nouvelle élite politique exaspérée par l'état d'infériorité dans lequel sont maintenus les Canadiens français, l'agitation se développe rapidement au sein du Bas-Canada.

En 1834, un groupe de parlementaires, conduit par Louis-Joseph Papineau, porte à Londres les "92 Résolutions", un réquisitoire implacable contre la politique coloniale de l'Angleterre. La couronne britannique refuse tout compromis, constitutionnel ou politique.

Les rebelles prennent alors le nom de "Patriotes" et organisent la résistance contre les Anglais, une insurrection réprimée dans le sang par les troupes britanniques, en 1837 puis 1838.

Dès le début de la rébellion, Londres a dépêché sur place un gouverneur, Lord Durham. Celui-ci préconise la réunion des deux Canadas afin d'accélérer l'assimilation des Canadiens français, de les noyer dans un ensemble dans lequel ils n'auront ni le poids démographique, ni le poids politique qu'ils détenaient dans le Bas-Canada.

L'Acte d'Union est signé en 1840. Il est capital : pour la première fois, l'Angleterre affiche clairement sa volonté de subordonner les francophones, majoritaires, aux anglophones minoritaires.

La logique qui a mené à l'union des deux Canadas se durcit encore en 1867 avec l' "Acte de l'Amérique du Nord britannique".

Le Haut-Canada et le Bas-Canada (devenus l'Ontario et le Québec) forment dorénavant avec les provinces du Nouveau-Brunswick et de la Nouvelle-Écosse une nouvelle entité politique et économique assujettie à la couronne britannique : la

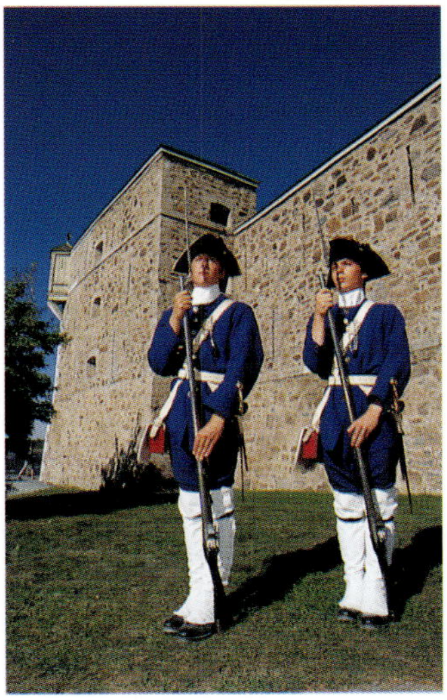

Reconstitution de la vie d'un régiment français au Fort Chambly.

Page de gauche : reconstitution des combats au fort Chambly à l'occasion de la fête de Saint-Louis.

Ci-dessous : le port de Québec vers 1880.

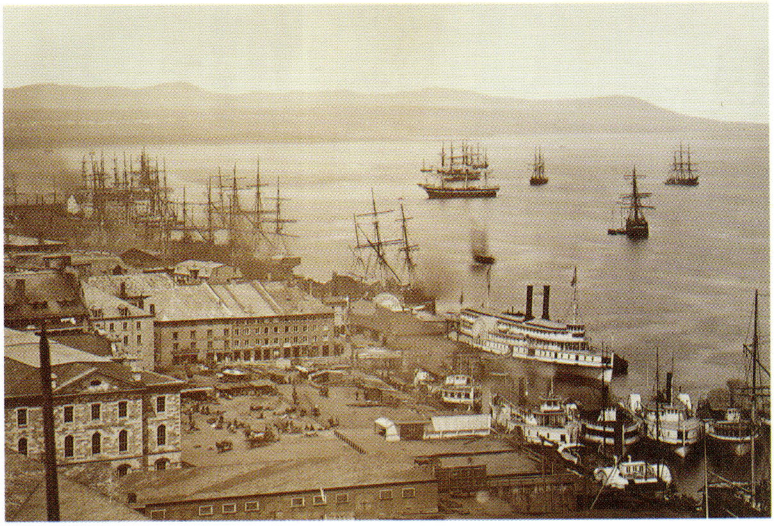

Archives nationales du Québec

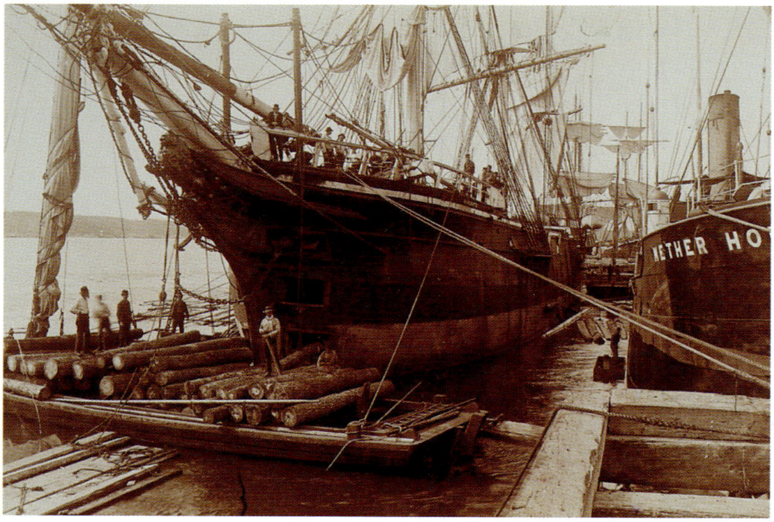

Déchargement du bois dans le port de Québec vers 1880.

Confédération canadienne.

La Constitution de 1867, votée à Londres, répartit les pouvoirs entre un gouvernement fédéral, basé à Ottawa et des gouvernements provinciaux.

Le Québec se sent de plus en plus isolé dans son pays : avec le rattachement de nouvelles provinces majoritairement anglophones – le Manitoba (en 1870), la Colombie Britannique (en 1871), l'île du Prince-Edouard (en 1873), le Saskatchewan et l'Alberta (en 1905) – la province francophone devient chaque fois un peu plus minoritaire au sein du pays.

En 1840, le Québec représentait encore la moitié du Canada ; au début du XXe siècle, il n'est plus qu'une province parmi d'autres.

LA MUTATION DU XXe SIÈCLE

Dès sa création, la province du Québec joue de malchance. Sans charbon ni minerai de fer, elle rate sa première révolution industrielle, alors que son voisin du sud, les États-Unis, en profite pleinement.

Heureusement, le début du XXe siècle coïncide avec le début d'une période de croissance extraordinaire qui va durer jusqu'aux années 1930. L'électricité, le papier journal et les métaux non ferreux (cuivre, aluminium et nickel) vont lancer la modernisation de la province francophone. En quelques années, grâce à son réseau hydrographique exceptionnel, le Québec devient un des plus gros producteurs d'électricité et attire de multiples industries : aluminium, chimie, pâtes et papiers. L'urbanisation est rapide : en 1901, 60 % des Québécois étaient des ruraux, en 1941 ils ne sont plus que 37 %.

A ces bouleversements économiques, le Québec va répondre par une lente, très lente évolution politique et sociale.

De fait, c'est moins le gouvernement libéral (à la tête du pays de 1897 à 1936) que l'Église qui assure le rôle d'acteur politique majeur du pays. Contrôlant le réseau d'assistance publique et d'éducation, intervenant dans tous les débats politiques, elle idéalise un Canada biculturel, rural et catholique et combat toutes les transformations engendrées par l'urbanisation. S'inquiétant très tôt de la montée du communisme dans le monde, elle veille à maintenir la société canadienne-française dans le statu quo.

La Grande Dépression de 1930, qui va durer près de dix ans, trouble cette omnipotence du clergé. A la crise économique qui règne dans toute la province (le taux de chômage atteint 27 % fin 1932), se greffe bientôt une crise morale. Le courant nationaliste commence à faire doucement son chemin et, ici et là, on entend parler de "québécitude".

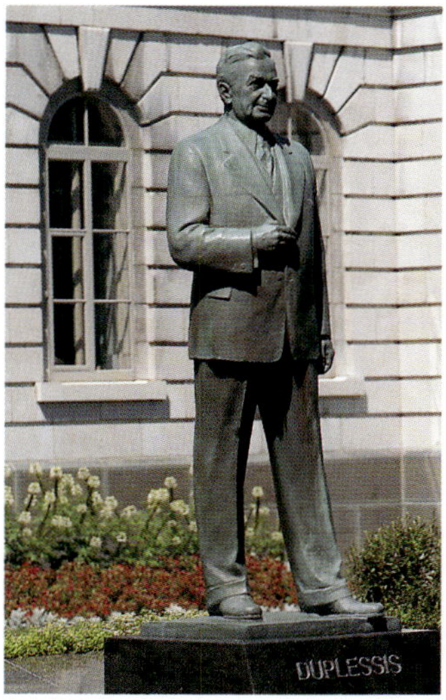

Devant les murs du Parlement, statue de Maurice Duplessis, premier ministre du Québec entre 1944 et 1959, pendant la période de la "grande noirceur".

LA DRÔLE DE "RÉVOLUTION TRANQUILLE"

En 1944 , anglophones et francophones s'opposent sur la conscription obligatoire qui a obligé les Canadiens français à se battre aux côtés des Anglais pendant les deux guerres mondiales. L'ingérence croissante du gouvernement fédéral dans les affaires du Québec pousse les Québécois à élire un Premier ministre conservateur et chauvin, Maurice Duplessis, qui restera au pouvoir jusqu'à sa mort en 1959.

Chef de l'Union nationale, cet homme de poigne mène pendant quinze ans une politique réactionnaire, au capitalisme débridé et violemment antisyndical.

Profondément nationaliste (c'est lui qui, en 1948, ose donner un drapeau au Québec), il fait pourtant largement appel aux capitaux américains, cantonnant la main-d'œuvre québécoise dans des emplois peu qualifiés et mal rémunérés.

"C'est le temps que ça change", lance le libéral Jean Lesage, à la mort de Duplessis. En 1960, son arrivée au pouvoir lance le début de la "Révolution tranquille", une période intense de changements qui va faire voler en éclats la prédominance de l'Église (en dix ans, le taux de pratique religieuse passera de 80 % à 20 %), vaciller toutes les certitudes et mettre le Québec "à l'heure de la planète"...

Le Magasin Général Le Brun à Maskinongé, dans la région de Lanaudière.

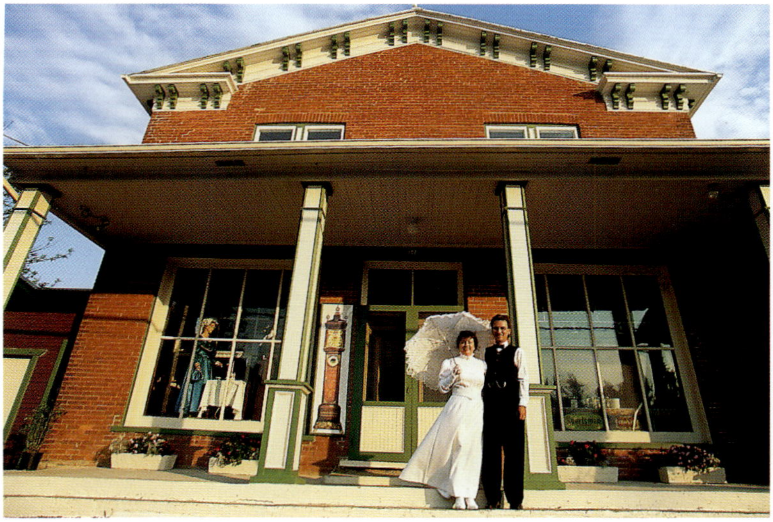

Entre 1960 et 1966, Jean Lesage et son "équipe du tonnerre" réforment en profondeur la fonction publique, l'éducation, la santé et les affaires sociales. Pour la première fois depuis la conquête anglaise, le gouvernement provincial encourage les entrepreneurs francophones.

Parallèlement, le nouveau Premier ministre affirme la présence du Québec sur la scène internationale, en signant avec Paris et Bruxelles de nombreux accords de coopération, sans l'autorisation du gouvernement fédéral canadien.

De cette période d'effervescence, le Québec sort plus fort, plus présent… mais aussi plus divisé.

LA NAISSANCE DU PARTI QUÉBÉCOIS

En 1967, René Lévesque, journaliste et homme de télévision très populaire, puis ministre des Ressources naturelles dans le cabinet de Jean Lesage, fonde un mouvement qui devient un an plus tard le Parti québécois. Sa devise : "un parti à fonder ; un pays à bâtir" le rend de plus en plus populaire au Québec.

Le 15 novembre 1976, lors des élections provinciales, le Parti québécois remporte la victoire. René Lévesque devient premier ministre, il le restera jusqu'en 1985.

Commence alors une des périodes les plus intenses de l'histoire du Canada.

A la tête de la Confédération canadienne, le Premier ministre, Pierre Eliott Trudeau, se pose en adversaire acharné du nationalisme québécois. Au Québec, René Lévesque, quant

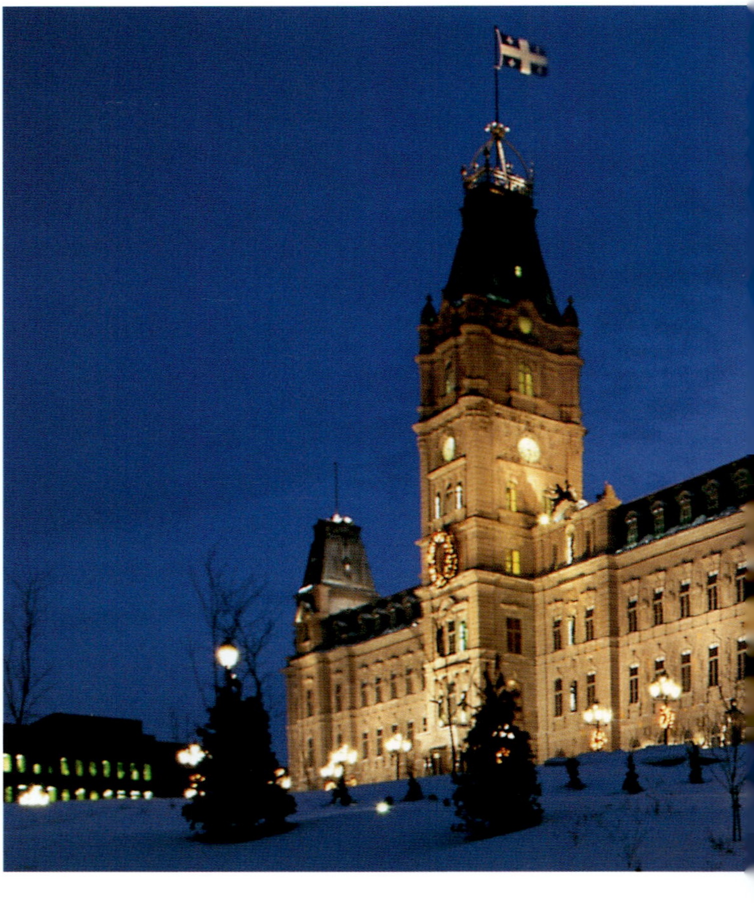

Doubles pages suivantes :

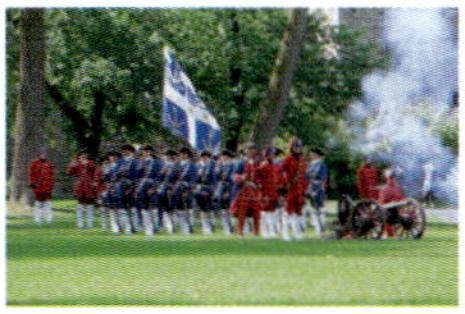

La fête de la Saint-Louis au Fort Chambly : reconstitution des premières batailles de la Nouvelle-France...

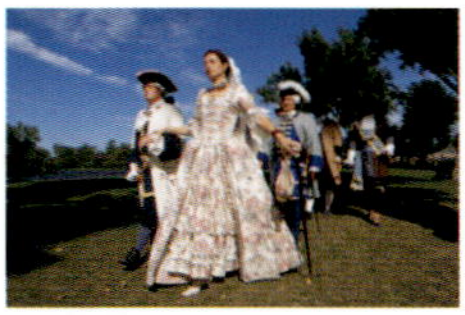

Officiers français défilant au bras de leurs nobles compagnes...

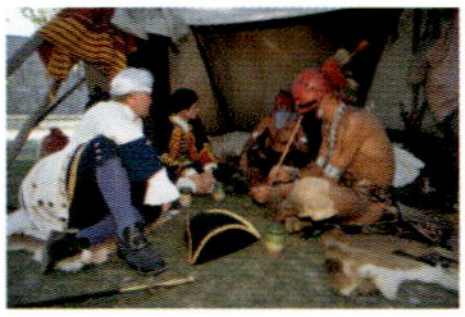

... et rencontre entre les officiers et les Amérindiens.

à lui, s'est fixé comme mission de négocier la souveraineté-association pour rendre le Québec indépendant.

En 1977, au grand dam des Anglo-québécois, il fait adopter la "Loi 101", qui proclame le français seule langue officielle au Québec et oblige les nouveaux émigrants non canadiens à choisir l'école française pour leurs enfants.

Le 20 mai 1980, il demande à la population de lui accorder un mandat afin d'entreprendre avec le gouvernement fédéral les négociations menant à la souveraineté-association pour le Québec. Les partisans du non l'emportent avec 60 % des voix. Quinze ans plus tard, après une nouvelle victoire du Parti québécois, le Premier ministre Jacques Parizeau organise en 1995 un second référendum sur la souveraineté du Québec. La population répond une fois de plus par le "non". Cette fois à une très faible majorité, moins de 50 000 voix d'avance.

"Ce peuple est sans histoire...", écrivait Lord Durham en 1840, en proposant l'assimilation des Canadiens français. Pourtant, aujourd'hui, plus personne n'appelle les habitants du Québec les "Canadiens français"... Ils sont devenus Québécois, fièrement et pour toujours.

L'hôtel du Parlement à Québec. C'est dans cet édifice construit en 1877 et 1886 que siègent le gouvernement et les députés du Québec.

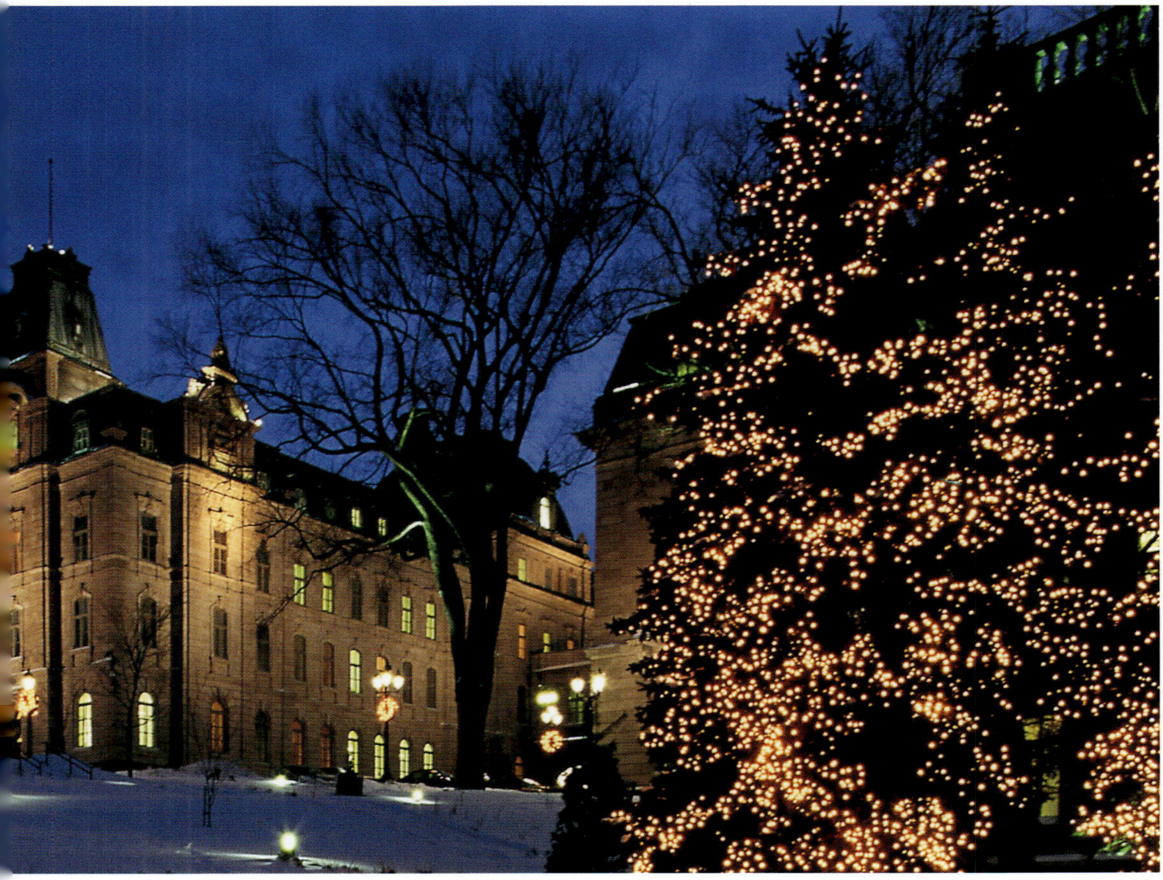

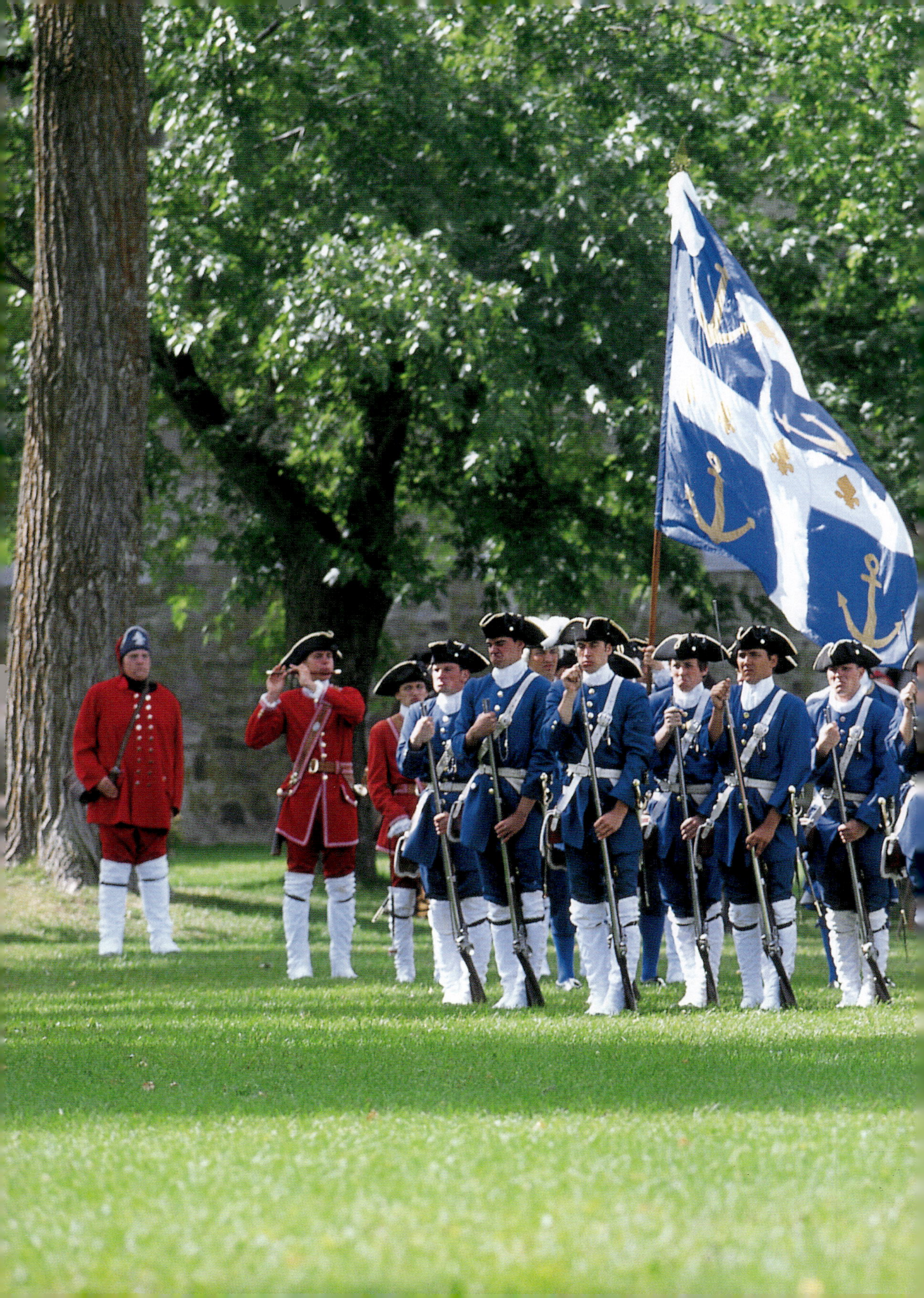

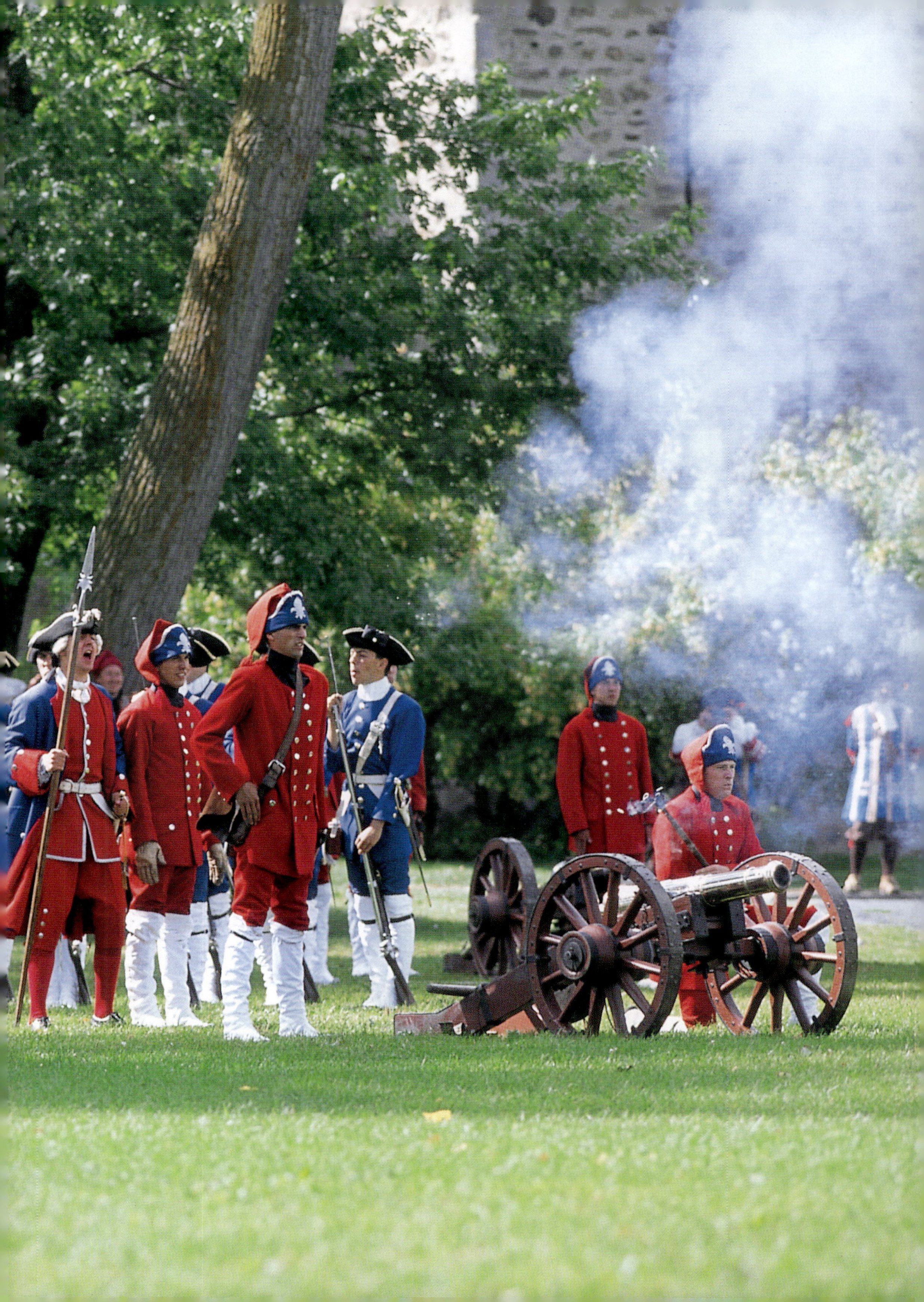

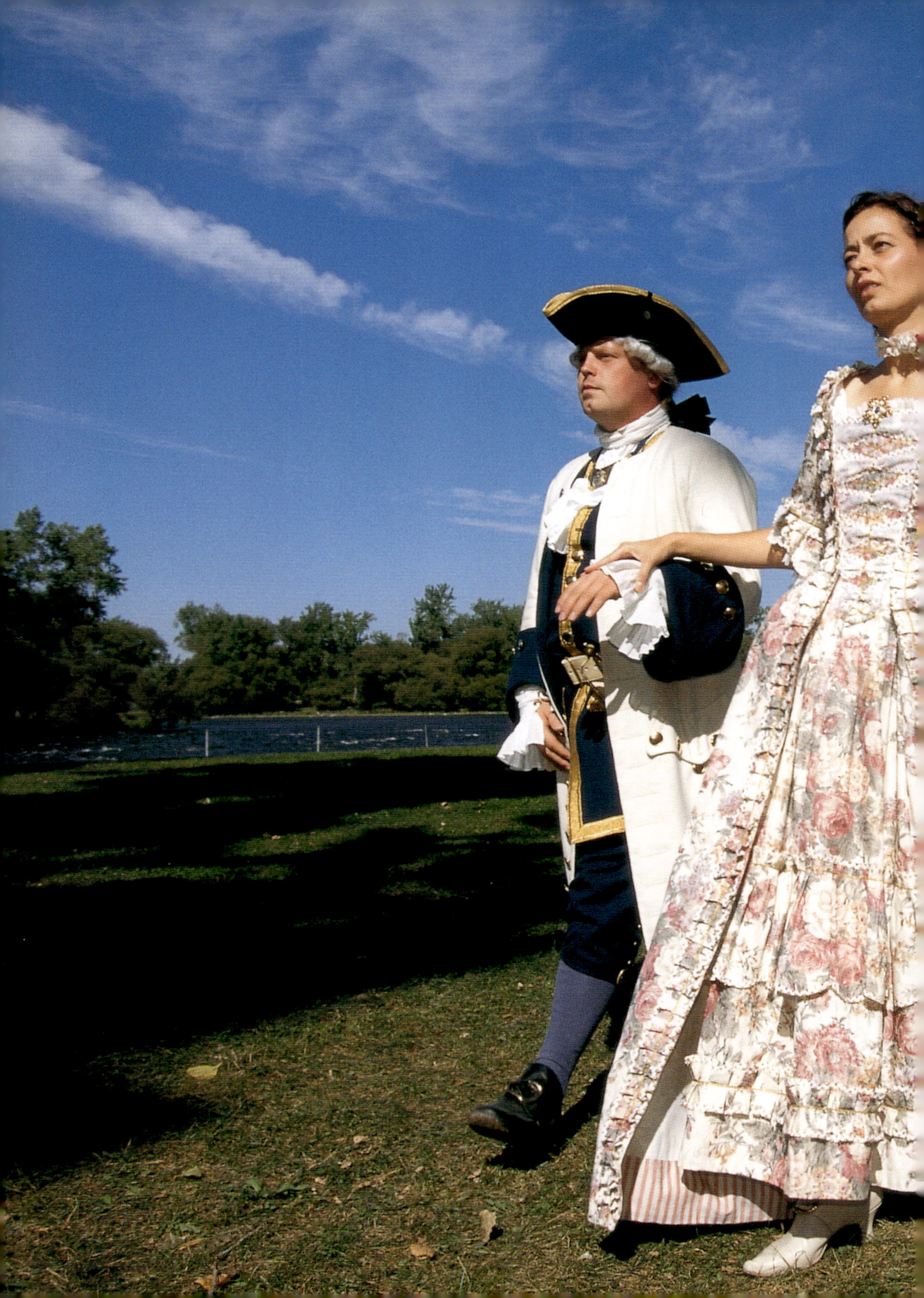

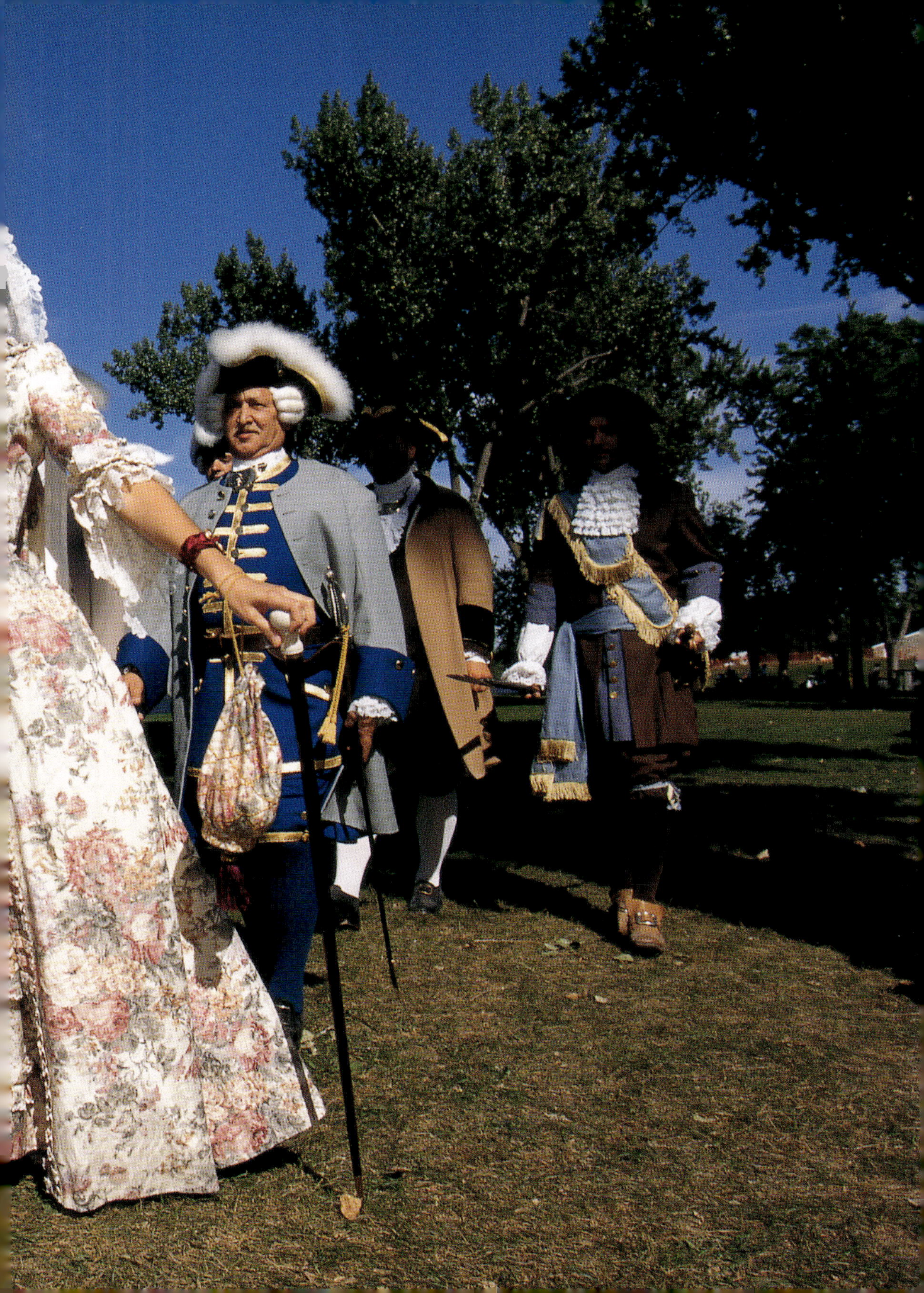

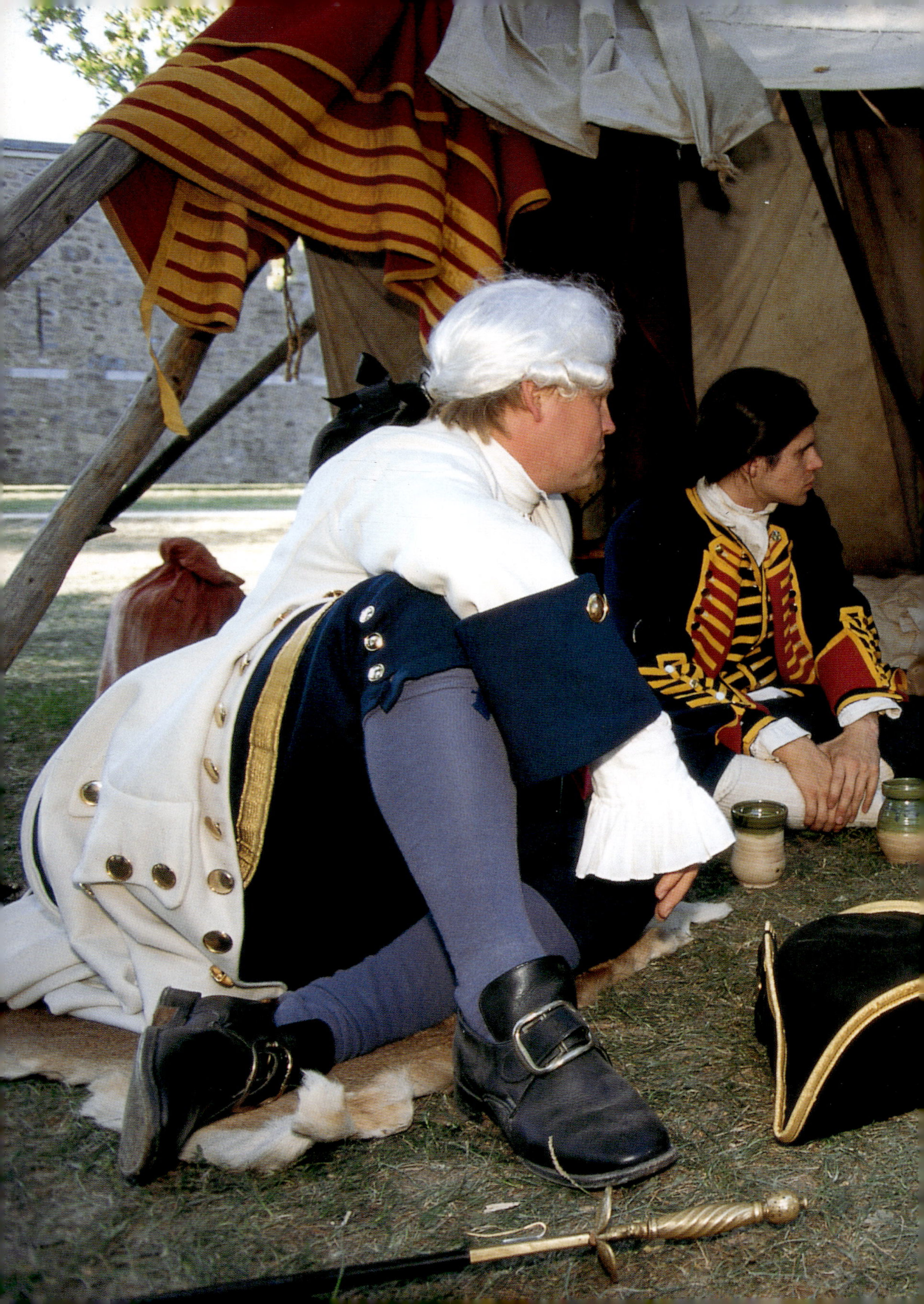

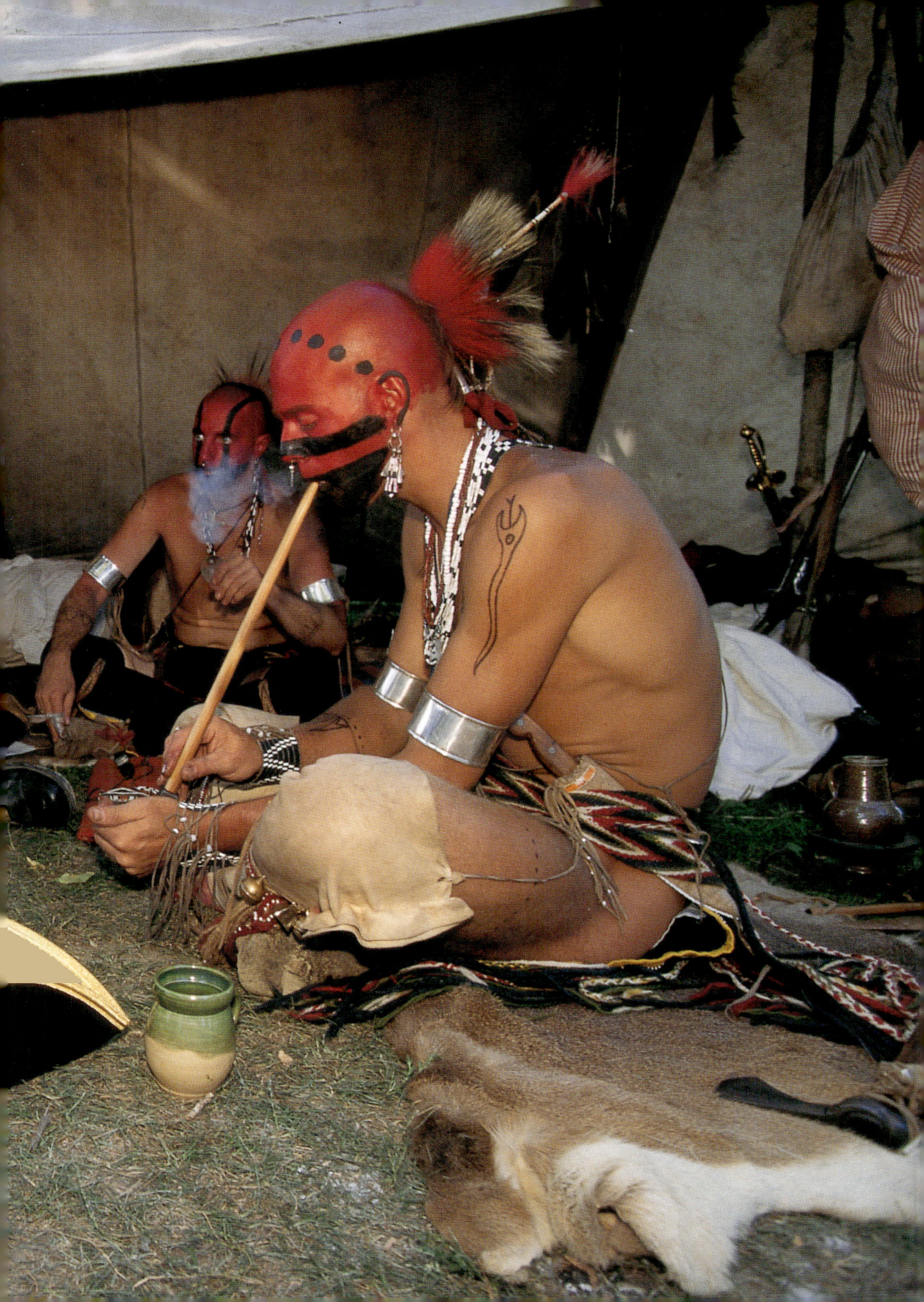

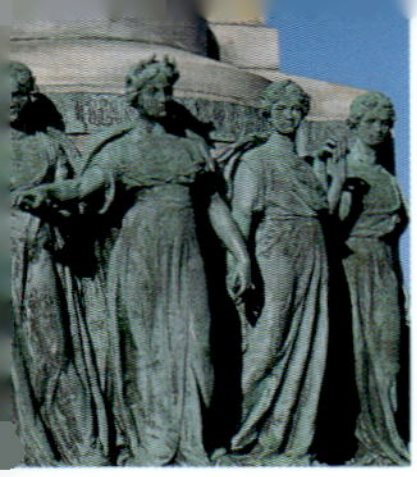

Montréal, une vraie gueule d'atmosphère !

"Je reviendrai à Montréal
Dans un grand Boeing bleu de mer"
(chanson de Robert Charlebois, paroles de Daniel Thibon)

D'elle, on remarque d'abord ses hautes silhouettes de béton et de verre qui lui donnent une apparence typiquement américaine.
Pourtant, il suffit de pénétrer au cœur de cette ville pour comprendre que Montréal dégage une atmosphère indéfinissable.

Un peu anarchique, faite de bouts de rues et de quartiers tous plus différents et complémentaires les uns que les autres, Montréal n'est pas une belle ville mais elle a une âme et un cachet qui n'échappent pas à ceux qui la visitent.

On finit même par aimer son désordre architectural avec ses quartiers juifs, grecs, italiens, haïtiens ou chinois, sa vieille ville née à l'époque française, son centre d'influence nord-américaine et ses quartiers chics anglophones. On y goûte aussi ses nuits très animées, ses établissements tapageurs et ses rues inondées de monde au temps des festivals...

Jamais mondaine, toujours attachante, ville entre deux mondes, Montréal ne se visite pas, Montréal se vit intensément.

Le pont Jacques-Cartier dans le trafic matinal.

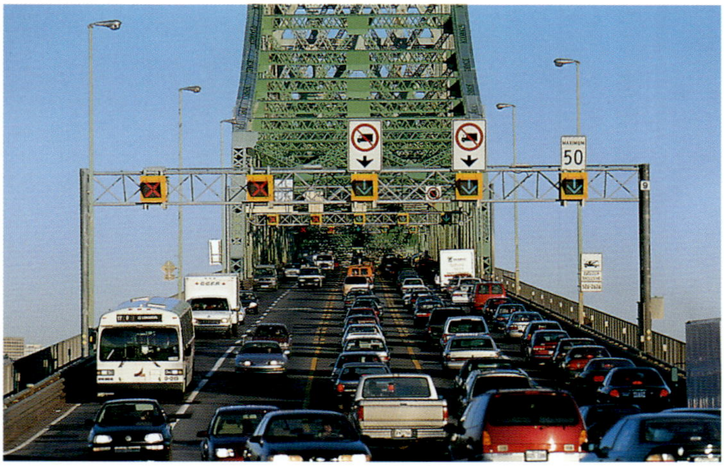

LA PORTE D'ENTRÉE DU NOUVEAU MONDE

En la retrouvant aujourd'hui, ses créateurs n'en reviendraient pas. Leur rêve, il y a un peu plus de 350 ans, était alors d'en faire une sorte de paradis catholique en Nouvelle-France... Ils étaient à peine quarante à débarquer, en 1642, sur cette île longue de quarante-huit kilomètres et large de seize, afin d'établir une première mission. Mais l'évangélisation des

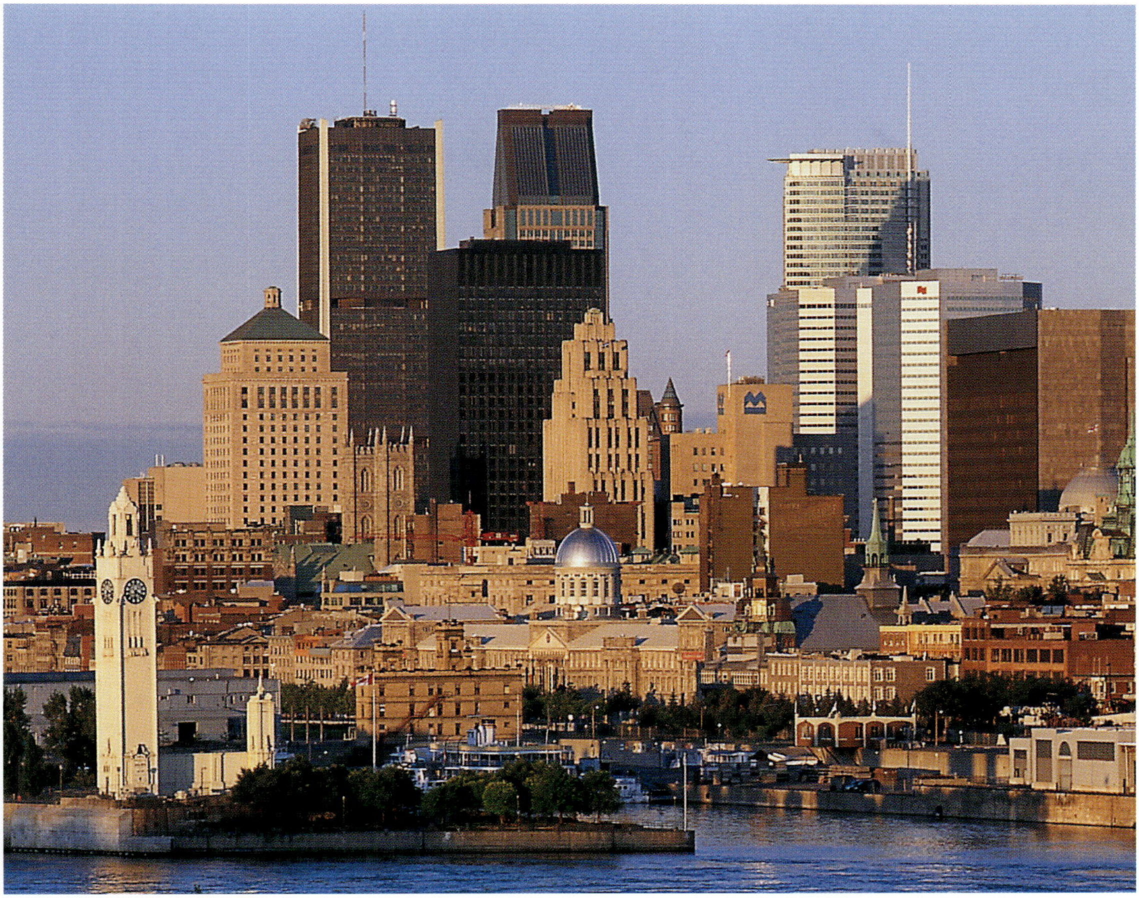

Vue générale de Montréal depuis le pont Jacques-Cartier.

autochtones tourna rapidement court. Moins d'un an après sa fondation, le campement est attaqué par les Iroquois et les autres nations indiennes refusent de venir s'y installer. Dès la fin du XVIIe, Ville-Marie, rebaptisée Montréal, se lance alors avec succès dans le commerce des peaux. Lorsqu'après la "Conquête" en 1760, la ville passe sous influence anglophone, elle est déjà au cœur d'un véritable empire de la fourrure.

À partir du XIXe siècle, la bourgeoisie d'affaires anglaise dote Montréal d'un véritable port et entreprend le commerce de produits manufacturés. Porte d'entrée du continent nord-américain, placée au cœur d'un vaste réseau hydrographique, Montréal devient rapidement une grande place du commerce mondial. Elle restera la plaque tournante de l'économie canadienne jusqu'à la fin des années 1950 puis s'essoufflera doucement au bénéfice de sa grande rivale Toronto. Ce mouvement s'amplifiera encore dans les années 1970, lorsque plusieurs sociétés canadiennes, contrariées par la percée du mouvement indépendantiste, quittent la ville francophone pour s'installer dans la capitale ontarienne.

L'industrie manufacturière cède alors le pas à une industrie de services, privant Montréal de son titre de métropole du pays. Soucieux de contrecarrer ce déclin, les francophones jurent de faire de leur ville une capitale culturelle et économique pleine d'allant. Pendant presque vingt-cinq ans, elle vit à l'heure des ambitions internationales de son maire, Jean Drapeau. En 1967, elle accueille l'Exposition universelle qui vient bousculer ses habitudes provinciales.

Pendant les six mois de "l'Expo", les nouveautés du monde entier défilent sous les fenêtres des Montréalais, qui

Le port de Montréal est le plus important port intérieur du continent et s'étend sur 25 km le long du fleuve.

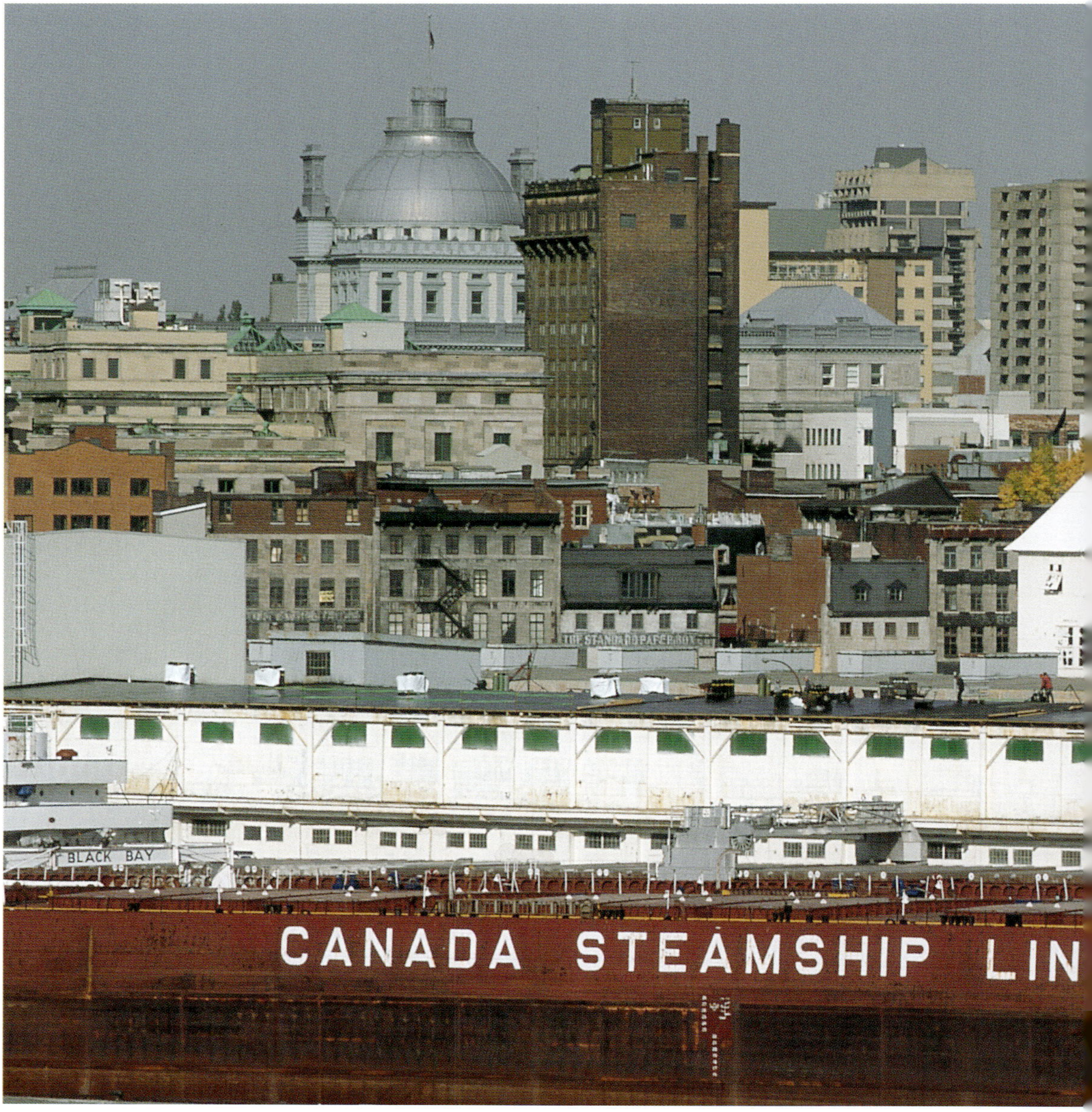

prennent vite goût à cette invasion "exotique". Viendront ensuite les jeux Olympiques de 1976 et les Floralies internationales de 1980. De nombreuses constructions monumentales, dont l'extraordinaire ville souterraine et l'actuel casino, témoignent de cette période fastueuse.

Montréal s'ouvre alors au monde, une nouvelle vague d'immigration venue d'Asie, d'Amérique du Sud et d'Afrique débarque sur la ville qui se métisse et se différencie radicalement de tout le reste du Québec.

Aujourd'hui, sa visite est une plongée au cœur du monde !

Double page suivante :

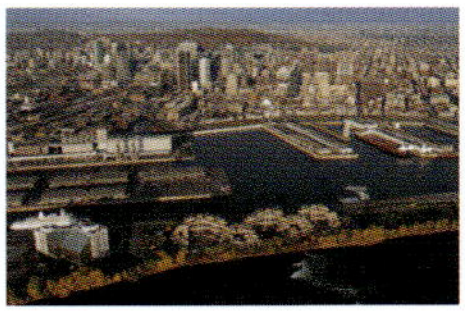

Le port et la ville de Montréal s'étendent entre le fleuve Saint-Laurent et le Mont-Royal.

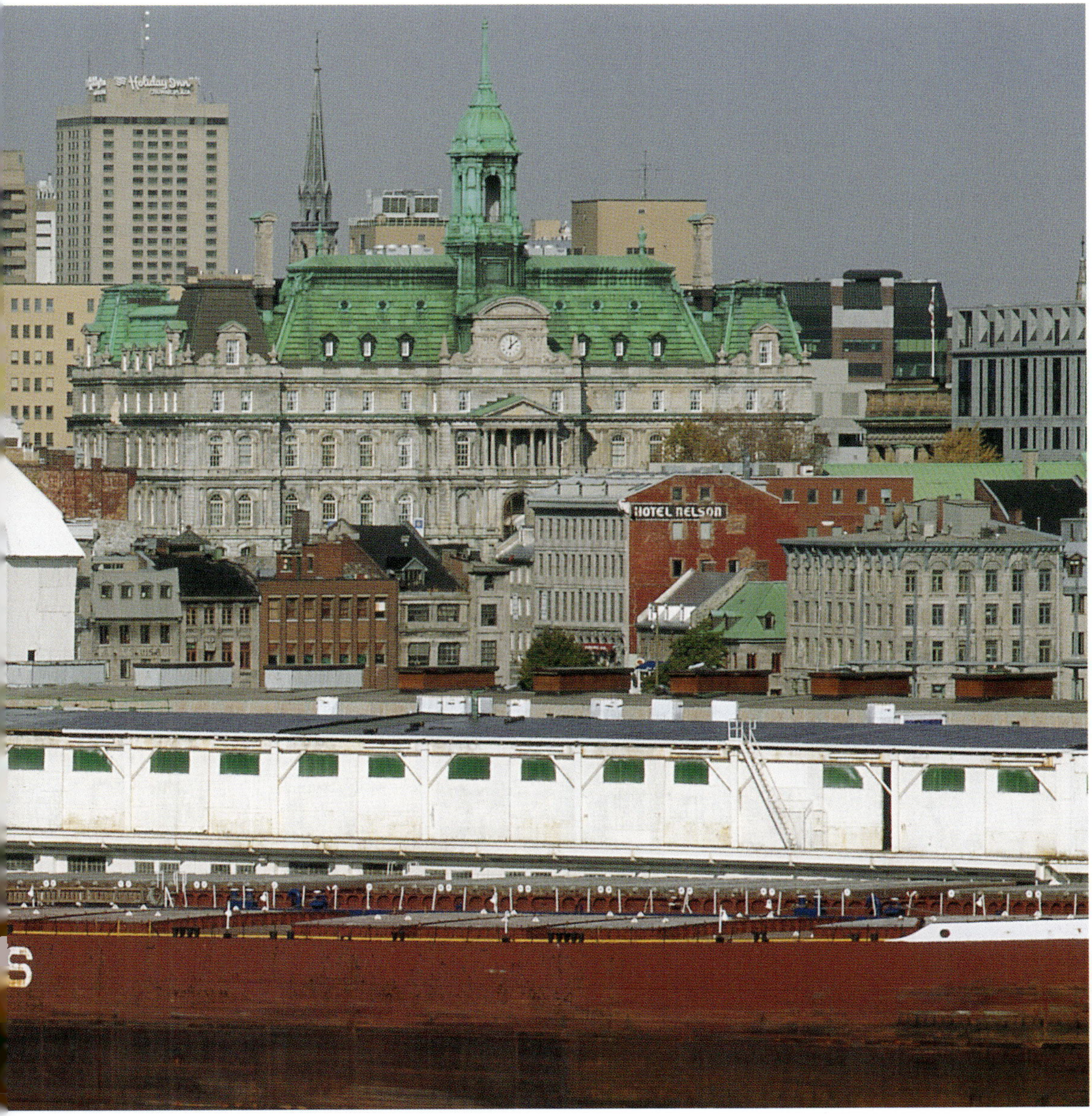

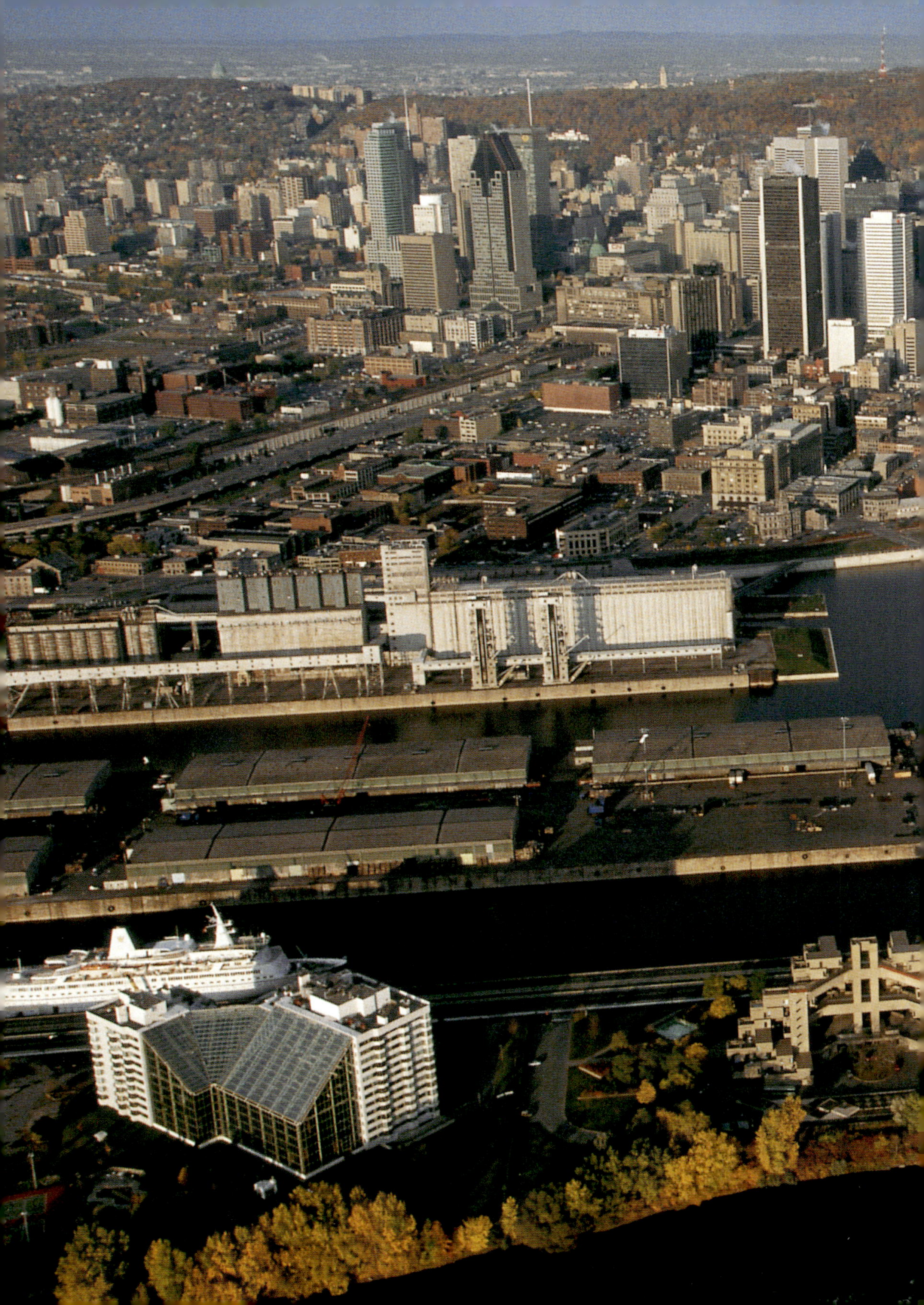

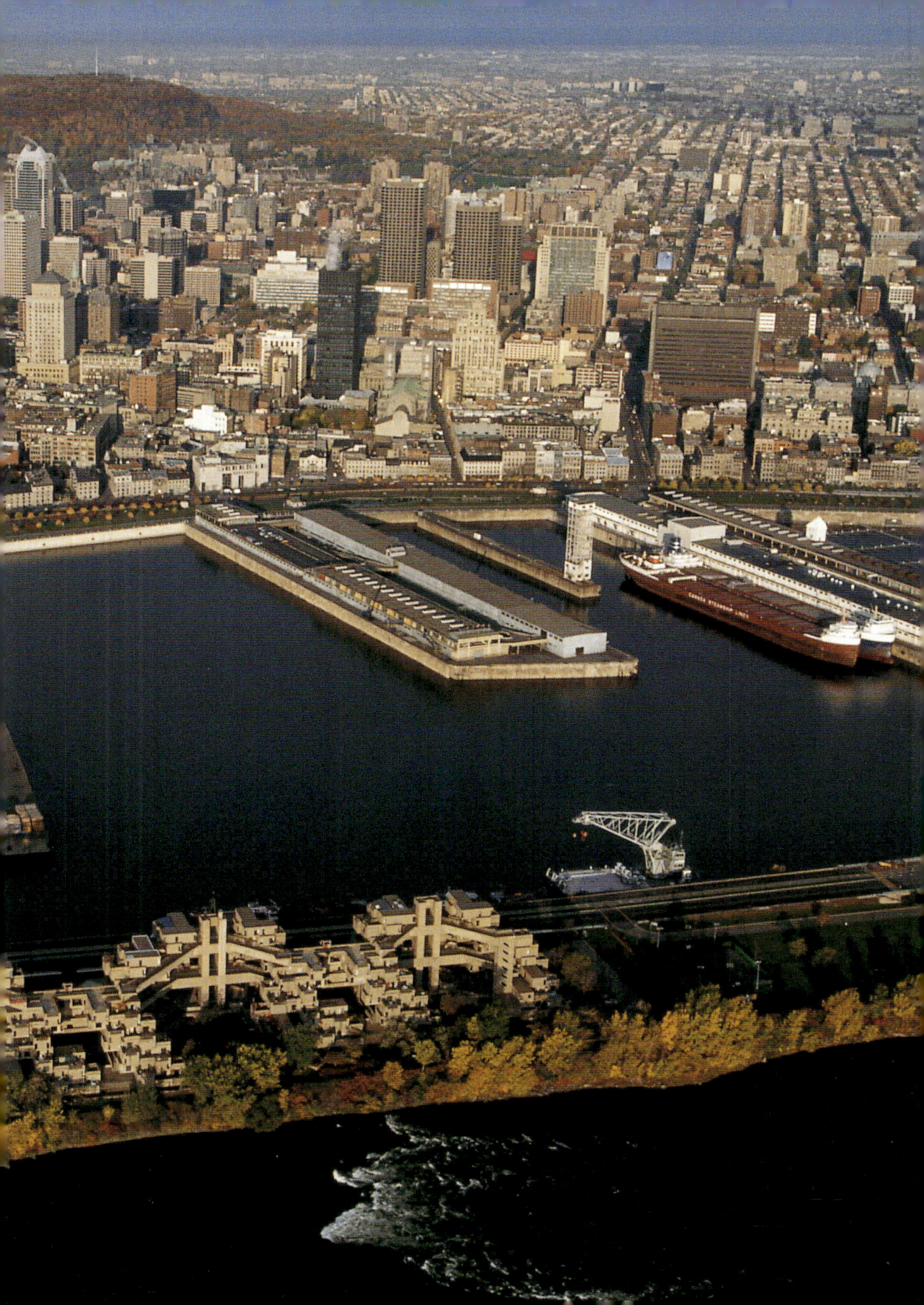

LE VIEUX MONTRÉAL, FIER DE SON PATRIMOINE

De la ville fortifiée au XVIIIe siècle, il reste aujourd'hui le Vieux-Montréal.

Ce quartier historique, qui se visite en une journée, garde un cachet très "vieille France" avec ses rues étroites et sinueuses, ses façades de pierre grise, ses anciens entrepôts de fourrures et ses nombreux musées et demeures seigneuriales.

C'est sur la place d'Armes que bat le pouls de la vieille ville. Autour du monument dédié à Maisonneuve, fondateur de Ville-Marie, trois siècles et demi d'histoire se pressent au coude-à-coude. La sculpture fait face à la basilique Notre-Dame, chef-d'œuvre du néogothique. Au moment de son inauguration en 1829, elle se voulait le plus imposant édifice religieux de la ville, histoire de faire enrager les Anglicans. Son architecte protestant était si fier de son travail qu'il se convertit même au catholicisme afin d'être inhumé sous sa basilique ! A l'intérieur, le somptueux décor de bois polychrome finement sculpté et orné de feuilles d'or et les vitraux lumineux retraçant les grands moments de l'histoire de Montréal jouent une symphonie de couleurs presque criarde.

Sur la place s'élèvent deux monuments construits lorsque le Vieux Montréal était le quartier d'affaires de la ville : l'immeuble de la New York Life Insurance, premier gratte-ciel de grès rouge érigé en 1888, qui ne compte pourtant que huit étages, et son voi-

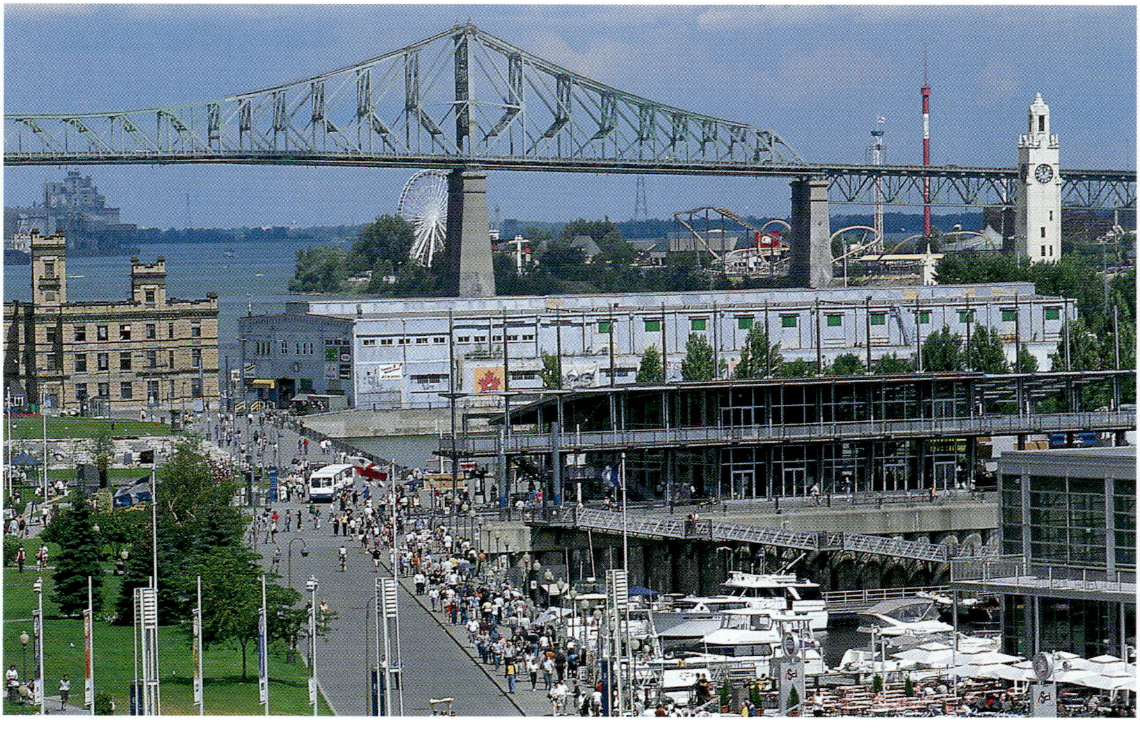

Réaménagé entre 1983 et 1992, le site du Vieux-Port de Montréal fait aujourd'hui les délices de ses visiteurs.

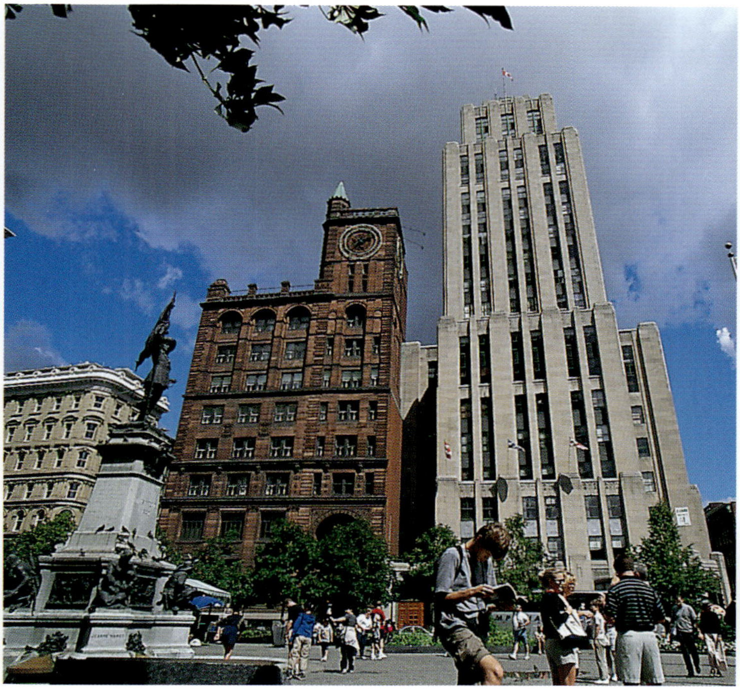

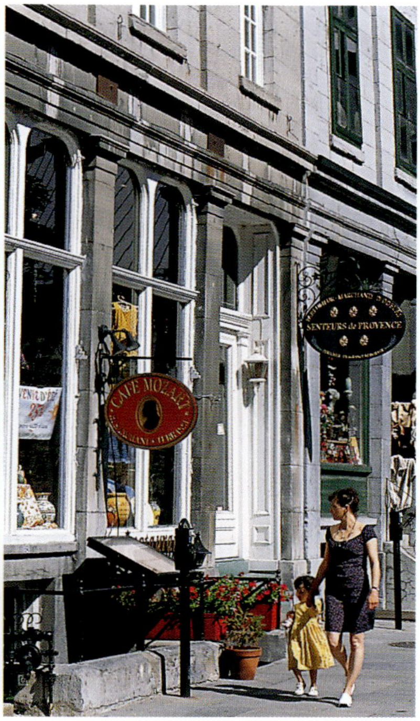

La place d'Armes et balade dans les ruelles de la vieille ville.

sin l'Édifice Alfred construit en 1929 dans un pur style Arts déco sur 23 niveaux…

Au début du XXe siècle, les maraîchers de la région venaient vendre leurs productions sur la place Jacques-Cartier, bâtie en 1804 sur les ruines de l'ancien château de Vaudreuil. Il ne reste aujourd'hui qu'un modeste marché aux fleurs et la colonne Nelson commémorant la victoire des Anglais à Trafalgar.

De la place Jacques-Cartier, l'histoire retient surtout le célèbre discours de De Gaulle en 1967. C'est depuis le balcon central de l'hôtel de Ville que le président français lança son fameux "Vive Montréal, vive le Québec, vive le Québec libre !", qui fit l'effet une tempête dans le Canada anglophone et valut au général un retour prématuré en France… et une statue à Montréal.

Bordé par de nombreux cafés-terrasses, ce haut lieu touristique grouille de monde dès les premiers beaux jours et le Vieux Port qui lui fait face est aujourd'hui un lieu de divertissement et de loisirs. Le long des quais, le gazon recouvre petit à petit les anciennes voies de chemin de fer. L'été, les Montréalais aiment s'y promener, pique-niquer, faire du vélo ou du patin à roues alignées et pendant l'hiver ils profitent de la patinoire géante aménagée au pied de la Tour de l'Horloge érigée en 1922 en mémoire des marins morts en mer.

Quant aux anciens entrepôts, longtemps laissés à l'abandon, ils ont été transformés à partir des années 1990 en cinéma, en hôtel-boutique ou en lofts de luxe transformant cet ancien quartier délabré en un endroit très "tendance".

Doubles pages suivantes :

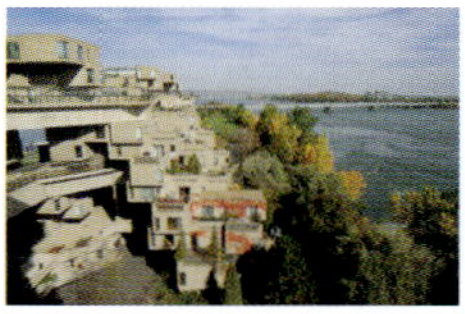

Sur l'Île Sainte-Hélène, gigantesque assemblage de "cubes" baptisé Habitat 67.

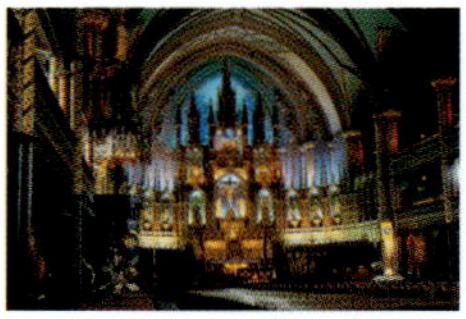

Le chœur coloré de la basilique Notre-Dame.

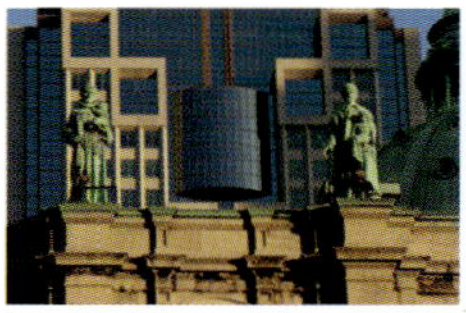

Contraste architectural avec les statues de la cathédrale Marie-Reine-du-Monde.

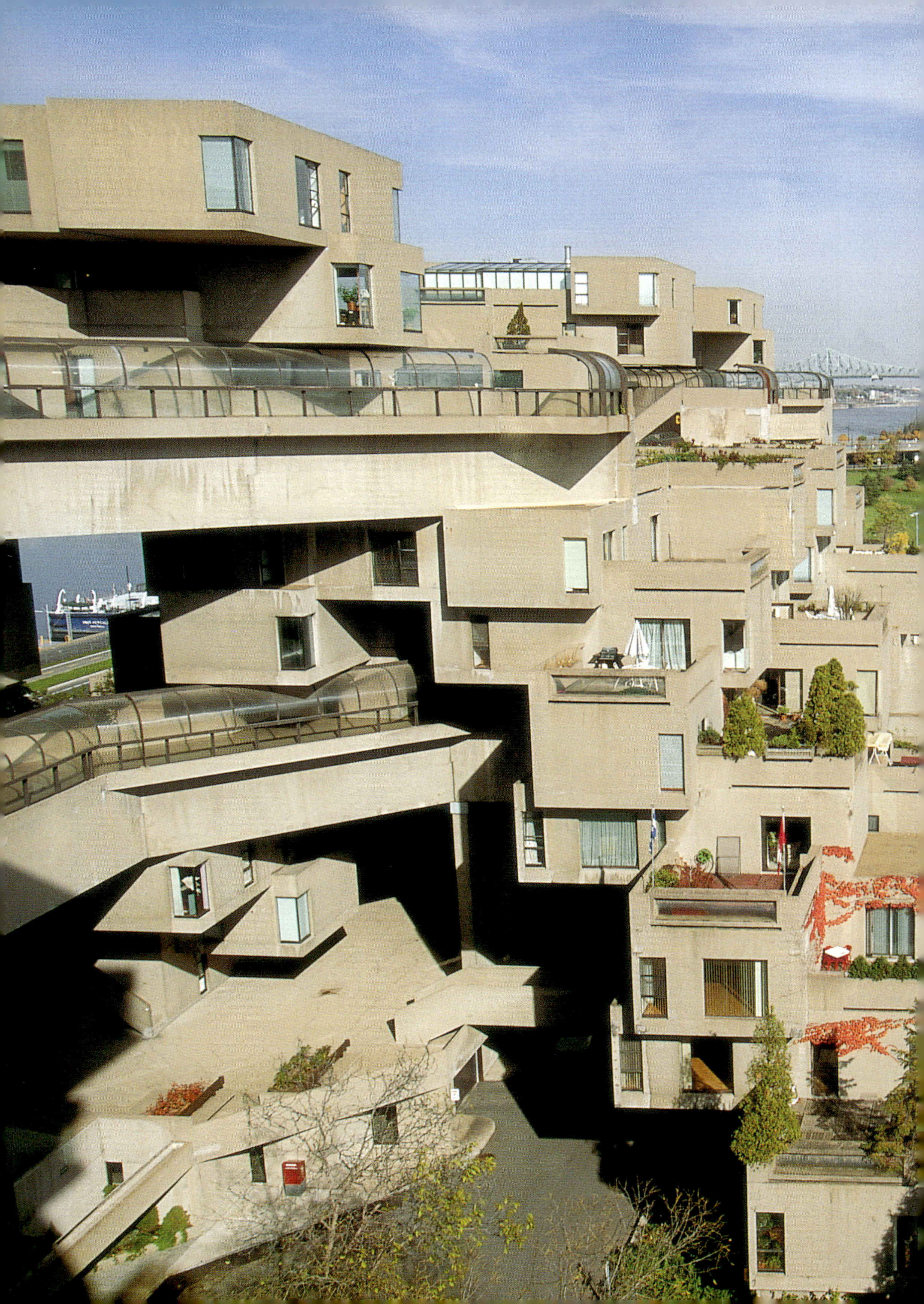

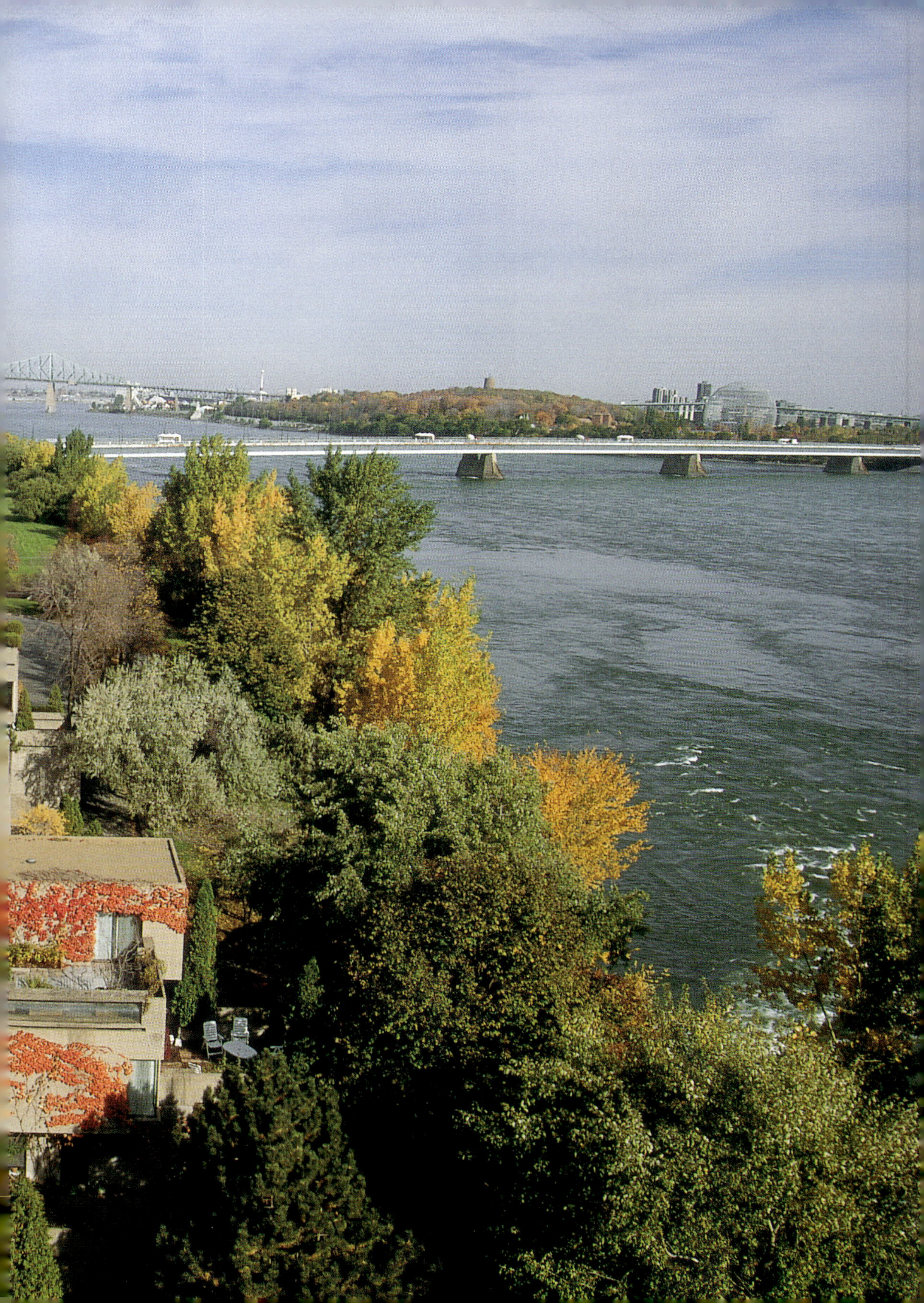

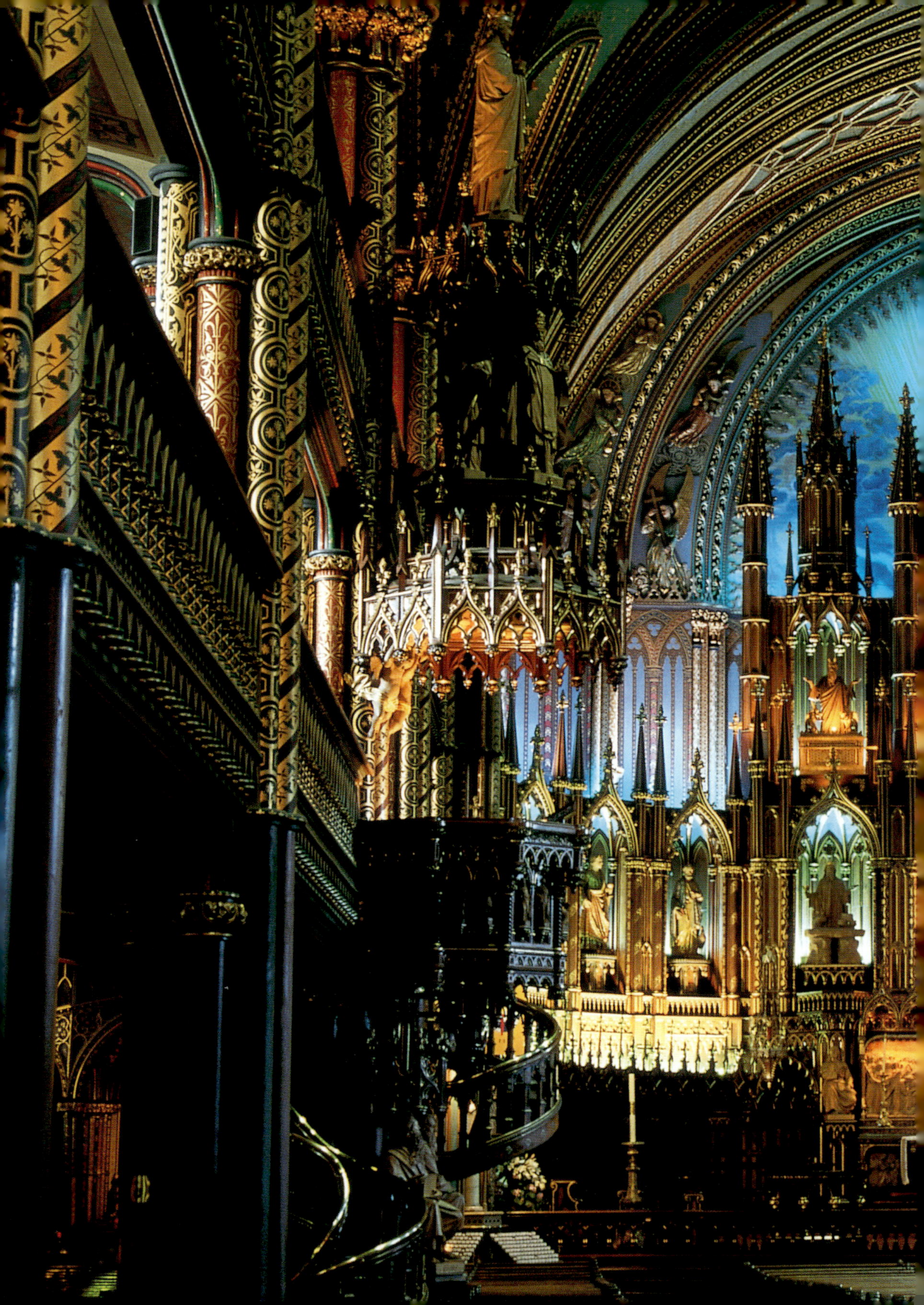

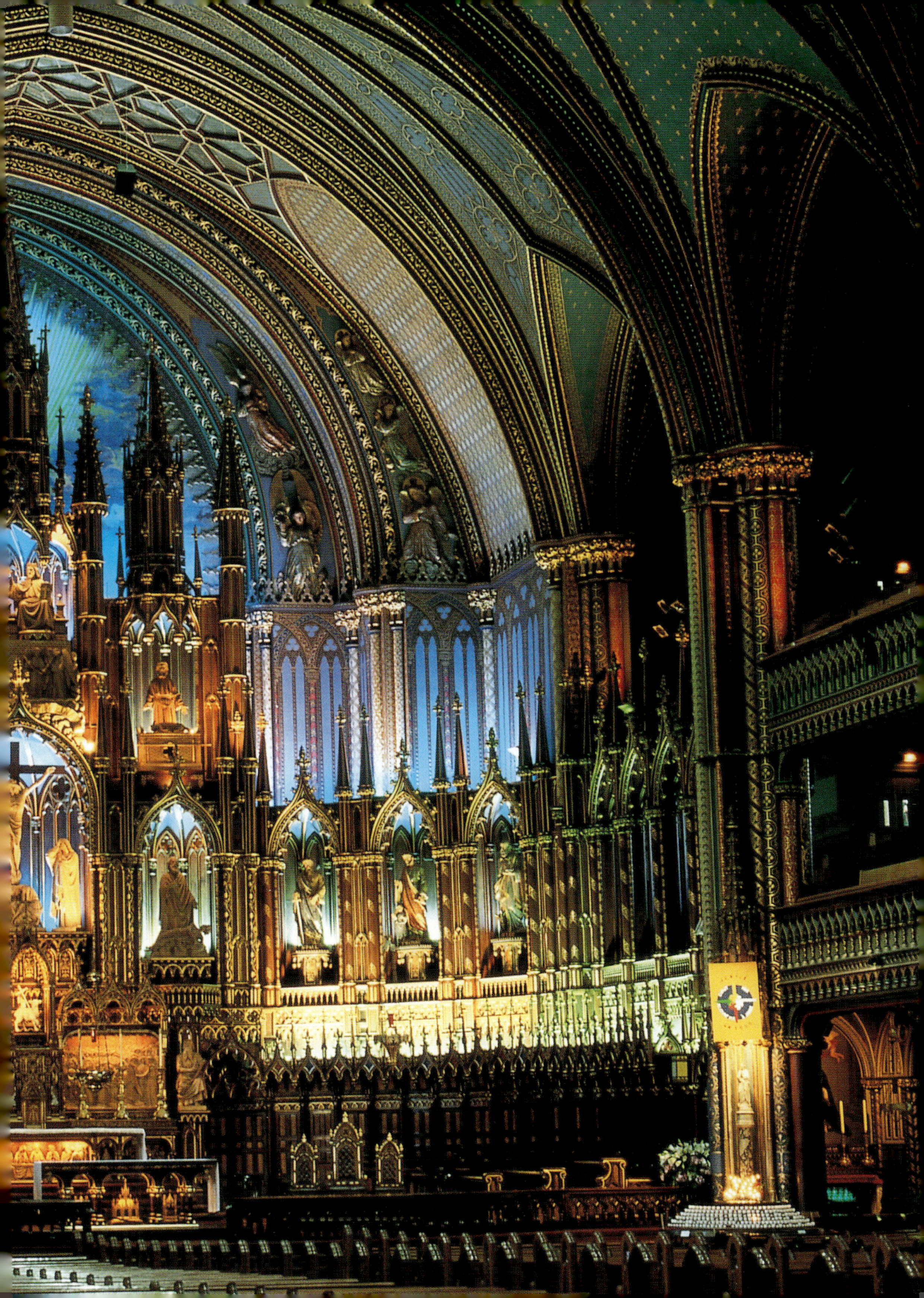

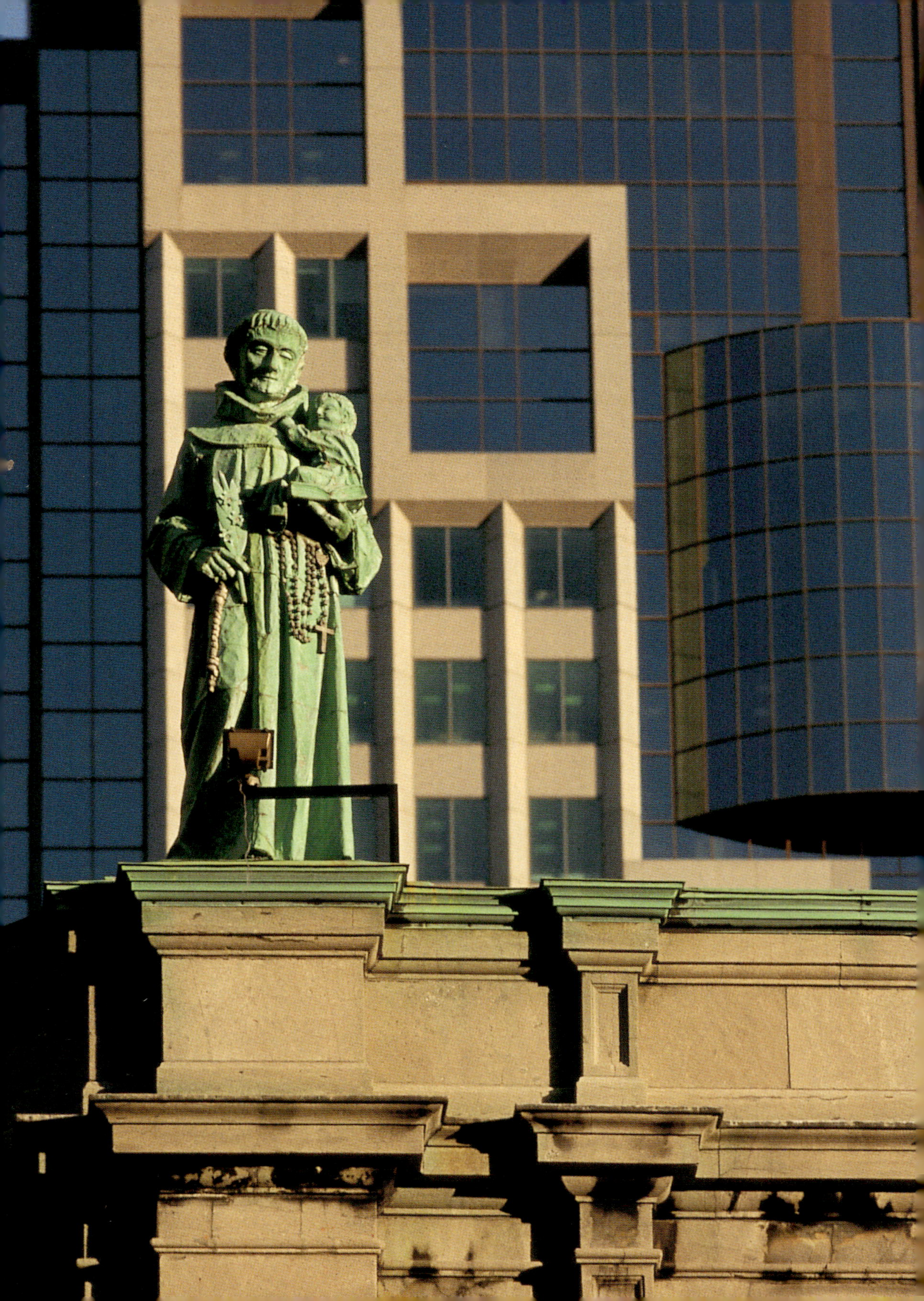

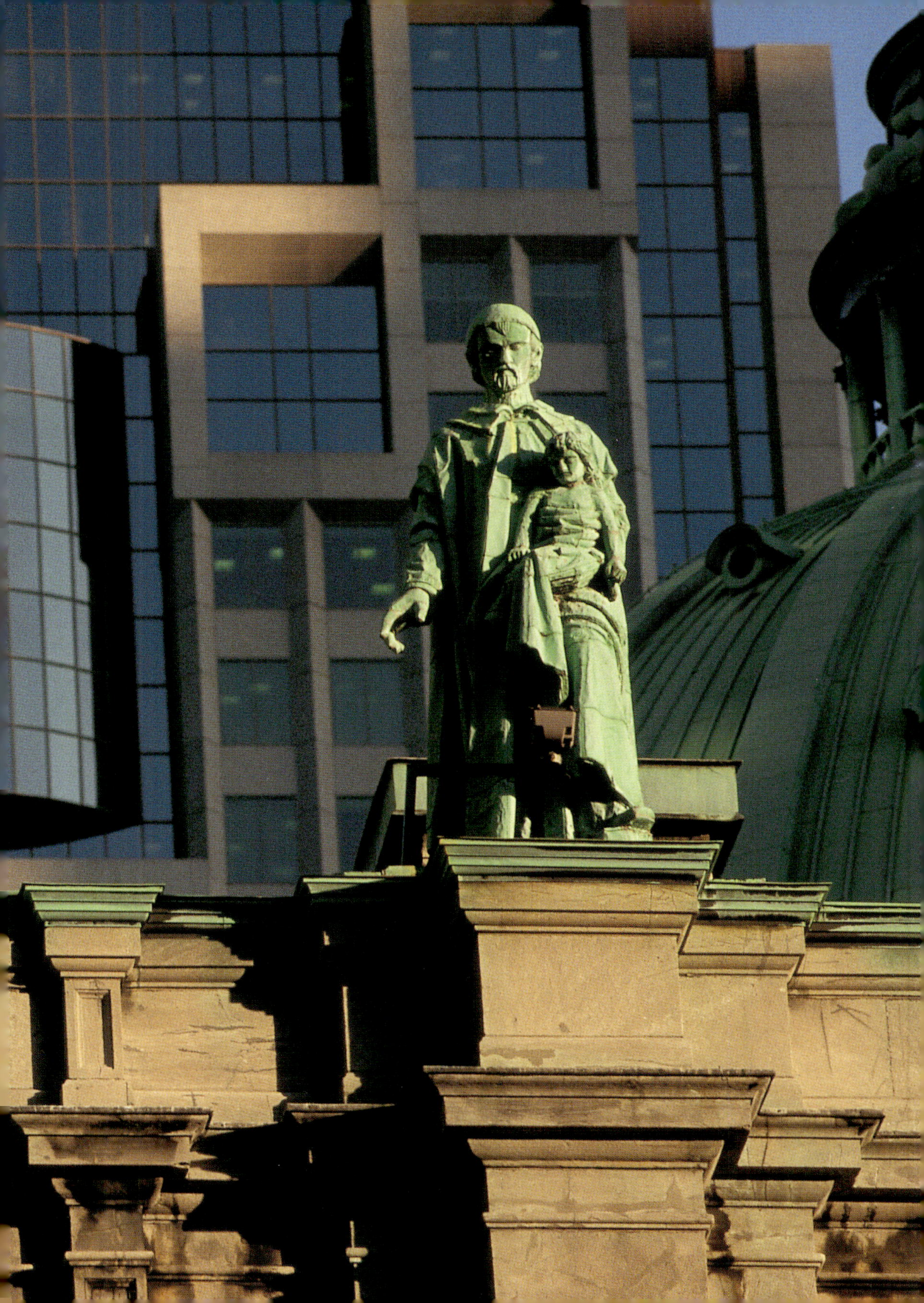

LE CENTRE-VILLE, QUARTIER DES AFFAIRES

Il y a cinquante ans à peine, le centre-ville de Montréal était encore un quartier résidentiel, entouré de verdure, où aimaient vivre les riches hommes d'affaires anglophones. C'est dans les années 1960, qu'il se transforme brusquement pour devenir un lieu attrayant, diversifié et inclassable où les plus belles églises se reflètent sur les façades à miroirs des gratte-ciel.

La rue Sherbrooke Ouest marque la frontière sud de l'historique Mille Carré-Doré (Golden Square Mile) qui abrita du début du XIXe au début du XXe la fine fleur de la bourgeoisie canadienne. 70 % des richesses du Canada était alors détenues par les habitants de ce quartier huppé.

Aujourd'hui , les grands bourgeois ont quitté le Mille doré

Vue sur le centre-ville depuis le belvédère du Mont-Royal.

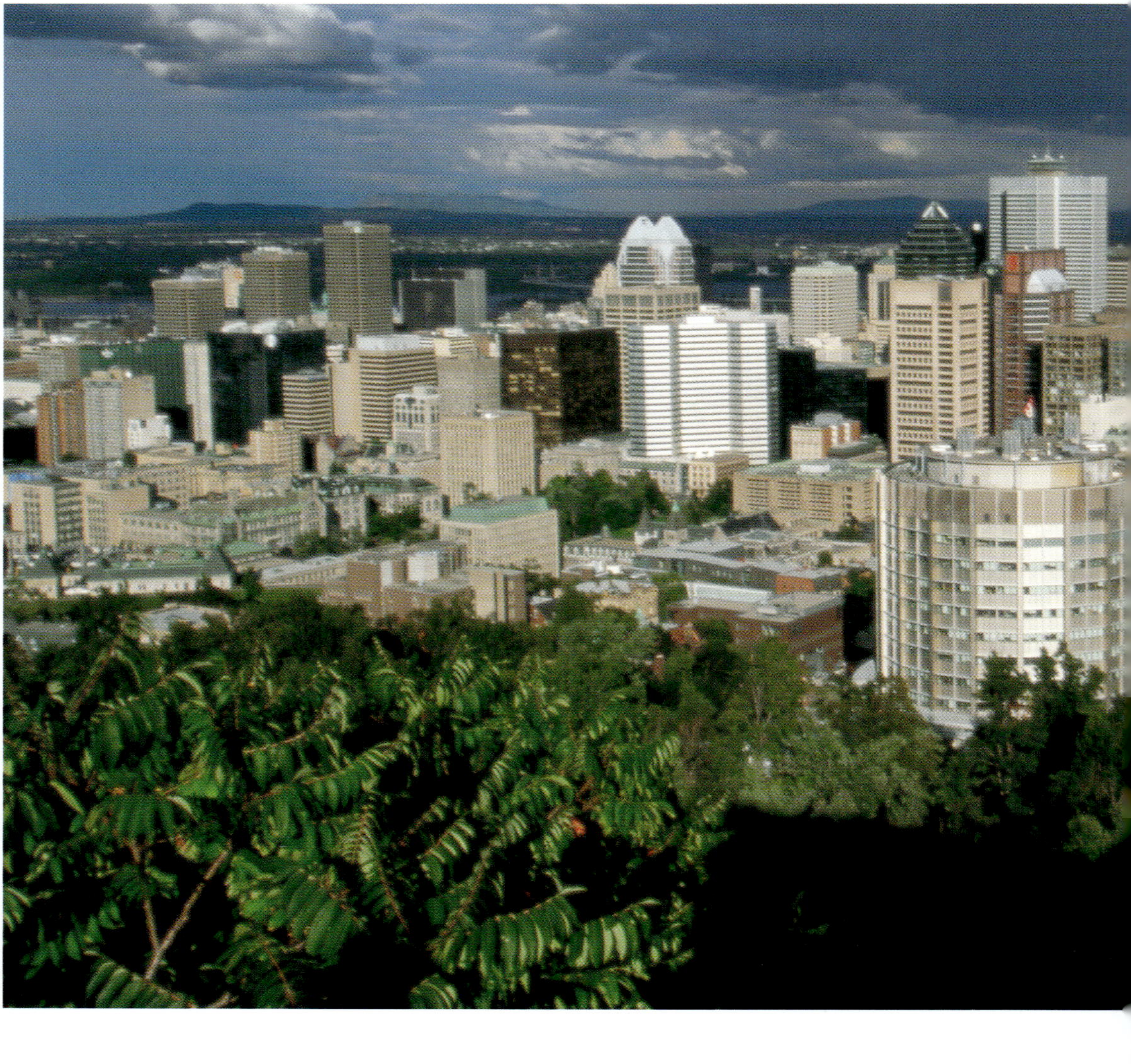

au profit des hauteurs de Westmount sur le Mont-Royal, où ils ont fait construire d'imposantes maisons de pierre et de briques entourées de gazon anglais.

Sherbrooke-Ouest n'en garde pas moins son caractère prestigieux. Le ton est donné avec le magasin Holt Renfrew, un délicieux endroit Arts déco et une excellente adresse pour "magasiner" de grandes griffes. A côté, l'hôtel Ritz-Carlton, construit en 1912, cache un charmant jardin intérieur où l'on peut aller prendre un thé de 5 heures très britannique. Le quartier abrite également la célèbre université anglophone McGill – la plus ancienne du Canada – et une des meilleures en Amérique du Nord.

L'autre fief de la bourgeoisie montréalaise se situe sur le versant ouest du Mont-Royal à Outremont, ville tranquille parsemée de boutiques chics, de parcs paysagers et de demeures cossues.

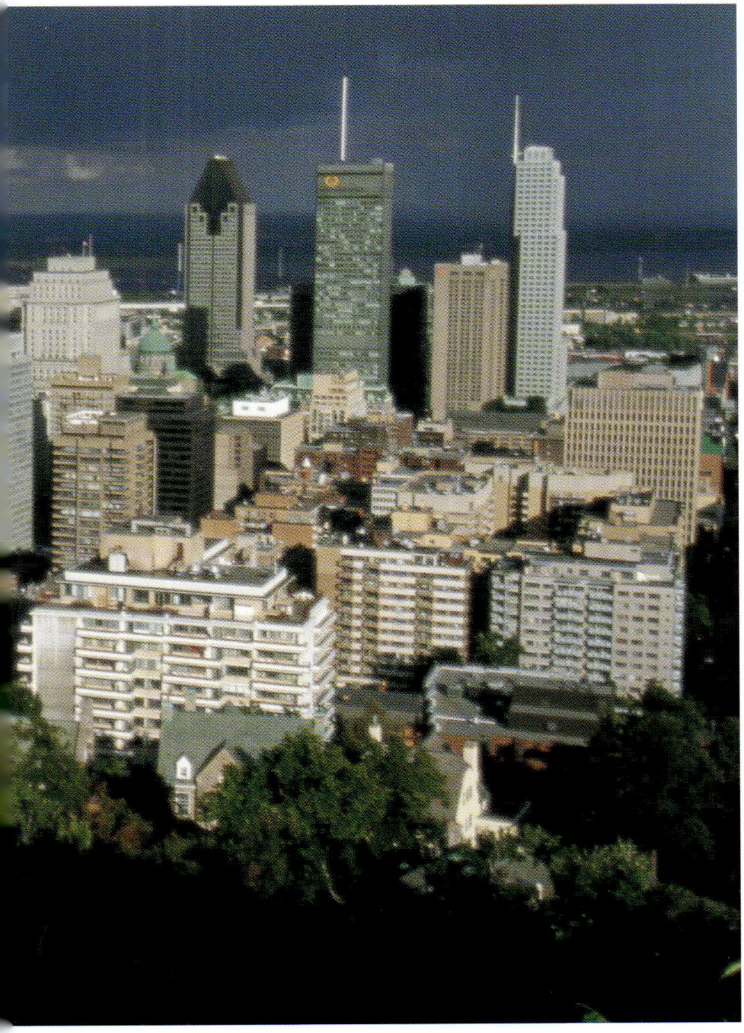

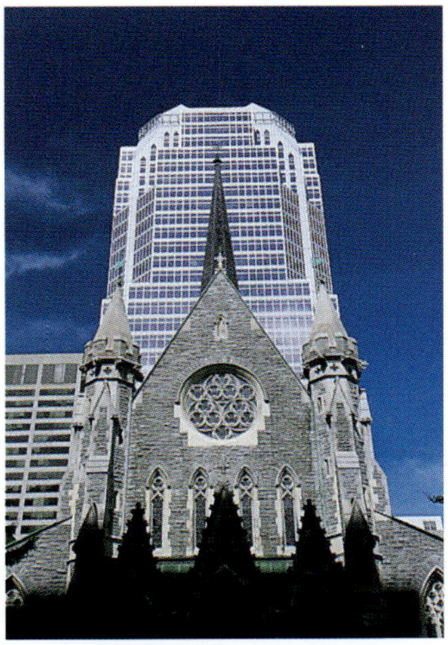

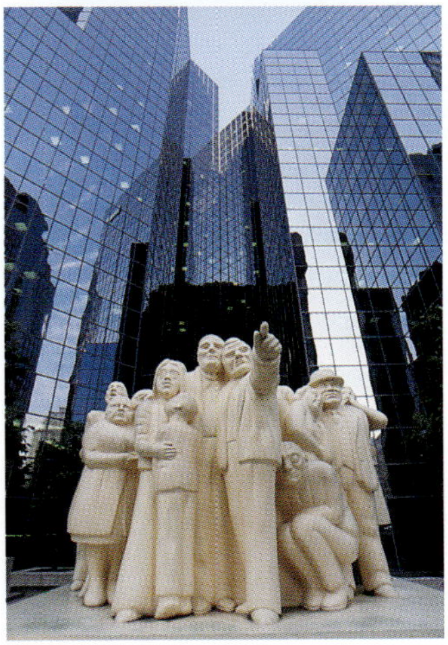

La cathédrale anglicane Christ Church repose sur le toit du centre commercial souterrain des "Promenades de la cathédrale". Les parois de verre bleuté de la tour BNP semblent protéger "la foule illuminée" du sculpteur Raymond Masson.

LA VILLE SOUTERRAINE LA PLUS GRANDE DU MONDE

Point de passage obligé du centre-ville, la partie animée de la Sainte-Catherine va de l'avenue Atwater – bordant le quartier de Westmount – au quartier gay installé entre la rue Saint-Hubert et l'avenue Papineau. Dix-huit kilomètres hauts en couleur !

Le long de cette artère géante se succèdent grands magasins, petites boutiques, cinémas, restaurants, bars et boîtes de nuit de tous styles. C'est également dans l'axe de Sainte-Catherine que s'est développée la ville souterraine de Montréal.

Au cœur de cette ville enterrée se trouve la place Ville-Marie, édifiée au début des années 1960, œuvre de Ieoh Ming Peï, créateur par ailleurs de la pyramide du Louvre à Paris. De là rayonne un vaste réseau piétonnier chauffé en hiver et climatisé en été, qui permet aux Montréalais de "magasiner", de dîner ou d'aller au cinéma sans jamais sortir à l'extérieur. S'étendant sur vingt-neuf kilomètres, cette "cité sous la cité", la plus grande au monde, regroupe 1700 boutiques, 200 restaurants, 40 banques, 7 grands hôtels, 10 stations de métro, deux gares, 30 salles de cinéma et des centaines de bureaux... Sa construction n'a pas toujours été facile. Construites sous la cathédrale anglicane Christ Church, les "Promenades de la Cathédrale", constituent une prouesse architecturale puisqu'il fallut, pour les creuser, dégager l'édifice religieux du sol et le faire reposer sur des pilotis de béton.

Bouillonnant d'activités, bordé de cafés-terrasses et de petits restaurants et de fameux duplex et triplex montréalais, le "Plateau" est le quartier des intellectuels. Et pour faire la fête, il y a le bas de la rue Saint-Denis et la rue Crescent, son homologue anglophone. Ici, pas de monuments à visiter ou de grands magasins, juste des théâtres, des boutiques où chiner, des librairies et une atmosphère typique des quartiers d'étudiants. Bars, restaurants et boîtes de nuit s'y succèdent et attestent que les nuits chaudes de Montréal ne sont pas une légende...

La rue Saint-Denis où il fait bon faire la fête et une rue dans le quartier du Plateau définitivement interdite aux voitures !

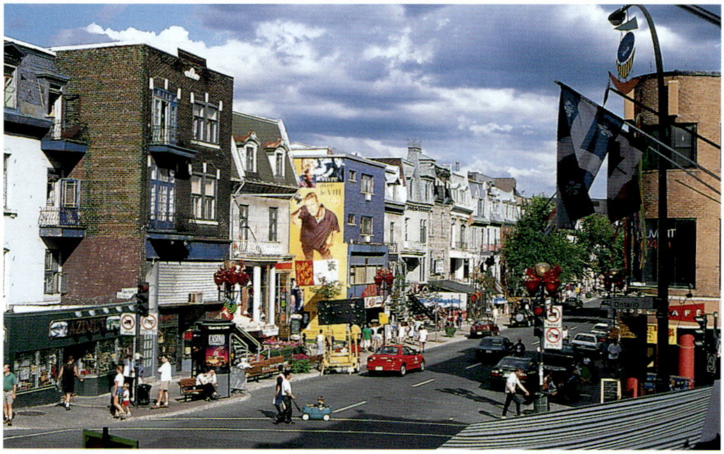

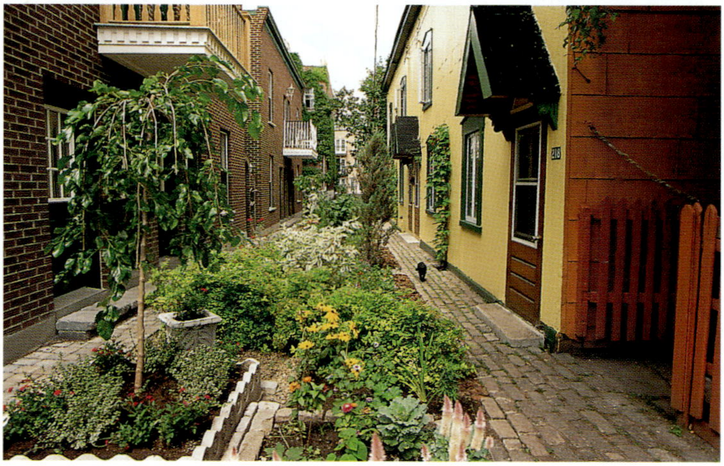

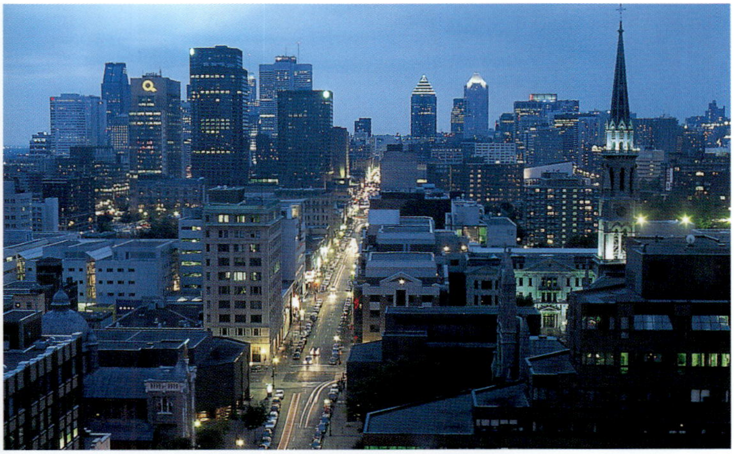

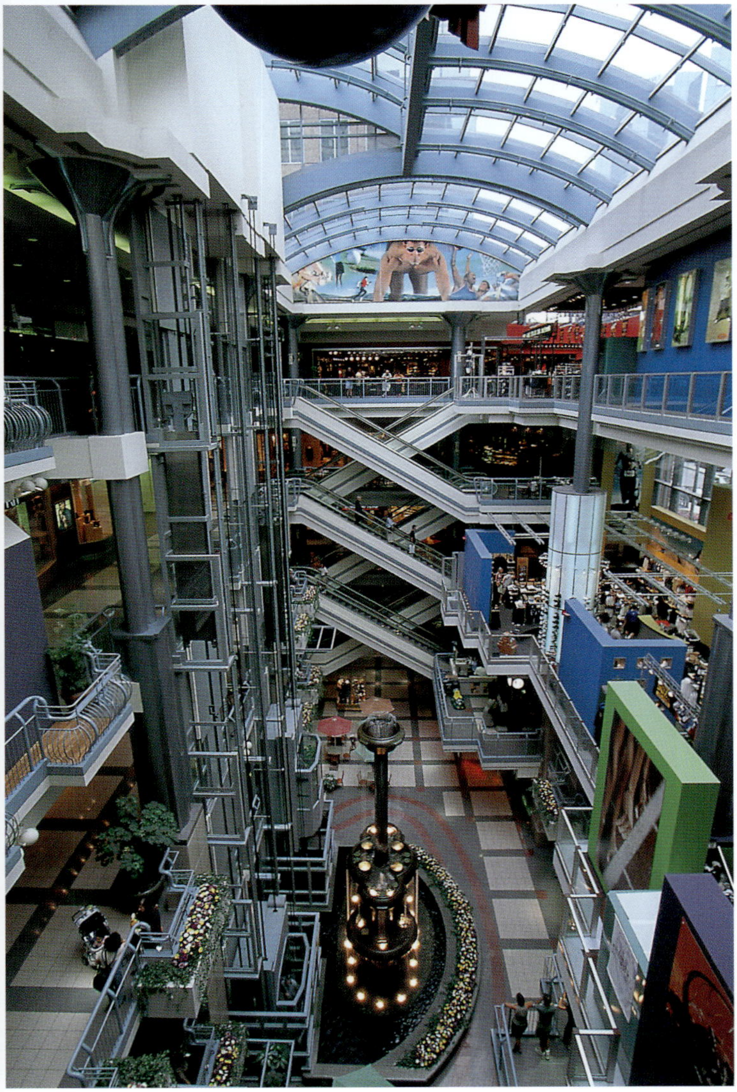

Longue de 15 km, la rue Sainte-Catherine est la plus longue artère commerçante de la ville. Situé en plein centre-ville, le centre commercial souterrain "Montréal Trust" est directement relié aux bureaux.

Doubles pages suivantes :

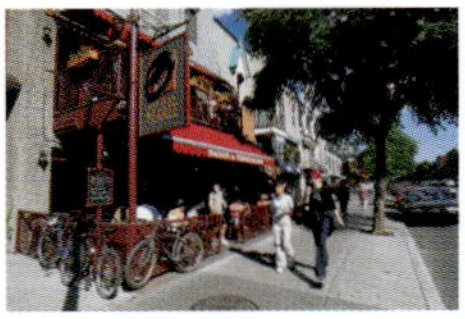

La rue Saint-Denis.

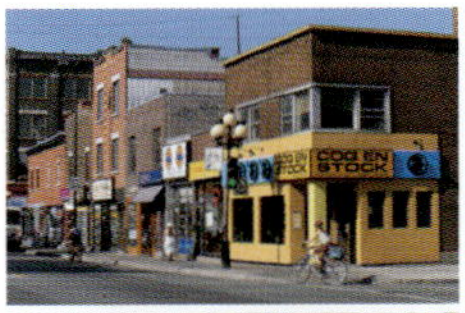

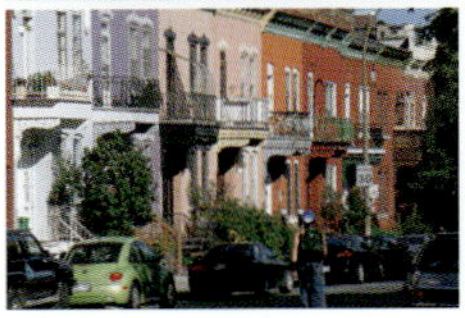

Le quartier du Plateau.

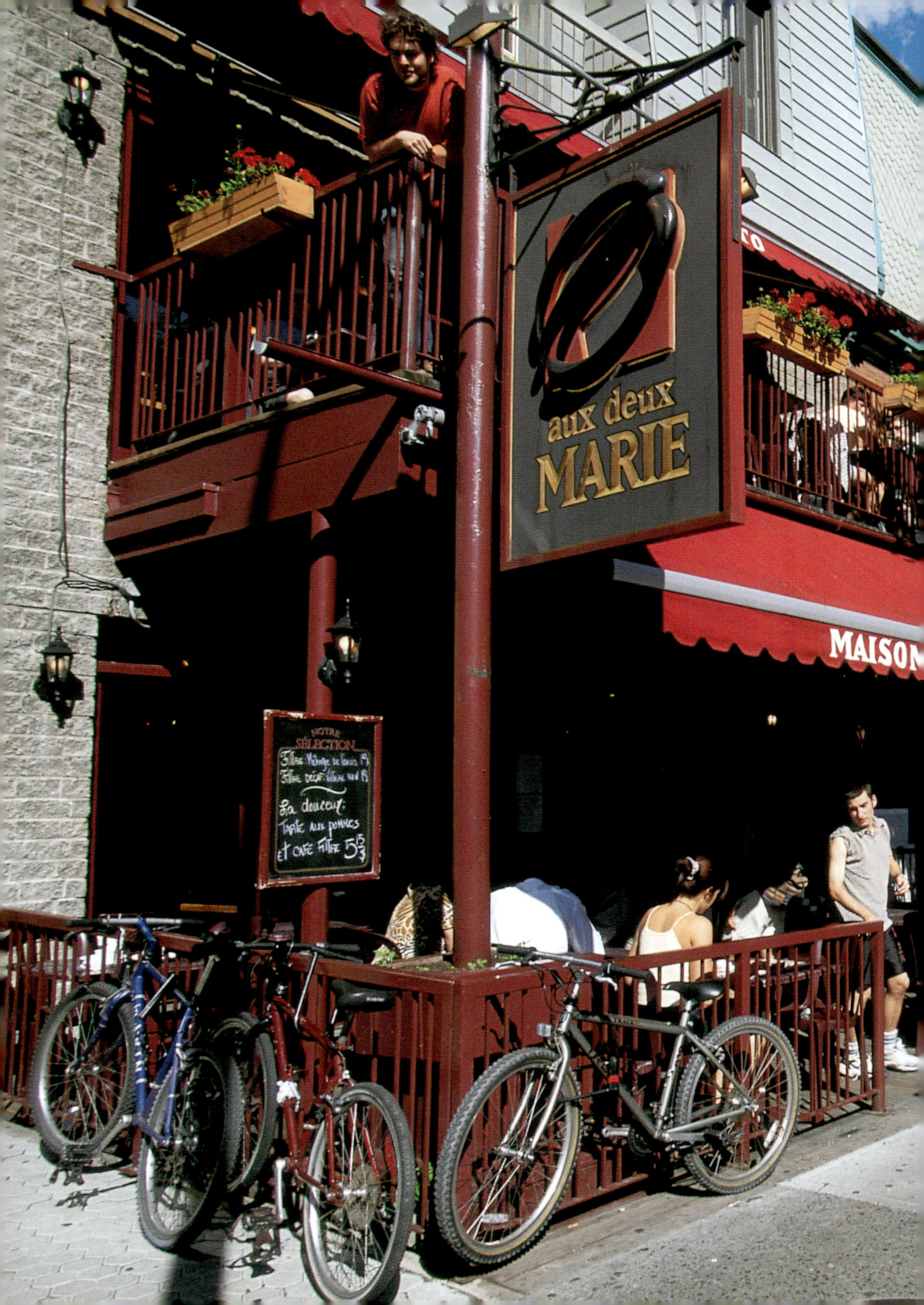
aux deux
MARIE
MAISON

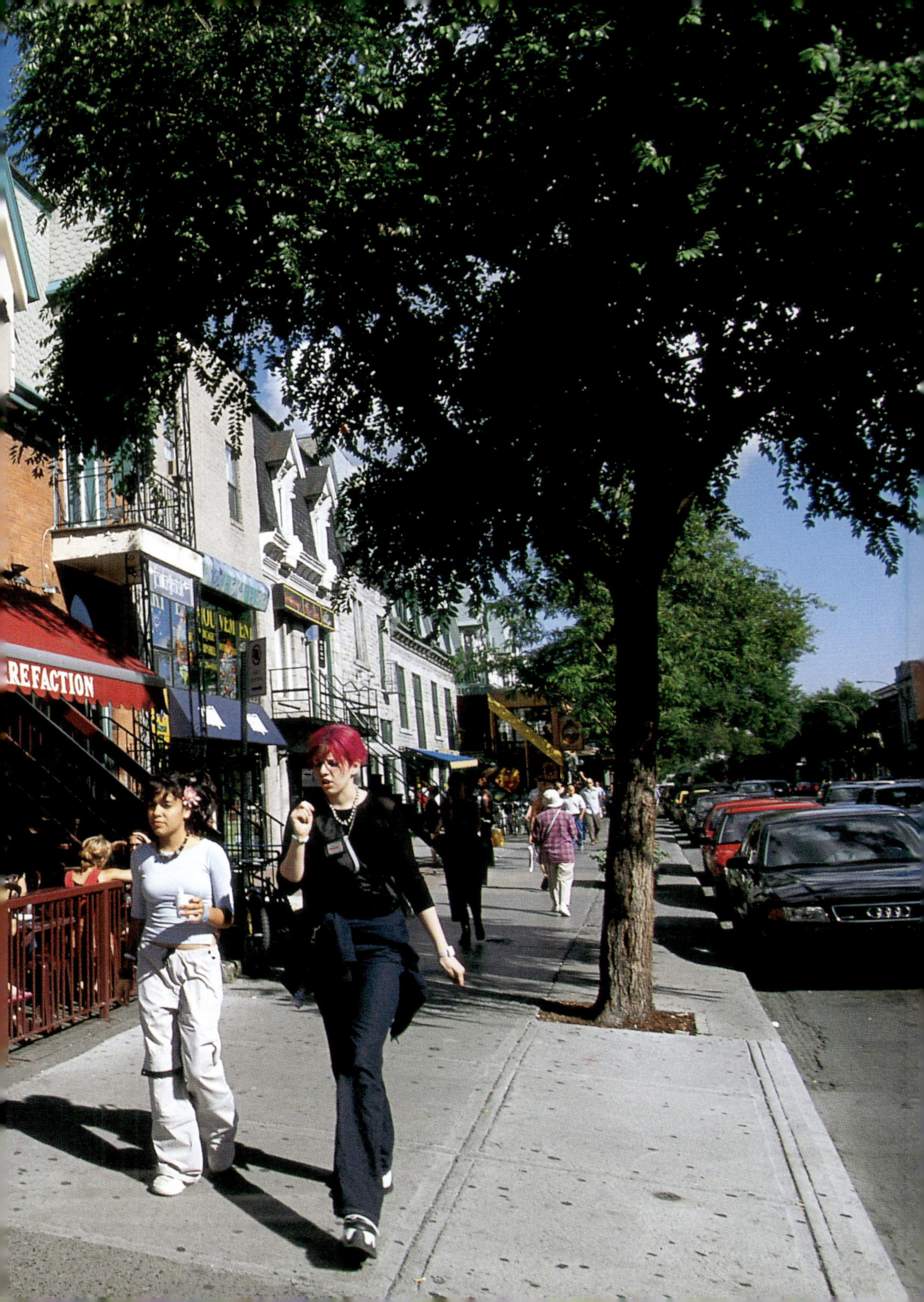
REFACTION

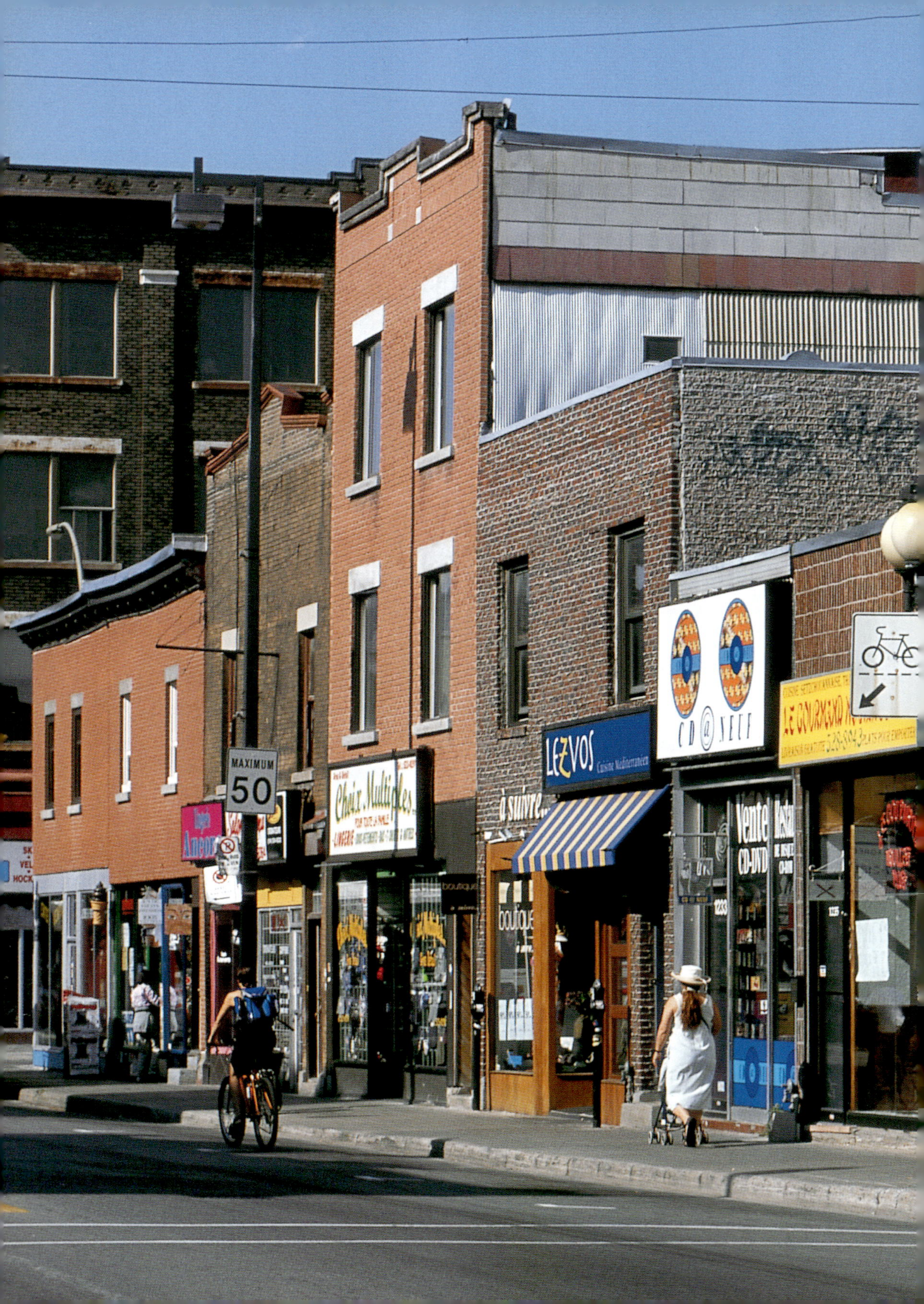
MAXIMUM
50
Choix Multiples
LINGERIE
LEZVOS
Cuisine Méditerranéen
CD @ NEUF
à suivre...
boutique
Vente
CD-DVD

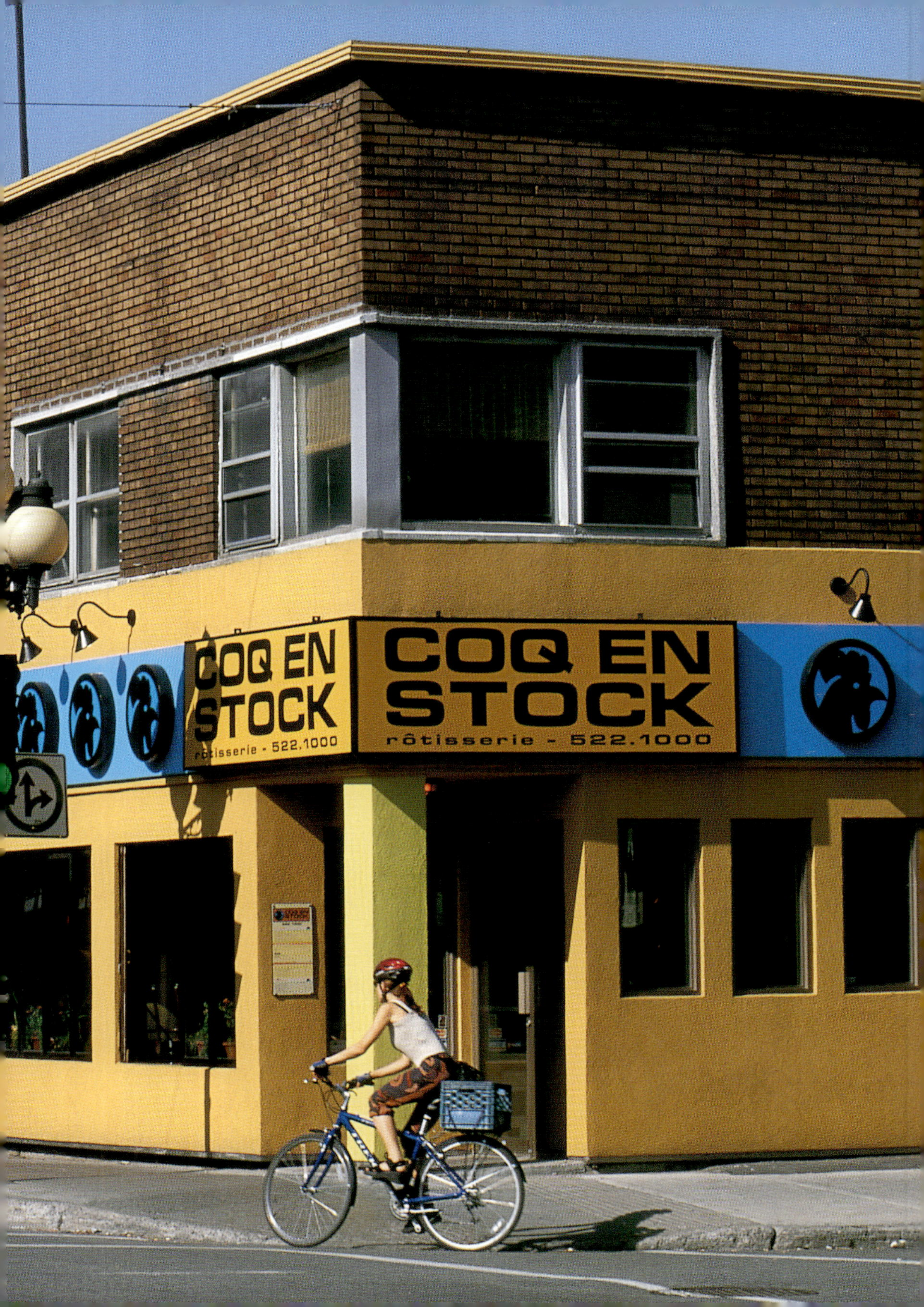
COQ EN STOCK
rôtisserie - 522.1000
COQ EN STOCK
rôtisserie - 522.1000

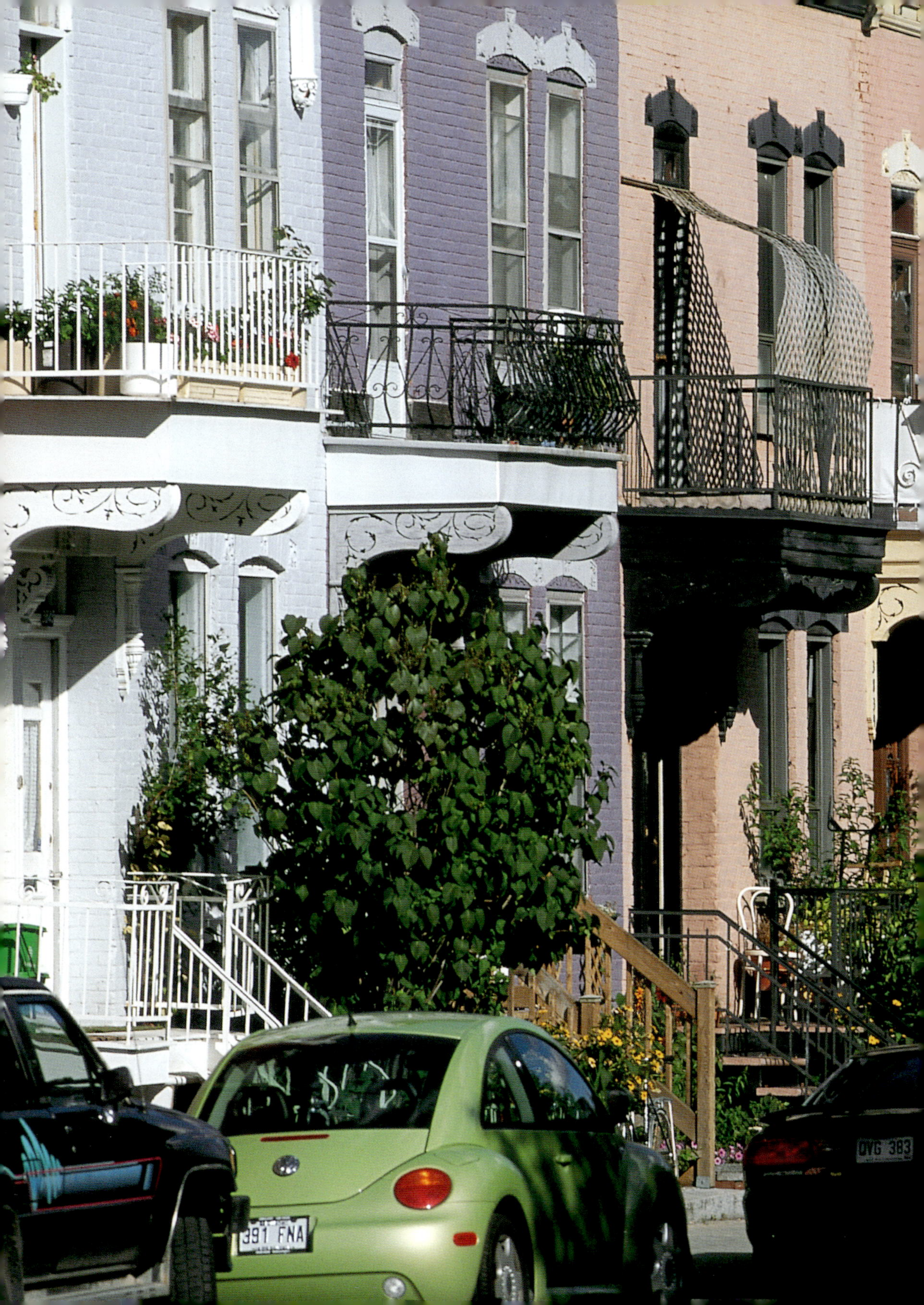
391 FNA
QVG 383

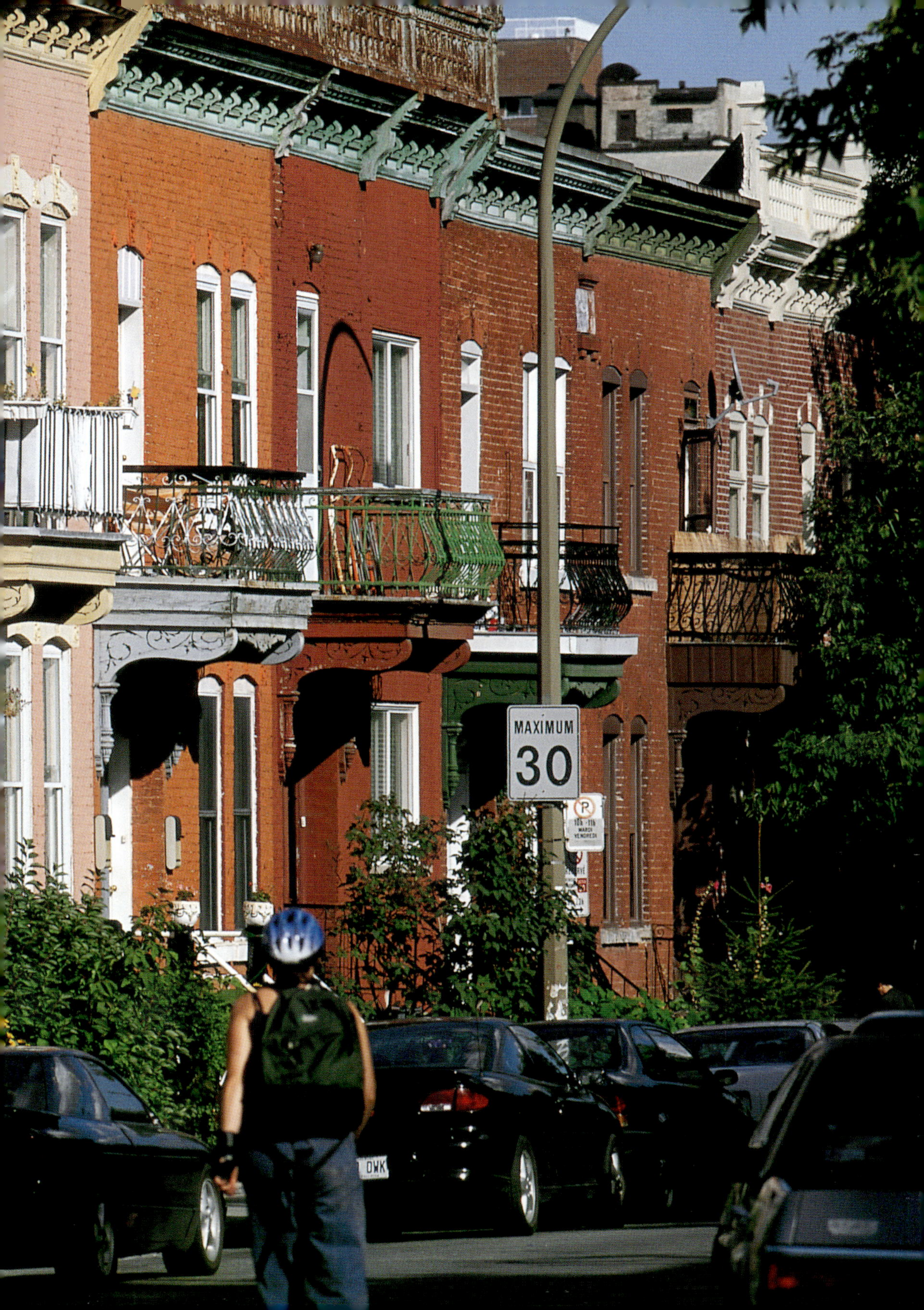
MAXIMUM
30

Doubles pages suivantes :

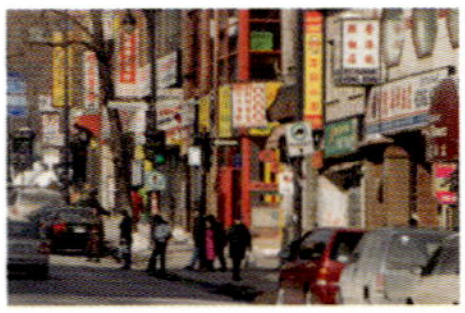

Le petit Chinatown montréalais.

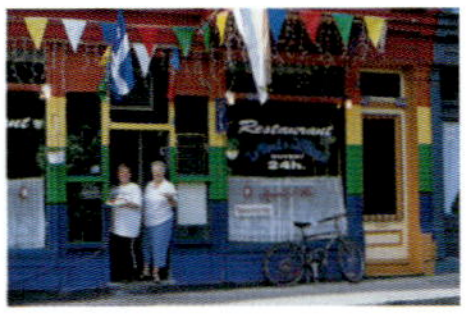

Le quartier du Village.

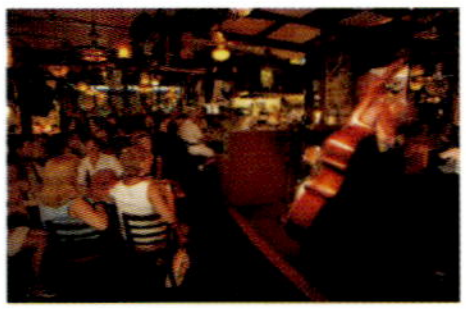

Le restaurant jazz "Biddle's".

LA "MAIN", L'AXE SYMBOLIQUE EST-OUEST

Le boulevard Saint-Laurent, surnommé la Main (la principale), est l'artère mythique de Montréal qui s'étire du fleuve Saint-Laurent au sud à la rivière des Prairies au nord. Elle fut autrefois la frontière entre les mondes francophone et anglophone, un fil invisible coupant la ville en deux sociétés distinctes. Les rues perpendiculaires qui partent du boulevard ont toujours un côté est et un côté ouest dans le classement des numéros mais les barrières sociales sont moins marquées qu'à la fin des années 60. C'est aujourd'hui un lieu de rencontre, de passage et de métissage unique. Remonter le boulevard Saint-Laurent, c'est un peu comme voyager aux quatre coins de la planète car cette longue rue s'est imprimée des vagues d'immigration successives qui ont peuplé la ville.

A sa naissance, au bord du Vieux-Montréal, c'est le coin des Asiatiques, installés dès le XIXe siècle rue de la Gauchetière. Épiceries remplies de produits exotiques et restaurants colorés : rien ne manque à ce quartier chinois, petit frère des plus imposants "Chinatowns" nord-américains.

Puis, c'est le quartier chaud avec ses sex-shops et ses bars à danseuses. Le Pigalle montréalais a néanmoins perdu son âme festive.

Lorsque le boulevard croise la rue Sherbrooke, vient le temps de déguster une smoked meat (de la viande de bœuf fumée servie entre deux tranches de pain de seigle), ou un bagel (petit pain en forme d'anneau dans lequel on peut glisser du saumon et de la crème fraîche), deux spécialités amenées par les juifs d'Europe centrale au début du siècle.

Le quartier juif côtoie le quartier portugais, qui s'étend jusqu'à l'avenue du Mont-Royal, et le quartier grec (une des plus importantes communautés de Montréal) avec ses souvlakis servis dans de petites échoppes.

Ci-dessous : le boulevard Saint-Laurent.
Page de droite : la rue Prince-Arthur au cœur du quartier grec et un étal de fraises sur le marché Jean-Talon, dans la Petite Italie.

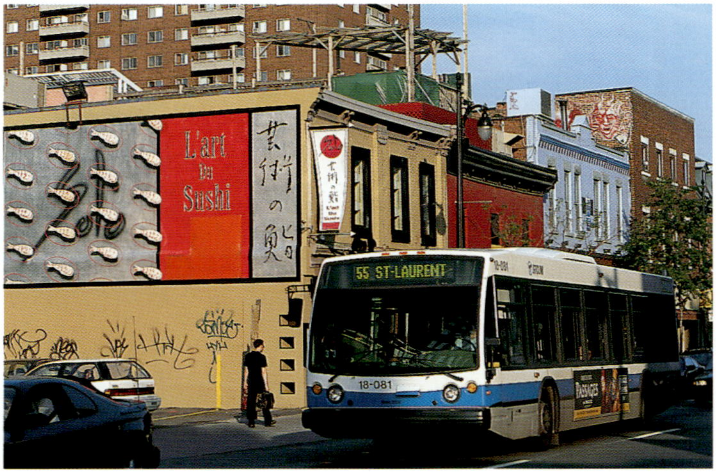

Entre les deux, aux alentours de la rue Laurier, se trouve le coin des fêtards. Cafés, restaurants, boutiques, salons de coiffures, théâtres, librairies, billards, discothèques : en voiture de luxe ou à vélo, on y va pour voir ou pour être vu. Idéal pour cruiser (draguer) en fin de semaine. En poursuivant vers le nord, au croisement de la rue Dante, la petite Italie s'étale nonchalamment autour du marché d'alimentation Jean Talon avec ses cafés expresso, ses pâtes fraîches et ses drôles de fromages…

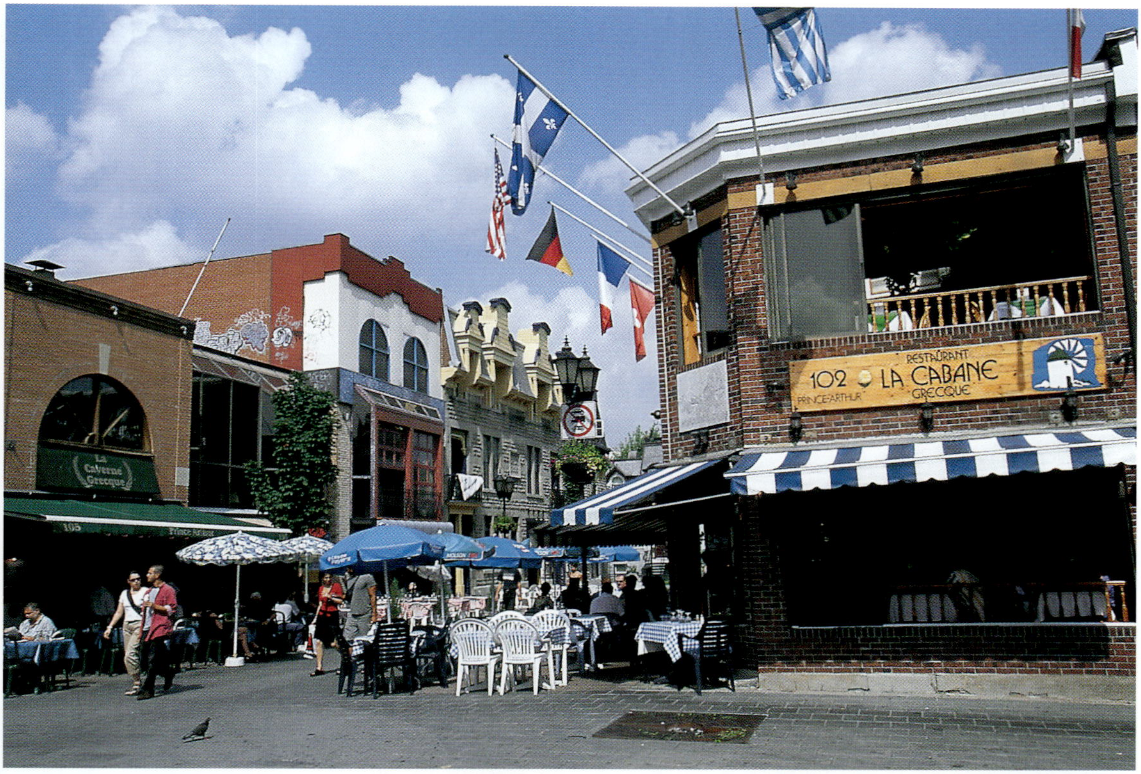
RESTAURANT
102 LA CABANE
PRINCE-ARTHUR
GRECQUE
La Caverne Grecque

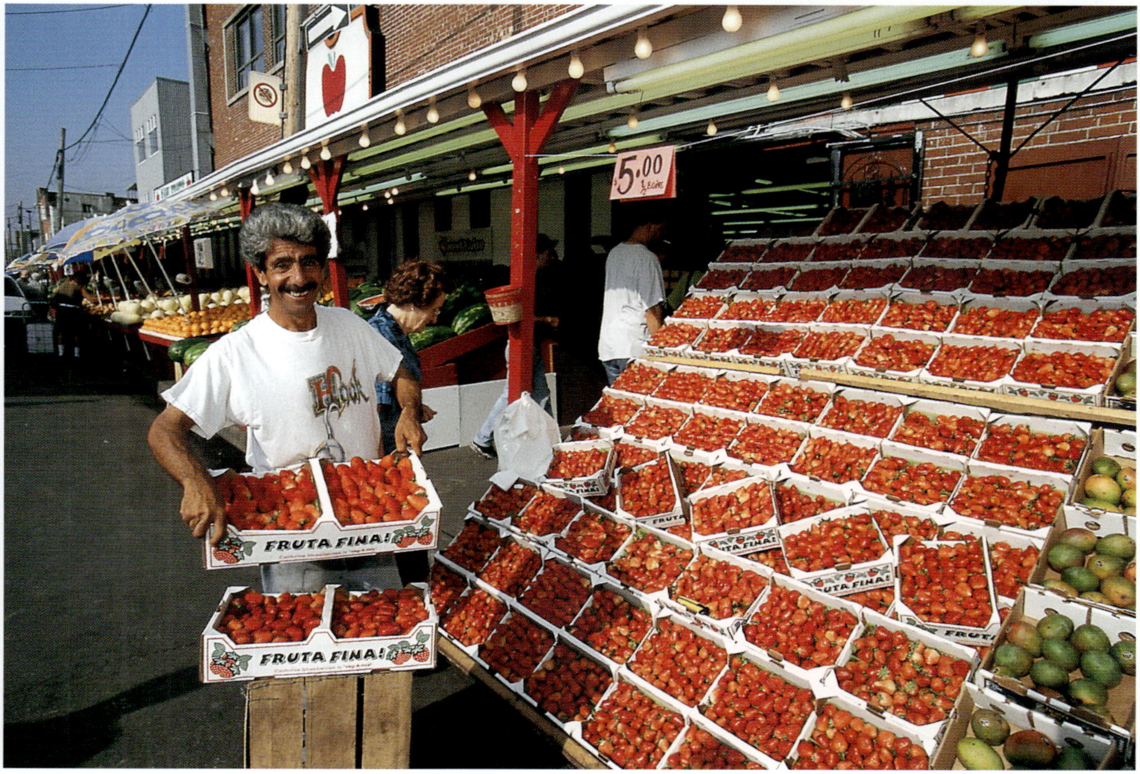
5.00
FRUTA FINA!
FRUTA FINA!

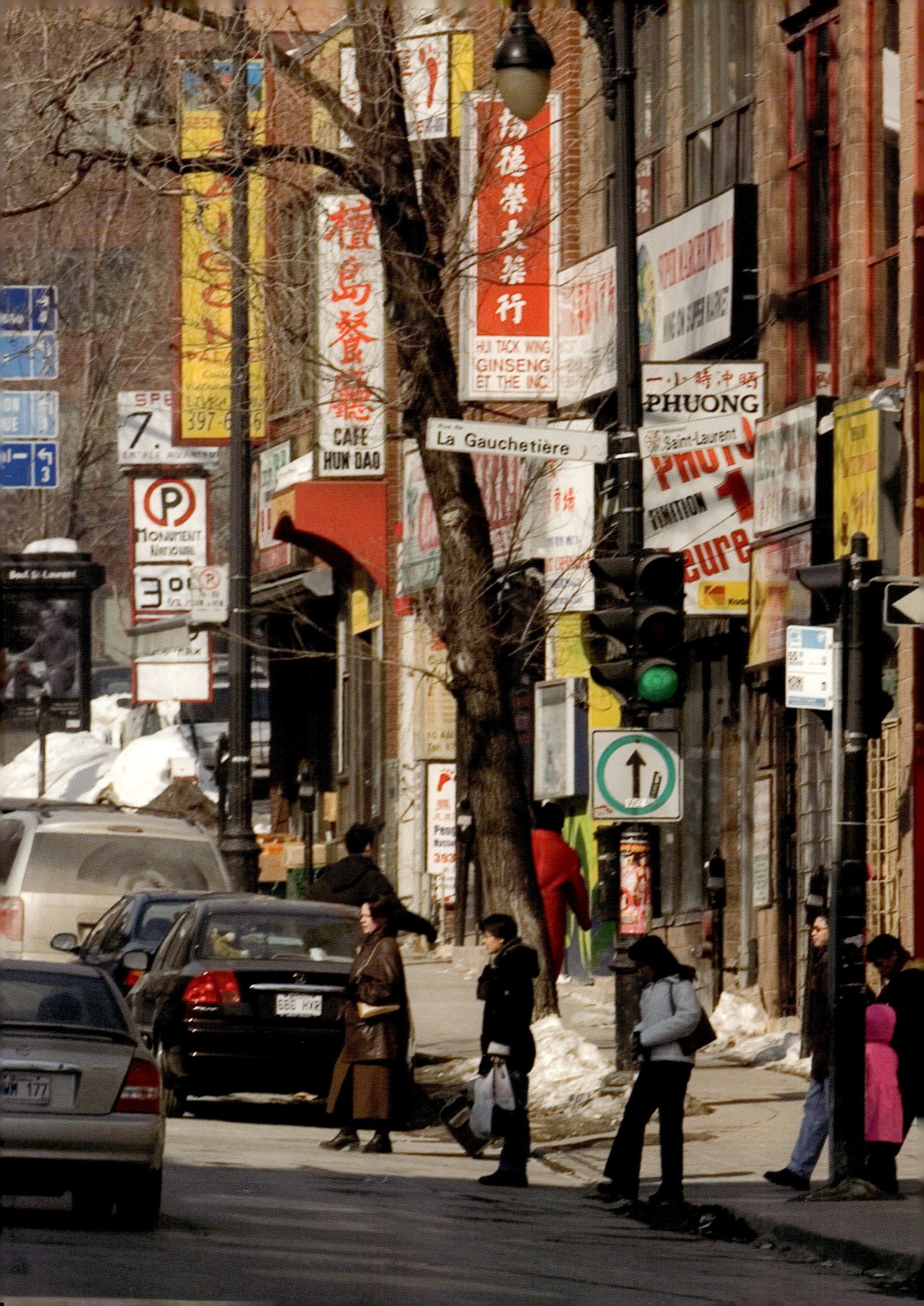

檀島餐廳
CAFE
HUN DAO
HUI TACK WING
GINSENG
ET THE INC.
La Gauchetière
Saint-Laurent
一小時沖晒
PHUONG
PHOTO
Monument National

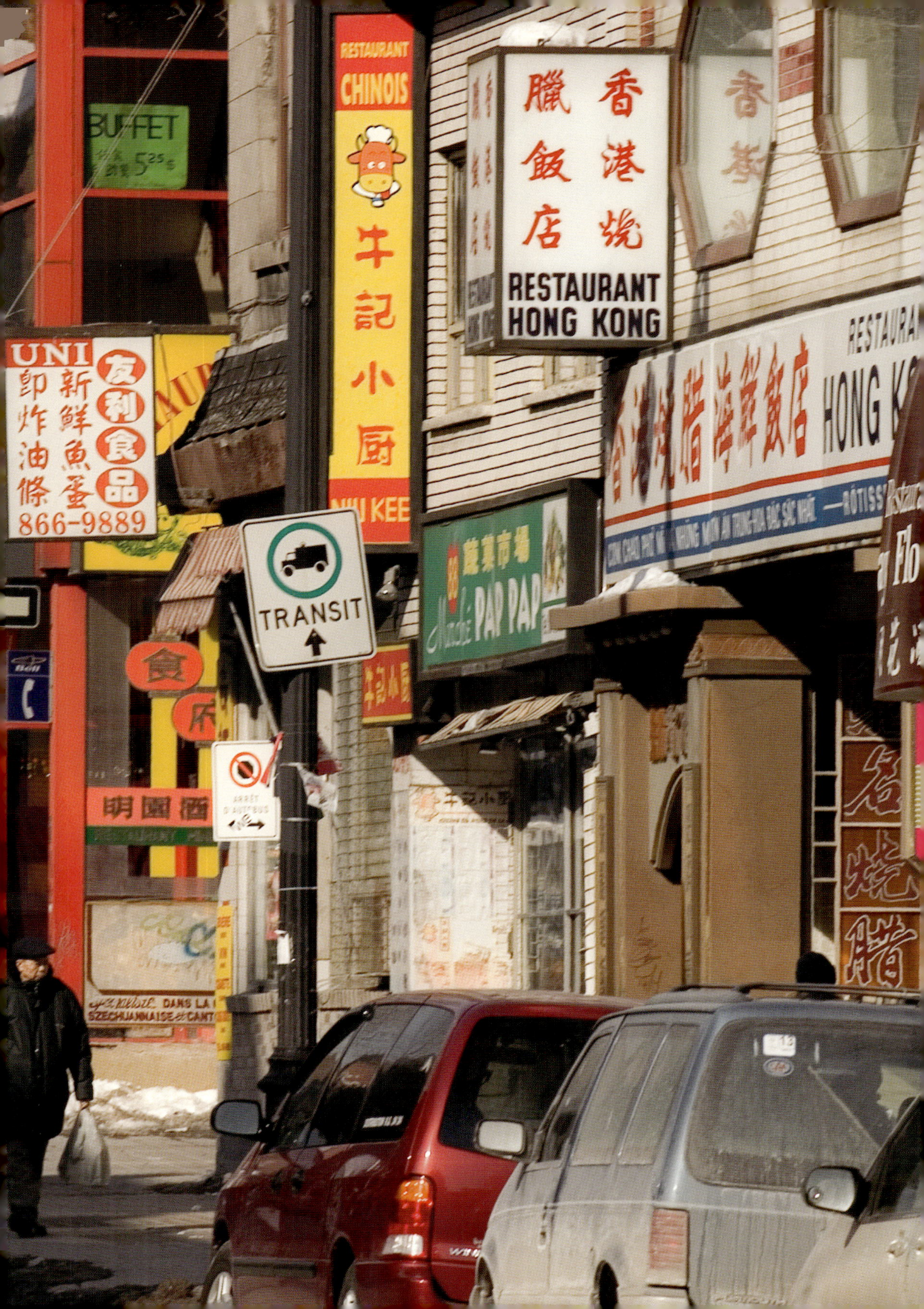

BUFFET
RESTAURANT
CHINOIS
牛記小廚
NIU KEE
香港烧
臘飯店
RESTAURANT
HONG KONG
UNI
友利食品
866-9889
TRANSIT
蔬菜市場
PAP PAP

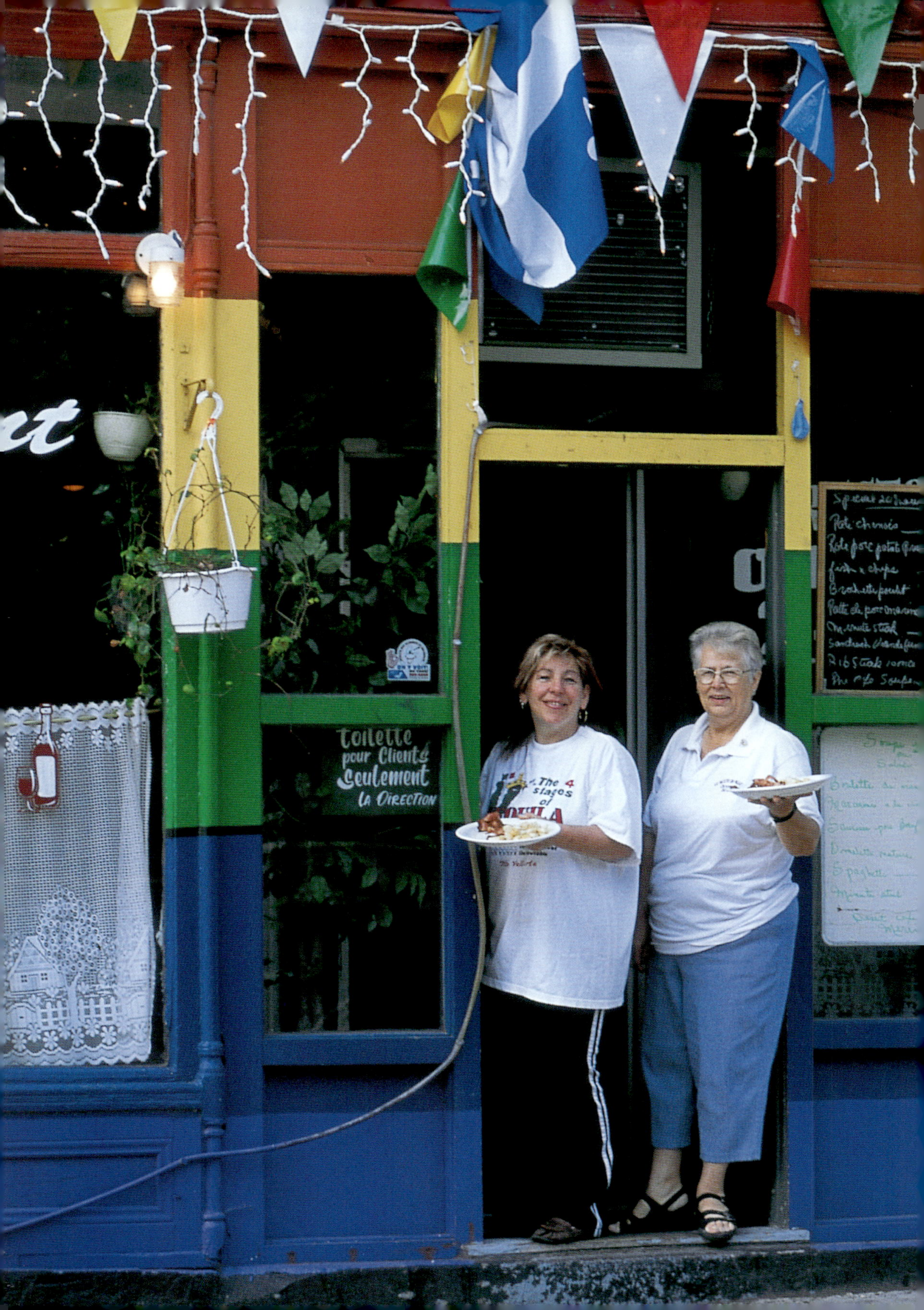
Toilette pour Clients Seulement
La Direction

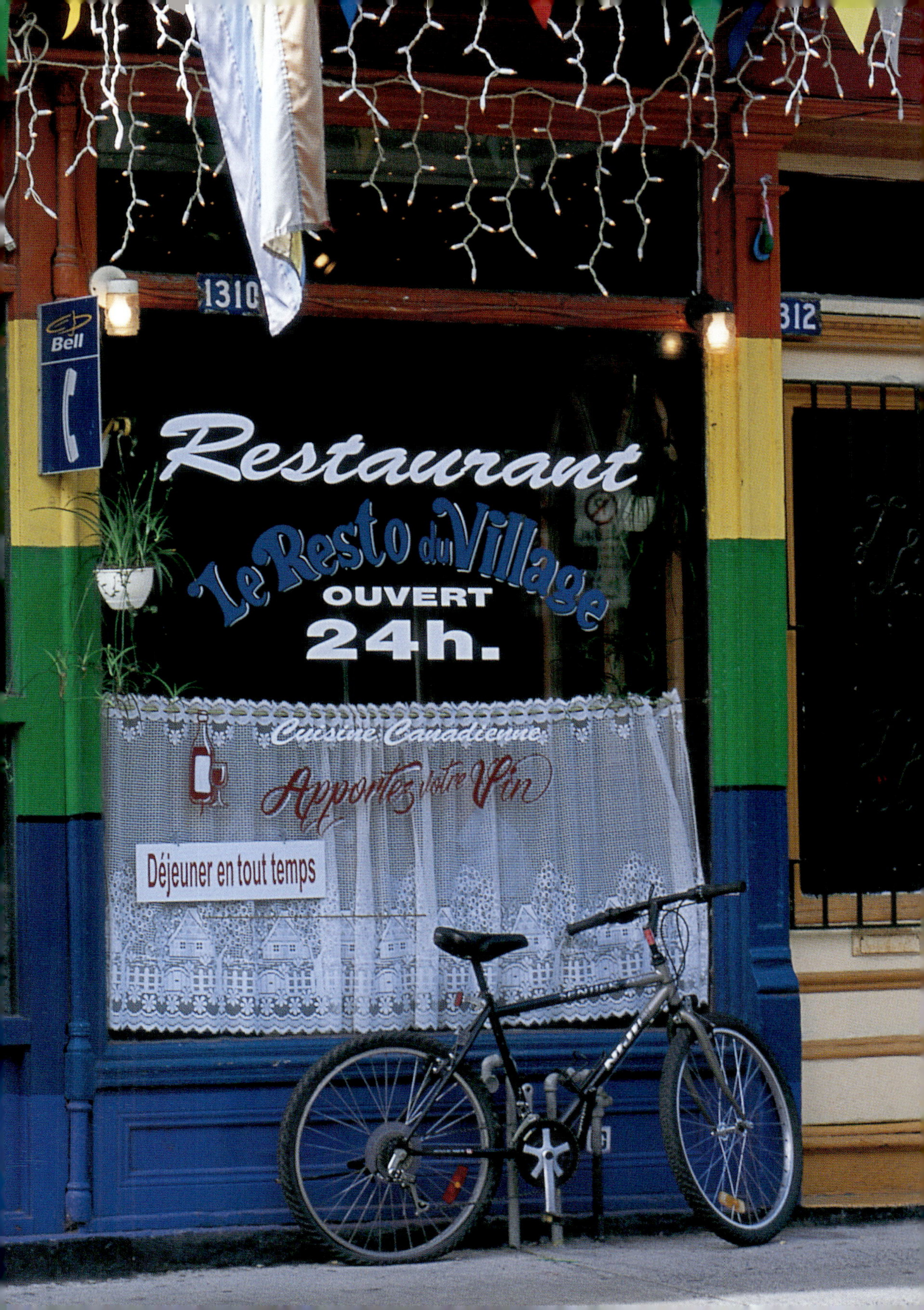
1310
Bell
Restaurant
Le Resto du Village
OUVERT
24h.
Cuisine Canadienne
Apportez votre Vin
Déjeuner en tout temps
312

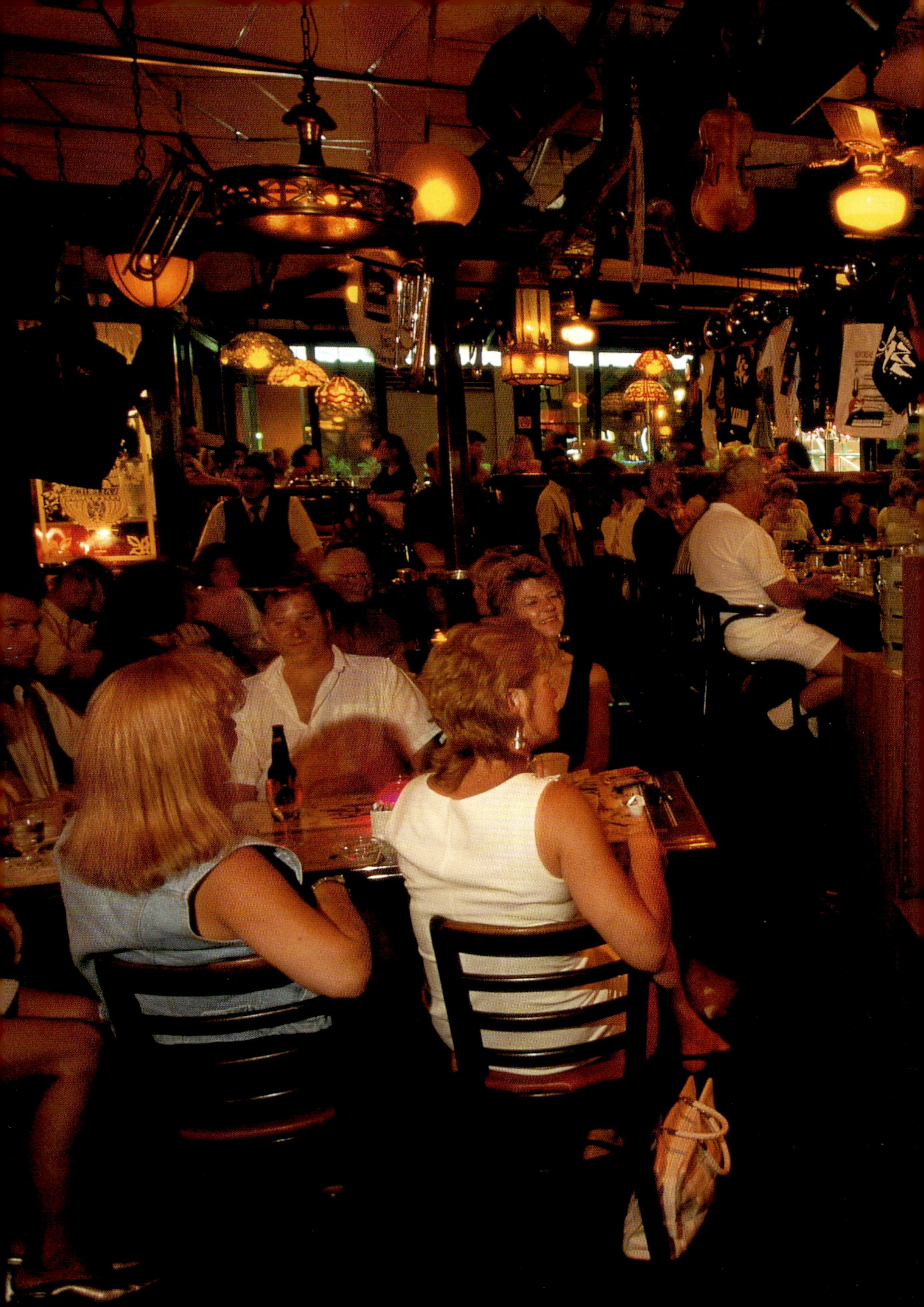

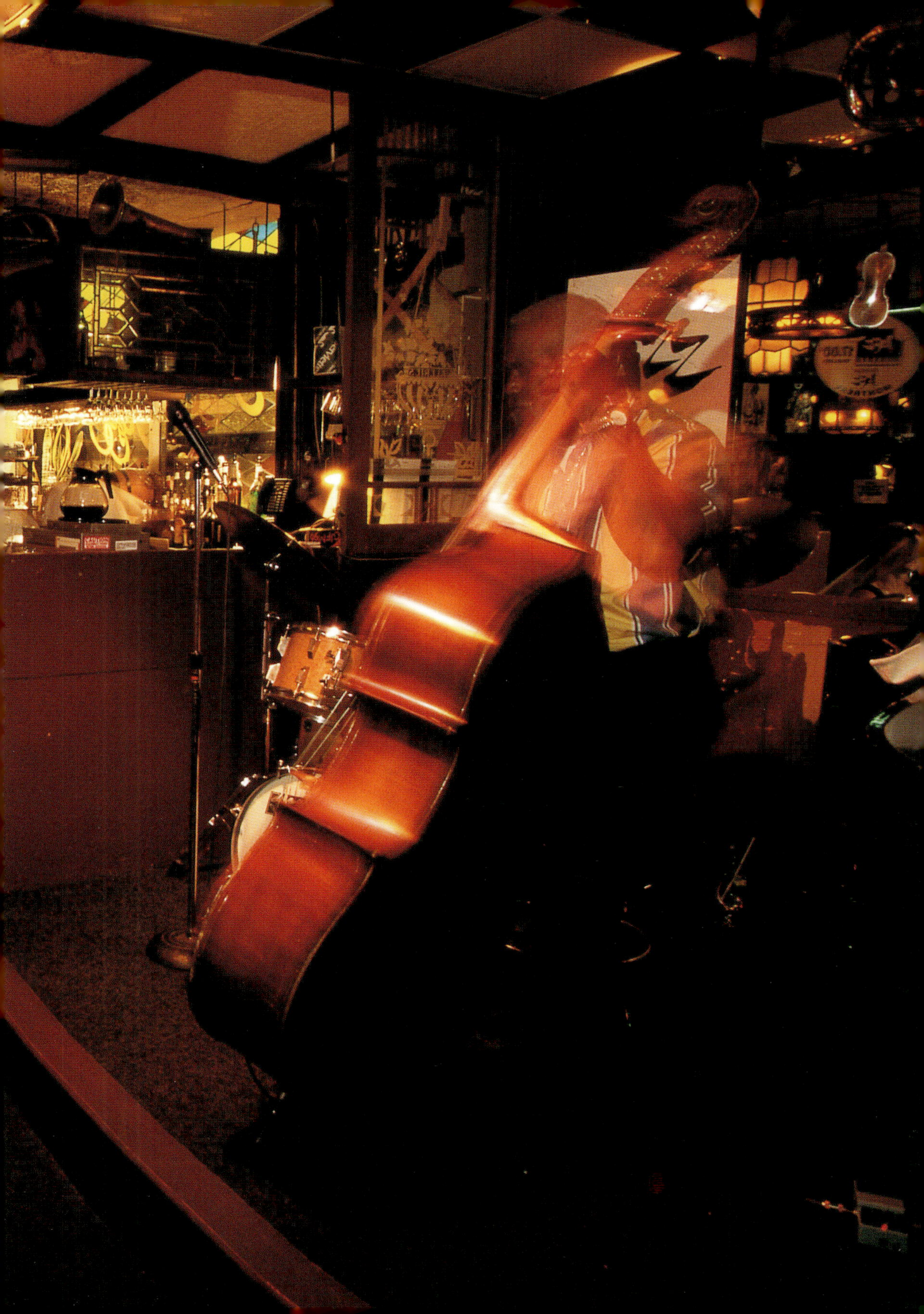

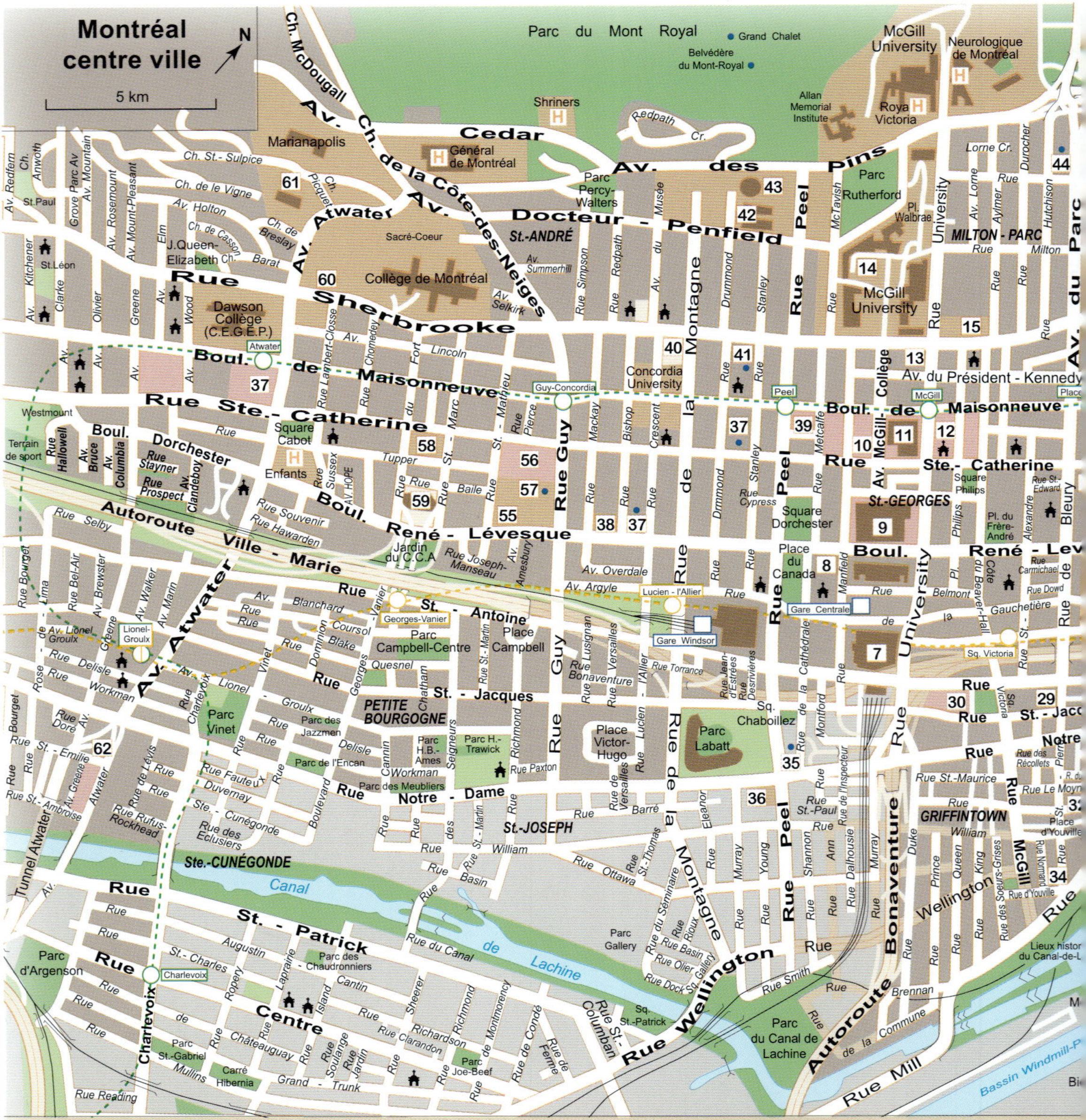

	Attrait / Lieu historique
	Centre commercial
	Institution
	Secteur bâti
	Zone industrielle
	Édifice
	Parc
H	Hôpital
	Point d'intérêt
	Édifice religieux
	Ligne de métro
	Ligne de ferry
Lucien - l'Allier	Station de métro
Gare Windsor	Gare ferroviaire

1 Théâtre Spectrum de Montréal
2 Musée d'art contemporain
3 Théâtre de Montréal
4 Monument National
5 Complexe Guy-Favreau
6 Palais des Congrès
7 Place Bonaventure
8 Cathédrale Marie-Reine-du-Monde
9 Place Ville-Marie
10 Place Montréal Trust
11 Centre Eaton
12 Christ Church Cathedral
13 Musée McCord
14 Musée Redpath
15 Strathcona Music, Salle Pollack
16 Université du Québec à Montréal (UQAM

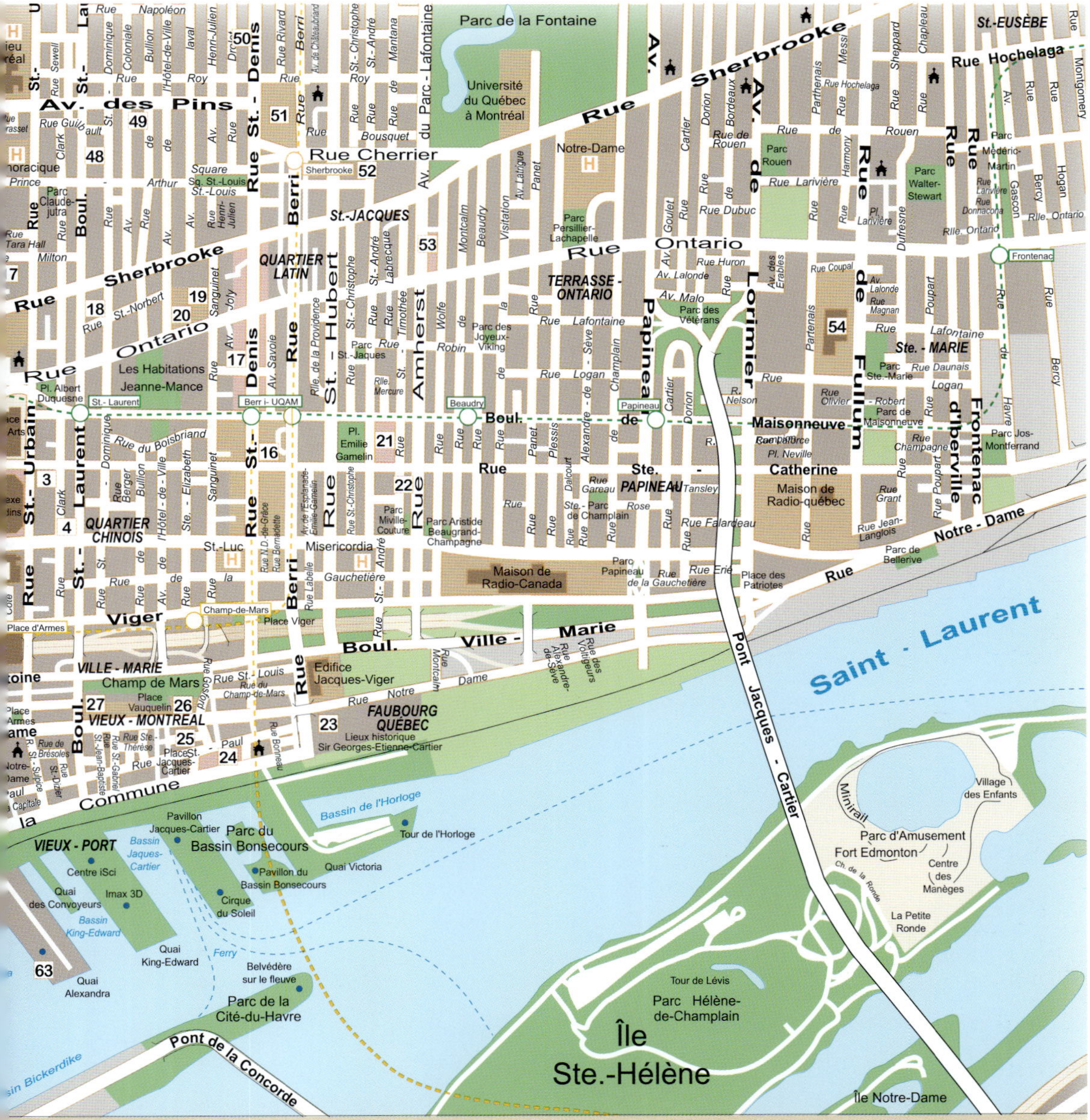

17 Bibliothèque Nationale du Québec
18 Musée «Juste-pour-Rire»
19 Cégep du Vieux-Montréal
20 Théâtre Tritorium
21 Centre «Les Atriums»
22 Olympia
23 École Nationale du Cirque
24 Marché Bonsecours
25 Château Ramezay
26 Hôtel-de-Ville
27 Palais de Justice
28 Musée de la Banque de Montréal
29 Centre de Commerce Mondial
30 Tour de la Bourse
31 Théâtre Centaur
32 Centre d'Histoire de Montréal
33 Musée d'Archéologie et d'Histoire de Montréal
34 Musée Marc-Aurèle-Fortin
35 Planétarium de Montréal
36 École Technique Supérieure
37 YWCA
38 Pavillon des Beaux-Arts
39 Les Cours Mont-Royal
40 Musée des Beaux-Arts
41 Maison Alcan
42 Stewart Biological Sciences
43 McIntyre Medical Sciences
44 Centre Int'l d'Art Contemporain de Montréal
45 Centre Strathearn
46 Galeries du Parc
47 Musée des Hospitalières de l'Hôtel-Dieu
48 Théâtre La Chapelle
49 Théâtre de Quat' Sous
50 Théâtre d'Aujourd'hui
51 Régie régionale de la santé et des services sociaux de Montréal-Centre
52 Théatre Agora de la Danse
53 Marché St.-Jacques
54 Prison de la Parthenais
55 Musée Marguerite d'Youville
56 Faubourg Ste.-Catherine
57 Maison-mère des Bonnes Sœurs-Grises
58 Collège Lasalle
59 Centre canadien d'Architecture
60 Grand Séminaire de Montréal
61 Ministère de la Défense
62 Marché Atwater
63 Gare maritime Iberville

UNE VILLE VERTE

Malgré ses allures de métropole tentaculaire avec ses quartiers étendus qui se sont développés autour des centres industriels, Montréal reste une ville verte.

Le jardin botanique s'étend au pied de la fameuse tour inclinée du stade olympique construit pour les Jeux de 1976. Il regroupe sur plus de 73 hectares, dix serres d'expositions (dont la surprenante serre aux papillons vivants) et une trentaine de jardins extérieurs dont un chinois – qui reproduit un jardin typique de la dynastie Ming – et un jardin japonais avec une collection de bonsaïs centenaires.

Familièrement appelé "la Montagne", le mont Royal, ainsi baptisé par Jacques Cartier qui l'escalada en 1535, est le poumon de la ville, dominant la métropole du haut de ses 234 m.

Sur ses trois sommets sont établis d'importantes communautés religieuses, l'université de Montréal et les immenses cimetières catholique, protestant et juif.

Accroché au versant sud de "la Montagne", le parc du Mont-Royal, ouvert au public, est l'œuvre de Frederick Law Olmsted, créateur du Central Park de New York. Le paysagiste a su conserver au site son caractère naturel, aménageant simplement, sur ses 101 hectares, quelques sentiers et deux points d'observation. Le premier, sur la voie Camillien-Houde, est le rendez-vous des amoureux, à la tombée de la nuit.

L'autre belvédère, situé devant le chalet du Mont-Royal, offre une vue saisissante sur le centre-ville et le fleuve et, par temps clair, sur les premières montagnes des Appalaches.

L'autre grand espace vert de la ville s'est installé au milieu du Saint-Laurent sur deux petites îles, situées sous le spectaculaire pont Jacques-Cartier.

Aménagées pour l'Exposition universelle de 1967, les îles Sainte-Hélène et Notre-Dame sont devenues un grand parc récréatif, rendez-vous très apprécié des sportifs et des promeneurs.

L'île Sainte-Hélène est dominée par une impressionnante sphère d'aluminium de 80 m de diamètre qui fut, pendant l'Expo 67, le pavillon des États-Unis. Une immense enveloppe en acrylique la recouvrait, mais elle s'est envolée en fumée en 1978 ! Il n'en reste aujourd'hui que le squelette, qui enveloppe la Biosphère, un musée technologique dédié à la conservation des eaux du Saint-

Ci-dessous : le très beau jardin de Chine du jardin botanique et la tour olympique.
Page de droite : le canal Lachine, longtemps désaffecté, a été entièrement réaménagé et il est accessible aux plaisanciers depuis 2002.

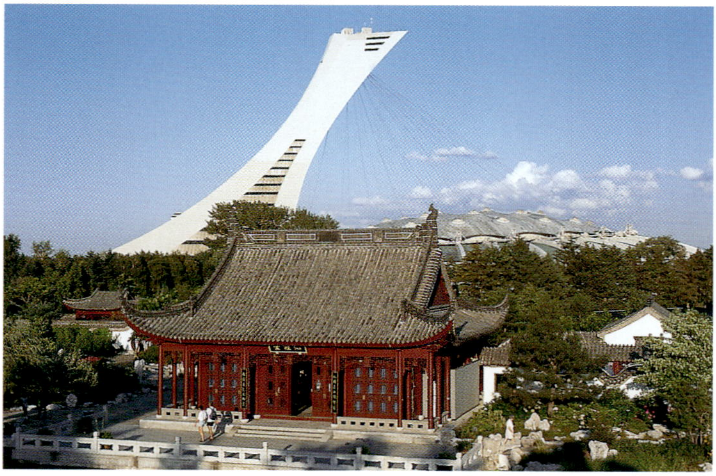

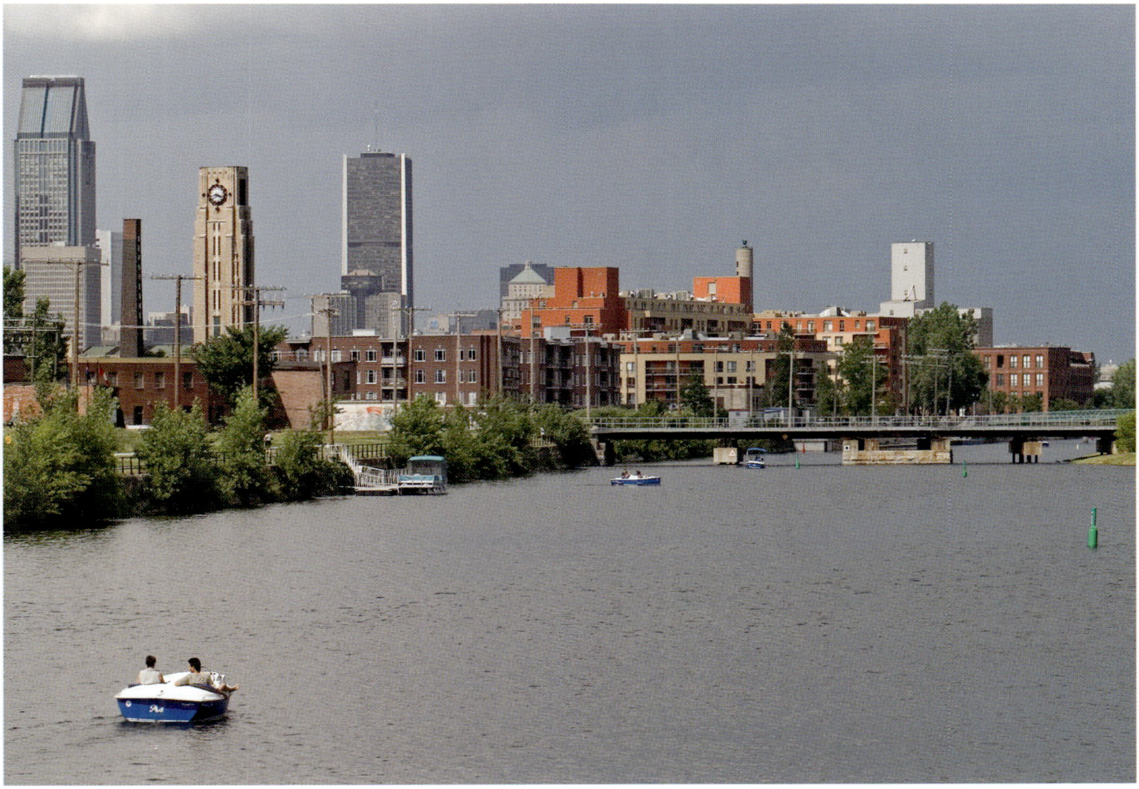

Laurent et des Grands Lacs.

A l'extrémité est tourne La Ronde, le plus important parc d'attractions du Québec, tandis qu'à l'ouest, un pont mène à une pointe de terre spécialement créée pour protéger le port des courants et des glaces.

L'île Notre-Dame, créée de toutes pièces à la fin des années 1950, est réputée pour sa plage de sable qui borde un petit lac intérieur, son bassin olympique très apprécié des amateurs d'aviron et son circuit de Formule 1, baptisé circuit Gilles-Villeneuve en hommage au champion québécois.

La dernière preuve de l'engouement des Montréalais pour la verdure et les sports de plein air est la réouverture dans les années 1990 du canal de Lachine. Ce petit canal construit entre 1821 et 1824 permettait aux navires de commerce, avant l'aménagement du Saint-Laurent en 1959, de traverser l'île de Montréal sans passer par les dangereux rapides de Lachine. Longtemps laissé à l'abandon, il a été nettoyé pour le rendre à nouveau accessible à la navigation de plaisance. Une piste cyclable polyvalente a été aménagée sur sa berge sud sur un parcours de 11,5 km, un des plus fréquentés du Canada.

Si Montréal figure en tête du classement des villes du monde où il fait bon vivre avec deux autres grandes cités canadiennes Vancouver et Toronto, c'est loin d'être un hasard.

Doubles pages suivantes :

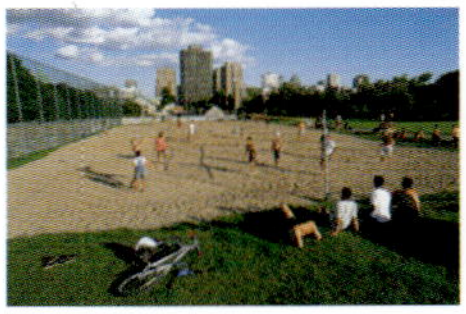

Partie de beach volley en plein centre-ville.

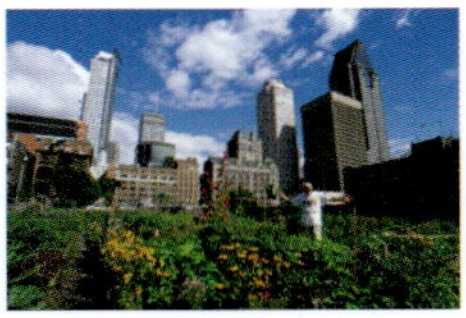

Jardin communautaire au pied des gratte-ciel.

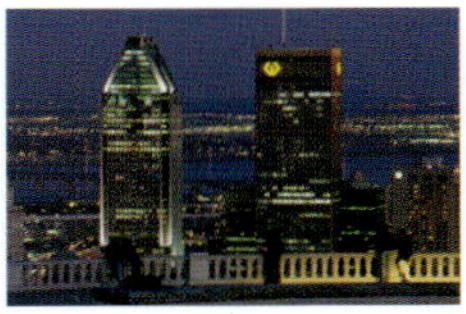

Montréal de nuit depuis le Mont-Royal.

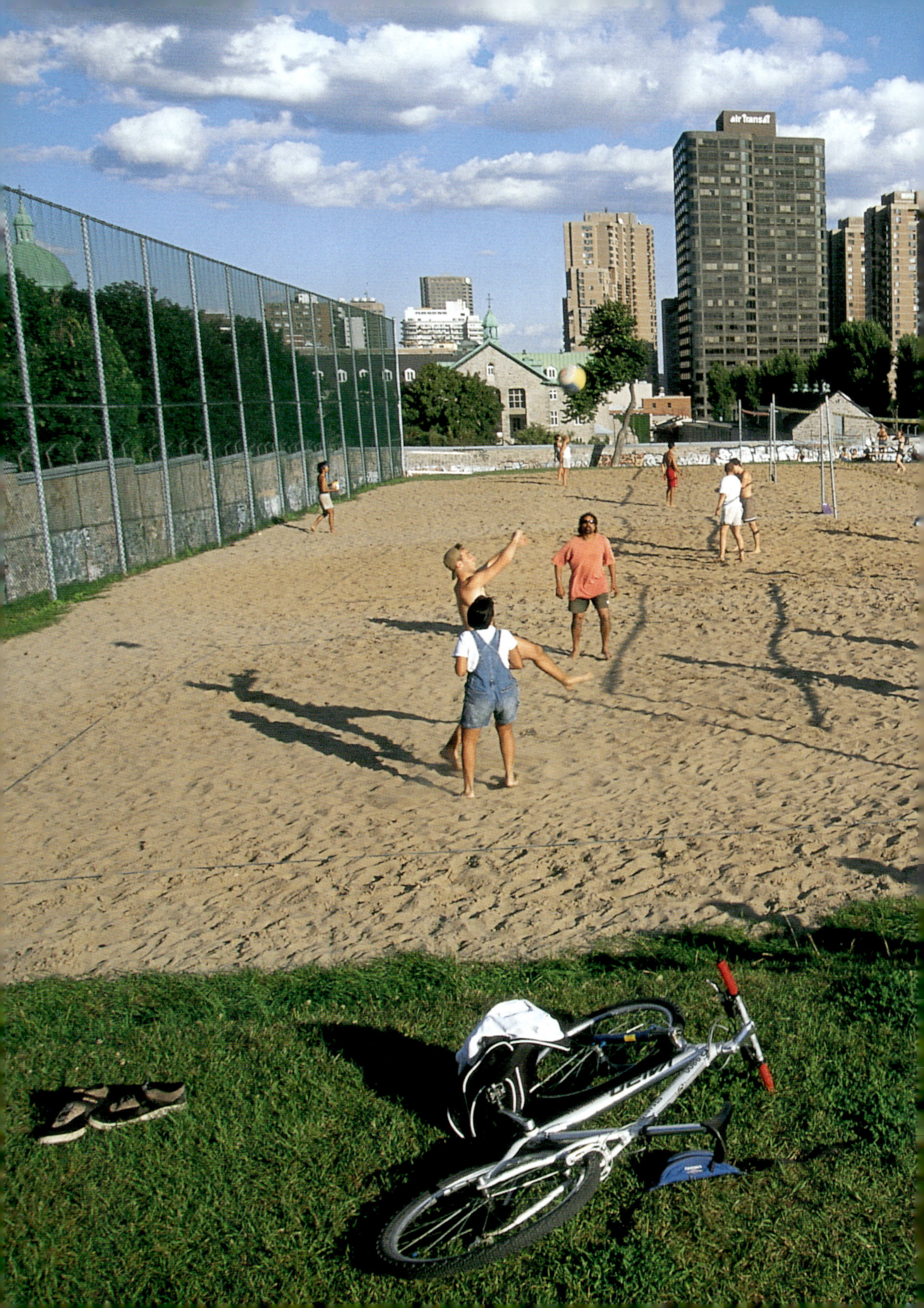
air Transat

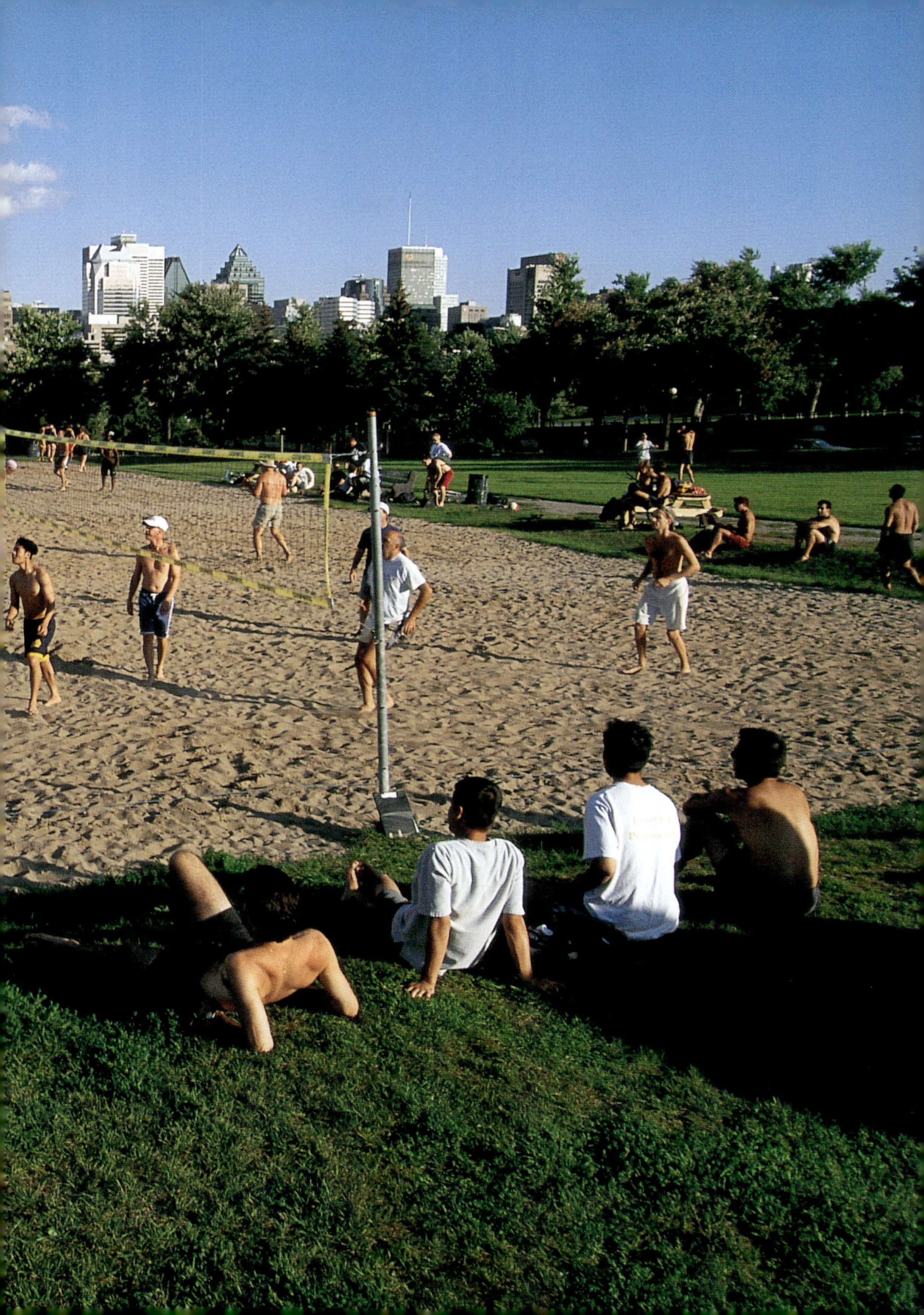

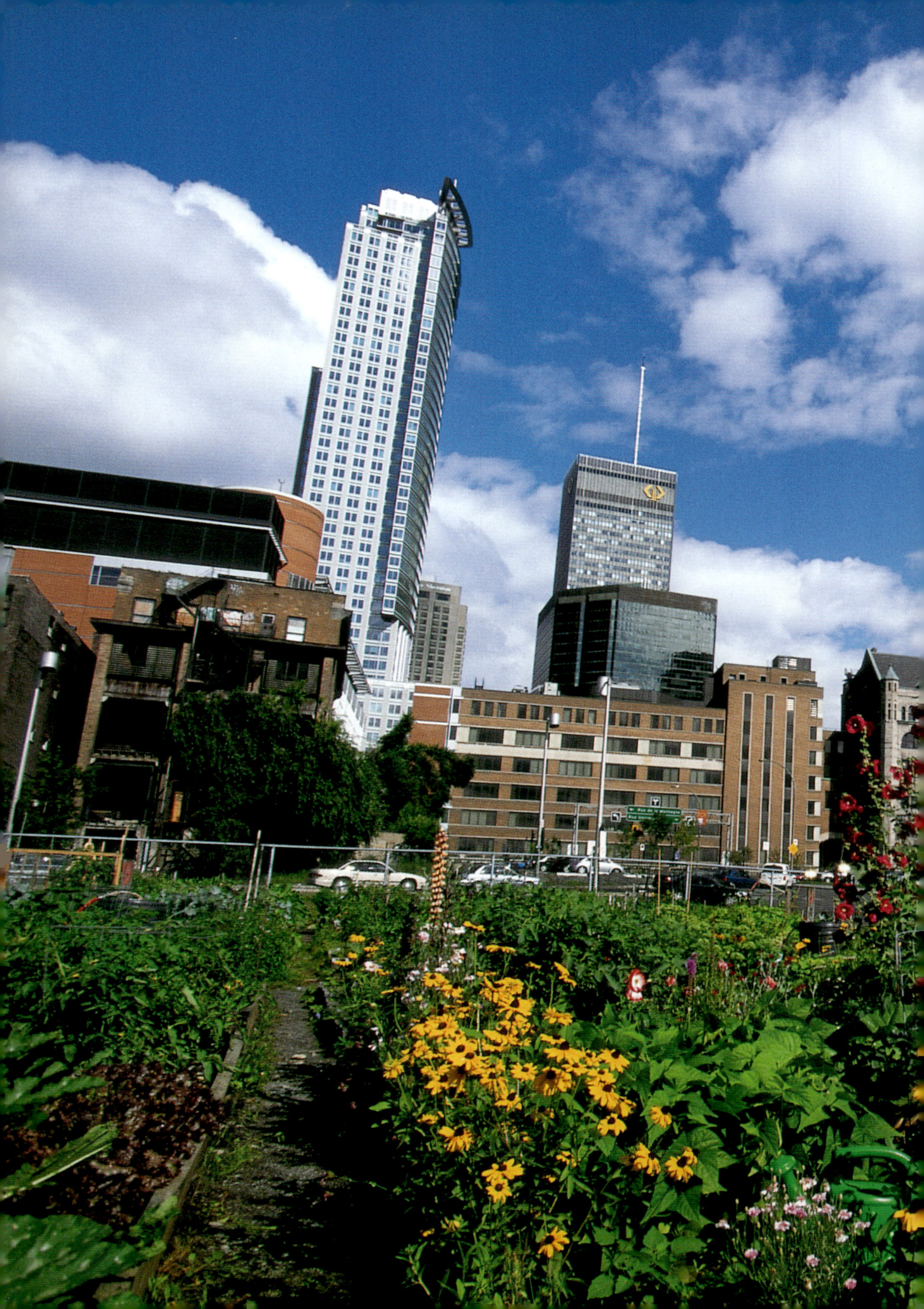

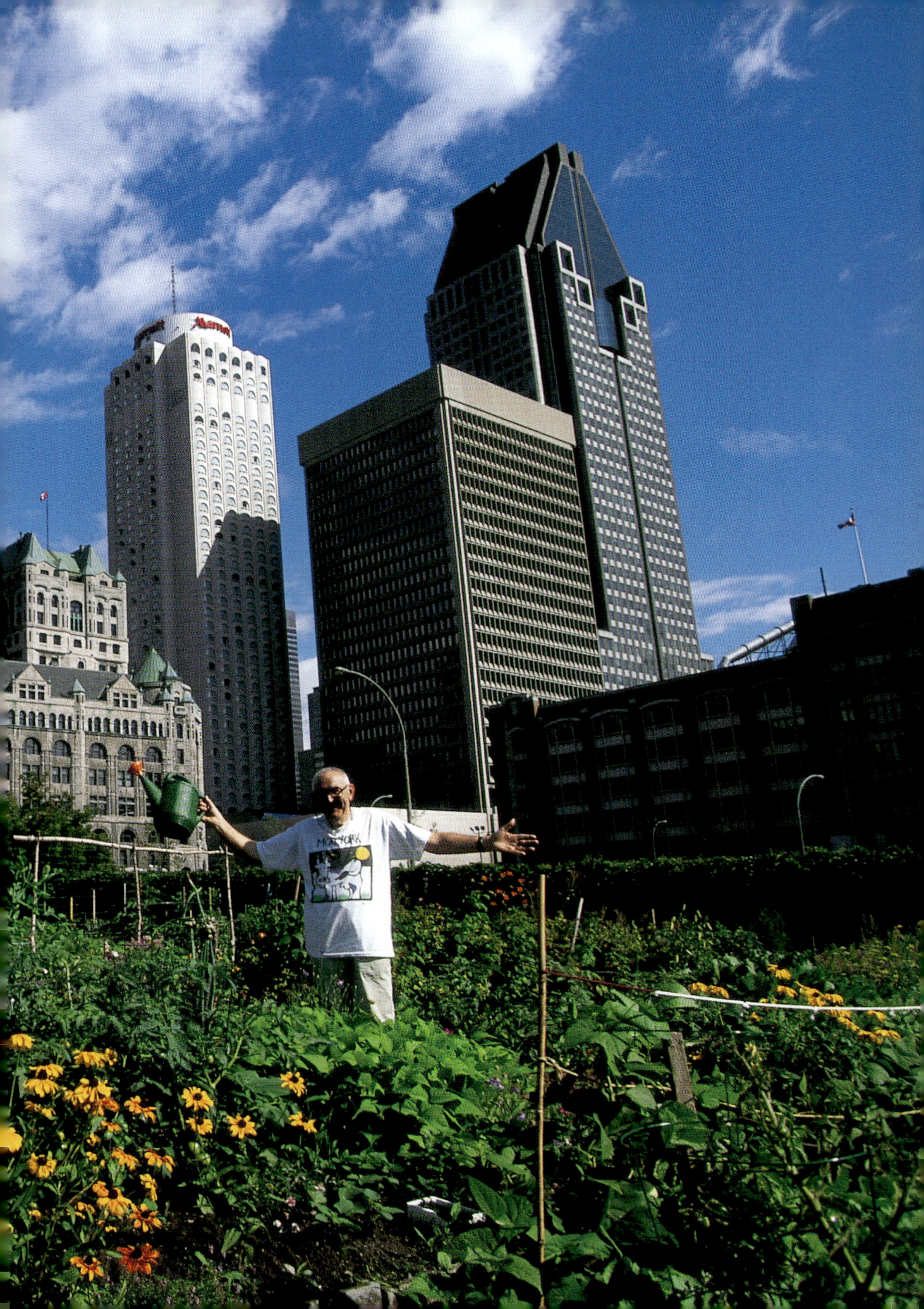

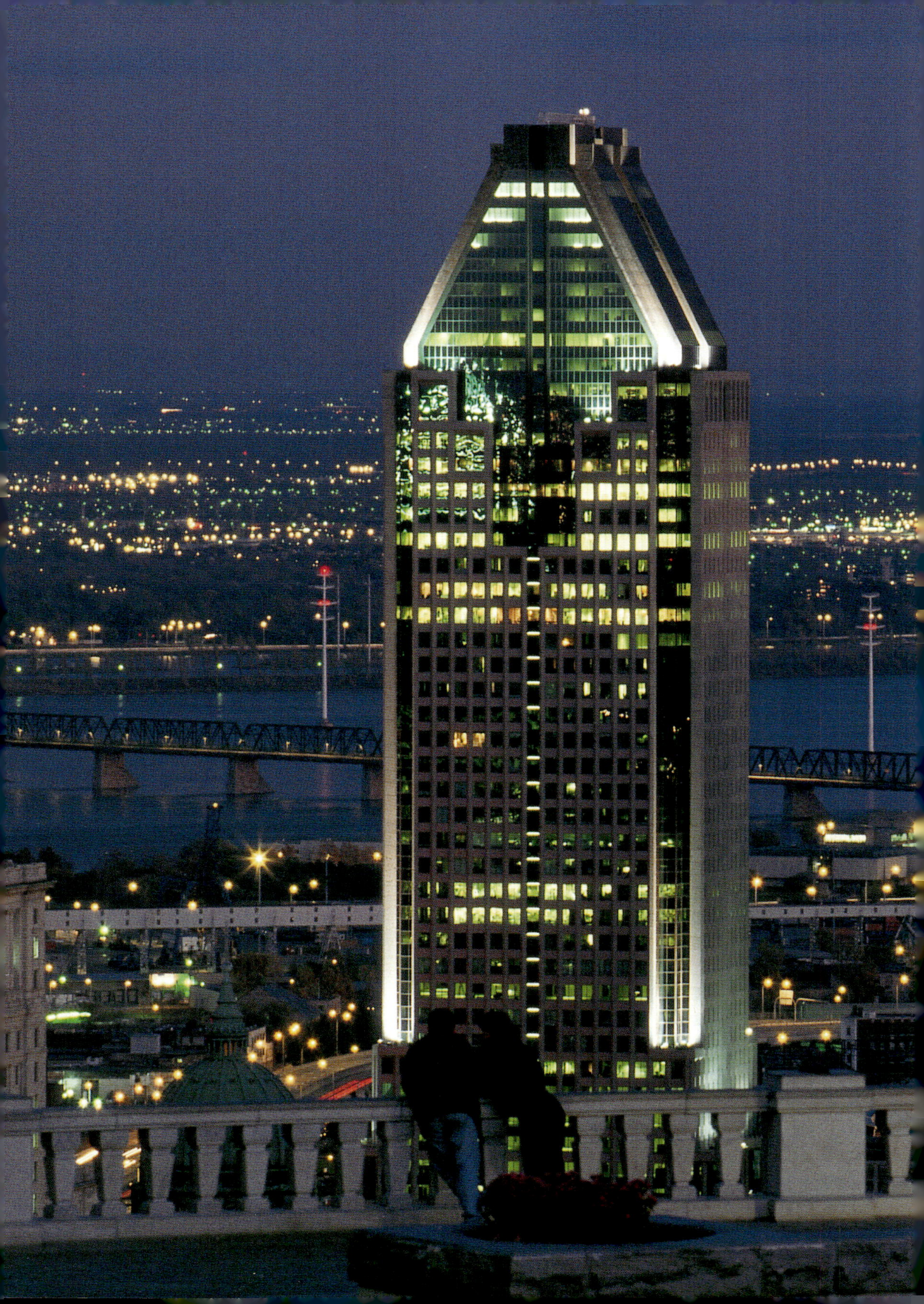

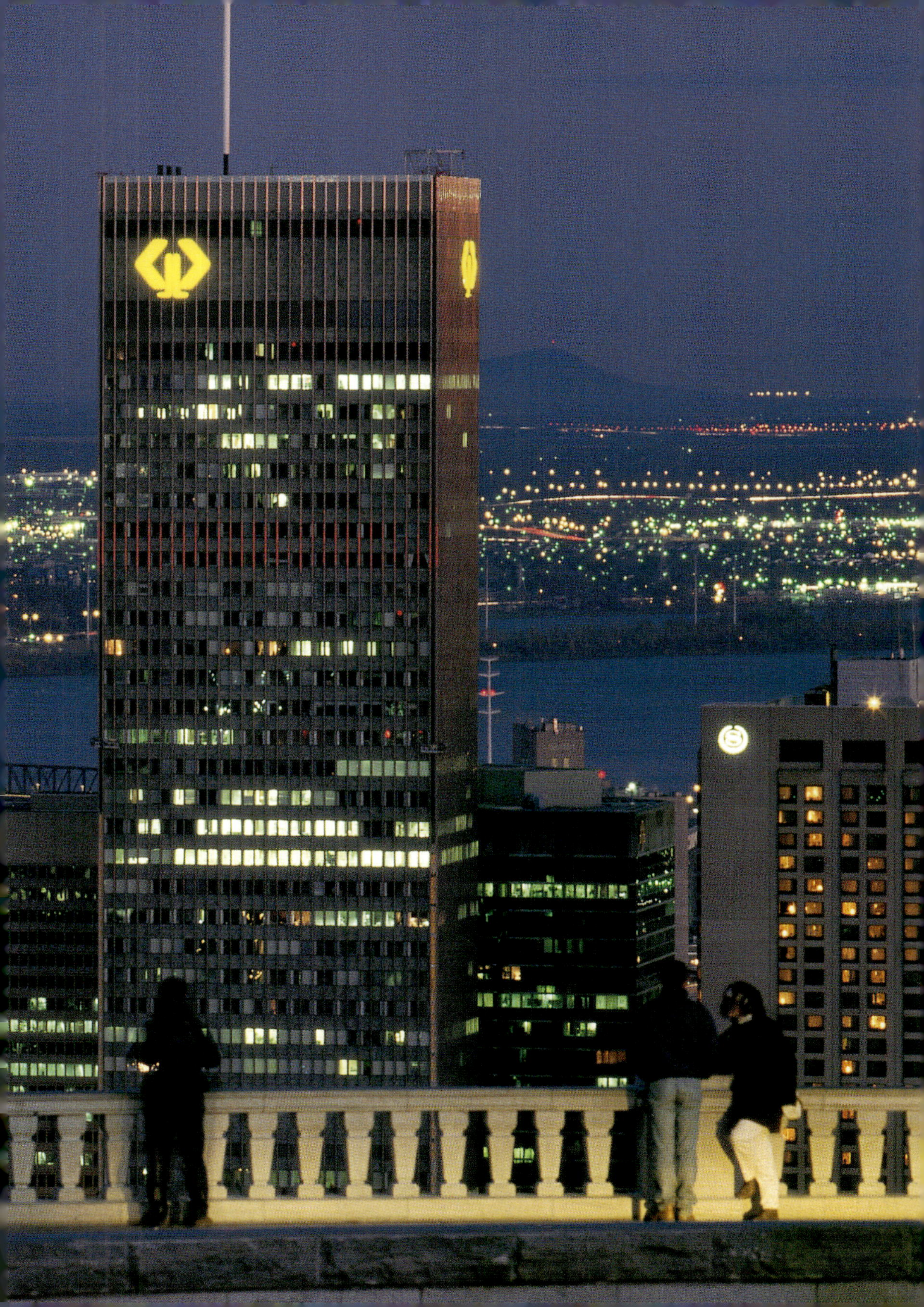

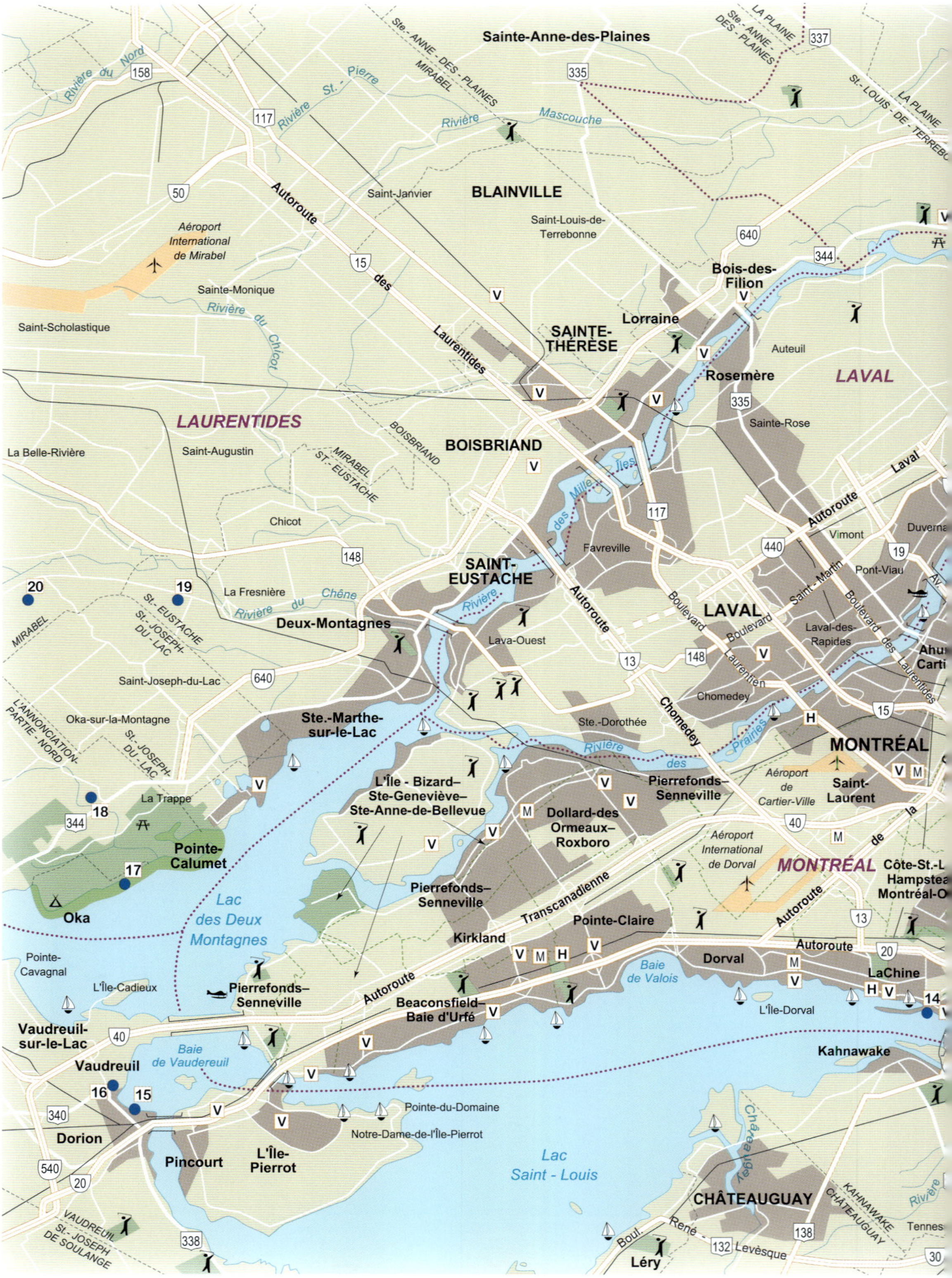

Sainte-Anne-des-Plaines
Ste - ANNE - DES - PLAINES
MIRABEL
LA PLAINE
Ste - ANNE - DES - PLAINES
St.-LOUIS-DE-TERREBONNE
LA PLAINE
Rivière du Nord
Rivière St. - Pierre
Rivière Mascouche
Autoroute des Laurentides
Saint-Janvier
BLAINVILLE
Saint-Louis-de-Terrebonne
Aéroport International de Mirabel
Sainte-Monique
Rivière du Chicot
Saint-Scholastique
SAINTE-THÉRÈSE
Lorraine
Bois-des-Filion
Auteuil
Rosemère
LAVAL
LAURENTIDES
Sainte-Rose
BOISBRIAND
La Belle-Rivière
Saint-Augustin
BOISBRIAND
MIRABEL ST.-EUSTACHE
Rivière des Mille Îles
Chicot
Favreville
SAINT-EUSTACHE
Autoroute Laval
Vimont
Duverna
Pont-Viau
La Fresnière
Rivière du Chêne
MIRABEL
St.-EUSTACHE
St.-JOSEPH-DU-LAC
Deux-Montagnes
Rivière
Lava-Ouest
Autoroute
Boulevard
LAVAL
Saint-Martin
Boulevard des Laurentides
Laval-des-Rapides
Saint-Joseph-du-Lac
Boulevard Laurentien
Chomedey
Chomedey
L'ANNONCIATION-PARTIE-NORD
Oka-sur-la-Montagne
St.-JOSEPH-DU-LAC
Ste.-Marthe-sur-le-Lac
Ste.-Dorothée
Rivière des Prairies
MONTRÉAL
La Trappe
L'Île - Bizard–Ste-Geneviève–Ste-Anne-de-Bellevue
Pierrefonds–Senneville
Aéroport de Cartier-Ville
Saint-Laurent
Dollard-des Ormeaux–Roxboro
Pointe-Calumet
Oka
Lac des Deux Montagnes
Pierrefonds–Senneville
Aéroport International de Dorval
MONTRÉAL
Autoroute de la
Côte-St.-L
Hampstea
Montréal-O
Transcanadienne
Pointe-Claire
Kirkland
Autoroute
Pointe-Cavagnal
L'Île-Cadieux
Pierrefonds–Senneville
Autoroute
Baie de Valois
Dorval
LaChine
Beaconsfield–Baie d'Urfé
L'Île-Dorval
Vaudreuil-sur-le-Lac
Baie de Vaudreuil
Vaudreuil
Kahnawake
Pointe-du-Domaine
Notre-Dame-de-l'Île-Pierrot
Dorion
Pincourt
L'Île-Pierrot
Lac Saint - Louis
Châteauguay
CHÂTEAUGUAY
KAHNAWAKE CHÂTEAUGUAY
Rivière
Tennes
VAUDREUIL
St.-JOSEPH DE SOULANGE
Boul. René Levèsque
Léry

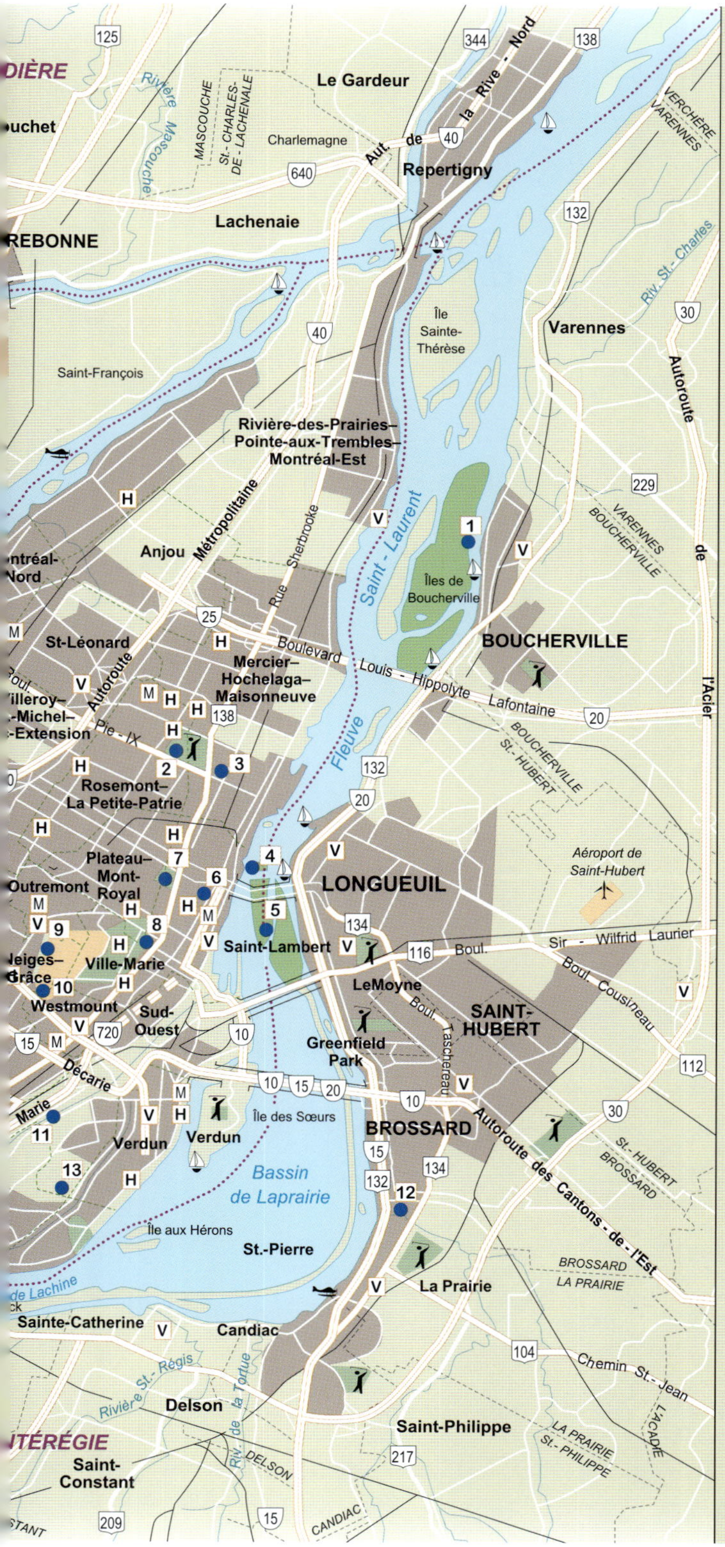

Les environs de Montréal

5 km

- Aéroport
- Base d'hydravion
- Aire de pique-nique
- Camping
- Terrain de golf
- Port de plaisance
- Autoroute
- Route principale
- Poste municipal
- Hôpital
- Hôtel-de-Ville
- Parc
- Secteur bâti
- Institutions
- Limites régionales
- Limites municipales
- Arrondissements (Montréal)
- Transport ferroviaire
- Point d'intérêt

1. Poste d'acceuil du Parc québecois des Îles-de-Boucherville
2. Jardin Botanique
3. Stade Olympique
4. Croisière
5. Lieu historique national Sir-George-Étienne Cartier
6. Tour de Lévis
7. Parc Lafontaine
8. Université McGilll
9. Université de Montréal
10. Oratoire
11. Canal de Lachine
12. Site historique
13. Jardin zoologique
14. Musée de Lachine
15. Maison Trestler
16. Musée de Vaudreuil-Soulanges
17. Parc québecois d'Oka
18. Abbaye cistercienne d'Oka
19. Exotarium
20. Intermiel

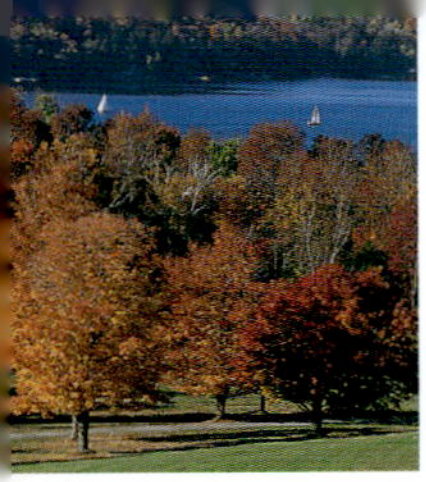

L'été indien : une symphonie en "Québec majeur"

"L'automne : le temps pour l'homme et la nature de cheminer ensemble"
(Aristote)

Le Québec n'est pas le pays d'une seule saison.
Le printemps, l'été, l'automne et l'hiver prennent le temps d'y vivre et savent se faire attendre puis regretter.
Pourtant, l'automne avec son été indien qui n'existe que dans le nord de l'Amérique reste la saison préférée des visiteurs étrangers.
Nichée entre septembre et novembre, cette dernière note de douceur avant l'hiver s'élève comme un chant du cygne, magnifique, bref et flamboyant.
Un régal pour les yeux.

Le vélo est un loisir très populaire au Québec, plus de 5 000 km de voies cyclables y ont été spécialement aménagées.

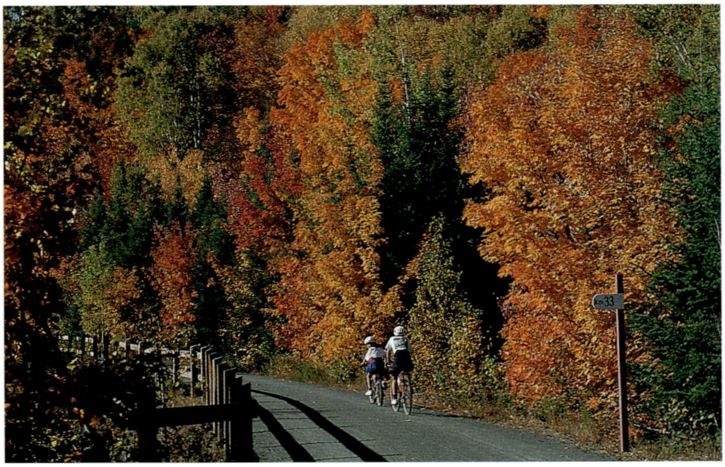

QUELQUES JOURS D'ÉTÉ AU MILIEU DE L'AUTOMNE

D'où vient l'été indien ? D'une fantaisie de la nature qui explose en des milliers de couleurs, d'une bizarre chimie des sols ou d'un phénomène purement aléatoire ? Aujourd'hui encore, personne ne sait véritablement expliquer les raisons de ce bouleversement climatique aussi bref que soudain. Tout au plus sait-on que la chlorophylle se retire des feuilles et révèle leurs pigments cachés.

Apportant le redoux, (le thermomètre grimpe jusqu'à 25 °C pendant quelques jours après les premières gelées), ce drôle d'été enflamme les forêts, s'installe dans les feuillages des érables à sucre qui s'empourprent, des frênes blancs et des bouleaux

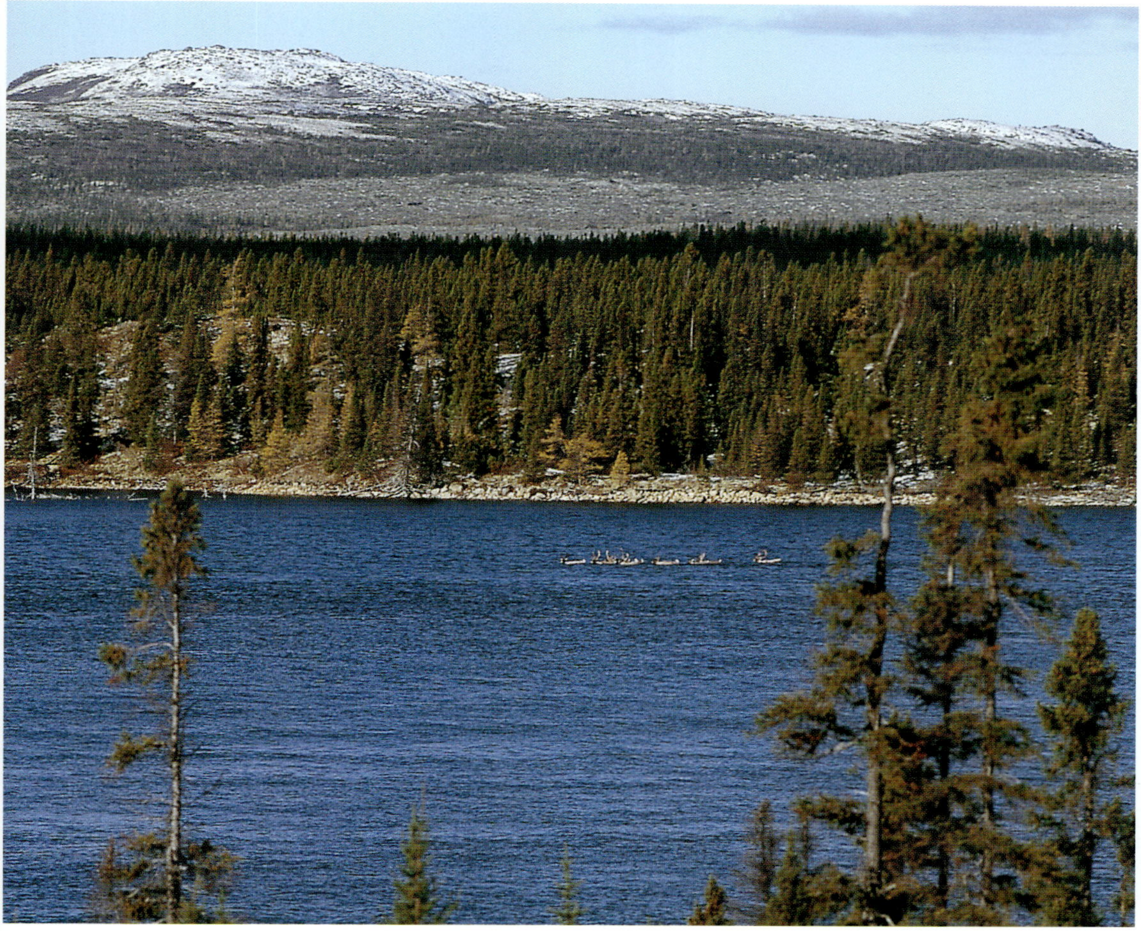

qui jaunissent et des chênes qui arborent de superbes tons ocre et marron. Une véritable symphonie de couleurs !

Au temps où le Québec n'était peuplé que d'Amérindiens, ceux-ci profitaient de cette courte période pour chasser et faire le plein de provisions avant l'hiver.

Aujourd'hui, les Québécois parlent avec passion de leur "été des Indiens". Ils le célèbrent lors de "festivals des couleurs" comme s'il s'agissait d'un véritable spectacle d'artiste à ciel ouvert. Un plaisir bref dont il faut apprécier chaque instant. L'automne est la saison des dernières promenades à vélo, des dernières parties de pêche, des dernières balades sur le fleuve Saint-Laurent… Chacun savoure comme un fruit mûr les dernières chaleurs. Dans les vergers, on croque les pommes tardives, dans les vignes et les forêts, raisins et champignons attendent d'être ramassés.

Lorsque les premières bourrasques mettront à terre les couleurs, l'été indien ne sera plus qu'un souvenir et la grisaille de novembre sera de mise jusqu'aux premières neiges.

Lac de la région Nord-du-Québec, non loin de Schefferville ; on aperçoit au loin un troupeau de caribous en pleine traversée.

Double page suivante :

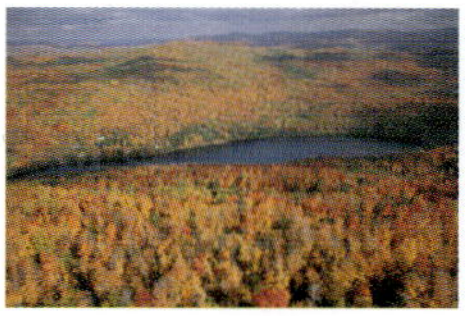

Un des nombreux lacs de la région des Laurentides, comme perdu en pleine forêt.

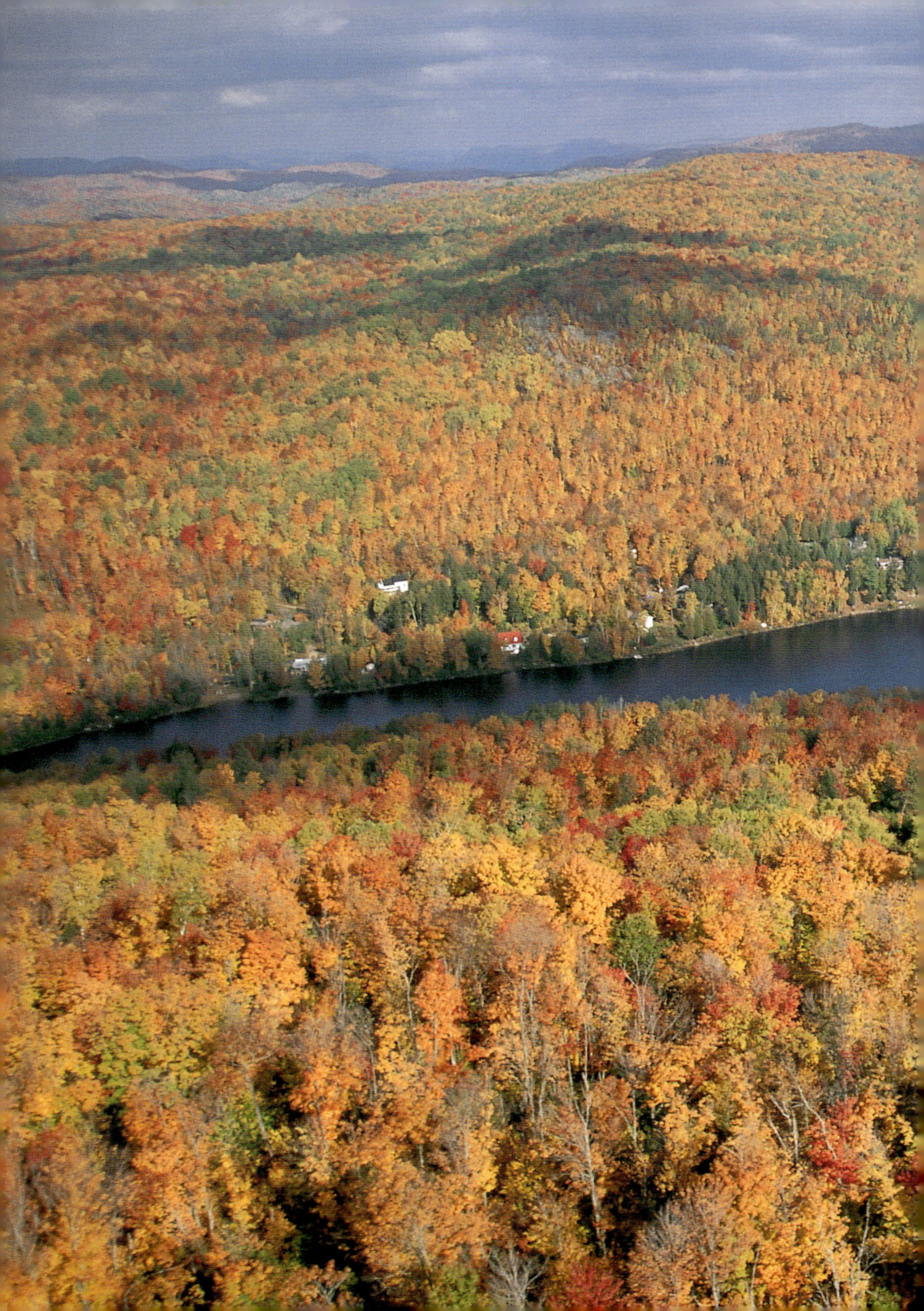

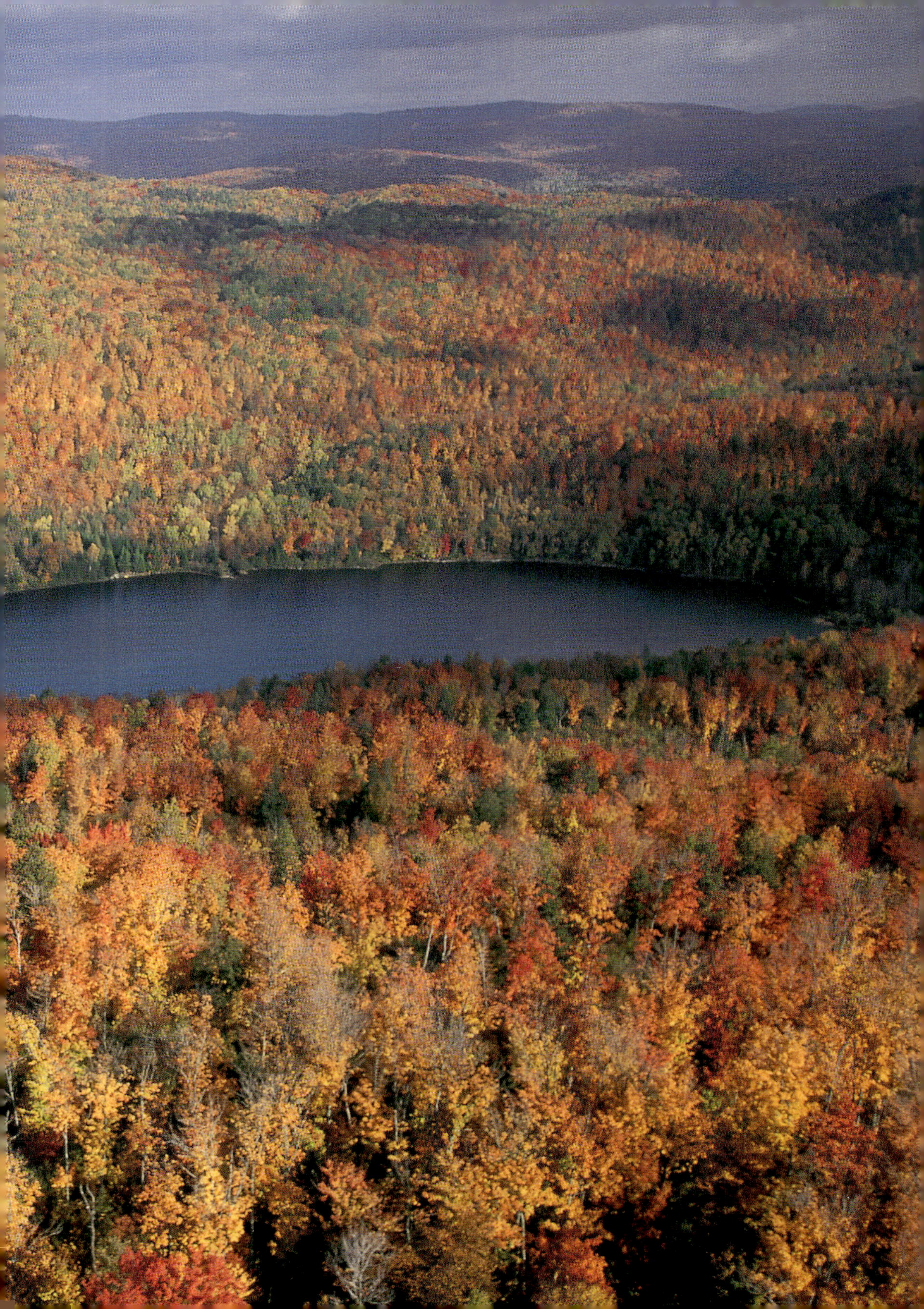

LA SAISON DES CANTONS DE L'EST

Cette saison aux mille couleurs, il faut d'abord aller la vivre dans les Cantons-de-l'Est. Cette région du Québec que l'on appela un moment du curieux nom d'Estrie ressemble bigrement à sa voisine américaine, la Nouvelle-Angleterre.

Longtemps habitée par les indiens Abénaquis, elle accueillit à bras ouverts, après l'Indépendance américaine (en 1783) plusieurs milliers de réfugiés "loyalistes" qui entendaient rester fidèles à la couronne d'Angleterre. En reconnaissance, le gouvernement britannique leur donna des terres, baptisées townships (cantons), afin qu'ils y refassent leur vie. Plus tard, des Irlandais puis des Écossais les rejoignirent.

Bien que les Cantons-de-l'Est soient aujourd'hui majoritairement francophones, l'influence anglo-saxonne s'y fait sentir partout. Pour preuve, ces villages à la discrétion toute britannique, ces belles demeures victoriennes au toit cassé, ces églises anglicanes et, plus insolites, ces mystérieuses granges rondes qui n'existent nulle part ailleurs au Québec. Construites par des loyalistes shakers – une congrégation similaire aux quakers – elle ne devaient pas avoir de coins afin que le diable ne puisse s'y cacher... Il en reste aujourd'hui une dizaine dans la région.

Pays de forêts de feuillus, de lacs et de petites montagnes, les Cantons-de-l'Est dévoilent toute leur splendeur dans les couleurs de l'automne. C'est au bord du lac Memphrémagog que furent tournées les plus belles scènes de nature du "Déclin de l'Empire américain" le film du québécois Denys Arcand qui fit le tour du monde et dont la suite "Les Invasions barbares" rafla tous les prix internationaux.

Installé sur la rive nord du lac Massiwippi, North Hatley, sans doute le plus beau village de la région, symbolise bien cette douceur de vivre. Ses bons restaurants et ses nombreuses boutiques et galeries d'art naïf font de ce village de 700 habitants un lieu de villégiature très recherché, fréquenté par un grand nombre de célébrités nord-américaines. Un coin de paradis pour faire du canot, pêcher l'esturgeon et la ouananiche (saumon d'eau douce), partir en randonnée à cheval, ou jouer au golf dans un décor de rêve.

Ci-dessous : longtemps sous influence anglo-saxonne, certains villages des Cantons-de-l'Est rappellent ceux de la Nouvelle-Angleterre. Page de droite : ferme et grange du côté de North Hatley dans les Cantons-de-l'Est.

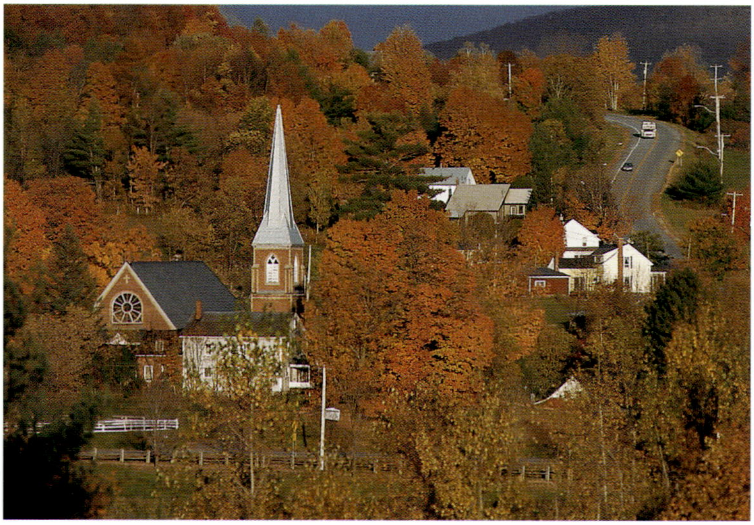

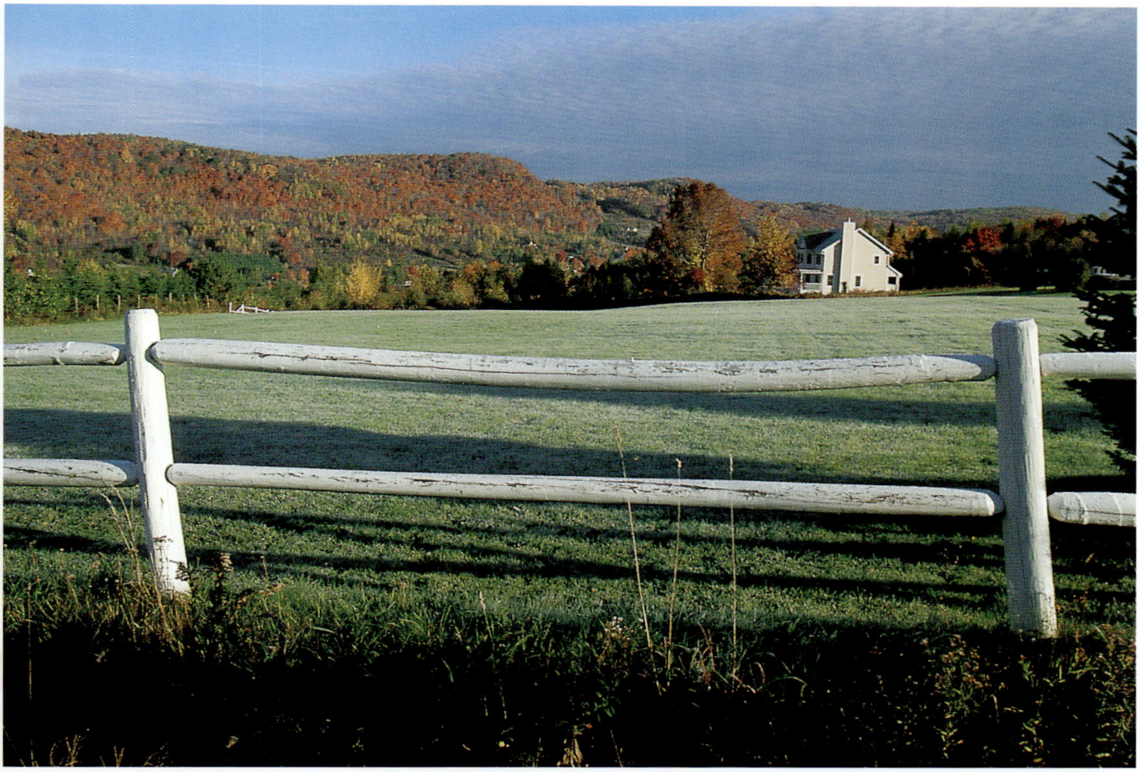

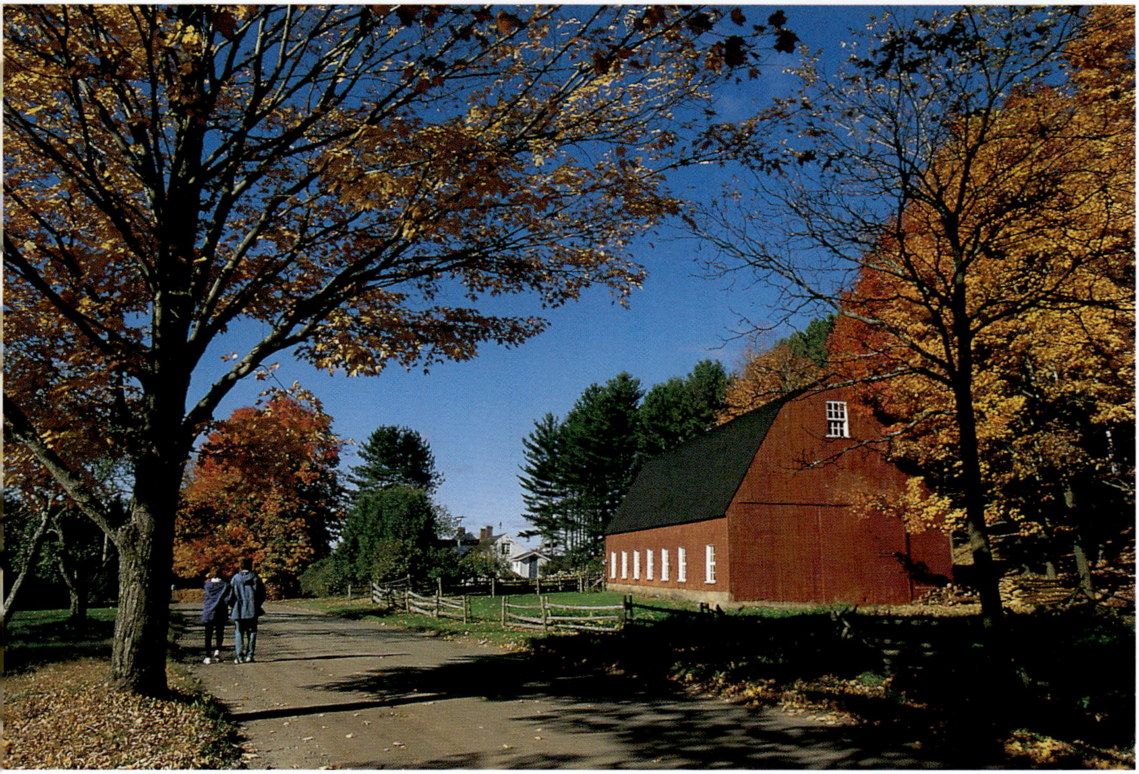

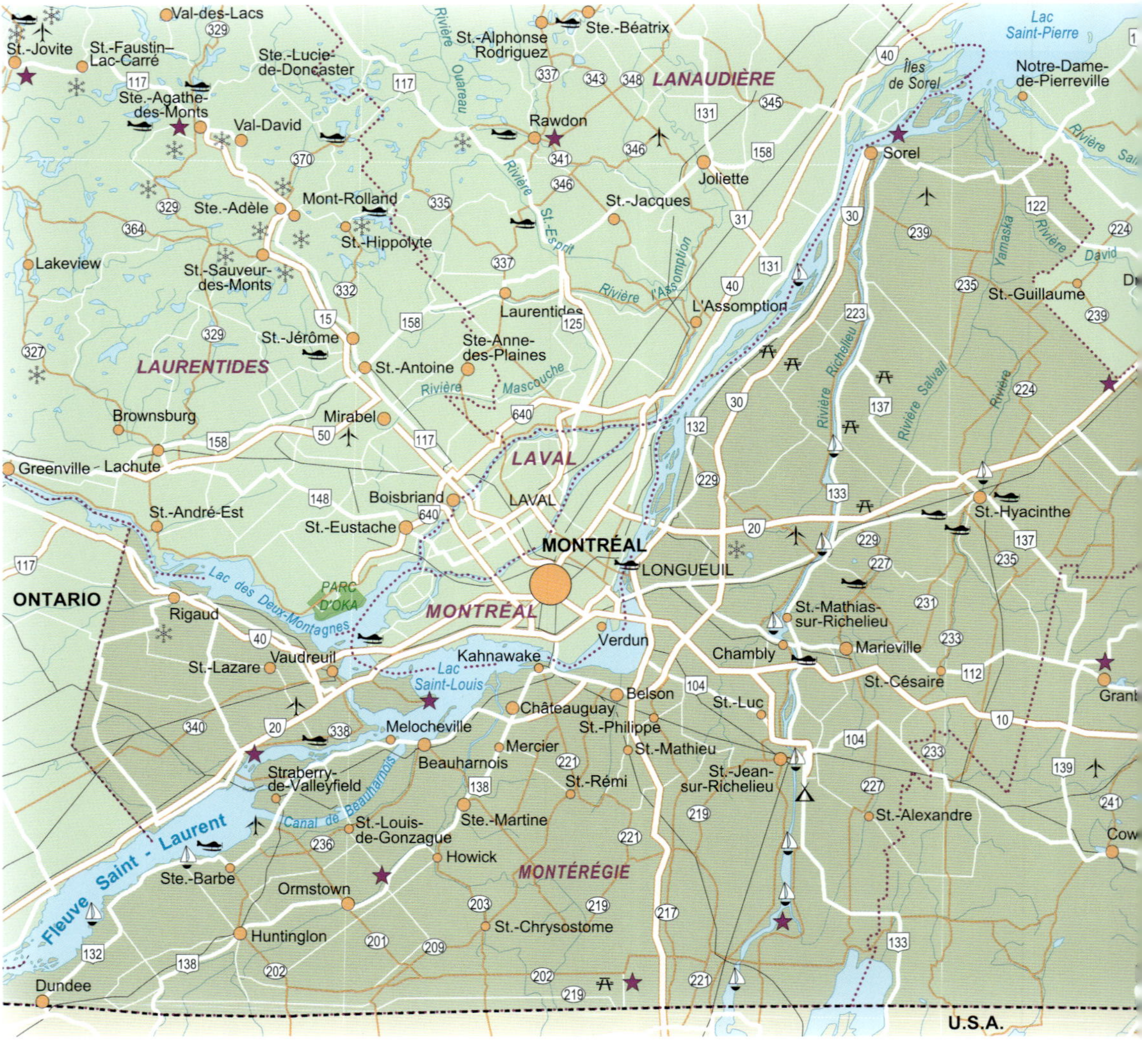
LANAUDIÈRE
LAURENTIDES
LAVAL
MONTRÉAL
MONTÉRÉGIE
ONTARIO
U.S.A.
MONTRÉAL
LAVAL
LONGUEUIL
Val-des-Lacs
St.-Jovite
St.-Faustin–Lac-Carré
Ste.-Lucie-de-Doncaster
Ste.-Agathe-des-Monts
Val-David
Ste.-Adèle
Mont-Rolland
St.-Hippolyte
Lakeview
St.-Sauveur-des-Monts
St.-Jérôme
St.-Antoine
Brownsburg
Mirabel
Greenville
Lachute
St.-André-Est
Boisbriand
St.-Eustache
PARC D'OKA
Lac des Deux-Montagnes
Rigaud
St.-Lazare
Vaudreuil
St.-Alphonse Rodriguez
Ste.-Béatrix
Rawdon
St.-Jacques
Joliette
Laurentides
Ste-Anne-des-Plaines
L'Assomption
Rivière Ouareau
Rivière St.-Esprit
Rivière l'Assomption
Rivière Mascouche
Lac Saint-Pierre
Îles de Sorel
Notre-Dame-de-Pierreville
Sorel
Rivière Saint-François
Rivière Yamaska
Rivière David
St.-Guillaume
Rivière Richelieu
Rivière Salvail
St.-Hyacinthe
Kahnawake
Lac Saint-Louis
Verdun
Chambly
St.-Mathias-sur-Richelieu
Marieville
St.-Césaire
Granby
Châteauguay
Belson
St.-Philippe
St.-Luc
Melocheville
Beauharnois
Mercier
St.-Mathieu
St.-Jean-sur-Richelieu
Straberry-de-Valleyfield
St.-Rémi
Canal de Beauharnois
St.-Louis-de-Gonzague
Ste.-Martine
St.-Alexandre
Cowansville
Howick
Fleuve Saint-Laurent
Ste.-Barbe
Ormstown
Huntinglon
St.-Chrysostome
Dundee

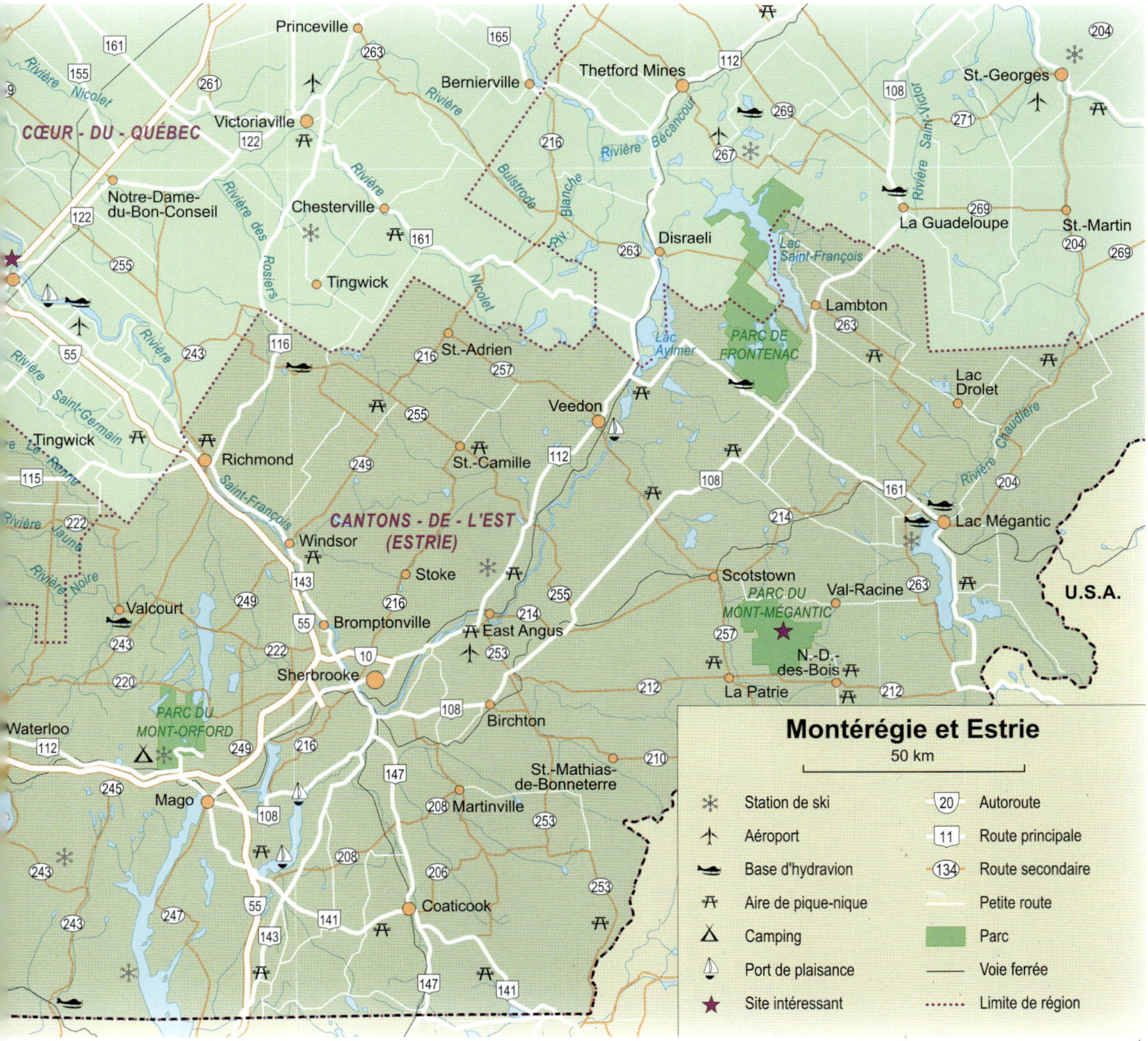
Montérégie et Estrie
50 km
Station de ski
Aéroport
Base d'hydravion
Aire de pique-nique
Camping
Port de plaisance
Site intéressant
Autoroute
Route principale
Route secondaire
Petite route
Parc
Voie ferrée
Limite de région
CŒUR - DU - QUÉBEC
CANTONS - DE - L'EST (ESTRIE)
U.S.A.
Princeville
Victoriaville
Bernierville
Thetford Mines
St.-Georges
Notre-Dame-du-Bon-Conseil
Chesterville
Tingwick
Disraeli
La Guadeloupe
St.-Martin
Lambton
St.-Adrien
Veedon
Lac Drolet
Richmond
St.-Camille
Windsor
Stoke
Lac Mégantic
Scotstown
Val-Racine
Valcourt
Bromptonville
East Angus
Sherbrooke
N.-D.-des-Bois
La Patrie
Waterloo
Birchton
St.-Mathias-de-Bonneterre
Mago
Martinville
Coaticook
PARC DE FRONTENAC
PARC DU MONT-MÉGANTIC
PARC DU MONT-ORFORD
Rivière Nicolet
Rivière Bulstrode
Rivière Bécancour
Rv. Blanche
Rivière Saint-Victor
Rivière des Rosiers
Lac Saint-François
Lac Aylmer
Rivière Saint-Germain
Rivière Le Renne
Saint-François
Rivière Jaune
Rivière Noire
Rivière Chaudière

DES ARPENTS DE NEIGE AUX ARPENTS DE VIGNE

Dans beaucoup de pays, l'automne rime avec vendanges. Malgré le climat, c'est curieusement aussi le cas au Québec, notamment dans les Cantons-de-l'Est et en Montérégie. Il existe même une route des Vins qui relie une quarantaine de vignobles répartis dans l'ensemble de la province.

A la fin des années 70, une poignée de vignerons voulut en effet réaliser l'impossible : produire du vin québécois. Le défi était de taille, car depuis Jacques Cartier qui avait découvert les premiers ceps sauvages sur l'île d'Orléans, toutes les tentatives de culture commerciale de la vigne avaient échoué, pour cause d'hivers glaciaux. Ces courageux et tenaces vignerons réussirent en remettant au goût du jour une méthode très ancienne, le buttage, qui consiste à enterrer en partie la vigne avant l'arrivée des grands froids. Cette technique, et l'adoption de cépages résistants, ont permis de créer un véritable vignoble québécois de plus de 150 hectares et d'ajouter à la longue liste des vins du monde parfois centenaires, des produits tout neufs.

Le vignoble produit essentiellement des vins blancs tranquilles et quelques rouges. S'y ajoutent des vins effervescents élaborés selon la méthode traditionnelle et des essais de vendanges tardives ou de vendanges sous le gel donnant des vins de glace au goût très doux.

Ces vins, dont certains ont déjà été récompensés dans des concours internationaux en Amérique, méritent le déplacement !

CAP À L'OUEST EN OUTAOUAIS

Dans les Cantons-de-l'Est de nombreuses fermes ont gardé leur aspect d'antan.

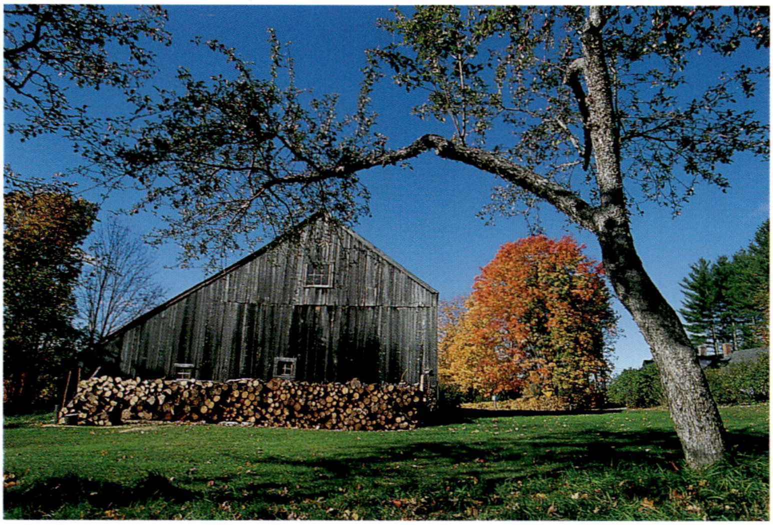

L'été indien se reflète aussi magnifiquement dans l'Outaouais, l'autre région du sud de la province, avec ses 20 000 lacs et ses centaines de cours d'eau.

Longtemps, seuls quelques trappeurs et des explorateurs aventureux glissaient à bord de canots d'écorce sur les eaux de la rivière des Outaouais (dont le nom vient d'une tribu amérindienne). Au XIXe siècle, lorsque la région commença à exploiter son énorme potentiel forestier, ils furent remplacés par des dizaines de milliers de troncs de pins blancs et rouges qui flottaient sur la rivière en direction de Montréal. A cette époque, l'Outaouais fut surnommé "la réserve forestière de la Grande-Bretagne".

Aujourd'hui, si les industries de pâtes et papier jouent encore un rôle important dans l'économie – en alimentant le marché mondial du papier-journal – Hull, frontalière d'Ottawa capitale du Canada, vit surtout autour des administrations fédérales.

En suivant la rivière des Outaouais, le long de la route 148, la balade débute dans la petite ville de Montebello, la patrie de Louis-Joseph Papineau (1786-1871), instigateur de la rébellion des Patriotes.

Dans un immense parc, la compagnie ferroviaire Canadien Pacifique a fait construire, au début du siècle, une folie, le château Montebello. Cet hôtel de luxe en forme d'étoile à six branches est le plus grand chalet en rondins de bois au monde.

En 1930, sa construction ne dura que trois mois. Plus de 3 000 ouvriers participèrent à cet exploit et il fallut acheminer de l'ouest du pays, 10 000 billes de cèdre rouge que l'on ne trouvait plus qu'en Colombie Britannique !

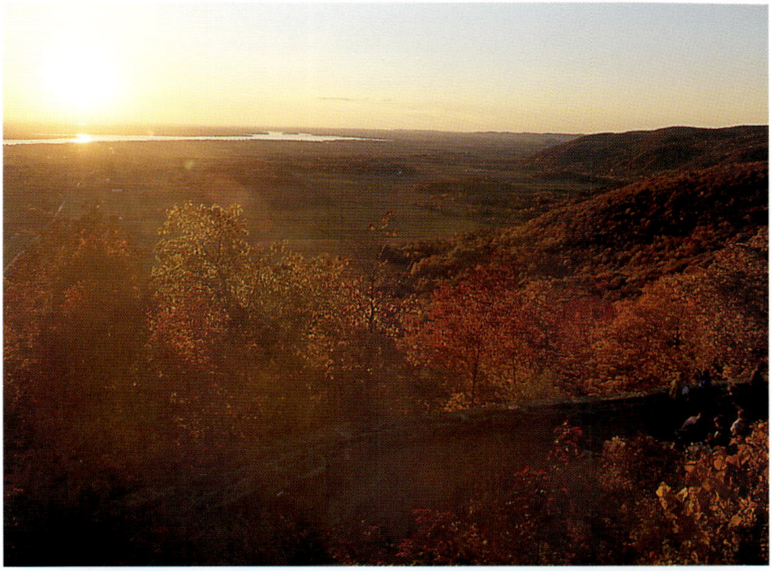

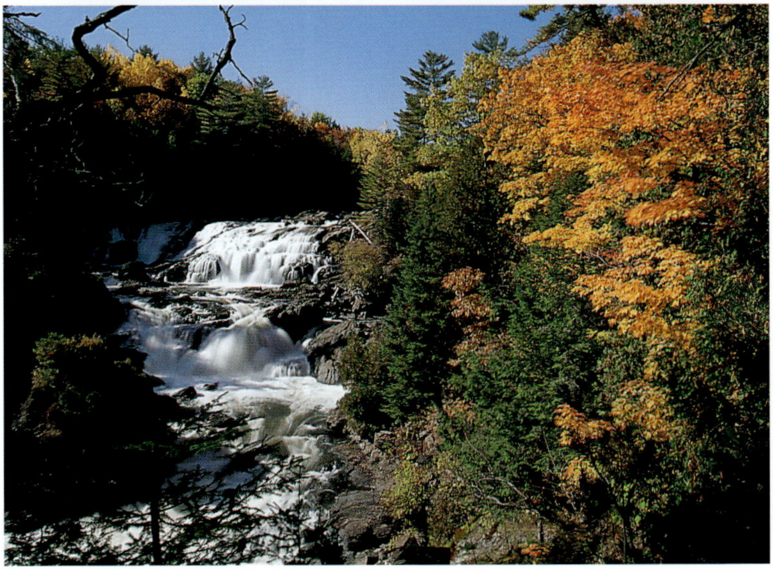

Dans le parc de la Gatineau, le belvédère Champlain offre une vue magnifique sur la région du Pontiac. Les chutes de Plaisance sur la rivière Petite Nation dans l'Outaouais.

Depuis Hull, la route 148 conduit au célèbre parc de la Gatineau qui s'étend sur 363 km². Une merveille durant la "période des Couleurs" et un endroit tout indiqué pour les activités de plein air. On peut découvrir la vallée de la Gatineau à pied et à vélo sur des sentiers balisés ou en empruntant le petit train à vapeur Hull-Chelsea-Wakefield. Ce sympathique tortillard qui ne dépasse pas les 40 km/h s'arrête une heure ou deux dans la jolie petite ville de Wakefield, puis revient à la gare de Hull. Les enfants adorent !

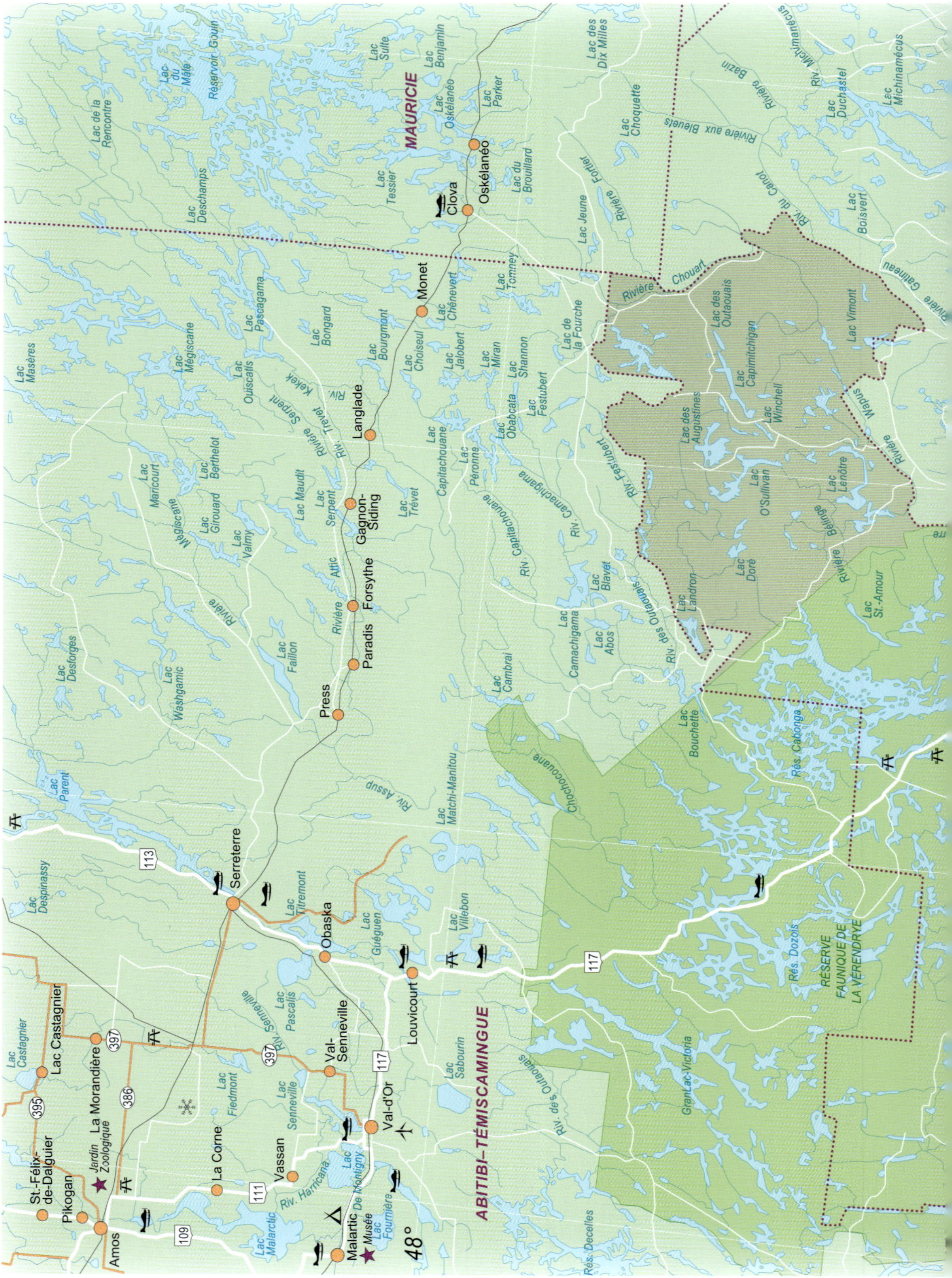
MAURICIE
ABITIBI-TÉMISCAMINGUE
RÉSERVE FAUNIQUE DE LA VÉRENDRYE
48°
Amos
Pikogan
St-Félix-de-Dalquier
Lac Castagnier
La Morandière
Jardin Zoologique
La Corne
Vassan
Val-Senneville
Val-d'Or
Malartic
Musée
Louvicourt
Obaska
Serreterre
Press
Paradis
Forsythe
Gagnon-Siding
Langlade
Monet
Clova
Oskélanéo
109
111
113
117
386
395
397
Lac Malartic
Lac De Montigny
Lac Fournière
Riv. Harricana
Lac Senneville
Lac Fiedmont
Lac Pascalis
Riv. Senneville
Lac Sabourin
Lac Villebon
Lac Guéguen
Lac Tiffremont
Lac Despinassy
Lac Castagnier
Lac Parent
Lac Desforges
Lac Washgamic
Lac Faillon
Rivière Mégiscane
Lac Maricourt
Lac Girouard
Lac Valmy
Lac Berthelot
Lac Mégiscane
Lac Maseres
Lac Quiscatis
Lac Pascagama
Lac Maudit
Lac Serpent
Rivière Attic
Rivière Serpent
Riv. Trévet
Riv. Kekek
Lac Bongard
Lac Bourgmont
Lac Choiseul
Lac Trévet
Lac Capitachouane
Lac Péronne
Lac Jalobert
Lac Chênevert
Lac Miran
Lac Obabcata
Lac Shannon
Lac Festubert
Lac Tomney
Lac de la Fourche
Riv. Assup
Lac Matchi-Manitou
Lac Cambrai
Riv. Capitachouane
Riv. Camachigama
Lac Camachigama
Lac Abos
Lac Biavet
Riv. Festubert
Riv. des Outaouais
Lac Deschamps
Lac de la Rencontre
Lac du Mâle
Réservoir Gouin
Lac Tessier
Lac Suite
Lac Benjamin
Lac Oskélanéo
Lac Parker
Lac du Brouillard
Lac Jeune
Rivière Fortier
Lac des Dix Milles
Lac Choquette
Rivière aux Bleuets
Rivière Bazin
Riv. Michinamécus
Lac Michinamécus
Lac Duchastel
Riv. du Canot
Lac Boisvert
Rivière Chouart
Rivière Gatineau
Lac des Outaouais
Lac Capimitchigan
Lac Vimont
Lac des Augustines
Lac Winchell
Rivière Wapus
Lac O'Sullivan
Lac Lenôtre
Rivière Bélinge
Lac Doré
Lac Landron
Lac St.-Amour
Lac Bouchette
Rés. Cabonga
Chochocouane
Rés. Dozois
Grand Lac Victoria
Riv. des Outaouais
Rés. Decelles

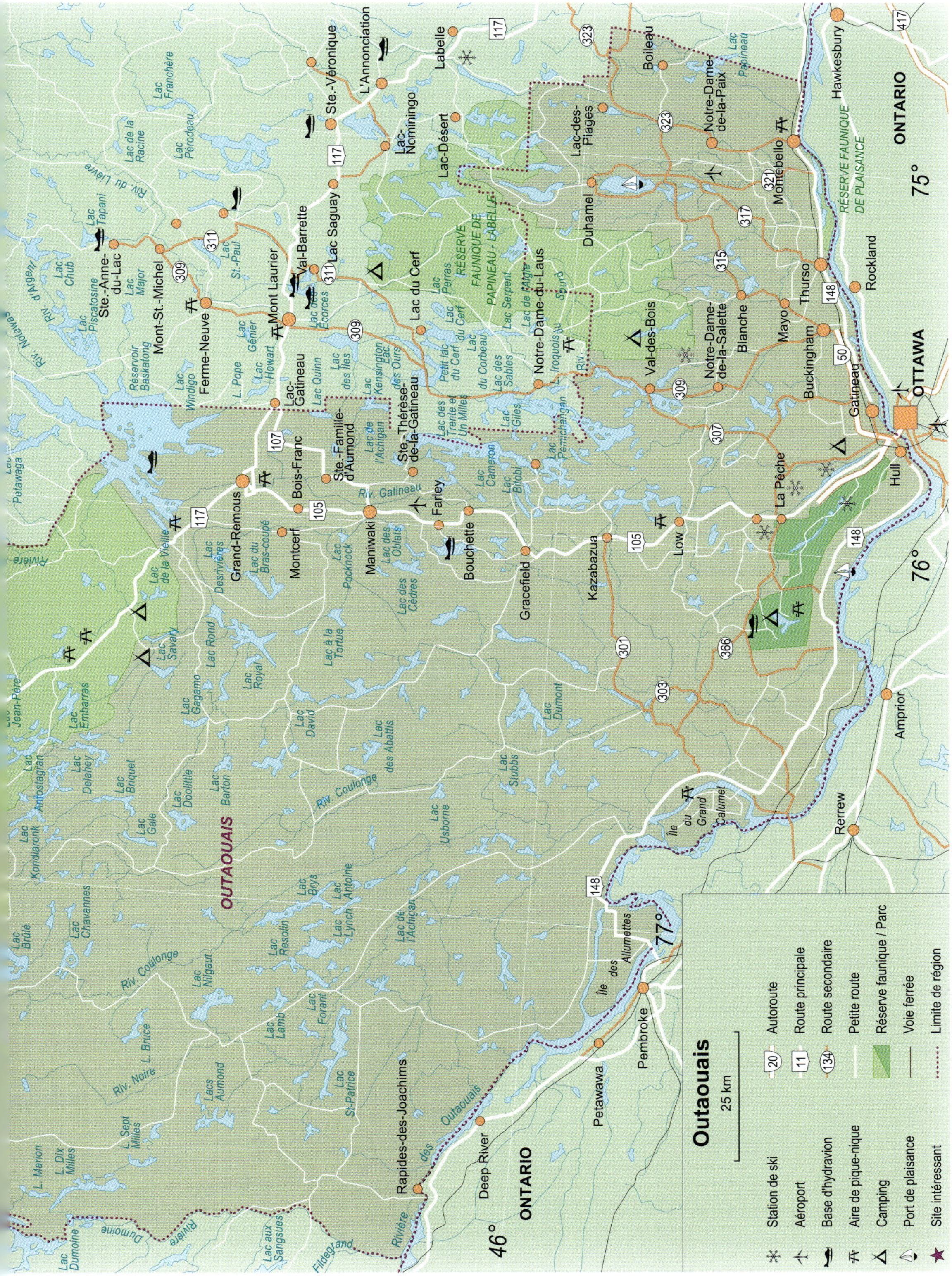
Outaouais
25 km
Station de ski
Aéroport
Base d'hydravion
Aire de pique-nique
Camping
Port de plaisance
Site intéressant
Autoroute
Route principale
Route secondaire
Petite route
Réserve faunique / Parc
Voie ferrée
Limite de région
OUTAOUAIS
ONTARIO
OTTAWA
RÉSERVE FAUNIQUE DE PLAISANCE
RÉSERVE FAUNIQUE DE PAPINEAU - LABELLE
46°
75°
76°
77°
Labelle
L'Annonciation
Ste.-Véronique
Lac-Nominingo
Lac-Désert
Lac Saguay
Val-Barrette
Mont Laurier
Lac du Cerf
Notre-Dame-du-Laus
Lac-des-Plages
Duhamel
Boileau
Notre-Dame-de-la-Paix
Montebello
Hawkesbury
Rockland
Thurso
Mayo
Blanche
Notre-Dame-de-la-Salette
Val-des-Bois
Buckingham
Gatineau
Hull
La Pêche
Low
Kazabazua
Gracefield
Bouchette
Farley
Maniwaki
Ste.-Thérèse-de-la-Gatineau
Ste.-Famille-d'Aumond
Bois-Franc
Montcerf
Grand-Remous
Lac-Gatineau
Ferme-Neuve
Mont-St.-Michel
Ste.-Anne-du-Lac
Arnprior
Renfrew
Pembroke
Petawawa
Deep River
Rapides-des-Joachims
Île du Grand Calumet
Île des Allumettes
Rivière des Outaouais
Riv. Gatineau
Riv. Coulonge
Riv. Noire
Riv. Dumoine
Riv. du Lièvre
Riv. Petawaga
Réservoir Baskatong
Lac Kensington
Lac des Trente et Un Milles
Lac Cameron
Lac Bitobi
Lac des Îles
Lac Quinn
Lac Pémichangan
Lac Dumont
Lac Usborne
Lac Stubbs
Lac des Abattis
Lac David
Lac Royal
Lac à la Tortue
Lac des Cèdres
Lac des Oblats
Lac Pocknock
Lac Desrivières
Lac du Bras-coupé
Lac de la Vieille
Lac Savary
Lac Rond
Lac Gagamo
Lac Embarras
Lac Jean-Pare
Lac Doolittle
Lac Barton
Lac Briquet
Lac Gale
Lac Delahey
Lac Antostagan
Lac Kondiaronk
Lac Chavannes
Lac Brûlé
Lac Nilgaut
Lac Resolin
Lac Brys
Lac Antoine
Lac Lynch
Lac de l'Achigan
Lac Forant
Lac Lamb
Lacs Aumond
L. Bruce
L. Sept Milles
L. Dix Milles
L. Marion
Lac St-Patrice
Lac aux Sangsues
Lac Dumoine
Fildegrand
Lac Windigo
L. Pope
Lac Howart
Lac Génier
Lac St-Paul
Lac Major
Lac Piscatosine
Lac Chub
Lac Tapani
Lac de la Racine
Lac Pérodeau
Lac Franchère
Lac Papineau
Lac Serpent
Lac du Corbeau
Lac des Sables
Lac Gilles
Lac Perras
Petit lac du Cerf
Lac des Écorces
Lac Iroquois
Lac Simon
Lac Saint-Jean-Pare
105
107
117
148
309
311
315
317
321
323
301
303
307
366
50
417

pages 110-111 :

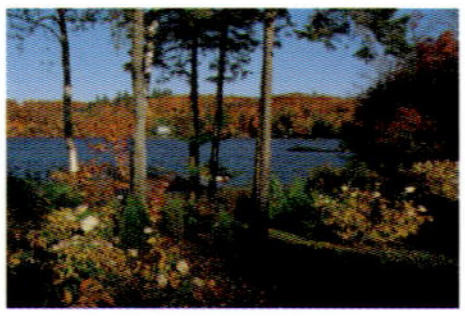

Douceur de l'été indien dans les Laurentides.

LES LAURENTIDES : LE "PETIT NORD" DES MONTRÉALAIS

Pour profiter de l'été indien, les Montréalais, quant à eux, aiment "monter dans le Nord", et passer leurs "fins de semaine" dans les Laurentides. La beauté et la douceur de ces montagnes les plus vieilles du monde ont fait du "Petit Nord" le lieu de villégiature le plus apprécié des habitants de la métropole.

Ici, "la nature est à son meilleur", comme le disent si joliment les Québécois.

A la fin du XIXe siècle, un prêtre, Antoine Labelle, avait lancé un vaste plan de colonisation des Hautes-Laurentides et fondé une vingtaine de paroisses, ouvrant ainsi la voie au peuplement. Mais les terres de ce "Pays d'en haut" étaient ingrates et les rêves de colonisation s'étaient vite écroulés. La "terre promise" vantée par le curé Labelle ne se serait sans doute jamais développée si le tourisme n'était venu à son aide dès le début du XXe siècle.

En remontant la route 117 qui va de Saint-Jérôme à Mont-Laurier, on traverse de petites villes et des villages coquets, un rien guindés du fait des luxueuses résidences qui s'y sont construites. Il est de bon ton, en effet, pour les riches familles québécoises ou américaines de posséder une maison dans les Laurentides. C'est ici que se trouvent les plus beaux chalets de bois construits "pièce sur pièce" comme au XVIIe siècle : on superpose des pièces de bois équarri, de 10 à 20 cm d'épaisseur, on calfeutre avec de la mousse ou de l'écorce scellée par du mortier (aujourd'hui de la laine minérale), et voici comment une technique mise au point par des paysans de la vieille France immigrés sur une terre hostile fait aujourd'hui, quatre siècles plus tard, le bonheur des amateurs de week-ends douillets.

Ci-dessous : chaque année, en octobre, de nombreuses maisons sont décorées dans l'attente de la fête d'Halloween. Page de droite : mythique et romantique été indien...

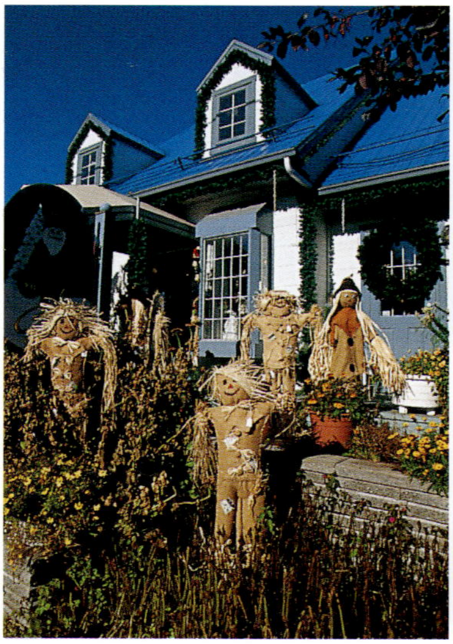

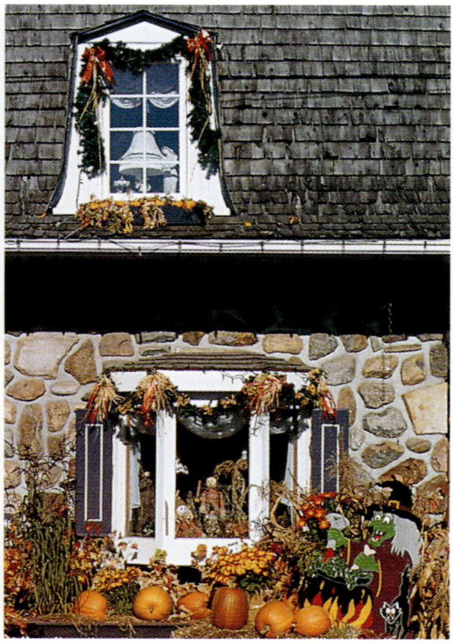

Au fil des décennies, la destination s'est démocratisée, les Laurentides ne sont plus l'apanage des plus aisés et beaucoup se contentent d'un simple chalet au confort parfois sommaire loué au bord d'un lac ou d'un condo (appartement) dans une résidence à étages.

La jolie station de Saint-Sauveur-des-Monts voit ainsi chaque dimanche défiler son cortège de voitures le long de la rue principale bordée de vieilles maisons en bois peint, de belles boutiques de vêtements et de restaurants haut de gamme.

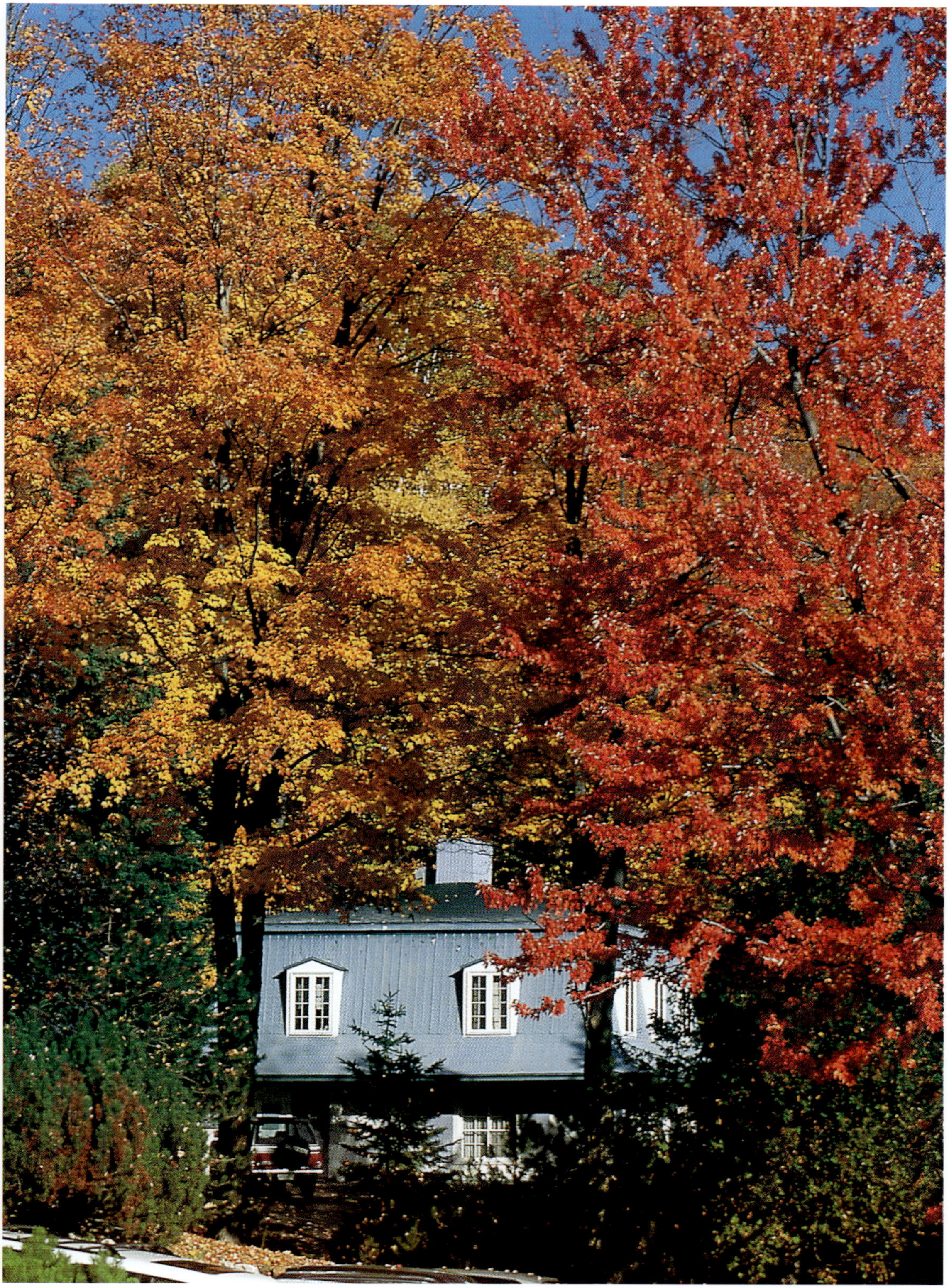

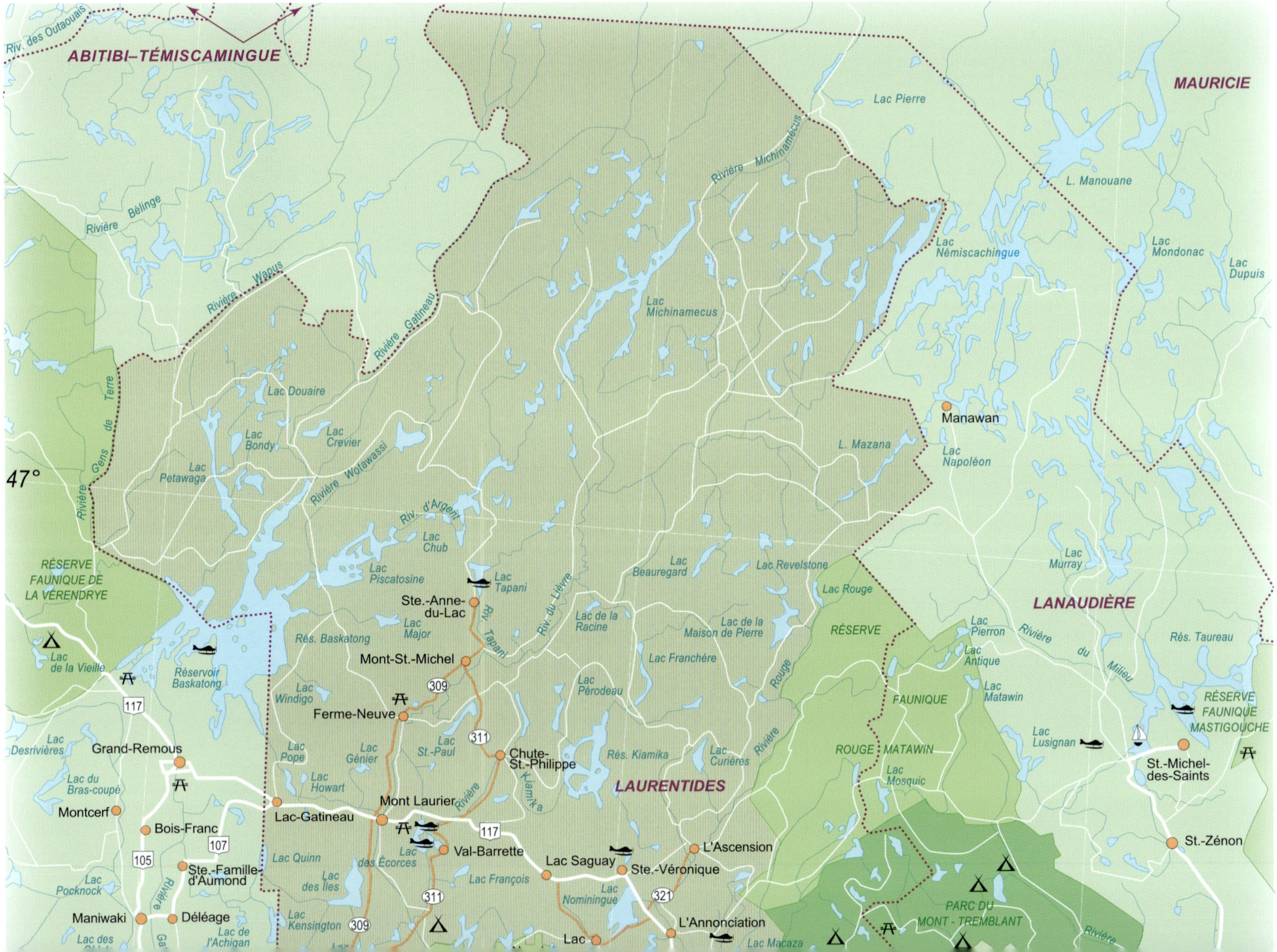

ABITIBI–TÉMISCAMINGUE
MAURICIE
LANAUDIÈRE
LAURENTIDES
Riv. des Outaouais
Lac Pierre
L. Manouane
Lac Mondonac
Lac Dupuis
Lac Némiscachingue
Rivière Michinamecus
Lac Michinamecus
Rivière Bélinge
Rivière Wapus
Rivière Gatineau
Rivière Gens de Terre
47°
Lac Douaire
Lac Bondy
Lac Crevier
Lac Petawaga
Rivière Wotawassi
Riv. d'Argent
Lac Chub
Lac Piscatosine
Lac Tapani
Riv. Tapani
Riv. du Lièvre
Manawan
Lac Napoléon
L. Mazana
Lac Murray
Lac Beauregard
Lac Revelstone
Lac Rouge
RÉSERVE FAUNIQUE DE LA VÉRENDRYE
Lac de la Vieille
Réservoir Baskatong
Rés. Baskatong
Ste.-Anne-du-Lac
Lac Major
Mont-St.-Michel
Lac Windigo
Ferme-Neuve
Lac de la Racine
Lac Pérodeau
Lac Franchère
Lac de la Maison de Pierre
Rivière Rouge
RÉSERVE FAUNIQUE ROUGE MATAWIN
Lac Pierron
Lac Antique
Lac Matawin
Rivière du Milieu
Rés. Taureau
RÉSERVE FAUNIQUE MASTIGOUCHE
Lac Lusignan
St.-Michel-des-Saints
St.-Zénon
Lac Mosquic
PARC DU MONT-TREMBLANT
Rivière
Lac Desrivières
Grand-Remous
Lac du Bras-coupé
Montcerf
Bois-Franc
Lac Pope
Lac Génier
Lac St.-Paul
Chute-St.-Philippe
Rés. Kiamika
Lac Curières
Lac Howart
Mont Laurier
Rivière Kiamika
Lac-Gatineau
Lac Quinn
Lac des Écorces
Val-Barrette
Lac Saguay
Ste.-Véronique
L'Ascension
Lac François
Lac des Îles
Lac Pocknock
Ste.-Famille-d'Aumond
Rivière Ga
Maniwaki
Déléage
Lac des
Lac Kensington
Lac de l'Achigan
Lac Nominingue
L'Annonciation
Lac Macaza
Lac
117
105
107
309
311
321

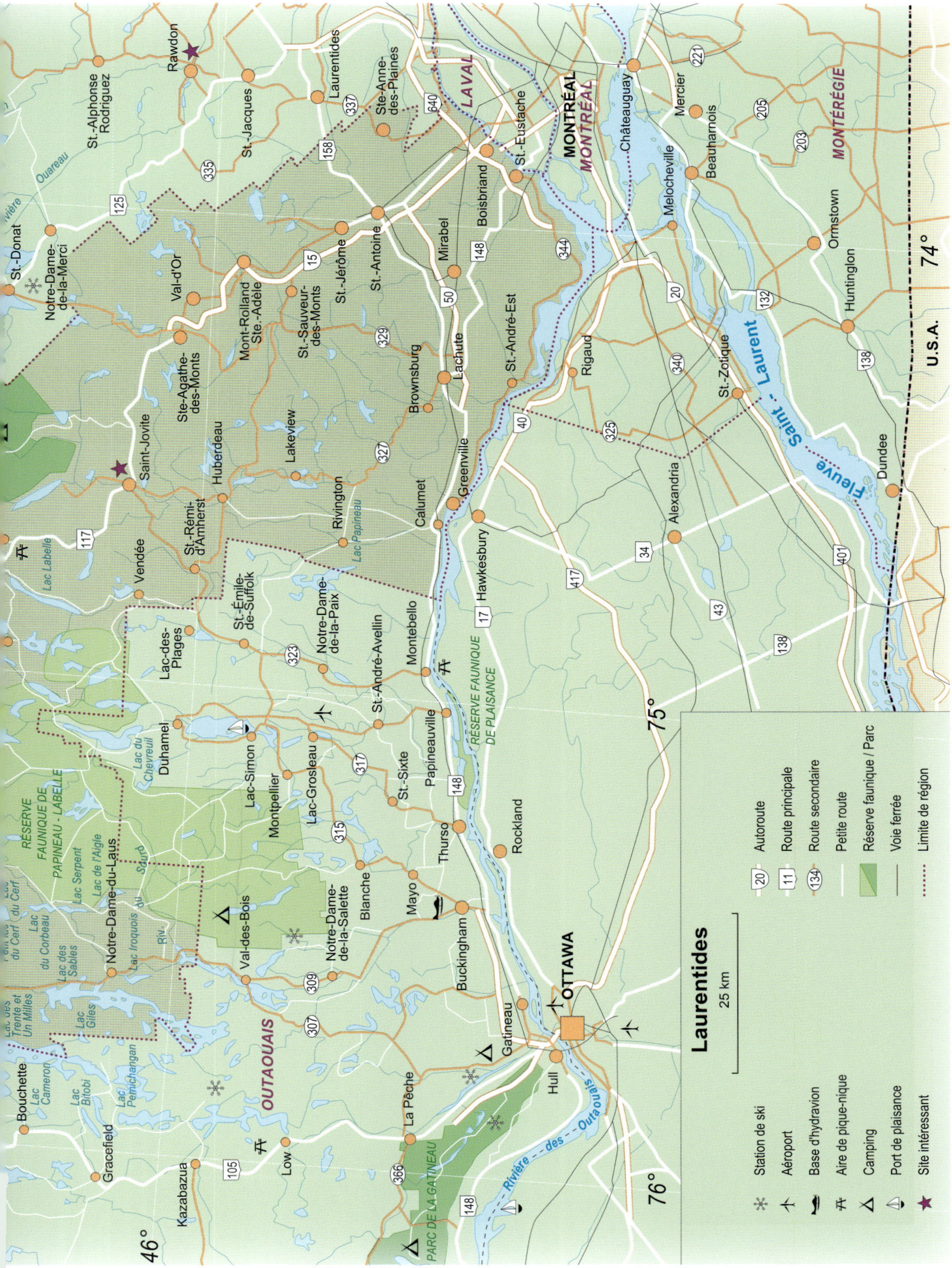
Laurentides
25 km
Station de ski
Aéroport
Base d'hydravion
Aire de pique-nique
Camping
Port de plaisance
Site intéressant
Autoroute
Route principale
Route secondaire
Petite route
Réserve faunique / Parc
Voie ferrée
Limite de région
OTTAWA
MONTRÉAL
LAVAL
OUTAOUAIS
MONTÉRÉGIE
U.S.A.
46°
75°
76°
74°
Fleuve Saint - Laurent
Rivière des Outaouais
RÉSERVE FAUNIQUE DE PAPINEAU - LABELLE
RÉSERVE FAUNIQUE DE PLAISANCE
PARC DE LA GATINEAU
St.-Donat
Notre-Dame-de-la-Merci
St.-Alphonse Rodriguez
Rawdon
St.-Jacques
Laurentides
Ste-Anne-des-Plaines
Val-d'Or
Mont-Rolland
Ste.-Adèle
St.-Sauveur-des-Monts
St.-Jérôme
St.-Antoine
Mirabel
Boisbriand
St.-Eustache
Châteauguay
Mercier
Beauharnois
Melocheville
Ormstown
Huntington
Ste-Agathe-des-Monts
Lakeview
Brownsburg
Lachute
St.-André-Est
Rigaud
St.-Zotique
Saint-Jovite
Huberdeau
Rivington
Calumet
Greenville
Hawkesbury
Alexandria
Dundee
Vendée
St.-Rémi-d'Amherst
St.-Émile-de-Suffolk
Notre-Dame-de-la-Paix
St.-André-Avellin
Montebello
Lac-des-Plages
Duhamel
Lac-Simon
Montpellier
Lac-Grosleau
St.-Sixte
Papineauville
Thurso
Rockland
Notre-Dame-du-Laus
Val-des-Bois
Notre-Dame-de-la-Salette
Blanche
Mayo
Buckingham
Gatineau
Hull
Bouchette
Gracefield
Kazabazua
Low
La Pêche
Lac Labelle
Lac Papineau
Lac du Cerf
Lac du Corbeau
Lac des Sables
Lac Gilles
Lac Cameron
Lac Bitobi
Lac Pemichangan
Lac Serpent
Lac de l'Aigle
Lac Iroquois
Lac du Chevreuil
Ouareau

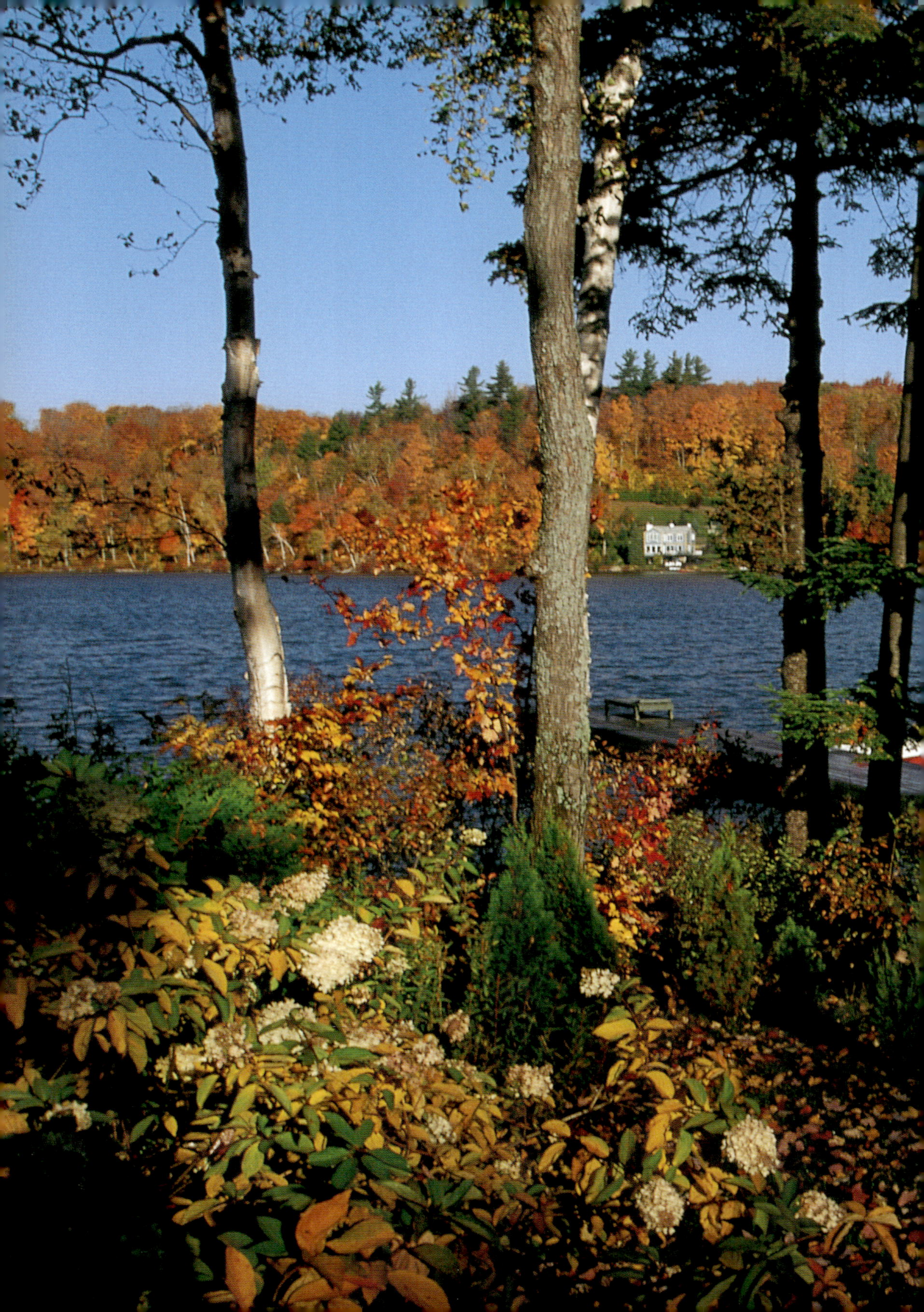

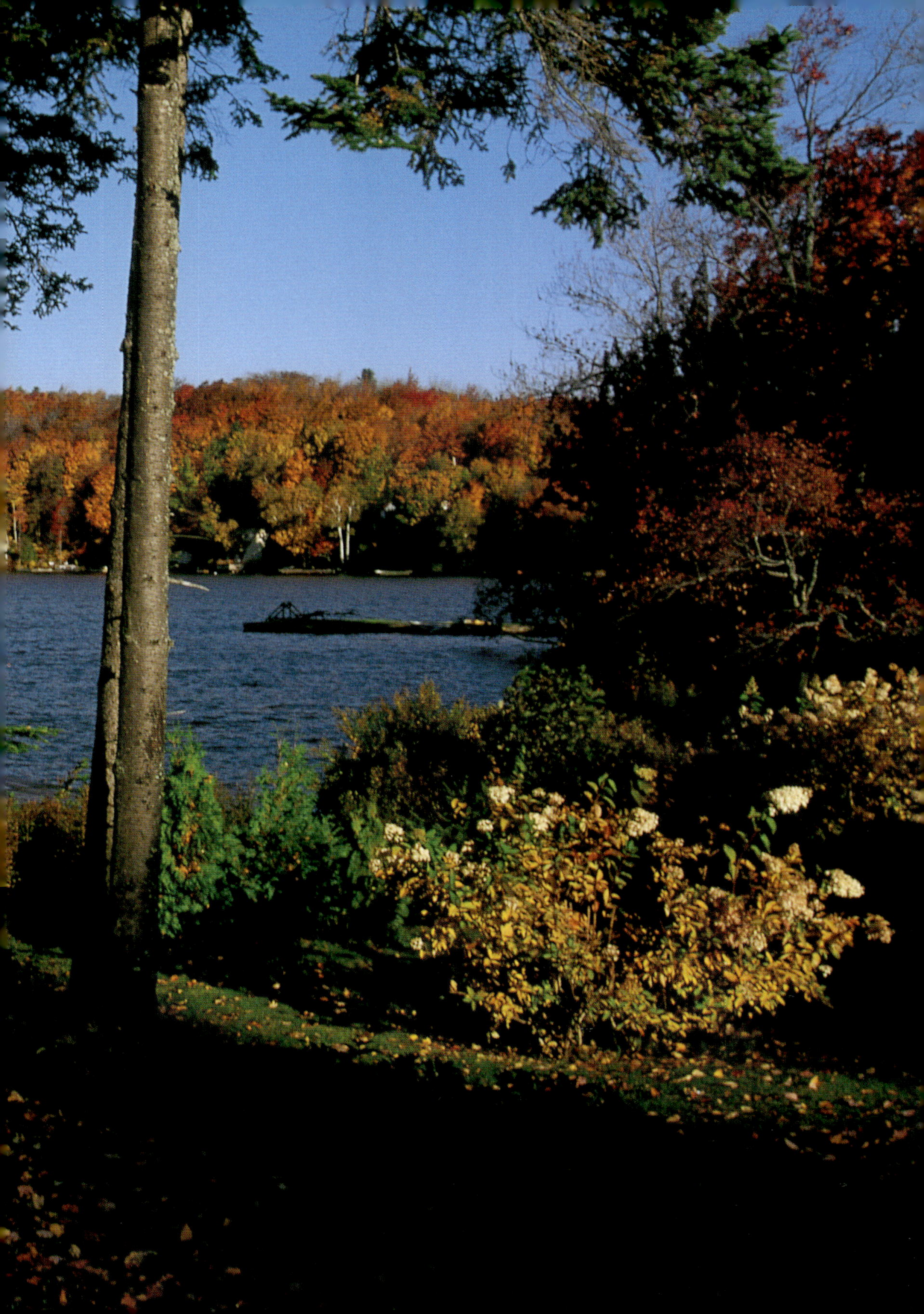

AMOURS ET MIGRATIONS

Plus au nord, le parc du Mont-Tremblant, avec ses 500 lacs, ses 7 rivières qui regorgent de brochets et ses panoramas magnifiques multiplie à l'infini les possibilités de superbes excursions automnales. En s'y promenant dans la douceur de l'été indien, on peut souvent apercevoir des cerfs de Virginie et, plus rarement, des ours noirs, toujours très actifs avant l'hiver.

C'est aussi à cette période que se pratique le "call à l'orignal" lors d'une excursion en forêt sous la direction d'un naturaliste ou d'un guide amérindien. Arrivé, au bord d'un lac ou d'une rivière, pour surprendre le plus grand cervidé au monde il suffit d'imiter dans un cornet en écorce de bouleau le brame de la femelle. Dans les territoires protégés où les animaux ne craignent pas d'être tués, il est alors fréquent de voir apparaître la superbe ramure d'un mâle à l'affût du moindre signe d'une

Halte des oies à Cap-Tourmente, sur la rive nord du Saint-Laurent dans la région de Québec avant la grande migration d'hiver qui les mènera jusqu'en Virginie.

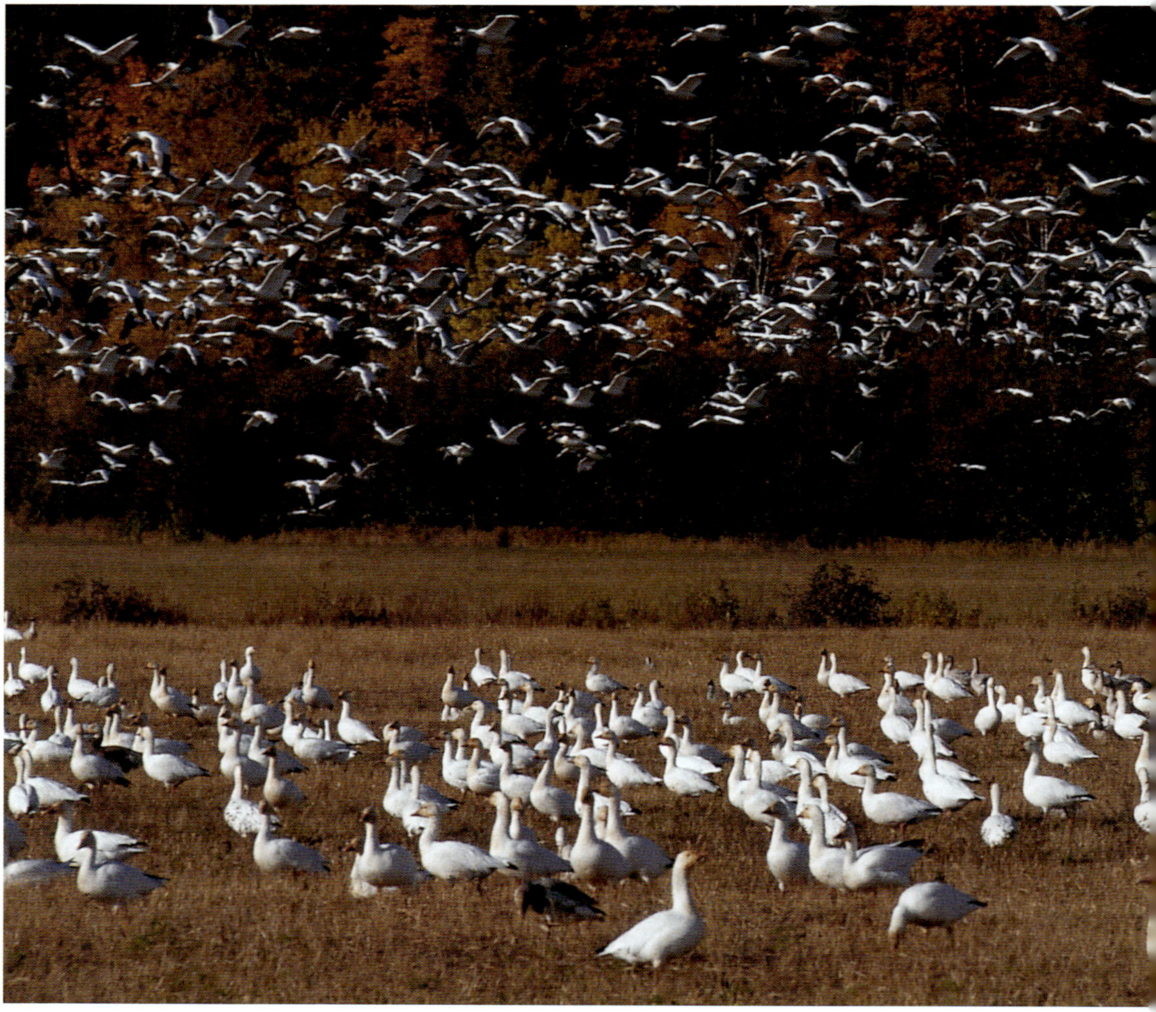

promesse d'accouplement. Une rencontre inoubliable !

L'autre observation d'exception pendant le mois d'octobre est celle de la migration des oies au cap Tourmente. Ce cap doit son nom aux vents violents qui soufflent sur ce roc haut de 600 m. Il en faudrait plus pour décourager les 150 000 oies blanches (appelées aussi grandes oies des neiges) qui font ici une halte réparatrice, en plein voyage migratoire.

A l'été indien, elles partent sur la côte est des États-Unis (notamment la Virginie) où elles vont chercher un peu de chaleur pour l'hiver. Profitant de la réserve nationale de faune du cap Tourmente, zone préservée des chasseurs, elles viennent se nourrir et se reposer dans les battures pour quelques jours. Le spectacle automnal sur fond de forêt colorée de ces dizaines de milliers d'oies se dandinant, se bagarrant parfois, puis, après un grand silence, s'envolant en rangs serrés dans le soleil couchant est fascinant.

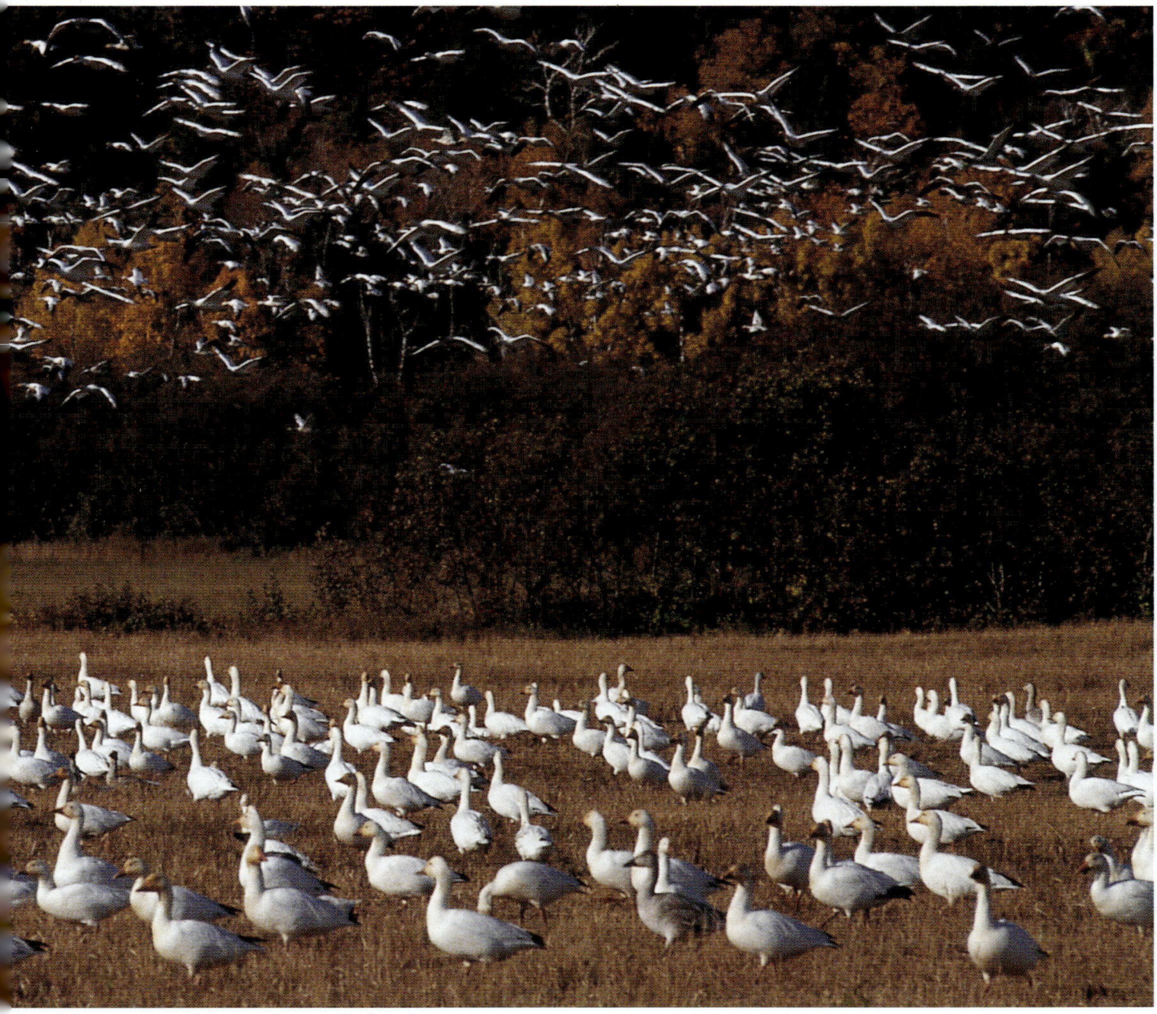

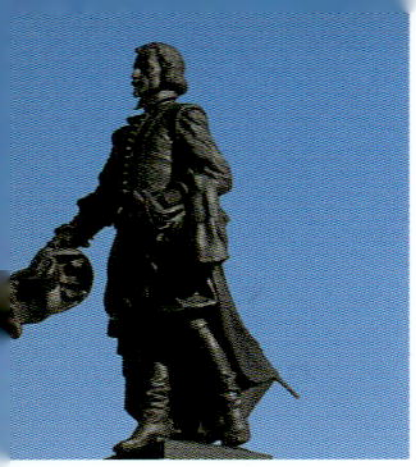

Québec, la perle de l'Amérique française

"Dans la ville où je suis né, le passé porte le présent comme un enfant sur ses épaules..."
(Robert Lepage, "le Confessionnal")

Si Montréal se veut cosmopolite, la ville de Québec symbolise la mémoire de l'Amérique francophone.
Là où Montréal vibre, bouge, s'agite sans cesse, Québec préfère garder son calme, prendre son temps. Tout dans la capitale rappelle la "vieille Europe" : les rues étroites et tortueuses qui montent ou descendent constamment, enjambent les places et traversent les parcs, les toits en pente aux couleurs pastels, les maisons de pierre serrées les unes contre les autres, les remparts et leurs canons pointés vers le fleuve, les escaliers reliant la Basse et la Haute-Ville... Cité d'histoire, Québec défend obstinément son destin francophone, et se souvient... pour la suite du monde.

Ci dessous : la ville de Québec vue depuis la pointe de l'île d'Orléans.
Page de droite : le quartier historique du Petit-Champlain dominé par le Château Frontenac.

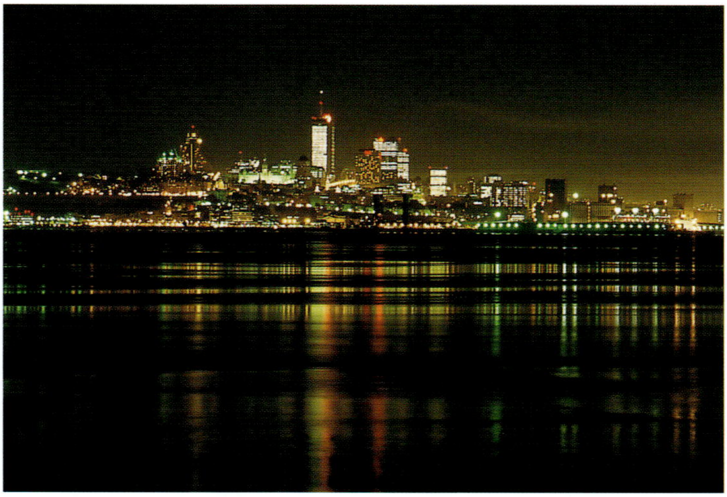

UNE VILLE À DEUX VISAGES

L'aventure de l'Amérique française débute ici en 1608, lorsque Samuel de Champlain et vingt-huit de ses hommes fondent le premier poste de traite de fourrure permanent muni d'un comptoir de négoce. Les débuts sont modestes : une simple forteresse de bois, "l'Abitation", protège deux ou trois bâtiments tassés au bord du fleuve. Mais l'endroit est fort bien choisi, placé aux confluents de la rivière Saint-Charles et du Saint-Laurent et accroché au pied du cap Diamant. "Aucun lieu ne me paraît plus commode, ni mieux situé", écrit Samuel de Champlain. Il baptise la ville Kebec, "là ou le fleuve se resserre" en langue algonquine, puisque le Saint-Laurent n'y

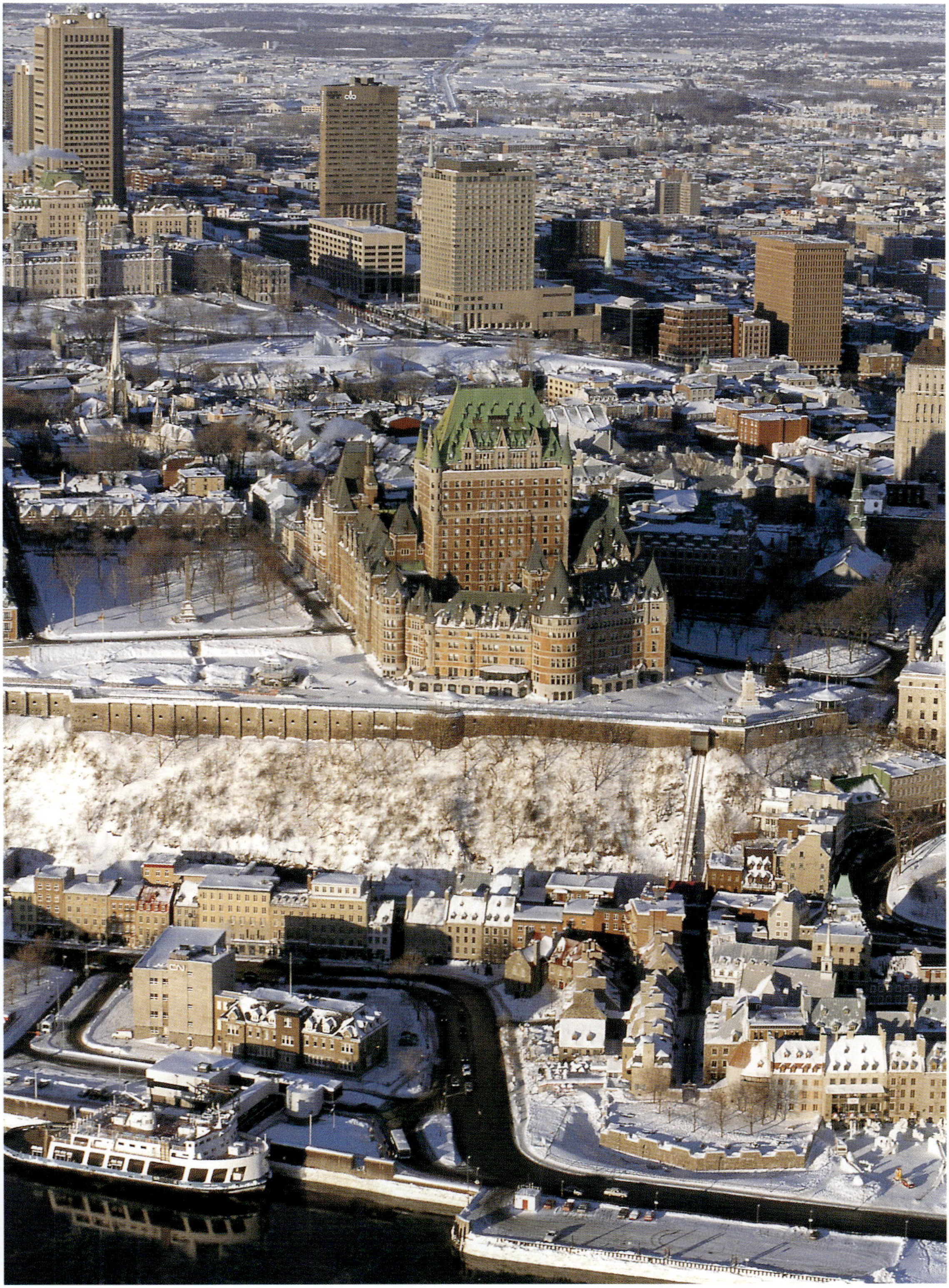

dépasse pas un kilomètre de large.

Le premier hiver est meurtrier, vingt des vingt-huit soldats de la petite garnison meurent du scorbut. Mais après quelques années difficiles, la ville prospère. Moulins, tanneries, échoppes et ateliers s'épanouissent autour du port. La Basse-Ville devient naturellement le centre commercial de l'Amérique du Nord. Bûcherons et coureurs des bois y côtoient les nouveaux immigrants venus chercher une vie meilleure.

Très vite, les institutions religieuses – très nombreuses – et les bourgeois préfèrent s'installer dans la Haute-Ville, plus calme et qui présente l'avantage d'être à l'abri des fortifications. Les bords du fleuve rassemblant marins et artisans sont en effet plus exposés et la vie à Québec se révèle plutôt mouvementée car les Anglais n'ont de cesse de conquérir la ville.

En 1629, celle-ci tombe une première fois aux mains des frères Kirke mais revient à la France en 1632. En 1690, elle est assiégée sans succès par les troupes de l'amiral Phipps. Elle cède finalement en septembre 1759, lors de la célèbre bataille des Plaines d'Abraham, vaincue par le général Wolfe après un siège

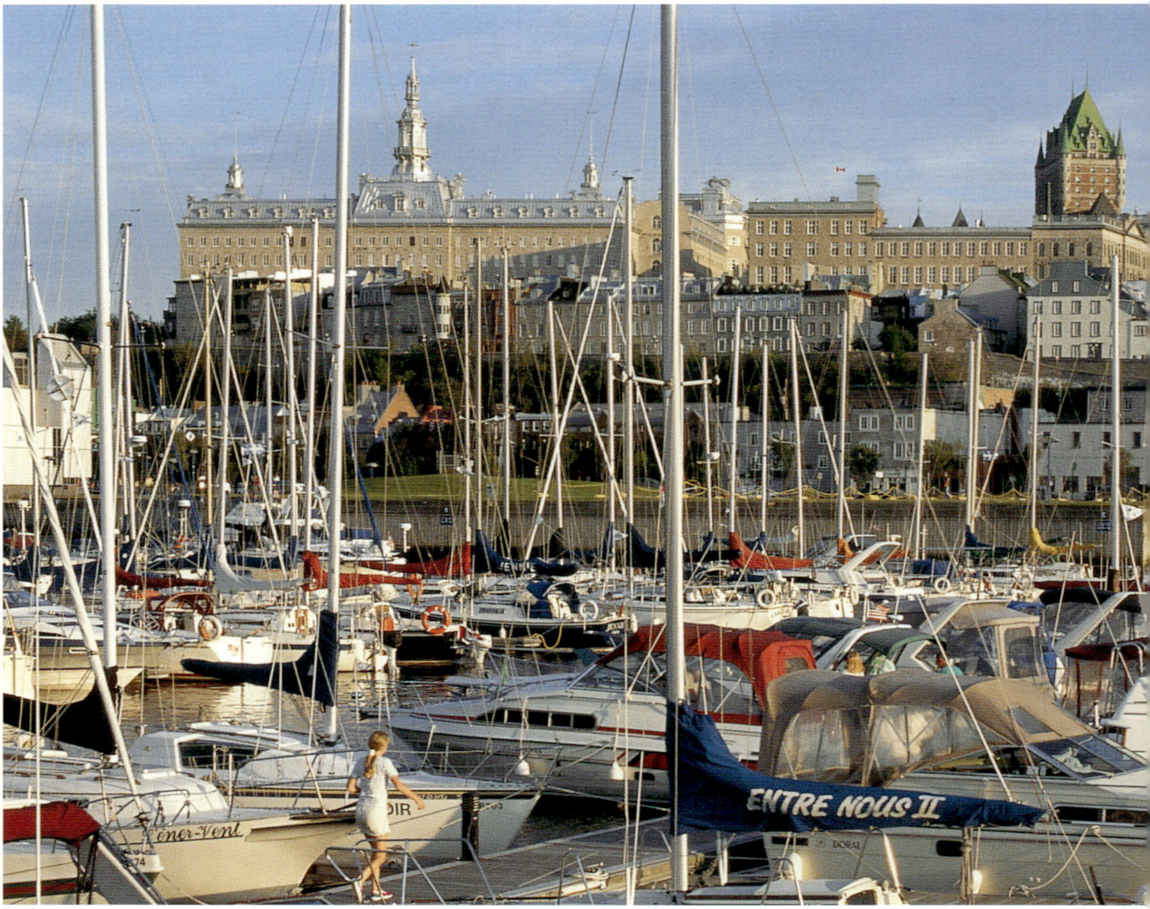

de trois mois. Avec la signature du traité de Paris en 1763, Québec, qui compte alors quelque 7 000 habitants, se retrouve bien malgré elle capitale d'un dominion de l'empire britannique.

Sous l'impulsion de ses nouveaux "maîtres", la ville devient rapidement une plaque tournante du commerce entre l'Amérique et l'Angleterre, notamment pour le bois et la fourrure. Elle assoit également une importante industrie de construction navale.

Dans les premières années du XXe siècle, le dragage du Saint-Laurent, qui permet aux navires de rejoindre aisément Montréal, et la construction du chemin de fer marquent le début de son déclin industriel.

Aujourd'hui, l'économie de la Vieille Capitale, dont l'agglomération compte 650 000 habitants, repose essentiellement sur l'administration publique, la recherche scientifique, les petits entrepreneurs et le tourisme.

Mais, fidèle à ses racines, la ville a conservé ses deux visages : celui populaire et grouillant de la Basse-Ville, l'autre plus bourgeois de la Haute-Ville juchée en haut du cap Diamant.

Doubles pages suivantes :

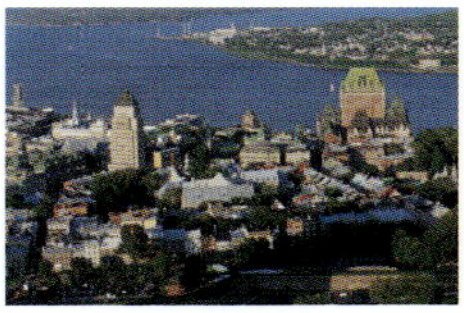

La ville de Québec, perchée au sommet du cap Diamant, surplombe majestueusement le Saint-Laurent.

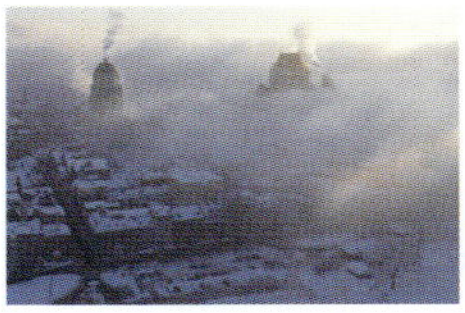

Brume matinale sur le Vieux-Québec, un jour d'hiver bien froid.

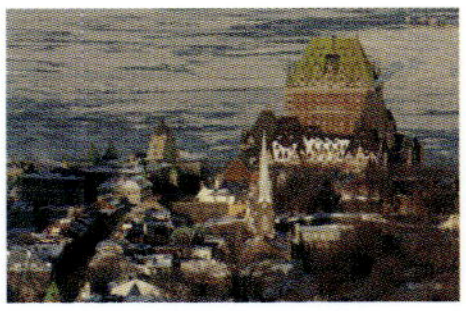

Chaque hiver, le Saint-Laurent gèle et la seule région de Québec dépense 8 millions d'euros pour maintenir le fleuve navigable.

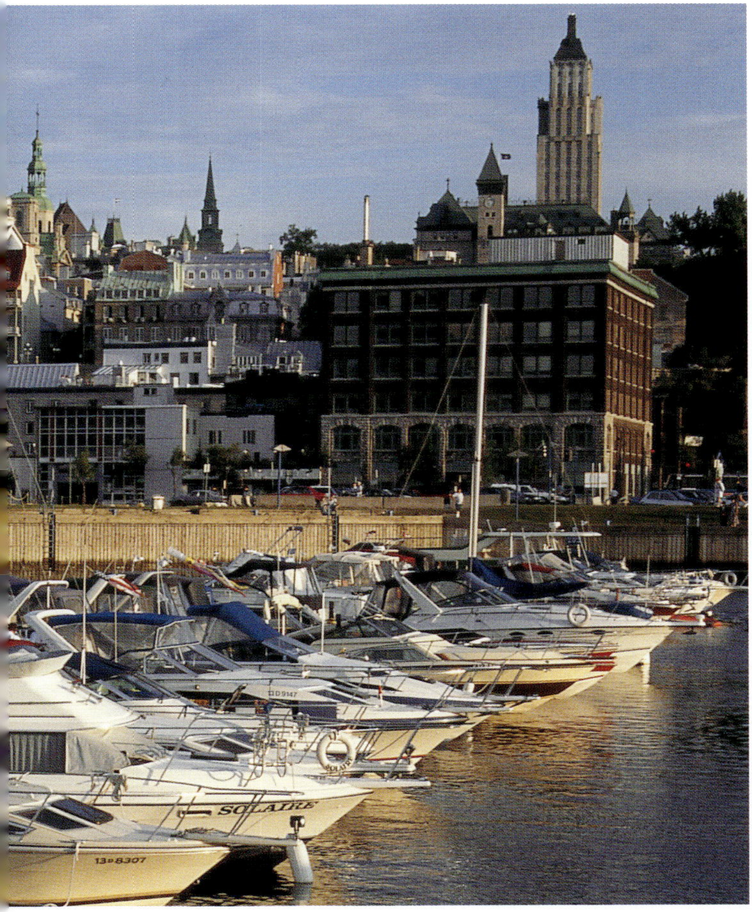

Située au cœur du quartier du Vieux-Port, la marina du port de Québec dispose de plus de 400 places à quai.

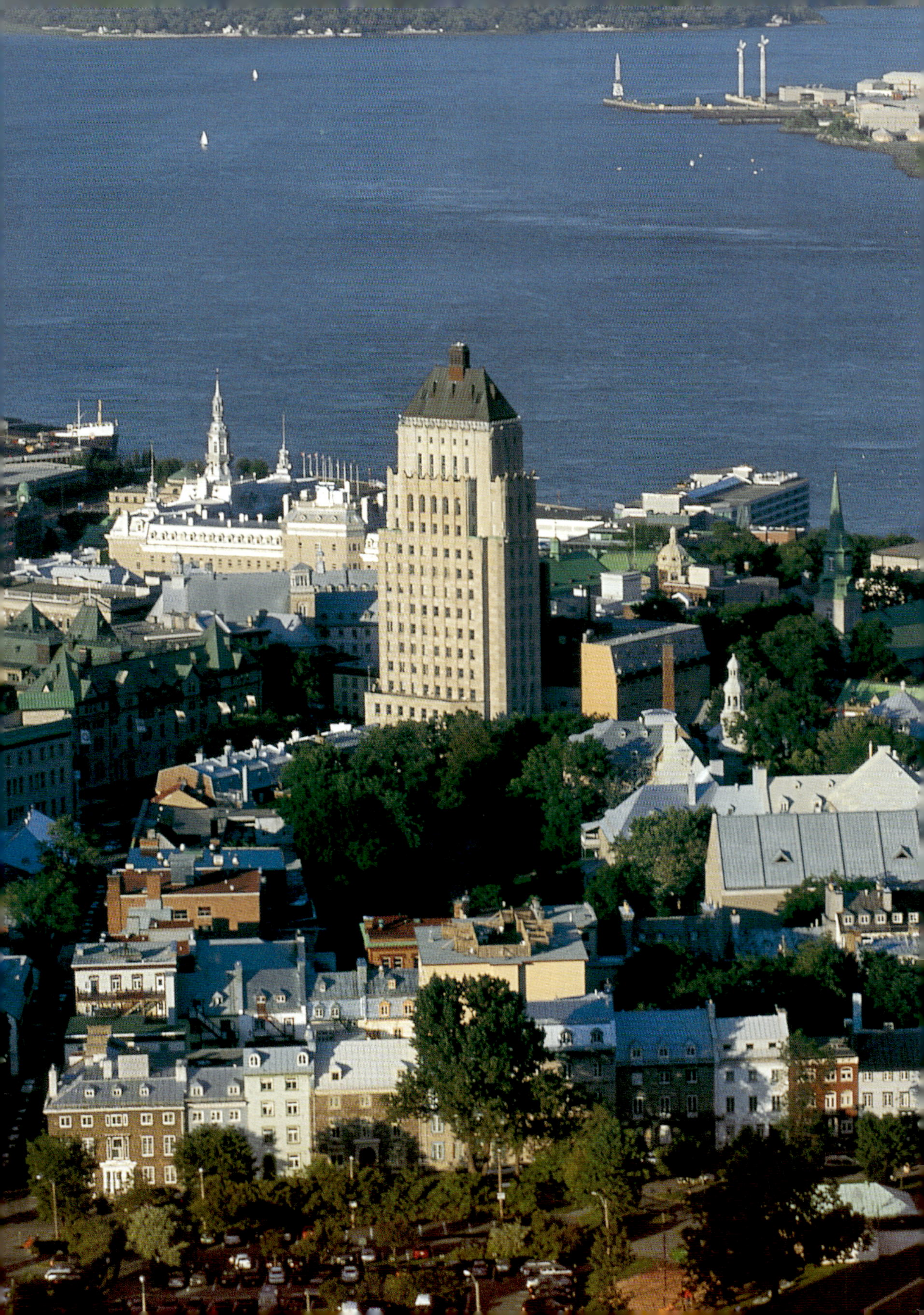

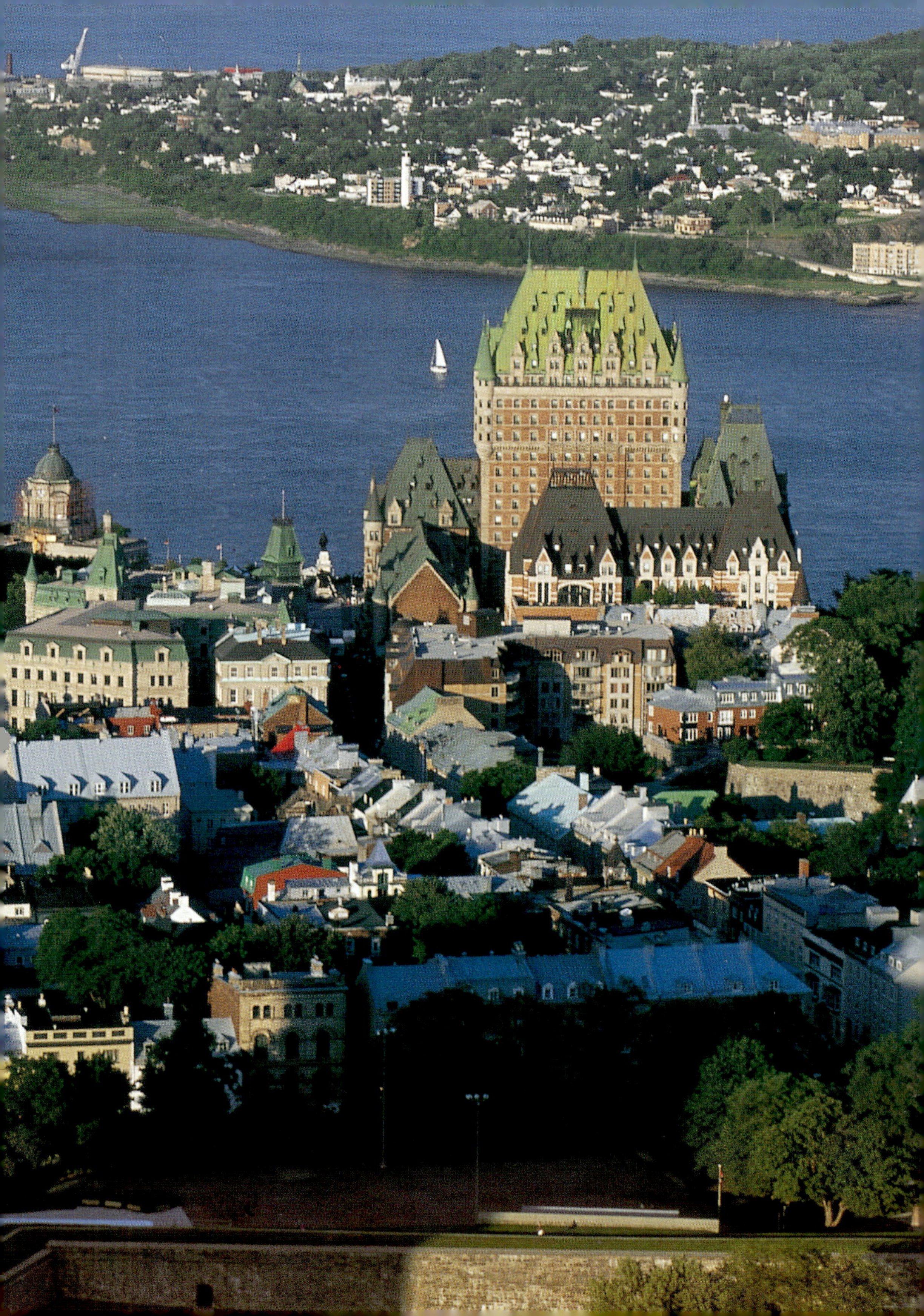

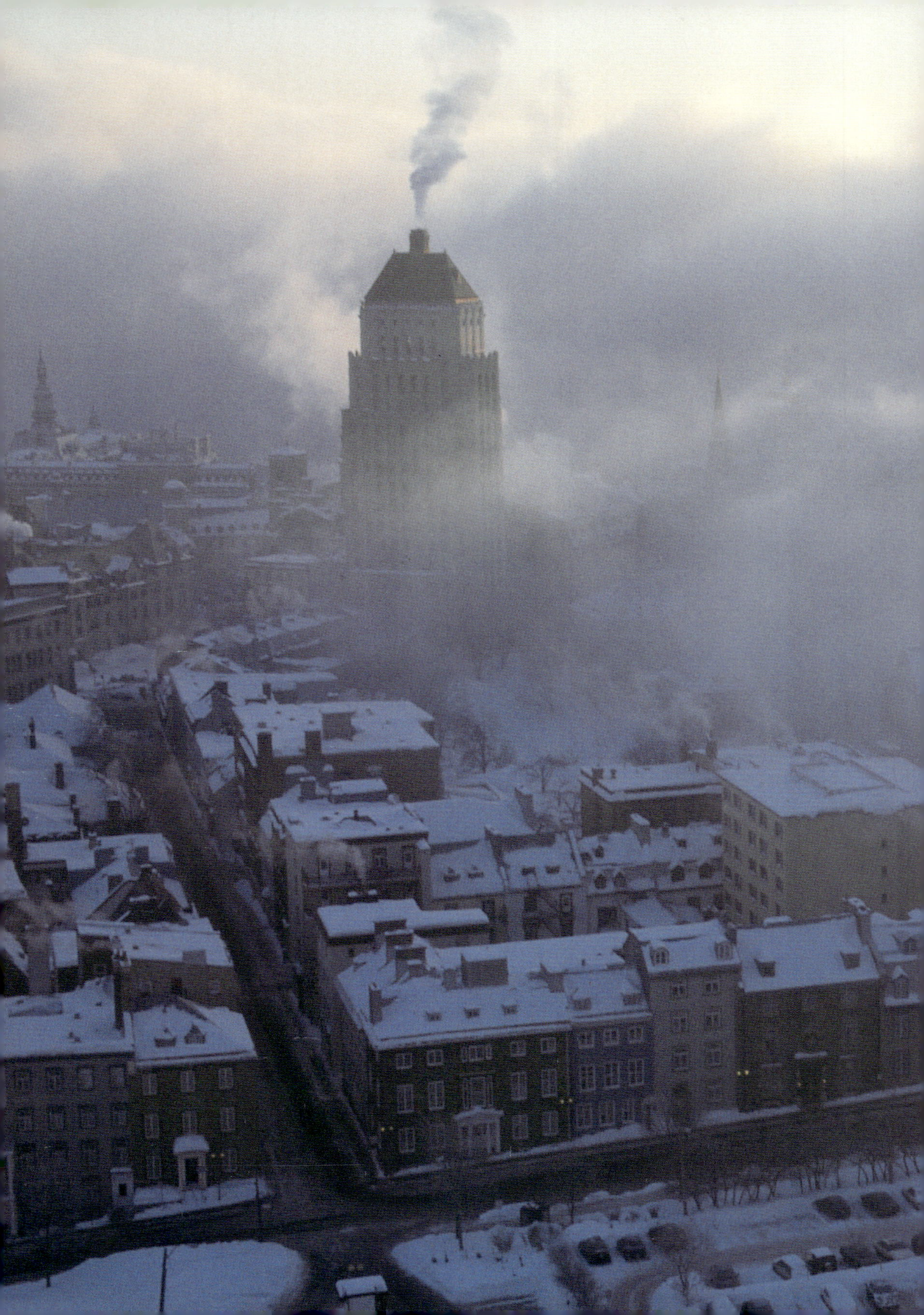

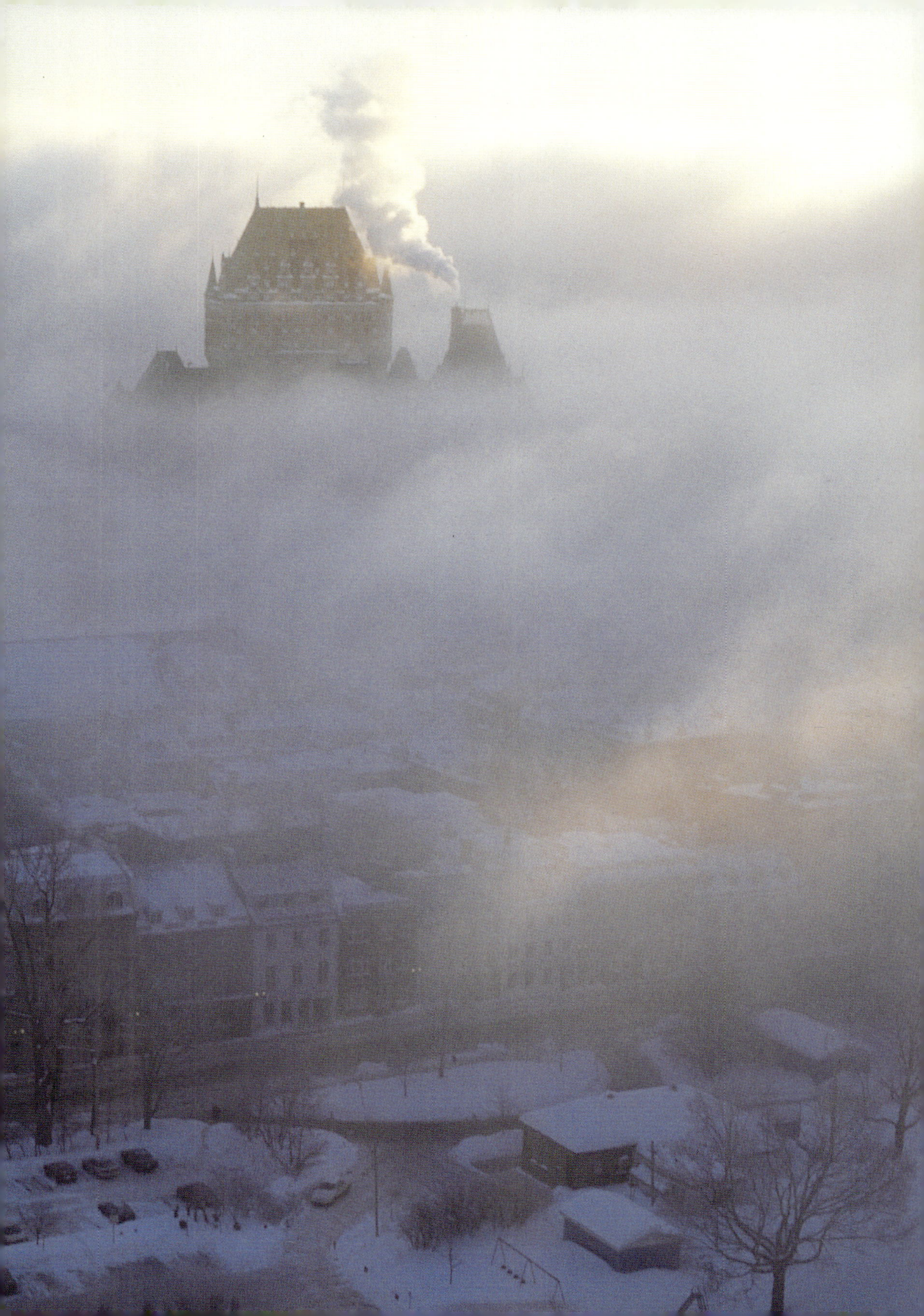

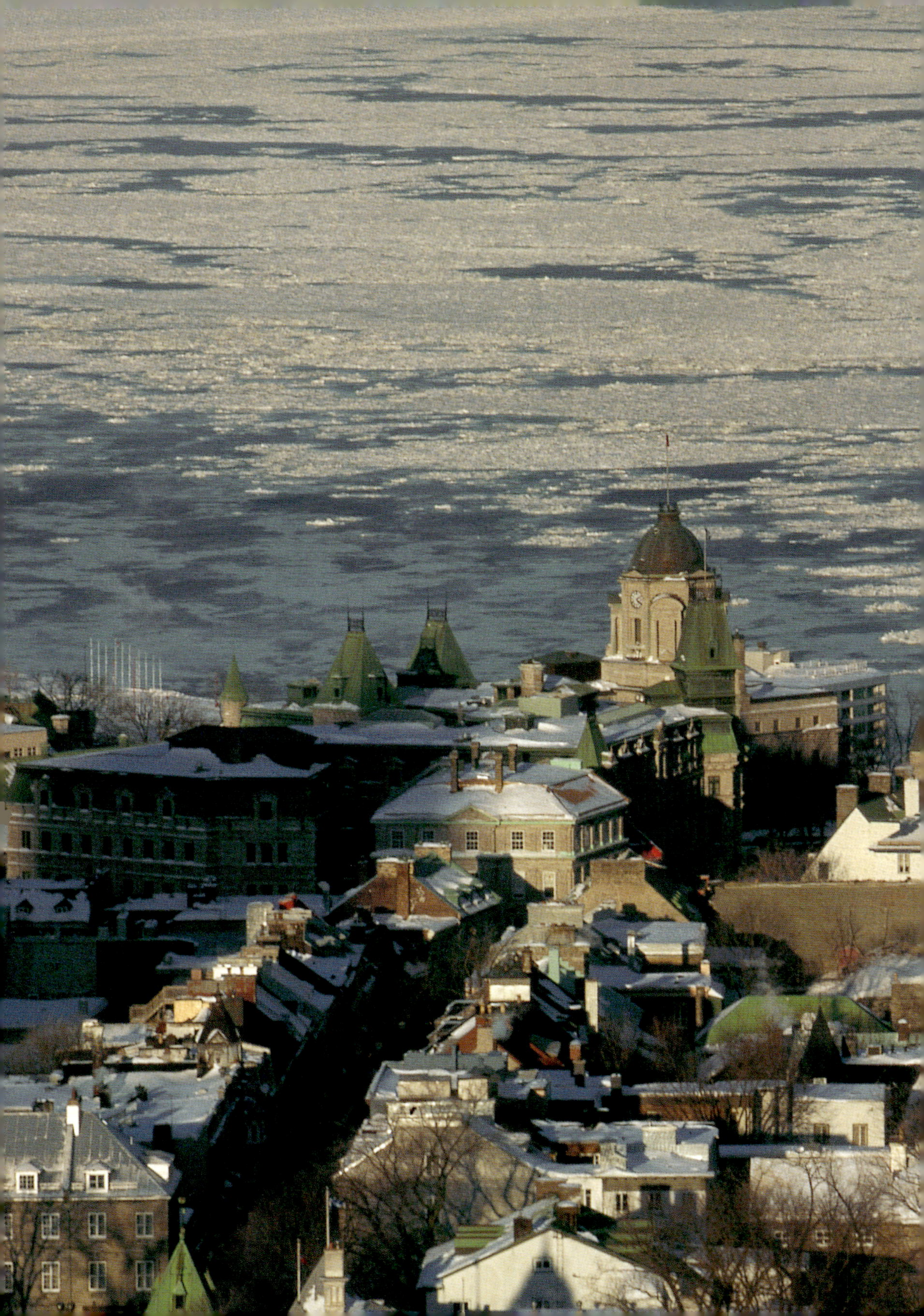

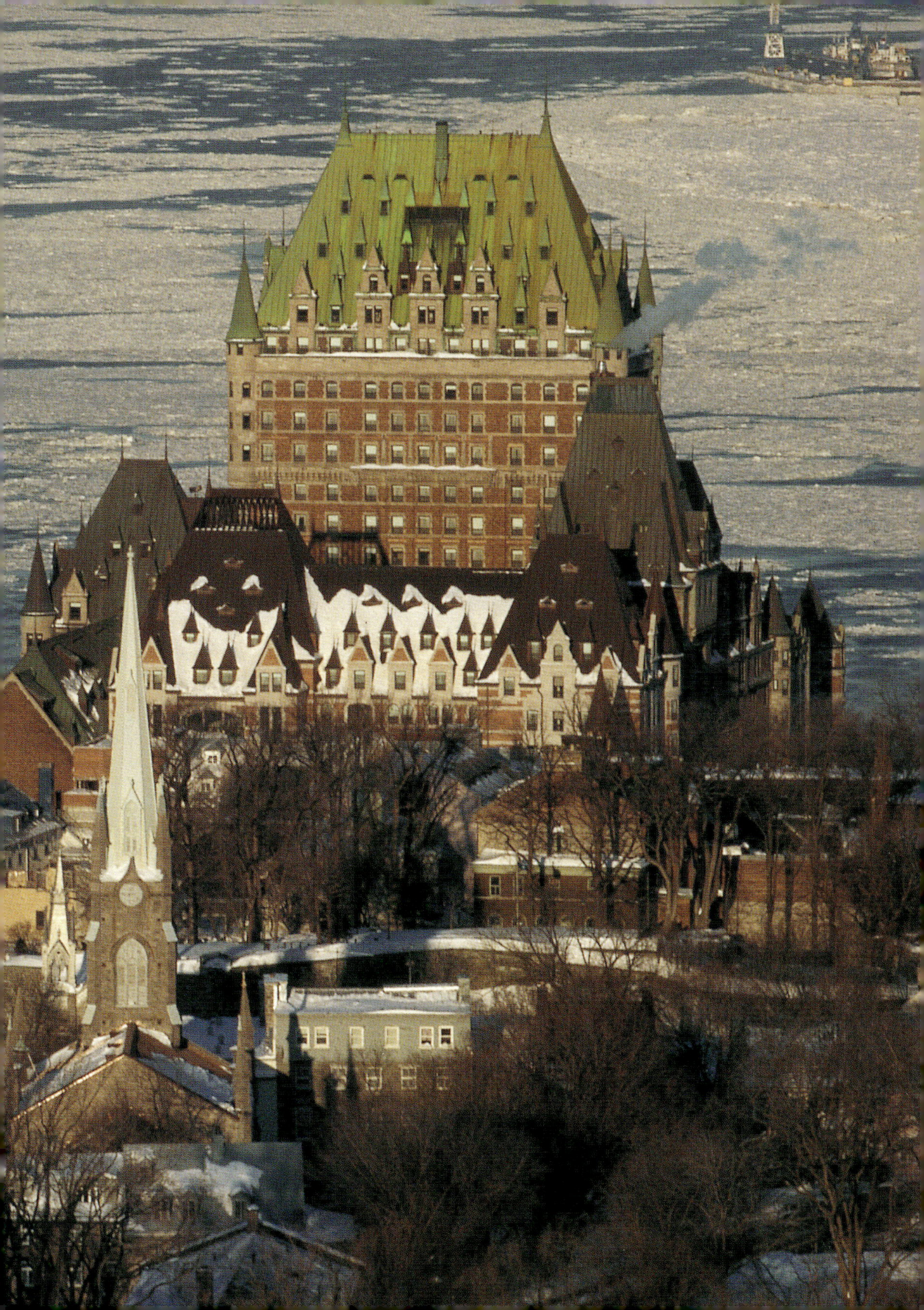

JOYAU DU PATRIMOINE MONDIAL

Avec celle – de sinistre mémoire – de la bataille des plaines d'Abraham, il y a une date dont Québec se souviendra toujours. En décembre 1985, l'Unesco consacra l'ensemble de la vieille ville, c'est-à-dire la place Royale, le Petit-Champlain, le Vieux-Port et le Vieux-Quebec "joyau du patrimoine mondial".

Difficile effectivement de résister au charme de ce Québec historique tombé dans l'oubli lorsque les bateaux de commerce délaissèrent Québec, et qui a depuis repris goût à la vie grâce à un plan de restauration gigantesque, entamé dans les années 1970.

C'est sur la Place-Royale, construite sur l'ancien emplacement du jardin de "l'Abitation" que tout a commencé. A elle seule, cette place regroupe la plus forte concentration de bâtiments des XVIIe et XVIIIe siècles d'Amérique du Nord ! Au centre, un buste en bronze de Louis XIV rappelle le rôle du Roi Soleil dans le développement de la colonie.

La place côtoie le Vieux-Port, mal famé il y a encore quelques dizaines d'années, mais aujourd'hui parfaitement rénové. Il referme encore quelques ruelles pittoresques comme la rue Sault-au-Matelot, mais il a pris aujourd'hui une allure très respectable à l'image de la rue Saint-Paul, alignant lofts, galeries d'art, petits bistrots et magasins d'antiquités de grande renommée. Seul, le marché du Vieux-Port, où les maraîchers de toute la région vendent encore leur production, lui redonne un peu de son agitation populaire d'antan.

A deux pas, au pied des remparts, le Petit-Champlain vous plonge également dans l'histoire. Aux XVIIe et XVIIIe siècles, c'était le quartier des petites gens, artisans, commerçants puis, au XIXe, celui des ouvriers des chantiers navals. Peu à peu, ils abandonnèrent leurs méchantes maisons de bois pour s'installer sur les hauteurs de la ville. Le Petit-Champlain tomba en ruines. On a peine à le croire aujourd'hui, en voyant ses ruelles noires de monde, pimpantes et fleuries de géraniums, ses restaurants et terrasses surchargées, ses boutiques de mode et de souvenirs en tous genres...

Au bout de la rue Sous-le-Fort – la plus ancienne du quartier – trône la batterie Royale construite, pour la première fois dans les années 1690, pour protéger la ville des tirs des navires ennemis. Abandonnée par les

Ci-dessous : la Place-Royale fait partie du périmètre historique qui a valu au Vieux-Québec la reconnaissance de l'UNESCO en 1985 et l'honneur d'être classée ville du "patrimoine mondial". C'est sur cette place que Samuel de Champlain choisit de construire son "Abitation" en 1608. Page de droite : au pied de l'escalier Casse-Cou, la rue Petit-Champlain est bordée de boutiques et de cafés et attire hiver comme été de nombreux touristes.

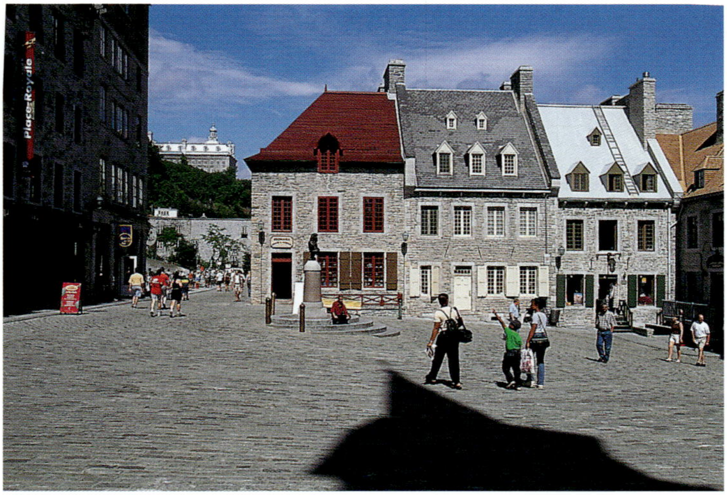

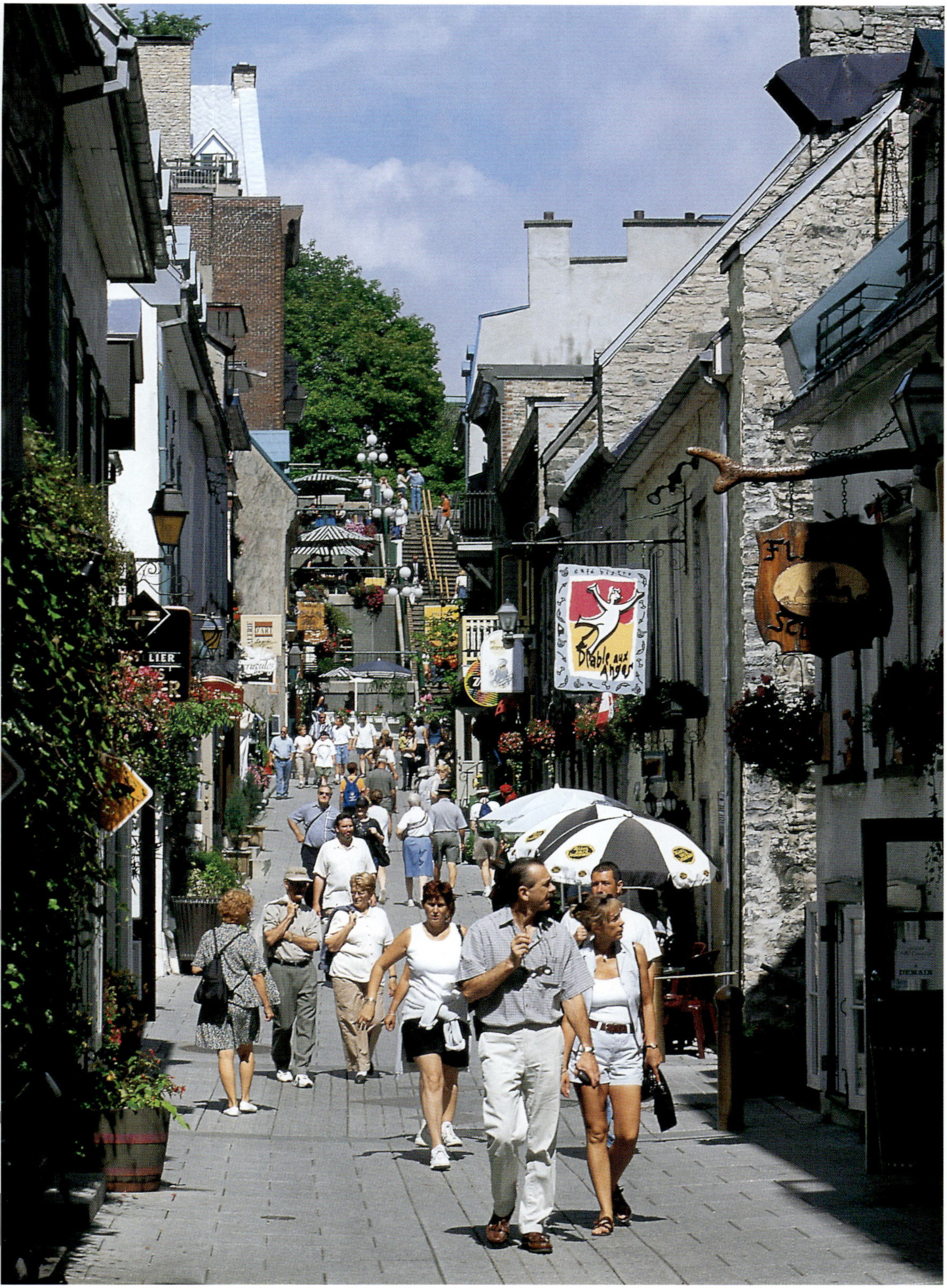
Diable aux Anges

Doubles pages suivantes :

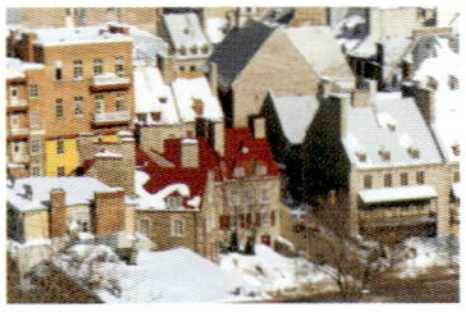

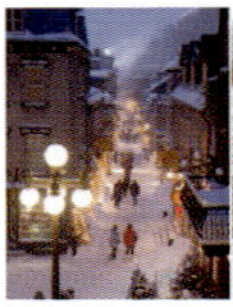

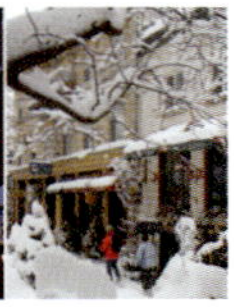

La vie en hiver à Québec...

Ci-dessous et page de droite : monument symbolique de Québec, le Château-Frontenac détient le titre "d'hôtel le plus photographié au monde".

Anglais, elle a été reconstituée à la fin du XXe siècle. Dix répliques de canons pointent aujourd'hui leurs "bouches" meurtrières vers le fleuve.

Du Petit-Champlain, on rejoint le Vieux Québec par le funiculaire ou l'escalier Casse-cou qui aboutissent tous deux à la terrasse Dufferin. Cette immense promenade de bois, longue de 670 mètres, bâtie sur la résidence des anciens gouverneurs de la colonie, offre une vue saisissante sur le fleuve et la Basse-Ville, situés 98 mètres en contrebas ! D'un côté, une statue de Samuel de Champlain, de l'autre, la citadelle. Au milieu, le château Frontenac, majestueux, qui est à Québec ce que la tour Eiffel est à Paris, un symbole…

A l'origine, à la pointe du cap Diamant s'élevait un petit fort construit par Champlain. Agrandi puis baptisé château Saint-Louis, il devint la résidence des gouverneurs de la Nouvelle-France, puis de la province, avant qu'un incendie ne le détruise en 1834. Ce n'est qu'en 1890 que la compagnie ferroviaire Canadien Pacifique, qui veut implanter un réseau d'hôtels prestigieux à travers le pays, décide de le reconstruire.

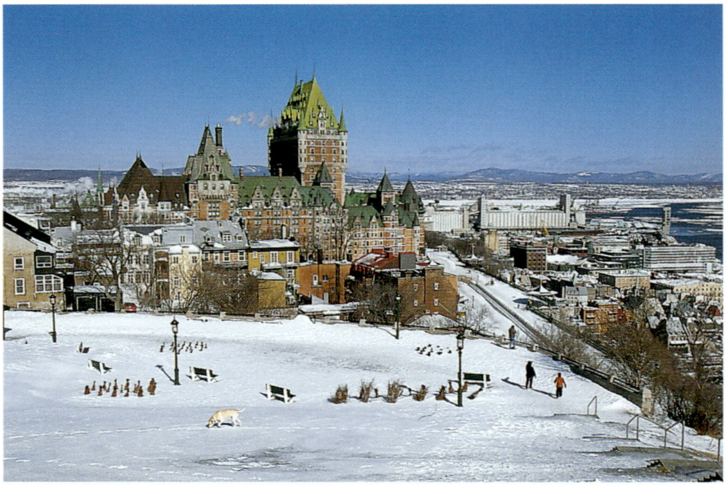

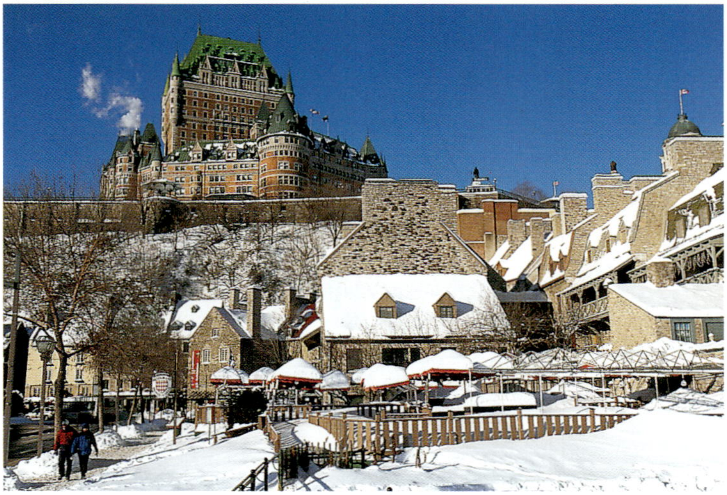

Il sera baptisé Frontenac en hommage à Louis de Buade, comte de Frontenac (1622-1698) un des plus célèbres gouverneurs de la Nouvelle-France. Paradoxalement construit par un architecte américain, Bruce Price (célèbre pour ses gratte-ciel new-yorkais) il est devenu le modèle du style "national" du Canada baptisé style "château". Inauguré en 1893 et de nombreuses fois agrandi et remanié, il compte aujourd'hui plus de 600 chambres et une superbe piscine intérieure. Les plus hautes personnalités et les plus grandes stars se sont succédé dans ses chambres spacieuses et luxueuses, de l'empereur d'Éthiopie Haïlé Sélassié à Sarah Bernhardt, en passant par Charles Lindbergh et Alfred Hitchcock qui y tourna son film "La Loi du silence". On dit que chaque soir un couple vient y passer sa lune de miel…

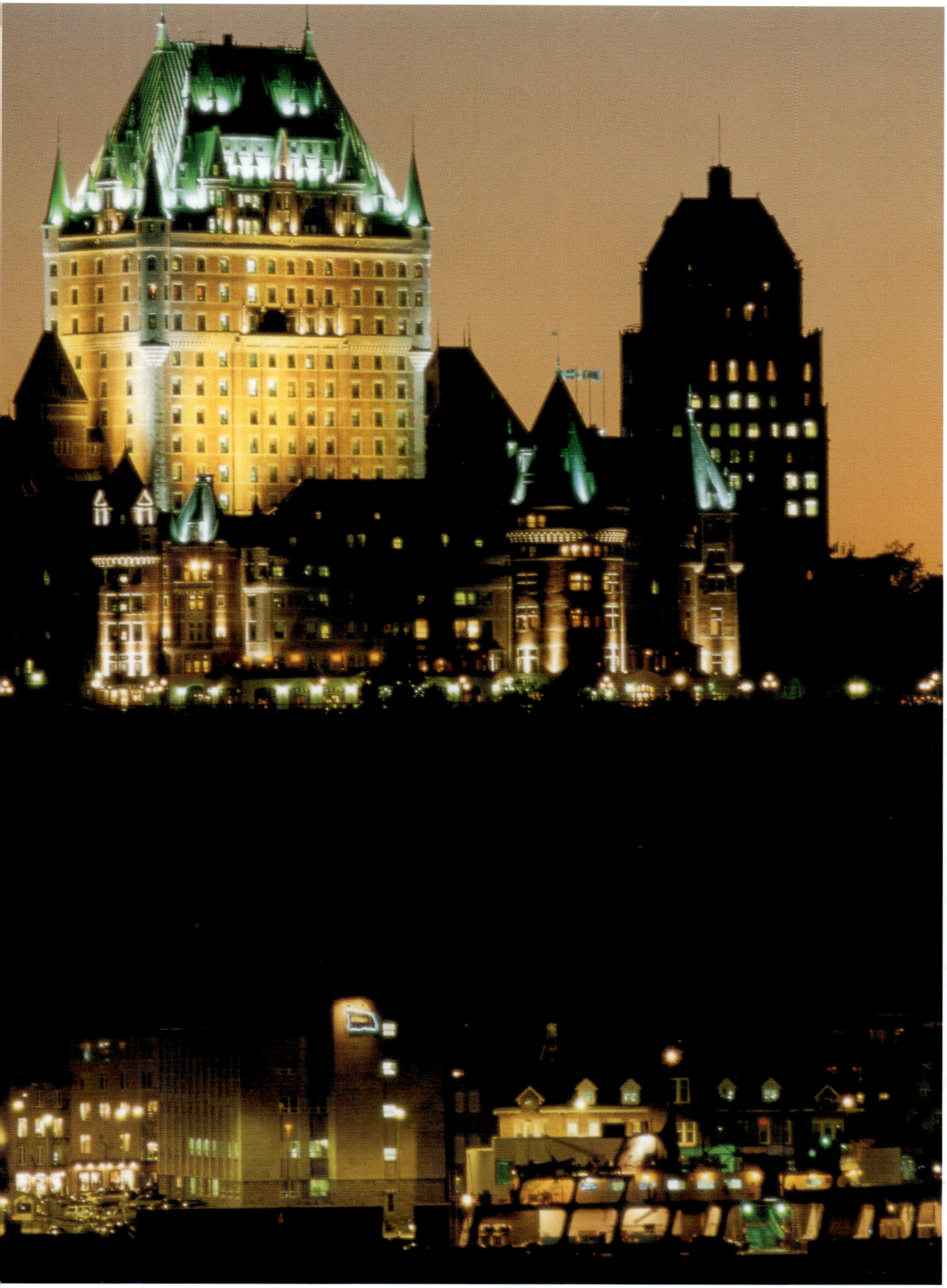

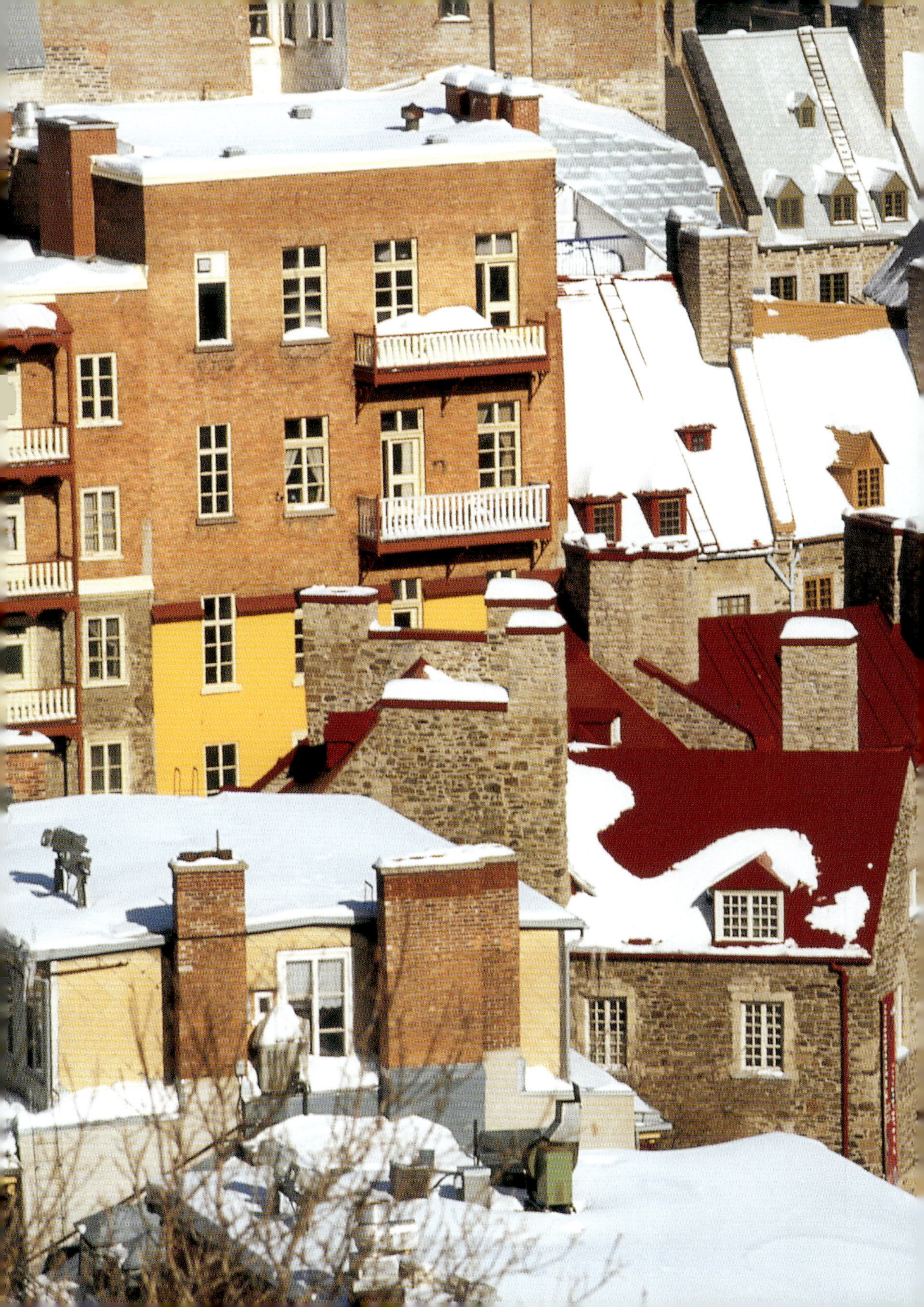

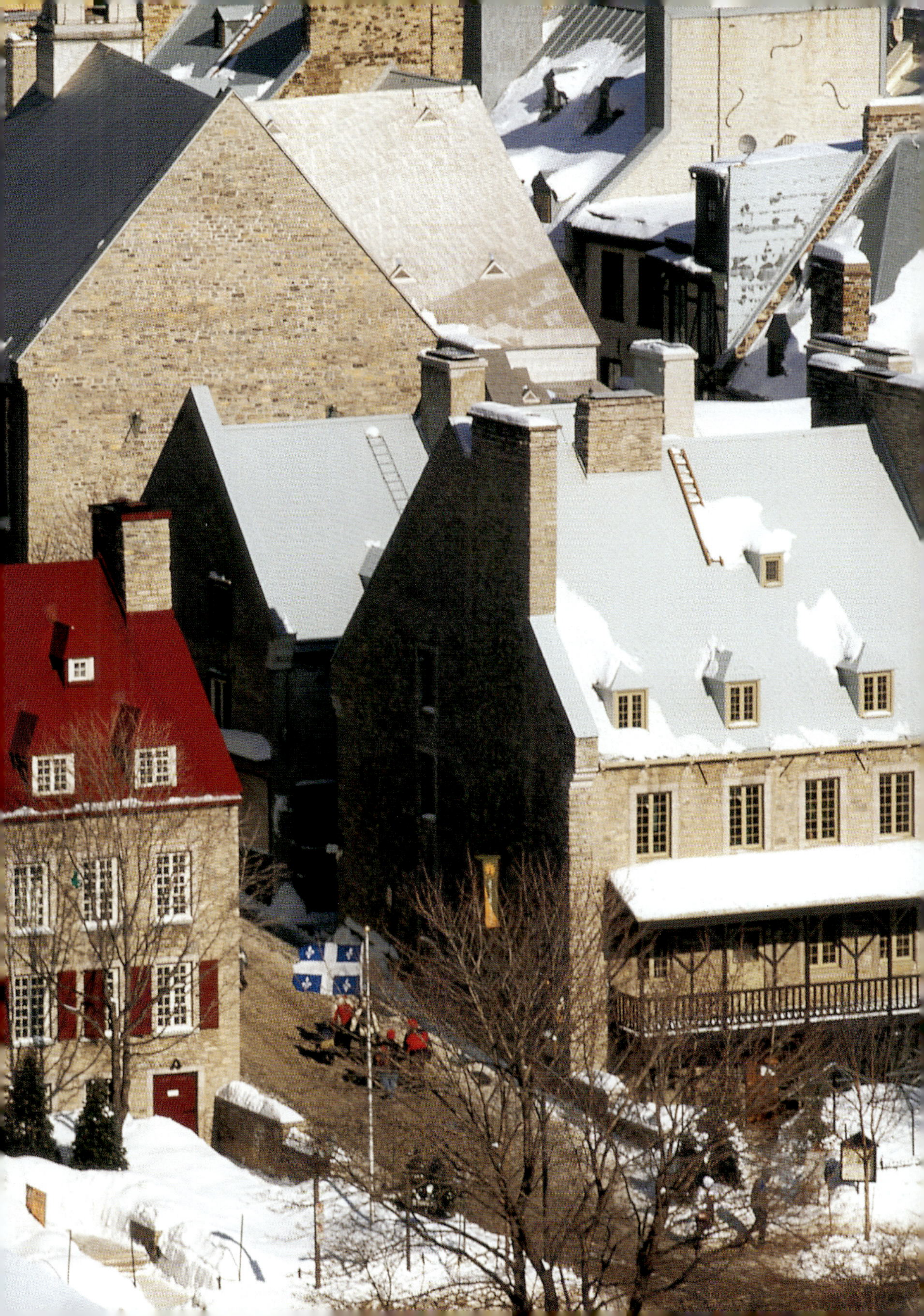

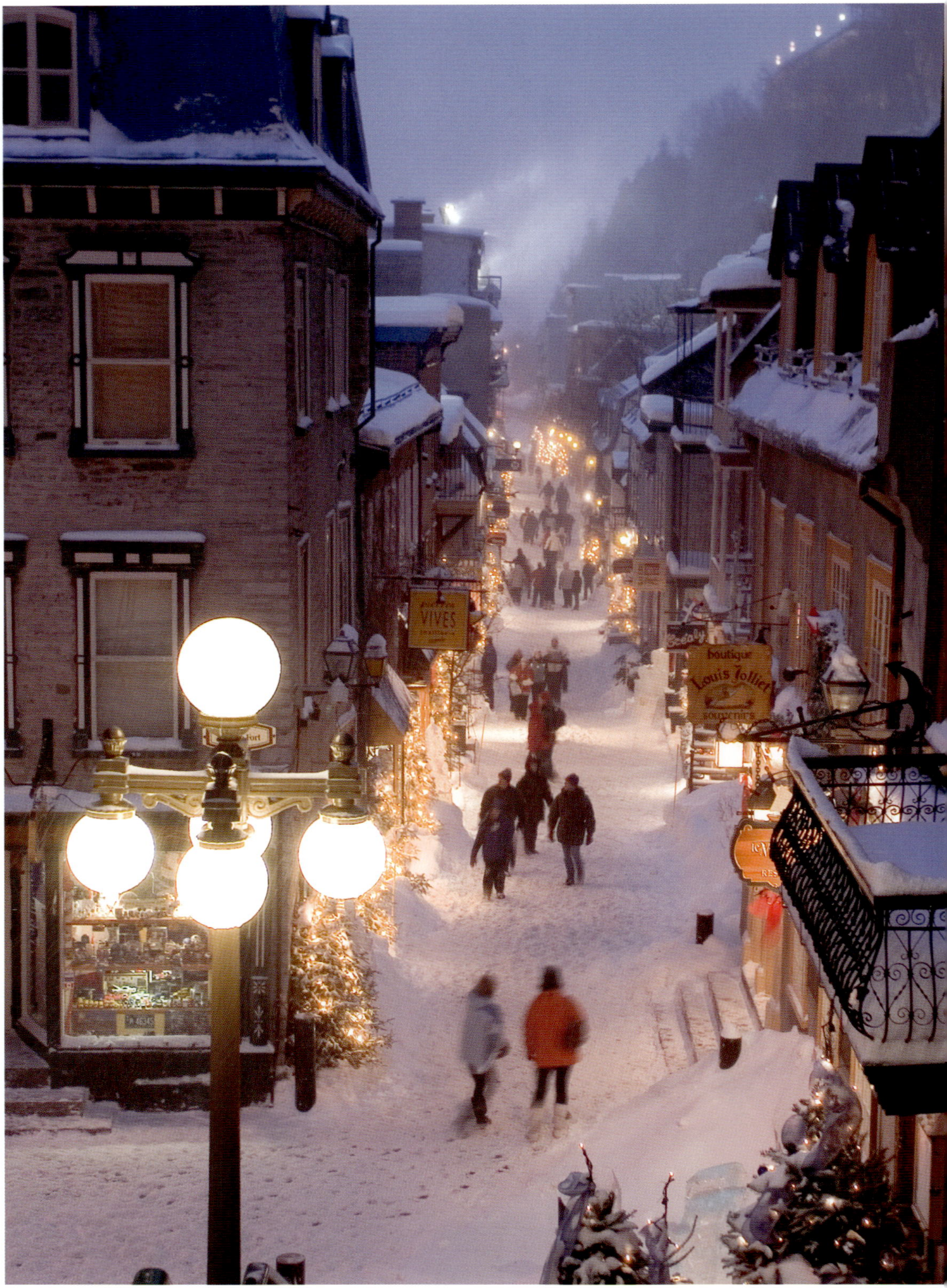
VIVES
boutique
Louis Jolliet

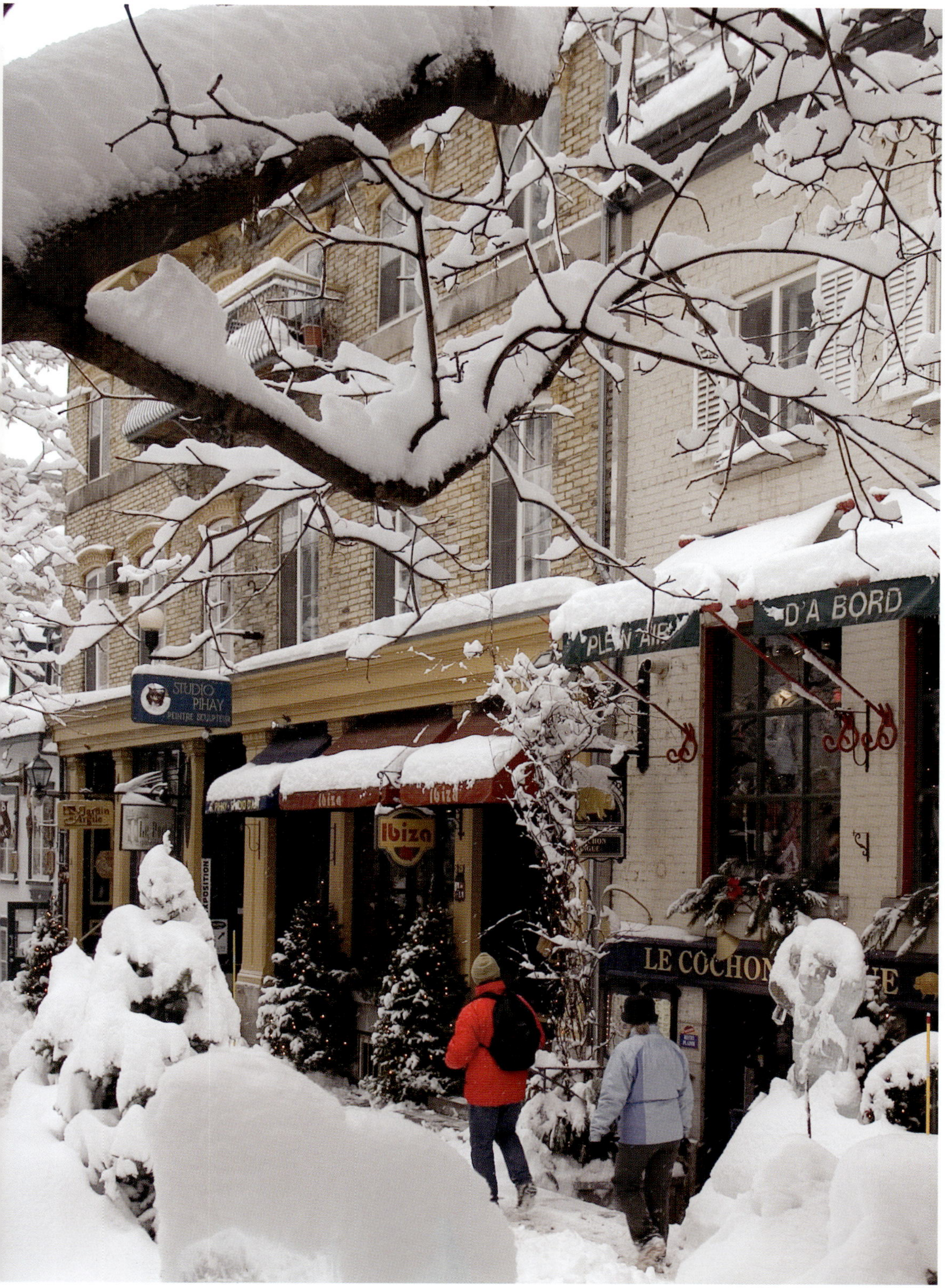
STUDIO
PIHAY
D'A BORD
Ibiza
LE COCHON

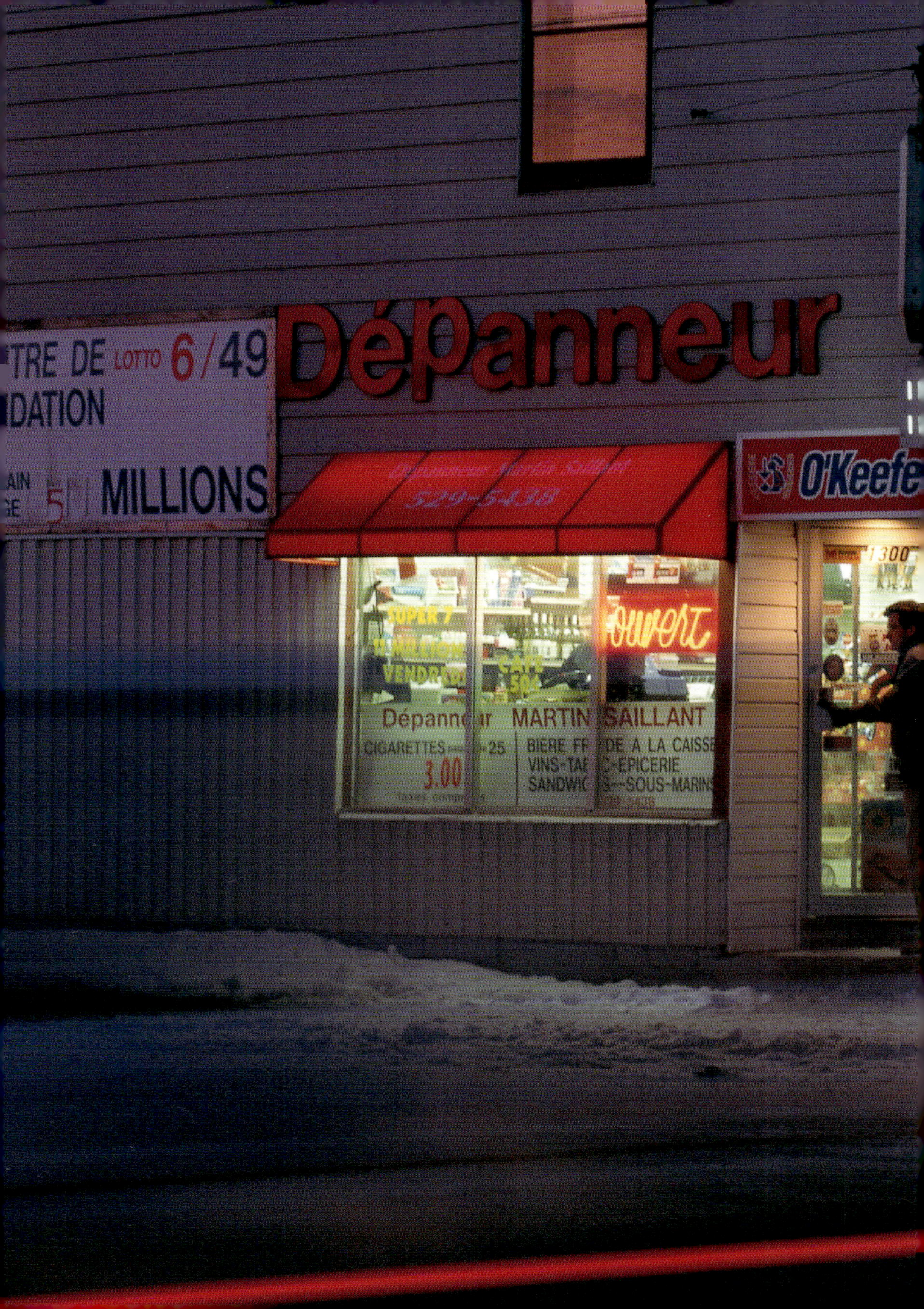
TRE DE LOTTO 6/49
DATION
MILLIONS
Dépanneur
Dépanneur Martin Saillant
529-5438
O'Keefe
1300
SUPER 7
ouvert
MARTIN SAILLANT
CIGARETTES
25
3.00
DE A LA CAISSE
C-EPICERIE
S--SOUS-MARINS

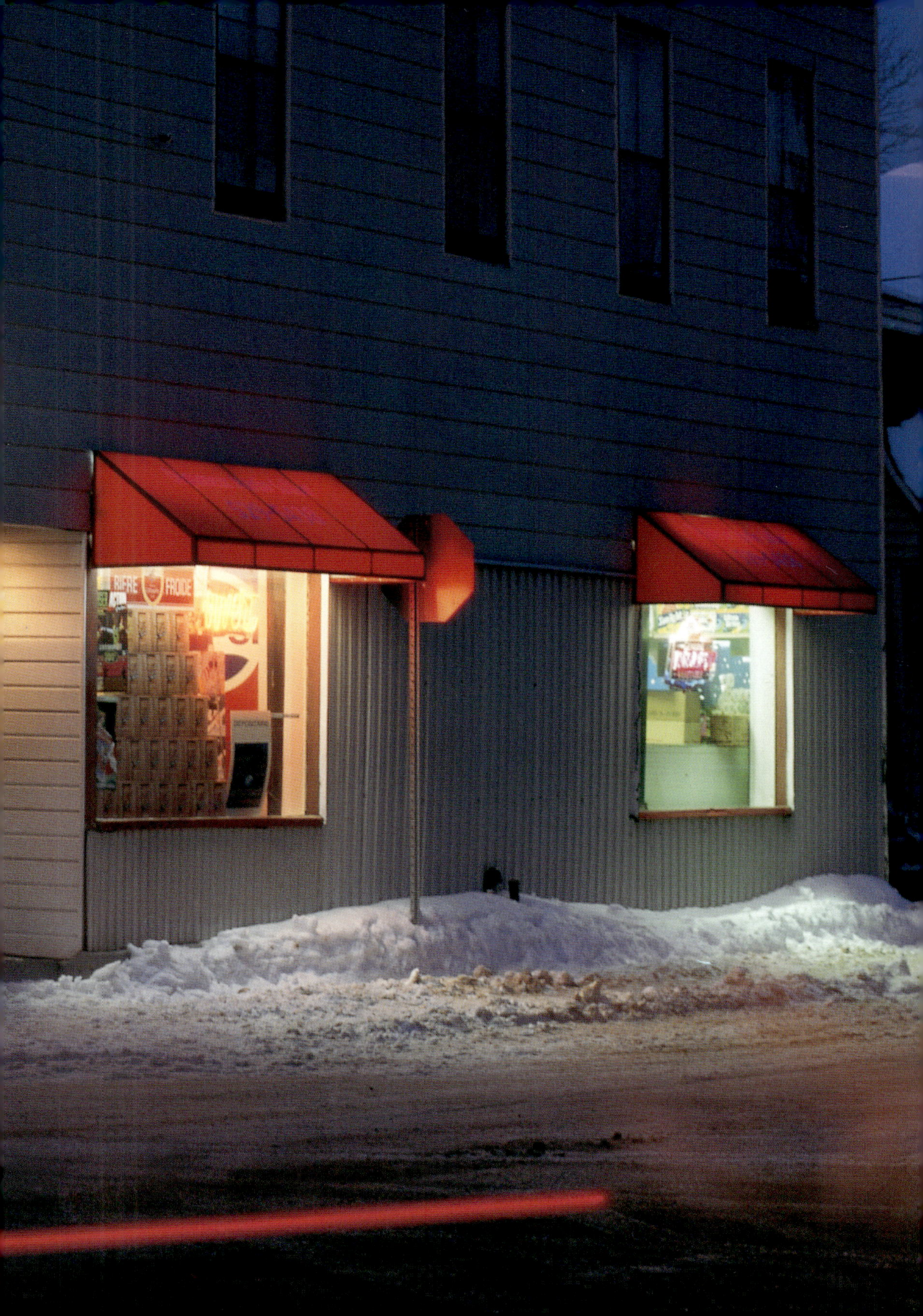
FROIDE

Double page précédente :

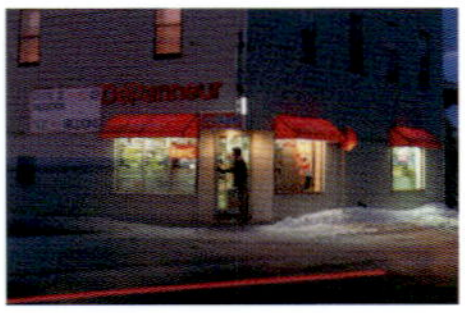

Tard dans la nuit, dans les rues de Québec, on trouve tout ou presque chez le dépanneur, du billet de loterie aux produits alimentaires...

Ci-dessous : la rue d'Auteuil aux pieds des remparts et flânerie le samedi dans la rue Saint-Jean. Page de droite : une pause café chez Temporel, un café légendaire du Vieux-Québec.

DES RUELLES POUR SE PERDRE

Derrière ce "monument", à partir du parc des Gouverneurs surveillé par le monument Wolfe-Montcalm, commence un dédale de ruelles où il fait bon se perdre.

Ici, peu de choses à visiter, juste le plaisir de flâner dans l'avenue Sainte-Geneviève et ses maisons XIXe magnifiquement préservées, ou au pied des remparts de la citadelle, dans la rue Saint-Denis. Un moment de quiétude avant de rejoindre le flot des visiteurs qui s'étire le long de la rue Saint-Louis. Nouvel hommage de la ville aux rois de France, cette dernière fut ainsi nommée par monsieur de Montmagny, gouverneur de 1635 à 1648, en l'honneur de Louis XIII. Malgré sa grande fréquentation, elle a conservé tout son cachet historique. Ici, pas de commerces attrape-touristes, juste quelques petits hôtels, des restaurants et des galeries d'art. C'est souvent le départ d'une promenade à l'intérieur des fortifications érigées par les Français pour se protéger des Iroquois et des Anglais... et terminées par les Anglais pour se protéger des Français !

L'autre grande rue du Vieux Québec est la rue Saint-Jean. Elle prend sa source au pied de l'hôtel de ville et se poursuit hors des murs dans le quartier Saint-Jean-Baptiste. Difficile d'y échapper lors d'une visite de Québec tant elle est joyeuse, de jour comme de nuit, mêlant boutiques, restaurants, cafés et bars de chansonniers comme "les Yeux Bleus" ou "Chez Son Père".

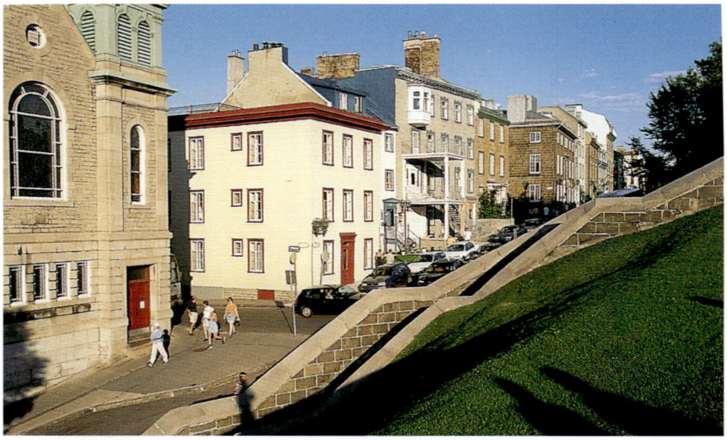

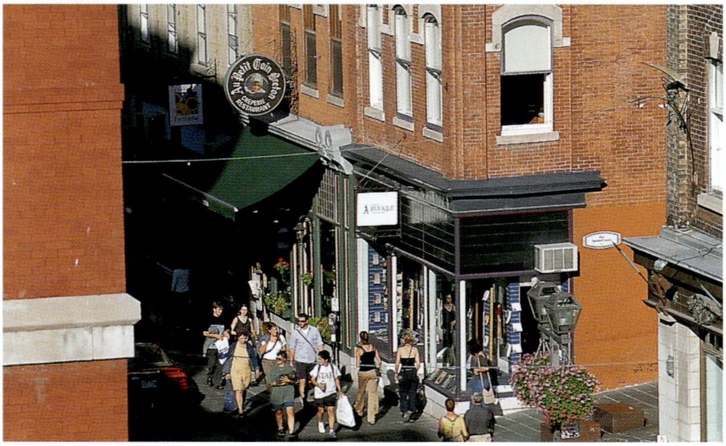

Place de l'Hôtel-de-Ville, l'hôtel Clarendon est le plus vieil hôtel-restaurant de la ville (1870) et l'édifice Price avec ses 17 étages, le premier gratte-ciel de Québec. C'est un bel exemple du style Arts déco qui dominait au Québec dans les années 1930. La famille Price, qui avait fait fortune dans l'industrie du bois et des pâtes et papiers, avait commandé une copie miniature de l'Empire State Building de New York !

Face à l'hôtel de ville, la basilique-cathédrale Notre-Dame est certainement l'une des plus

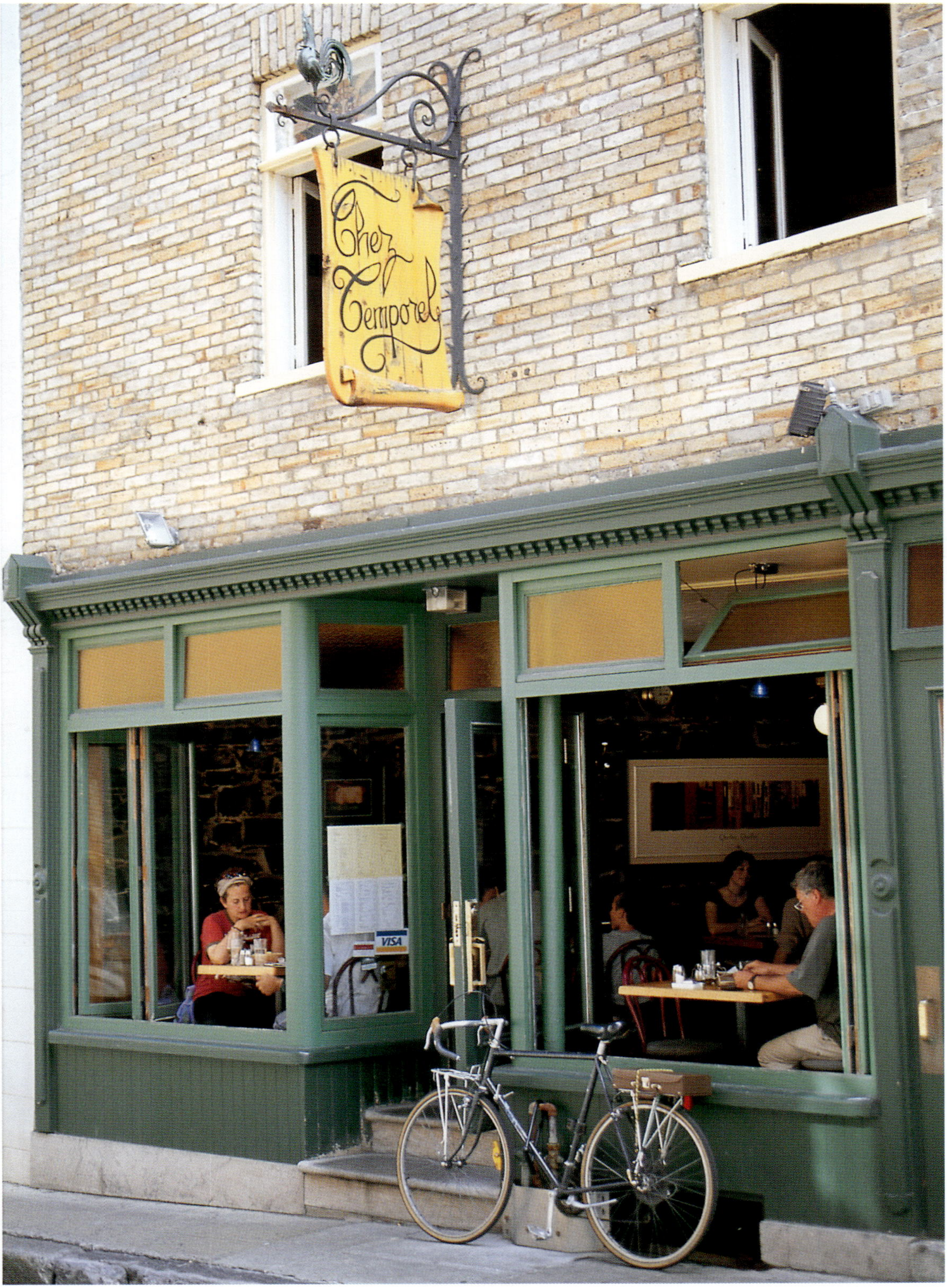
Chez Temporel
VISA

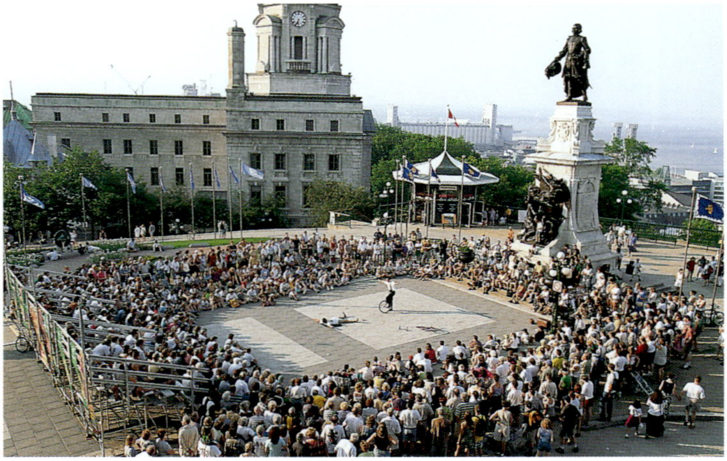

belles églises d'Amérique du Nord, fruit de travaux échelonnés sur 350 ans pour cause de multiples incendies. L'histoire de cette église richement décorée est retracée dans un superbe spectacle "son et lumière". Derrière la basilique, commence le plus ancien quartier résidentiel de la Haute-Ville, le plus beau aussi. Il appartenait au Séminaire, qui le découpa en parcelles. Le silence de ses rues étroites contraste avec le brouhaha de la rue Saint-Jean.

Ci-dessus : concert de musique au pied de la statue de Samuel de Champlain, par le sculpteur français Paul-Romain Chevré (1898) qui fut quelques années plus tard un des survivants du naufrage du Titanic.
Page de droite : construite sur le même site depuis 1647, la Basilique-Cathédrale Notre-Dame de Québec fut détruite deux fois par le feu, et toujours reconstruite, le baldaquin doré de son chœur est étonnant.

Construit en 1663 par monseigneur de Montmorency-Laval, premier évêque de la Nouvelle-France, le Séminaire est la plus ancienne école supérieure de la province. En se promenant aux alentours de ses bâtiments, on y découvre quelques-unes des merveilles de Québec. Derrière le musée des Augustines de l'Hôtel-Dieu, la longue rue des Remparts qui conduit au parc de l'Artillerie offre de superbes points de vue. C'est dans cette rue, au 45-51, que vécut le marquis de Montcalm, mort au champ d'honneur sur les Plaines d'Abraham.

En remontant vers le château Frontenac on traverse la place d'Armes. Lieu par excellence des parades militaires et des harangues publiques, elle est devenue un square d'agrément où bistrots, terrasses, musiciens et artistes de rue forment un tout coloré et animé. Ceux qui apprécient la place du Tertre à Montmartre aimeront les portraitistes de la rue Sainte-Anne qui y travaillent jusque tard le soir dans sa petite partie piétonnière qui longe les jardins de la cathédrale anglicane. Et très tôt le matin, les vendeurs de la rue du Trésor, qui donne également sur la place d'Armes, déploient sur ses murs les œuvres des artistes québécois, huiles, sérigraphies, aquarelles, eaux-fortes, un véritable marché miniature de l'art local.

Double page suivante :

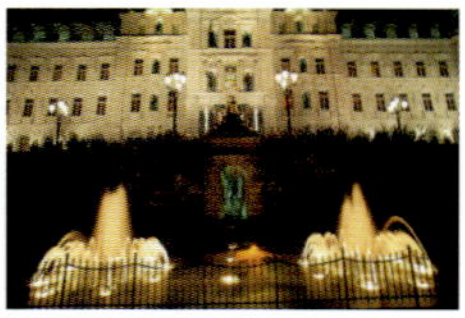

L'Hôtel du Parlement forme un carré d'environ cent mètres de côté, sa façade principale du bâtiment est ornée de 22 statues de bronze, en hommage aux femmes et aux hommes qui ont marqué l'histoire du Québec.

L'ensemble du Vieux-Québec est dominé par la citadelle. Bâtie en étoile, caractéristique des fortifications à la Vauban, cet élément clé du dispositif de défense de la ville n'a pourtant jamais connu le baptême du feu. Sa construction, commencée par les Anglais en 1820, s'est en effet achevée en 1850, alors que les grandes guerres qui ont secoué le Québec étaient terminées. Elle est occupée depuis 1920 par le Royal 22e Régiment du Canada, qui s'est distingué pendant la Seconde Guerre mondiale. De la porte Dalhousie, entrée de la citadelle, on peut assister, en été, à 10 heures précises, au spectacle de la relève de la garde avec, en vedette, la mascotte du régiment, le bouc Batisse.

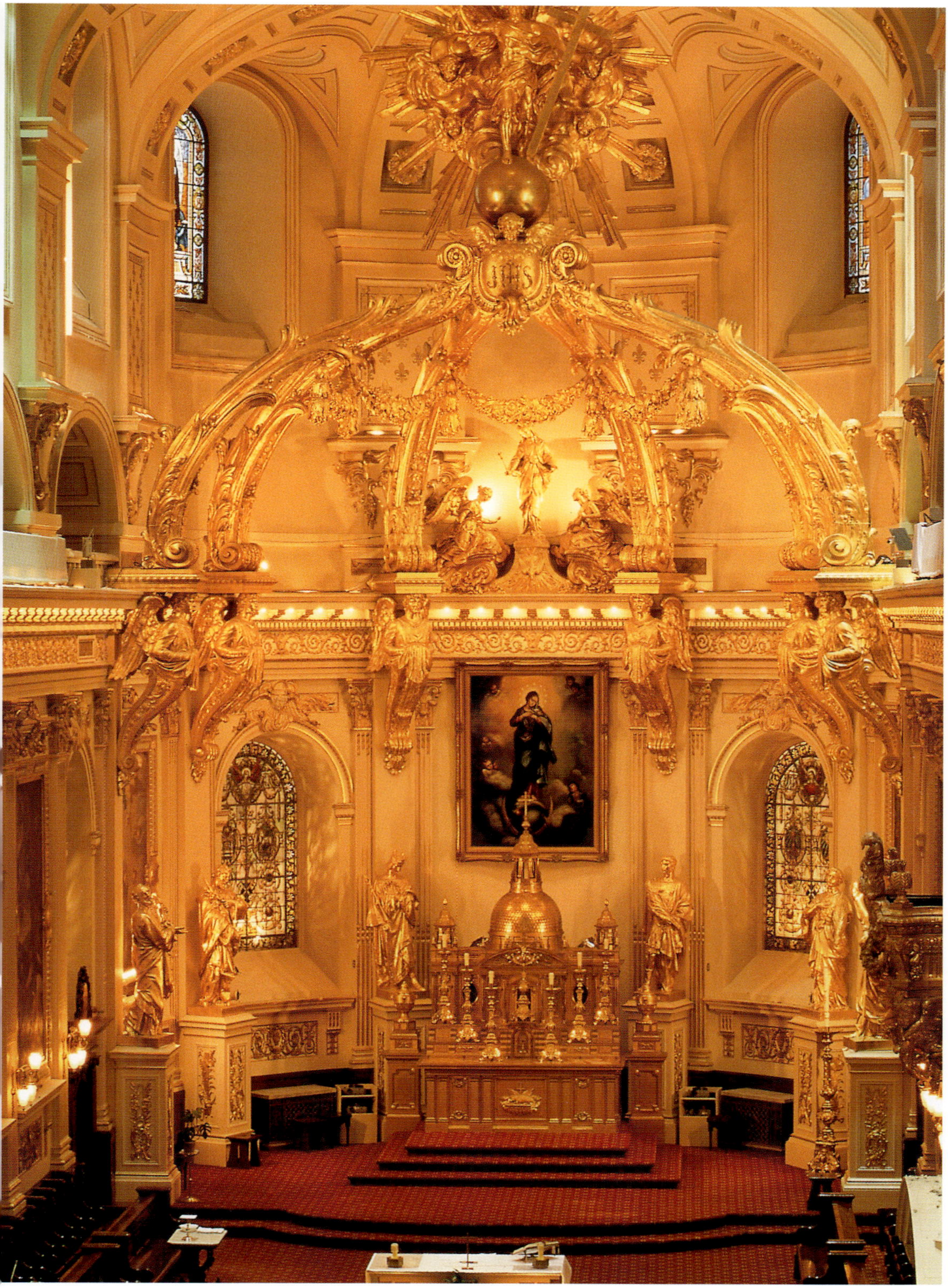

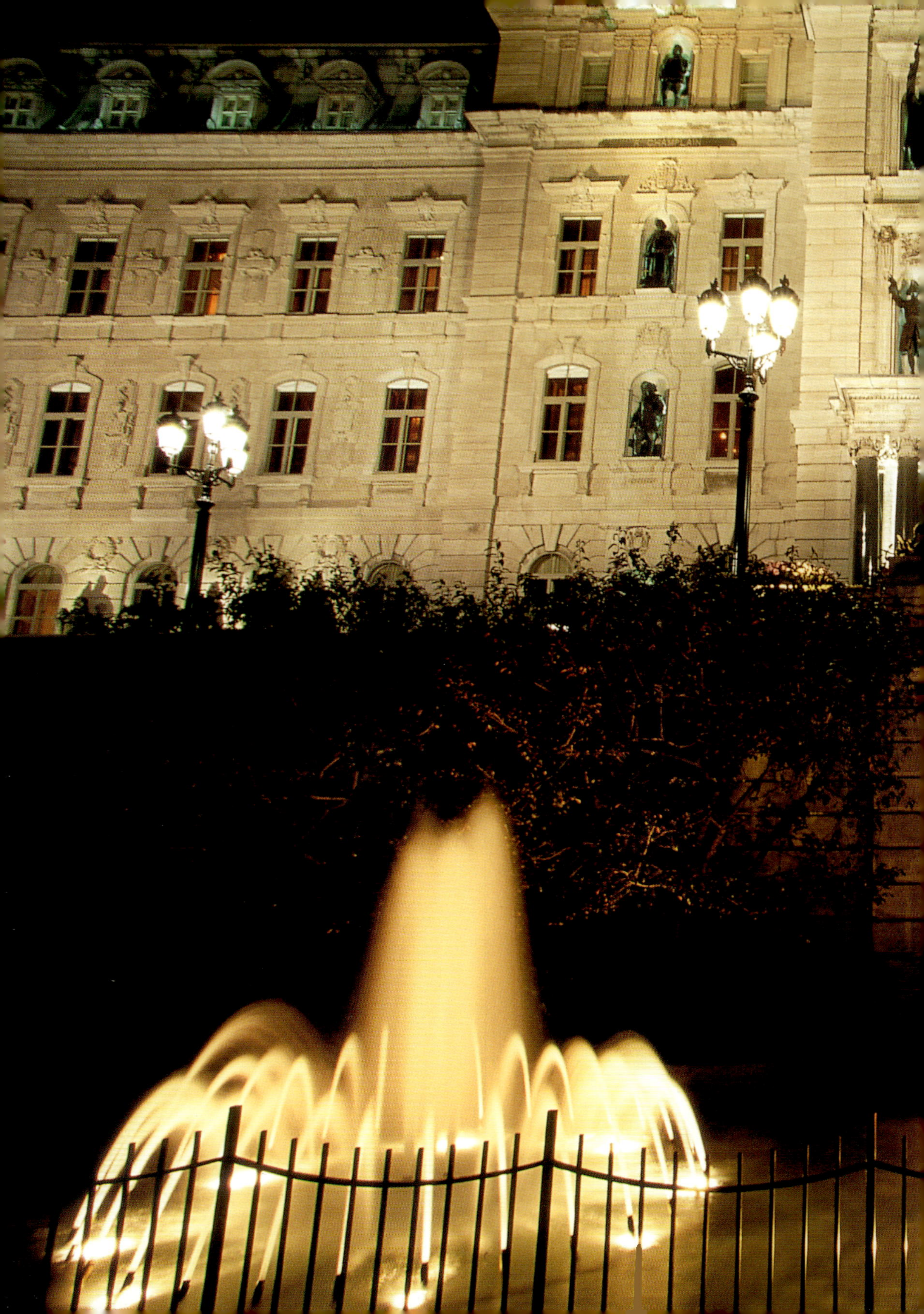
CHAMPLAIN

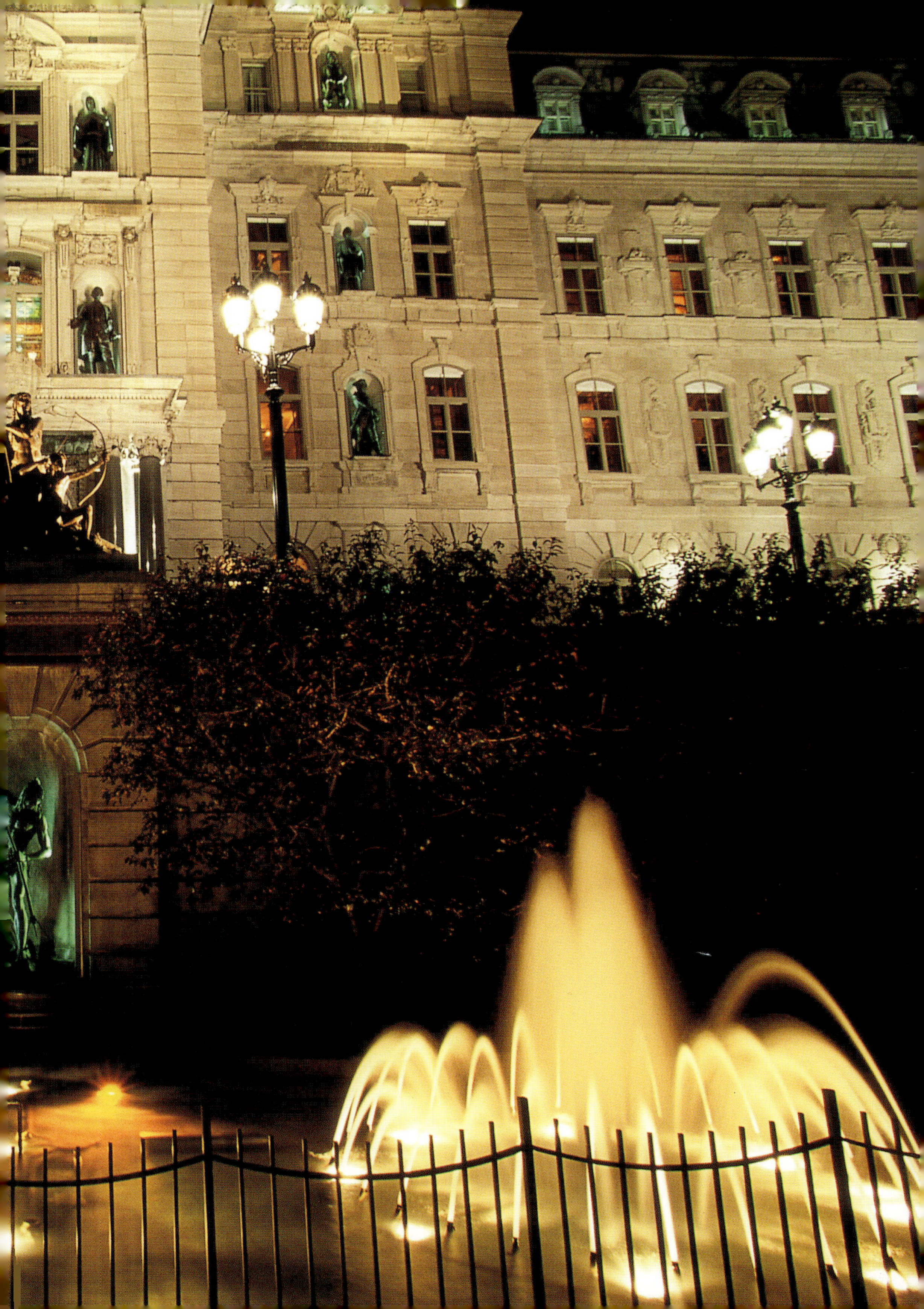

UNE AUTRE VILLE À L'EXTÉRIEUR DES MURS

Hors de ses fortifications, le Vieux-Québec laisse place à une ville plus hétéroclite, moins léchée, souvent méconnue. C'est la ville des gens de Québec, celle où ils aiment sortir et s'amuser.

Derrière la porte Saint-Jean, la place d'Youville accueillit au XIXe siècle et jusqu'en 1930 le plus important marché de la ville. Le théâtre Capitole, inauguré en 1903 sous le nom d'auditorium de Québec, resta longtemps un grand cinéma. Sa dernière restauration a permis d'y aménager une salle de spectacle, un hôtel luxueux et un restaurant. L'hiver, une patinoire en plein air est aménagée au milieu de la place.

Plus loin, après avoir traversé l'avenue Dufferin et ses grands hôtels, se déroule, juché sur un coteau, le faubourg Saint-Jean-Baptiste, quartier rempli de petits commerces, de bars d'étudiants et de boîtes gay.

En parallèle et en contraste, longeant les jardins du Parlement, la Grande Allée est surnommée "les Champs-Élysées de Québec". Cette magnifique artère bordée d'ormes centenaires, de demeures cossues et éclectiques typiques de l'ère victorienne, rassemble une grande partie de la vie nocturne de Québec. Joyeuse, animée, souvent embouteillée, elle péche pourtant par le côté parfois tape-à-l'œil de ses terrasses et de ses "fast-food".

Ci-dessous : chaque hiver, une petite patinoire familiale est aménagée au cœur de la place d'Youville, dans le Vieux-Québec. Page de droite : promenade dans les plaines d'Abraham.

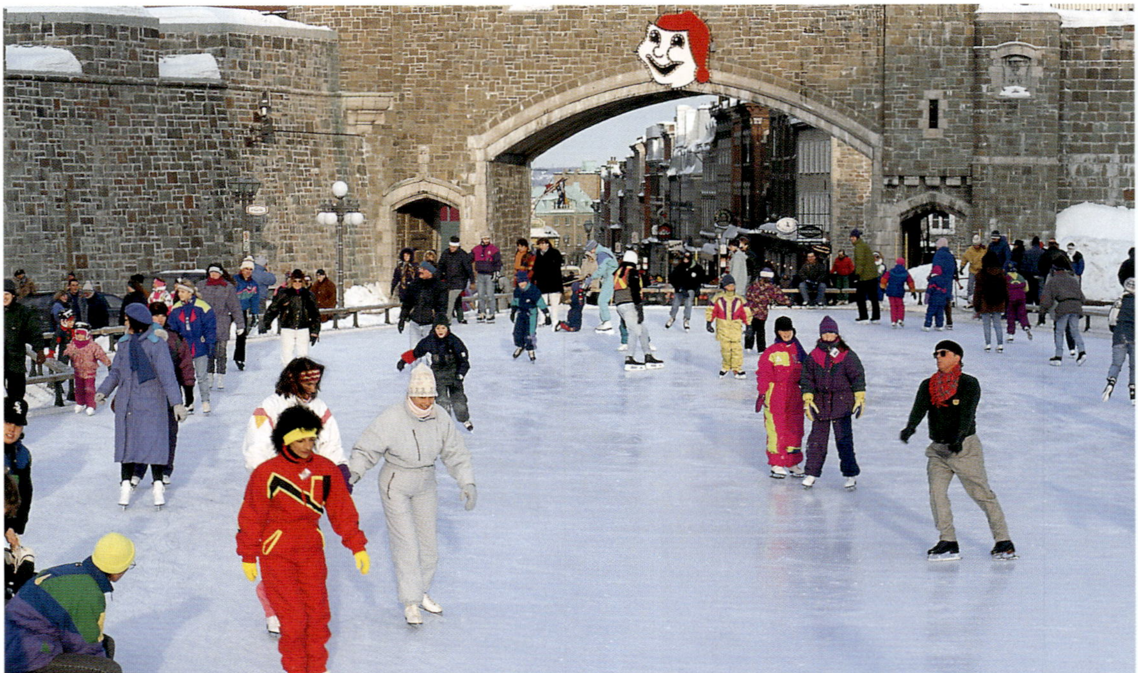

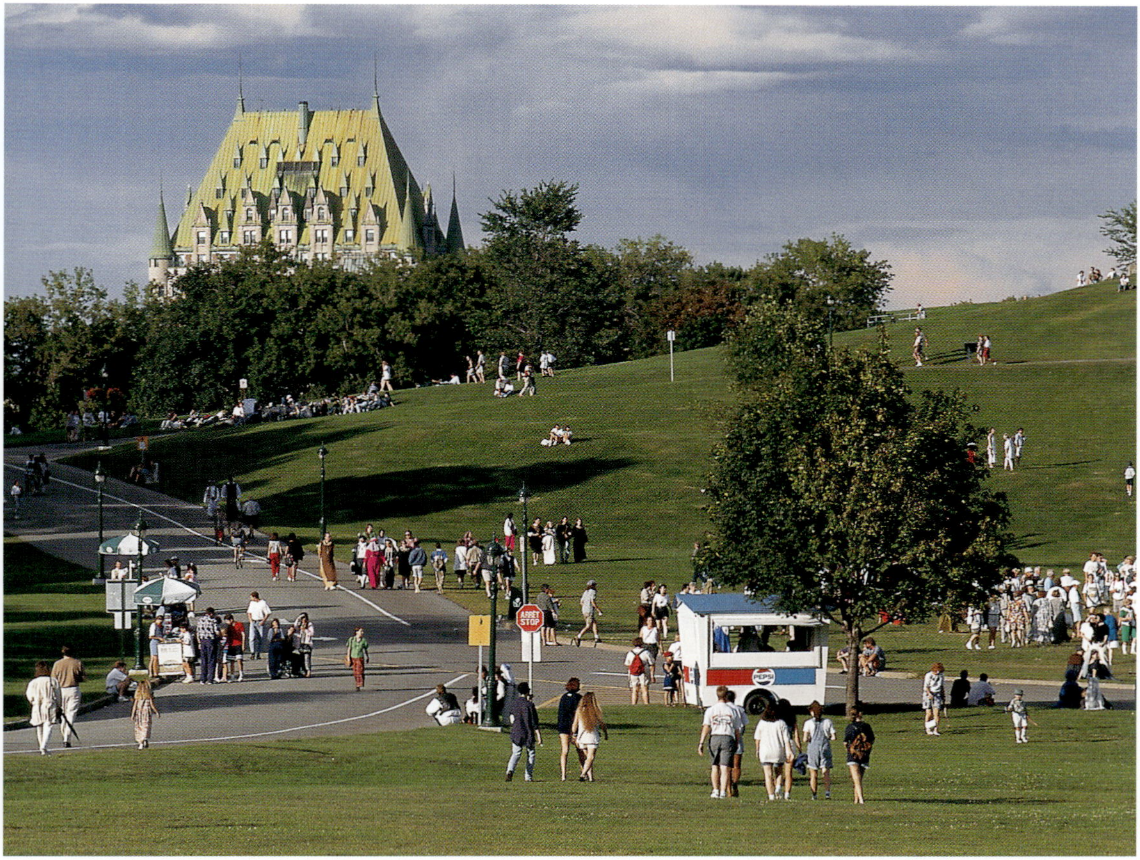

C'est plus à l'ouest, en remontant la Grande Allée dans sa partie plus résidentielle, que les jeunes et les moins jeunes Québécois aiment se donner rendez-vous, dans l'avenue Cartier. Moins brillante mais tout aussi vivante, elle rassemble dans ses bistros et ses cafés, étudiants, écrivains et jeunes loups de la politique. Cette avenue ne doit rien à Jacques Cartier : elle fut baptisée en l'honneur de Sir Georges-Étienne Cartier, le principal porte-parole des Canadiens français auprès des différents gouvernements de 1848 à 1858.

Enfin, on ne peut pas quitter Québec sans "prendre une marche" dans le parc des Champs-de-bataille, où se déroula la fameuse bataille des Plaines d'Abraham. C'est aujourd'hui un agréable lieu de promenade, de plus de cent hectares. L'été, on s'y déplace à pied, on y court ou on y fait du vélo et l'hiver du ski de fond. C'est sur les Plaines que se déroulent les festivités de la Saint-Jean dans la nuit du 23 et la journée du 24 juin. Symbole de la renaissance et de l'identité du peuple québécois, il aura pourtant fallu attendre 1977 pour qu'officiellement la Saint-Jean devienne la Fête nationale et légale du Québec.

Doubles pages suivantes :

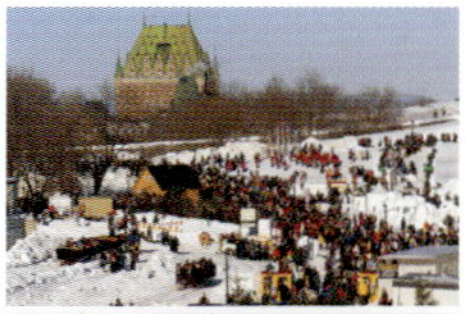

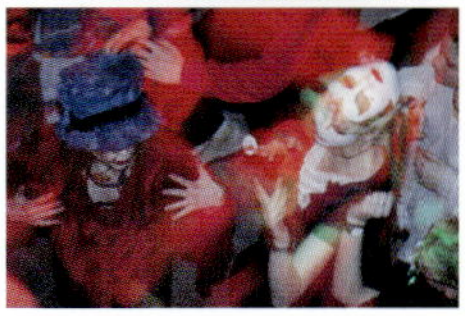

Animations pendant le célèbre carnaval de Québec en février.

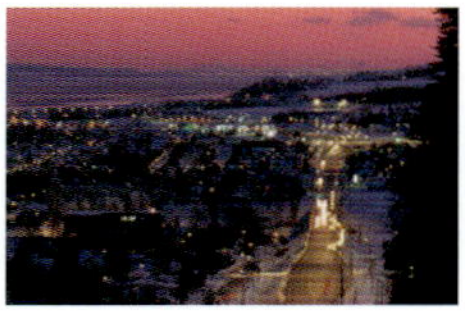

La côte de Beaupré et au loin, la ville de Québec.

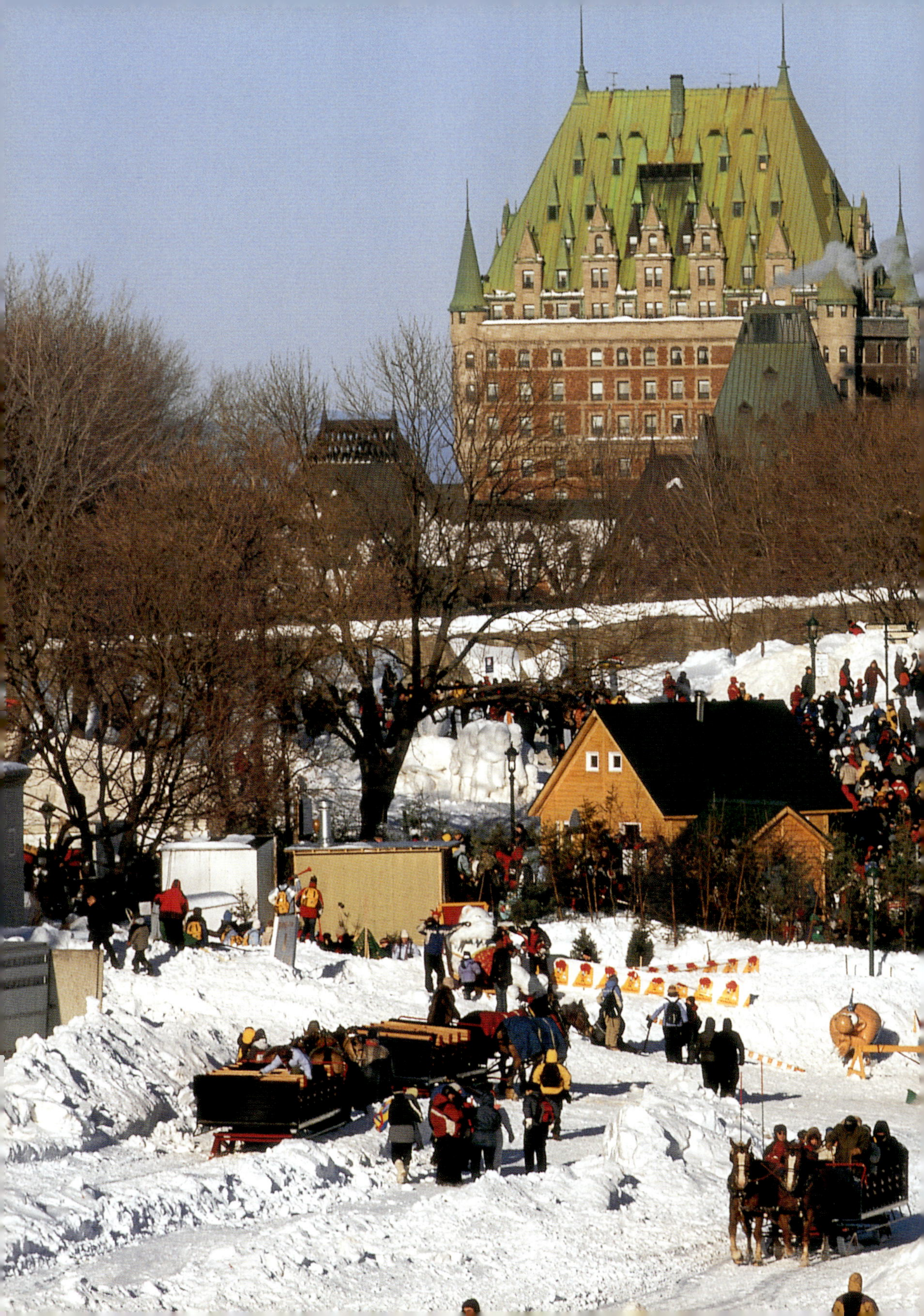

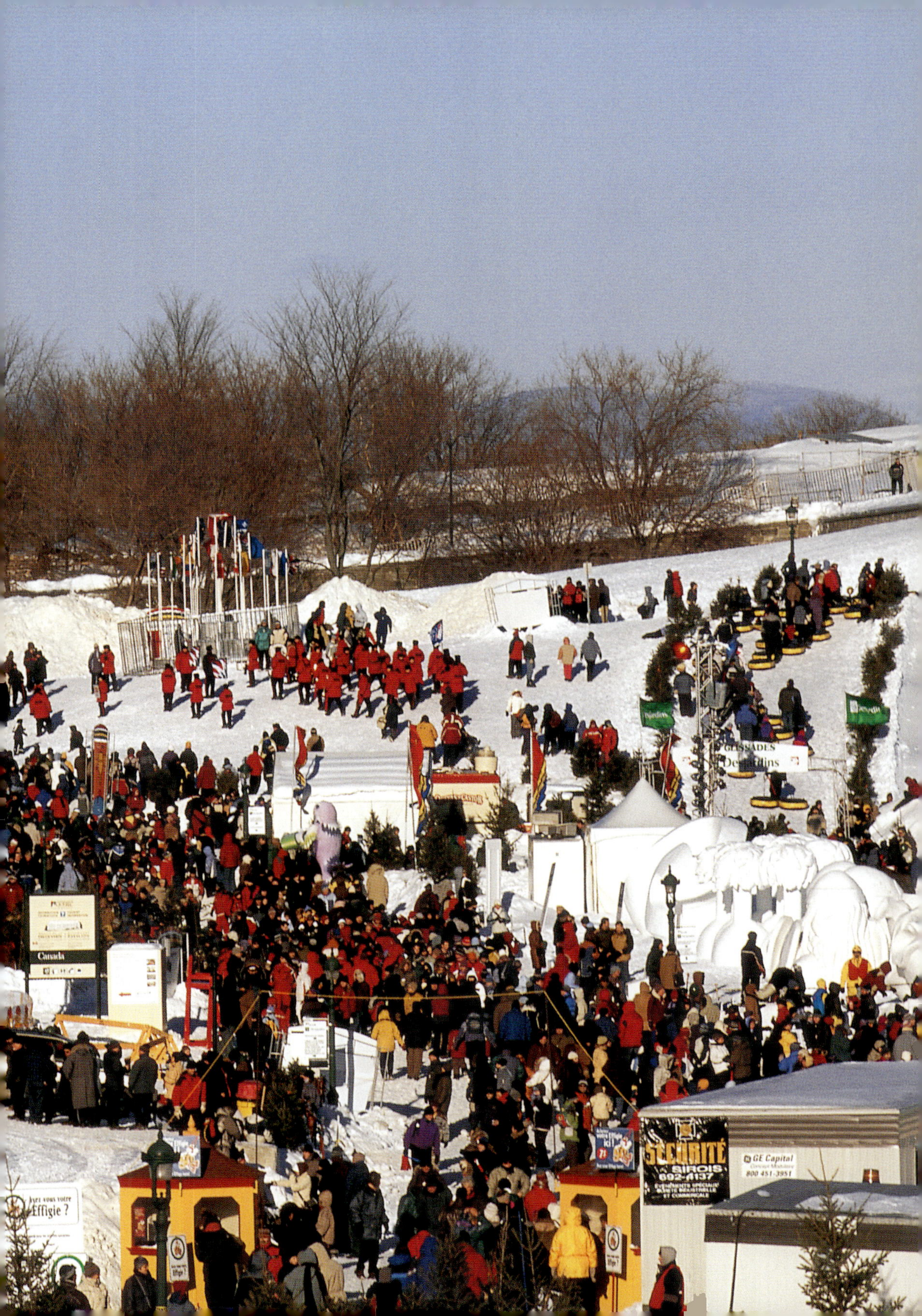

Canada
SÉCURITÉ
SIROIS
692-4137
GE Capital
800 451-3951

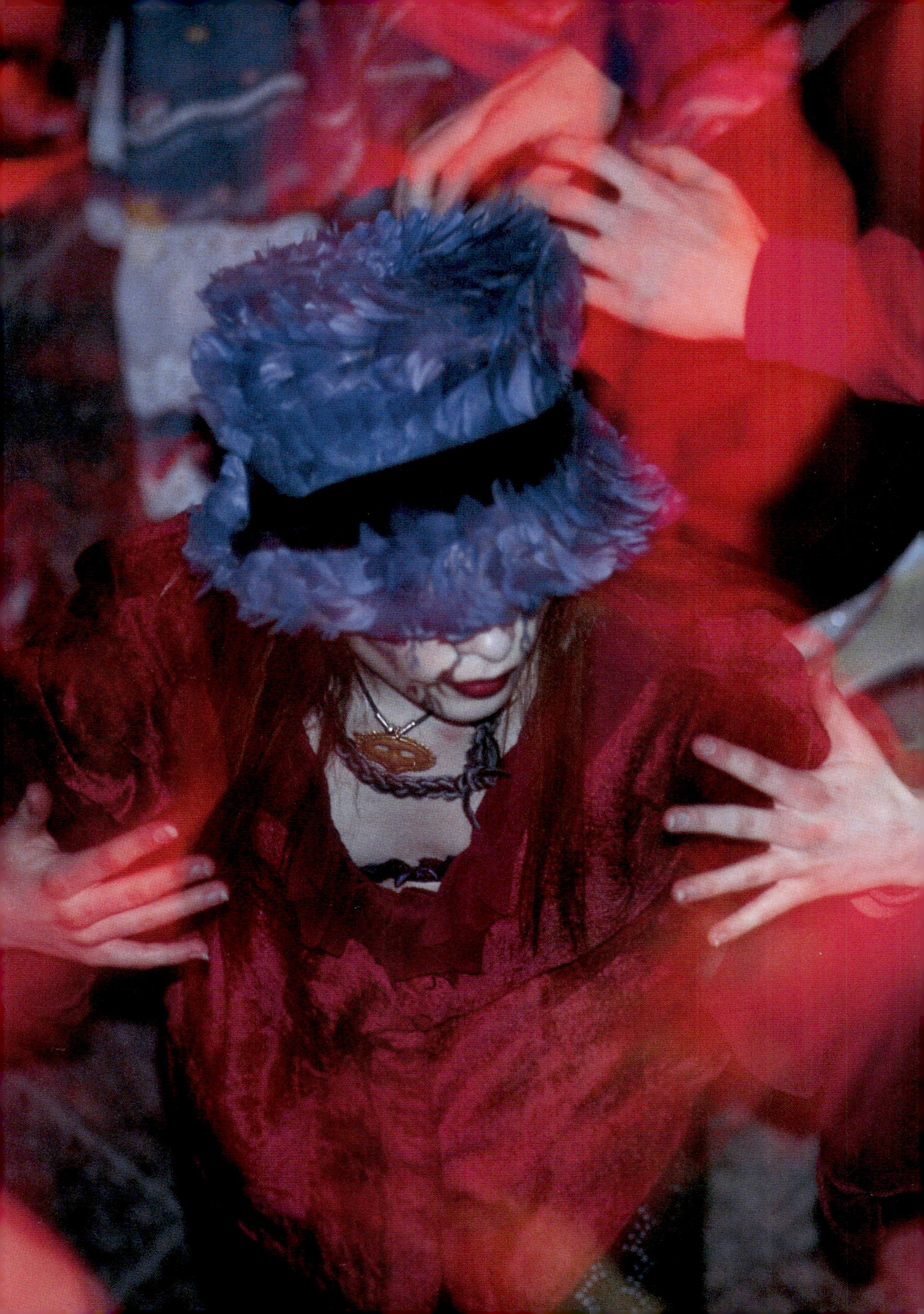

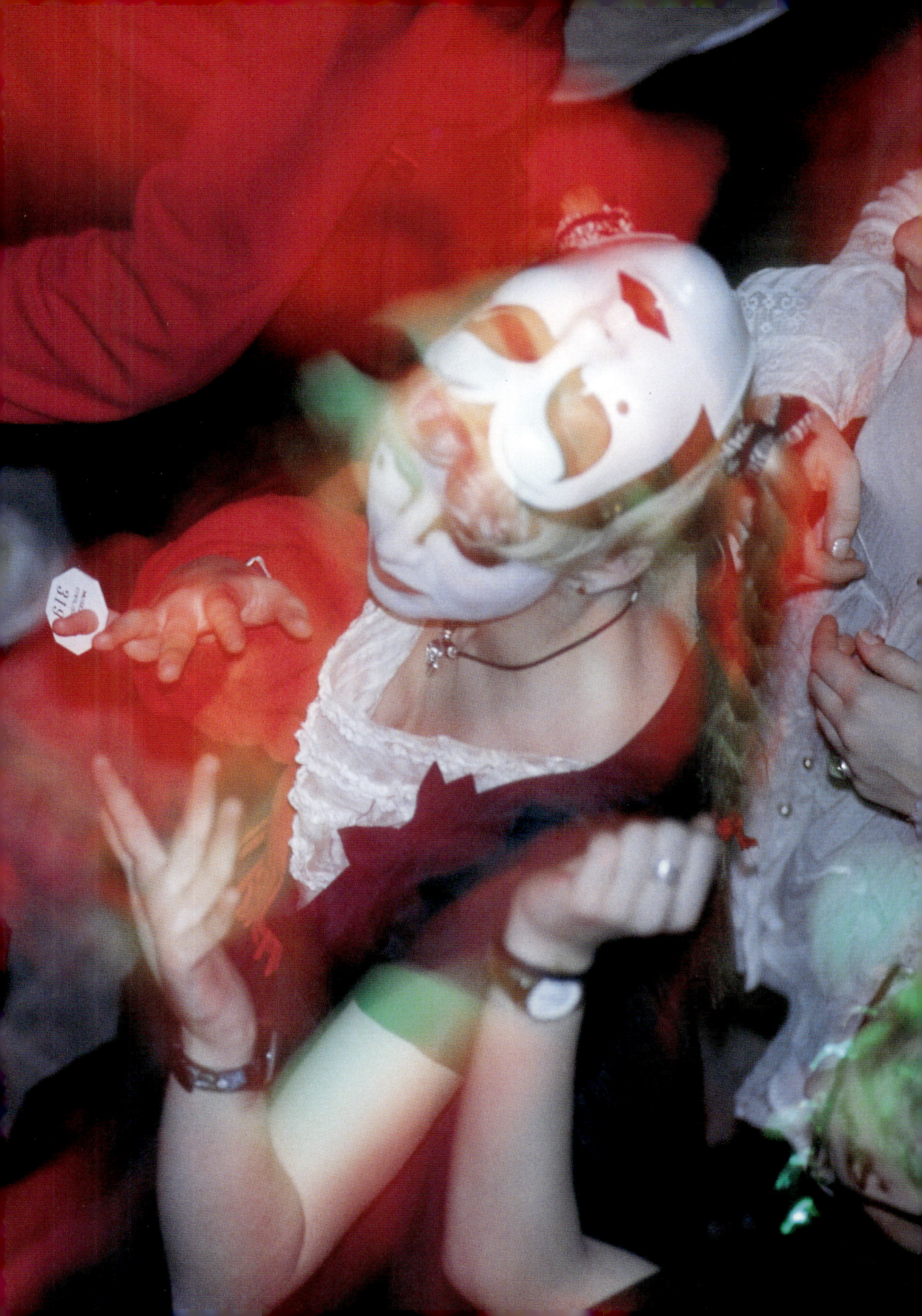

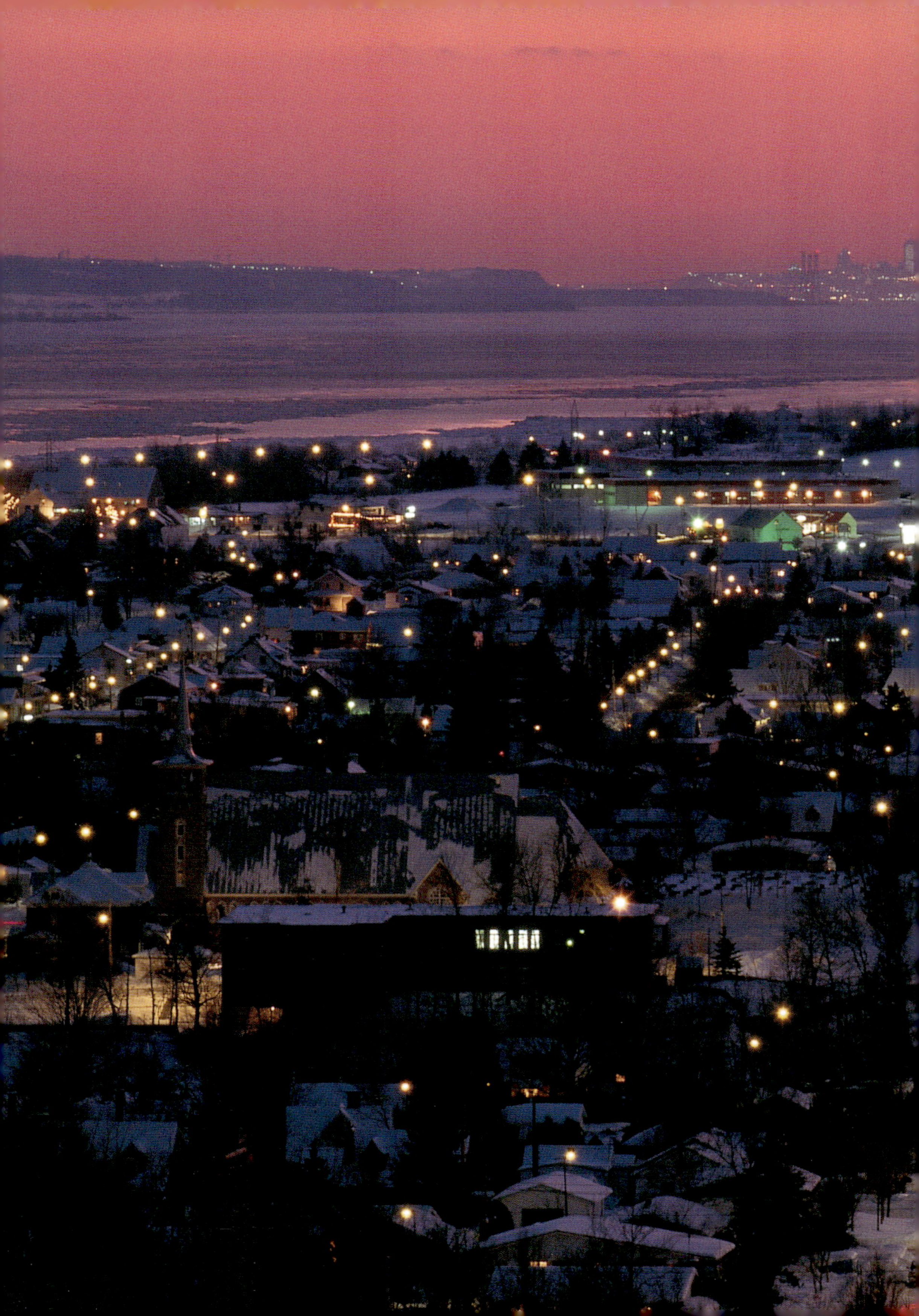

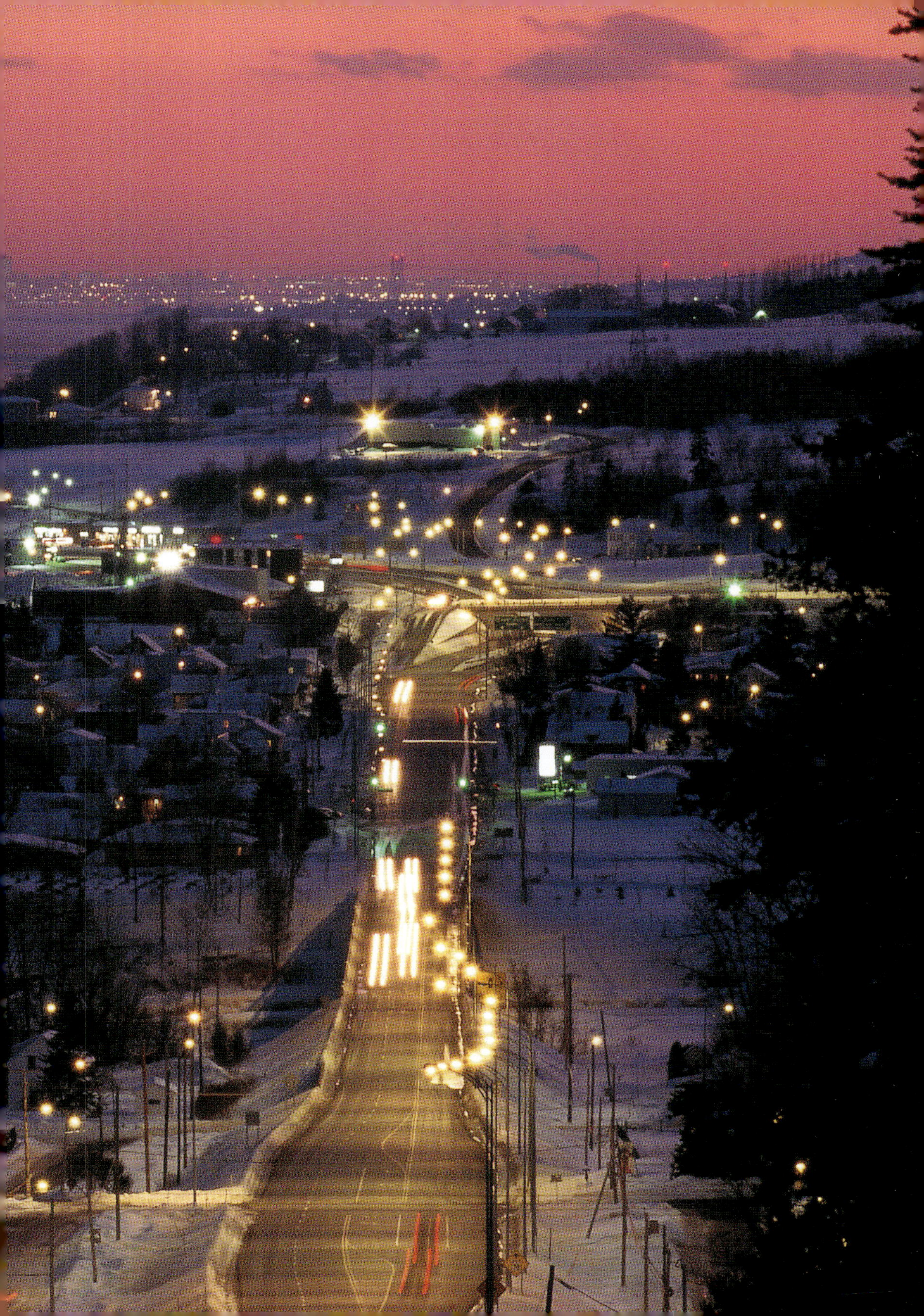

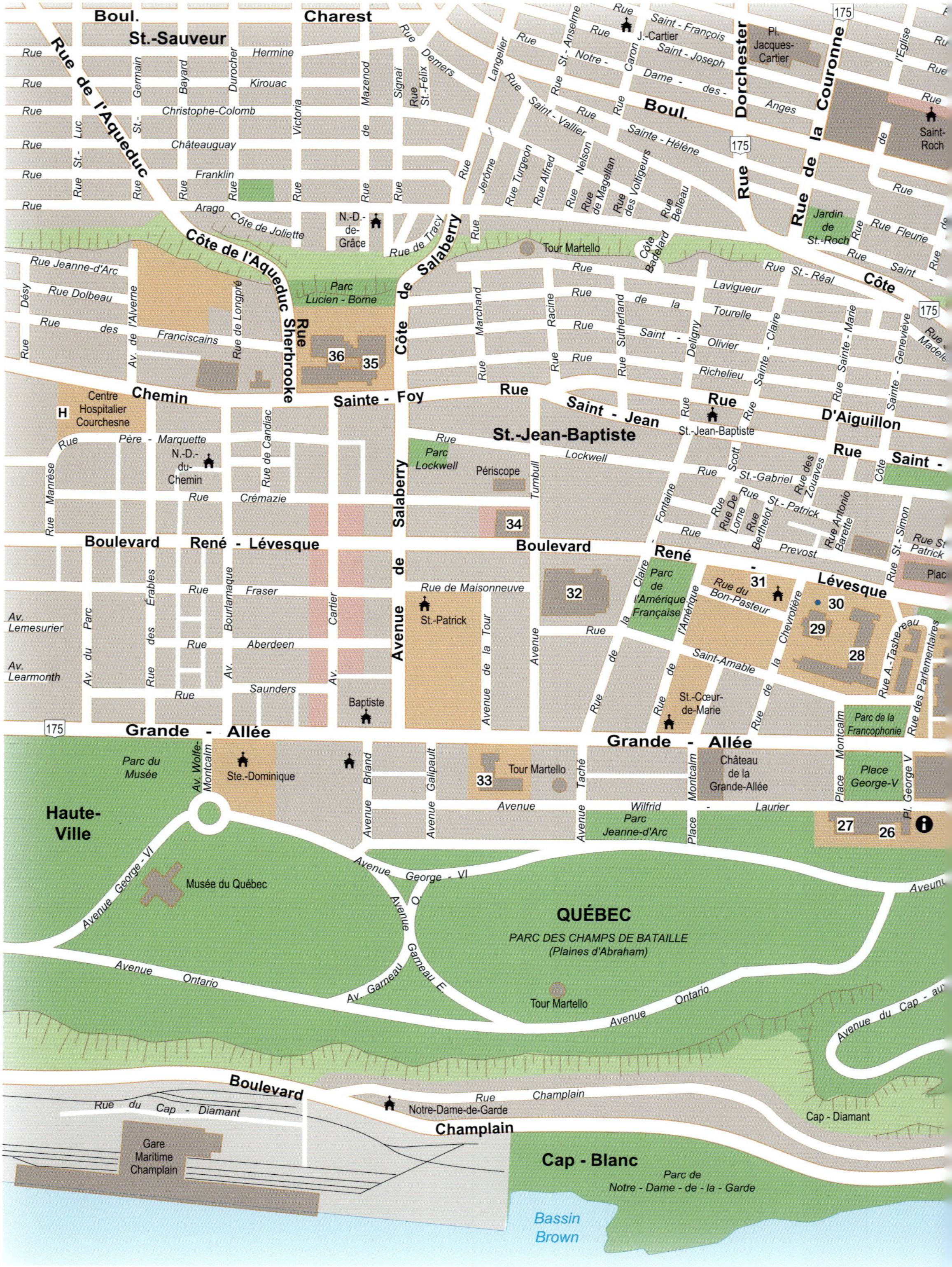
Boul. Charest
St.-Sauveur
Rue de l'Aqueduc
Hermine
Kirouac
Christophe-Colomb
Châteauguay
Franklin
Arago
Côte de Joliette
N.-D.-de-Grâce
Rue de Tracy
Côte de Salaberry
Côte de l'Aqueduc
Parc Lucien - Borne
Rue Sherbrooke
Rue Jeanne-d'Arc
Rue Dolbeau
Rue des Franciscains
Av. de l'Alverne
Rue de Longpré
Désy
36
35
Tour Martello
Côte Badelard
Boul. Dorchester
Rue de la Couronne
Pl. Jacques-Cartier
Saint-Roch
Jardin de St.-Roch
Saint - François
J.-Cartier
Saint - Joseph
Notre - Dame - des - Anges
Saint - Vallier
Sainte - Hélène
Rue Fleurie
Rue St.- Réal
Côte
Lavigueur
Tourelle
Olivier
Richelieu
Rue D'Aiguillon
Rue Saint - Jean
St.-Jean-Baptiste
Chemin Sainte - Foy
Centre Hospitalier Courchesne
H
Rue Père - Marquette
N.-D.-du-Chemin
Rue Crémazie
Rue Manrèse
Parc Lockwell
Périscope
Lockwell
Rue St.-Gabriel
St.-Patrick
Prevost
Boulevard René - Lévesque
34
Rue de Maisonneuve
St.-Patrick
32
31
30
29
28
Parc de l'Amérique Française
Rue du Bon-Pasteur
Saint-Amable
St.-Cœur-de-Marie
Rue Fraser
Rue Aberdeen
Saunders
Av. Lemesurier
Av. Learmonth
Avenue de Salaberry
Baptiste
Parc de la Francophonie
175
Grande - Allée
Parc du Musée
Av. Wolfe-Montcalm
Ste.-Dominique
Tour Martello
33
Château de la Grande-Allée
Place George-V
Avenue Wilfrid - Laurier
Parc Jeanne-d'Arc
27
26
Haute-Ville
Musée du Québec
Avenue George - VI
QUÉBEC
PARC DES CHAMPS DE BATAILLE
(Plaines d'Abraham)
Avenue Ontario
Av. Garneau
Tour Martello
Avenue du Cap - aux
Boulevard Champlain
Rue du Cap - Diamant
Rue Champlain
Notre-Dame-de-Garde
Cap - Diamant
Gare Maritime Champlain
Cap - Blanc
Parc de Notre - Dame - de - la - Garde
Bassin Brown

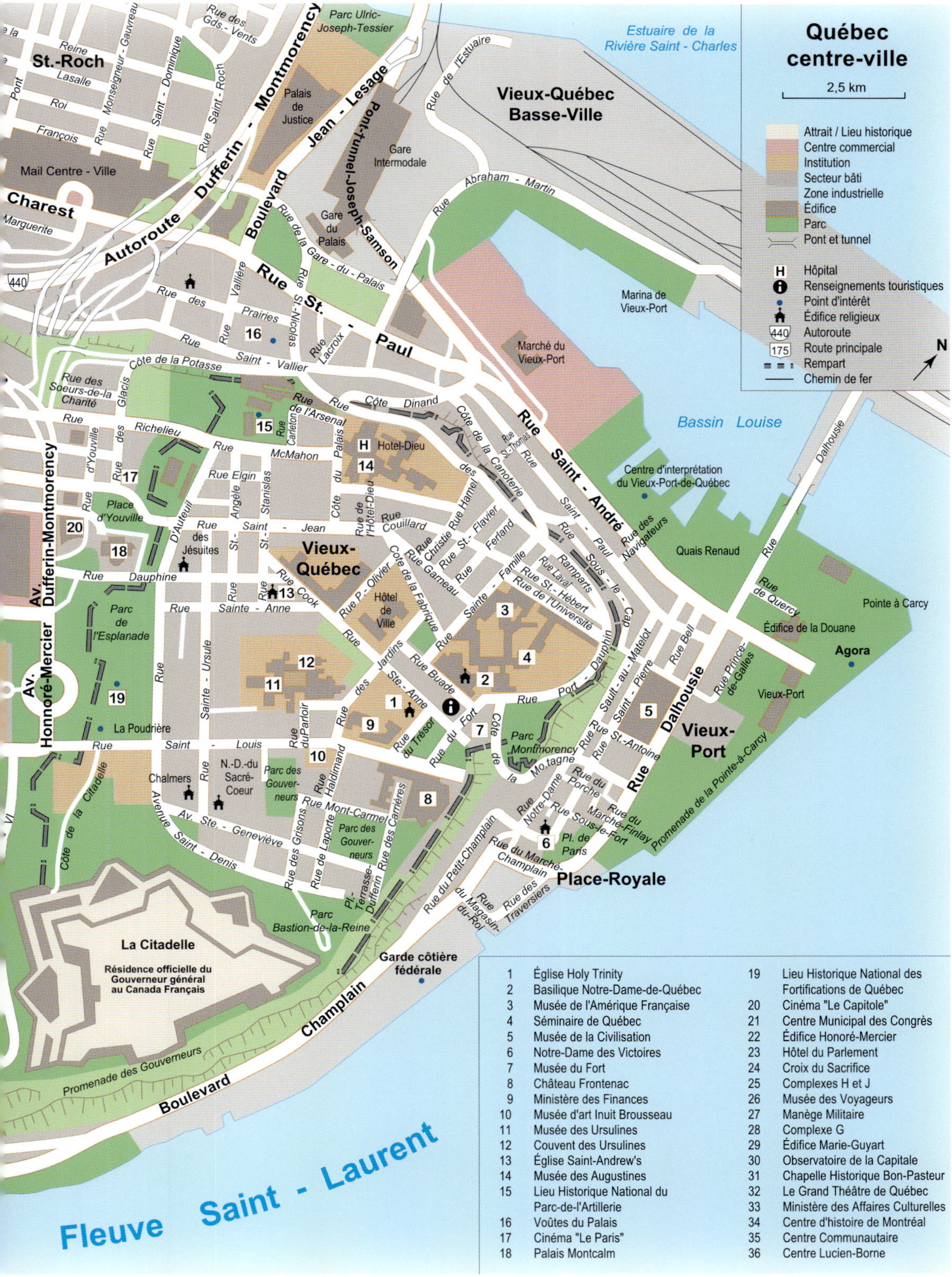

Québec centre-ville
2,5 km
Attrait / Lieu historique
Centre commercial
Institution
Secteur bâti
Zone industrielle
Édifice
Parc
Pont et tunnel
Hôpital
Renseignements touristiques
Point d'intérêt
Édifice religieux
Autoroute
Route principale
Rempart
Chemin de fer
N
Estuaire de la Rivière Saint - Charles
Vieux-Québec Basse-Ville
Bassin Louise
Marina de Vieux-Port
Marché du Vieux-Port
Centre d'interprétation du Vieux-Port-de-Québec
Quais Renaud
Pointe à Carcy
Édifice de la Douane
Agora
Vieux-Port
Place-Royale
Pl. de Paris
St.-Roch
Mail Centre - Ville
Charest
Palais de Justice
Gare Intermodale
Gare du Palais
Parc Ulric-Joseph-Tessier
Autoroute Dufferin - Montmorency
Boulevard Jean - Lesage
Pont-tunnel-Joseph-Samson
Rue St. Paul
Rue Saint - André
Rue Saint - Vallier
Côte de la Potasse
Hotel-Dieu
Vieux-Québec
Hôtel de Ville
Place d'Youville
Parc de l'Esplanade
La Poudrière
Chalmers
N.-D.-du Sacré-Coeur
Parc des Gouverneurs
Parc Montmorency
Parc Bastion-de-la-Reine
La Citadelle
Résidence officielle du Gouverneur général au Canada Français
Garde côtière fédérale
Promenade des Gouverneurs
Boulevard Champlain
Av. Honoré-Mercier
Av. Dufferin-Montmorency
Rue Dalhousie
Promenade de la Pointe-à-Carcy
Fleuve Saint - Laurent
1 Église Holy Trinity
2 Basilique Notre-Dame-de-Québec
3 Musée de l'Amérique Française
4 Séminaire de Québec
5 Musée de la Civilisation
6 Notre-Dame des Victoires
7 Musée du Fort
8 Château Frontenac
9 Ministère des Finances
10 Musée d'art Inuit Brousseau
11 Musée des Ursulines
12 Couvent des Ursulines
13 Église Saint-Andrew's
14 Musée des Augustines
15 Lieu Historique National du Parc-de-l'Artillerie
16 Voûtes du Palais
17 Cinéma "Le Paris"
18 Palais Montcalm
19 Lieu Historique National des Fortifications de Québec
20 Cinéma "Le Capitole"
21 Centre Municipal des Congrès
22 Édifice Honoré-Mercier
23 Hôtel du Parlement
24 Croix du Sacrifice
25 Complexes H et J
26 Musée des Voyageurs
27 Manège Militaire
28 Complexe G
29 Édifice Marie-Guyart
30 Observatoire de la Capitale
31 Chapelle Historique Bon-Pasteur
32 Le Grand Théâtre de Québec
33 Ministère des Affaires Culturelles
34 Centre d'histoire de Montréal
35 Centre Communautaire
36 Centre Lucien-Borne

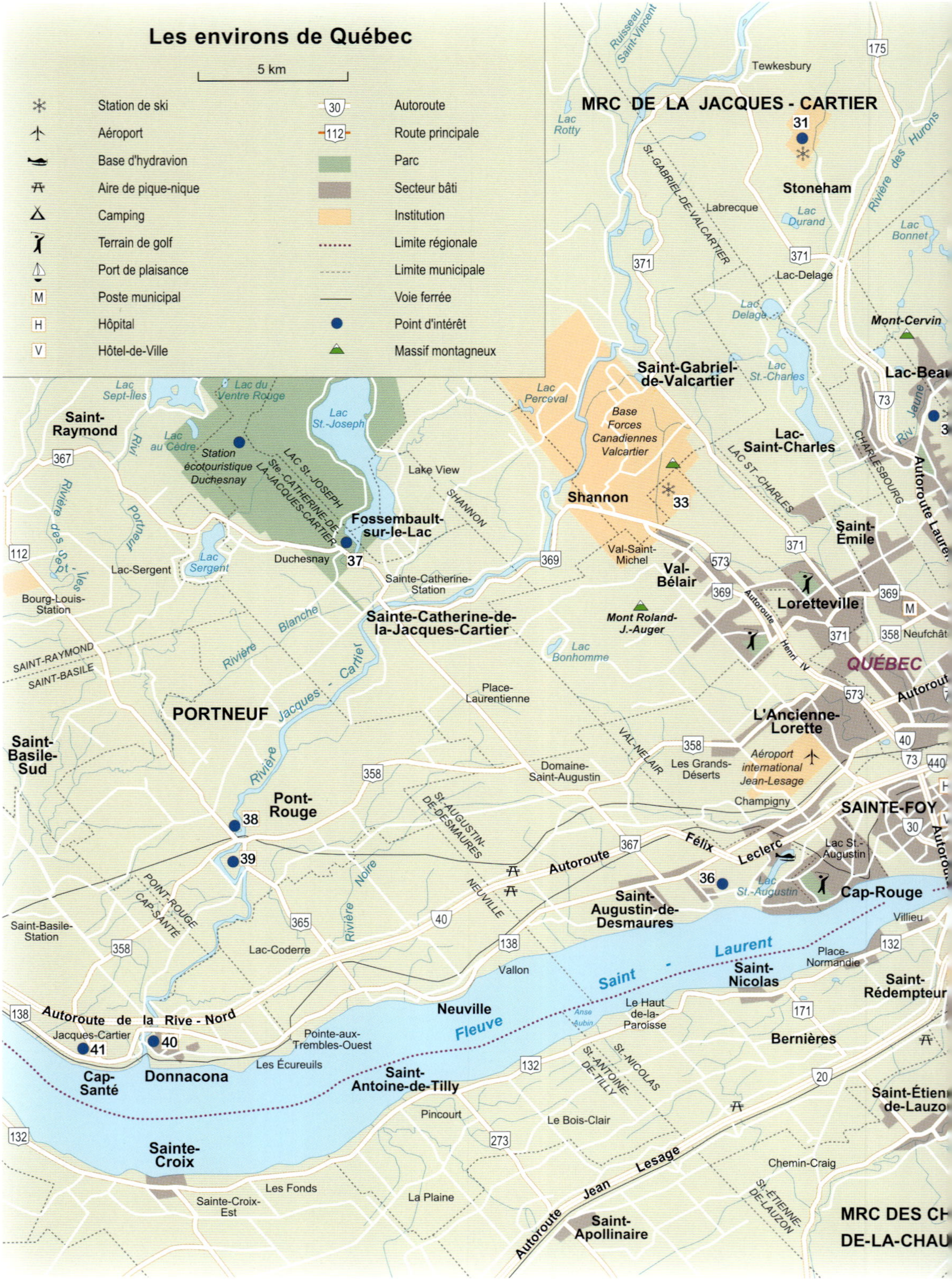
Les environs de Québec
5 km
Station de ski
Aéroport
Base d'hydravion
Aire de pique-nique
Camping
Terrain de golf
Port de plaisance
Poste municipal
Hôpital
Hôtel-de-Ville
Autoroute
Route principale
Parc
Secteur bâti
Institution
Limite régionale
Limite municipale
Voie ferrée
Point d'intérêt
Massif montagneux
MRC DE LA JACQUES - CARTIER
Tewkesbury
Stoneham
Labrecque
Lac-Delage
Mont-Cervin
Saint-Gabriel-de-Valcartier
Base Forces Canadiennes Valcartier
Shannon
Lac-Saint-Charles
Saint-Émile
Val-Bélair
Val-Saint-Michel
Loretteville
Neufchât
QUÉBEC
Mont Roland-J.-Auger
L'Ancienne-Lorette
Aéroport international Jean-Lesage
Champigny
SAINTE-FOY
Cap-Rouge
Saint-Raymond
Station écotouristique Duchesnay
Fossembault-sur-le-Lac
Duchesnay
Lake View
Lac-Sergent
Bourg-Louis-Station
Sainte-Catherine-Station
Sainte-Catherine-de-la-Jacques-Cartier
PORTNEUF
Place-Laurentienne
Saint-Basile-Sud
Domaine-Saint-Augustin
Les Grands-Déserts
Pont-Rouge
Saint-Augustin-de-Desmaures
Saint-Basile-Station
Lac-Coderre
Vallon
Neuville
Autoroute de la Rive - Nord
Autoroute Félix Leclerc
Jacques-Cartier
Pointe-aux-Trembles-Ouest
Les Écureuils
Cap-Santé
Donnacona
Saint-Antoine-de-Tilly
Fleuve Saint-Laurent
Saint-Nicolas
Le Haut de-la-Paroisse
Place-Normandie
Villieu
Saint-Rédempteur
Bernières
Saint-Étien de-Lauzo
Pincourt
Le Bois-Clair
Sainte-Croix
Sainte-Croix-Est
Les Fonds
La Plaine
Chemin-Craig
Autoroute Jean Lesage
Saint-Apollinaire
MRC DES CH DE-LA-CHAU

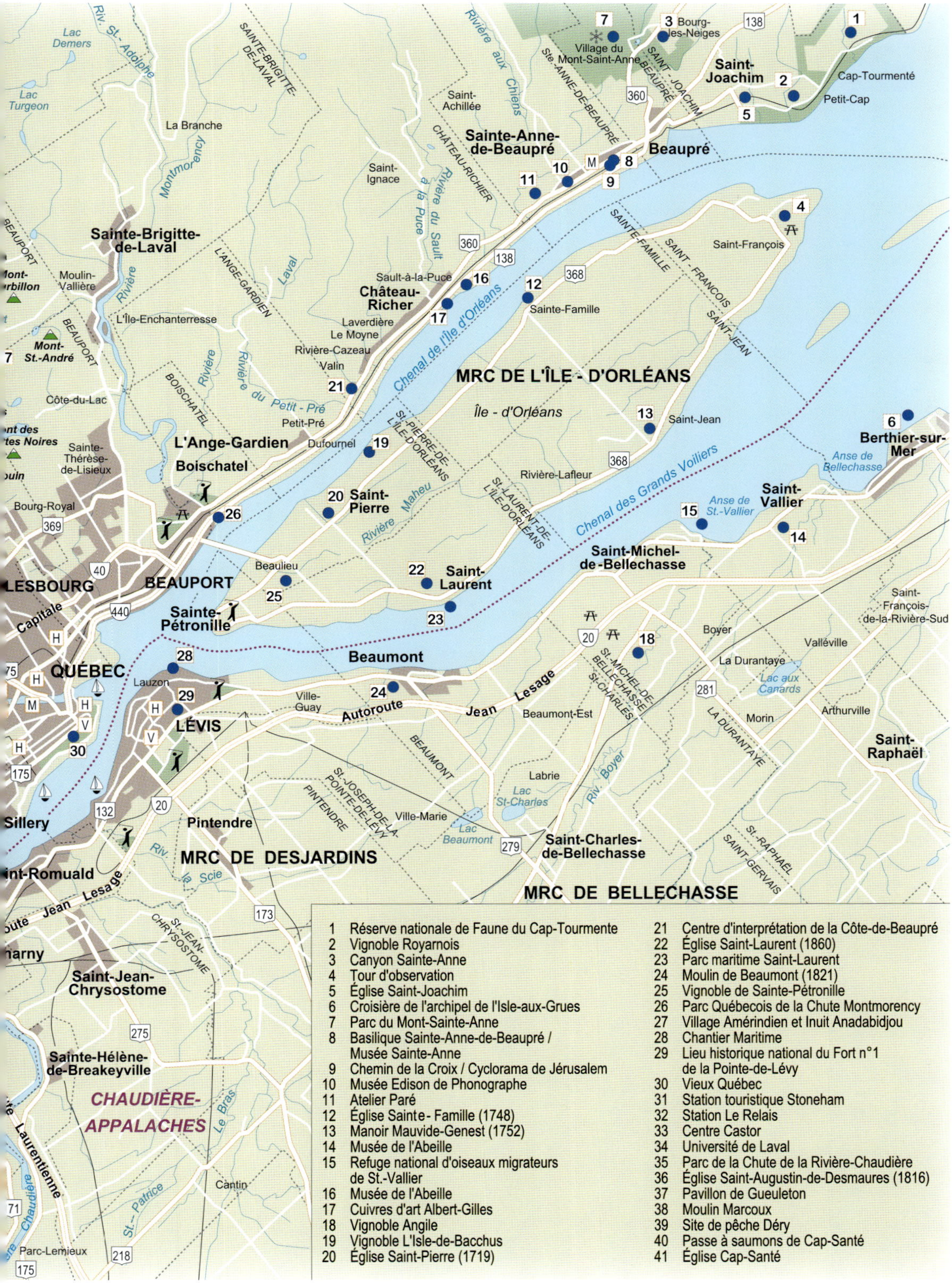
MRC DE L'ÎLE - D'ORLÉANS
Île - d'Orléans
MRC DE DESJARDINS
MRC DE BELLECHASSE
CHAUDIÈRE-APPALACHES
Chenal de l'Île d'Orléans
Chenal des Grands Voiliers
QUÉBEC
LÉVIS
BEAUPORT
Sainte-Anne-de-Beaupré
Beaupré
Saint-Joachim
Cap-Tourmenté
Petit-Cap
Bourg-les-Neiges
Village du Mont-Saint-Anne
Saint-Achillée
Saint-Ignace
La Branche
Sainte-Brigitte-de-Laval
Moulin-Vallière
L'Île-Enchanterresse
Château-Richer
Sault-à-la-Puce
Laverdière
Le Moyne
Rivière-Cazeau
Valin
Petit-Pré
Dufournel
L'Ange-Gardien
Boischatel
Côte-du-Lac
Sainte-Thérèse-de-Lisieux
Bourg-Royal
Saint-François
Sainte-Famille
Saint-Jean
Rivière-Lafleur
Saint-Pierre
Saint-Laurent
Beaulieu
Sainte-Pétronille
Berthier-sur-Mer
Anse de Bellechasse
Saint-Vallier
Anse de St.-Vallier
Saint-Michel-de-Bellechasse
Saint-François-de-la-Rivière-Sud
Boyer
Valléville
La Durantaye
Lac aux Canards
Morin
Arthurville
Saint-Raphaël
Beaumont
Beaumont-Est
Lauzon
Ville-Guay
Autoroute Jean Lesage
Labrie
Lac St-Charles
Lac Beaumont
Ville-Marie
Saint-Charles-de-Bellechasse
Pintendre
Sillery
Saint-Jean-Chrysostome
Sainte-Hélène-de-Breakeyville
Cantin
Parc-Lemieux
Laurentienne
1 Réserve nationale de Faune du Cap-Tourmente
2 Vignoble Royarnois
3 Canyon Sainte-Anne
4 Tour d'observation
5 Église Saint-Joachim
6 Croisière de l'archipel de l'Isle-aux-Grues
7 Parc du Mont-Sainte-Anne
8 Basilique Sainte-Anne-de-Beaupré / Musée Sainte-Anne
9 Chemin de la Croix / Cyclorama de Jérusalem
10 Musée Edison de Phonographe
11 Atelier Paré
12 Église Sainte-Famille (1748)
13 Manoir Mauvide-Genest (1752)
14 Musée de l'Abeille
15 Refuge national d'oiseaux migrateurs de St.-Vallier
16 Musée de l'Abeille
17 Cuivres d'art Albert-Gilles
18 Vignoble Angile
19 Vignoble L'Isle-de-Bacchus
20 Église Saint-Pierre (1719)
21 Centre d'interprétation de la Côte-de-Beaupré
22 Église Saint-Laurent (1860)
23 Parc maritime Saint-Laurent
24 Moulin de Beaumont (1821)
25 Vignoble de Sainte-Pétronille
26 Parc Québecois de la Chute Montmorency
27 Village Amérindien et Inuit Anadabidjou
28 Chantier Maritime
29 Lieu historique national du Fort n°1 de la Pointe-de-Lévy
30 Vieux Québec
31 Station touristique Stoneham
32 Station Le Relais
33 Centre Castor
34 Université de Laval
35 Parc de la Chute de la Rivière-Chaudière
36 Église Saint-Augustin-de-Desmaures (1816)
37 Pavillon de Gueuleton
38 Moulin Marcoux
39 Site de pêche Déry
40 Passe à saumons de Cap-Santé
41 Église Cap-Santé

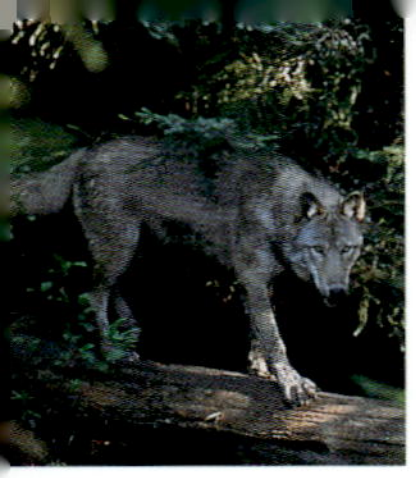

Mon pays, c'est l'hiver

"L'hiver, nous avons douze pieds de neige
et vingt degrés Fahrenheit en dessous de zéro.
C'est froid et c'est rose, avec des poudreries, mais c'est vraiment l'hiver"

(Félix Leclerc, Entretiens)

Habiter le Québec, c'est vivre sur une terre d'extrêmes où le mercure peut brutalement dégringoler de –10 °C (température moyenne en janvier) à – 30 °C, et les tempêtes souffler 25, 30, 35 centimètres de neige en quelques heures.

Page de droite : Il tombe en moyenne 2 m de neige chaque hiver dans la région de Québec.

Doubles pages suivantes : Le Carnaval de Québec

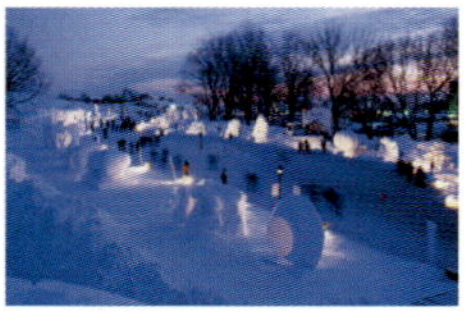

Le concours international de sculpture sur neige.

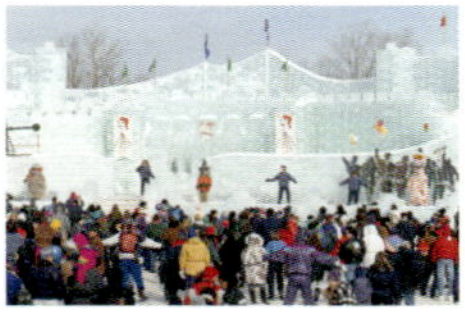

Le palais de glace et ses animations quotidiennes.

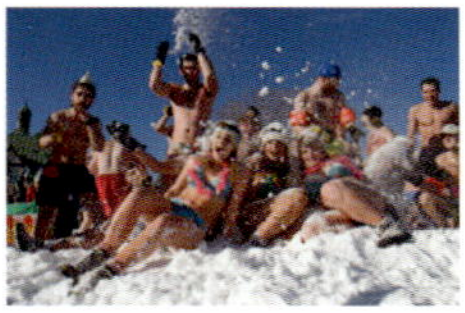

Le bain de neige, pour les plus courageux des "carnavaleux".

Habiter ce pays, c'est aussi connaître l'euphorie lorsque tombent les premiers flocons de l'hiver, un début de lassitude en janvier lorsque les fêtes de fin d'année sont passées, et un réel soulagement quand, en mars, arrive le temps des sucres qui annonce la fin des gelées.

Au même titre que le Vieux-Québec ou le Rocher Percé, ces longs mois glacés font partie du patrimoine national mais ils ne font pas l'unanimité.

"Maudit hiver", comme l'appellent les Québécois, partagés entre tendresse et lassitude. Au Québec, l'hiver ne prend personne en traître. Dès la fin du mois d'octobre, les ouvriers municipaux rentrent les bacs à fleurs, dégagent les rues pour préparer le chemin des chasse-neige et des souffleuses à neige, et entourent les arbres de gaines protectrices antigel. Alors que l'été indien vient juste de passer, l'hiver est de toutes les pensées, de toutes les conversations. Cela tourne même parfois à l'obsession ! Certains espèrent l'hiver à venir plus clément, plus bref que les années précédentes, d'autres avouent leur envie de sillonner les pistes de ski ou de motoneige…

Sur l'extrême nord du pays, déjà la neige tombe à gros flocons, elle n'en repartira que huit mois plus tard. Au sud du 48e parallèle, où se concentre presque 90 % de la population, la terre ne sera blanche que de décembre à mars…

Certains Québécois ne supportent plus ces hivers rigoureux. Beaucoup de retraités jouent les oiseaux migrateurs vers le sud des États-Unis et certaines stations de la côte atlantique de la Floride ressemblent alors à s'y méprendre à des colonies québécoises.

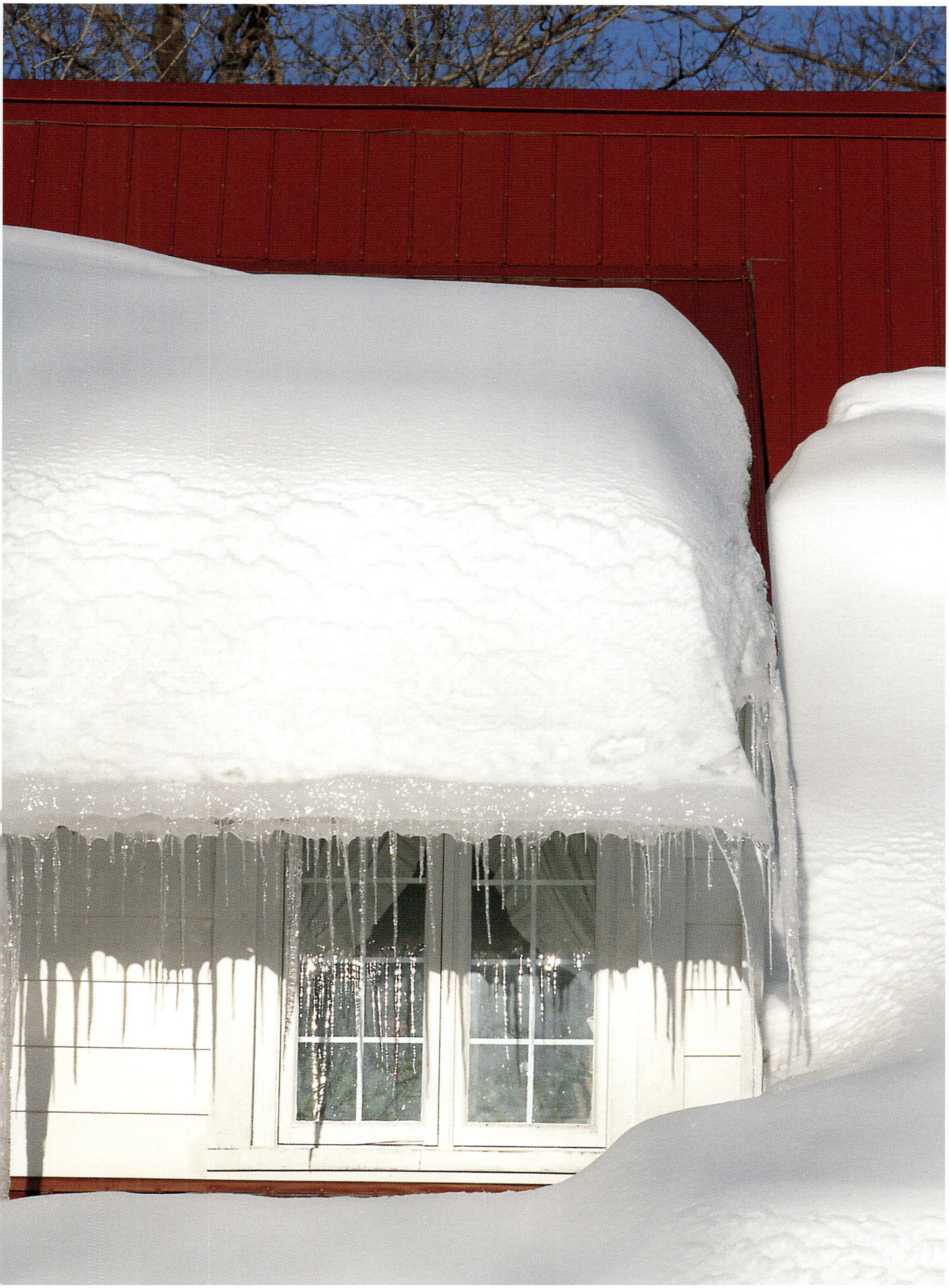

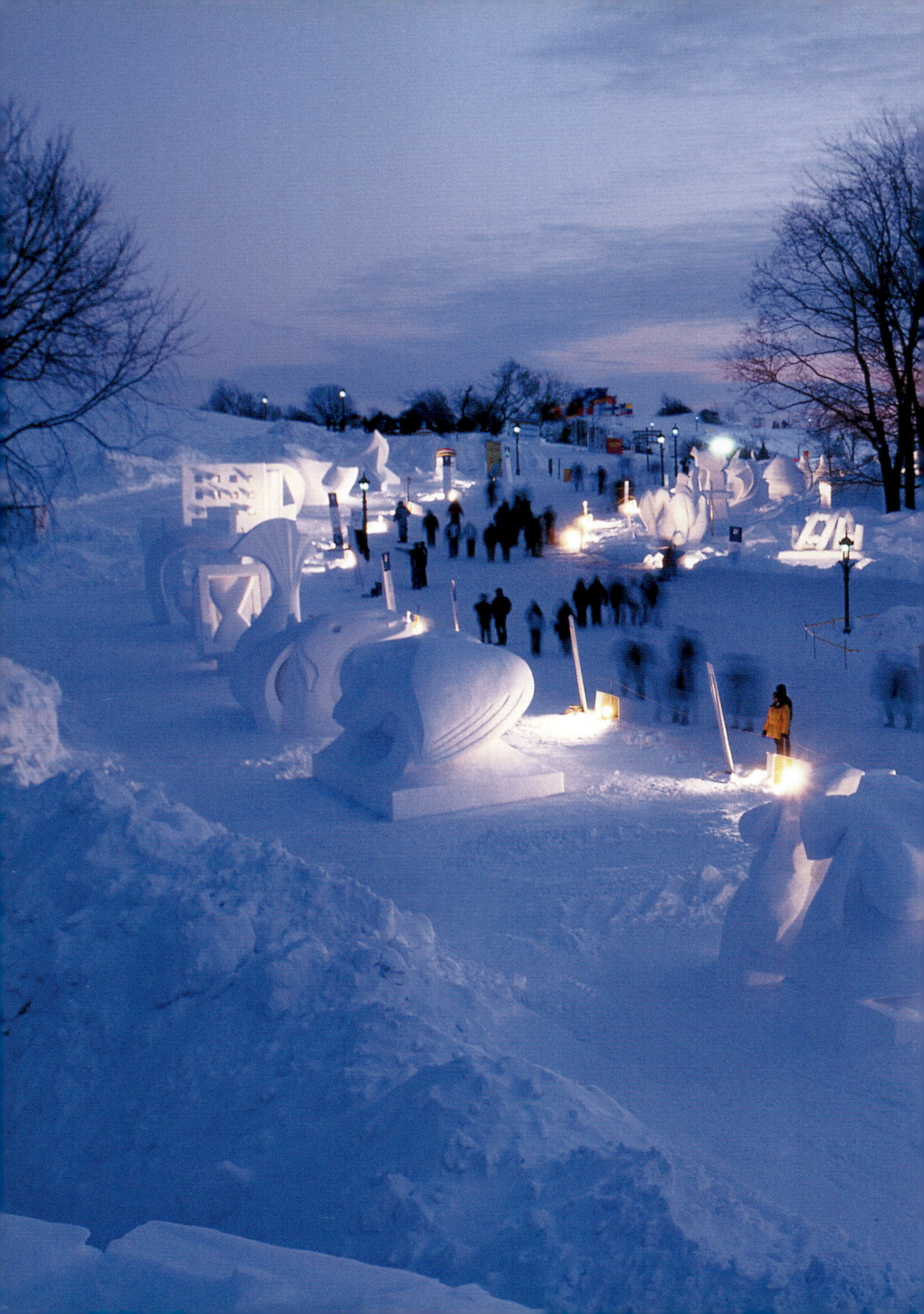

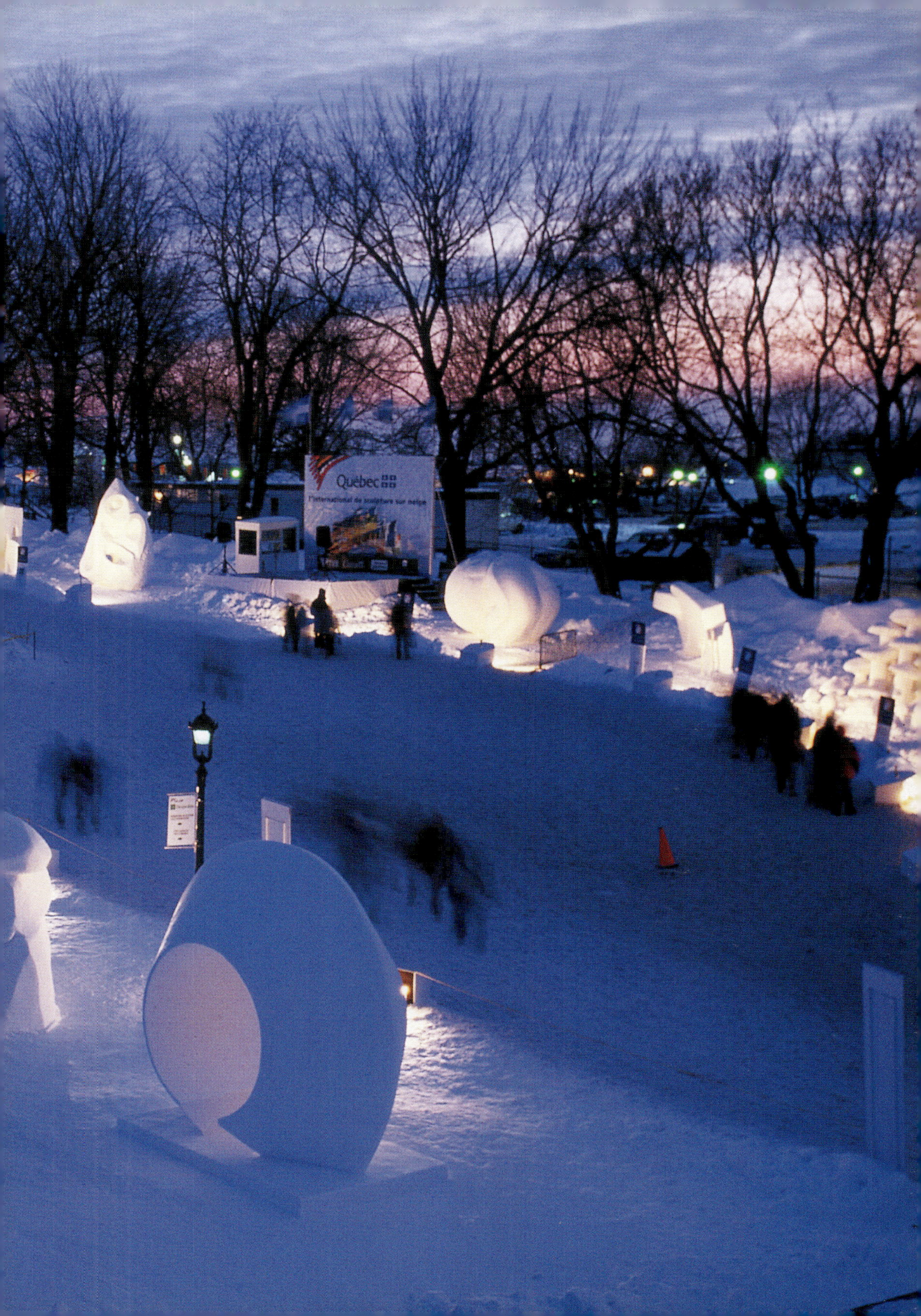
Québec

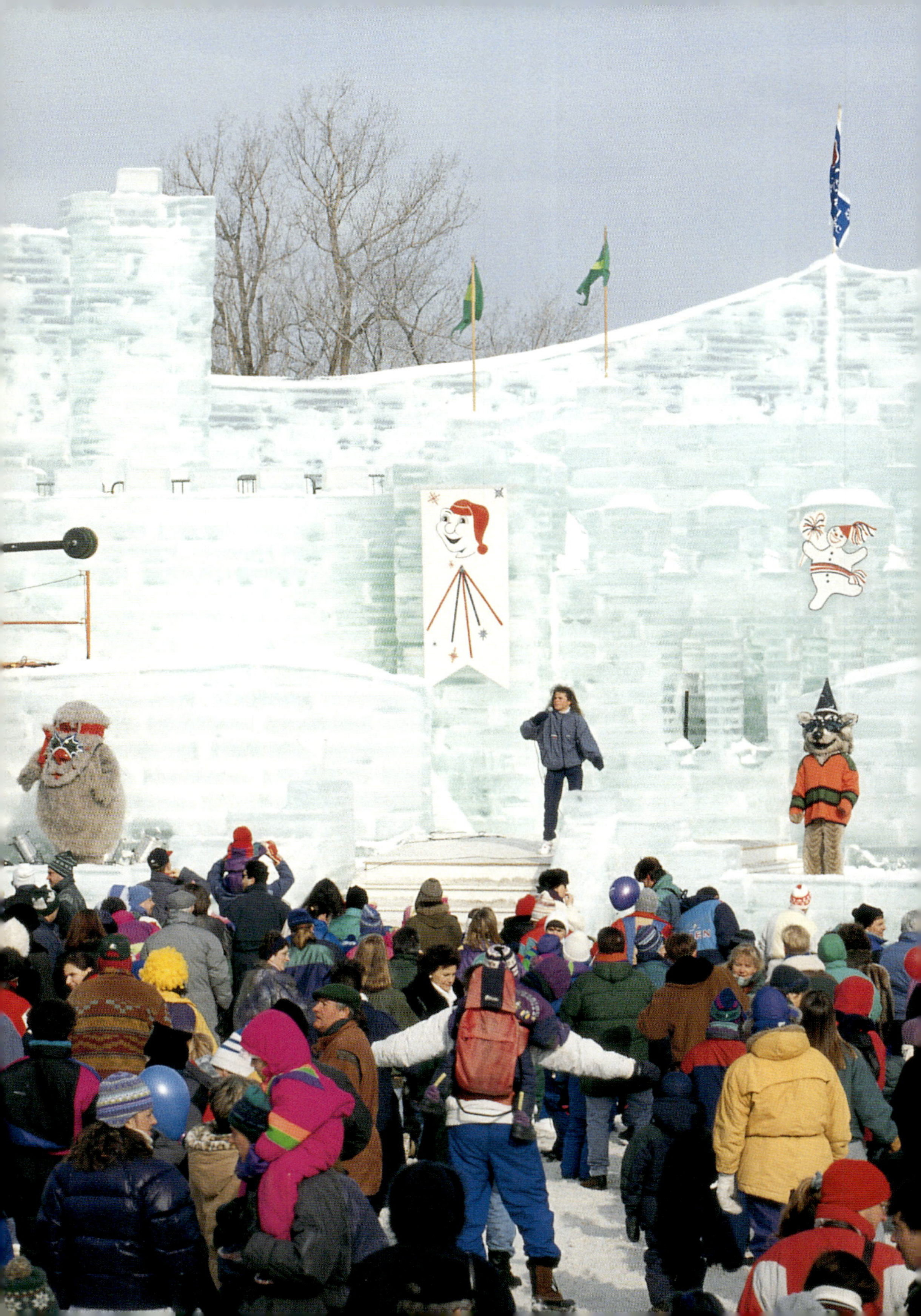

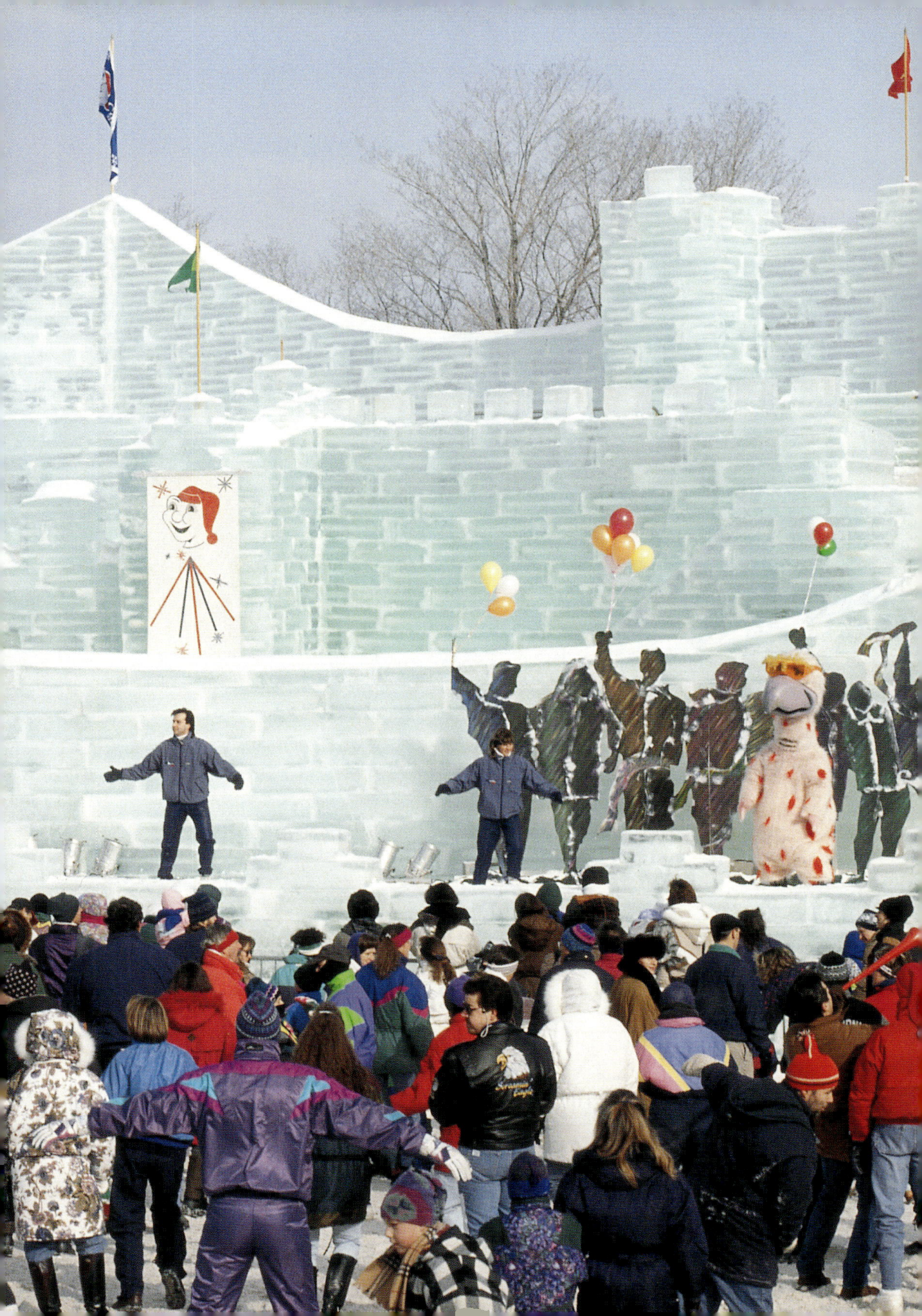

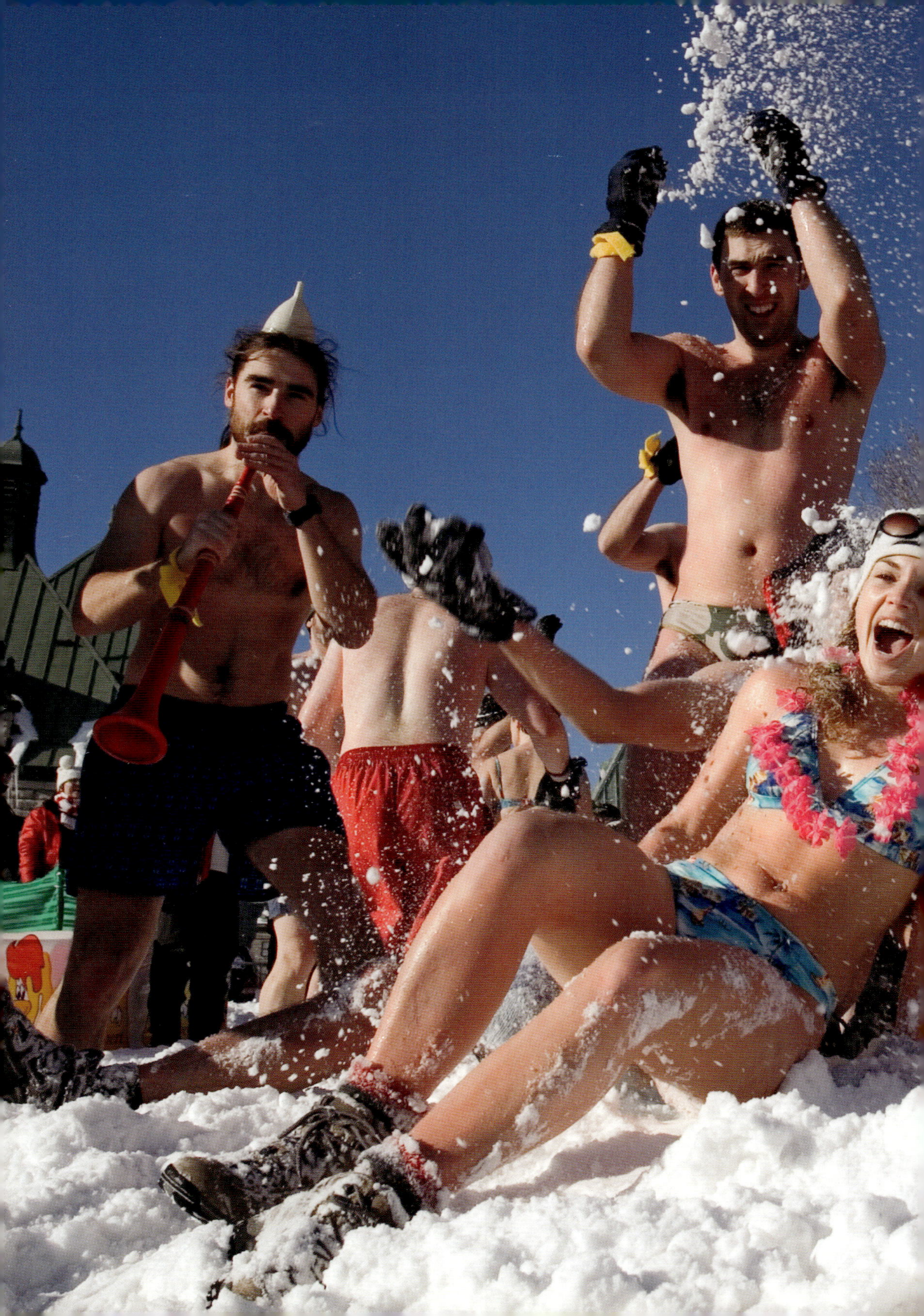

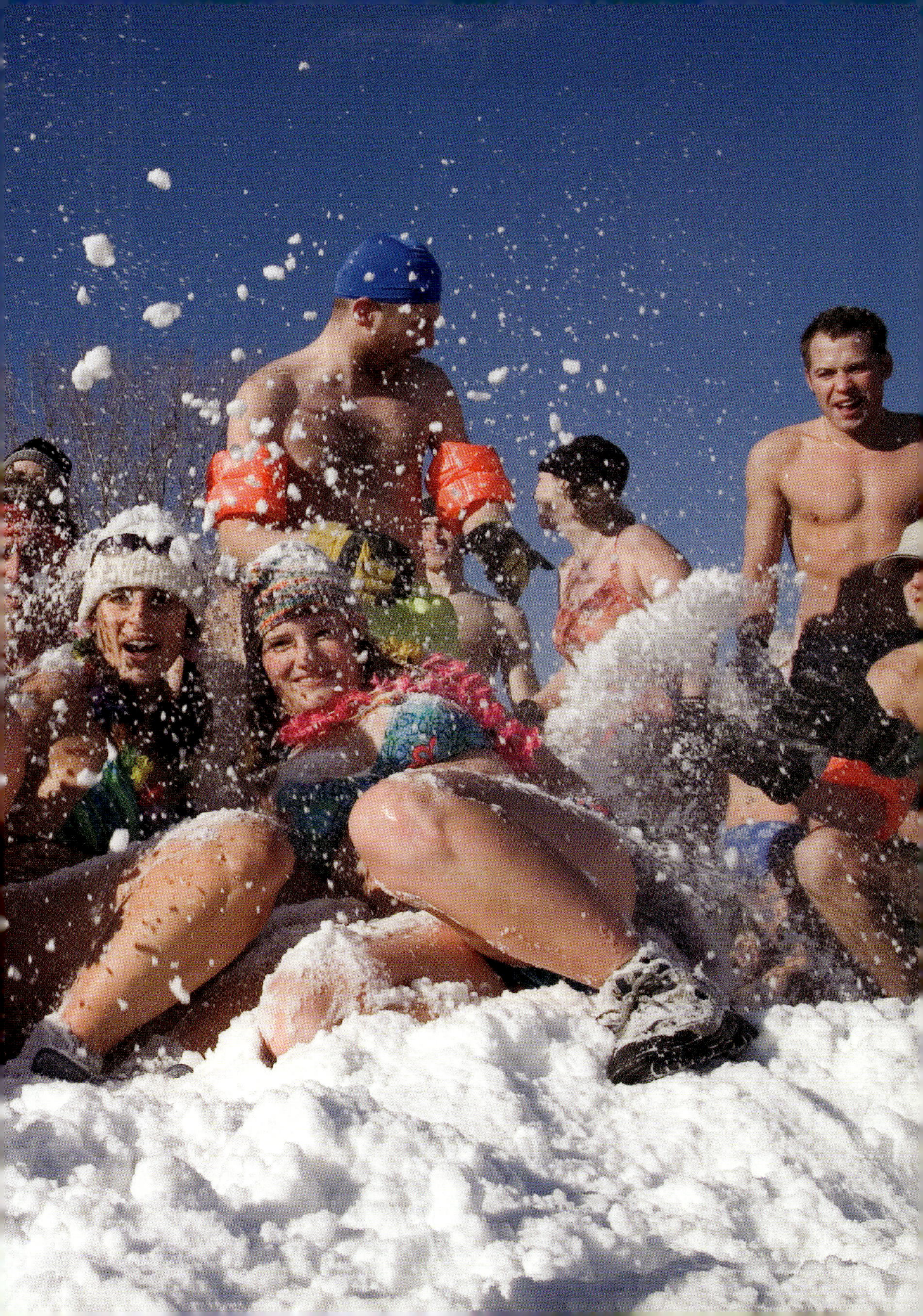

L'HIVER APPRIVOISÉ

Doubles pages suivantes :

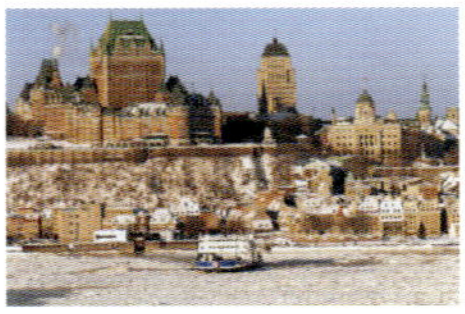

Le traversier sur le Saint-Laurent entre la ville de Québec et celle de Lévis.

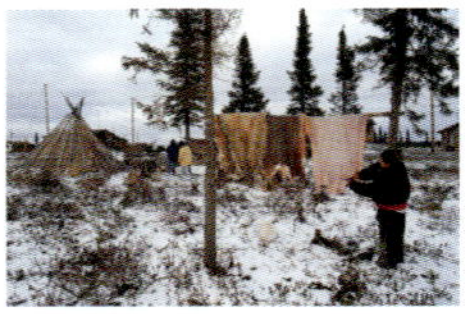

Préparation des peaux dans la réserve des Naskapis de Kawawachikamach.

Ci-dessous : chasse-neige en plein travail dans le nord du Québec.
Page de droite : quand la motoneige remplace la voiture.
Dans les cabanes à sucre, on déguste la tire sur la neige et le gâteau au sirop d'érable.

Pour les autres, ces longs mois glacés sont synonymes de plaisir. Ils en profitent pour pratiquer une multitude d'activités de plein air plus ou moins sportives : ski, motoneige, rafting sur neige, pêche blanche, escalade de parois de glace ou balades en raquettes.

Et puis, il y a les compétitions de hockey sur glace de la Ligue nationale (NHL), qui d'octobre à avril captivent les foules et déchaînent les passions. En assistant à un match au Forum de Montréal, on comprend l'engouement des Québécois pour ce sport dont les meilleurs joueurs sont de véritables stars à l'image des vedettes du football européen.

Dans la vie quotidienne, tout est prévu pour affronter le froid et la neige : les parkings des usines où chaque place est équipée d'une prise électrique pour brancher sa batterie, les démarreurs à distance qui permettent de chauffer sa voiture sans mettre le nez dehors, les souffleuses et les chasse-neige qui passent sur les routes et dans les rues après chaque tempête. Sans oublier l'isolation et les puissants chauffages électriques qui portent souvent la chaleur des maisons et des lieux publics aux alentours de 25 °C. On est bien loin des conditions de vie des premiers colons...

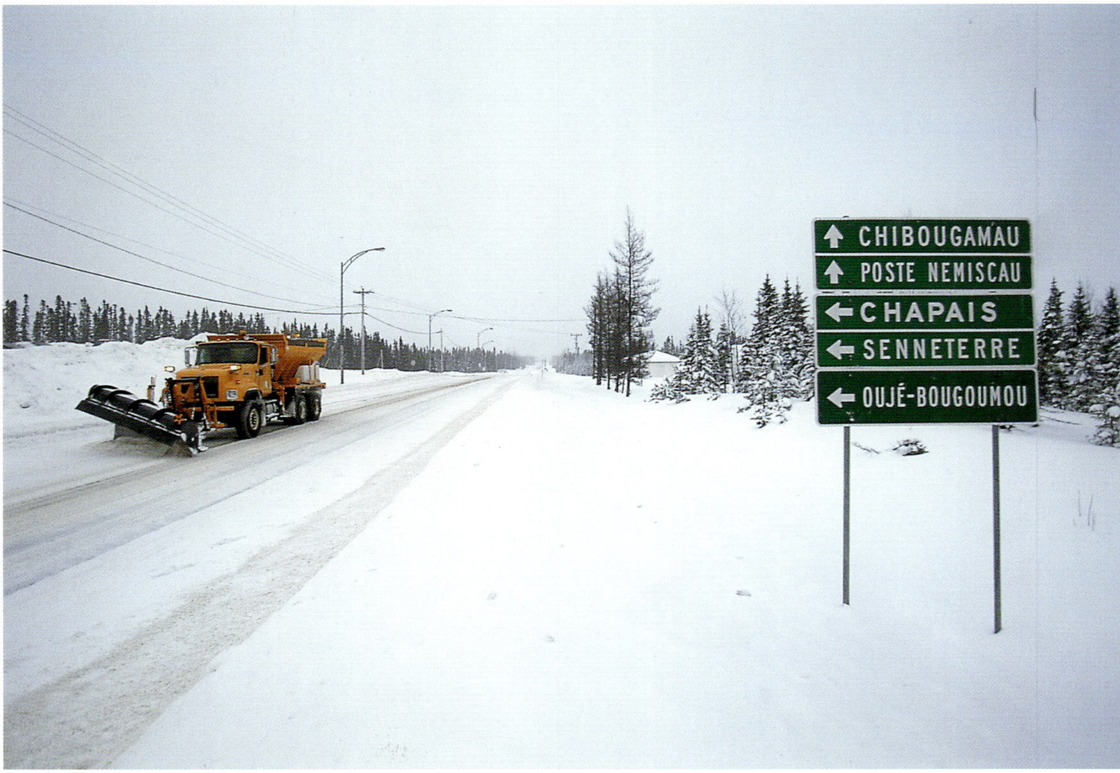

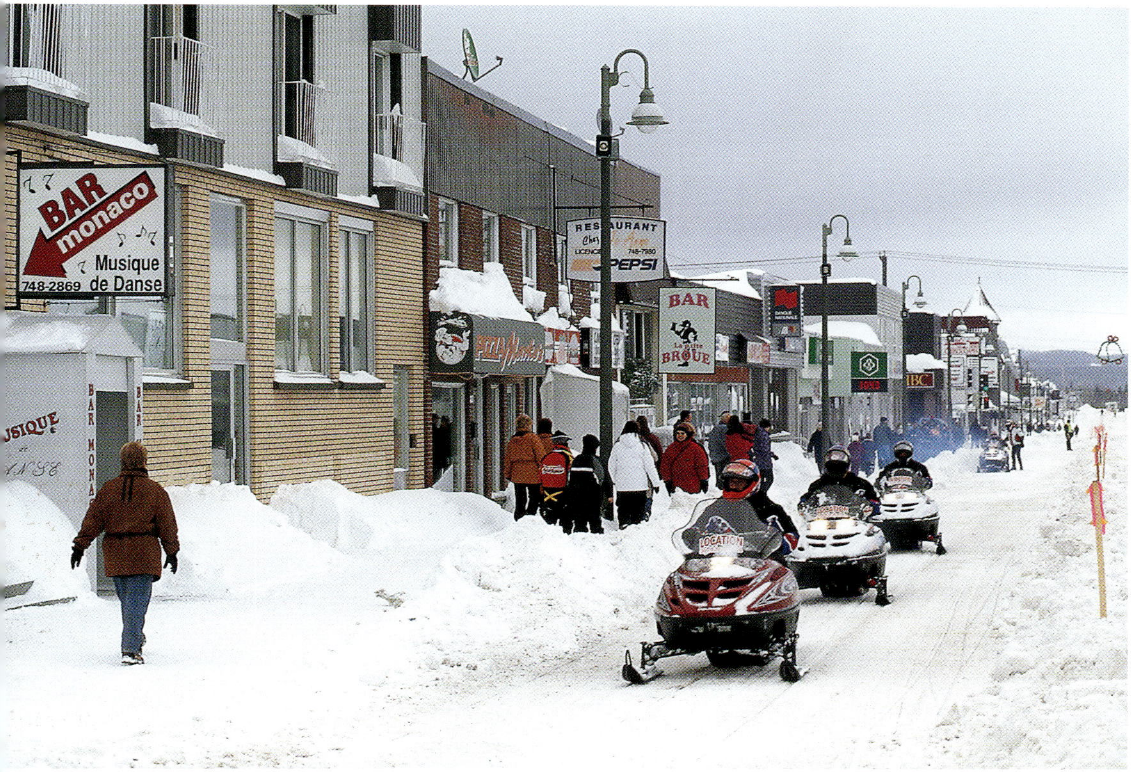
BAR
monaco
Musique
de Danse
748-2869
RESTAURANT
PEPSI
BAR
BROUE

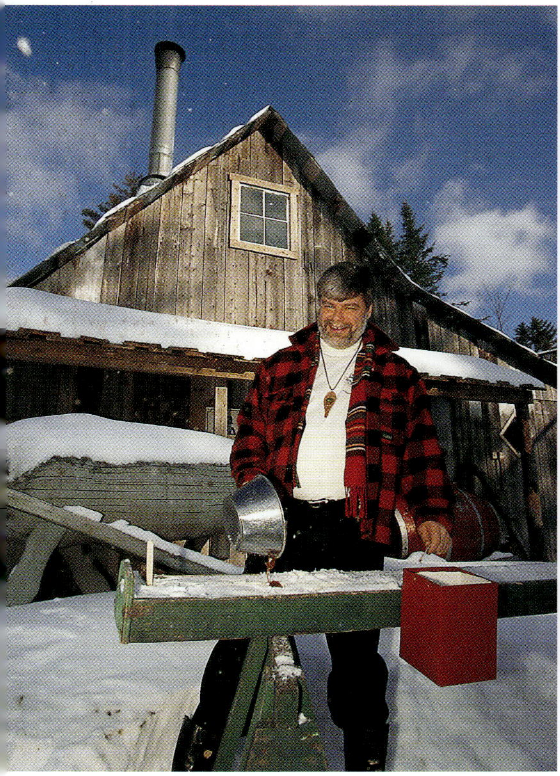

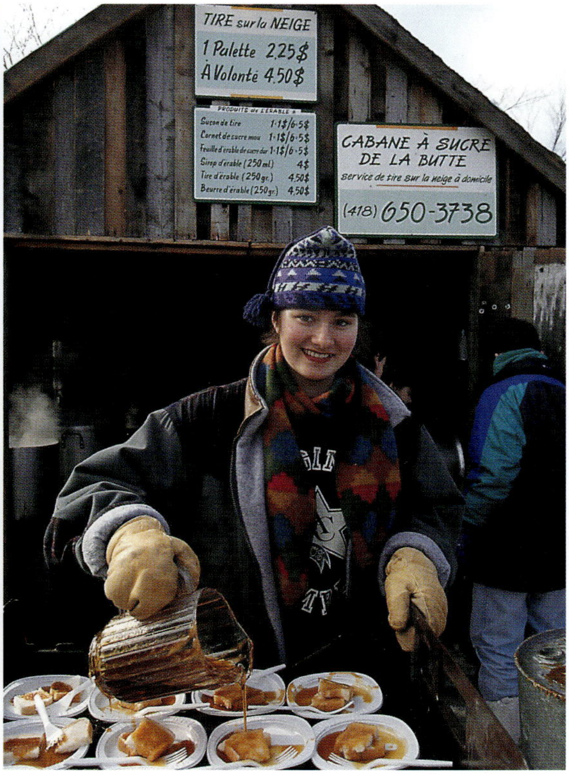
TIRE sur la NEIGE
1 Palette 2.25$
À Volonté 4.50$
CABANE À SUCRE
DE LA BUTTE
service de tire sur la neige à domicile
(418) 650-3738

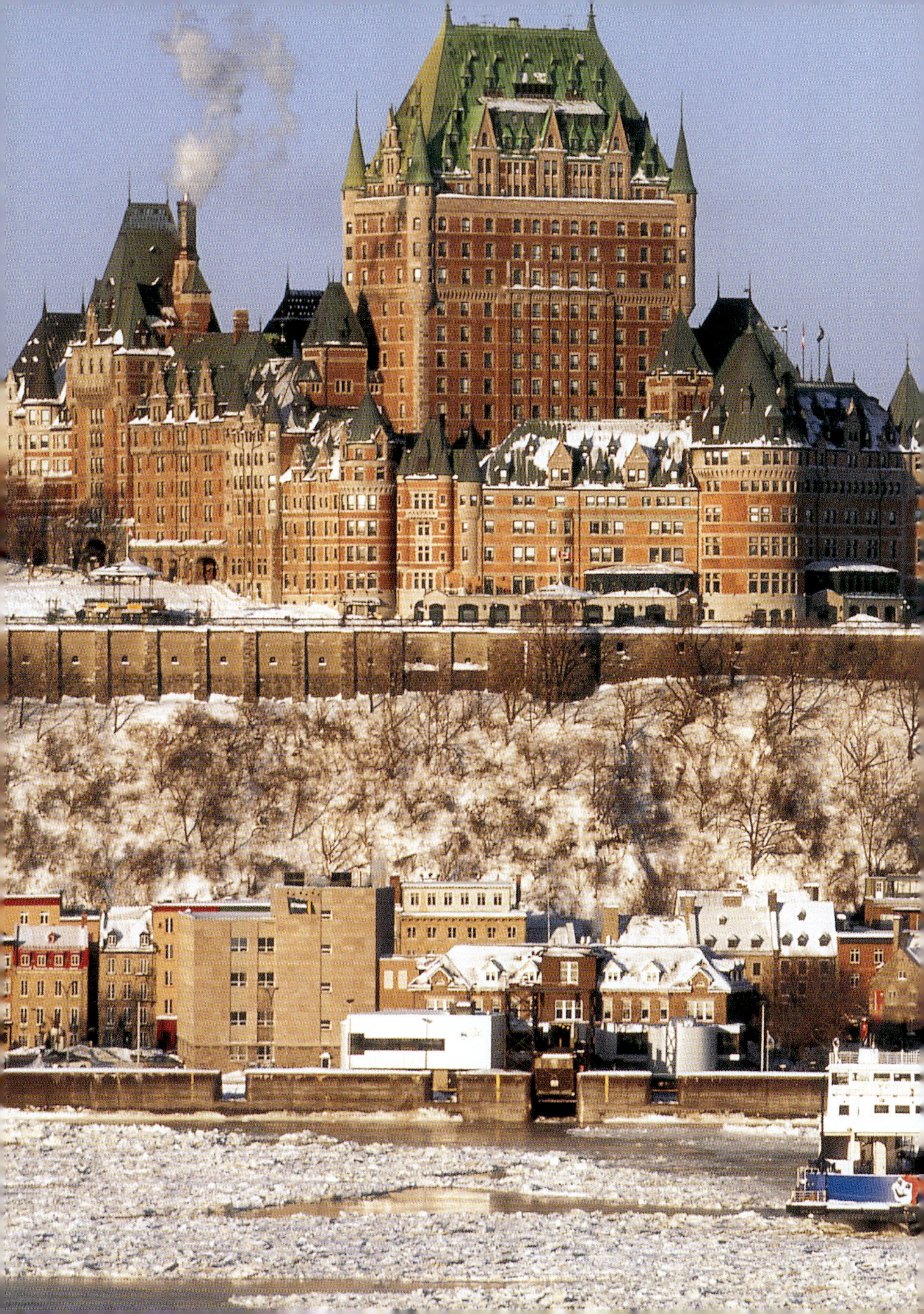

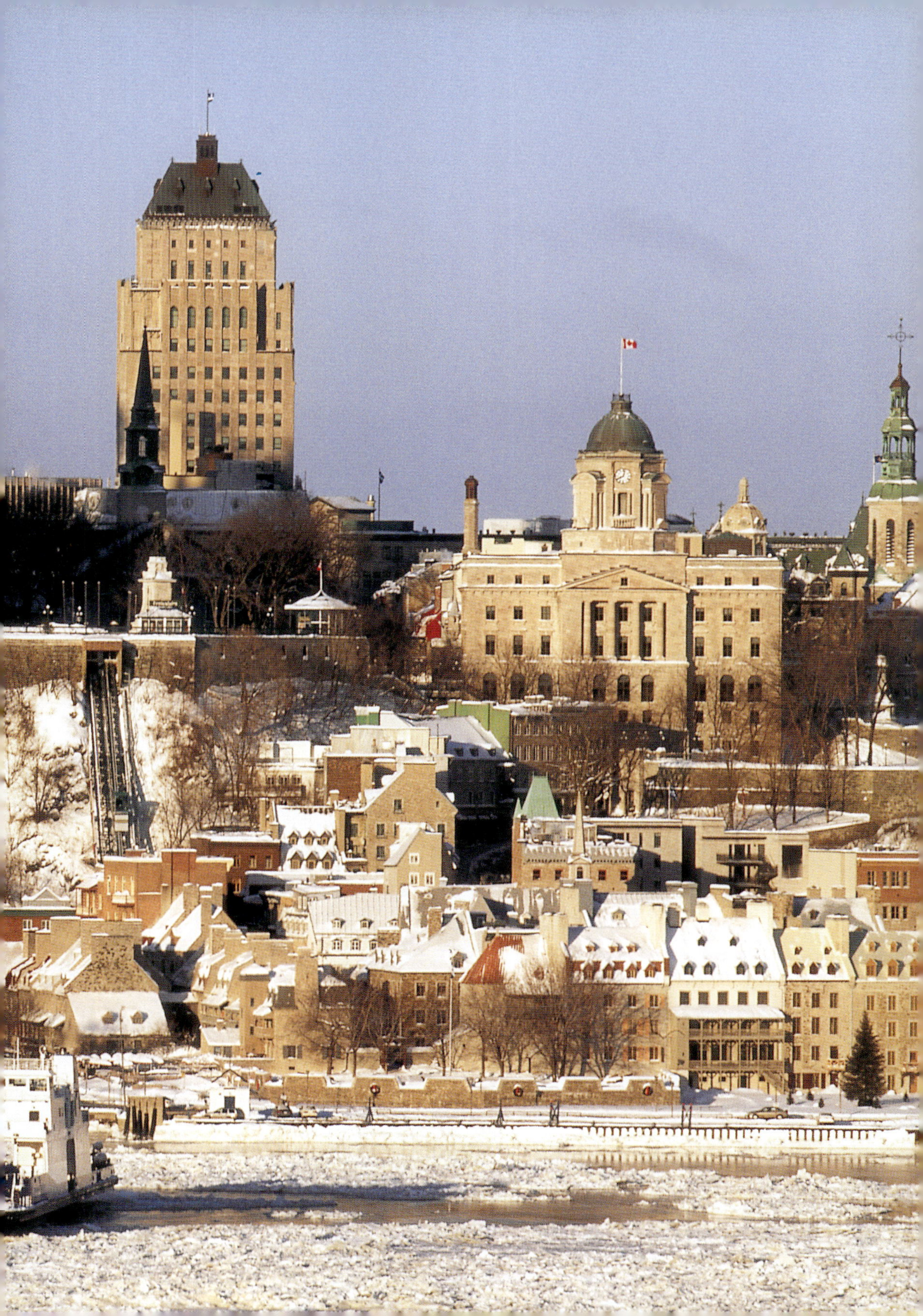

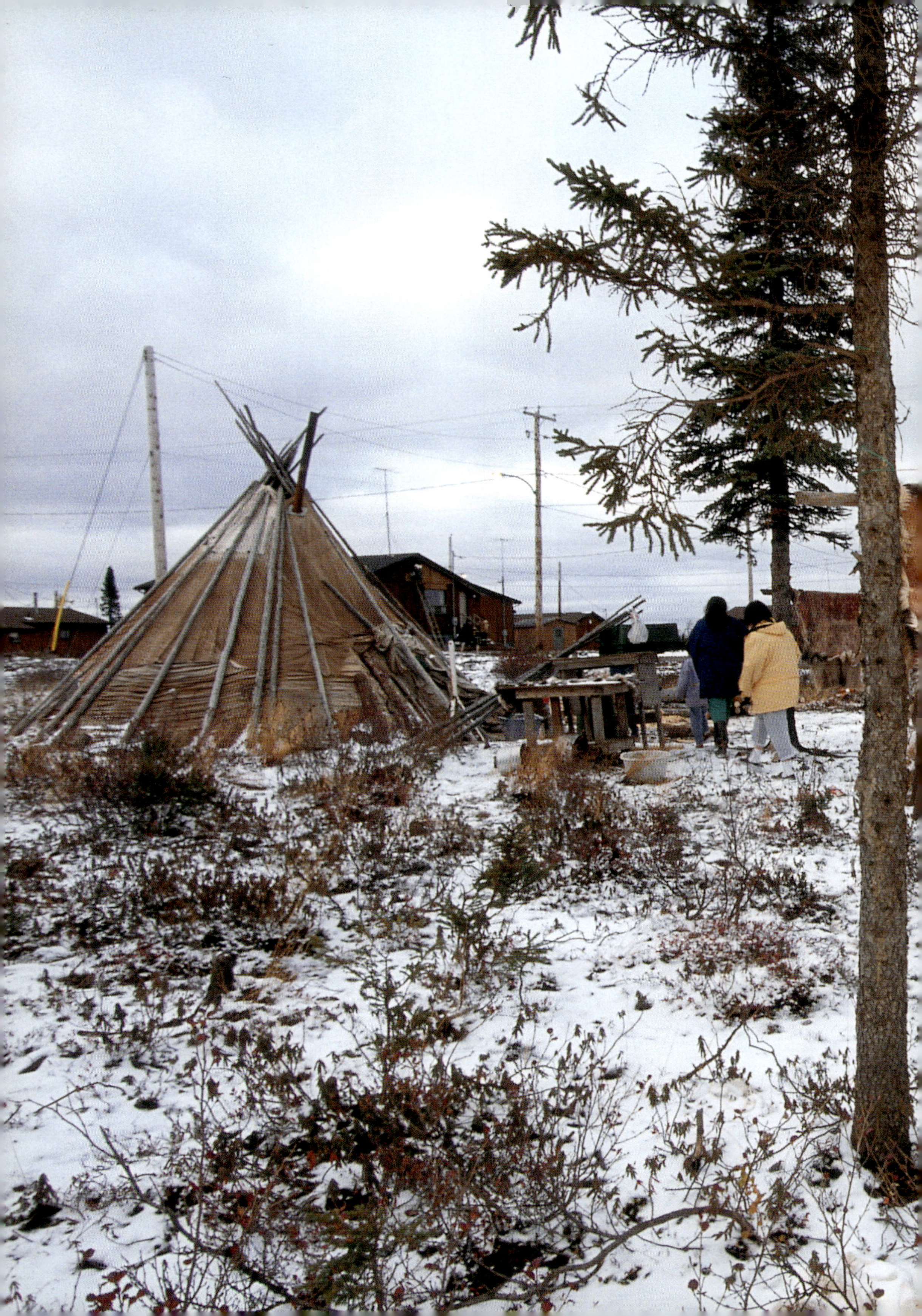

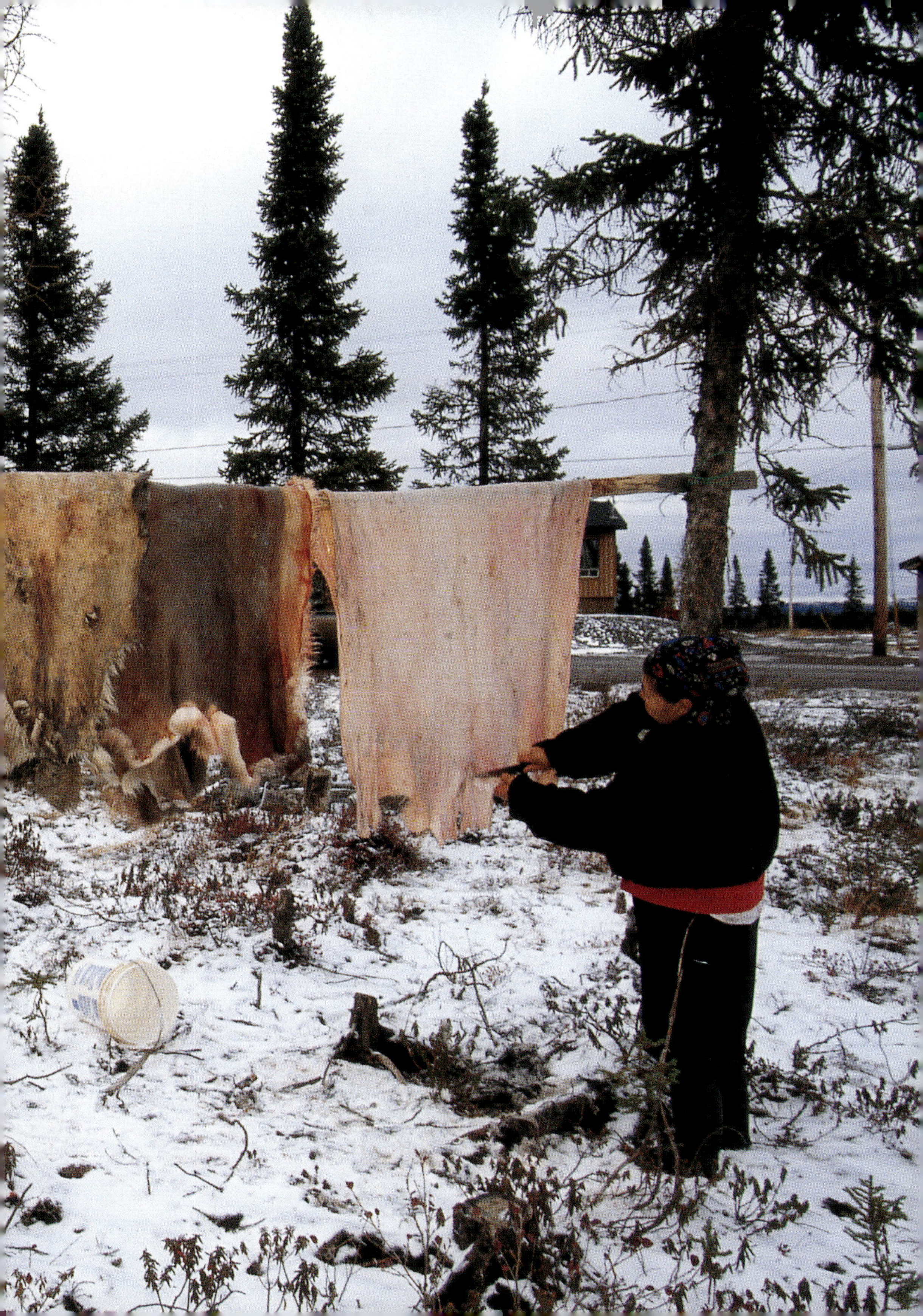

Doubles pages suivantes :

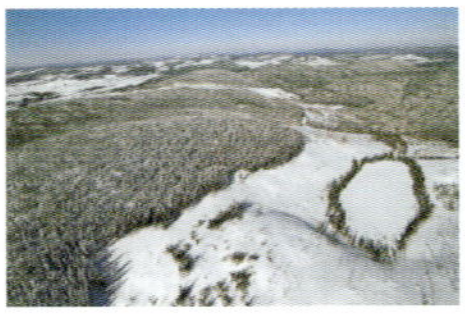

La forêt boréale s'étend sur la majeure partie du territoire québécois.

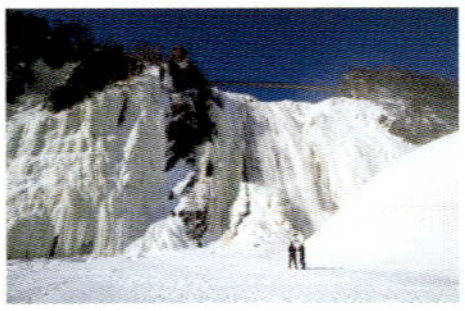

Quand les chutes Montmorency - dans les environs de Québec- sont gelées, elles font la joie des grimpeurs chevronnés.

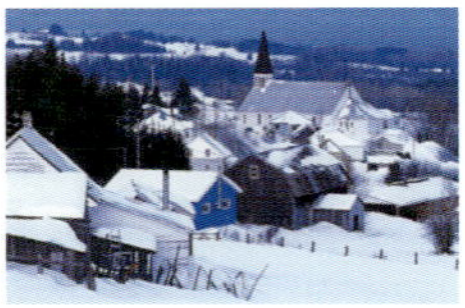

Le village de Notre-Dame-des-Monts dans le Charlevoix.

Page de droite : ski de fond sur les plaines d'Abraham à Québec.

DU SKI POUR TOUS LES GOÛTS

Pour apprécier l'hiver québécois, février est incontestablement le meilleur mois. Le soleil est au rendez-vous et les activités de plein air battent leur plein, à commencer par le ski.

Deux grandes chaînes de montagnes, les Laurentides et les Appalaches (enneigement moyen annuel : 3 mètres), cinq mois de neige par an, une centaine de stations, plus de 800 pistes de tous niveaux, la plupart à moins de 30 minutes des centres-villes, voilà ce que propose le Québec aux skieurs.

Rien à voir cependant avec les pentes spectaculaires des Alpes, françaises ou suisses. La station la plus haute, le Massif, dans la région de Charlevoix compte 770 m de dénivelé ! N'empêche, le ski alpin compte beaucoup d'adeptes qui s'en donnent à cœur joie même la nuit sur les pistes éclairées en soirée.

Parmi les stations les plus réputées, celle du Mont-Tremblant (710 mètres) est certainement la plus célèbre et son histoire n'est pas banale. En 1938, Joseph Bondurant Ryan, un jeune et riche Américain de Philadelphie, venu au Canada pour prospecter de l'or, est épris de la beauté de la majestueuse montagne "des Esprits". Arrivé au sommet, devant la vue imprenable offerte par le paysage enseveli sous la neige, Jo Ryan décide de transformer le domaine en village alpin de classe internationale. Un an plus tard, en février 1939, il ouvre les portes de son rêve, le Mont-Tremblant Lodge, dont l'architecture est inspirée du Vieux-Québec. Cinquante ans plus tard, l'affaire périclite. En 1991, alors que le village alpin est au bord de la faillite, le plus important promoteur de centres de villégiature du Canada annonce qu'il se porte acquéreur du Mont-Tremblant Lodge et promet de poursuivre le rêve de Jo Ryan. Dix ans plus tard, le Mont-Tremblant Lodge est transformé, au prix d'un milliard de dollars canadiens, en un village piétonnier aux couleurs vives dont la renommée internationale et la superficie ne cessent de grandir.

Dans la région de la Vieille Capitale, la station vedette de la région de Québec est incontestablement celle du mont Sainte-Anne (625 m), la plus fréquentée au Canada. On y skie de jour comme de nuit, avec l'île d'Orléans en toile de fond.

Plus éloigné, le massif de Petite-Rivière-Saint-François dans le Charlevoix attire de plus en plus d'amateurs séduits par la vue imprenable sur le Saint-Laurent et le côté plus confidentiel des pistes. C'est là qu'en préparation des jeux Olympiques d'hiver de 2002, les Québécois projetaient de construire leur piste olympique.

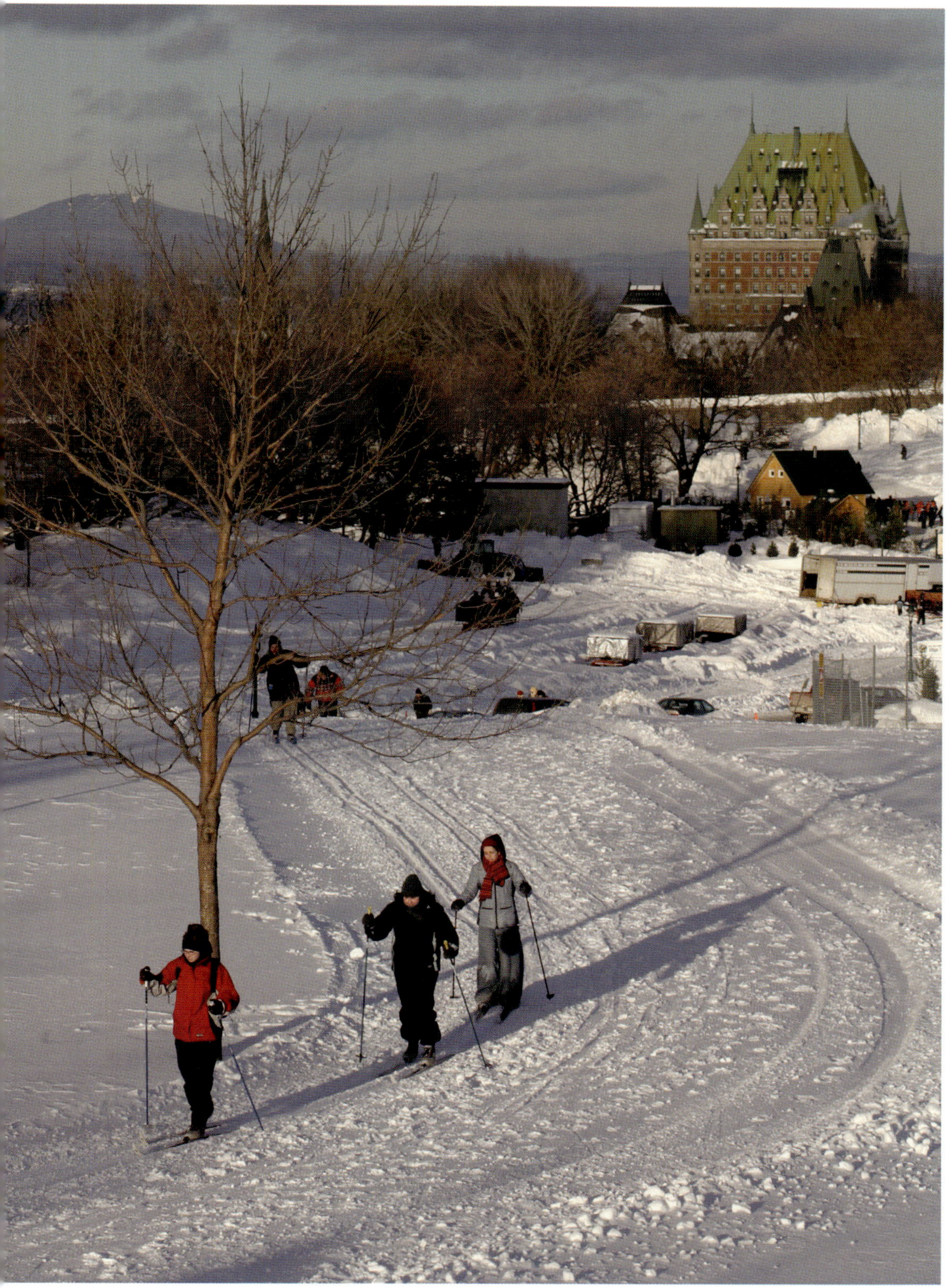

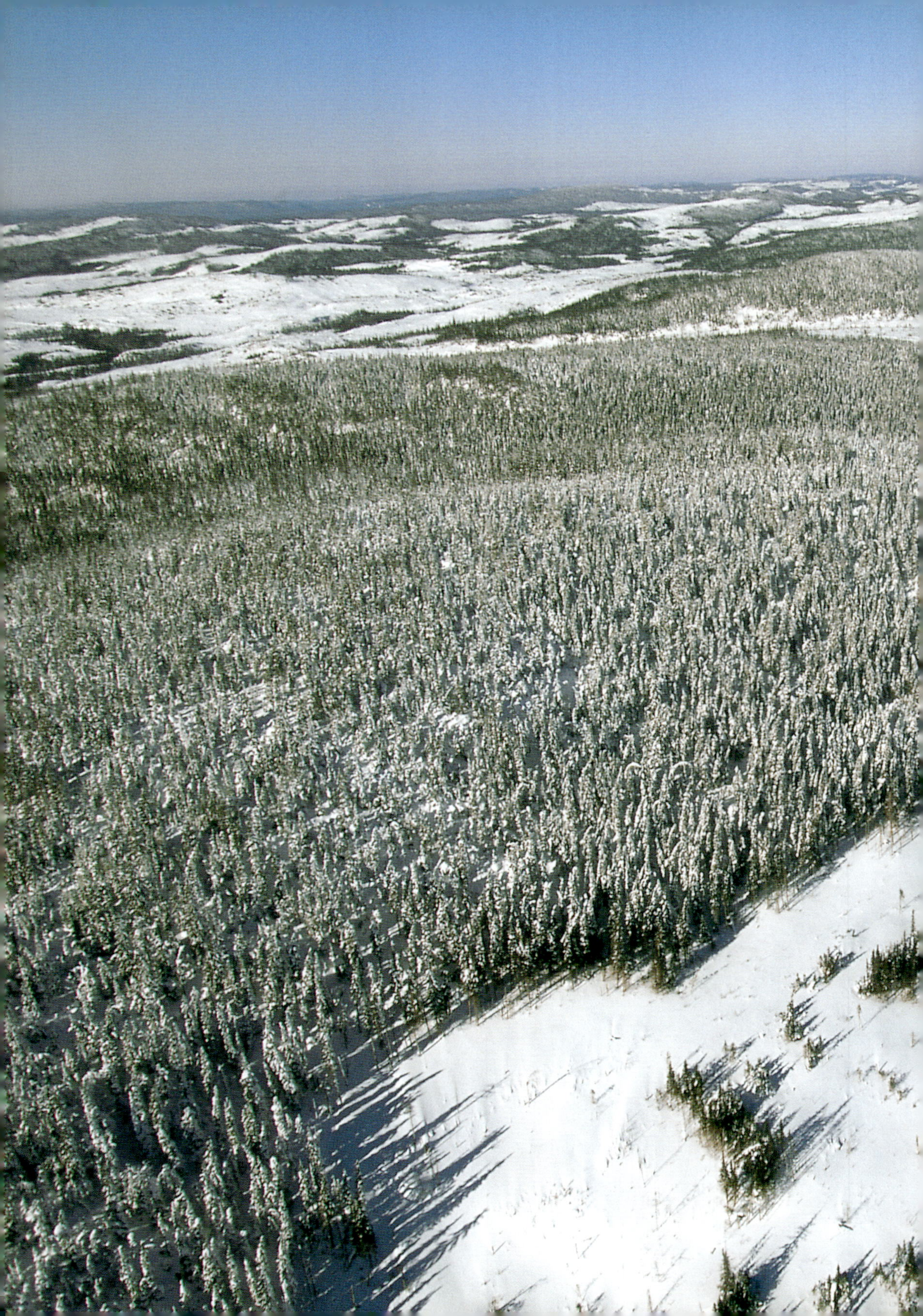

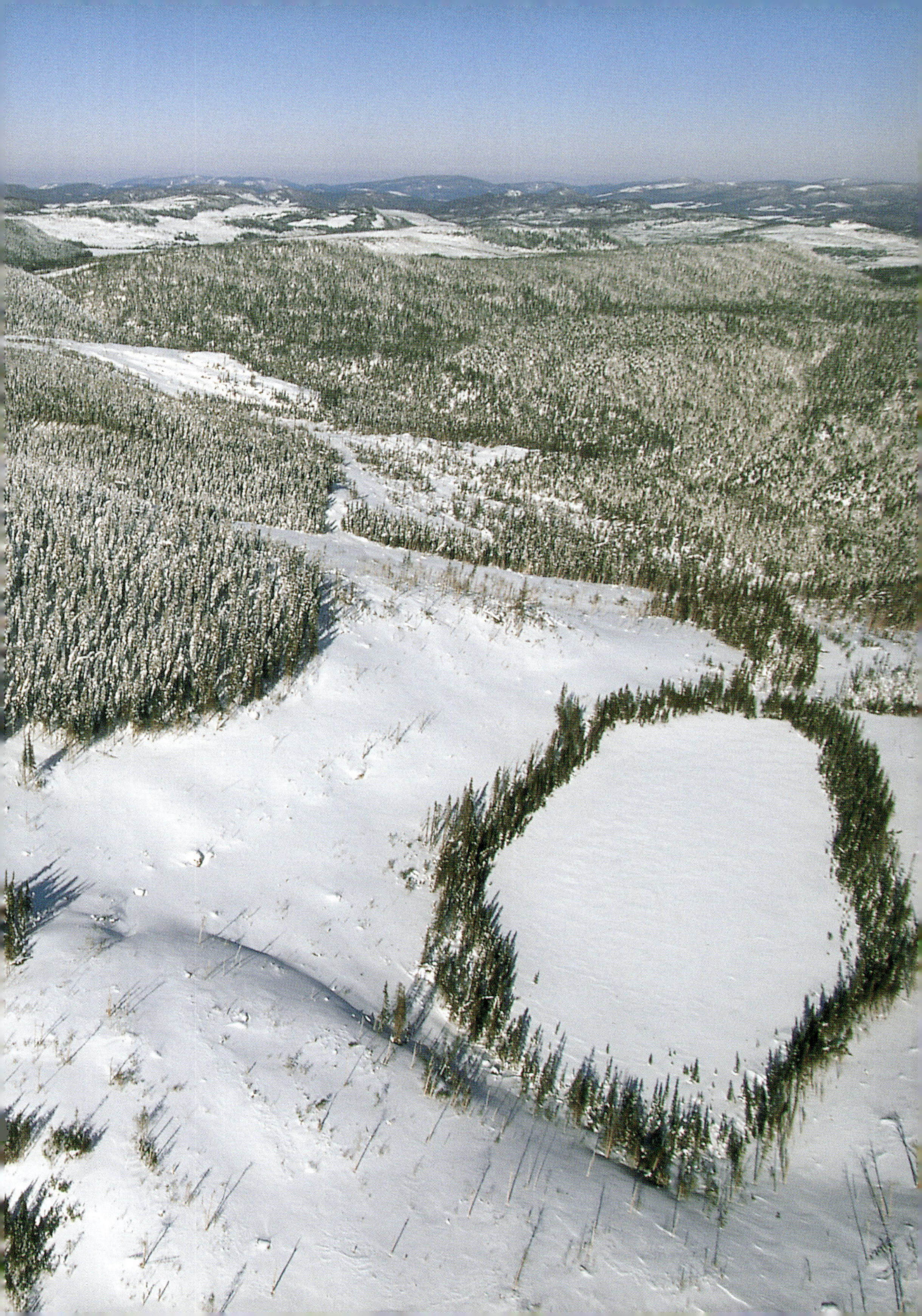

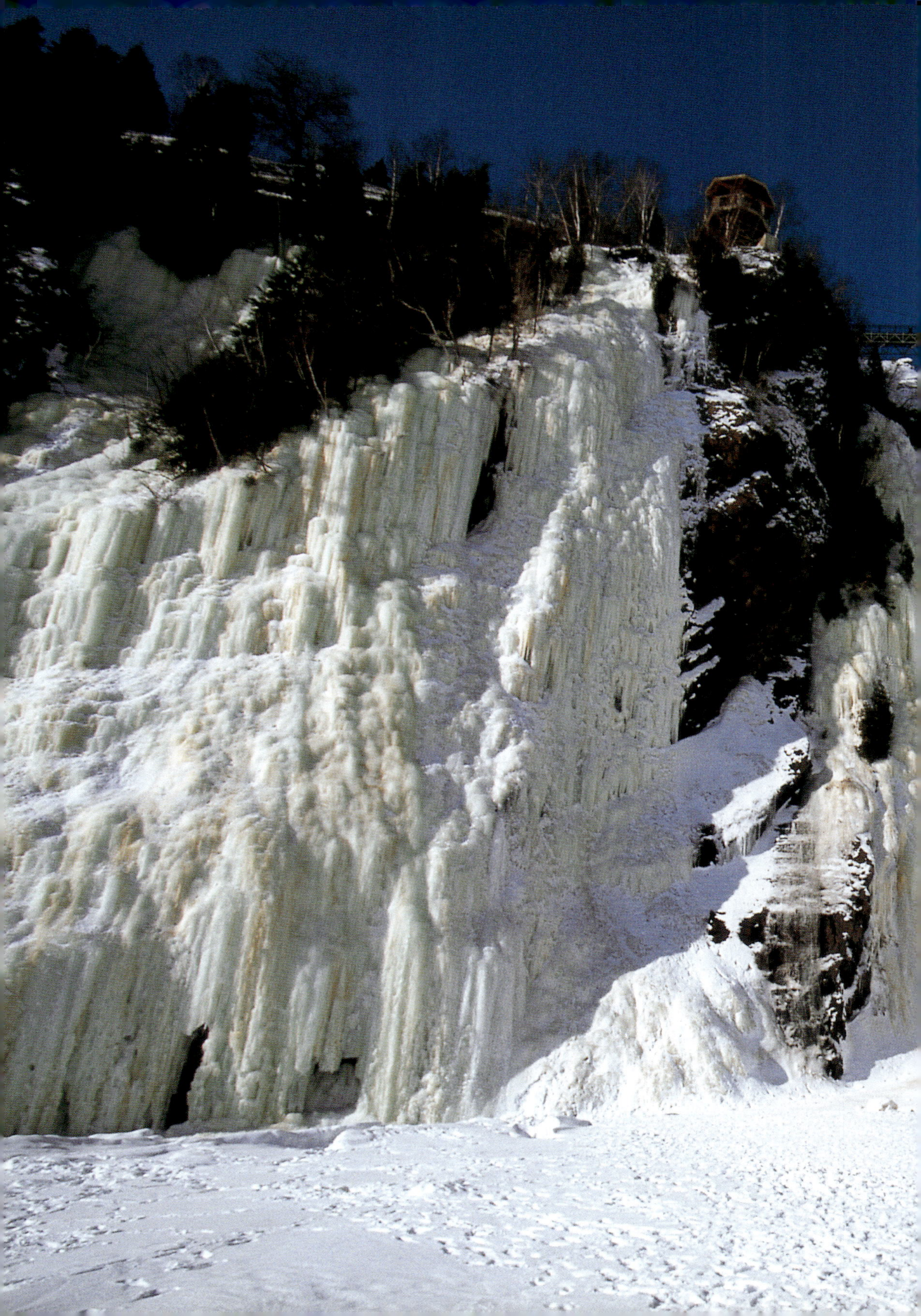

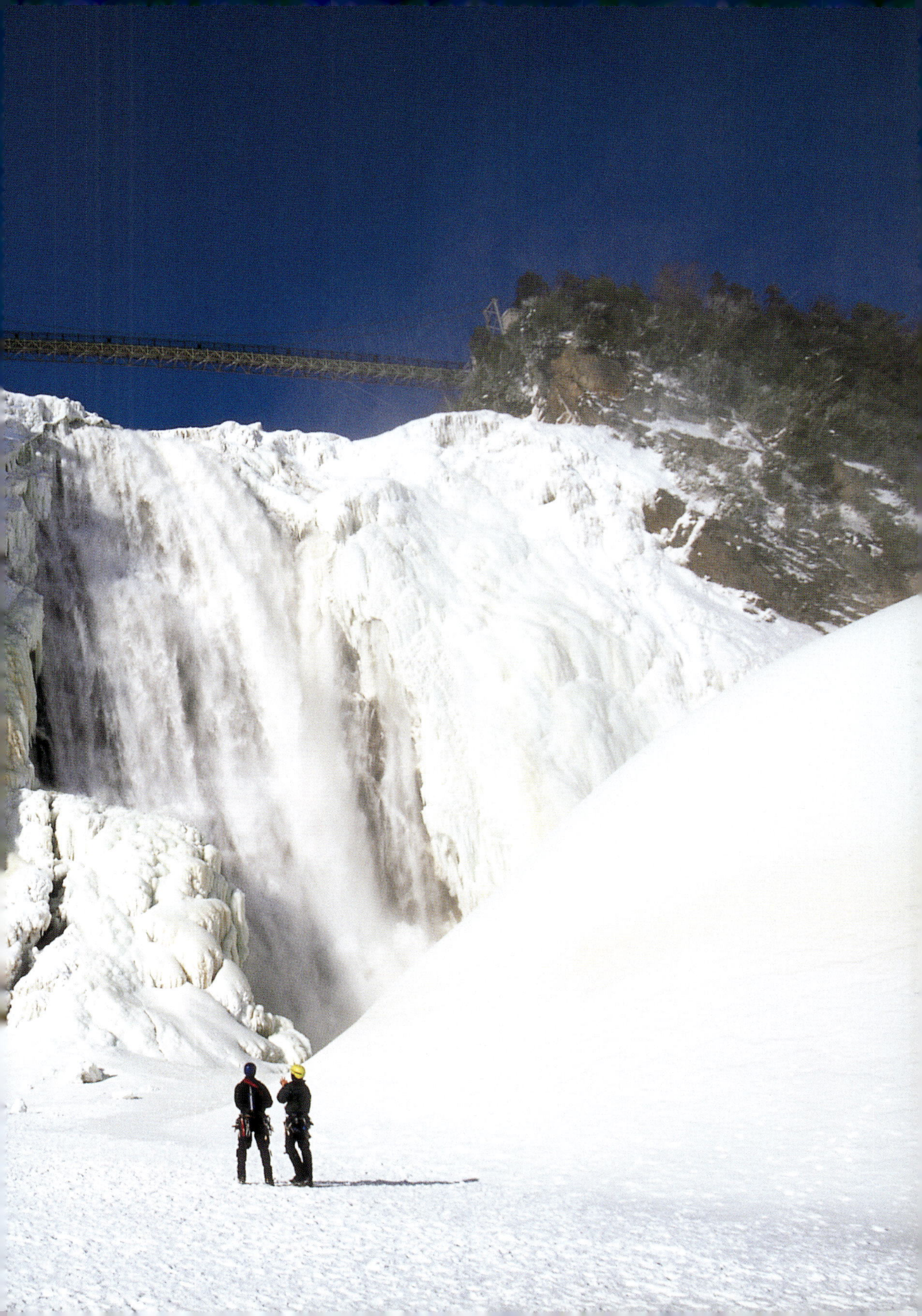

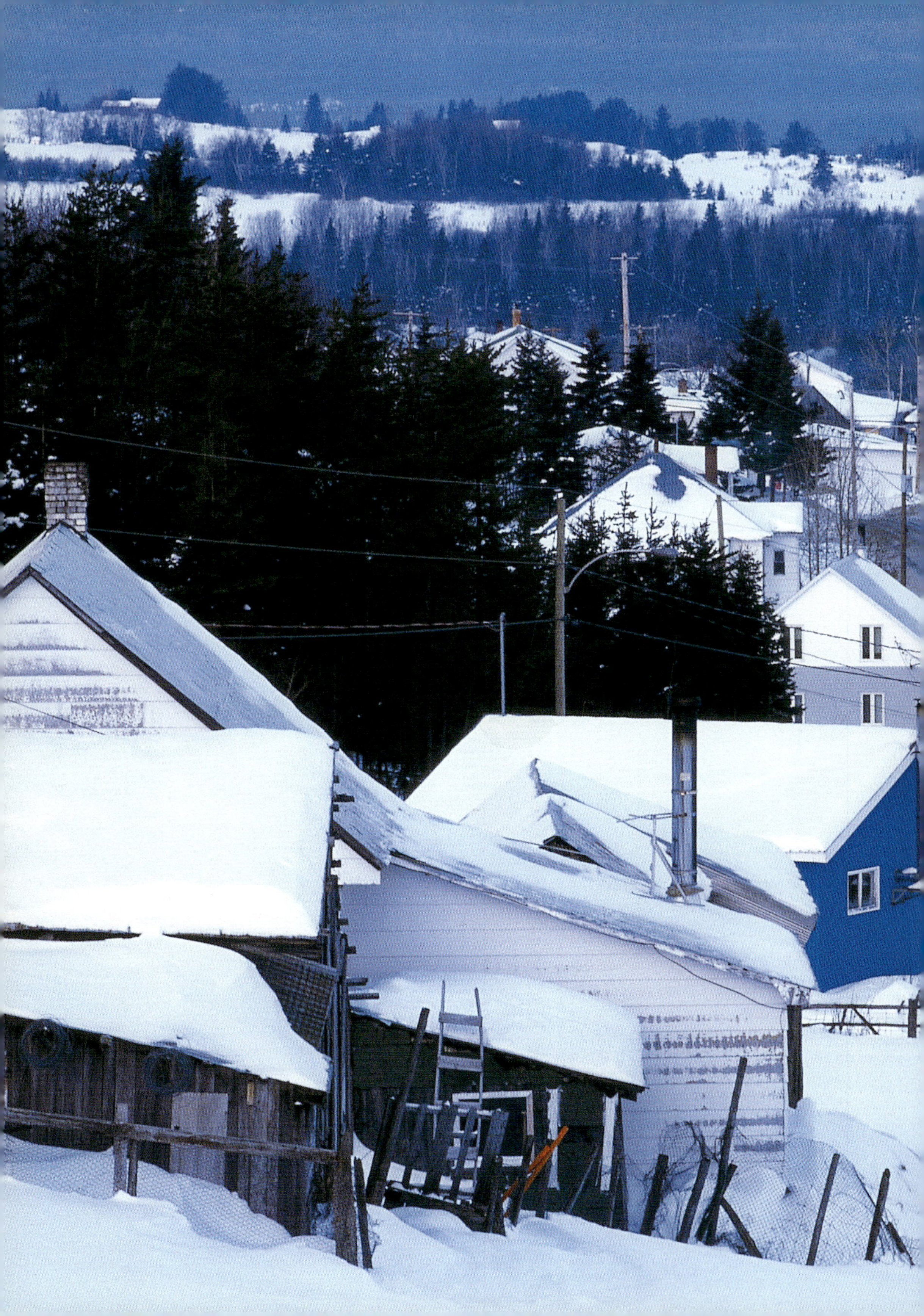

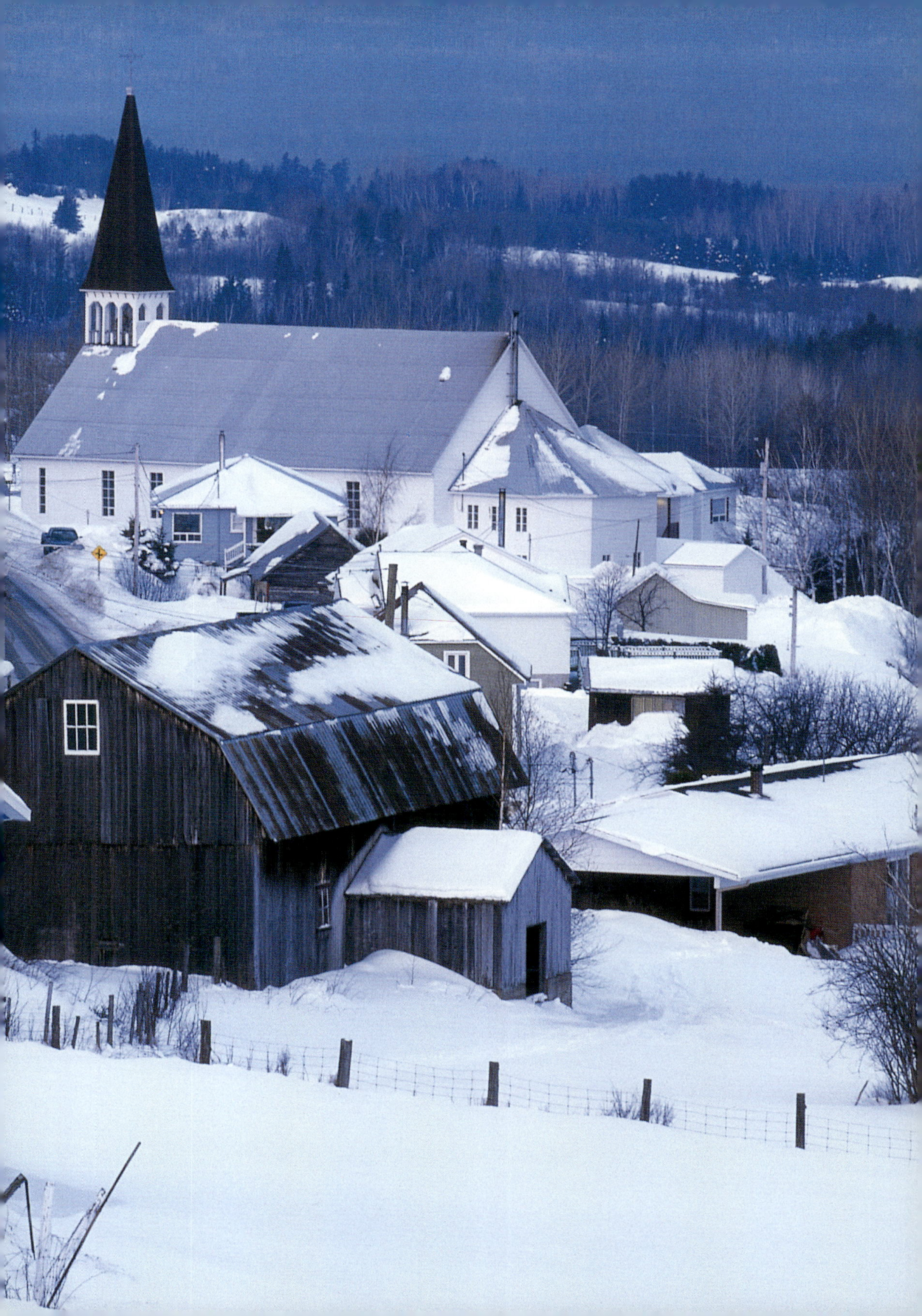

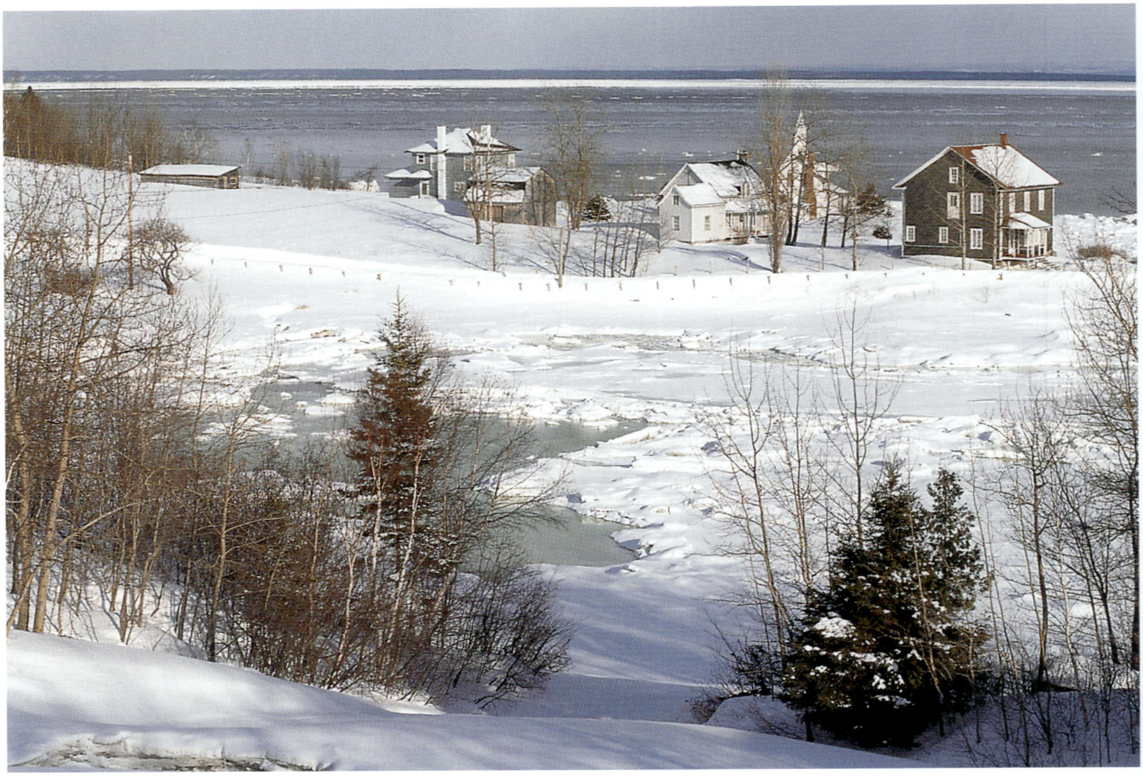

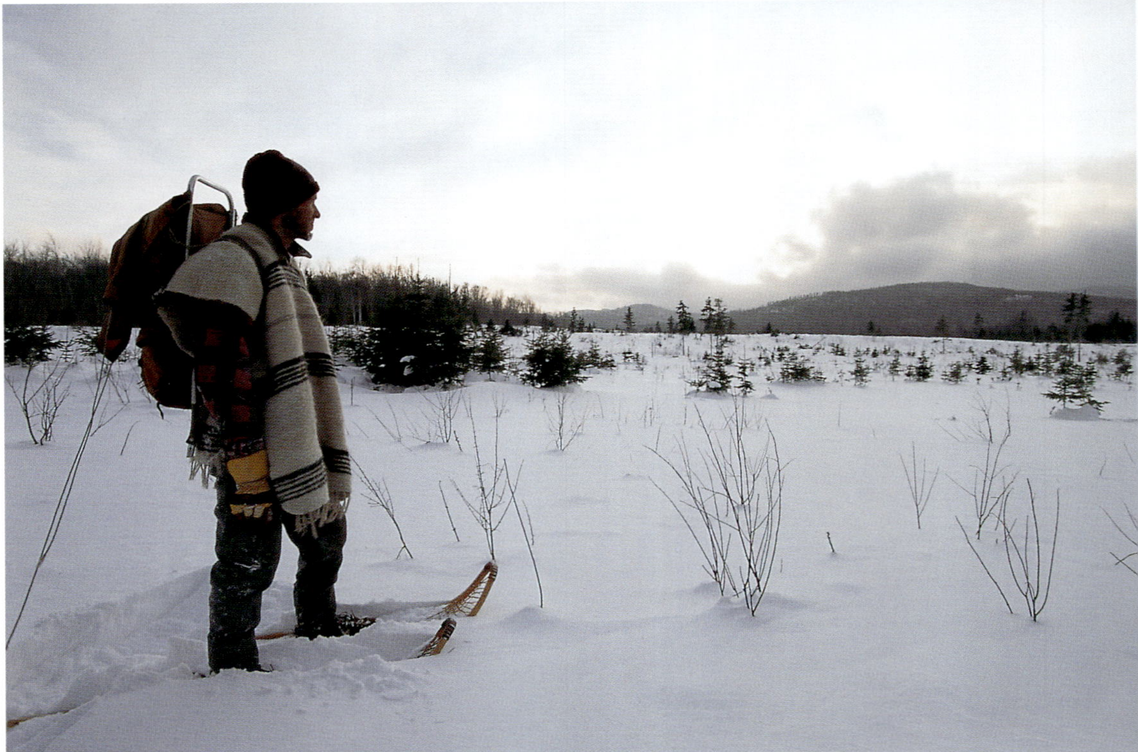

RANDONNÉES ET RAQUETTES

Outre le ski alpin, le Québec propose aux amateurs de ski de randonnée des milliers de kilomètres de sentiers balisés et fort bien entretenus, ouverts des premières neiges à la mi-avril. Certaines pistes, jalonnées de refuges chauffés, sillonnent les plus beaux parcs et réserves forestières du pays. Les randonneurs aguerris peuvent se lancer sur quelques circuits extraordinaires comme la traversée de Charlevoix (100 km de sentiers), et la découverte des monts Chic-Chocs en Gaspésie (210 km de sentiers recouverts de 5 à 6 m de neige) où les chances sont grandes de se retrouver nez à nez avec des caribous. Mais on peut également faire du ski de fond au cœur des villes, comme à Québec sur les plaines d'Abraham ou à Montréal dans les îles Notre-Dame et Sainte-Hélène ou sur les hauteurs du parc du Mont-Royal.

Les véritables amateurs de nature à l'état brut, eux, pratiquent la randonnée en raquettes.

Inventée par les Amérindiens pour marcher dans la neige sans s'y enfoncer, la raquette permet à tous les marcheurs d'assouvir leur passion, même au cœur de l'hiver. Traditionnellement fabriquée avec du bois et des lanières de cuir tressées, on la trouve de plus en plus en plastique ou en aluminium. Elle reste la meilleure façon de comprendre ce pays, de se frotter aux forces de la nature, d'aimer l'hiver.

Double page suivante :

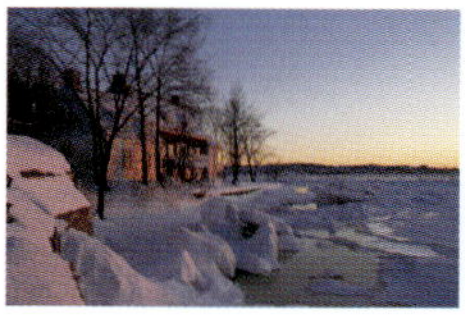

L île d'Orléans :"Maisons de bois, maisons de pierre, clochers pointus" égrenait Félix Leclerc qui y passa une partie de sa vie et y repose aujourd'hui.

Page de gauche : Port-au-Persil ne perd rien de son charme en hiver. Sur les grandes étendues de neige le meilleur moyen de se déplacer est encore la raquette. Ci-dessous : le domaine du Lac Toro en Lanaudière est un endroit de rêve pour les activités d'hiver.

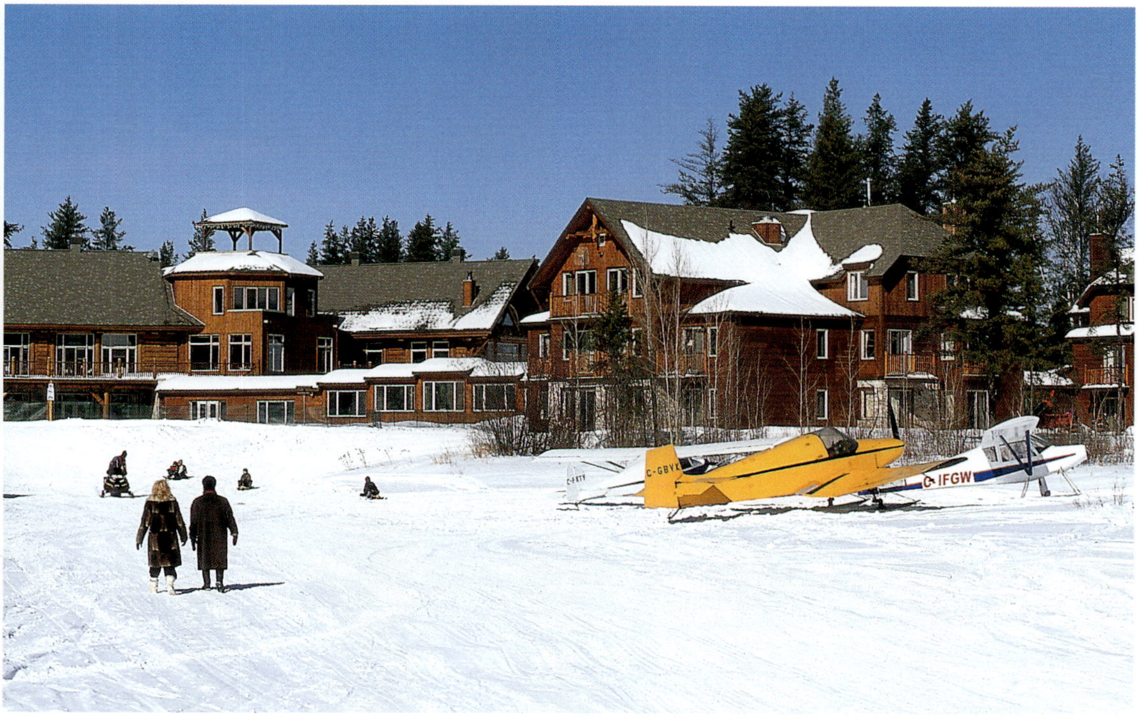

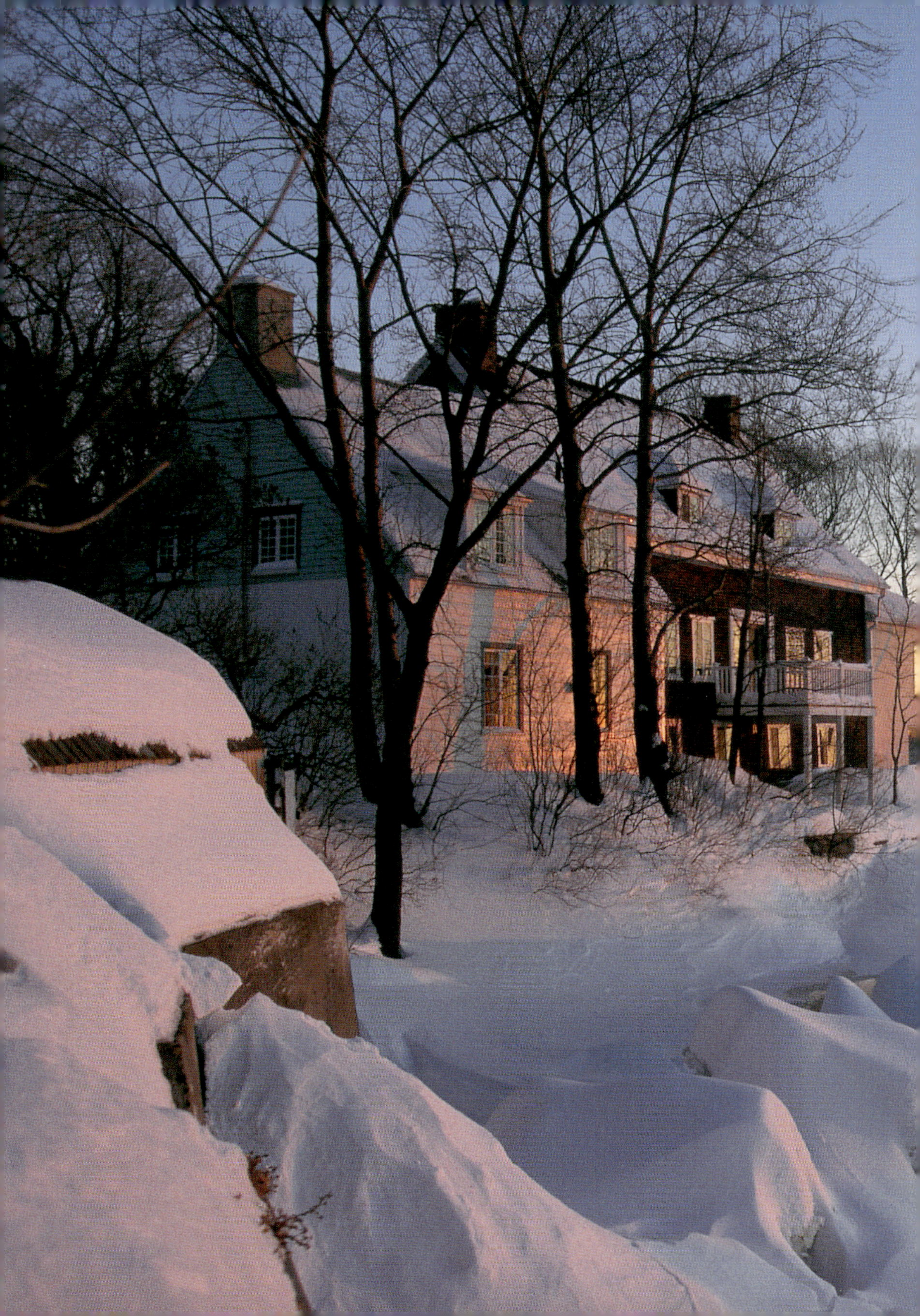

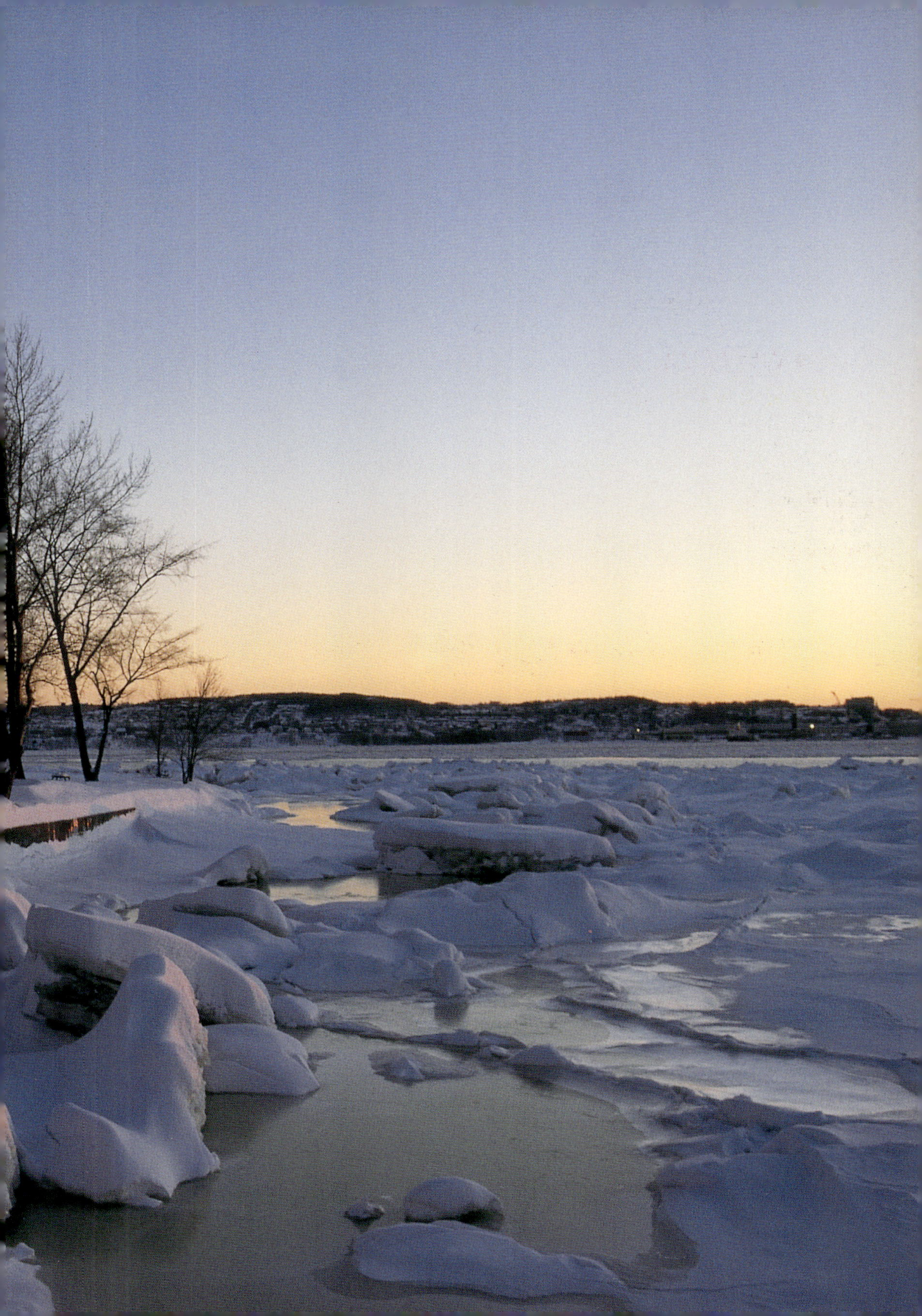

LE PARADIS DE LA MOTONEIGE

Double page suivante :

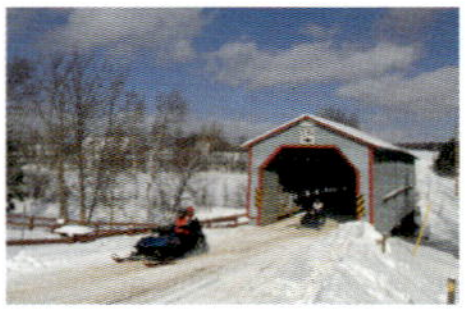

Randonnée en motoneige dans la région de Chaudière-Appalaches, passage sous un pont couvert.

S'il existe un sport qui ne se pratique nulle part mieux qu'au Québec, c'est bien la motoneige. Avec plus de 33 000 km de pistes, dont 9 000 km pour la seule Trans-Québec, véritable route sur la neige, qui relie 13 régions entre elles, la motoneige est un pur produit québécois. Elle fut inventée ici à la fin des années 1950 par Joseph-Armand Bombardier, un homme au parcours digne du rêve nord-américain. En 1926, établi comme garagiste à Valcourt une petite ville des Cantons-de-l'Est il consacre son temps libre à des travaux de recherche pour la mise au point de véhicules capables d'assurer le transport sur la neige. Dix ans après, ses efforts aboutissent à la production d'un transporteur à sept passagers, le B-7, et à l'obtention d'un brevet pour un système de traction à chenilles qui sera employé dans la plupart des engins développés par la suite. En 1937, l'inventeur devient aussi entrepreneur et crée sa compagnie "L'Auto-neige Bombardier". Après avoir contribué à l'effort de guerre, il s'emploie à faire fructifier son entreprise et poursuit son œuvre en s'adaptant aux besoins des industries forestière, minière et pétrolière. Son rêve de développer un petit véhicule individuel le mène à la production et à la commercialisation de la motoneige "Ski-Doo" en 1959. Joseph-Armand Bombardier avait résolu les problèmes du transport individuel sur la neige et donné naissance à un nouveau sport et à une nouvelle industrie. Un mythe venait de naître.

Débutants ou experts, amateurs de randonnée tranquille ou de grands raids trouveront toujours des pistes de motoneige à leur mesure. Elles offrent, de surcroît, tous les services nécessaires : carburant, réparation et location, auberges-relais simples ou luxueuses mais toujours accueillantes. Parmi les expéditions les plus enivrantes, citons la traversée de la basse Côte-Nord (3 000 km de sentiers balisés), les randonnées le long des rives du Saguenay, et le tour de la Gaspésie (1 300 km au départ de Mont-Joli).

Modernes et confortables, la plupart des machines possèdent aujourd'hui une marche arrière ainsi que des poignées et des cale-pieds chauffants. Plus rien ne vient gâcher le plaisir des amateurs de ce sport mécanique… si ce n'est le bruit.

Ci-dessous et page de droite : que ce soit sur des pistes balisées ou sur des chemins plus sauvages, la motoneige procure des sensations inoubliables.

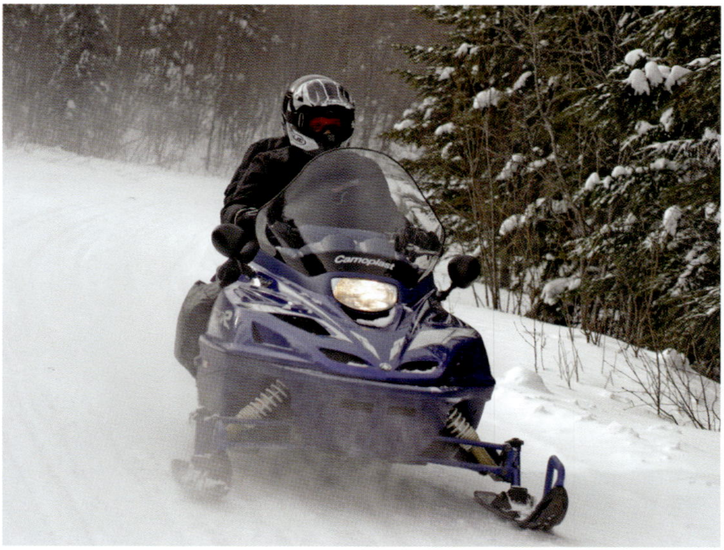

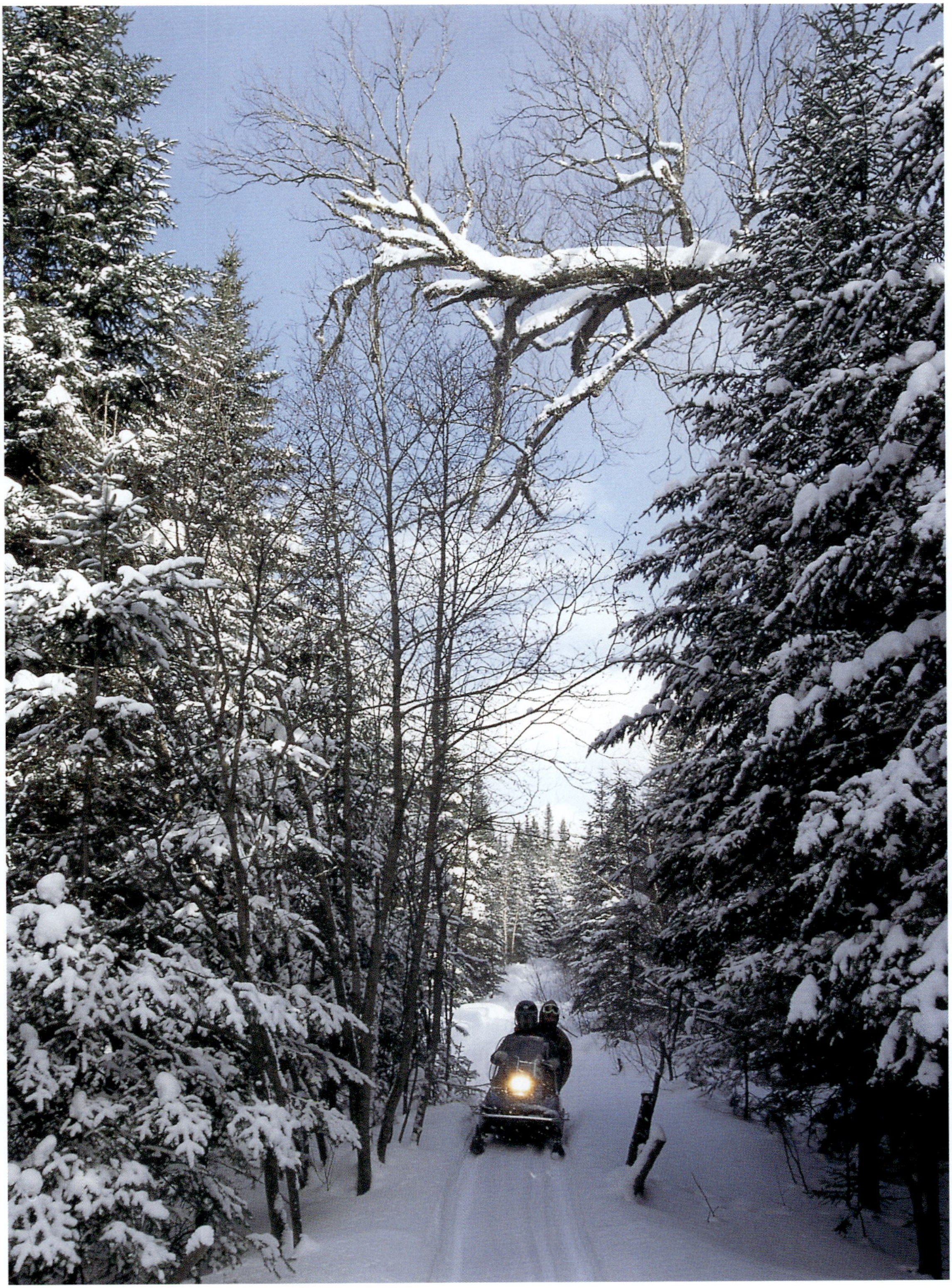

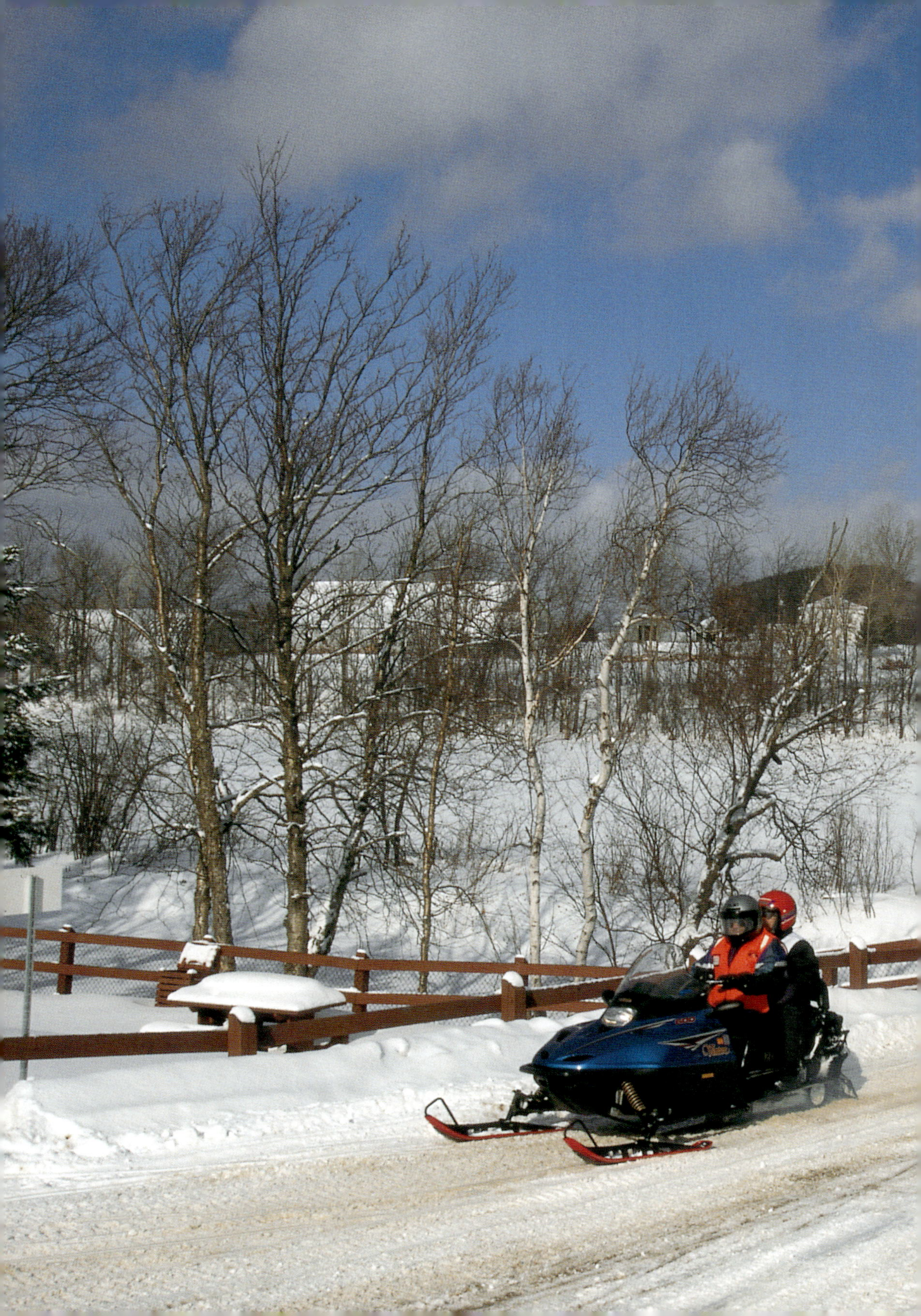

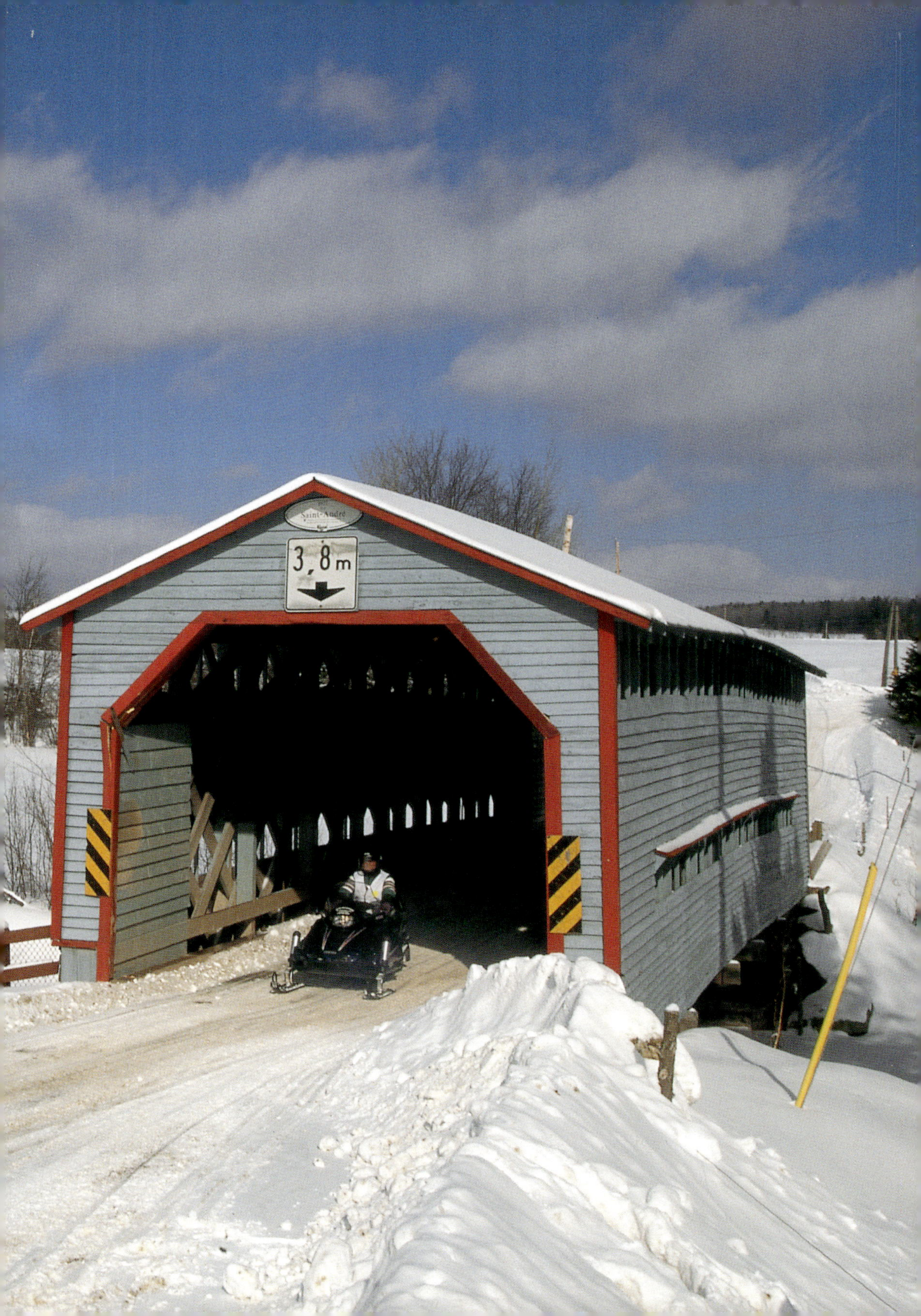
Saint-André
3,8 m

AU CŒUR DE LA NATURE

Beaucoup plus silencieux – et, il faut le dire, moins polluant –, le traîneau à chiens, qui était le traditionnel moyen de locomotion des Inuit pendant les longs mois d'hiver, séduit de plus en plus de visiteurs étrangers.

Pour diriger l'attelage, il faut avoir les bras solides – les chiens filent à une vitesse de 5 à 10 km/h en moyenne – et une bonne condition physique car on passe beaucoup de temps à courir et pousser le traîneau dans les montées, le dégager de la neige lors des dérapages, et se pencher dans les virages pour maintenir l'équilibre. Les aventures les plus grisantes se vivent dans le Grand Nord en compagnie de guides Inuit, qui font partager aux randonneurs les activités de leur mode de vie ances-

La pêche blanche.
Les attelages de chiens Malamuts sont moins rapides mais plus endurants que ceux formés avec des Huskies.

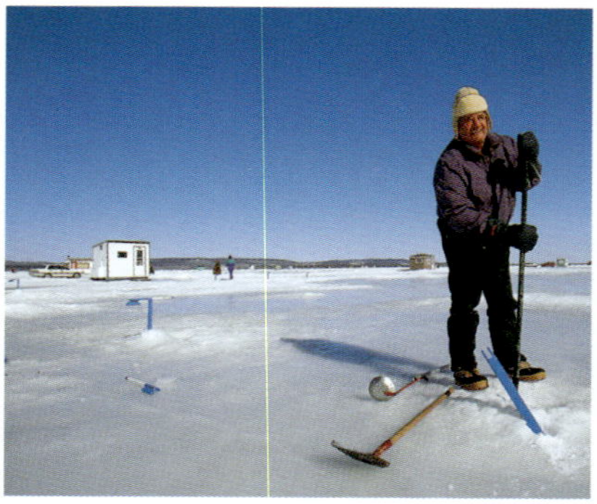

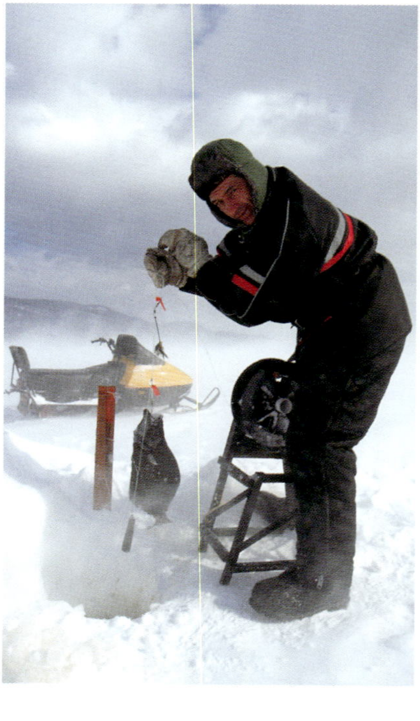

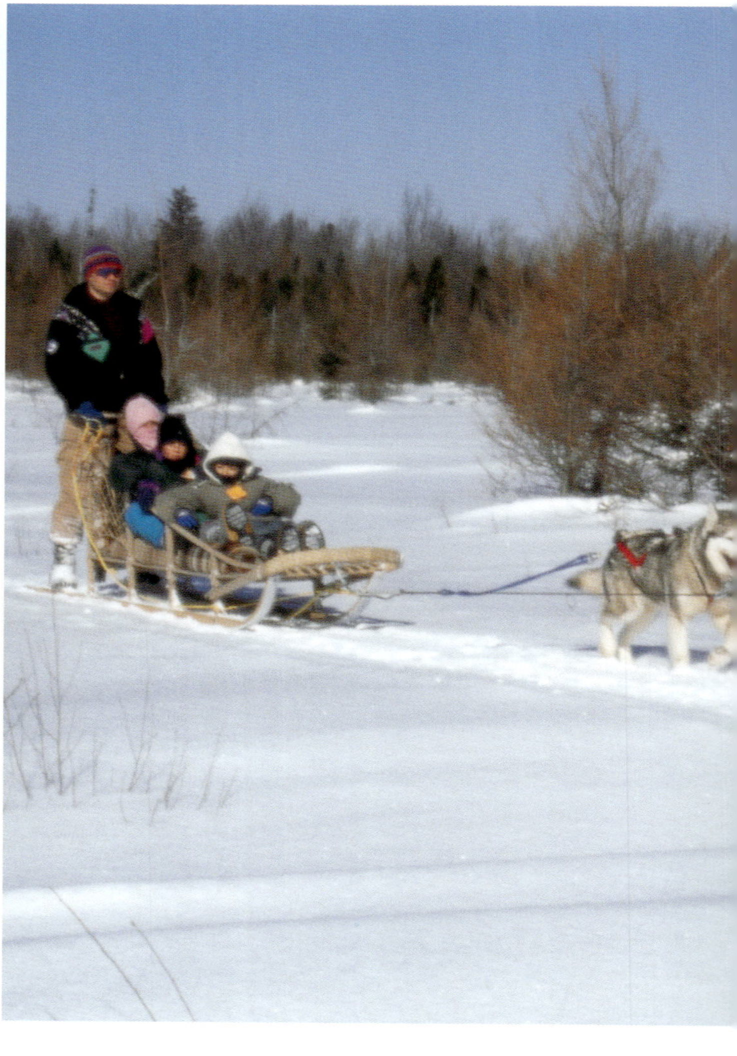

tral comme la construction d'un igloo ou la pêche sous la glace.

Pêche sous la glace ? Qu'on se rassure, ce n'est pas le pêcheur qui est sous l'eau, mais bien l'hameçon ! Appelé pêche blanche, ce loisir peut même devenir très confortable lorsqu'il se pratique à l'intérieur d'une cabane de bois éclairée et chauffée, posée à la surface d'un lac gelé. Un trou pratiqué à l'aide d'une perceuse géante, une ligne plombée copieusement appâtée, un peu de patience… et le tour est joué. Attirés par la lumière, les poissons mordent à l'hameçon.

Les puristes refusent de pêcher à l'abri d'une cabane et perforent la glace en plein air, parfois même dans le blizzard. Ce qu'ils apprécient le plus : trouver un décor fabuleux, se perdre dans une mer de glace qui se jette à l'horizon dans le bleu du ciel, et rester là à "jaser" avec des amis.

Double page suivante :

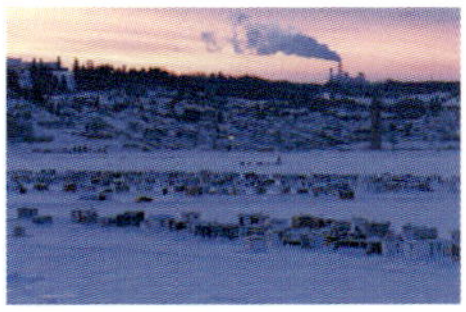

De véritables villages de cabanes se construisent sur les glaces de la baie des Ha Ha dans le fjord du Saguenay pour y pratiquer la pêche blanche.

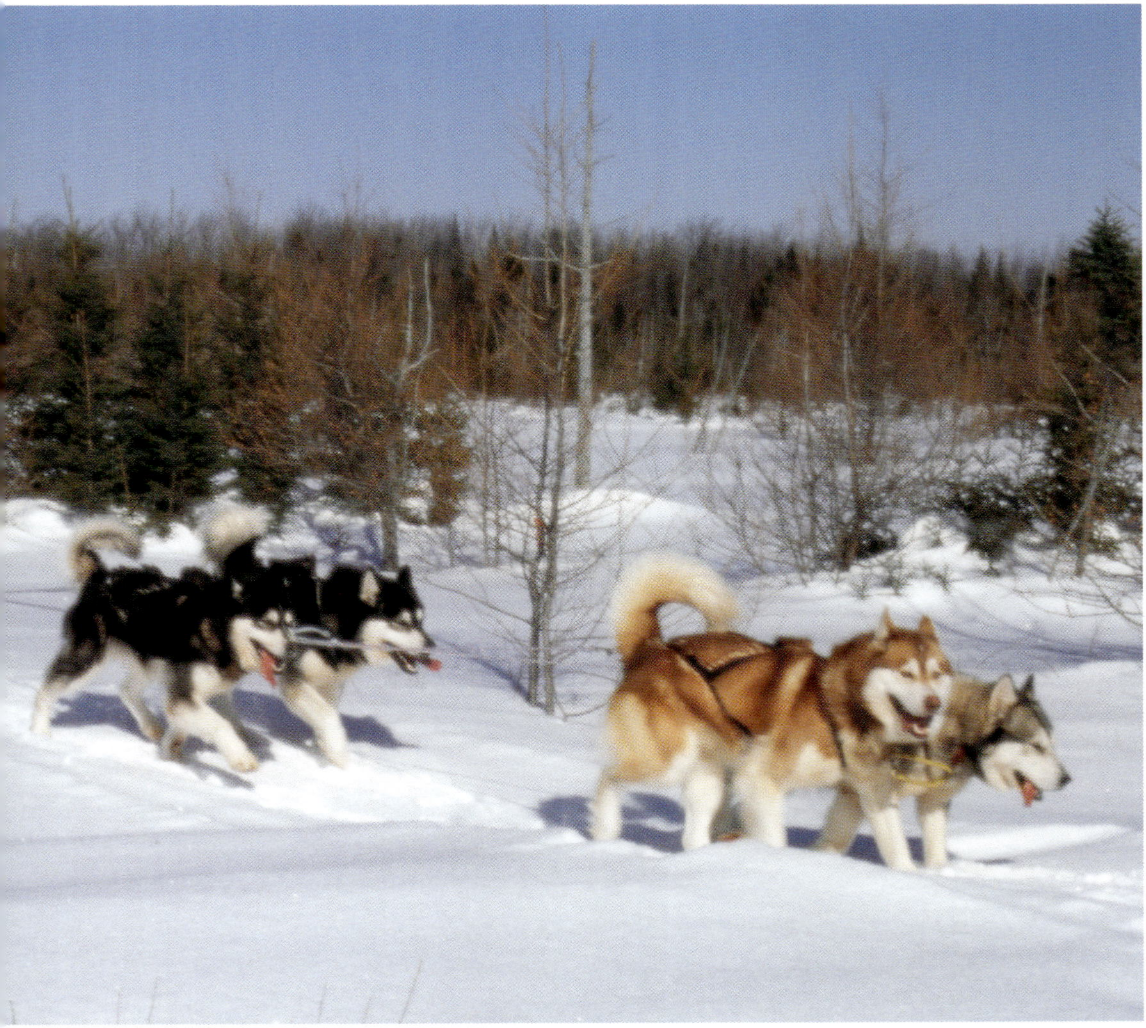

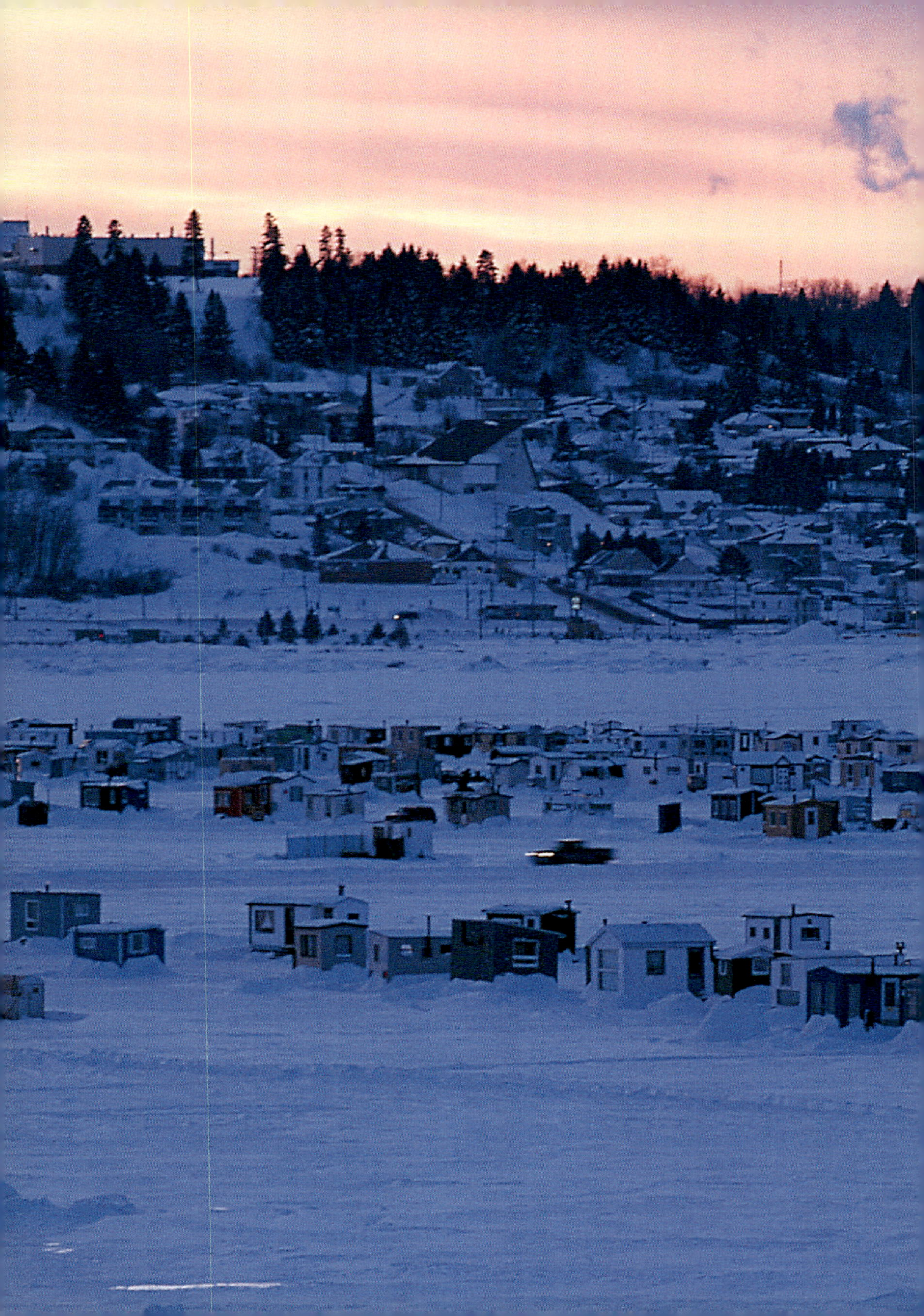

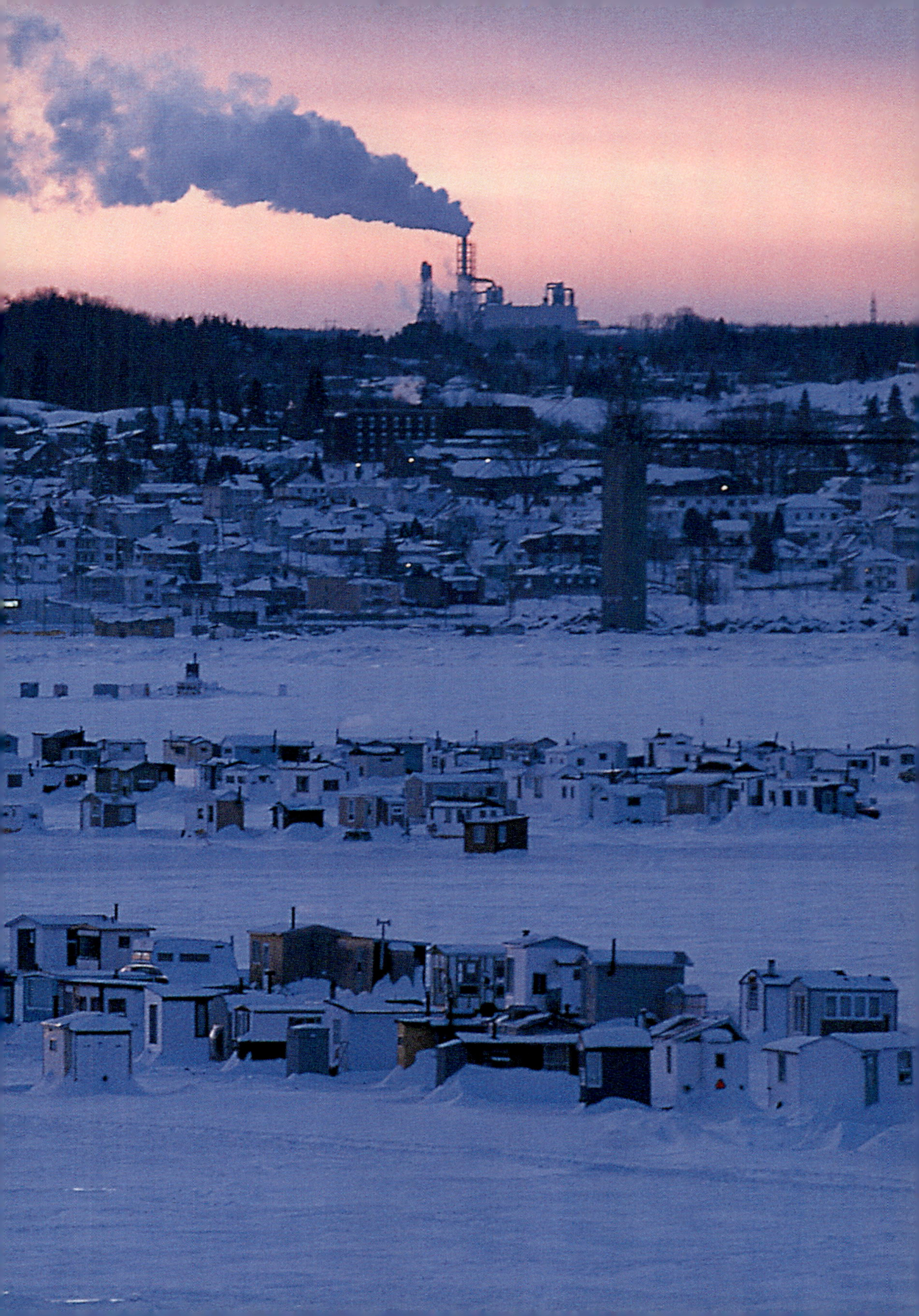

LES GIVRÉS DU SAINT-LAURENT

La traversée du Saint-Laurent gelé en plein mois de février est nettement plus sportive. Elle est d'ailleurs réservée à des amateurs bien entraînés. Chaque hiver, en février, "la course de canots de Québec" est le clou des festivités du Carnaval organisé par la ville.

Une vingtaine d'équipe constituées d'hommes et de femmes hors du commun se lancent dans une course folle à l'assaut du fleuve transformé en un énorme tapis roulant de blocs de glace incontrôlables et dangereux

Épreuve de qualification sur les plaines d'Abraham la veille de la course de canots et équipe féminine en plein effort.

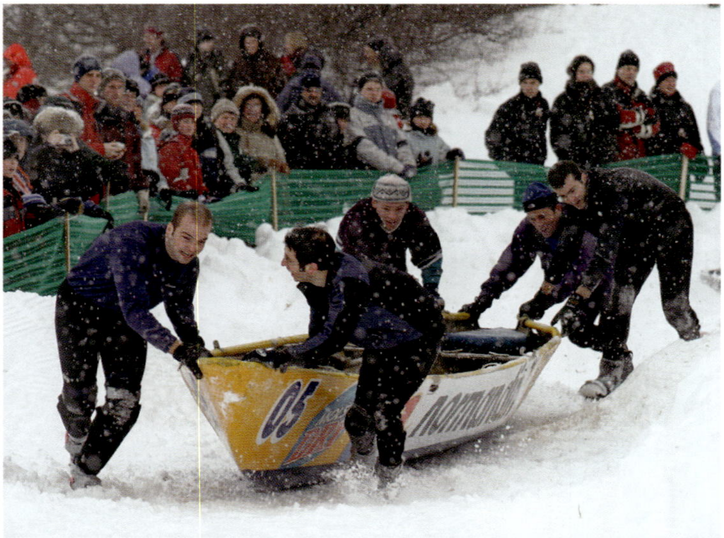

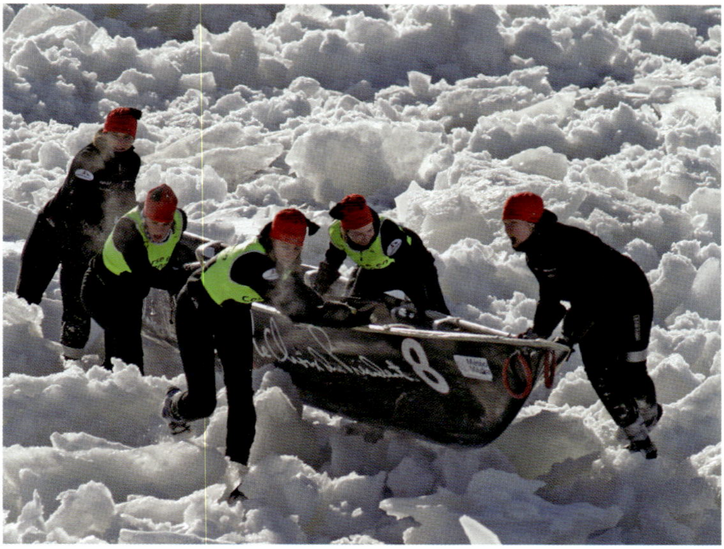

L'idée même de la course jaillit, au début du XXe siècle, d'une compétition entre canotiers postiers. En l'absence de pont, il fallait transporter le courrier entre les villes de Québec et Lévis, chacune d'un côté du fleuve, à bord de petits canots de bois.

Chaque année, une épreuve était organisée pour désigner les équipes les plus rapides, celles qui auraient l'honneur et le privilège de se voir confier cette tâche aussi dangereuse que prestigieuse. Les vainqueurs devenaient des héros, célèbres dans toute la province.

Aujourd'hui, les canots ont abandonné le bois au profit de la fibre synthétique. L'esprit de la course a changé et la technologie joue un rôle primordial. Les meilleures équipes utilisent même la simulation par ordinateur pour déterminer le meilleur itinéraire de traverse.

La sortie du port constitue le moment crucial de la course, l'équipe en tête prenant une sérieuse option sur la victoire. Ensuite, c'est sur les glaces disloquées qu'il faut produire le plus d'effort pour progresser. La traversée du "pack", labyrinthe de trous d'eau et de banquises, ne s'effectue pas en ligne droite car il faut compter avec des courants de 6 à 8 km/h.

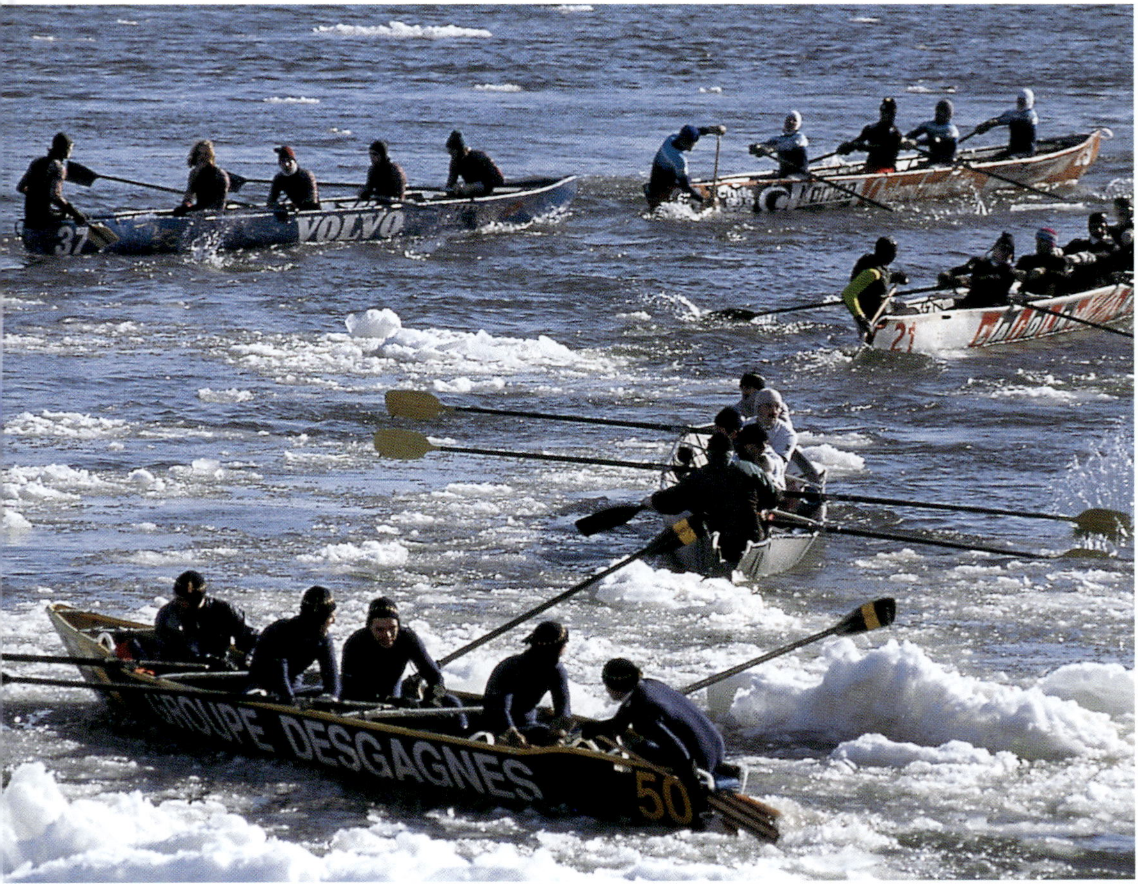

la sortie à la rame du port de Québec entre eau libre et glace.

Les équipes doivent choisir le meilleur angle pour aller toucher en face les berges de Lévis distantes de trois kilomètres. Les vraies difficultés arrivent dès que la proue de leur esquif aborde la glace. Les quatre canotiers et le capitaine-barreur assis en poupe sautent alors dans la "sloche". Pour des raisons de poids, les combinaisons ne sont étanches que jusqu'à la ceinture. Il ne faut donc en aucun cas lâcher le rebord de la coque, sinon, c'est la tasse dans une boue glacée à moins cinq degrés, coupante comme un sécateur. Un homme n'y survit pas plus de dix minutes !

Puis vient le passage de la glace à l'eau vive. Impossible de ramer ou de marcher, il faut se faire acrobate.

Les meilleures équipes effectuent deux fois la traversée aller et retour et terminent la course en moins d'une heure contre plus de deux heures pour les derniers, souvent emportés par les courants.

A l'instar de ces sportifs, les Québécois ont appris à apprivoiser l'hiver. A moins que ce ne soit l'hiver qui les ait apprivoisés...

Doubles pages suivantes :

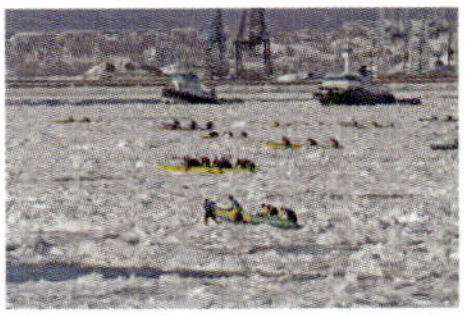

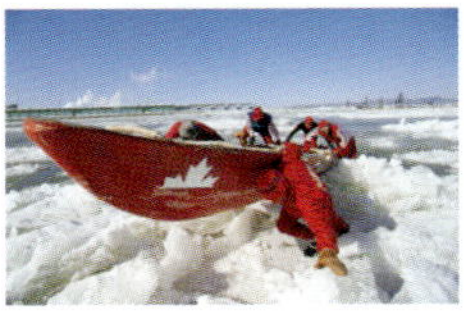

Les équipe au coude à coude dans les glaces disloquées et l'enfer du "pack" et de la "sloche" pour l'équipe de Calgary.

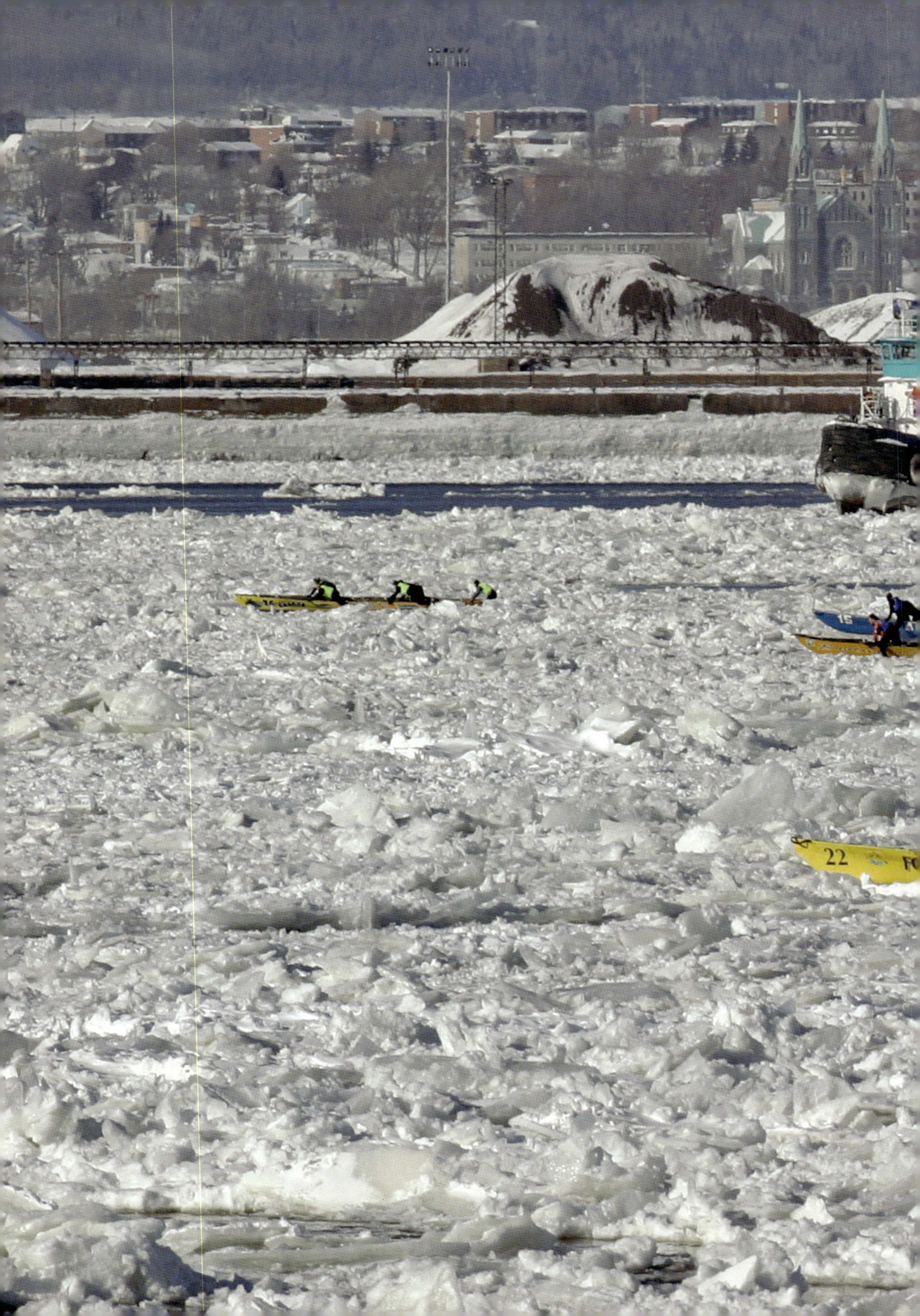
15
22

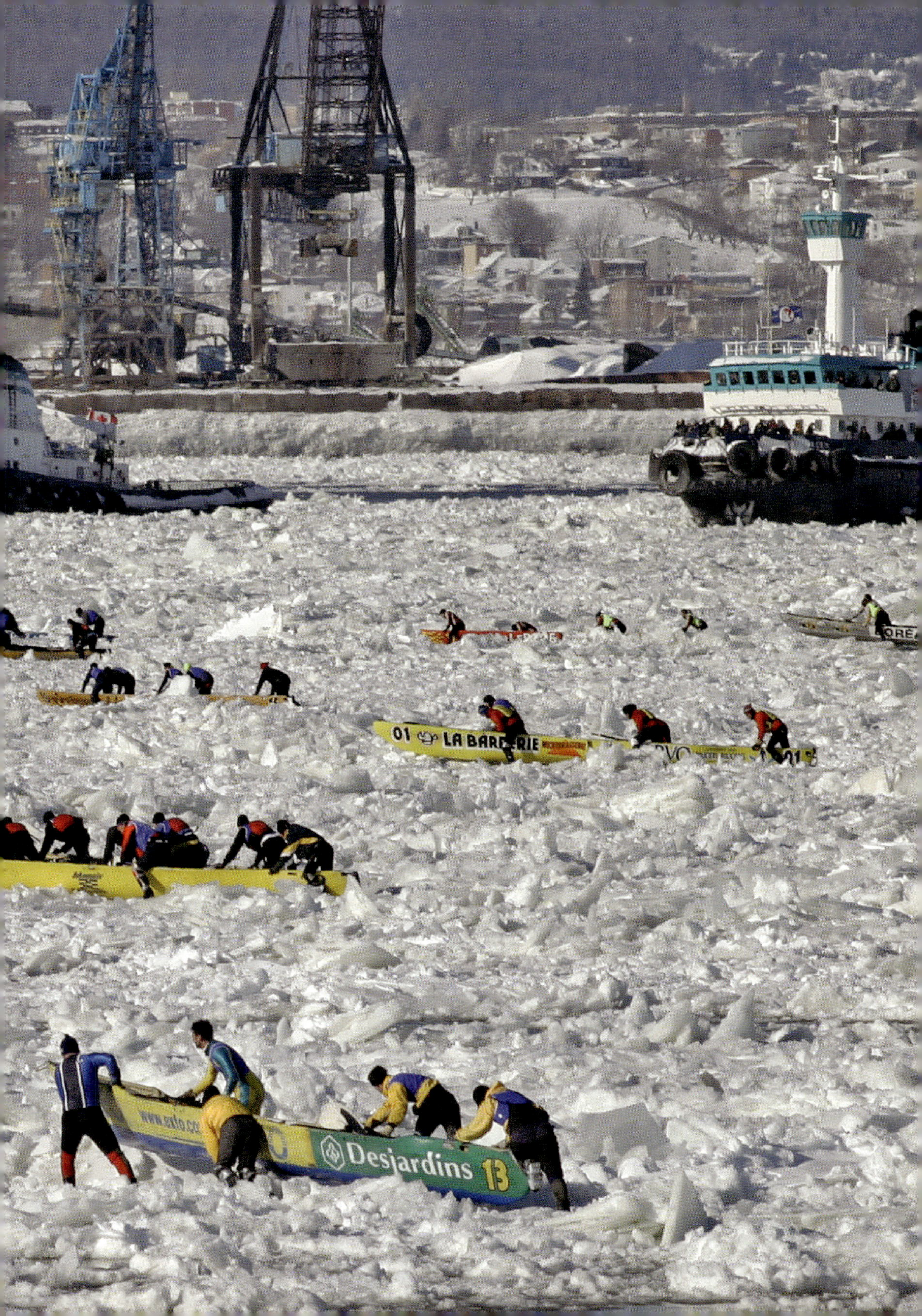
Desjardins 13

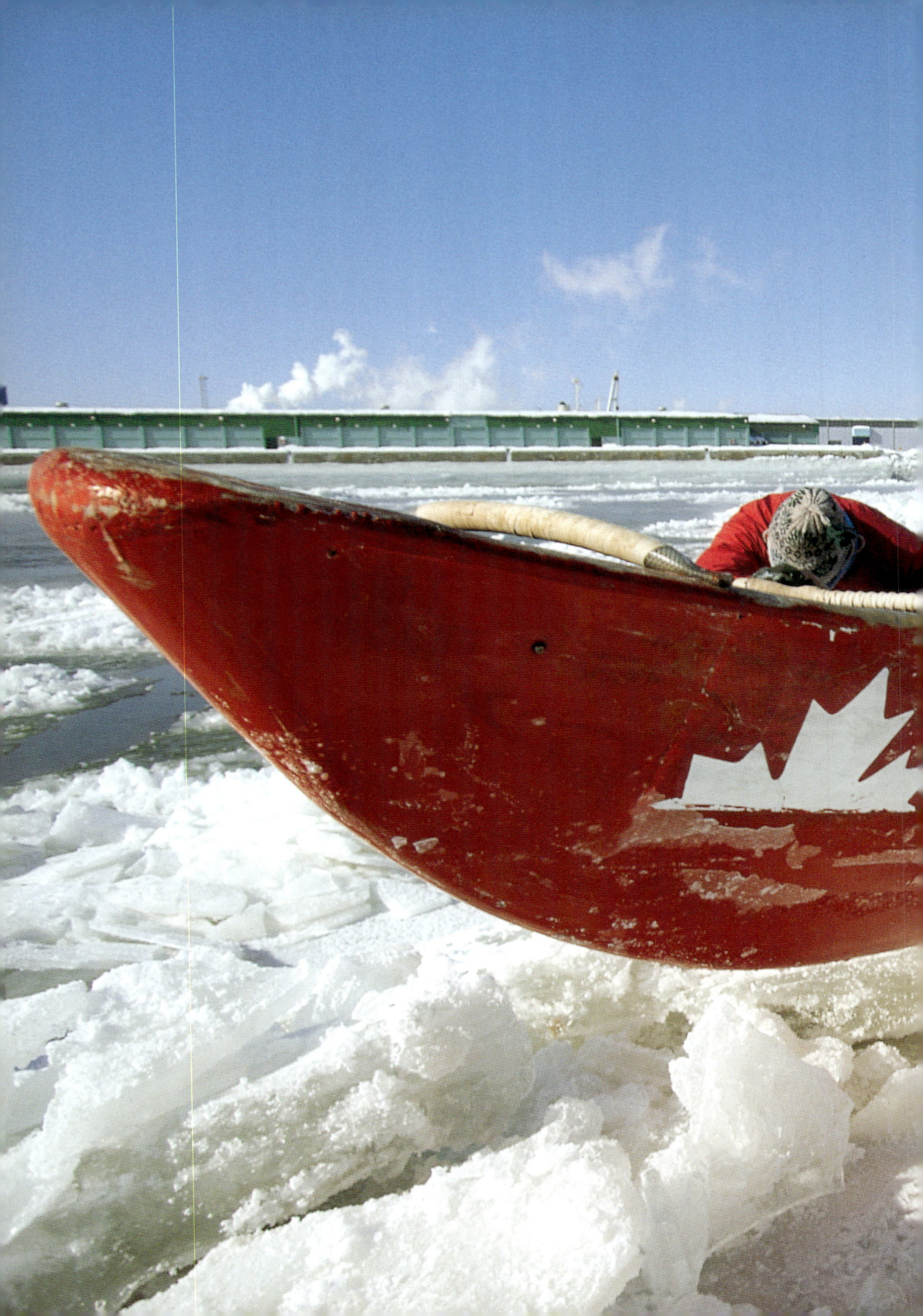

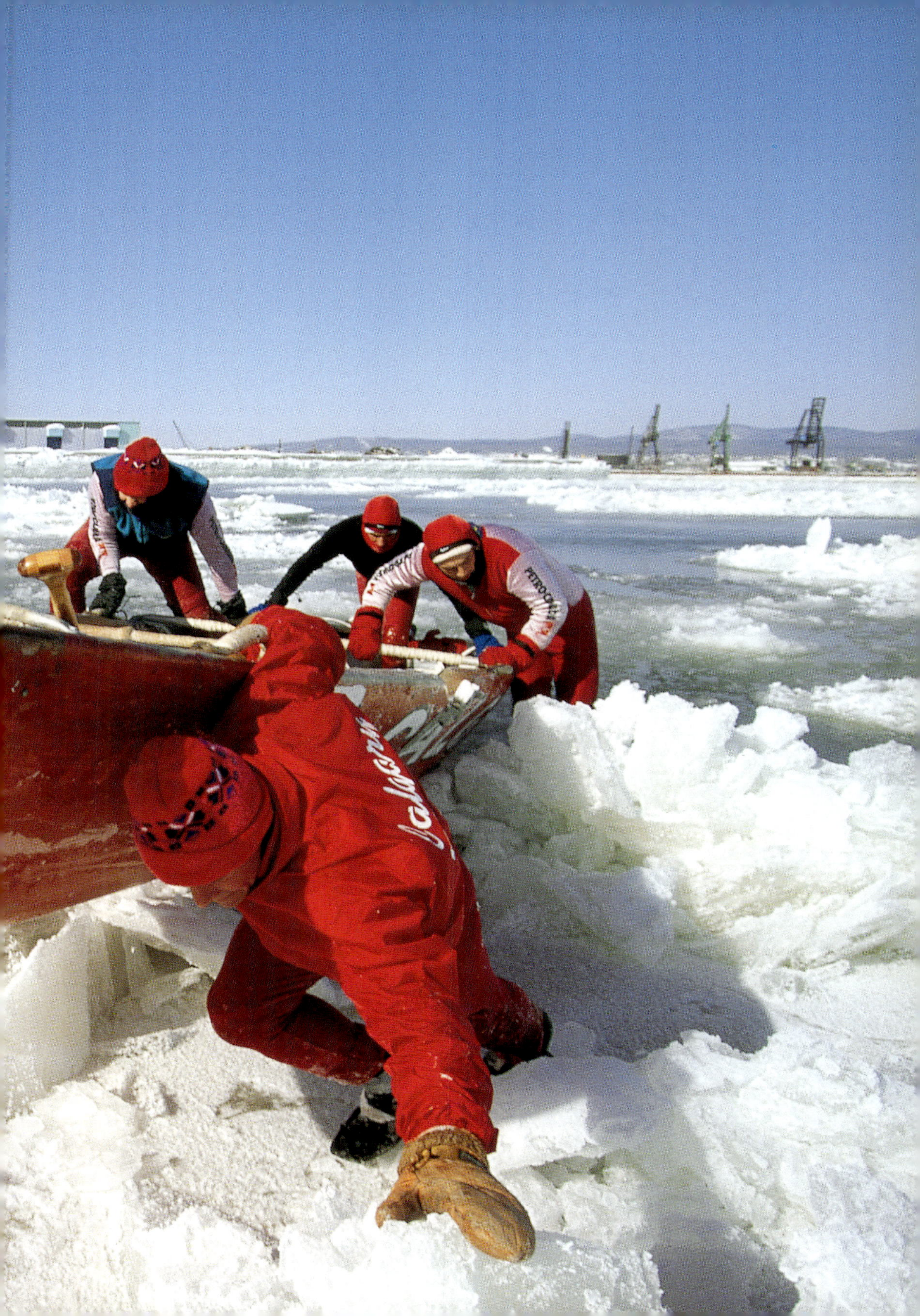

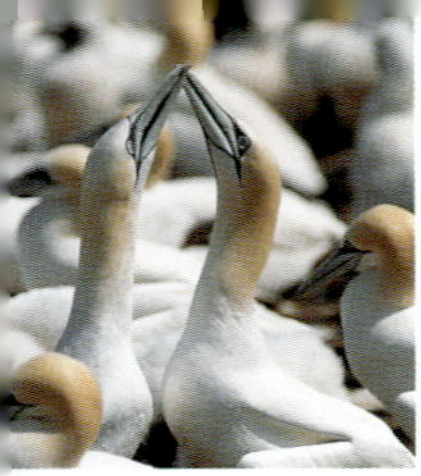

Saint-Laurent, le "chemin qui marche"

"Et le Fleuve, le vieux fleuve, le fleuve immense,
Dont les souffles n'ont pas cessé d'être vivants,
Magnifique de calme et d'orgueil, recommence
Sa marche vers l'aurore et les soleils levants"

(Nérée Beauchemin, "le Fleuve")

C'est un fleuve qui ne ressemble à aucun autre.
Dans lequel des Grands Lacs prend-il sa source, Ontario, Érié, Huron, Michigan, Supérieur ? Personne ne le sait précisément.
C'est qu'il cache bien son jeu, le bougre. Et comme si cela ne suffisait pas, voilà qu'il dissimule aussi l'endroit où il se précipite dans la mer.

Sans commencement ni fin, ce fleuve reste définitivement une énigme. Au Québec, on l'aime et surtout on le respecte. Les Québécois l'appelle le Fleuve, tout simplement.

C'est sur ses rives que s'est bâtie la province. Aujourd'hui encore, le Saint-Laurent porte la vie du Québec.

Le Saint-Laurent, c'est d'abord un des plus grands fleuves au monde avec plus de mille kilomètres de long. Les Amérindiens l'appelaient "Magtogoek", "le Chemin qui marche". Les Français l'ont rebaptisé "Saint-Laurent" en l'honneur de Jacques Cartier qui fit la première remontée de ce fleuve le jour de la fête du saint.

Chaque hiver, un brise-glace de la Garde côtière canadienne doit régulièrement ouvrir la voie navigable qui remonte le fjord du Saguenay vers Chicoutimi.

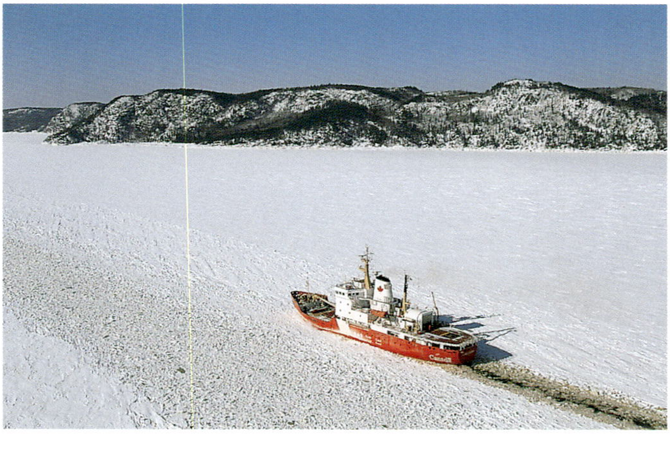

Prenant sa source au cœur de la plus grande réserve d'eau douce au monde, les Grands Lacs, il se jette dans cette vaste mer intérieure qu'est le golfe du Saint-Laurent. Par le jeu des marées qui viennent mourir au lac Saint-Pierre et des courants qui s'inversent jusqu'à Portneuf près de Québec, c'est la mer qui semble arriver au fleuve et non l'inverse. Ce n'est pourtant qu'à environ 500 km en aval de la capitale qu'on commence à l'appeler la mer, lorsqu'on ne voit plus la rive opposée située à près de 40 km.

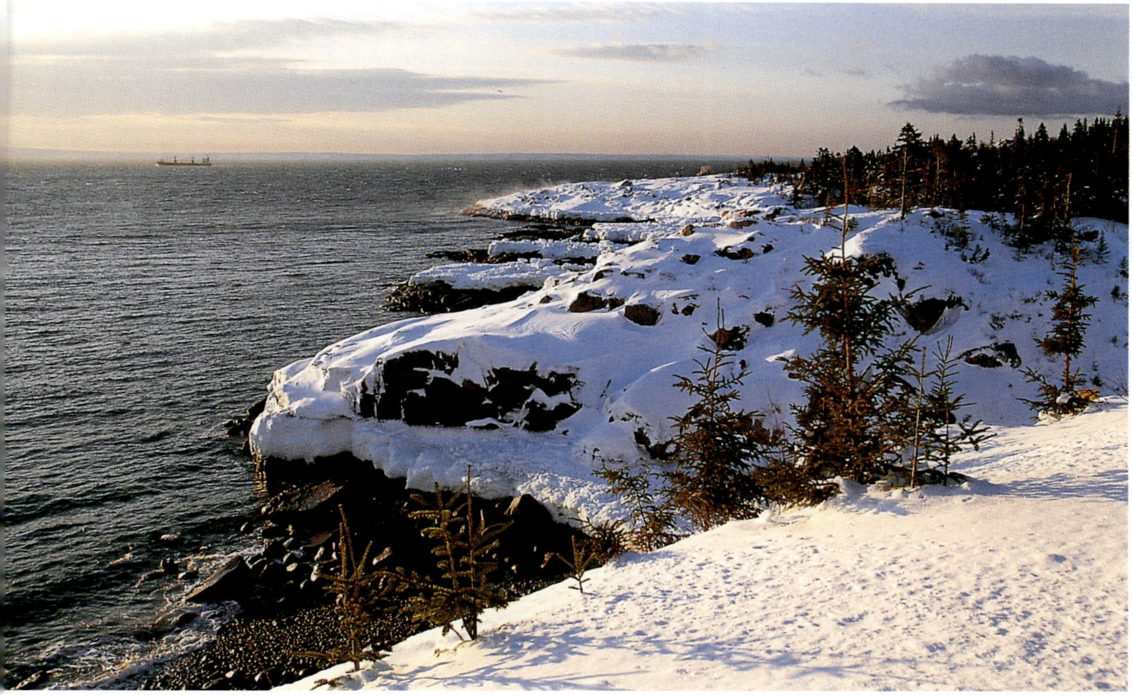

Les rives du Saint-Laurent dans la région des Escoumins au nord de Tadoussac.

Au fil des siècles, le fleuve et son golfe ont toujours imposé ıux marins des conditions de navigation parmi les plus difficiles ıu monde. Récifs, hauts-fonds, courants, marées, brume et bancs le sable, peuplent cette voie navigable. Sous ses allures tranquilles e cache en fait un tueur qui inscrit plus de 10 000 naufrages à son passif. Le plus tristement célèbre reste celui de l'« Empress of Ireand » en 1914, éperonné non loin de Rimouski et qui fit 1012 norts parmi les 1477 passagers deux ans seulement après le drame lu « Titanic ». Aujourd'hui encore, passée l'embouchure du Saguenay, les navires se font prendre en charge par des pilotes locaux ompus à tous les pièges dispersés sur la route jusqu'à Montréal.

En 1535, le Français Jacques Cartier fut le premier Européen remonter ce « fleuve jusqu'au village iroquois d'Hochelaga » Montréal). Il ne put dépasser les rapides en amont de la ville, qu'on appela plus tard, par dérision, les rapides de Lachine pour e moquer de ces explorateurs qui pensaient arriver en Chine par ette voie... Il en sera ainsi jusqu'en 1825 et l'inauguration du anal baptisé du même nom de Lachine qui autorisera les navires passer Montréal. Après d'autres grands travaux, à partir de 1959, a voie maritime pourra rejoindre le lac Supérieur, ce qui en fera ın des plus importants vecteurs de développement du pays.

Maté par ses canaux et ses écluses, le Saint-Laurent semble couler une retraite paisible. Mais il ne faut pas s'y fier car l'hiver, quand il se glace, se gèle, se fige, seuls les brise-glace arrivent encore à le dompter.

Double page suivante

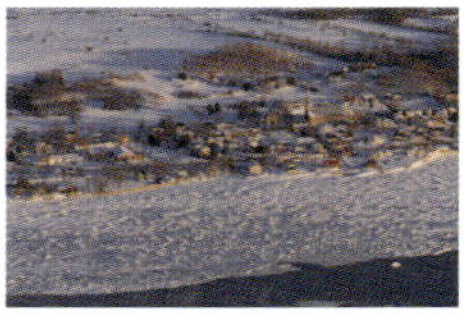

En hiver, une grande partie du fleuve reste gelée comme ici le long d'un village situé en aval de la ville de Québec.

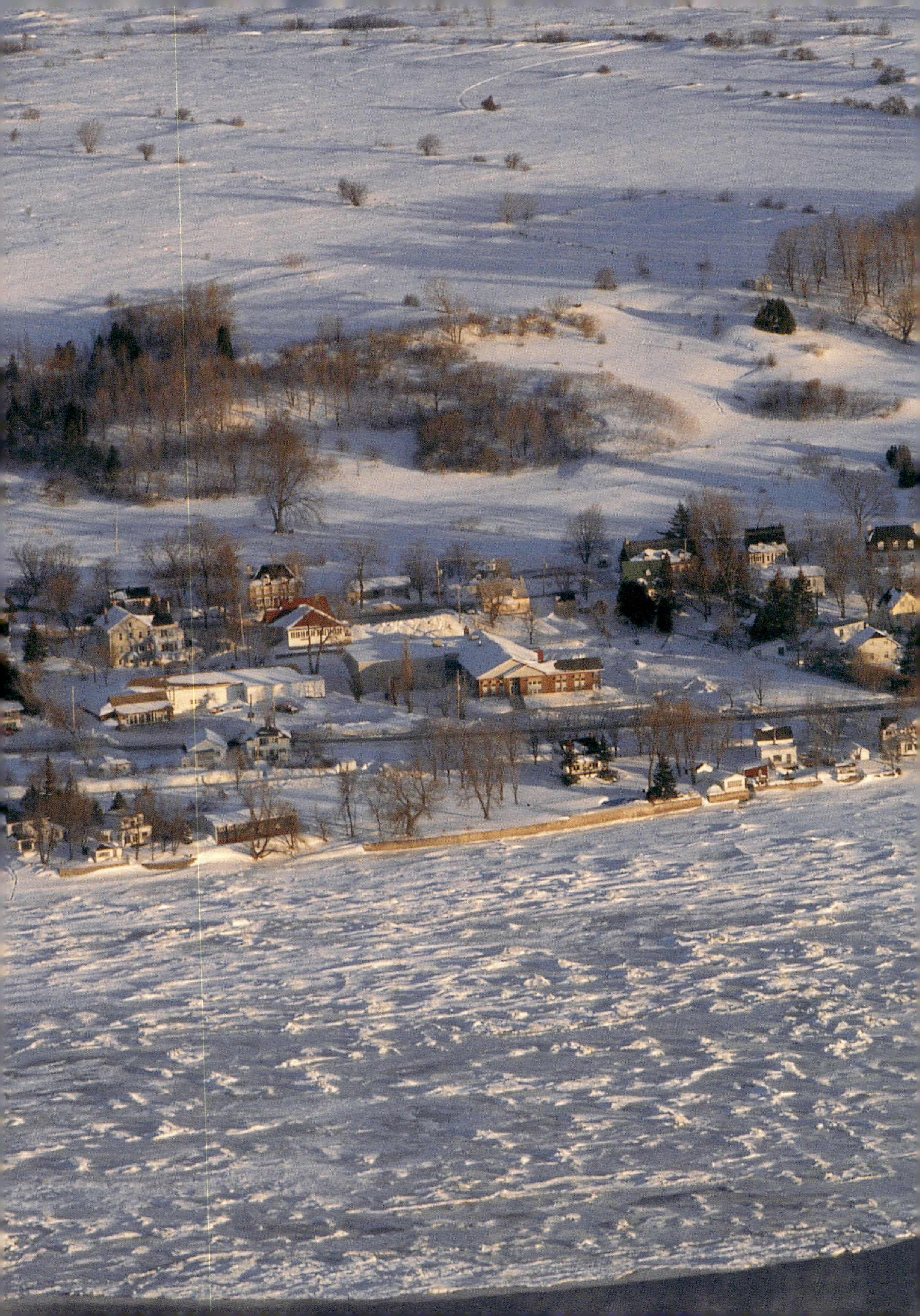

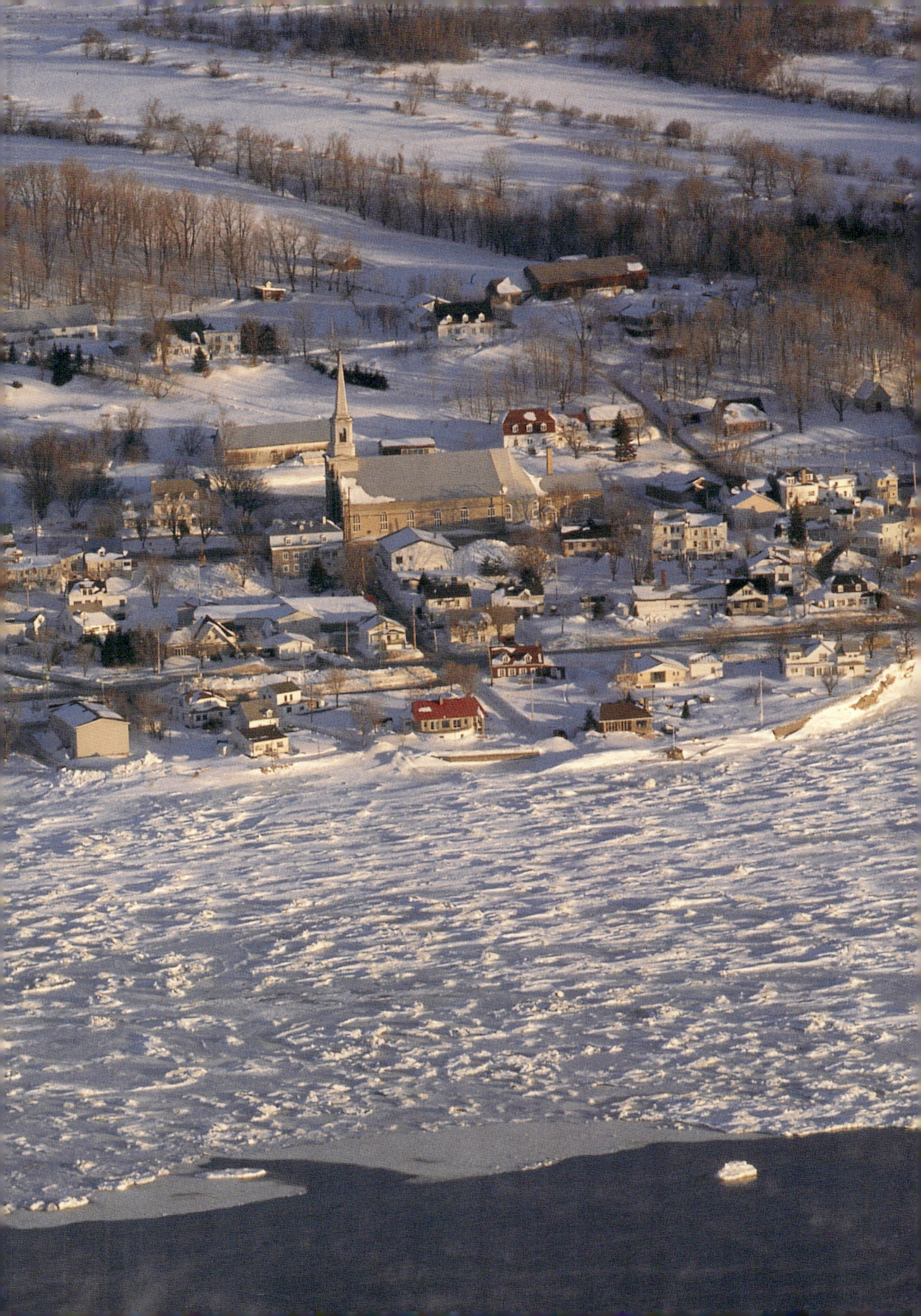

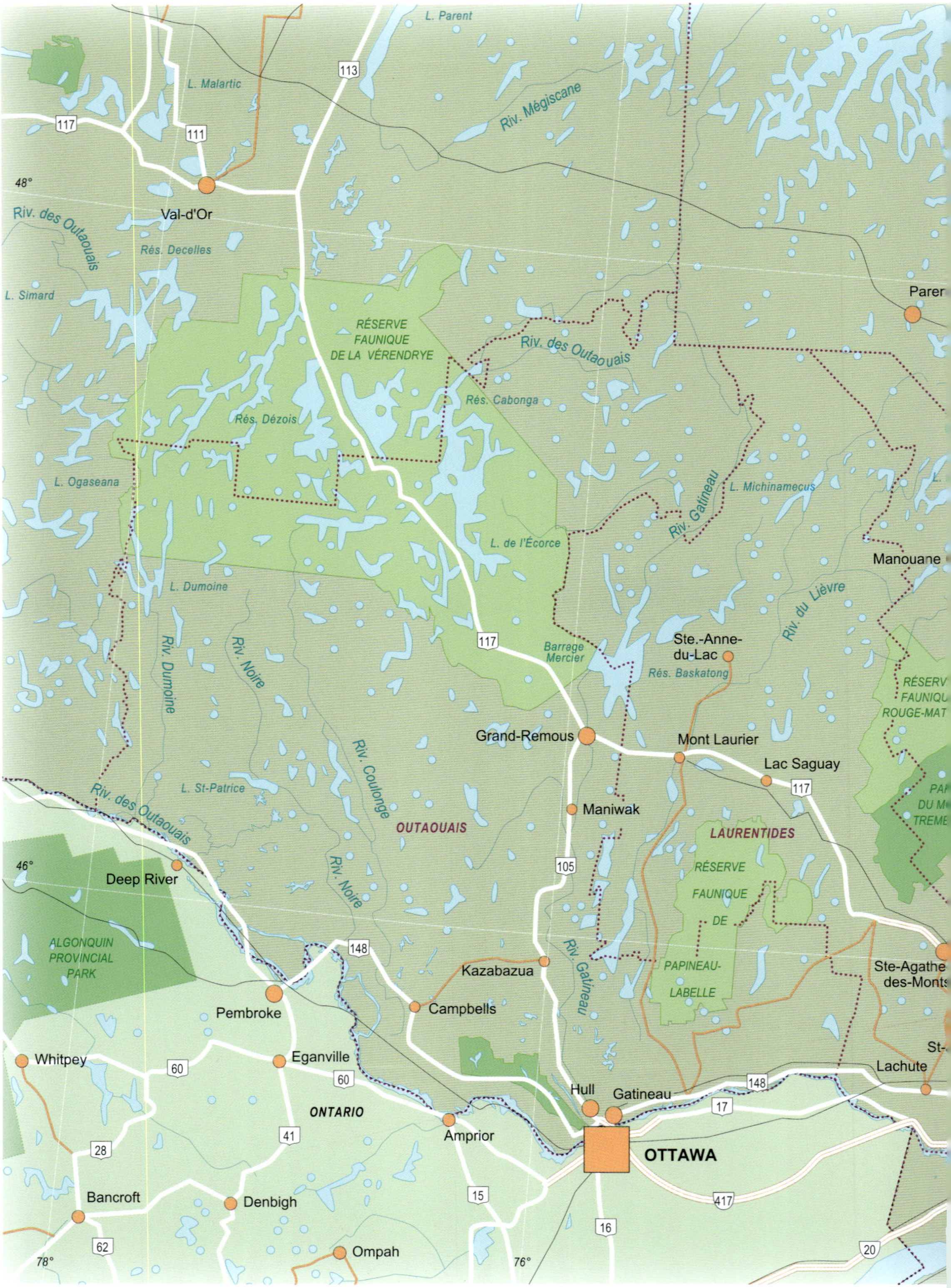

L. Parent
L. Malartic
113
117
111
Riv. Mégiscane
48°
Val-d'Or
Riv. des Outaouais
Rés. Decelles
L. Simard
Parer
RÉSERVE
FAUNIQUE
DE LA VÉRENDRYE
Riv. des Outaouais
Rés. Cabonga
Rés. Dézois
L. Ogaseana
L. Michinamecus
Riv. Gatineau
L. de l'Écorce
Manouane
L. Dumoine
Riv. du Lièvre
117
Barrage
Mercier
Ste.-Anne-
du-Lac
Riv. Dumoine
Riv. Noire
Rés. Baskatong
Grand-Remous
Mont Laurier
Riv. Coulonge
Lac Saguay
L. St-Patrice
117
Riv. des Outaouais
Maniwak
OUTAOUAIS
LAURENTIDES
46°
105
RÉSERVE
FAUNIQUE
DE
Deep River
Riv. Noire
ALGONQUIN
PROVINCIAL
PARK
148
Riv. Gatineau
Kazabazua
PAPINEAU-
LABELLE
Ste-Agathe
Pembroke
Campbells
Whitpey
60
Eganville
60
Lachute
Hull
Gatineau
148
ONTARIO
17
28
41
Amprior
OTTAWA
Bancroft
Denbigh
15
417
16
62
78°
Ompah
76°
20

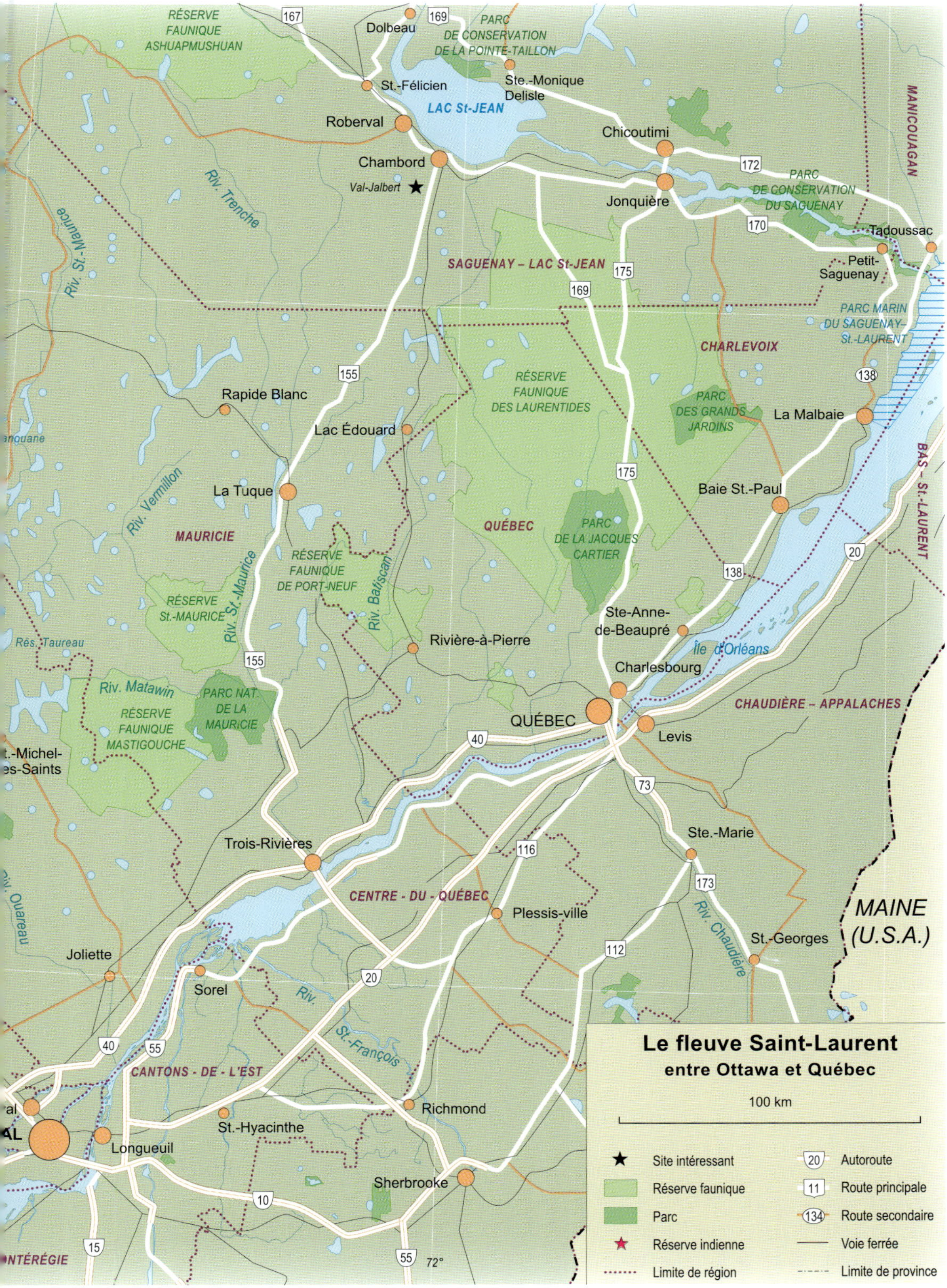
Le fleuve Saint-Laurent
entre Ottawa et Québec
100 km
Site intéressant
Réserve faunique
Parc
Réserve indienne
Limite de région
Autoroute
Route principale
Route secondaire
Voie ferrée
Limite de province
RÉSERVE FAUNIQUE ASHUAPMUSHUAN
Dolbeau
PARC DE CONSERVATION DE LA POINTE-TAILLON
St.-Félicien
Ste.-Monique
Delisle
LAC St-JEAN
Roberval
Chambord
Val-Jalbert
Chicoutimi
Jonquière
MANICOUAGAN
PARC DE CONSERVATION DU SAGUENAY
Tadoussac
Petit-Saguenay
SAGUENAY – LAC St-JEAN
Riv. Trenche
Riv. St.-Maurice
PARC MARIN DU SAGUENAY-St.-LAURENT
CHARLEVOIX
RÉSERVE FAUNIQUE DES LAURENTIDES
PARC DES GRANDS JARDINS
La Malbaie
Rapide Blanc
Lac Édouard
La Tuque
Riv. Vermillon
Baie St.-Paul
BAS - St.-LAURENT
MAURICIE
QUÉBEC
PARC DE LA JACQUES CARTIER
RÉSERVE FAUNIQUE DE PORT-NEUF
Riv. Batiscan
RÉSERVE St.-MAURICE
Riv. St.-Maurice
Rés. Taureau
Ste-Anne-de-Beaupré
Rivière-à-Pierre
Île d'Orléans
Charlesbourg
Riv. Matawin
PARC NAT. DE LA MAURICIE
RÉSERVE FAUNIQUE MASTIGOUCHE
QUÉBEC
CHAUDIÈRE – APPALACHES
Levis
Trois-Rivières
Ste.-Marie
CENTRE - DU - QUÉBEC
Plessis-ville
MAINE (U.S.A.)
Riv. Chaudière
St.-Georges
Joliette
Sorel
Riv. St.-François
CANTONS - DE - L'EST
Richmond
St.-Hyacinthe
Longueuil
Sherbrooke
72°
167
169
172
170
175
169
155
138
175
20
138
155
40
73
116
173
112
20
40
55
10
15
55

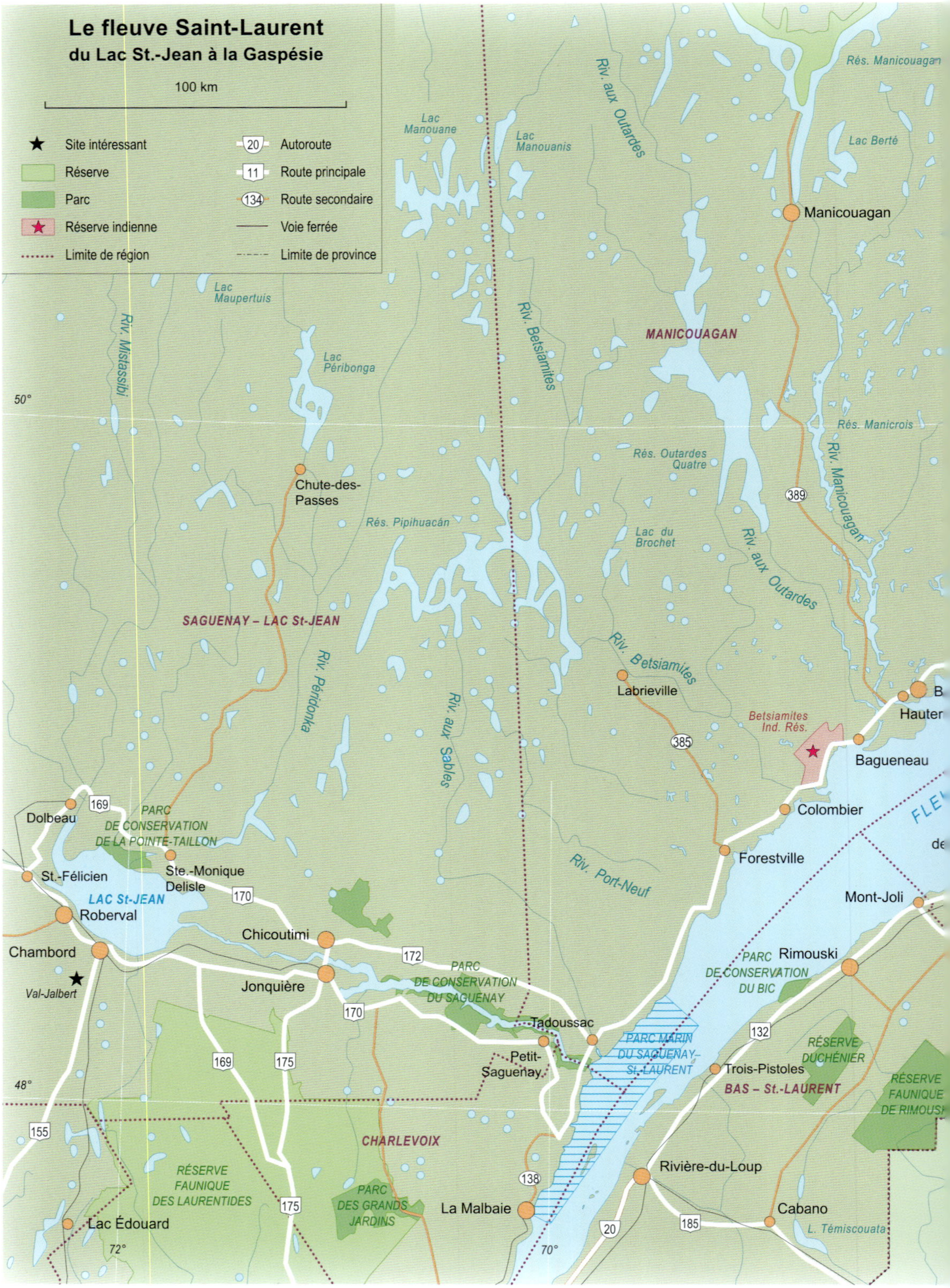

Le fleuve Saint-Laurent
du Lac St.-Jean à la Gaspésie
100 km
Site intéressant
Réserve
Parc
Réserve indienne
Limite de région
20 Autoroute
11 Route principale
134 Route secondaire
Voie ferrée
Limite de province
Lac Manouane
Lac Manouanis
Riv. aux Outardes
Rés. Manicouagan
Lac Berté
Manicouagan
Lac Maupertuis
Riv. Mistassibi
Riv. Betsiamites
MANICOUAGAN
Lac Péribonga
50°
Rés. Manicrois
Rés. Outardes Quatre
Riv. Manicouagan
Chute-des-Passes
389
Rés. Pipihuacán
Lac du Brochet
Riv. aux Outardes
SAGUENAY – LAC St-JEAN
Riv. Péribonka
Riv. aux Sables
Riv. Betsiamites
Labrieville
Betsiamites Ind. Rés.
385
Bagueneau
Colombier
Dolbeau
169
PARC DE CONSERVATION DE LA POINTE-TAILLON
Ste.-Monique
Delisle
St.-Félicien
LAC St-JEAN
Roberval
170
Forestville
Riv. Port-Neuf
Mont-Joli
Chicoutimi
Chambord
Val-Jalbert
Jonquière
172
PARC DE CONSERVATION DU SAGUENAY
PARC DE CONSERVATION DU BIC
Rimouski
170
Tadoussac
Petit-Saguenay
PARC MARIN DU SAGUENAY-St.-LAURENT
132
Trois-Pistoles
RÉSERVE DUCHÉNIER
BAS – St.-LAURENT
RÉSERVE FAUNIQUE DE RIMOUSKI
48°
169
175
155
CHARLEVOIX
RÉSERVE FAUNIQUE DES LAURENTIDES
138
Rivière-du-Loup
PARC DES GRANDS JARDINS
175
La Malbaie
Cabano
Lac Édouard
185
20
L. Témiscouata
72°
70°

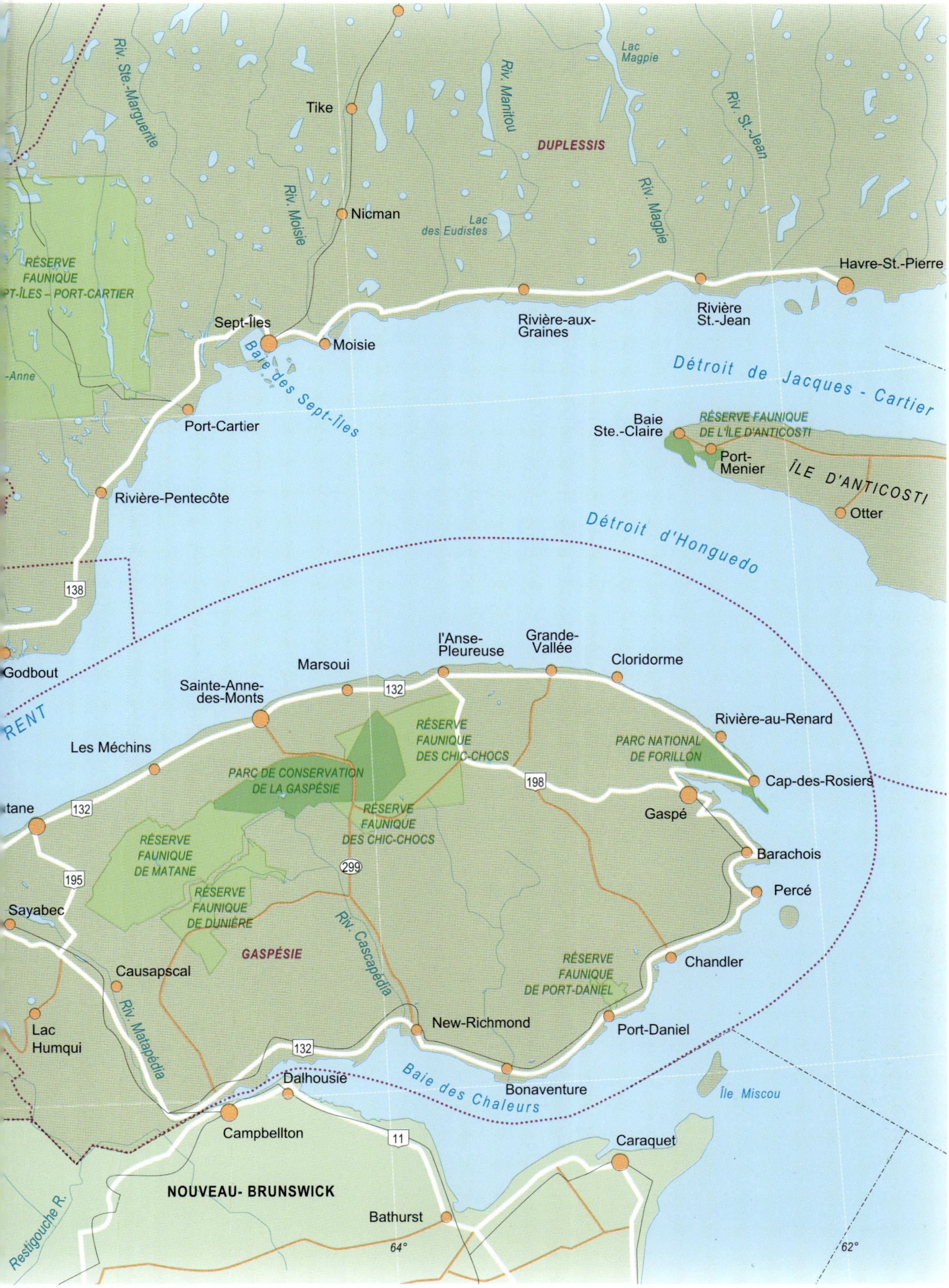
Tike
Riv. Ste-Marguerite
Riv. Manitou
Lac Magpie
DUPLESSIS
Riv. St.-Jean
Riv. Moisie
Nicman
Lac des Eudistes
Riv. Magpie
RÉSERVE FAUNIQUE PT-ÎLES – PORT-CARTIER
Havre-St.-Pierre
Sept-Îles
Moisie
Rivière-aux-Graines
Rivière St.-Jean
Baie des Sept-Îles
Détroit de Jacques - Cartier
Port-Cartier
Baie Ste.-Claire
RÉSERVE FAUNIQUE DE L'ÎLE D'ANTICOSTI
Port-Menier
ÎLE D'ANTICOSTI
Rivière-Pentecôte
Otter
Détroit d'Honguedo
138
Godbout
Marsoui
l'Anse-Pleureuse
Grande-Vallée
Cloridorme
Sainte-Anne-des-Monts
132
RÉSERVE FAUNIQUE DES CHIC-CHOCS
Rivière-au-Renard
PARC NATIONAL DE FORILLON
Les Méchins
PARC DE CONSERVATION DE LA GASPÉSIE
198
Cap-des-Rosiers
Gaspé
RÉSERVE FAUNIQUE DES CHIC-CHOCS
Barachois
RÉSERVE FAUNIQUE DE MATANE
299
195
Percé
Sayabec
RÉSERVE FAUNIQUE DE DUNIÈRE
Riv. Cascapédia
GASPÉSIE
Chandler
Causapscal
RÉSERVE FAUNIQUE DE PORT-DANIEL
Riv. Matapédia
New-Richmond
Port-Daniel
Lac Humqui
132
Dalhousie
Baie des Chaleurs
Bonaventure
Île Miscou
Campbellton
11
Caraquet
NOUVEAU- BRUNSWICK
Restigouche R.
Bathurst
64°
62°

DES ÎLES ET DES HOMMES

Selon une légende des bords du fleuve, lorsque le Grand Esprit créa le monde il chargea un ange de la décoration de la terre. Son œuvre terminée, l'ange s'aperçut qu'il lui restait encore quelques rochers qu'il ne pouvait remonter au ciel en raison de leur poids. Il décida donc de les jeter dans le fleuve qu'il venait de créer du revers de son ongle. C'est ainsi que le Saint-Laurent se para d'une multitude d'îles...

En juillet les fraises, en août le maïs, en septembre les pommes, le sirop d'érable au printemps, les faisans et les cailles à l'automne... Malgré les années, l'île d'Orléans reste le jardin de la ville de Québec. Au temps de Jacques Cartier déjà, en 1535, ses terres faisaient pousser tant de vignes sauvages que l'explorateur surnomma l'endroit “l'île de Bacchus”. Toutefois, limiter l'intérêt de l'île à sa seule production agricole serait réducteur, car celle-ci, classée arrondissement historique et donc protégé, est une petite merveille. “Maisons de bois, maisons de pierre, clochers pointus”, égrenait Félix Leclerc, qui passa ici une bonne partie de sa vie, et qui y repose aujourd'hui.Passé le pont suspendu qui mène à l'île, tous les villages portent fièrement des noms de saints. Il sont posés le long du “Chemin royal” qui ceinture l'île sur 42 “milles” (65 km). Sainte-Pétronille, Saint-Laurent, Saint-Jean, Saint-François, Sainte-Famille, Saint-Pierre... “Quarante-deux milles de choses tranquilles”, chantait le poète...

Ci-dessous : été comme hiver, un traversier relie Saint-Joseph-de-la-Rive dans le Charlevoix à l'île aux Coudres.
Page de droite : le moulin à vent de l'île aux Coudre abrite l'intéressant musée de la meunerie.
Les belles maisons de Sainte-Pétronille sur la pointe sud de l'île d'Orléans font face à la ville de Québec.

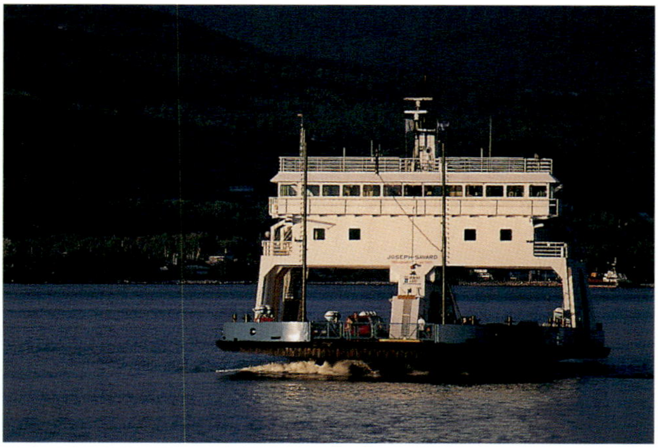

Au large de l'île d'Orléans, une vingtaine de petits lopins de terre flottent sur le Saint-Laurent. C'est l'archipel de Montmagny dont la seule île réellement habitée à l'année est l'île aux Grues (250 habitants) reliée chaque jour par un traversier. Champêtre, parsemée de champs de blé, de gîtes et de bonnes tables, l'île s'étire sur une dizaine de kilomètres. Au printemps et à l'automne, c'est un lieu idéal pour “guetter” les oies blanches des neiges qui voyagent vers le nord ou vers le sud.

En débarquant sur sa voisine Grosse-Ile, on revit un douloureux épisode du passé, celui de l'immigration au XIXe siècle. L'île fut choisie en 1832 comme principale station de quarantaine du Canada. Les immigrants y étaient consignés avant de débarquer dans le port de Québec. Jusqu'en 1937, Grosse-Ile a accueilli plusieurs centaines de milliers d'immigrants venus d'Europe. La plupart en sont vite repartis mais plus de 7 000 seraient morts du typhus ou du choléra avant de l'avoir quittée.

Depuis Saint-Joseph-de-la-Rive, un traversier atteint en 15 mn l'île aux Coudres, ainsi baptisée par Jacques Cartier en rai-

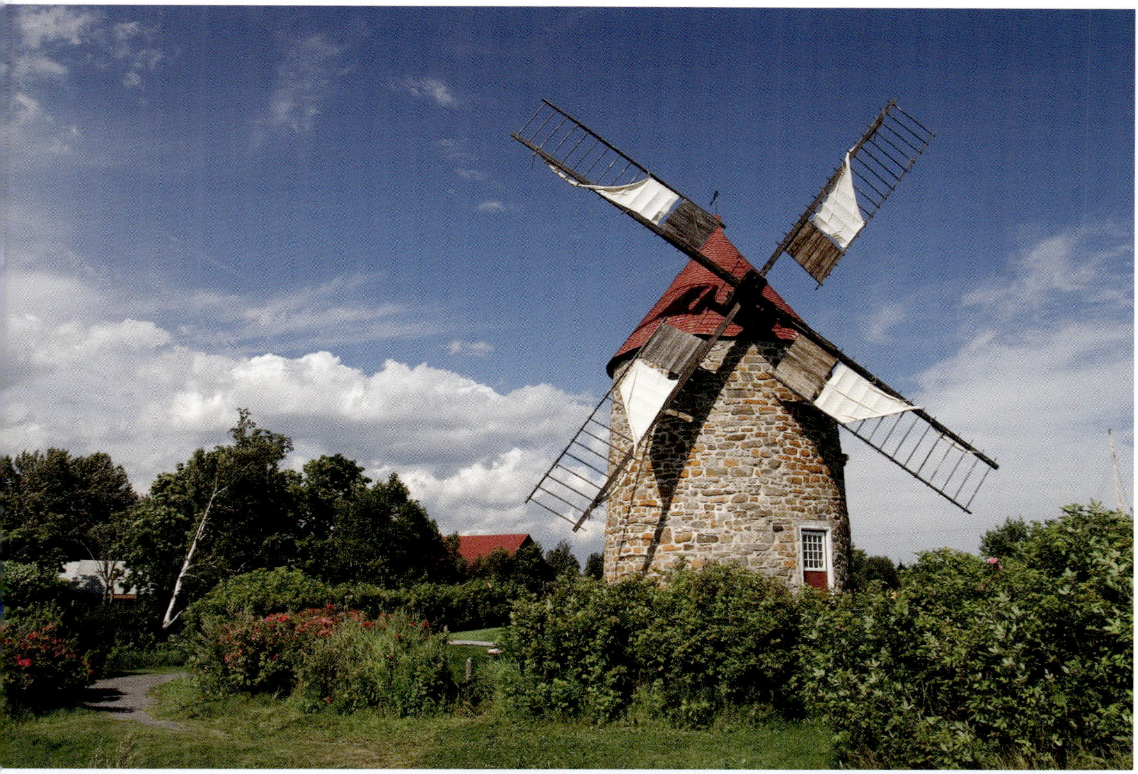

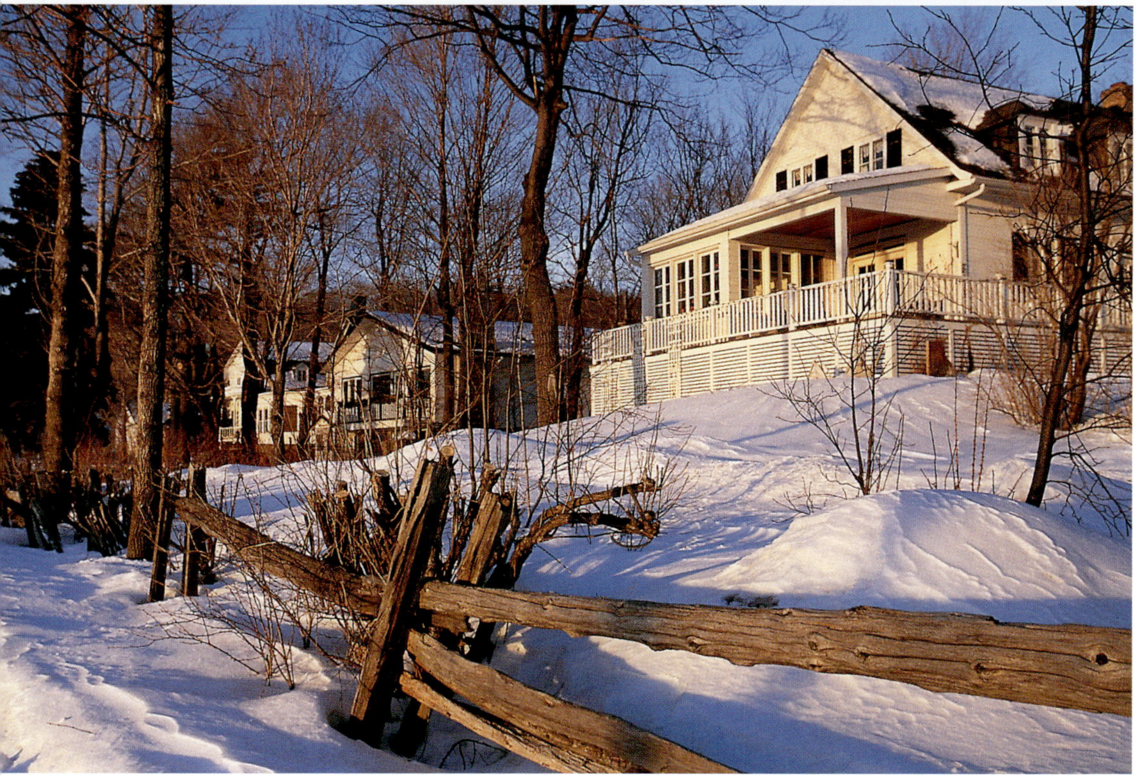

son des nombreux coudriers (noisetiers) qui s'y trouvaient alors en abondance. Les 26 km de cette terre toute en collines et en rivières se parcourent aisément à bicyclette pendant les mois d'été. Longtemps, ses habitants ont vécu de la chasse aux bélugas, de petits cétacés blancs dont la graisse alimentait les lampes d'éclairage, puis de la construction de "voitures d'eau", petites goélettes à voile puis à vapeur, utilisées pour le cabotage sur le fleuve. Tout au long de l'île, on croise de nombreux vestiges de ces voitures d'eaux sur les battures. Un endroit à ne pas manquer : les Moulins de l'île aux Coudres, un site exceptionnel qui réunit un moulin à eau (1825) et un moulin à vent (1836) encore en fonction. Les farines de blé et de sarrasin y sont vendues sur place par le meunier.

Fièrement campé à l'entrée du golfe du Saint-Laurent, Anticosti, vaisseau de terre grand comme la Corse, a tout d'une île aux trésors. Elle a comblé le baron français du chocolat, Henri Menier. En 1895, il achète ce qui n'est alors qu'une terre sauvage où vivent dispersées des familles pauvres de pêcheurs de morue. Menier va

L'Île aux Coudres abrite de nombreux vergers et cidreries, du mois de septembre jusqu'à la fin du mois d'octobre on peut y pratiquer l'autocueillette des pommes.

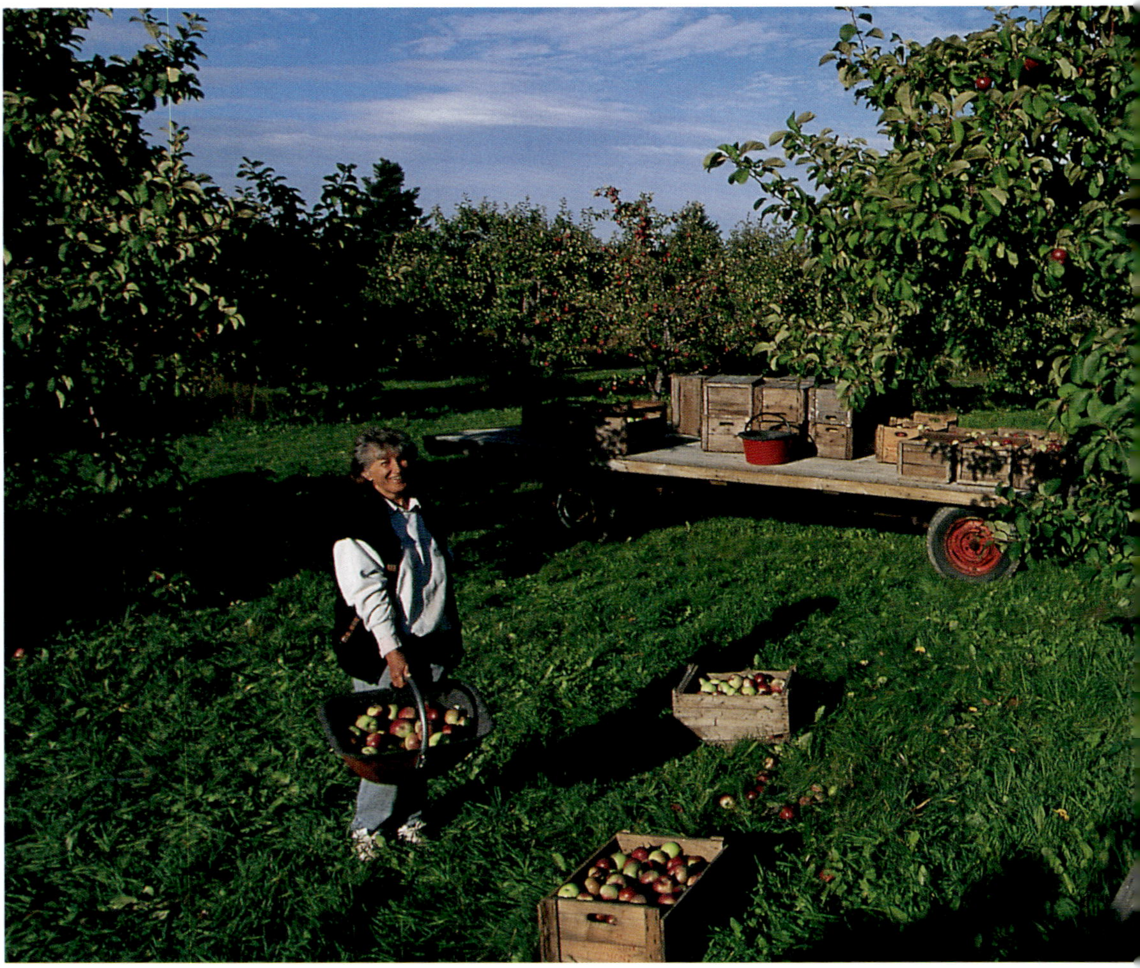

construire un petit pays, son pays : un village – Baie-Sainte-Claire (du prénom de sa mère) – , une route, une église, une école, un auditorium, une bibliothèque… Et comme la faune vivant déjà sur l'île (loutres, martres, ours et renards) ne lui suffit pas, il introduit 220 cerfs de Virginie (ils sont aujourd'hui plus de 120 000), des orignaux, des caribous et des castors. Hélas, les rêves ne durent pas. Le riche industriel décède brusquement en 1913 et l'île vit alors une longue période de noirceur. Finalement, le gouvernement du Québec s'en porte acquéreur en 1974. Aujourd'hui, elle compte près de 400 habitants et mérite à nouveau son surnom de paradis naturel. Elle offre aux visiteurs qui ont la chance de pouvoir s'y rendre d'immenses forêts percées de canyons, des rivières poissonneuses, des chutes d'eau, d'innombrables fossiles, et partout des animaux, mammifères, oiseaux marins ou nicheurs dont le magnifique et rare Pygargue à tête blanche (l'emblème des États-Unis). Au pied des falaises couronnées de sapins, s'étendent de longues plages de sable fin. Autant de trésors à découvrir…

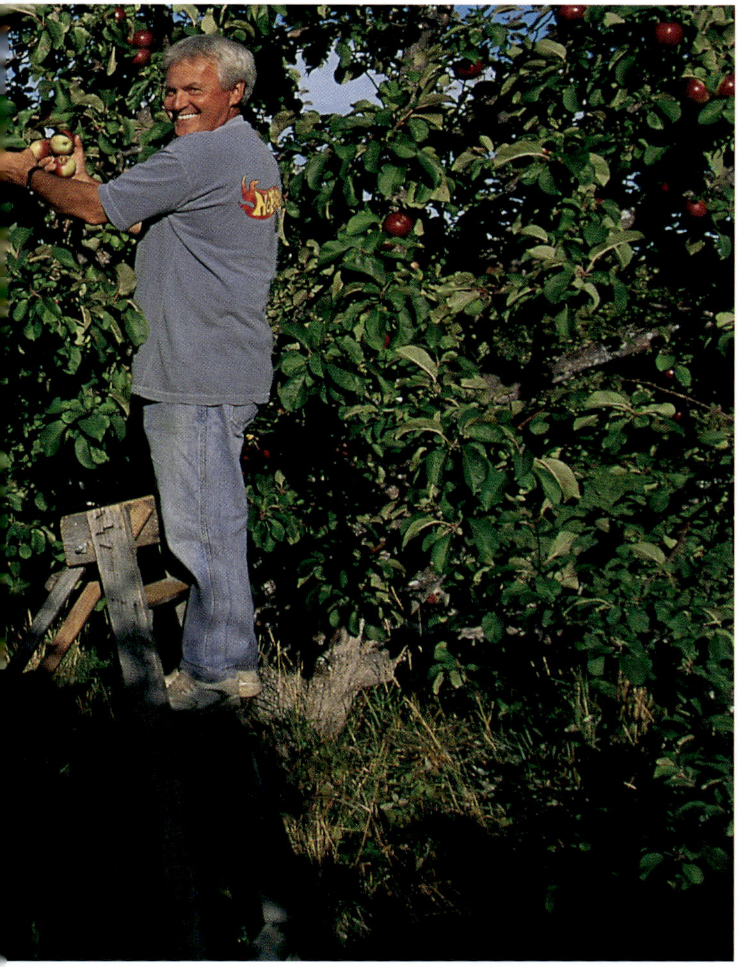

Double page suivante :

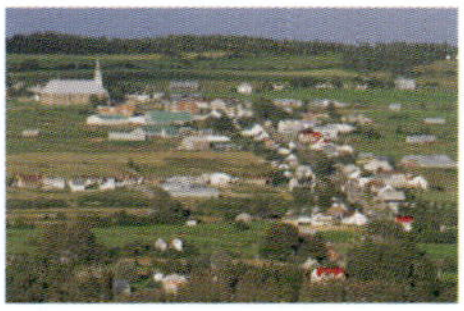

Le village des Éboulements dans la région de Charlevoix.

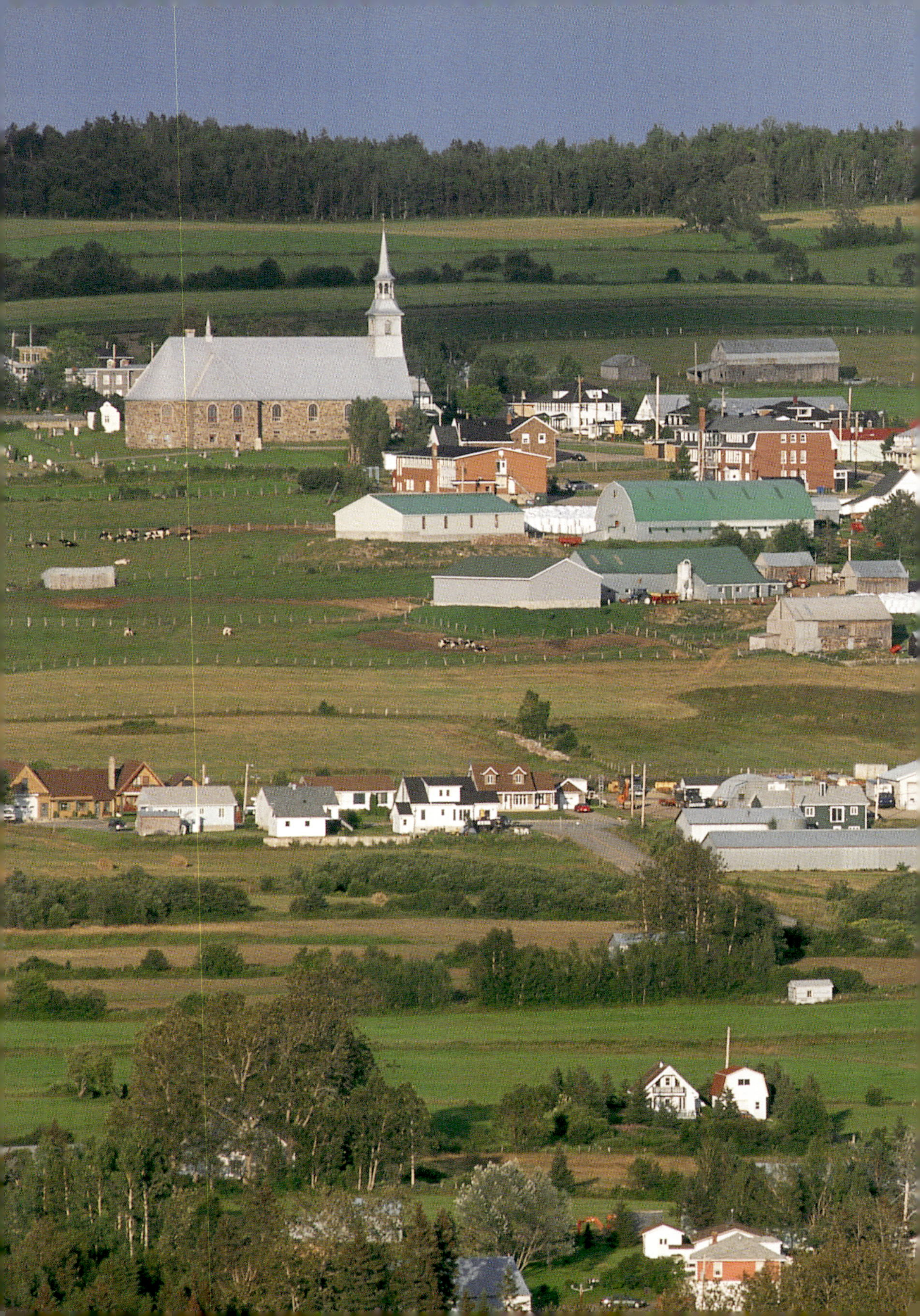

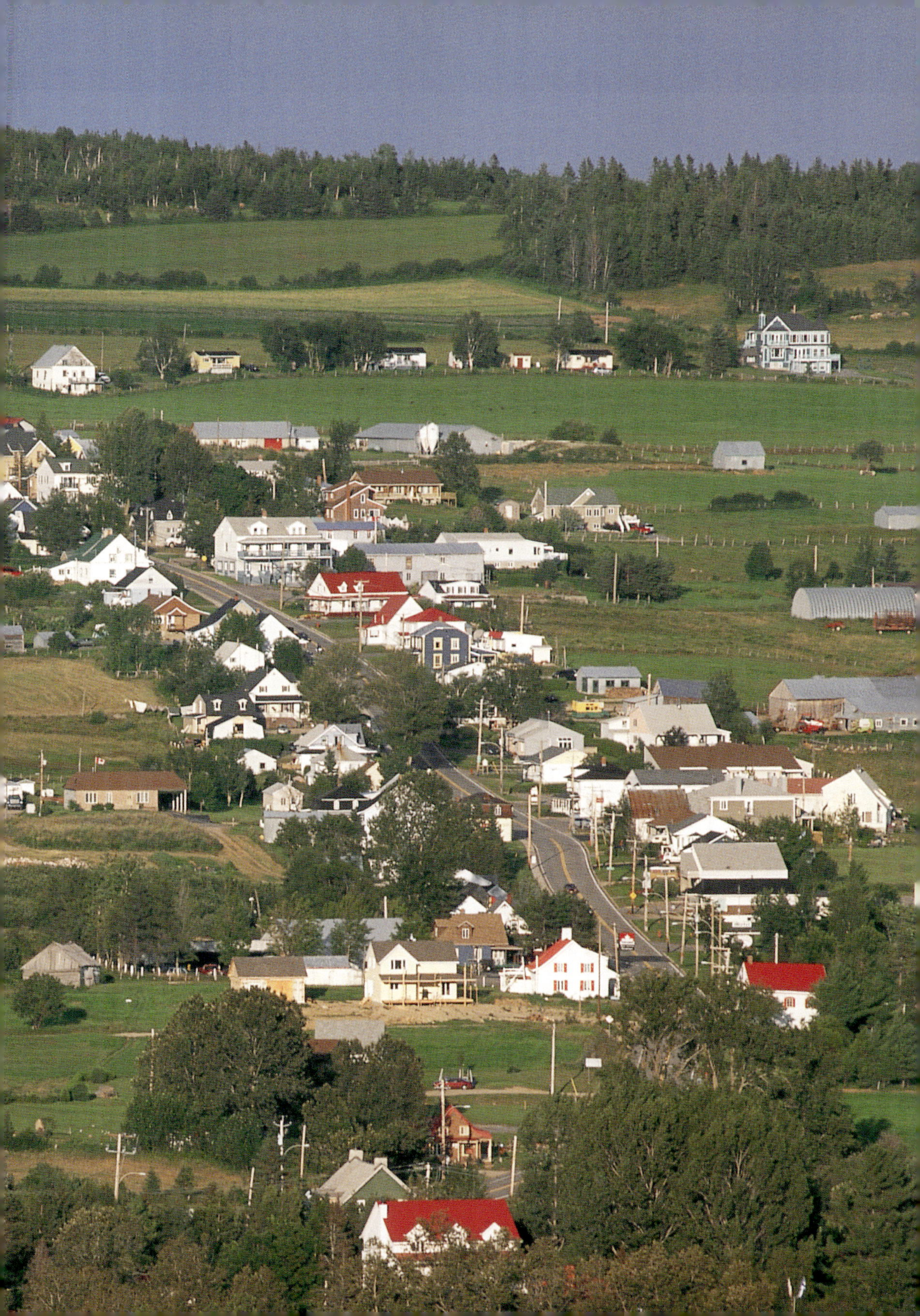

DE CHARLEVOIX À TADOUSSAC ET SES BALEINES

Baptisée ainsi en hommage au jésuite François-Xavier de Charlevoix, premier historien de la Nouvelle-France, la région de Charlevoix est pourtant née d'une colère du ciel. Il y a 350 millions d'année, une météorite de quinze milliards de tonnes s'écrasait sur les bords du Saint-Laurent, provoquant un séisme qui secoua la planète entière. De cette naissance mouvementée, le Charlevoix garde une nature grandiose et une faune et une flore exceptionnelles à cette latitude, qui lui ont valu d'être désigné "Réserve mondiale de biosphère" par l'Unesco. Tout ici constitue un régal pour les yeux : les caps qui étreignent les vallées, les petits villages nichés au pied des montagnes, les torrents qui dévalent les rochers, les rivières aux eaux limpides et poissonneuses et en prime deux grands parcs à la nature préservée.

Surnommé "la petite Suisse du Québec", en raison de son air pur et vivifiant, le Charlevoix possède une lumière particulière qui très vite attira les plus grand peintres du Québec. Clarence Gagnon, Marc-Aurèle Fortin et Jean-Paul Lemieux entre autres ont su immortaliser ce merveilleux coin de pays. Surnommée le "paradis des artistes", Baie-Saint-Paul (10 000 habitants) compte aujourd'hui une douzaine de galeries où exposent des artistes locaux, émules des grands maîtres. Entre Saint-Joseph-de-la-Rive et Cap-à-l'Aigle, la route du bord du fleuve offre des panoramas magnifiques et s'enfonce peu à peu dans un territoire à la fois majestueux et accueillant, autrefois haut lieu de villégiature de la bourgeoisie nord-américaine.

Toujours en quête d'un nouvel éden, les vacanciers fortunés de la Belle Époque firent construire à Pointe-au-Pic de somptueuses résidences estivales. Parmi eux, William Howard Taft, alors président des États-Unis. Celui-ci adorait la région et se plaisait à dire, en parlant de l'air de Murray Bay, qu'il « enivrait comme du champagne, mais sans les maux de têtes du lendemain ». Ces villas impressionnantes se trouvent toujours sur le chemin des Falaises. Certaines sont des propriétés privées, d'autres ont été converties en charmantes auberges qui accueillent les amateurs de calme et de gastronomie.

La route 138 entre La Malbaie et Saint-Siméon offre de superbes points de vue sur le fleuve.

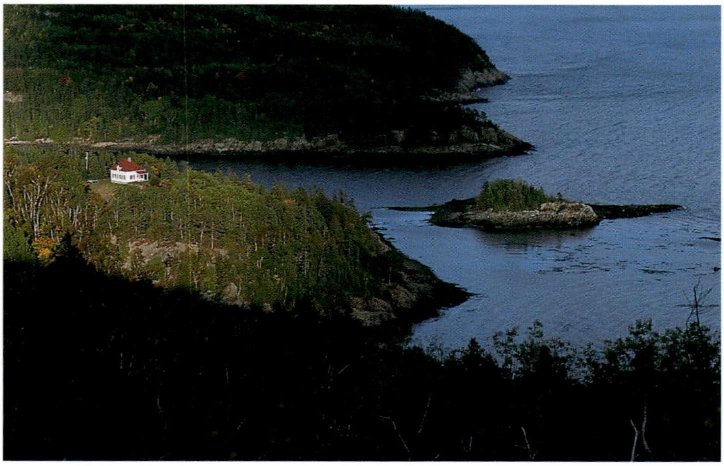

De La Malbaie part la route qui mène au parc régional des Hautes-Gorges, joyau de l'arrière-pays de Charlevoix. On y trouve tous les écosystèmes du

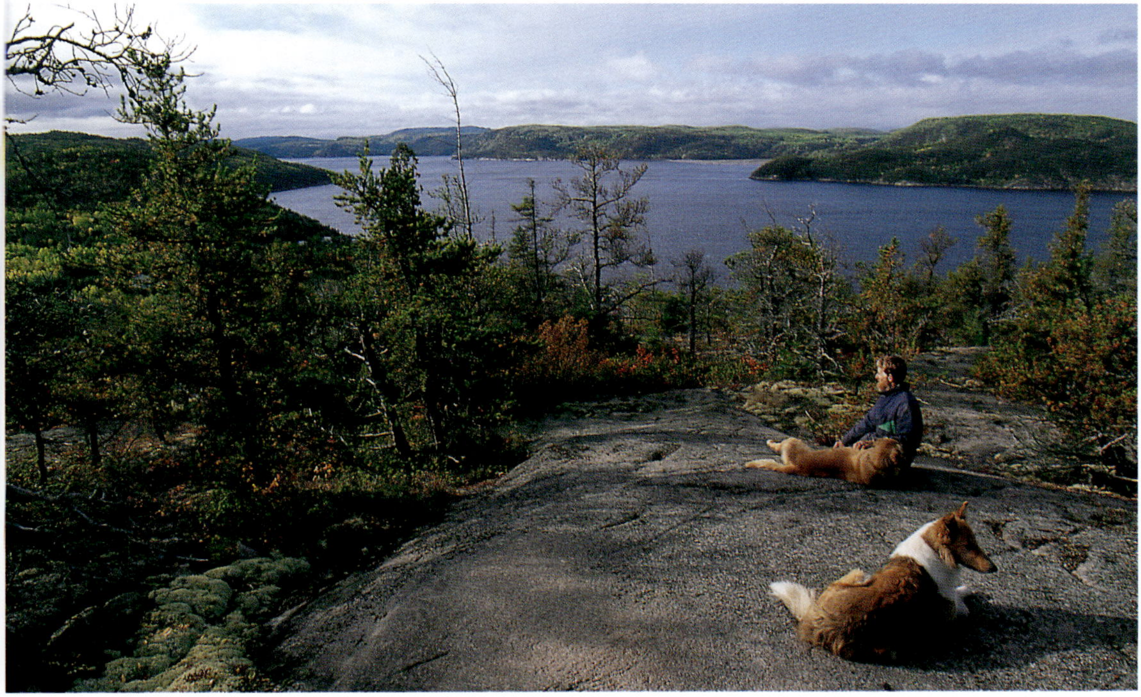

La rivière Saguenay traverse un paysage accidenté mêlant falaises et montagnes.

Québec (de l'érablière à la toundra), des cirques glaciaires, des parois rocheuses de plus de 800 m de haut, et quelques chutes impressionnantes comme celle des Martres.

Le Charlevoix rugueux, montagneux et sauvage commence ensuite, après Cap-à-l'Aigle. Omniprésentes, les montagnes ne laissent ici que peu de place aux hommes et les villages se concentrent le long du fleuve. Dissimulé dans une anse du Saint-Laurent, Port-au-Persil est certainement un des plus charmants d'entre eux. On y accède par une courte route secondaire qui serpente à travers les monts érodés. L'harmonie qui émane de ce petit bourg lové autour d'une jolie chapelle anglicane et au pied d'une petite chute d'eau donne des ailes…

A l'embouchure du Saguenay, la rencontre brutale entre les eaux du fleuve et celles du fjord favorise une faune riche en plancton et en petits poissons qui attire les baleines. Chaque été, on peut y observer plusieurs espèces de cétacés comme le rorqual commun, le rorqual bleu, le rorqual à bosse ou le béluga, la fameuse baleine blanche qui a élu domicile à l'année dans le Saint-Laurent. Au large de Tadoussac, une véritable flottille de navires grands et petits traque tout l'été les cétacés pour le bonheur des touristes. Quelques kilomètres au nord de Tadoussac, à Bergeronnes, il est pourtant possible d'observer les baleines de très près et en toute quiétude depuis le centre d'interprétation du cap Bon-Désir, aménagé autour d'un phare toujours en activité.

Doubles pages suivantes :

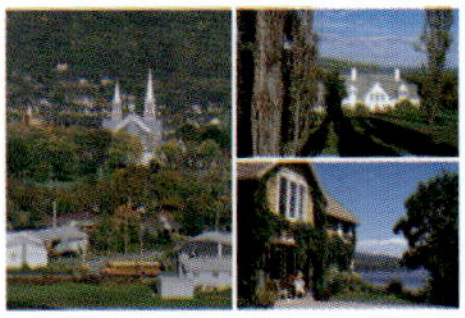

Baie-Saint-Paul et les luxueuses résidences du Chemin des Falaises à La Malbaie-Pointe-au-Pic.

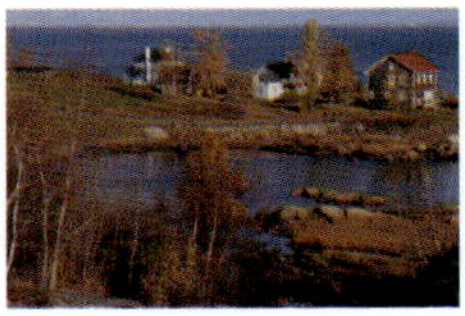

Port-au-Persil, minuscule hameau du Charlevoix délicatement posé au fond d'une petite baie du Saint-Laurent.

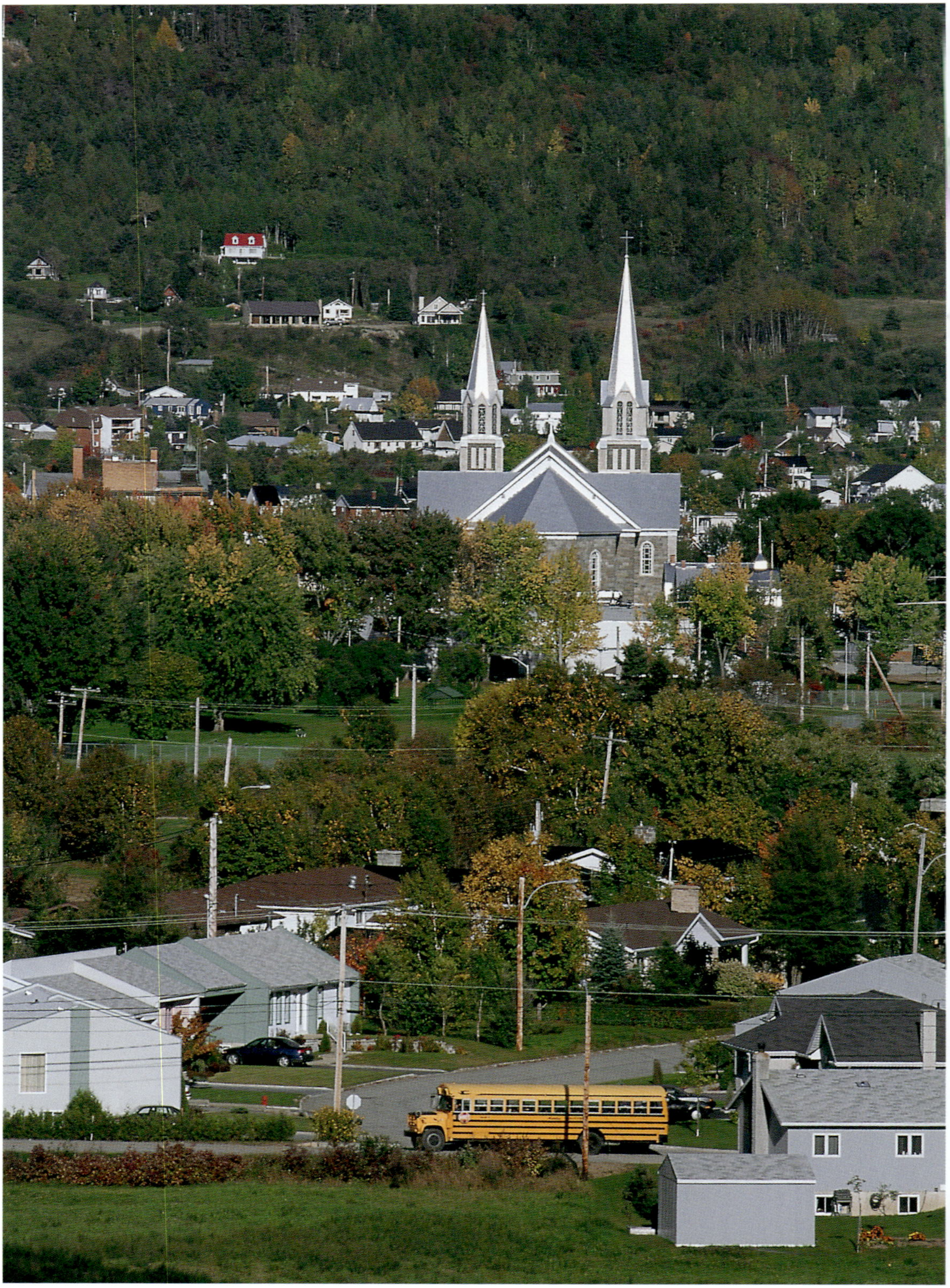

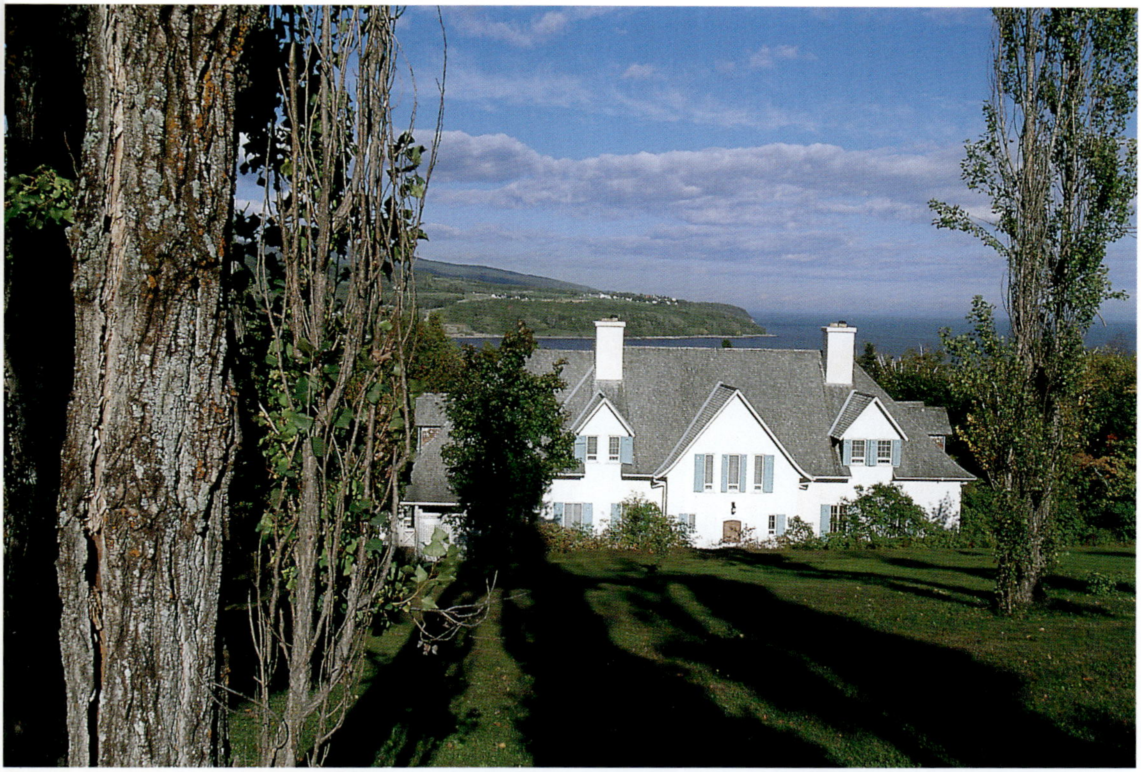

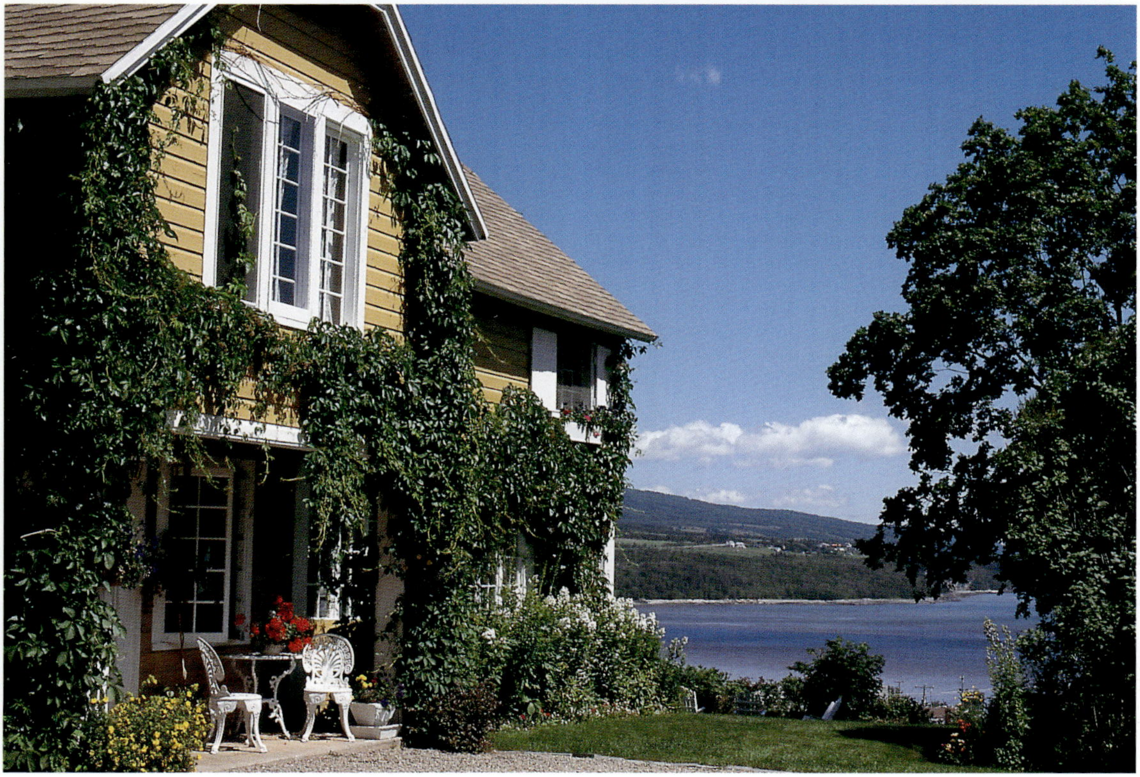

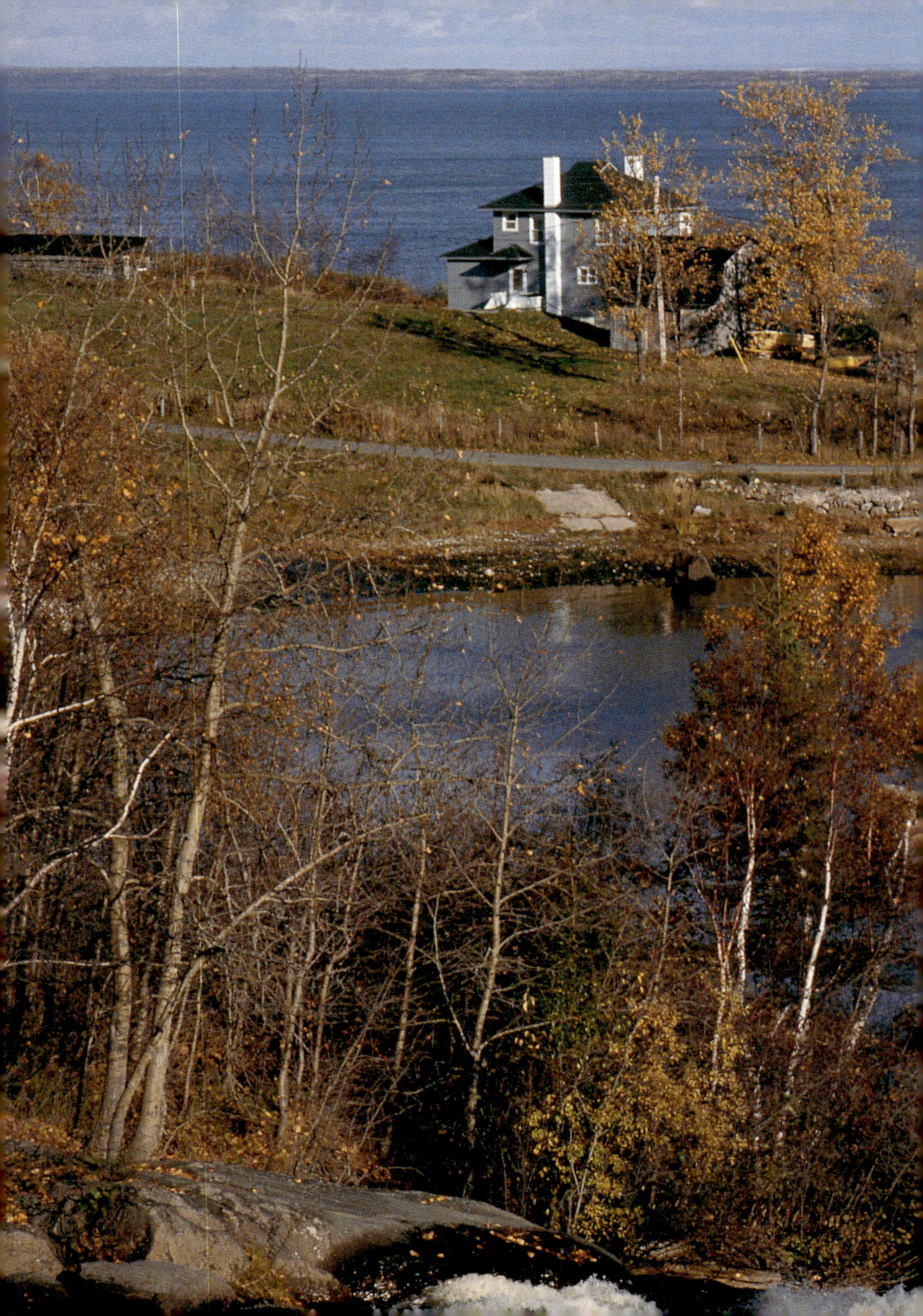

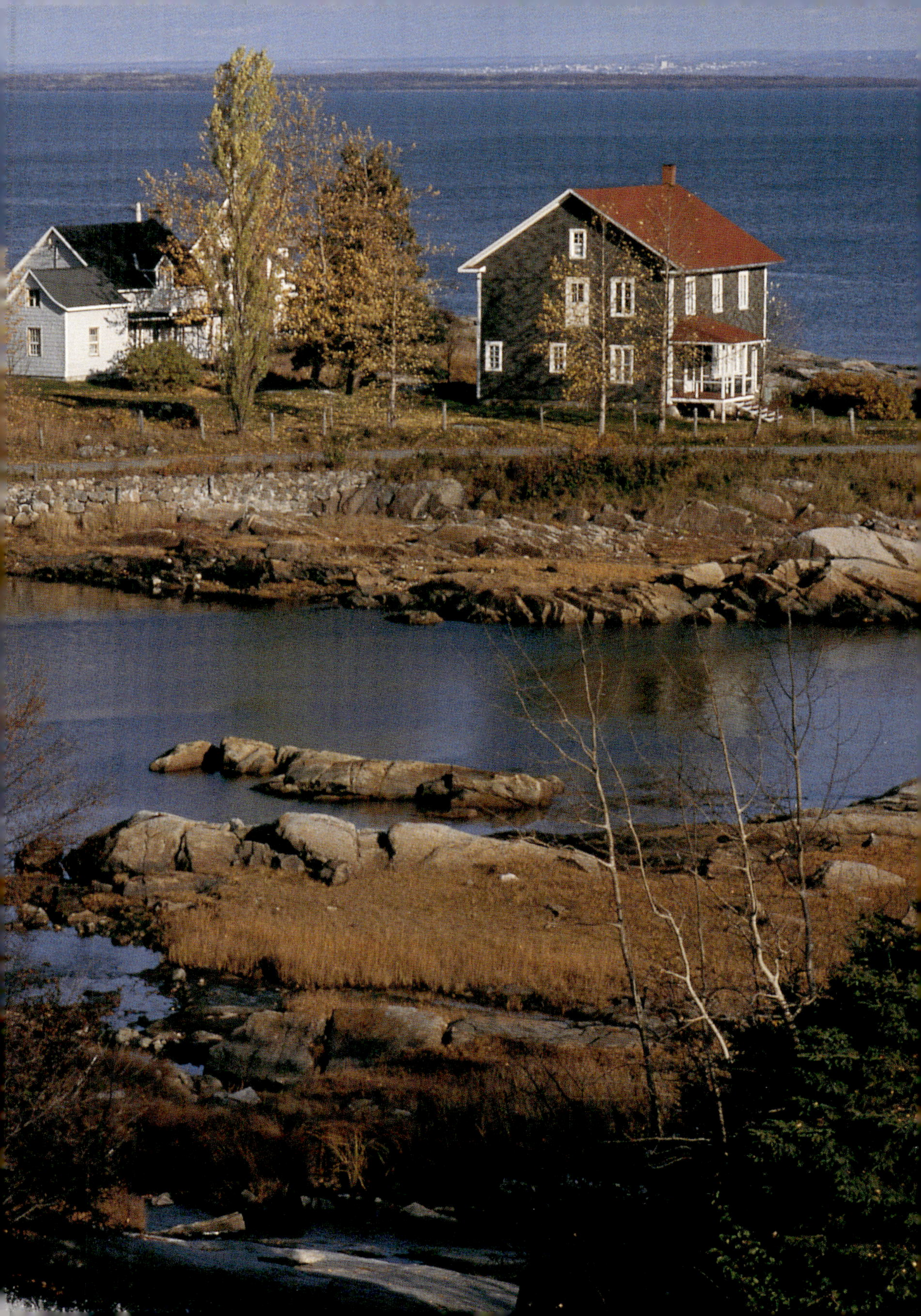

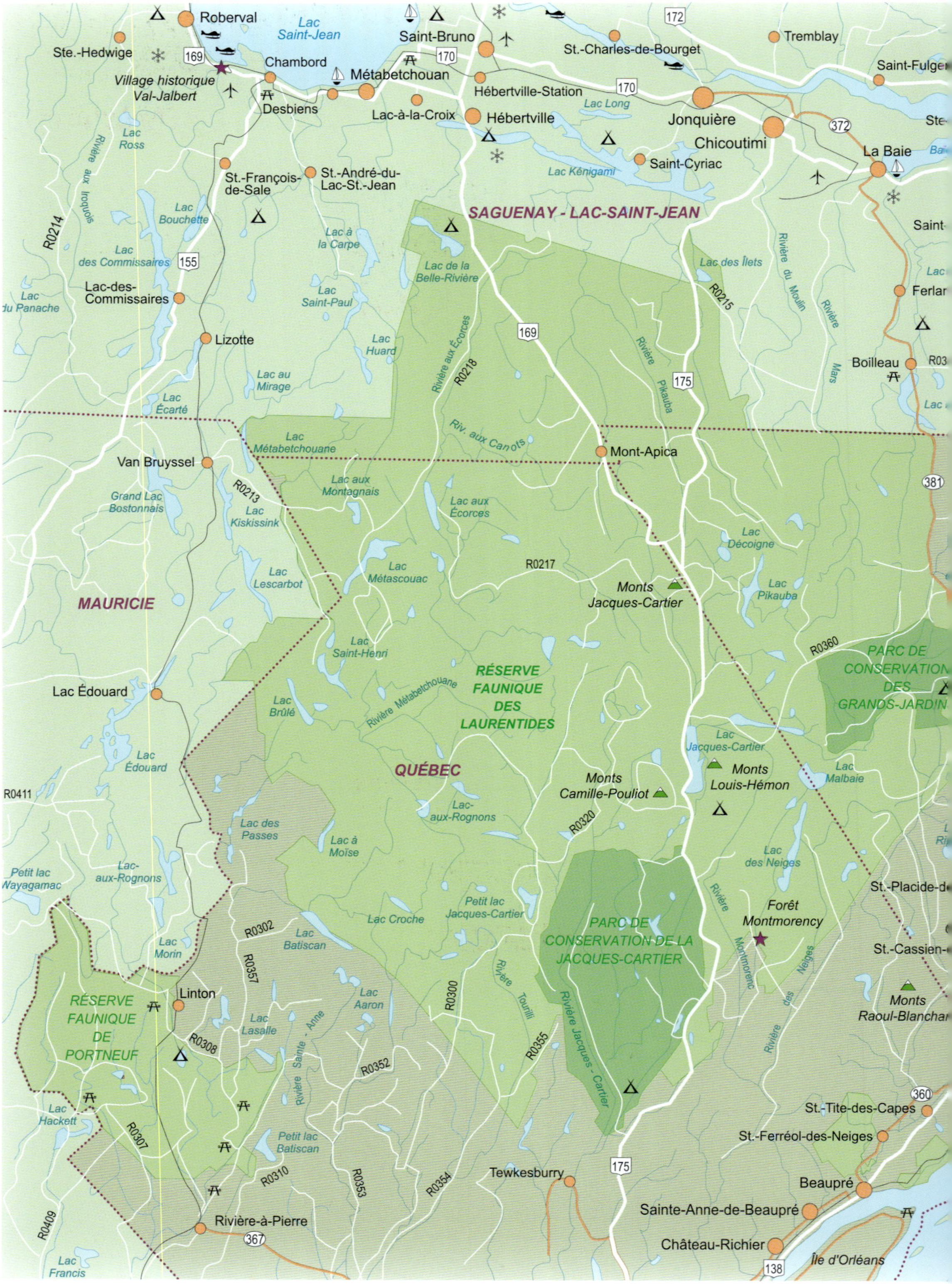

Roberval
Lac Saint-Jean
Saint-Bruno
St.-Charles-de-Bourget
Tremblay
Saint-Fulge
Ste.-Hedwige
Village historique Val-Jalbert
Chambord
Métabetchouan
Desbiens
Lac-à-la-Croix
Hébertville-Station
Hébertville
Lac Long
Jonquière
Chicoutimi
La Baie
Saint-Cyriac
Lac Kénigami
Lac Ross
Rivière aux Iroquois
St.-François-de-Sale
St.-André-du-Lac-St.-Jean
SAGUENAY - LAC-SAINT-JEAN
Lac Bouchette
Lac des Commissaires
Lac à la Carpe
Lac de la Belle-Rivière
Lac des Îlets
Rivière du Moulin
Rivière Mars
Ferland
Boilleau
Lac du Panache
Lac-des-Commissaires
Lac Saint-Paul
Lizotte
Lac Huard
Rivière aux Écorces
Rivière Pikauba
Lac au Mirage
Lac Écarté
Riv. aux Canots
Lac Métabetchouane
Mont-Apica
Van Bruyssel
Grand Lac Bostonnais
Lac Kiskissink
Lac aux Montagnais
Lac aux Écorces
Lac Décoigne
Lac Lescarbot
Lac Métascouac
Monts Jacques-Cartier
Lac Pikauba
MAURICIE
Lac Saint-Henri
PARC DE CONSERVATION DES GRANDS-JARDIN
Lac Édouard
Lac Brûlé
Rivière Métabetchouane
RÉSERVE FAUNIQUE DES LAURENTIDES
Lac Jacques-Cartier
Monts Louis-Hémon
Lac Malbaie
QUÉBEC
Monts Camille-Pouliot
Lac-aux-Rognons
Lac des Passes
Lac à Moïse
Lac des Neiges
Petit lac Wayagamac
Lac-aux-Rognons
Rivière Montmorency
Forêt Montmorency
St.-Placide-d
Lac Croche
Petit lac Jacques-Cartier
PARC DE CONSERVATION DE LA JACQUES-CARTIER
Lac Batiscan
St.-Cassien-
Lac Morin
Rivière Tourilli
Rivière des Neiges
Monts Raoul-Blanchard
Linton
Lac Aaron
RÉSERVE FAUNIQUE DE PORTNEUF
Lac Lasalle
Rivière Sainte-Anne
Rivière Jacques-Cartier
Lac Hackett
St.-Tite-des-Capes
St.-Ferréol-des-Neiges
Petit lac Batiscan
Tewkesburry
Beaupré
Sainte-Anne-de-Beaupré
Rivière-à-Pierre
Château-Richer
Lac Francis
Île d'Orléans
169
170
172
372
155
175
381
360
367
138
R0214
R0215
R0218
R0213
R0217
R0360
R0411
R0320
R0302
R0357
R0300
R0308
R0352
R0355
R0307
R0310
R0353
R0354
R0409

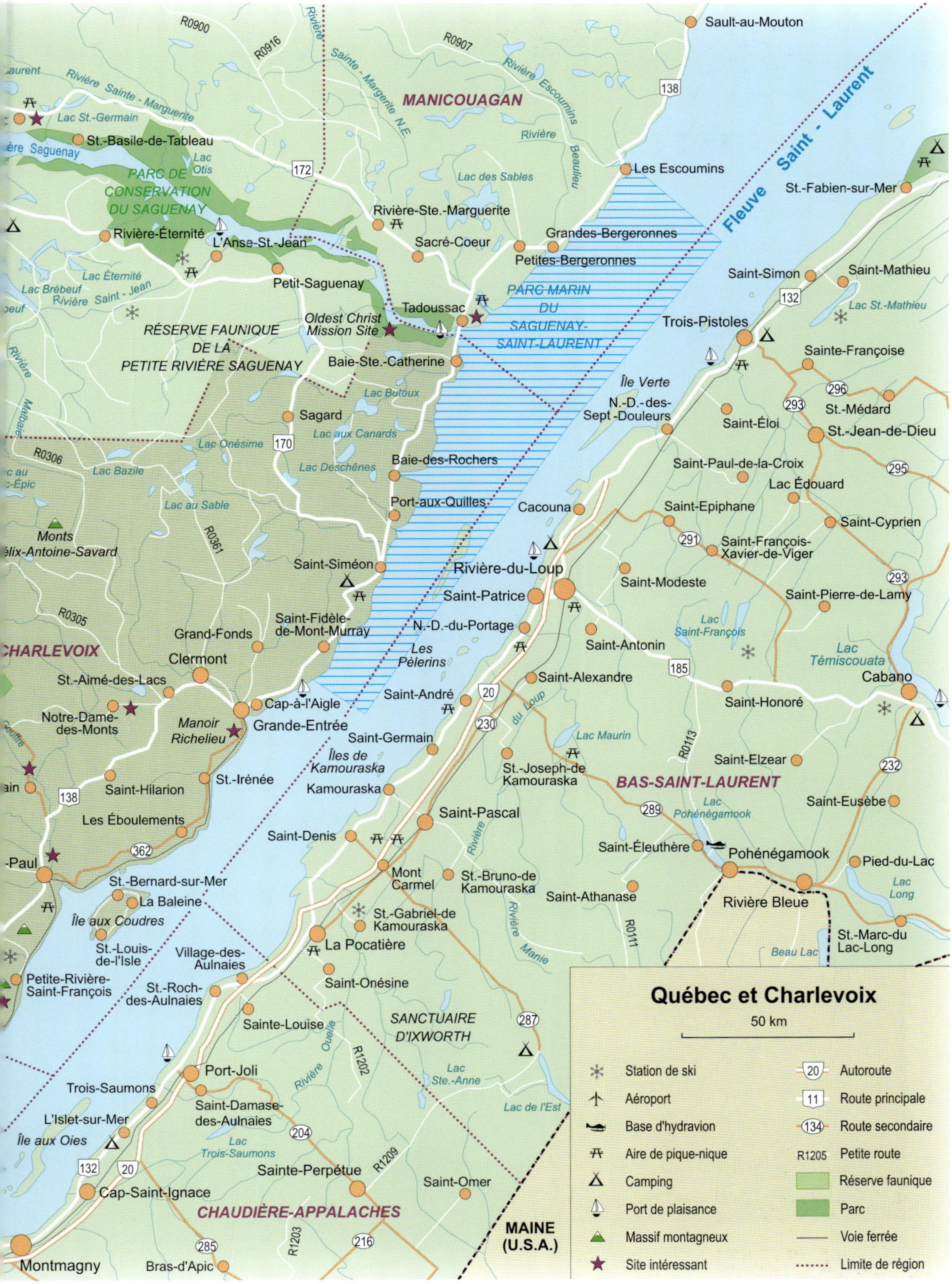

Québec et Charlevoix
50 km
Station de ski
Aéroport
Base d'hydravion
Aire de pique-nique
Camping
Port de plaisance
Massif montagneux
Site intéressant
Autoroute
Route principale
Route secondaire
R1205 Petite route
Réserve faunique
Parc
Voie ferrée
Limite de région
MANICOUAGAN
CHARLEVOIX
BAS-SAINT-LAURENT
CHAUDIÈRE-APPALACHES
MAINE (U.S.A.)
Fleuve Saint - Laurent
PARC DE CONSERVATION DU SAGUENAY
PARC MARIN DU SAGUENAY-SAINT-LAURENT
RÉSERVE FAUNIQUE DE LA PETITE RIVIÈRE SAGUENAY
SANCTUAIRE D'IXWORTH
Sault-au-Mouton
Les Escoumins
St.-Fabien-sur-Mer
Rivière-Ste.-Marguerite
Sacré-Coeur
Grandes-Bergeronnes
Petites-Bergeronnes
St.-Basile-de-Tableau
Lac St.-Germain
Rivière-Éternité
L'Anse-St.-Jean
Petit-Saguenay
Tadoussac
Oldest Christ Mission Site
Baie-Ste.-Catherine
Sagard
Baie-des-Rochers
Port-aux-Quilles
Saint-Siméon
Saint-Fidèle-de-Mont-Murray
Grand-Fonds
Clermont
St.-Aimé-des-Lacs
Notre-Dame-des-Monts
Cap-à-l'Aigle
Manoir Richelieu
Grande-Entrée
St.-Irénée
Saint-Hilarion
Les Éboulements
St.-Bernard-sur-Mer
La Baleine
Île aux Coudres
St.-Louis-de-l'Isle
Petite-Rivière-Saint-François
Monts Félix-Antoine-Savard
Saint-Simon
Saint-Mathieu
Lac St.-Mathieu
Trois-Pistoles
Sainte-Françoise
Île Verte
N.-D.-des-Sept-Douleurs
Saint-Éloi
St.-Médard
St.-Jean-de-Dieu
Saint-Paul-de-la-Croix
Lac Édouard
Cacouna
Saint-Epiphane
Saint-Cyprien
Saint-François-Xavier-de-Viger
Rivière-du-Loup
Saint-Patrice
Saint-Modeste
Saint-Pierre-de-Lamy
N.-D.-du-Portage
Les Pèlerins
Saint-Antonin
Lac Saint-François
Lac Témiscouata
Cabano
Saint-Alexandre
Saint-André
Saint-Honoré
Saint-Germain
Îles de Kamouraska
Kamouraska
St.-Joseph-de-Kamouraska
Lac Maurin
Saint-Elzear
Saint-Eusèbe
Saint-Pascal
Saint-Denis
Mont Carmel
St.-Bruno-de-Kamouraska
Saint-Éleuthère
Pohénégamook
Lac Pohénégamook
Rivière Bleue
Pied-du-Lac
Lac Long
St.-Marc-du-Lac-Long
Saint-Athanase
St.-Gabriel-de-Kamouraska
La Pocatière
Village-des-Aulnaies
St.-Roch-des-Aulnaies
Saint-Onésine
Sainte-Louise
Beau Lac
Port-Joli
Trois-Saumons
Saint-Damase-des-Aulnaies
L'Islet-sur-Mer
Île aux Oies
Lac Trois-Saumons
Lac Ste.-Anne
Lac de l'Est
Sainte-Perpétue
Saint-Omer
Cap-Saint-Ignace
Montmagny
Bras-d'Apic

LA CÔTE-NORD DES "GENS DE PAROLES"

Grandiose, surprenante, accueillante, la Côte-Nord est tout cela à la fois. Des îles peuplées de fantômes de pierre, des villages isolés ravitaillés en été par bateau, en hiver par motoneige, et des habitants dont l'entêtement est célèbre au Québec, ici tout surprend, rien n'est comme ailleurs.

"Il y a le sable, la mer et la forêt à perpétuité. On a de l'espace, du temps. Voilà deux données essentielles. De l'eau propre, de l'air propre, des étoiles et plein de choses de ce genre, gratuites, que les gens de la ville doivent payer très cher quand ils veulent les retrouver. Alors on est des milliardaires qui s'ignorent", raconte Gilles Vigneault, l'enfant du pays.

Pour partager le bonheur de ces "privilégiés", rien de mieux qu'un voyage à bord du « Nordik Express ». En avril, dès que les glaces de l'hiver ont fondu et jusqu'en décembre, le cargo mixte (fret-passagers) remonte une fois par semaine la basse Côte-Nord d'Havre-Saint-Pierre à Blanc-Sablon.

Ci-dessous et page de droite : dans port de pêche d'Harrington Harbour sur la basse Côte-Nord, des trottoirs de bois relient les maisons et les hangars.

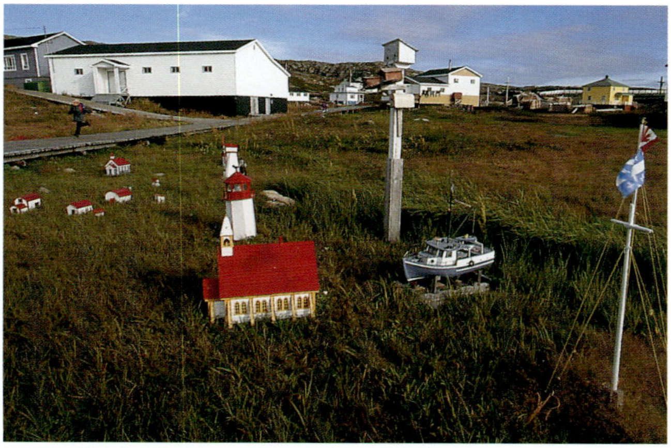

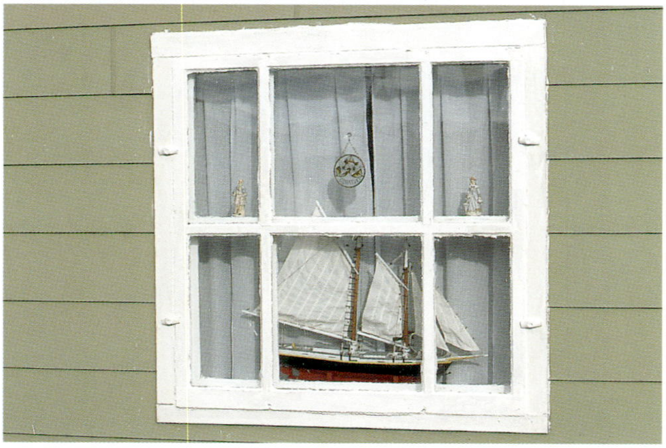

Du pont de ce cargo qui navigue prudemment entre des centaines d'îlots, on observe tour à tour des baleines, des colonies d'oiseaux marins ou de phoques et des paysages à couper le souffle.

A l'image des habitants de la côte, le « Nordik » prend son temps. Sur le trajet, les escales durent de une à trois heures en raison du déchargement des marchandises. Le temps de se balader sur la plage de Natashquan, d'arpenter au petit matin les trottoirs de bois d'Harrington Harbour, d'assister au retour des pêcheurs à Kegaska, de marcher sur des tapis de mousse et de lichens le long des petites baies de Saint-Augustin, ou de visiter une usine de transformation de crabe des neiges à La Tabatière.

Pour ces bourgades hospitalières, l'arrivée de l'express côtier constitue toujours un événement. Pour le visiteur, chacune des haltes dans ces ports est une rencontre.

Et puis, au bout de la route, il y a Blanc-Sablon, le "terminus nord". Le « Nordik Express » ne s'arrête que quelques heures au milieu de la nuit. Mais on peut toujours, sans s'y ennuyer, y passer une semaine en attendant la prochaine rotation ! Histoire d'aller jusqu'au bout de ce voyage intérieur.

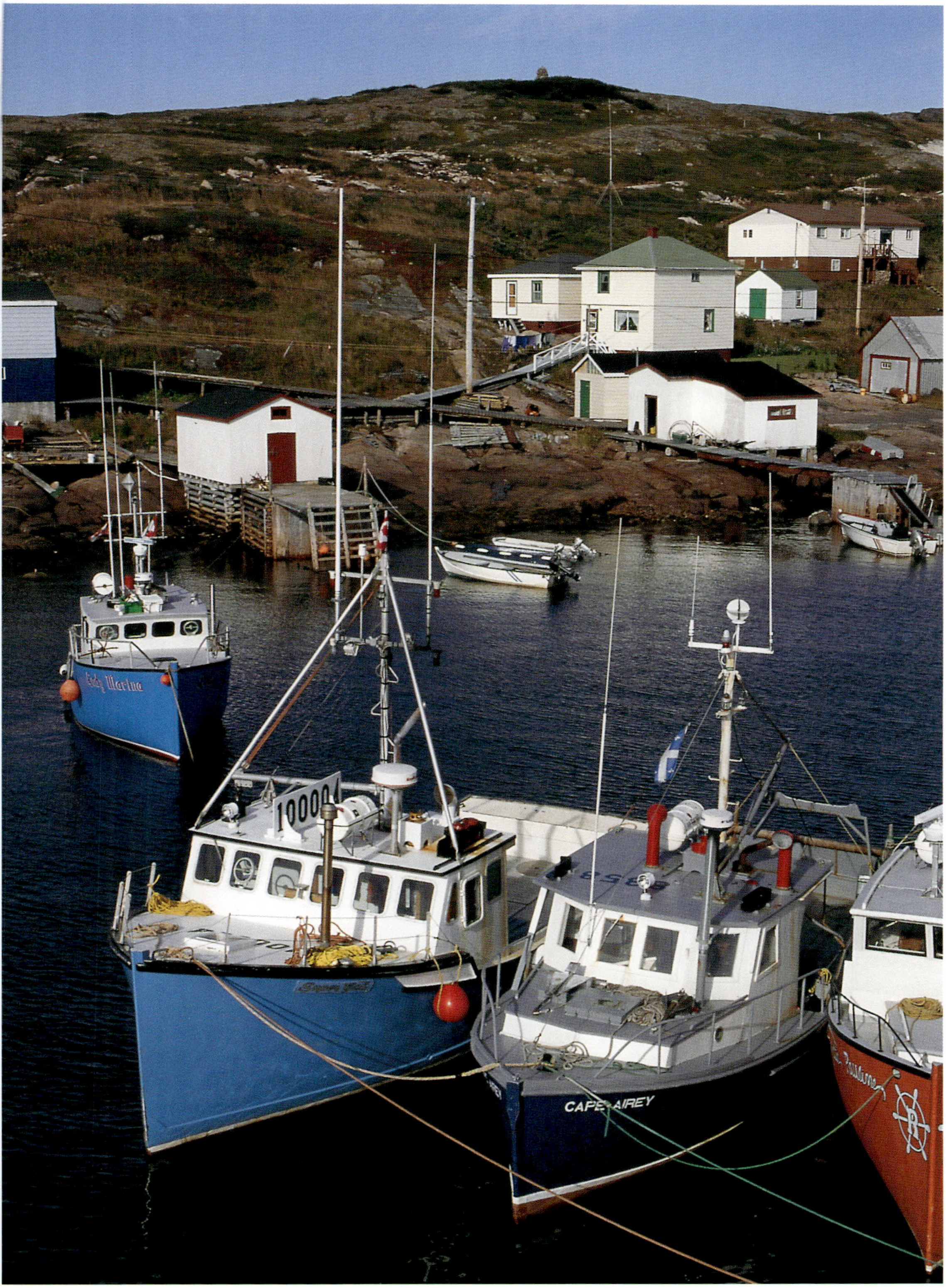
CAPE AIREY

LA GASPÉSIE, ENTRE NOSTALGIE ET ESPÉRANCE

"En Gaspésie, chantait Félix Leclerc, y' a de vieux marins qui ne voguent plus, qu'on a débarqués mais qui sont repartis, dans des voyages sans escale…"

Longtemps dédiée au Fleuve, la région a perdu sa raison de vivre dans les années 1990 après l'interdiction de la pêche à la morue justifiée par des bancs de poissons de plus en plus rares. La morue tardant à revenir, ce moratoire semble prendre une allure définitive et les bateaux restent à quai. Au fil des ans, la Gaspésie s'est appauvrie et sa population a émigré vers les grandes villes.

Aujourd'hui, cette région d'une beauté sauvage cherche son salut dans le tourisme. On construit des hôtels, les habitants proposent de spacieuses chambres d'hôtes dans leurs maisons, les activités "nature" se multiplient. L'espoir renaît et, petit à petit, la région retrouve son harmonie.

Harmonie entre l'homme, la terre et la mer, tel est justement le thème du parc national Forillon qui symbolise bien ce renouveau. Outre d'extraordinaires paysages de forêts et de falaises sillonnés par des sentiers de randonnées, le parc offre au visiteur un passionnant centre d'interprétation. Le site historique de Grande-Grave raconte la vie des pêcheurs vers 1920

Percé est la capitale touristique de la Gaspésie et son rocher "percé" en est devenu le symbole.

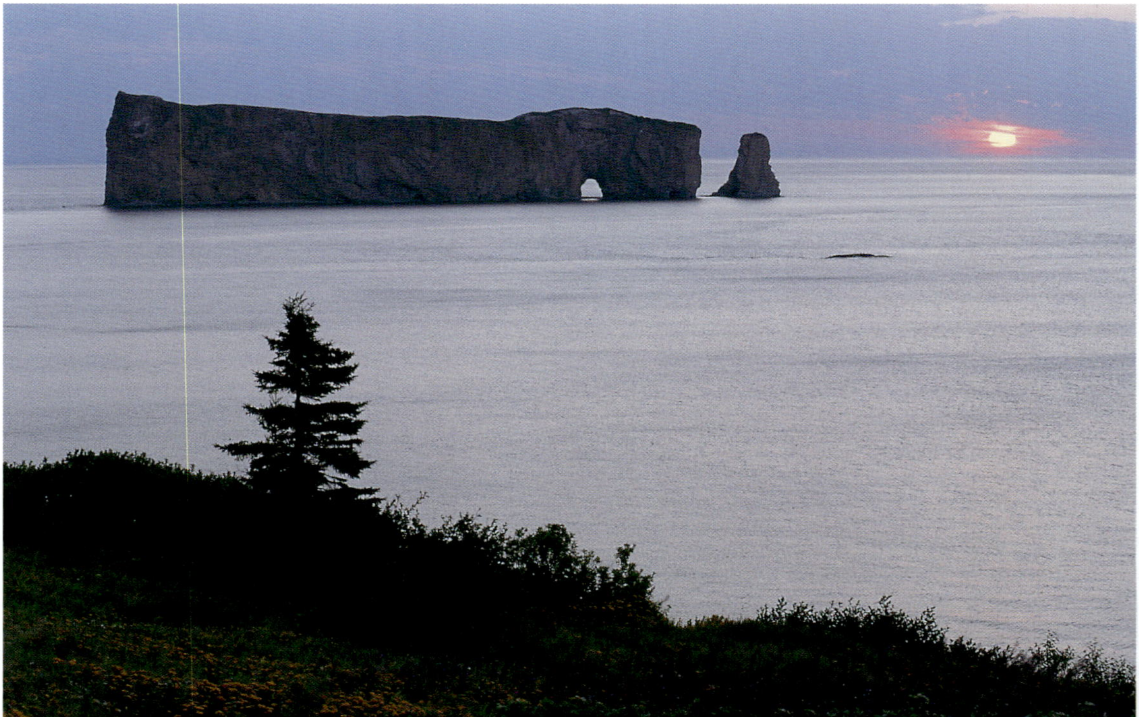

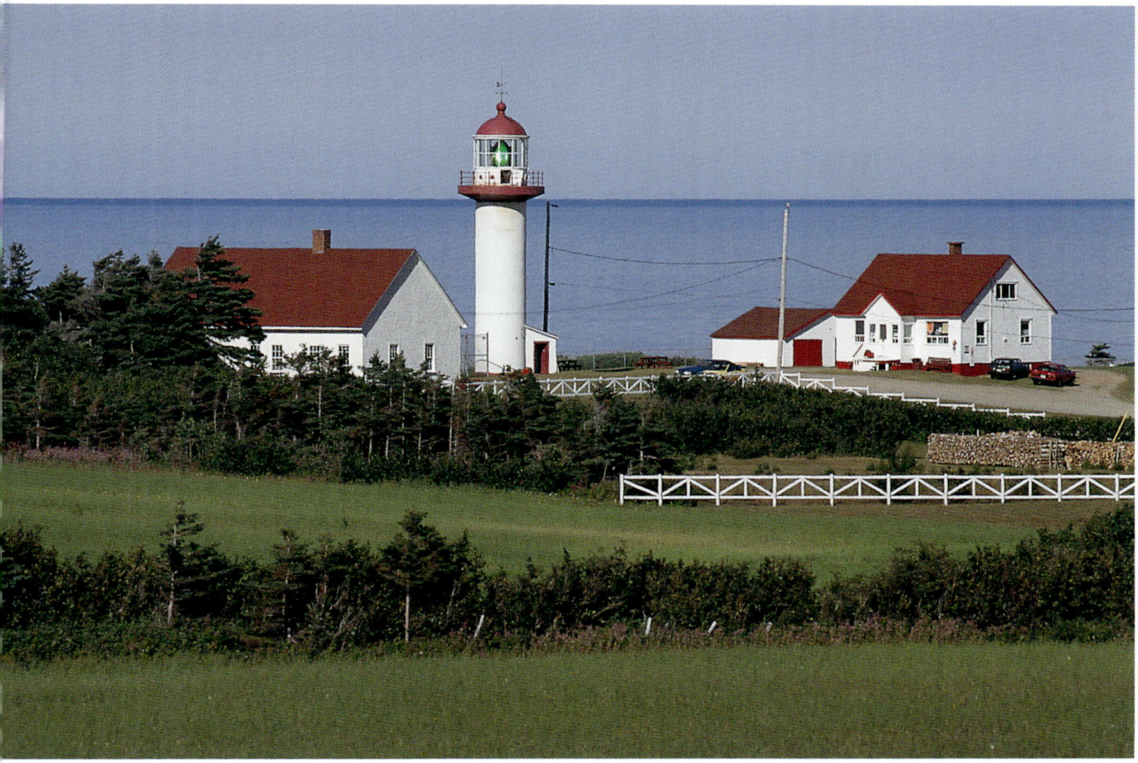

et montre la préparation et le commerce de la morue. On y découvre le magasin Hyman, exacte reconstitution d'un magasin général du début du siècle, les entrepôts où s'accumulaient quantité de morues séchées pendant l'été, la maison familiale de l'Anse-Blanchette meublée et décorée selon les usages de l'époque.

Non loin, c'est à Gaspé qu'en juillet 1534 Jacques Cartier prit possession du Canada au nom du roi de France. Deux siècles plus tard, on y implantera le premier poste du pêche du Québec.

Plus au sud, le rocher Percé célèbre pour être troué en son flanc, s'élance vers le large.

La "grande classique" reste le tour du Rocher à marée basse. Une balade qui mène au pied de cette paroi longue de 400 m et haute de 88 m à sa pointe la plus élevée.

Au large, l'île Bonaventure, une ancienne île de pêcheurs de 4 km², abrite la deuxième colonie au monde de fous de Bassan. Le chemin du Roy, et le chemin des Colonies mènent aux deux extrémités de la zone qui rassemble les 60 000 fous de Bassan nichant ici d'avril à octobre : à quelques mètres de nous, les oiseaux déploient leurs ailes, se chicanent, donnent à manger à leurs petits... On peut rester des heures à tenter de donner un sens à leurs attitudes. Des heures magiques...

A Cap Madeleine, en plus du phare un petit musée raconte l'histoire des fondateurs de la Gaspésie.

Doubles pages suivantes :

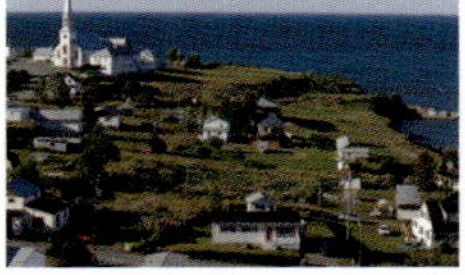

Le village de Sainte-Maurice de l'Echouerie et le Saint-Laurent.

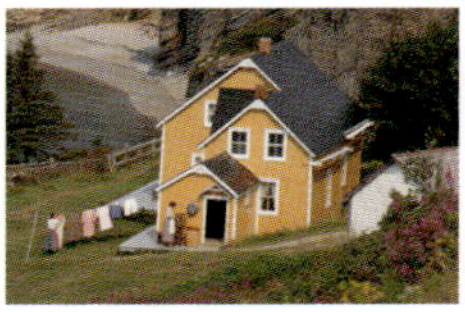

Le site historique de la Grande-Grave dans le parc Forillon.

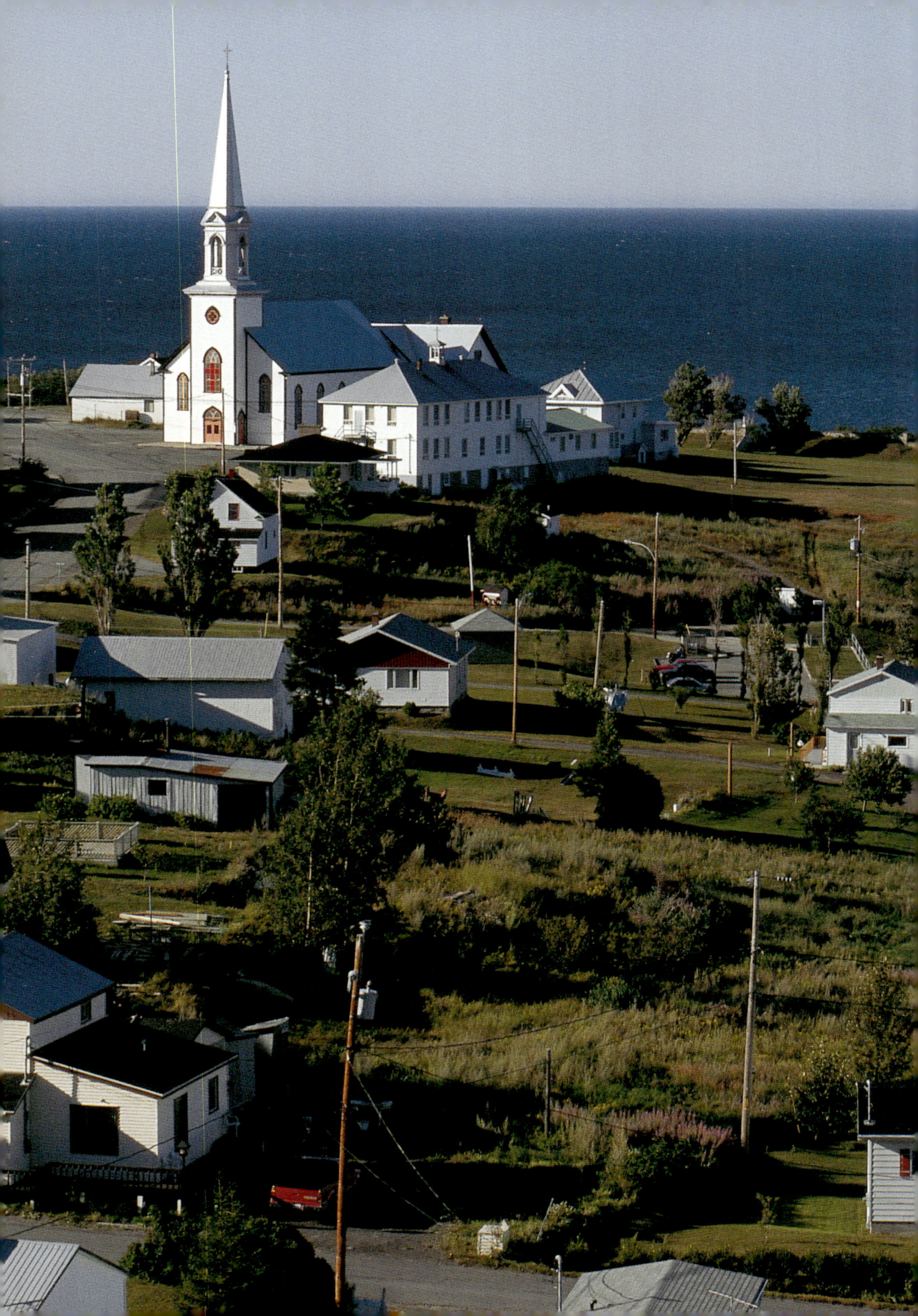

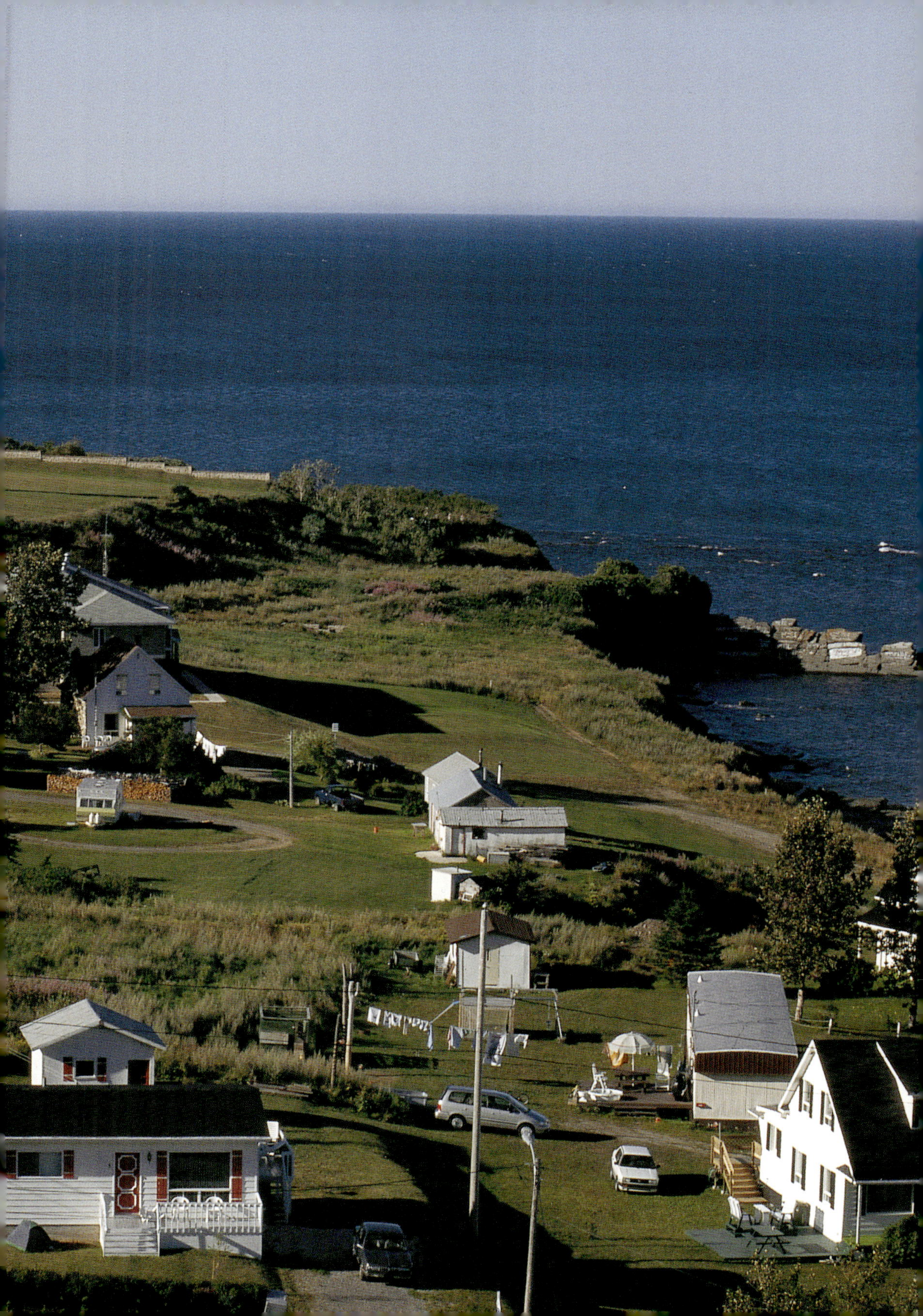

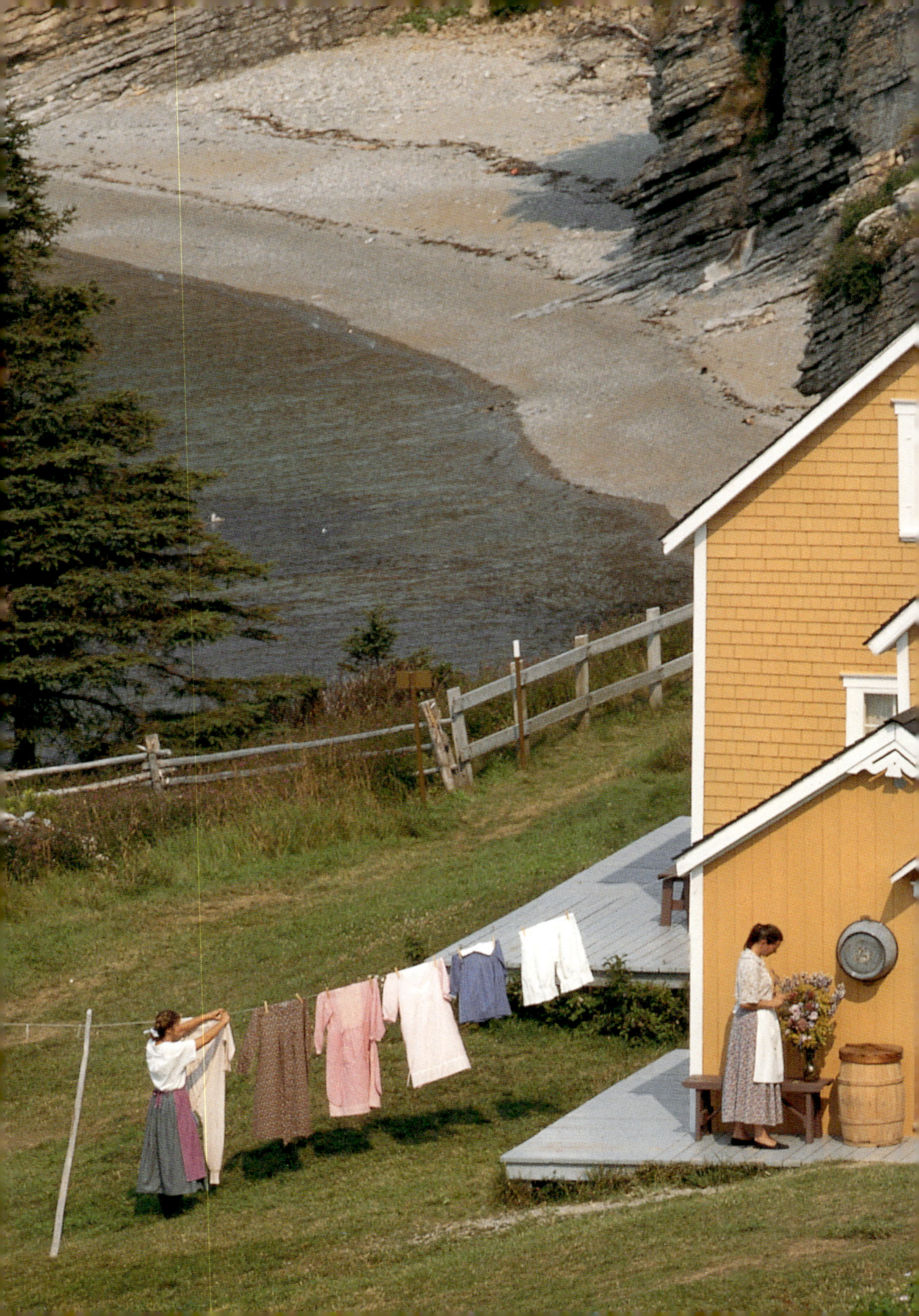

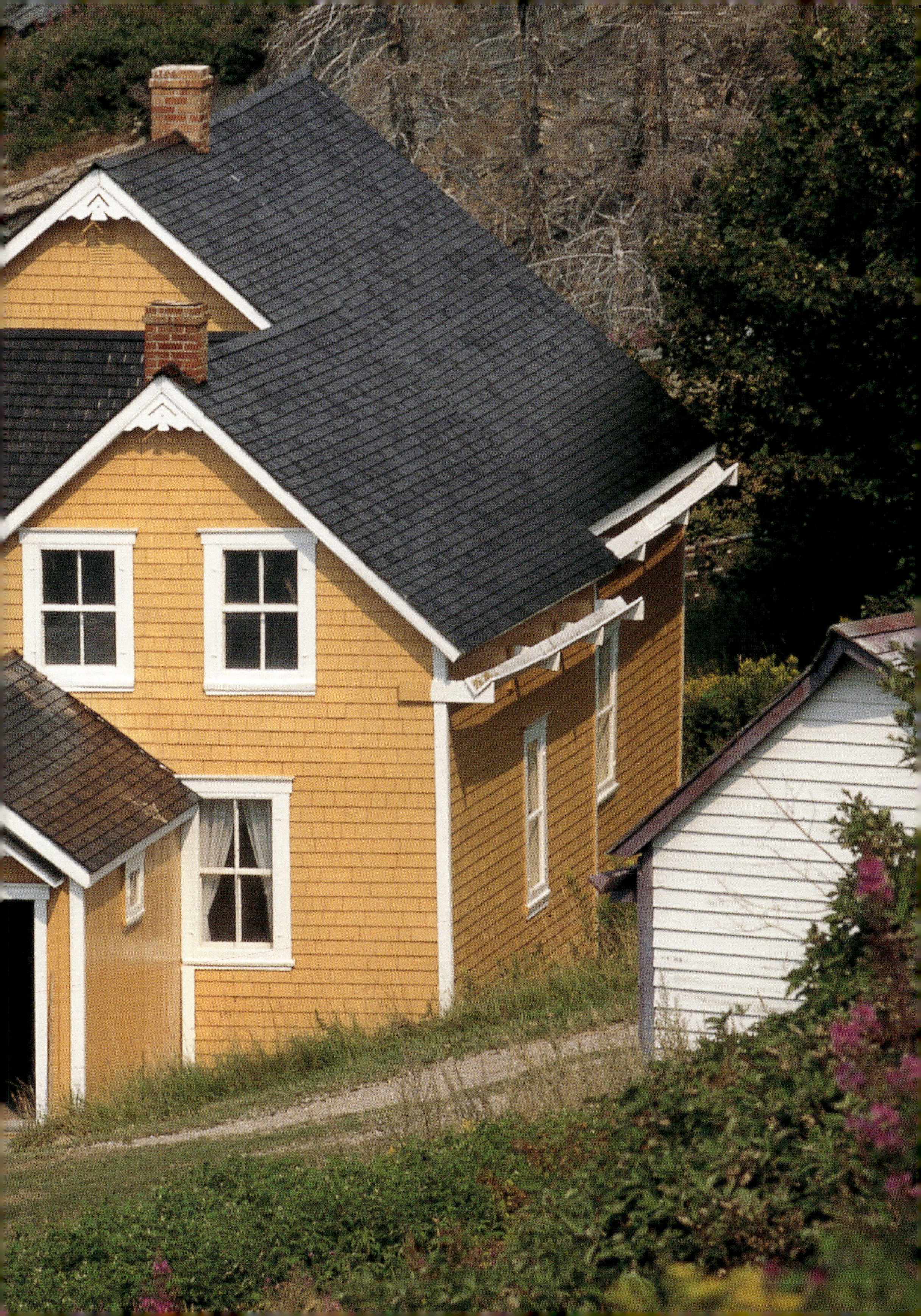

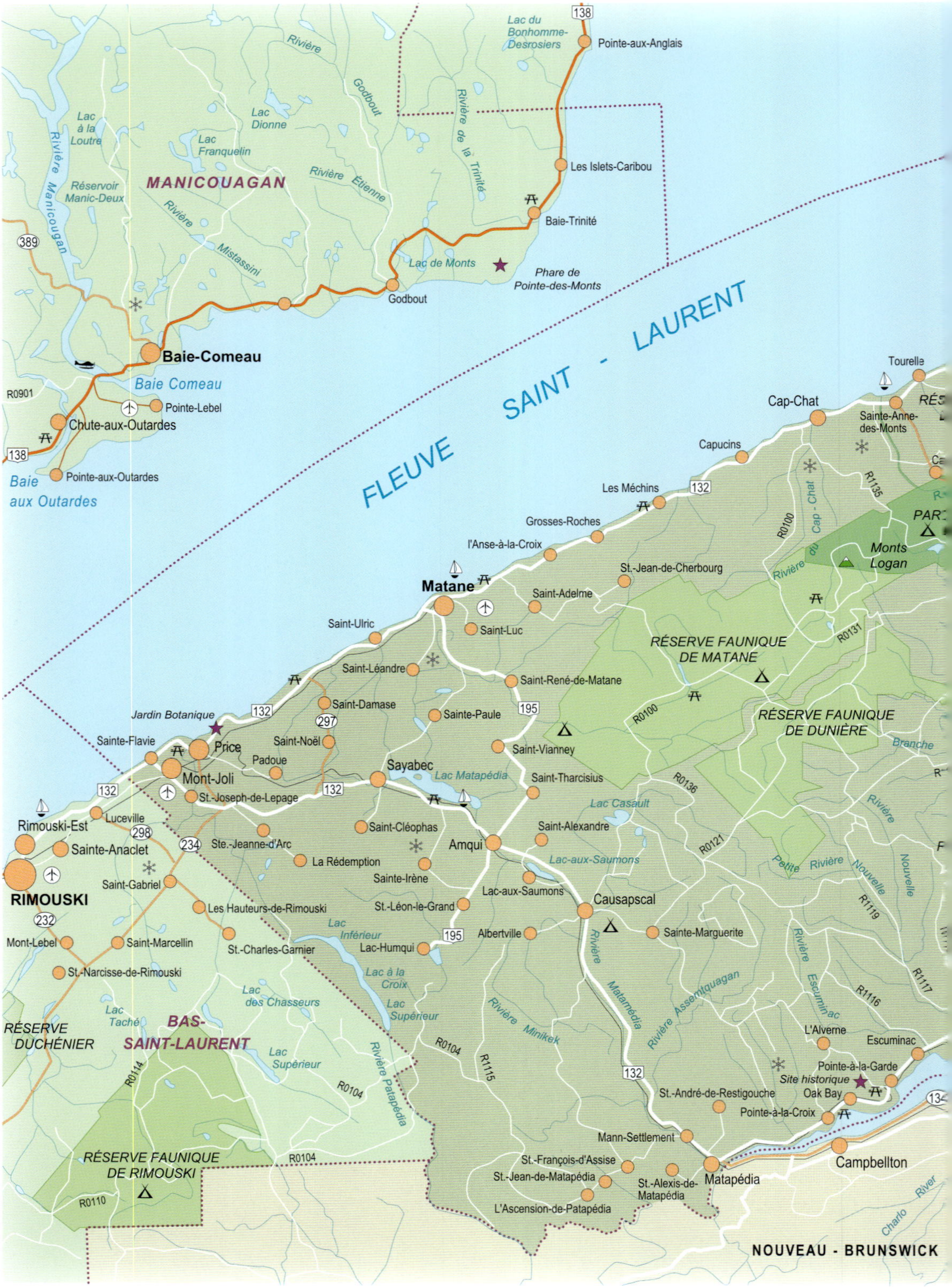

Lac du Bonhomme-Desrosiers
138
Pointe-aux-Anglais
Rivière Godbout
Rivière de la Trinité
Lac à la Loutre
Lac Dionne
Lac Franquelin
Rivière Manicougan
Réservoir Manic-Deux
MANICOUAGAN
Rivière Étienne
Rivière Mistassini
Les Islets-Caribou
Baie-Trinité
389
Lac de Monts
Phare de Pointe-des-Monts
Godbout
Baie-Comeau
Baie Comeau
R0901
Pointe-Lebel
Chute-aux-Outardes
138
Pointe-aux-Outardes
Baie aux Outardes
FLEUVE SAINT - LAURENT
Tourelle
Cap-Chat
Sainte-Anne-des-Monts
Capucins
R1135
Les Méchins
132
Rivière du Cap-Chat
R0100
Grosses-Roches
Monts Logan
l'Anse-à-la-Croix
St.-Jean-de-Cherbourg
Matane
Saint-Adelme
Saint-Luc
Saint-Ulric
R0131
RÉSERVE FAUNIQUE DE MATANE
Saint-Léandre
Saint-René-de-Matane
Saint-Damase
Jardin Botanique
132
297
Sainte-Paule
195
R0100
RÉSERVE FAUNIQUE DE DUNIÈRE
Saint-Noël
Sainte-Flavie
Price
Padoue
Sayabec
Lac Matapédia
Saint-Vianney
Branche
Mont-Joli
Saint-Tharcisius
R0136
132
St.-Joseph-de-Lepage
Lac Casault
Rivière
Luceville
Rimouski-Est
298
Saint-Cléophas
Saint-Alexandre
Sainte-Anaclet
234
Ste.-Jeanne-d'Arc
Amqui
R0121
Lac-aux-Saumons
Petite Rivière Nouvelle
Rivière Nouvelle
RIMOUSKI
La Rédemption
Saint-Gabriel
Sainte-Irène
232
Les Hauteurs-de-Rimouski
Lac-aux-Saumons
St.-Léon-le-Grand
Causapscal
R1119
Lac Inférieur
Mont-Lebel
Saint-Marcellin
St.-Charles-Garnier
195
Lac-Humqui
Albertville
Sainte-Marguerite
Rivière Escuminac
St.-Narcisse-de-Rimouski
Lac à la Croix
Rivière Matapédia
Rivière Assemiquagan
R1117
R1116
Lac des Chasseurs
Lac Supérieur
Rivière Minikek
Lac Taché
RÉSERVE DUCHÉNIER
BAS-SAINT-LAURENT
R0104
R1115
L'Alverne
Escuminac
Lac Supérieur
R0114
R0104
Rivière Patapédia
132
Pointe-à-la-Garde
Site historique
Oak Bay
St.-André-de-Restigouche
Pointe-à-la-Croix
134
Mann-Settlement
Campbellton
RÉSERVE FAUNIQUE DE RIMOUSKI
R0104
St.-François-d'Assise
St.-Jean-de-Matapédia
St.-Alexis-de-Matapédia
Matapédia
R0110
L'Ascension-de-Patapédia
Charlo River
NOUVEAU - BRUNSWICK

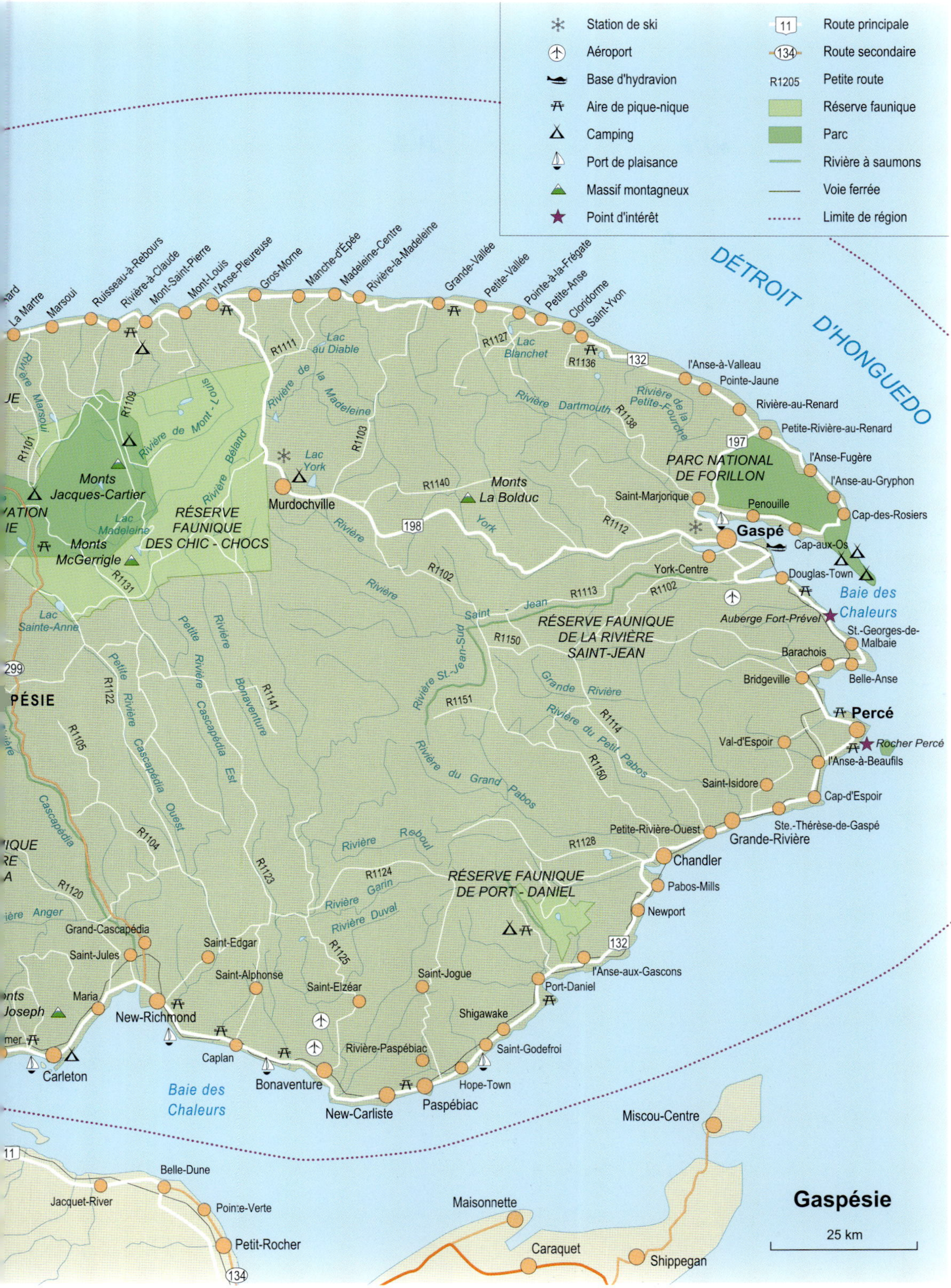
Station de ski
Aéroport
Base d'hydravion
Aire de pique-nique
Camping
Port de plaisance
Massif montagneux
Point d'intérêt
11 Route principale
134 Route secondaire
R1205 Petite route
Réserve faunique
Parc
Rivière à saumons
Voie ferrée
Limite de région
DÉTROIT D'HONGUEDO
La Martre
Marsoui
Ruisseau-à-Rebours
Rivière-à-Claude
Mont-Saint-Pierre
Mont-Louis
l'Anse-Pleureuse
Gros-Morne
Manche-d'Épée
Madeleine-Centre
Rivière-la-Madeleine
Grande-Vallée
Petite-Vallée
Pointe-à-la-Frégate
Petite-Anse
Cloridorme
Saint-Yvon
l'Anse-à-Valleau
Pointe-Jaune
Rivière-au-Renard
Petite-Rivière-au-Renard
l'Anse-Fugère
l'Anse-au-Gryphon
Cap-des-Rosiers
PARC NATIONAL DE FORILLON
Saint-Marjorique
Penouille
Gaspé
Cap-aux-Os
York-Centre
Douglas-Town
Baie des Chaleurs
Auberge Fort-Prével
St.-Georges-de-Malbaie
Barachois
Bridgeville
Belle-Anse
Percé
Rocher Percé
Val-d'Espoir
l'Anse-à-Beaufils
Saint-Isidore
Cap-d'Espoir
Petite-Rivière-Ouest
Ste.-Thérèse-de-Gaspé
Grande-Rivière
Chandler
Pabos-Mills
Newport
l'Anse-aux-Gascons
Port-Daniel
Shigawake
Saint-Godefroi
Hope-Town
Paspébiac
New-Carliste
Rivière-Paspébiac
Saint-Jogue
Saint-Elzéar
Bonaventure
Caplan
Saint-Alphonse
Saint-Edgar
New-Richmond
Grand-Cascapédia
Saint-Jules
Maria
Carleton
Baie des Chaleurs
Monts Jacques-Cartier
Monts McGerrigle
Lac Madeleine
RÉSERVE FAUNIQUE DES CHIC - CHOCS
Lac au Diable
Lac York
Murdochville
Monts La Bolduc
Lac Blanchet
Rivière Dartmouth
Rivière de la Petite-Fourche
Rivière de la Madeleine
Rivière de Mont - Louis
Rivière Marsoui
Rivière Béland
Rivière York
Rivière Saint - Jean
Rivière St.-Jean-Sud
RÉSERVE FAUNIQUE DE LA RIVIÈRE SAINT-JEAN
Grande Rivière
Rivière du Petit Pabos
Rivière du Grand Pabos
Rivière Reboul
Rivière Garin
Rivière Duval
RÉSERVE FAUNIQUE DE PORT - DANIEL
Lac Sainte-Anne
Petite Rivière Cascapédia
Rivière Cascapédia Ouest
Petite Rivière Cascapédia Est
Rivière Bonaventure
Cascapédia
Rivière Anger
PÉSIE
Miscou-Centre
Maisonnette
Caraquet
Shippegan
Belle-Dune
Jacquet-River
Pointe-Verte
Petit-Rocher
Gaspésie
25 km

LES ÎLES DE LA MADELEINE, LA FIN DE L'AVENTURE

Double page suivante :

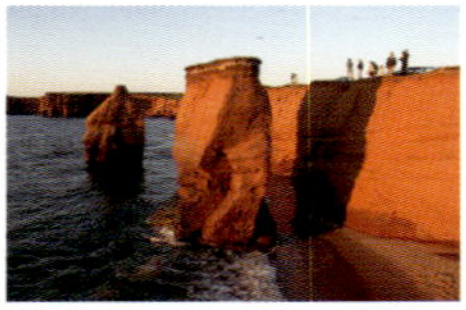

Éphémères cathédrales de grès rouge, les falaises des îles de la Madeleine changent de visage au fil des ans.

Ci-dessous : cabanes de pêcheurs de homards.
Page de droite : la réputation de l'île du Havre aux Maisons tient à sa multitude d'habitations colorées.

Entre mer et fleuve, les îles de la Madeleine ressemblent à un fragile collier de dunes et de falaises, déposé au cœur du golfe du Saint-Laurent.

Si loin déjà des côtes du Québec (à 215 km de la péninsule gaspésienne), cette douzaine d'îles forme un territoire à part que les assauts de la mer, de la banquise et des vents violents rongent peu à peu. Régulièrement, des pans entiers de falaise de grès rouge disparaissent dans la mer, modifiant le paysage.

Ainsi, d'une année sur l'autre, les douze îles de la Madeleine ne sont jamais ni tout à fait les mêmes, ni tout à fait autres.

En y débarquant, on pense changer de pays. Dans les petites maisons aux couleurs chatoyantes posées ici et là sur les collines douces et rondes, le temps s'écoule lentement. Tout ici n'est que charme et volupté. Même le climat, qui tempère l'hiver et rafraîchit l'été, ne se retrouve nulle part ailleurs au Québec.

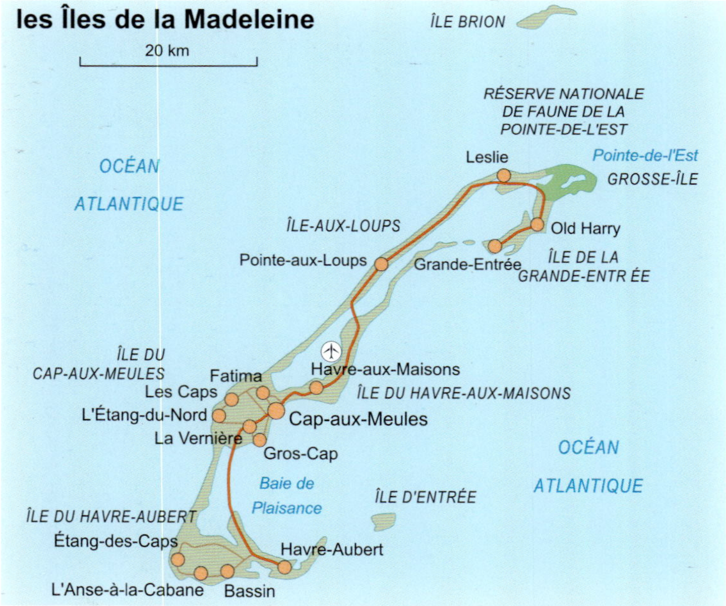

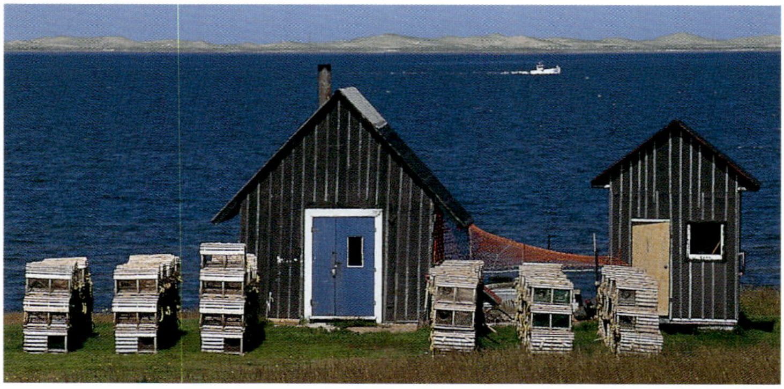

Quant aux habitants des îles, ils revendiquent eux aussi leurs différences. La plupart des 15 000 Madelinots, en majorité de souche acadienne, ont sauvegardé leurs traditions.

Habiles pêcheurs, ils font aujourd'hui vivre les îles au rythme de la mer. Le pétoncle, le crabe des neiges et le maquereau sont venus remplacer la morue, interdite de pêche. Mais c'est surtout pour leurs délicieux homards que les îles de la Madeleine sont réputées dans toute l'Amérique du Nord.

Délicieuses en été, les îles offrent un spectacle inoubliable en hiver lorsque la banquise rejoint la terre pour ne former qu'une surface lunaire où des centaines de milliers de phoques du Groenland et de phoques à capuchon viennent mettre bas.

"On a les îles puis c'est l'Océan et enfin la France" conte Gilles Vigneault. La Grande Rivière n'en finit pas de faire rêver.

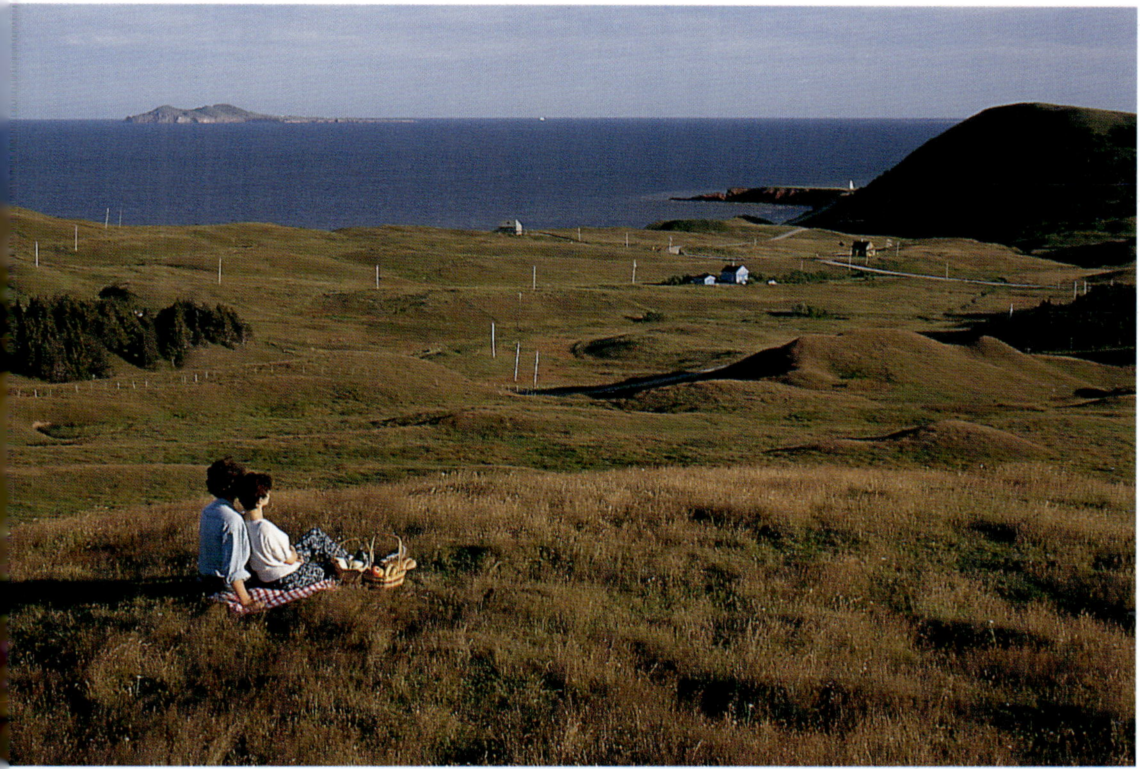

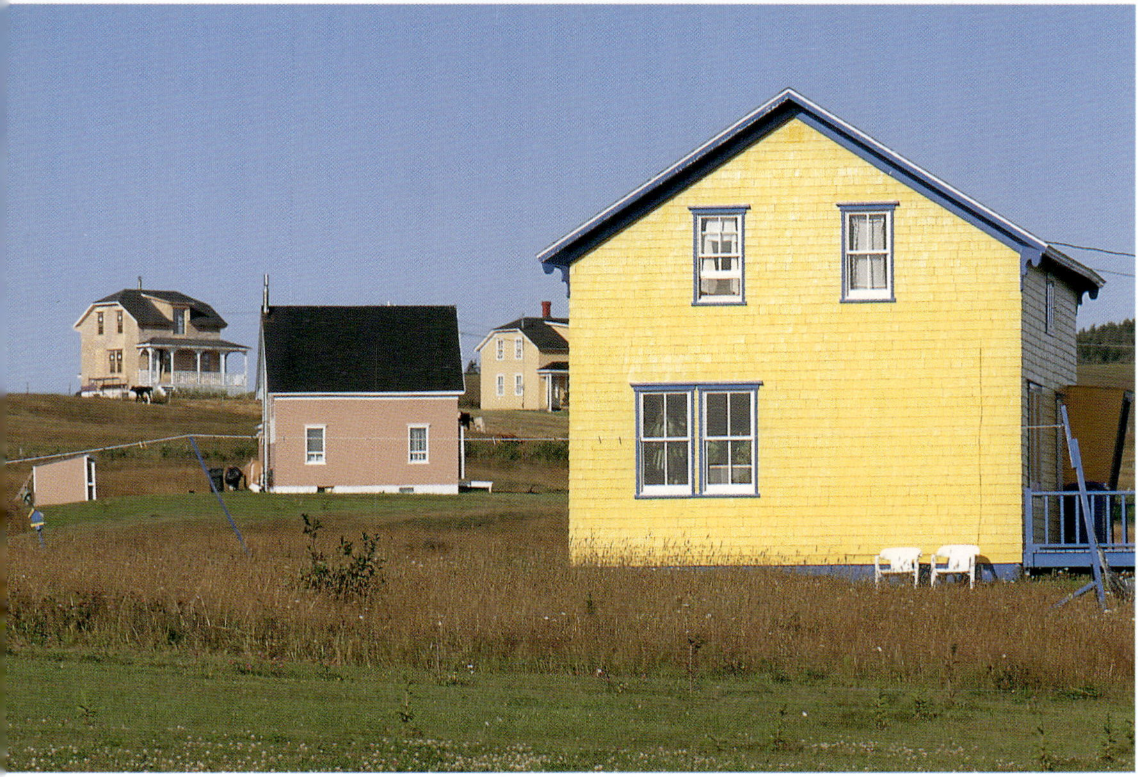

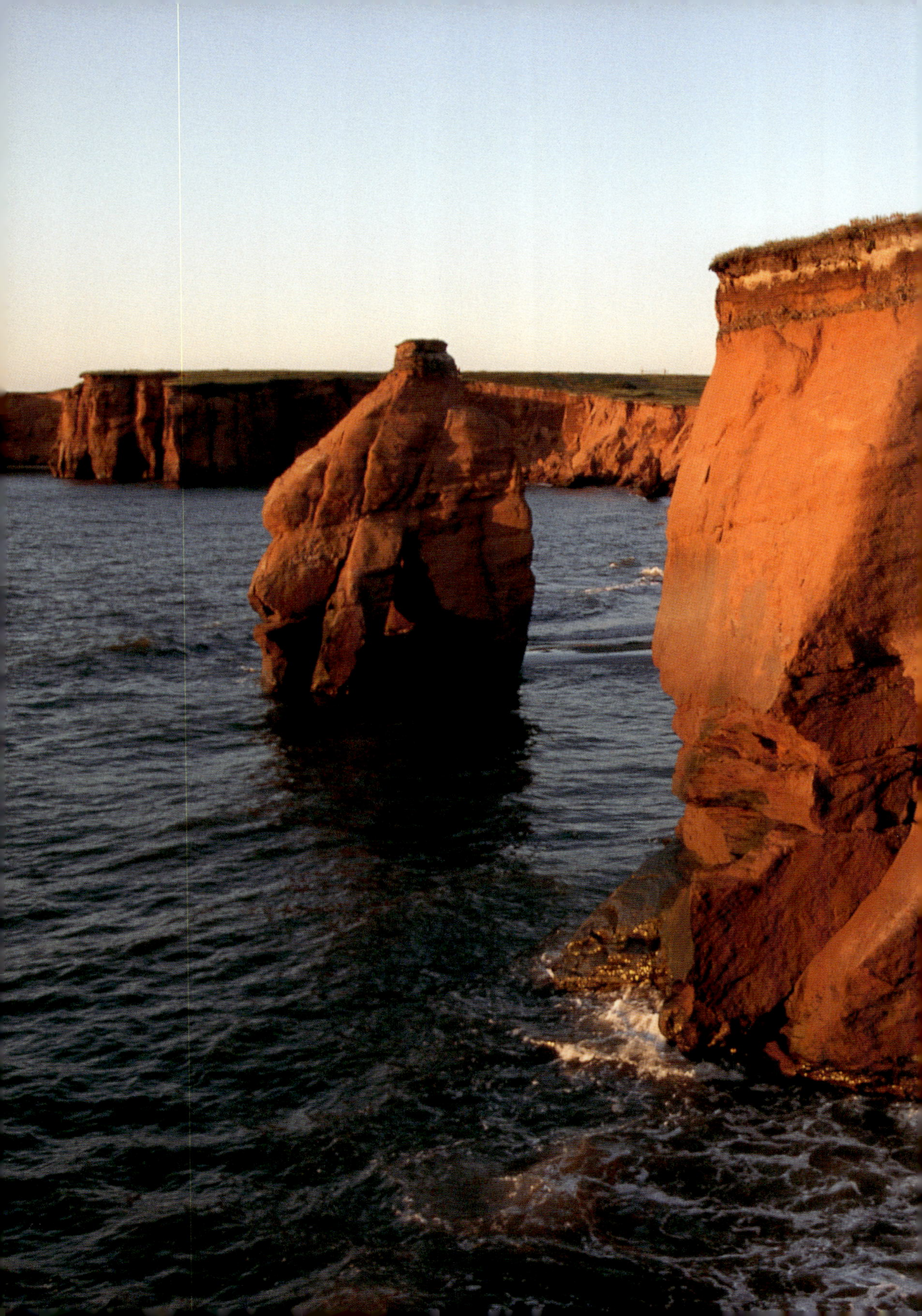

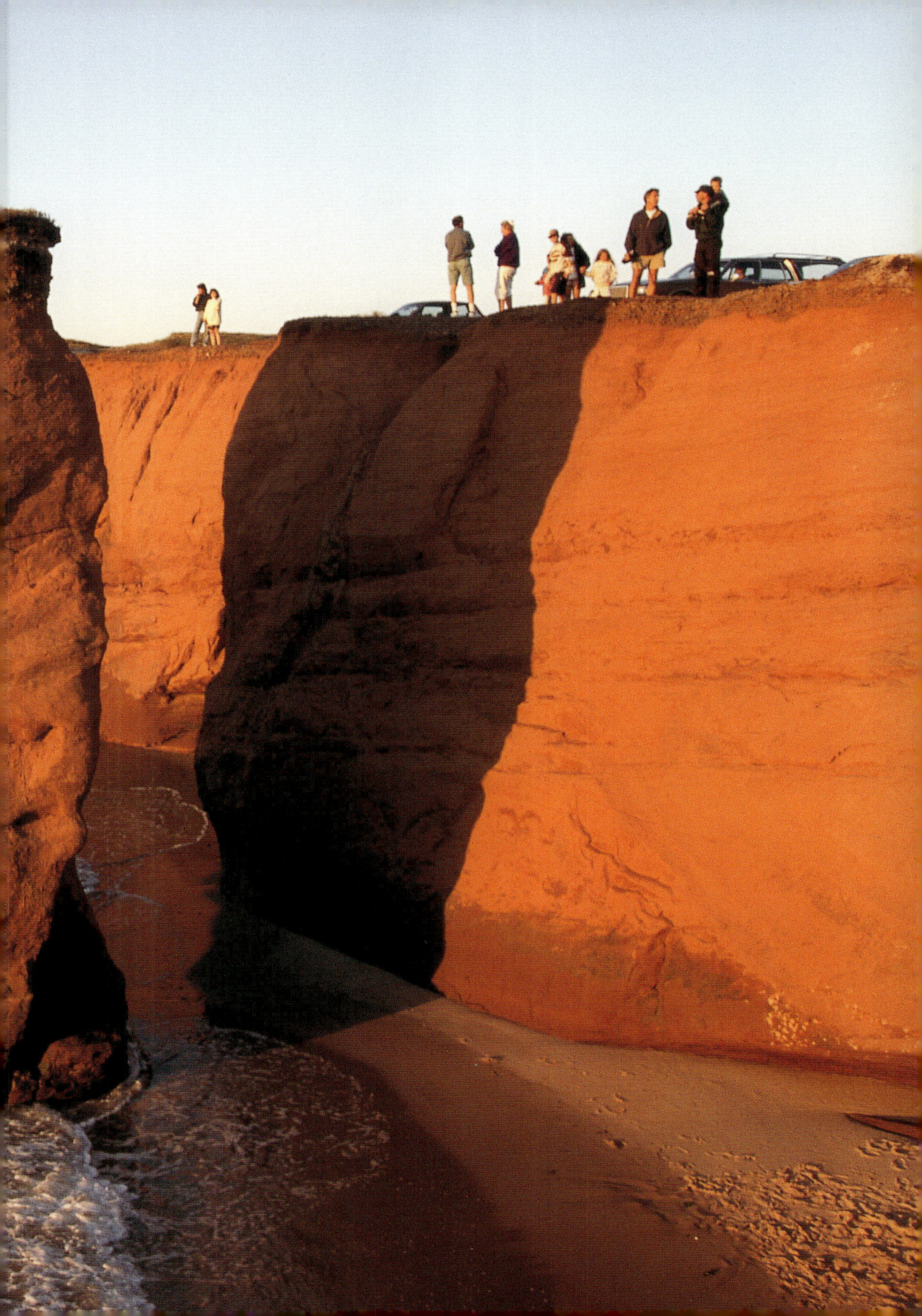

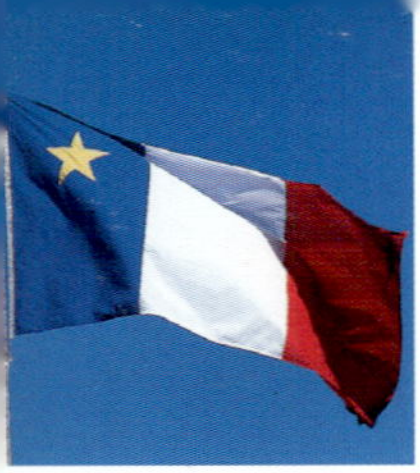

Il était une fois l'Acadie

"V'nez nous ouère, nous invitent les Acadiens, v'nez découvrir ce pays où on swingue pis on a ben du fun."

Au sud du Québec, le Nouveau-Brunswick et la Nouvelle-Écosse baignent dans le golfe du Saint-Laurent, l'océan Atlantique et la baie de Fundy. Aujourd'hui, on y admire la splendeur des paysages et on y goûte une douceur de vivre typiquement maritime. Mais cette sérénité affichée cache une histoire dramatique : en 1755, le Grand Dérangement provoqua l'exil meurtrier des Acadiens, premiers colons français du Nouveau Monde. Survivants d'un pays virtuel qui se confond géographiquement avec les régions francophones du Canada atlantique, les Acadiens d'aujourd'hui défendent leur culture et perpétuent leurs traditions. Ils le font avec gentillesse, humour et ferveur, trois traits symboliques du tempérament acadien.

UN PEUPLE SANS FRONTIÈRES

Au début du XVIIe siècle, le royaume de France cherche, comme les autres puissances européennes, à rafler les richesses du Nouveau Monde. En 1604, Pierre du Gua, sieur de Monts décide de fonder la première colonie française d'Amérique du Nord, l'Acadie était née. Accompagné d'environ 80 hommes (dont Samuel de Champlain qui fondera Québec quatre ans plus tard), il s'installe en 1604 sur l'île Sainte-Croix dans la baie Française (aujourd'hui baie de Fundy). L'année suivante, il traverse la baie et crée un poste de traite de fourrures à Port-Royal, dans la vallée de la rivière Annapolis, un endroit plus sûr et plus accueillant.
Ces premiers colons pactisent avec les Indiens Micmacs et leur chef Membertou et fondent une microsociété française dans une petite fortification de bois qu'ils appellent "l'Abitation". En 1613, l'Abitation est brûlée par une expédition

La forteresse de Louisbourg, port de mer florissant et capitale de la colonie de l'île Royale (l'île du Cap-Breton) au XVIIIe siècle.

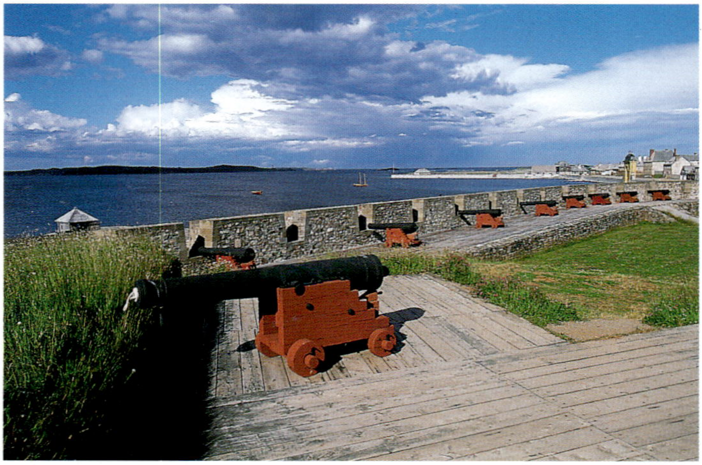

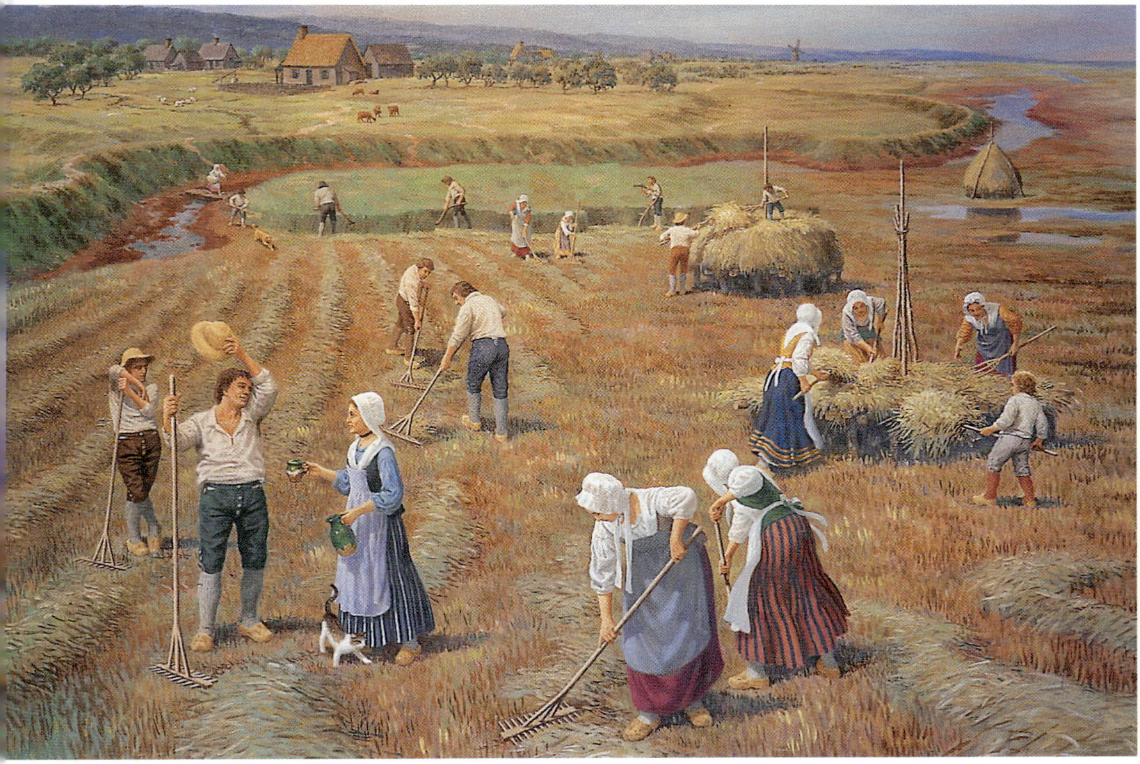

"Le paradis terrestre 1635-1755", tableau de Claude Picard illustrant la vie des colonies acadiennes le long de la baie de Fundy. Les premiers colons développent un ingénieux système de digues et d'aboiteaux qui leur permet d'assécher et de cultiver d'excellentes terres en les protégeant des grandes marées.

anglaise partie de Virginie. Il faudra attendre 1632 pour que la France récupère l'Acadie.

Arrivant principalement du Poitou, les premières familles françaises s'installent en 1636 à Grand-Pré et Beaubassin, sur des terres régulièrement inondées par les grandes marées. Ingénieux, ils mettent en place un procédé importé de leur région d'origine pour assécher les marais : ils construisent des digues élevées appelées aboiteaux qui empêchent l'entrée de l'eau de mer tout en laissant s'écouler les eaux douces grâce à un système de clapets. Les terres gagnées sur la mer deviennent vite fertiles et propices à la culture des céréales. Pendant près d'un siècle, les familles acadiennes vont mener ainsi une vie heureuse et prospère.

Mais la France et l'Angleterre se disputent toujours le continent nord-américain et l'Acadie se situe entre deux colonies antagonistes : la Nouvelle-Angleterre au sud et la Nouvelle-France au nord. En 1713, la France cède le territoire acadien aux Anglais. Les Acadiens restent mais refusent de prêter allégeance à la couronne d'Angleterre. En restant neutres dans cette guerre entre "Européens", les Acadiens semblent se jouer du conflit qui oppose les deux grandes nations coloniales. Leurs villages se développent et comptent au milieu du siècle plus de 13 000 habitants.

Ci-dessous:
le Grand Dérangement
"L'ordre de Déportation"
tableau de Claude Picard.
Le 3 septembre 1755,
le lieutenant-colonel John Winslow annonce aux 300 hommes et jeunes garçons convoqués dans l'église Saint-Charles-des-Mines de Grand-Pré que leurs biens sont confisqués et qu'ils vont être transportés hors de la province.

Page de droite :
"Migrations et retour 1755-1800"
autre tableau de Claude Picard.
Au retour de la paix en 1763, on assiste à une vague de migration acadienne hors des colonies américaines où un grand nombre d'entre eux avaient été déportés. Ce sera au nord surtout (actuel Nouveau-Brunswick) que le gros des forces acadiennes se trouvera réuni, loin des centres anglais.

En 1755 pourtant, le drame éclate. L'Angleterre décide de régler une bonne fois pour toutes le sort des Acadiens. En quelques semaines, ces agriculteurs pourtant pacifiques vont être déportés par bateaux entiers dans des conditions atroces vers l'Angleterre ou dans les colonies américaines comme la Caroline du Sud, la Pennsylvanie ou la Géorgie. Les villages sont détruits, les familles séparées, les plus courageux s'enfuient dans les bois. Sur les navires, mauvaise alimentation, entassement et maladies causent une grande mortalité, parfois plus du tiers des passagers n'arrivant pas à destination. Exilés ou fugitifs, les Acadiens, totalement démunis, connaissent alors une longue période d'errance à la recherche d'une nouvelle terre d'accueil. La plupart des colonies anglophones refusent d'accueillir ces catholiques parlant français. Les fugitifs vivent traqués comme des bêtes, beaucoup mourront. En huit ans, environ 10 000 Acadiens auront été ainsi déportés. Les survivants de cette période noire l'ont qualifiée de "Grand Dérangement".

LA LENTE RECONSTRUCTION

Après la défaite des Français à Québec en 1759 et le traité de Paris en 1763 qui consacre la victoire anglaise, certaines colonies acadiennes seront autorisées à se reformer.

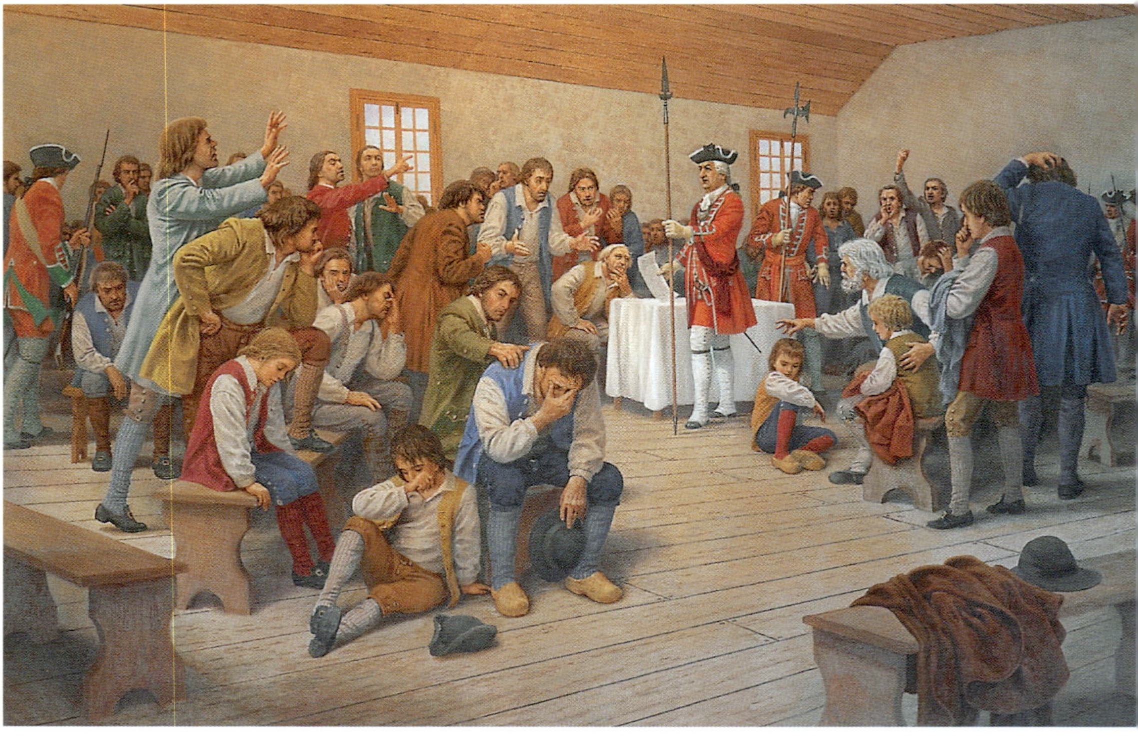

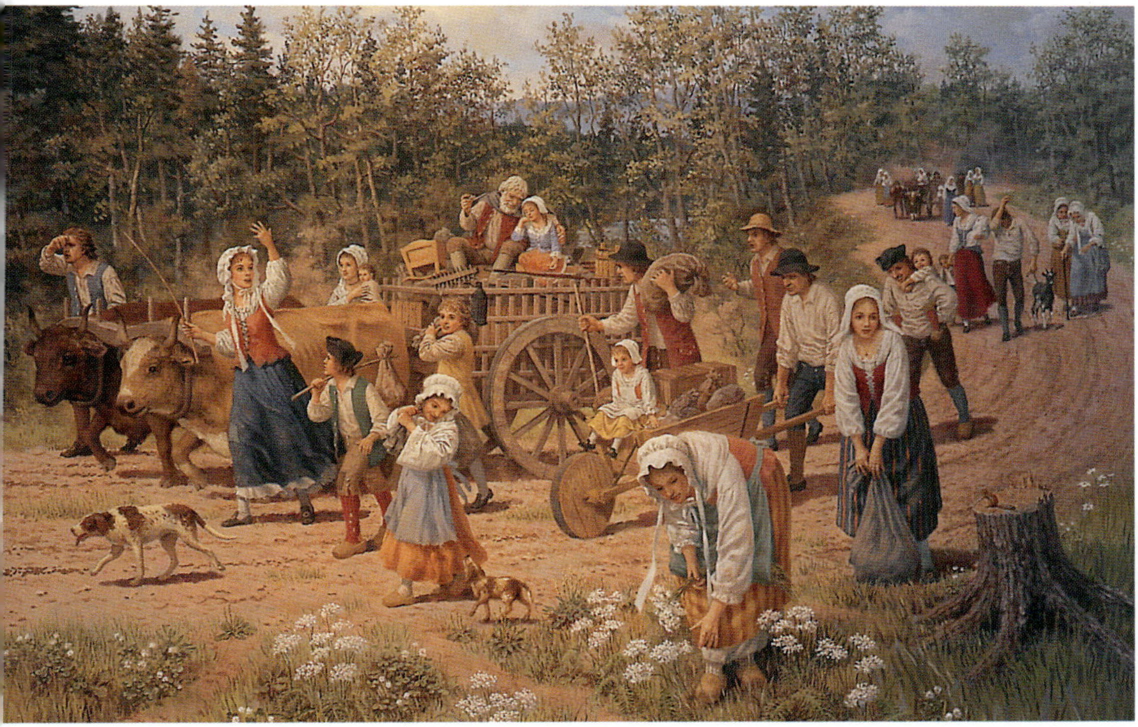

Très peu pourront retourner en Nouvelle-Écosse et beaucoup devront s'installer dans les terres ingrates du Nouveau-Brunswick. D'autres se réfugieront en Louisiane (colonie française cédée à l'Espagne en 1762). Ceux rentrés en Europe s'installeront en Bretagne, à Belle-Île-en-Mer ou retourneront dans leur Poitou d'origine… Leurs terres américaines si fertiles sont désormais occupées par 8 000 nouveaux colons venus de la Nouvelle-Angleterre. L'Acadie sombre dans l'oubli.

Aujourd'hui, la plus forte population acadienne des provinces atlantiques du Canada se trouve au Nouveau-Brunswick. 250 000 francophones (35 % de la population) y vivent principalement sur la côte atlantique, appelée aussi côte acadienne.

En Nouvelle-Écosse, les communautés acadiennes sont plus dispersées. Seuls une dizaine de petits territoires ou villages comptent une forte proportion d'Acadiens. Environ 40 000 personnes considèrent le français comme leur langue maternelle (4 % de la population).

L'assimilation au monde anglophone est d'ailleurs le souci de ces petites communautés acadiennes de la Nouvelle-Écosse qui se sont regroupées au sein d'une fédération pour mieux faire entendre leur différence. Et ce n'est que depuis 1981 que le droit à l'instruction en français est officiellement reconnu dans les établissements scolaires.

Doubles pages suivantes :

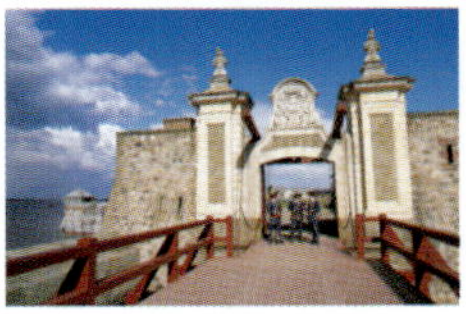

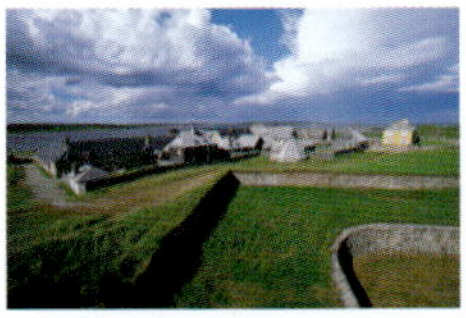

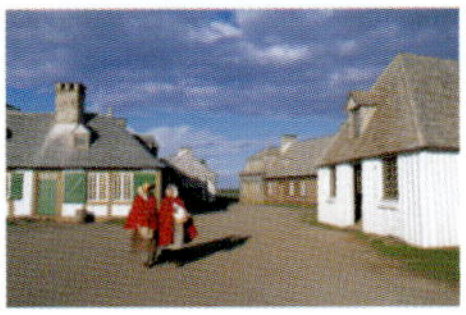

La forteresse de Louisbourg, la plus grande reconstruction historique de toute l'Amérique du Nord. Remparts, rues, maisons habitées et 100 animateurs costumés y font revivre les sensations d´un siècle passé à l'époque de la colonisation française.

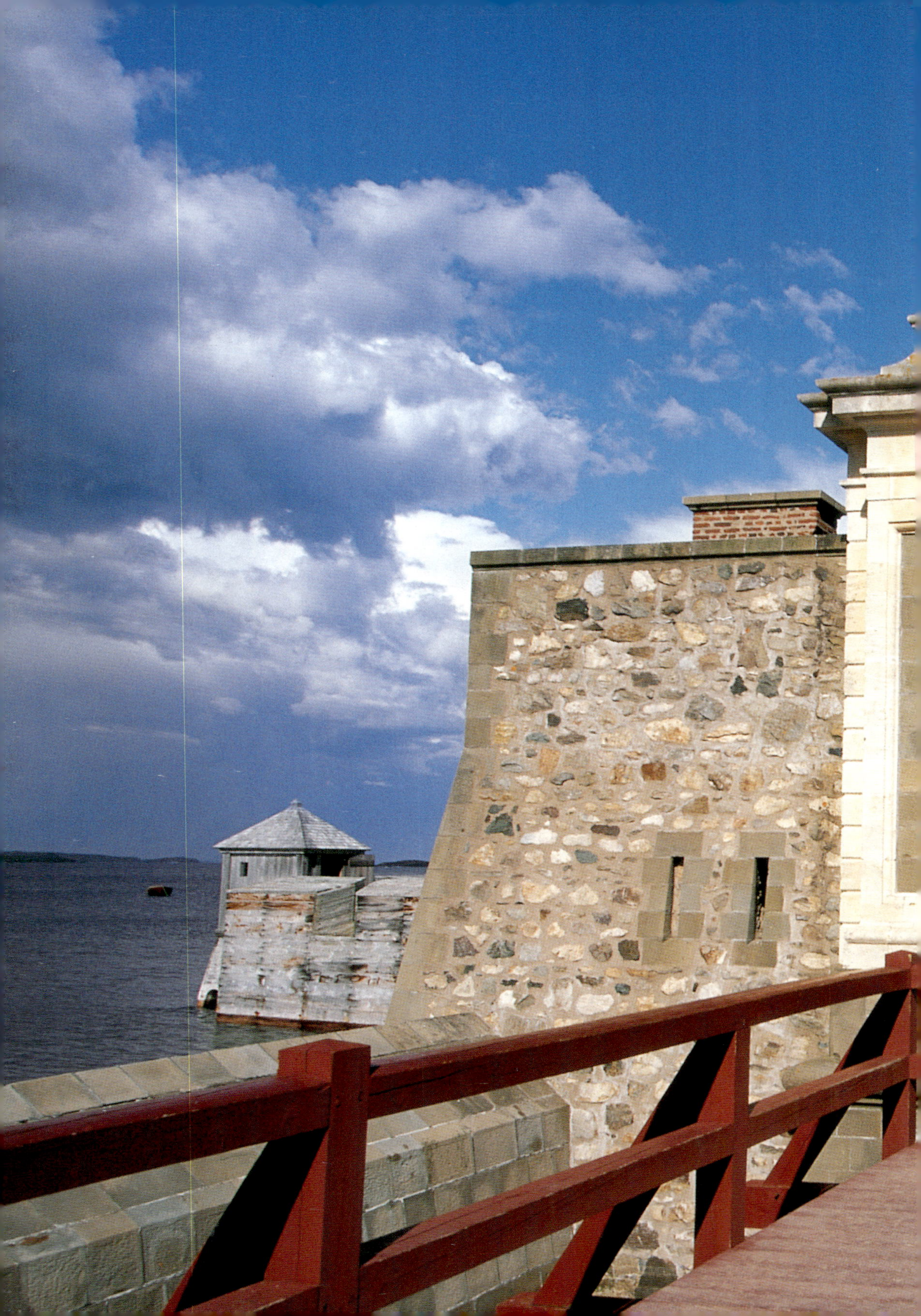

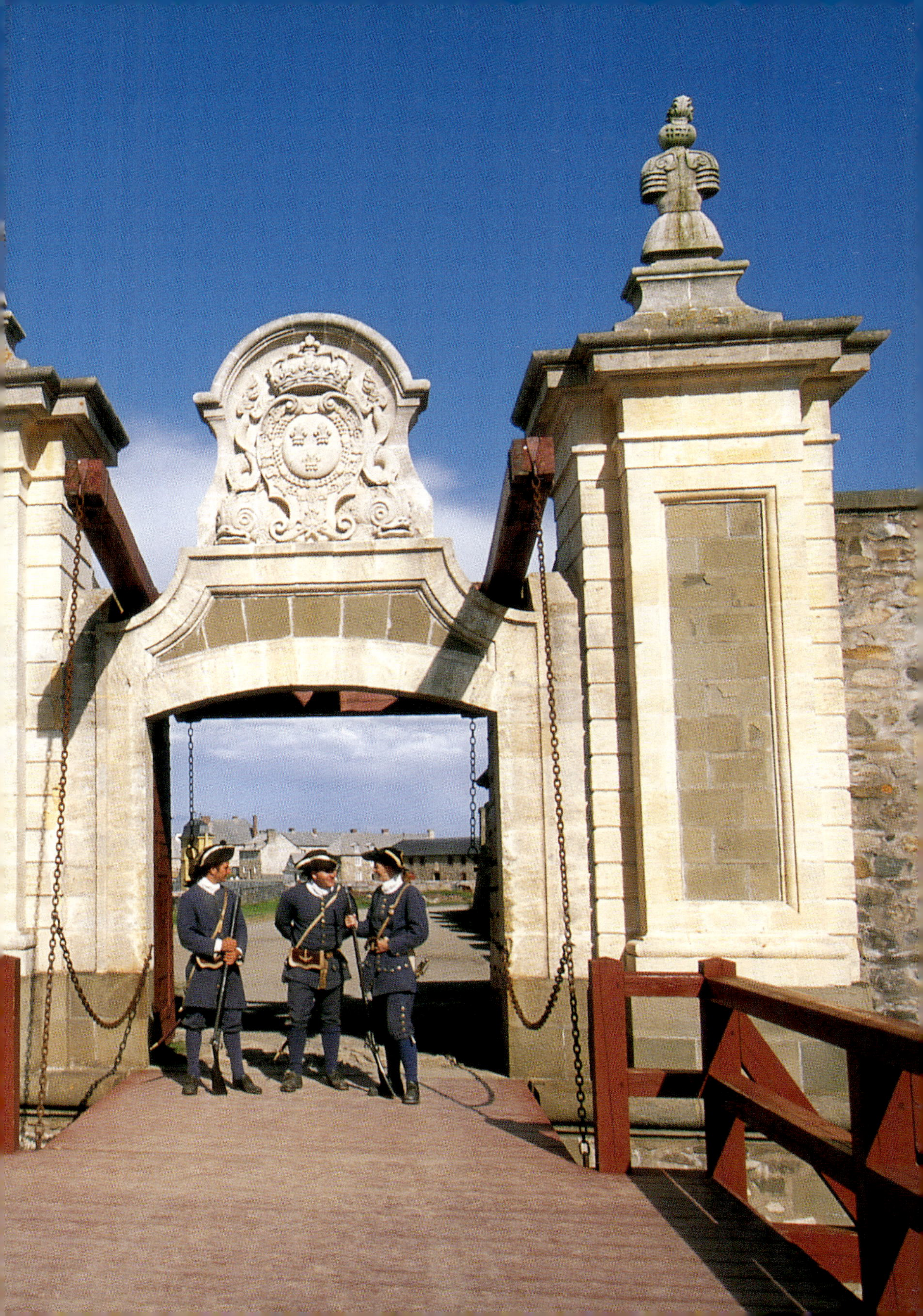

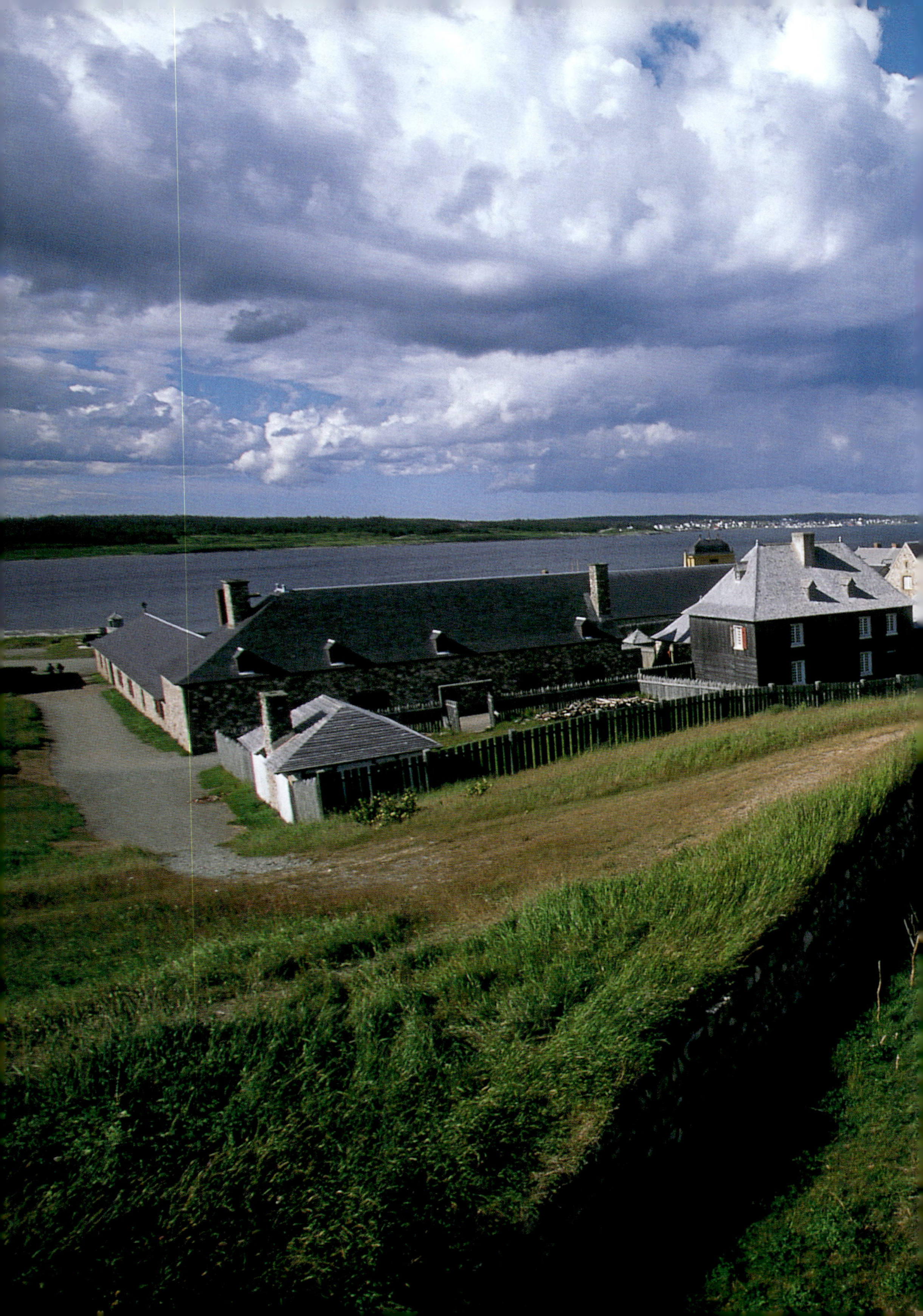

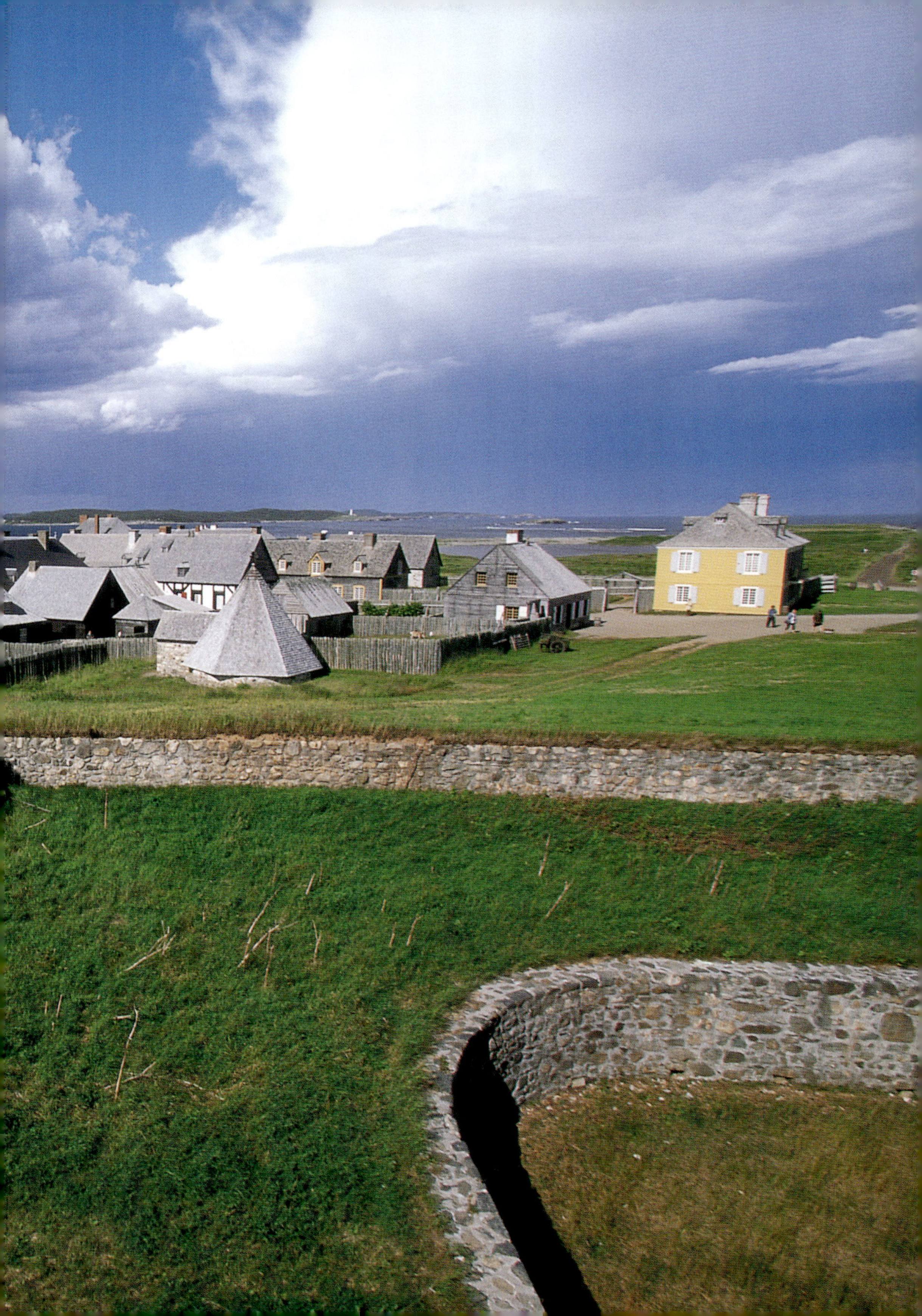

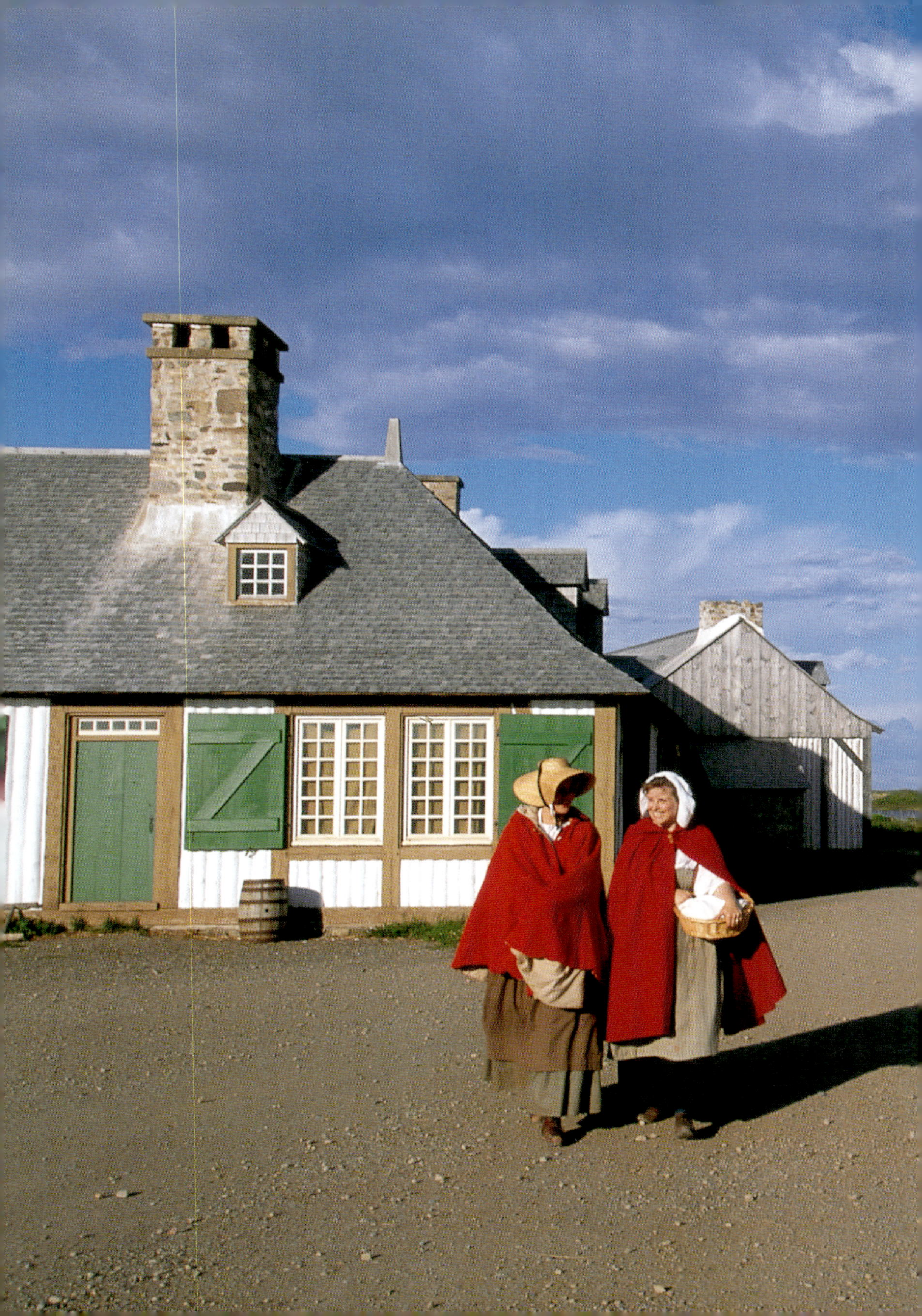

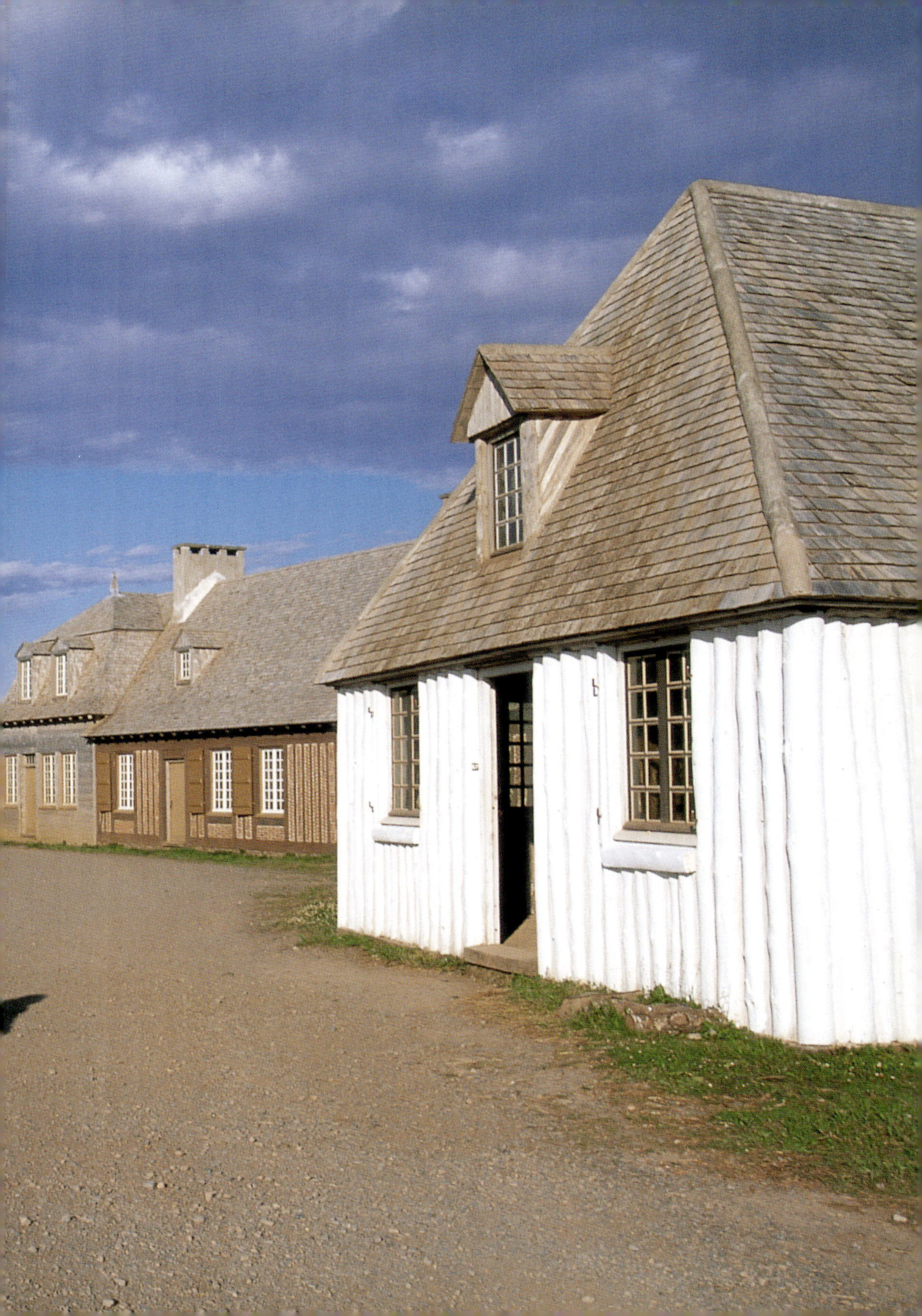

ON REVIT L'HISTOIRE AU NOUVEAU-BRUNSWICK

La vie d'antan reconstituée

"Attention à vous les hommes, Zélica déjà veuve cinq fois est à la recherche d'un sixième mari". La chicane commence. *"Moque-toi Séraphine,* réplique Zélica, *toi qui cours la galipotte et a le gosier bien en pente".* Nous sommes sur l'île aux Puces, un village reconstitué à Bouctouche sur la côte acadienne du Nouveau-Brunswick. Nos "chicaneuses" appartiennent à la troupe d'acteurs qui fait revivre chaque été l'Acadie du début du XXe siècle, son mode de vie, ses coutumes... Ici, on accueille les visiteurs comme s'ils faisaient partie de la famille. – Tutoiement de rigueur, blagues et petites anecdotes mettent tout le monde à l'aise.

Ci-dessous : une comédienne du Pays de la Sagouine situé sur l'Île-aux-Puces près de Bouctouche.

Page de droite : le village historique Acadien se veut le reflet de la vie des Acadiens de 1770 à 1939.

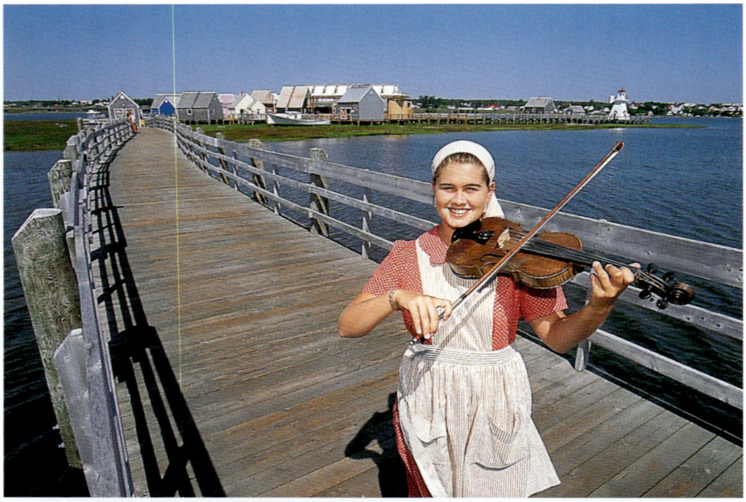

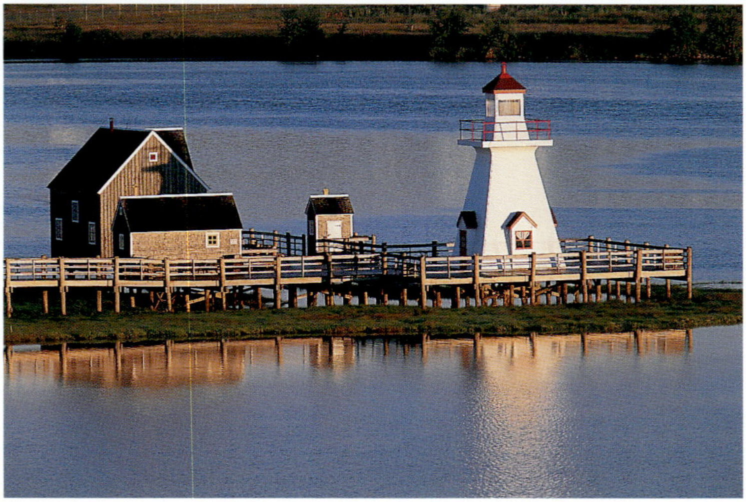

Durant toute la période estivale, sur l'île aux Puces et dans le Village Historique Acadien de Caraquet, des familles entières revivent comme au siècle dernier dans des maisons anciennes reconstruites ou restaurées. On chante et on "placote" tout en filant le lin et en cardant la laine et on plonge au cœur d'un quotidien oublié avec la corvée de lavage ou le barattage du beurre. A Bouctouche, pays d'Antonine Maillet (prix Goncourt en 1979 pour *"Pélagie la charrette"*) et d'une de ses héroïnes, *"la Sagouine"*, les spectacles se succèdent dès les premiers beaux jours. Surprenant, ce village auquel on accède par un pont serpentant sur la lagune, mérite bien une journée de visite avant de faire halte à Moncton, la grande ville francophone de la province, célèbre pour son université... et sa côte magnétique, une route en pente où l'on ne sait jamais si elle monte ou descend.

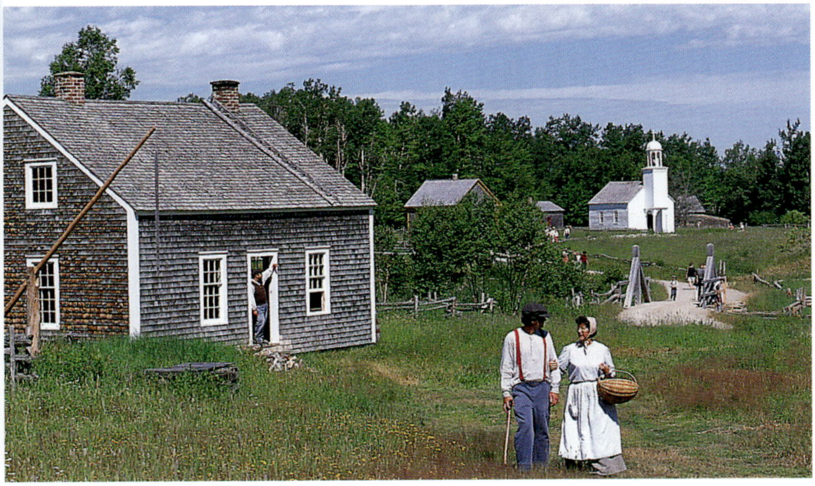

Doubles pages suivantes :

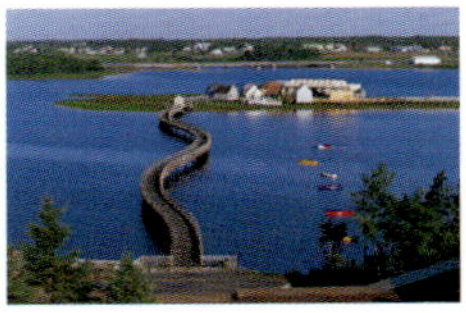

l'Île-aux-Puces et son curieux pont en bois.

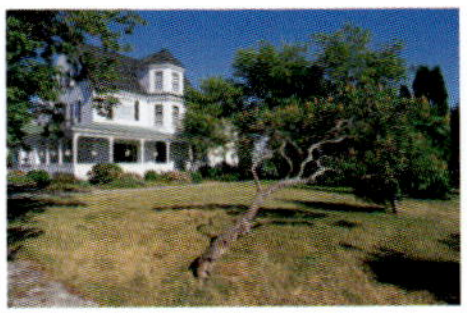

L'Auberge Le Vieux Presbytère à Bouctouche.

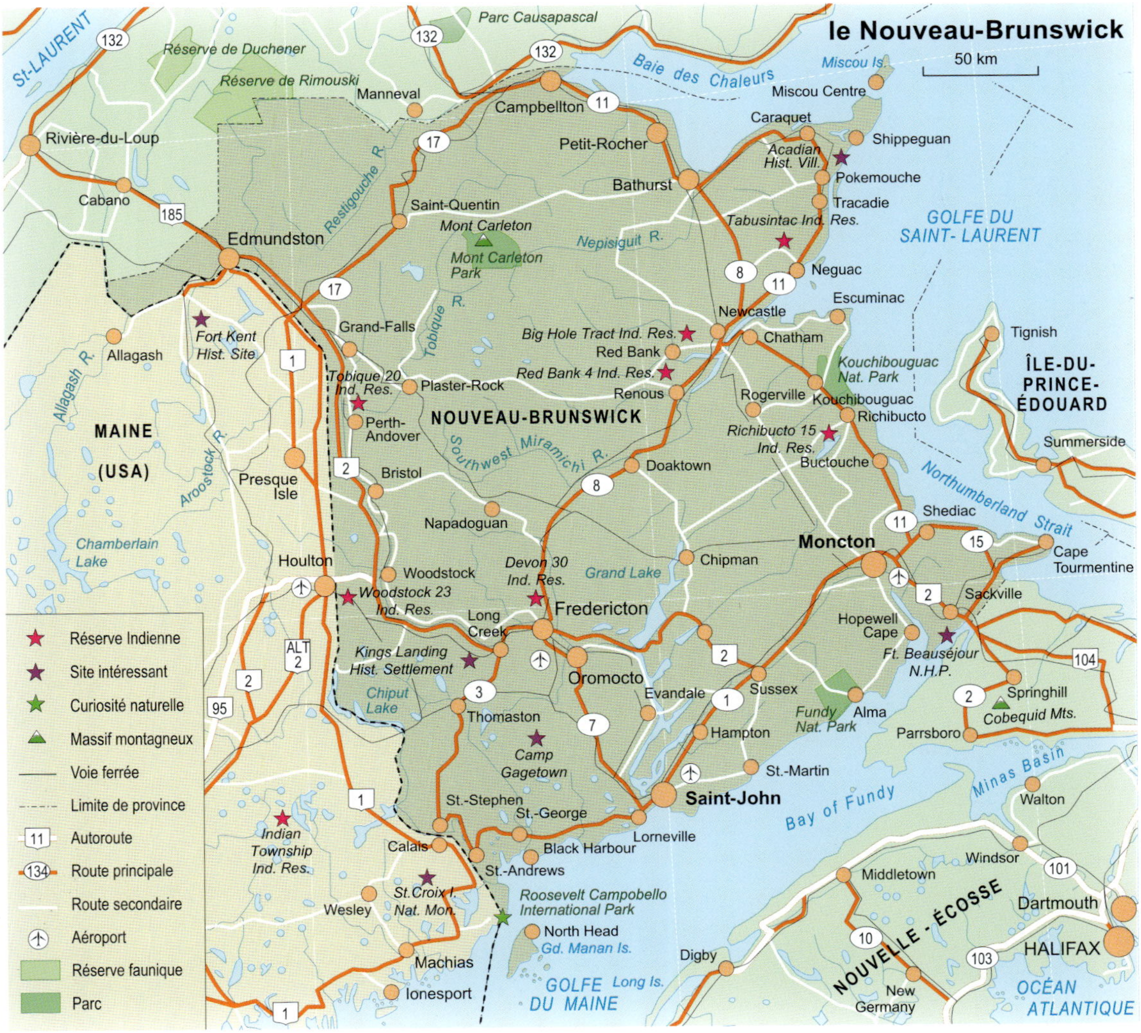

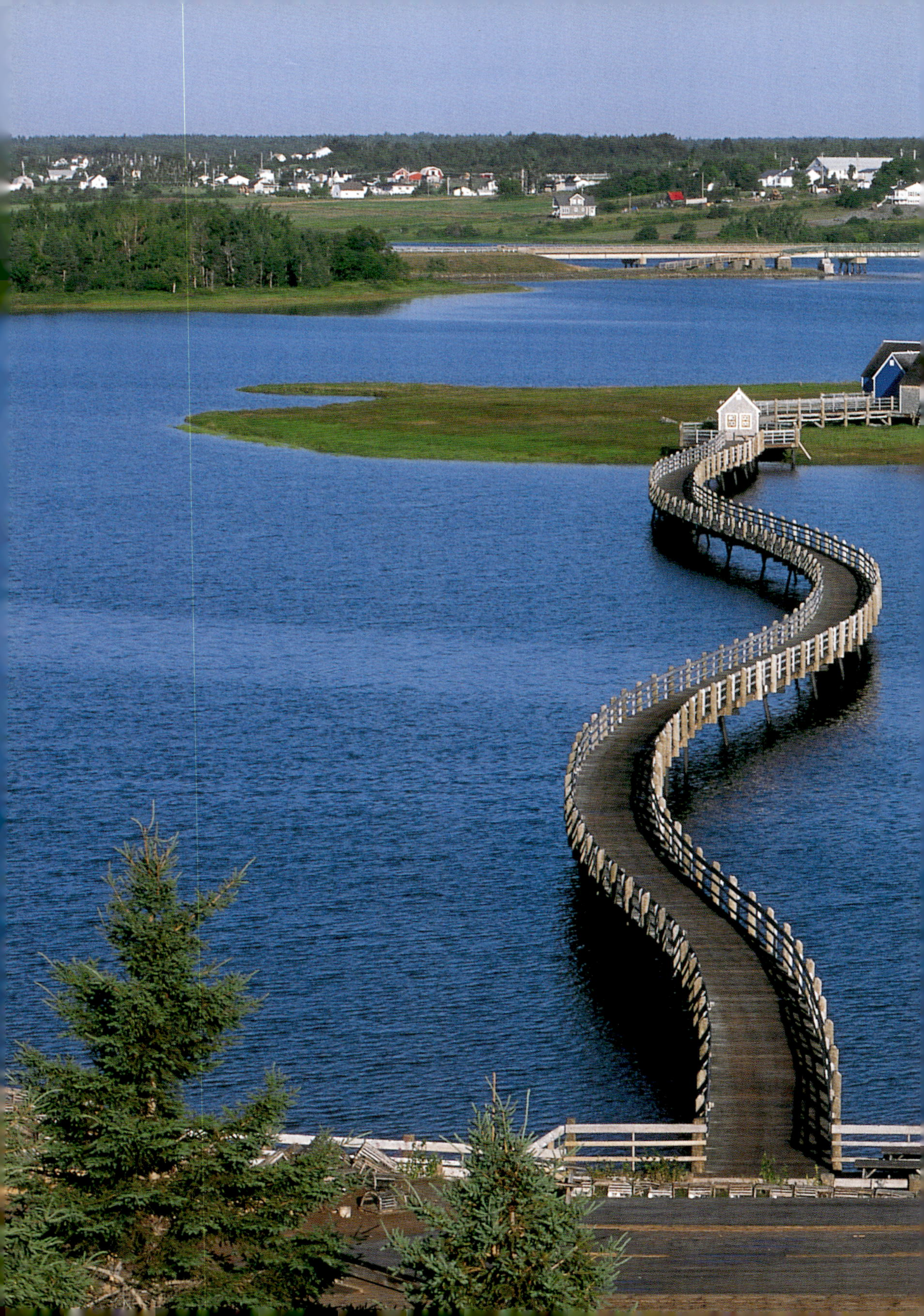

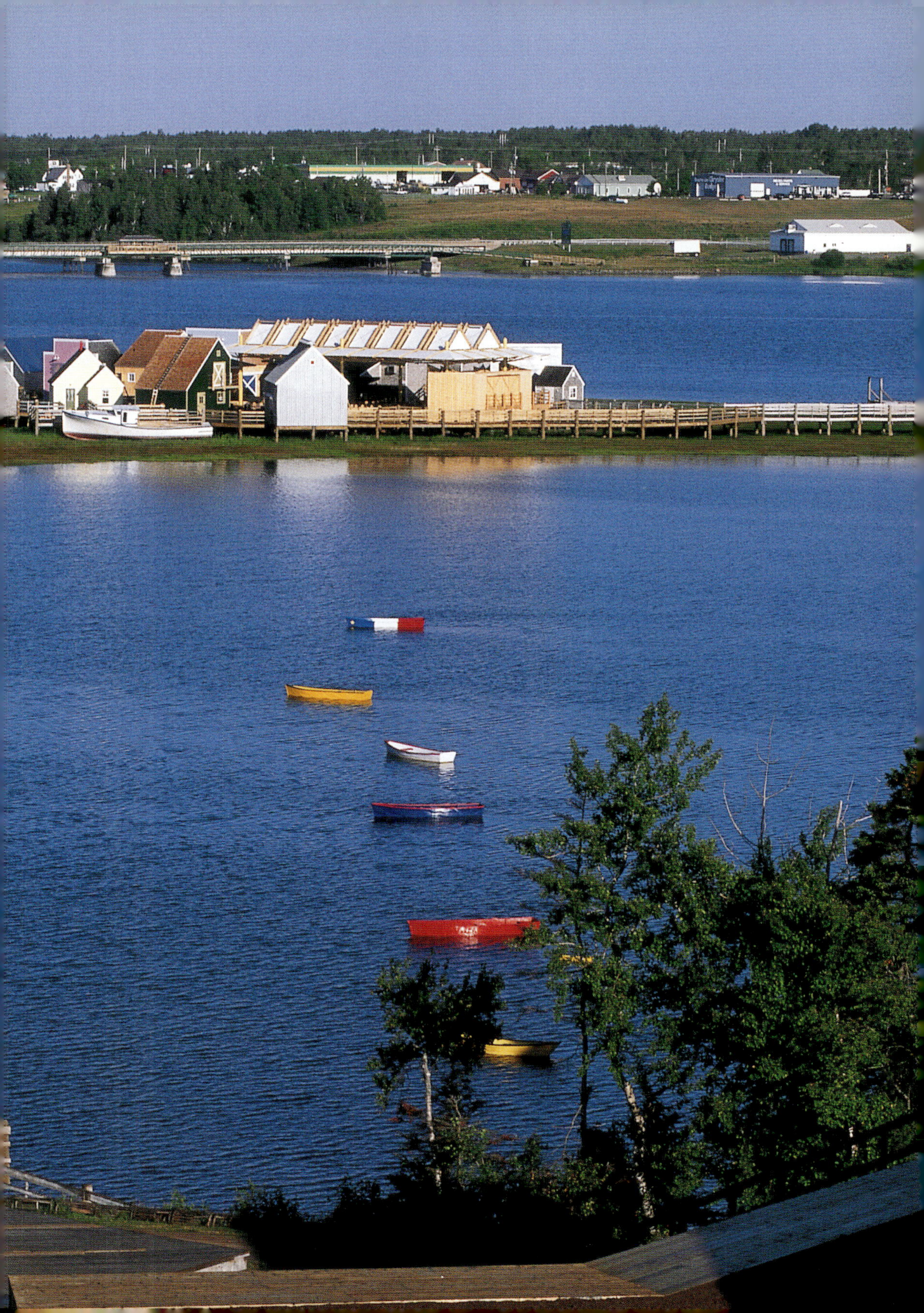

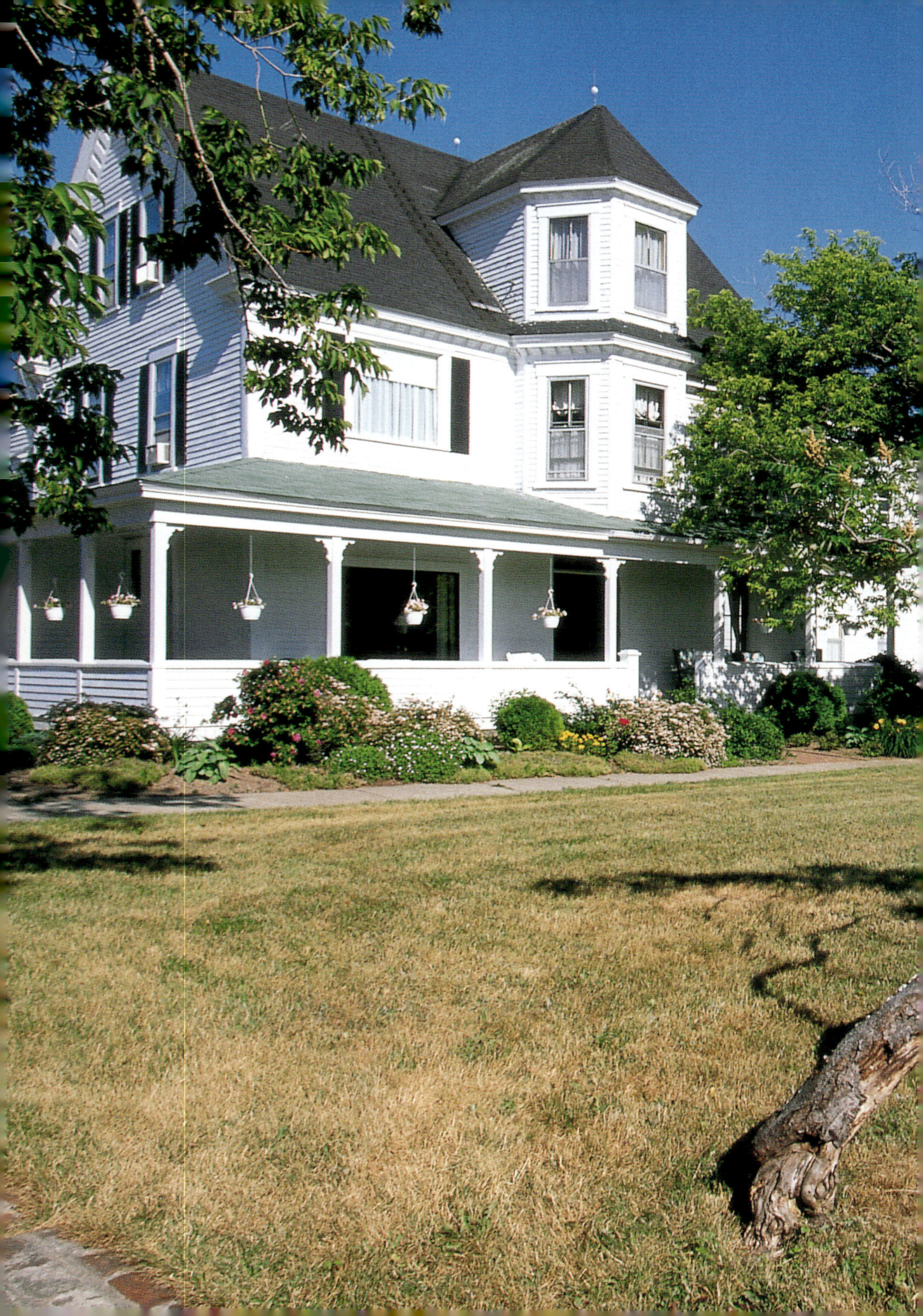

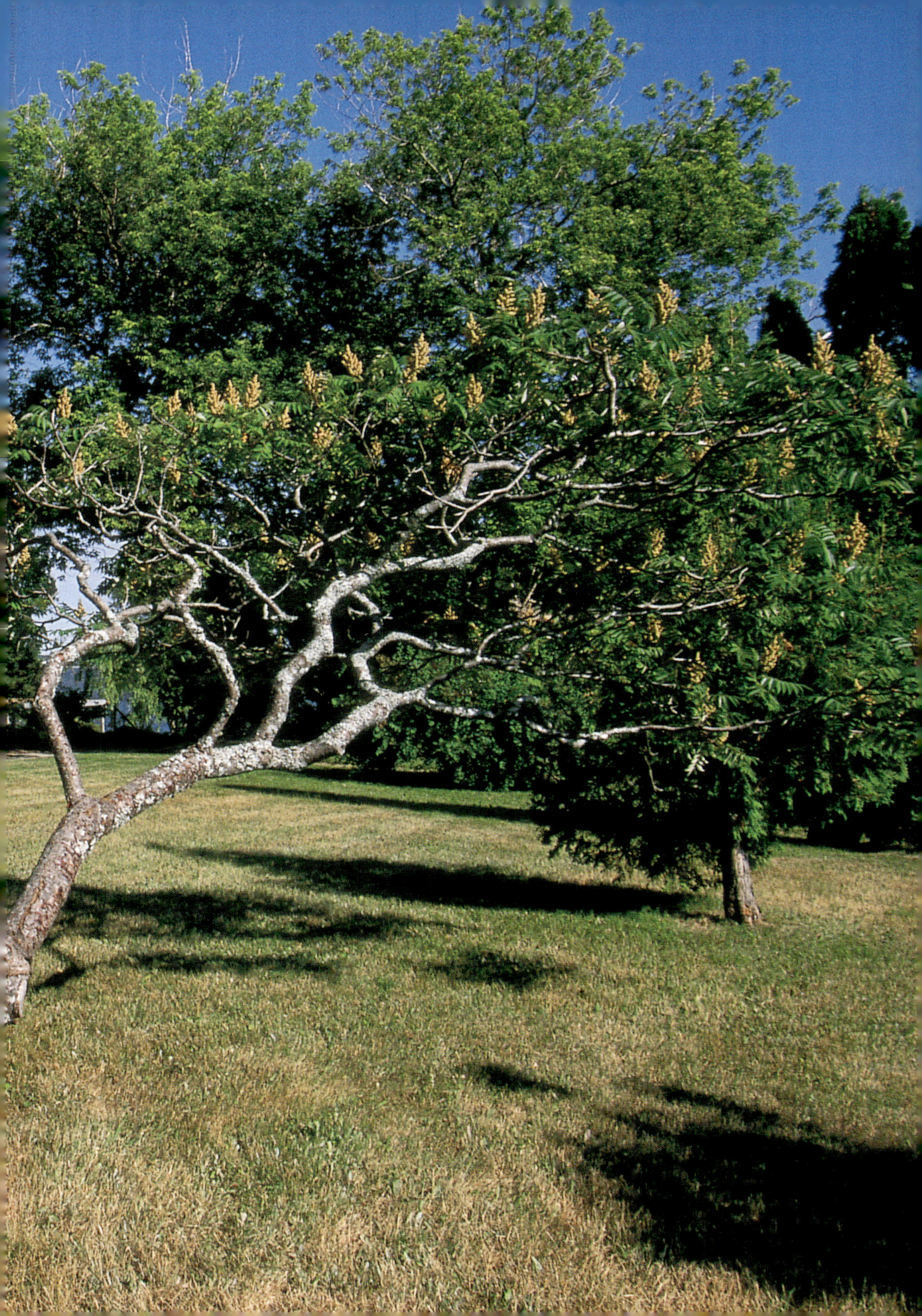

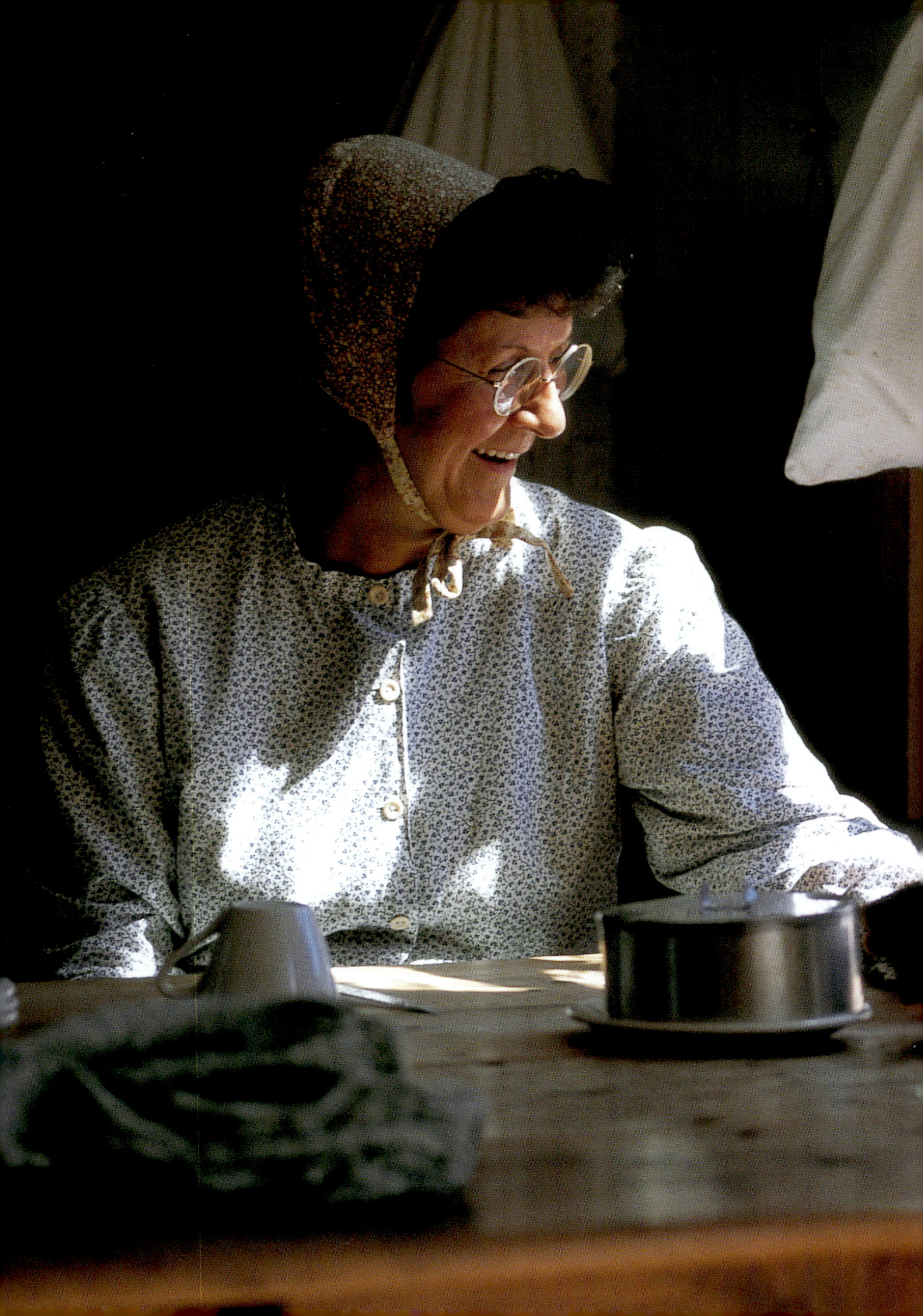

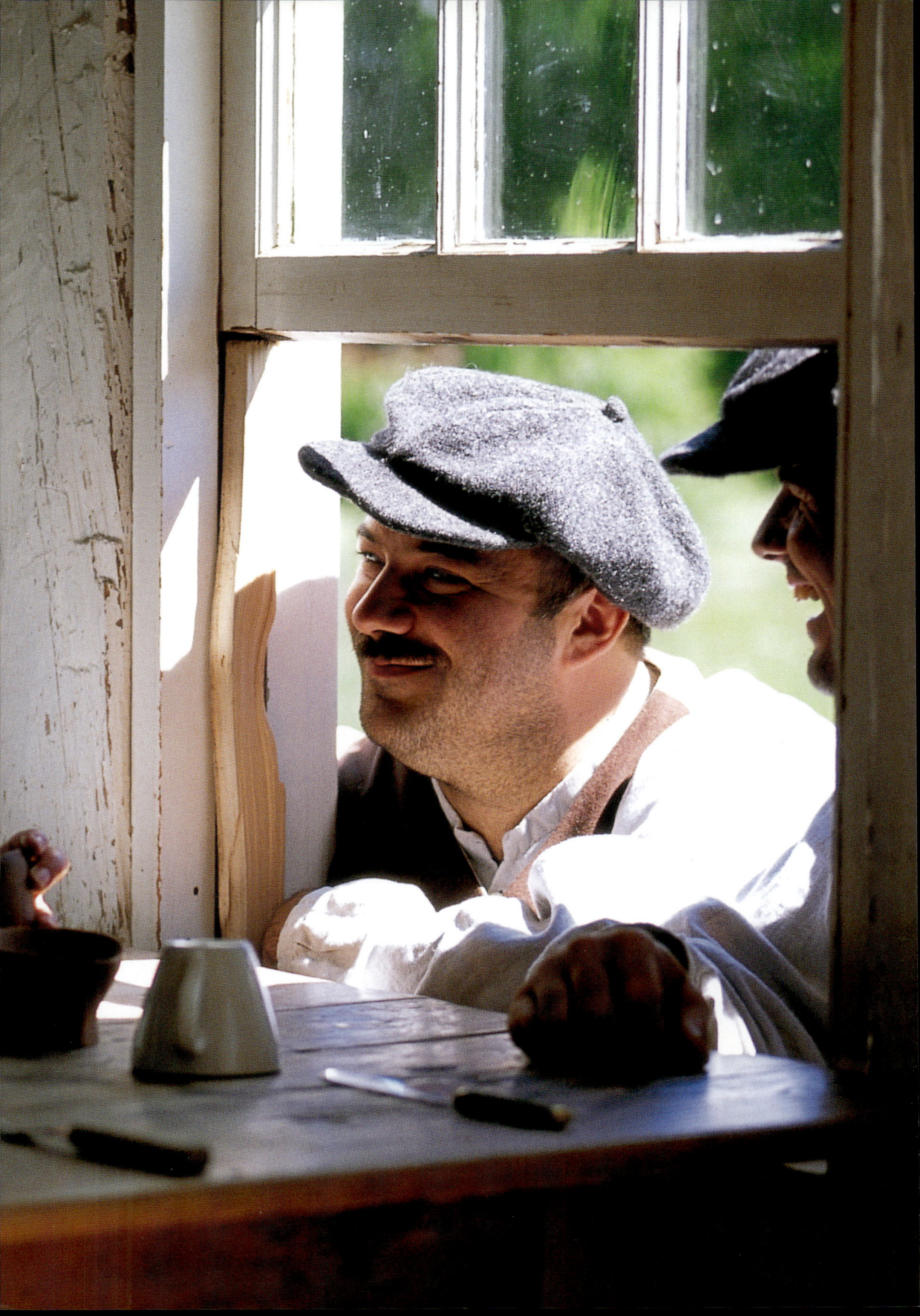

Double page précédente :

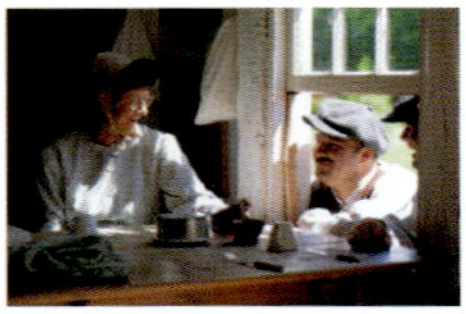

Vie quotidienne au Village Acadien de Caraquet.

LES PLUS HAUTES MARÉES DU MONDE

Plus surprenantes encore sont les marées de la baie de Fundy, réputées pour être les plus puissantes et les plus hautes du monde. Deux fois par jour, au moment le plus fort de l'année, la mer monte jusqu'à seize mètres – la hauteur d'un immeuble de quatre étages – à la vitesse fulgurante d'un mètre et demi à la minute. Deux cents milliards de tonnes d'eau entrent et sortent de la baie, une masse d'eau égale à celle cumulée de toutes les rivières de la planète ! Depuis des millénaires, ces marées géantes ont sculpté les falaises de grès rouge. Au cap Hopewell, un des plus beaux sites d'observation, émergent à marée basse des rochers biscornus en forme de pots de fleurs géants. La légende raconte que les baleines ont figé ainsi les Indiens pour l'éternité... Pour des sensations plus "urbaines", il faut se rendre à Fredericton, au cœur de la province. La capitale très "british" étire le long du fleuve Saint-Jean ses rues bordées d'arbres et de demeures victoriennes. La ville se targue d'être une des plus prospères de l'Amérique du Nord. À l'allure plus décontractée, Saint-Andrews-sur-Mer est la station chic de la côte grâce à l'hôtel Algonquin, un hôtel mythique au charme suranné où l'on accueille les visiteurs en kilt... Le célèbre écrivain Stephen King se serait inspiré des lieux pour son roman "The Shining".

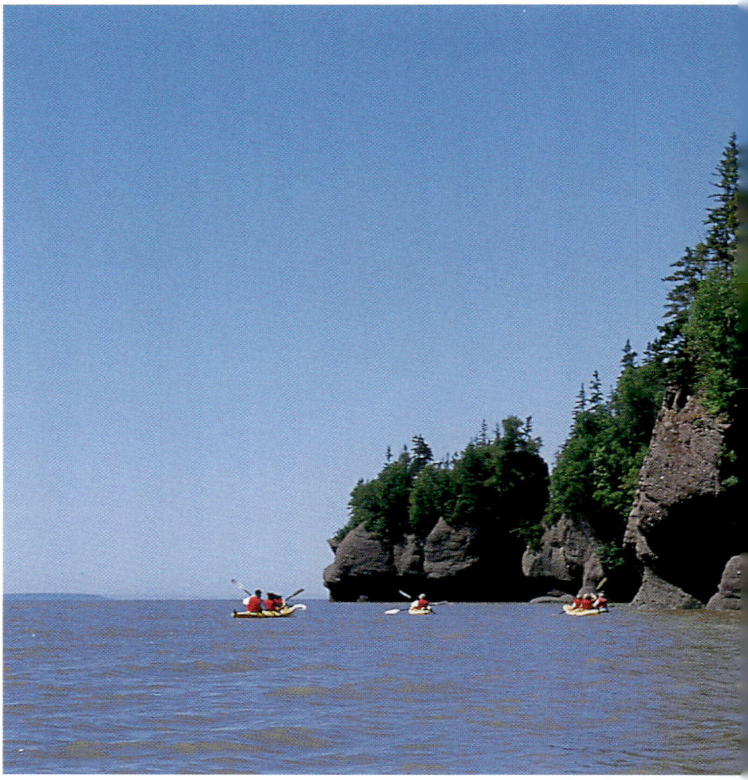

Doubles pages suivantes :

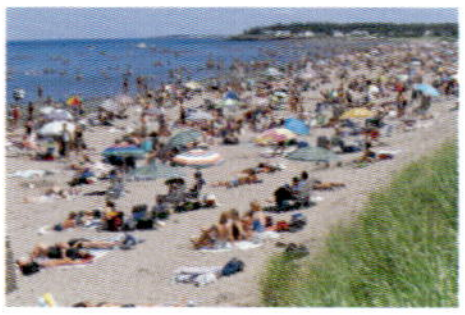

Parlee Beach, la plage de Shédiac.

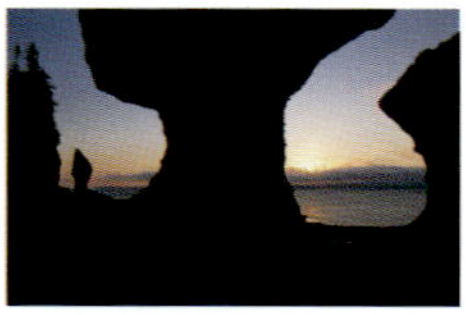

Les rochers Hopewell dans la baie de Fundy.

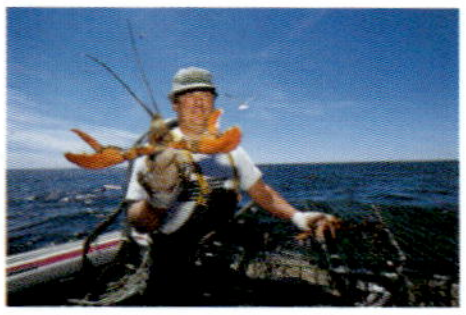

Pêcheur de homard de la côte acadienne.

En revenant vers la côte acadienne de l'Atlantique, une halte à Saint-John s'impose ne serait-ce que pour son marché couvert vieux de plus de 200 ans, un record en Amérique ! Sous sa voûte blanche de bois et d'acier, les fermiers locaux offrent leurs produits en plein centre-ville. Un pur régal de fraîcheur.

Douce Acadie, ici aussi on aime la "bonne bouffe". La râpure à la poule, le fricot (un ragoût et une soupe à base de volaille, d'oignons et de pommes de terre), les crêpes à la neige fondue (un plat de printemps), les poutines, râpées (grosses boulettes à la pomme de terre râpée et au bœuf) ou à trou (beignets aux pommes et sirop de sucre brun), figurent dans les menus traditionnels. Mais la vedette de l'été reste le homard, que l'on pêche à foison dans le golfe du Saint-Laurent. Chaque début de juillet, la ville de Shédiac, réputée pour sa plage aux eaux étonnamment chaudes, organise son célèbre festival du homard. En quelques jours, on y sert plus d'une tonne de crustacés sous les yeux incrédules du plus gros homard du monde, en bronze celui-là.

Les soirs d'été, quand les pêcheurs rentrent de leur longue journée de travail, l'ambiance monte dans les restaurants et les bars. Vers 22 heures, les chansonniers entament leur tour de chant, et l'on swingue sur un mélange d'airs acadiens et de grands succès anglophones.

L'expérience des plus hautes marées du monde en kayak de mer dans la baie de Fundy.

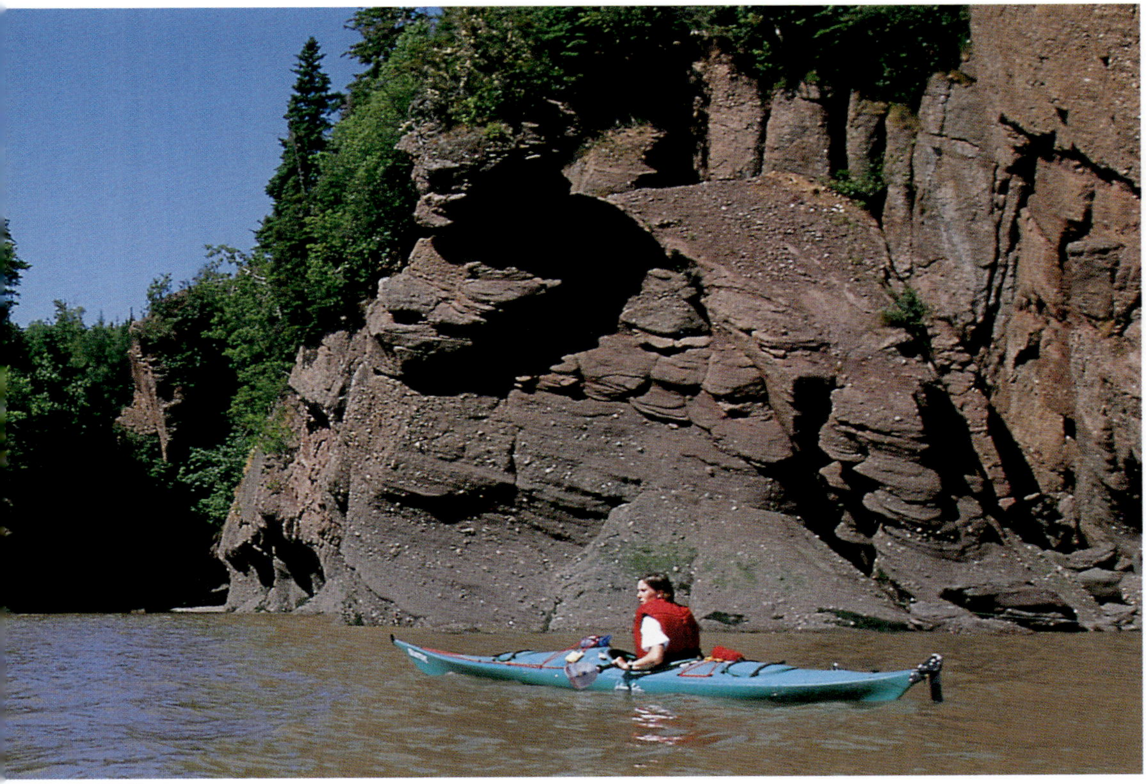

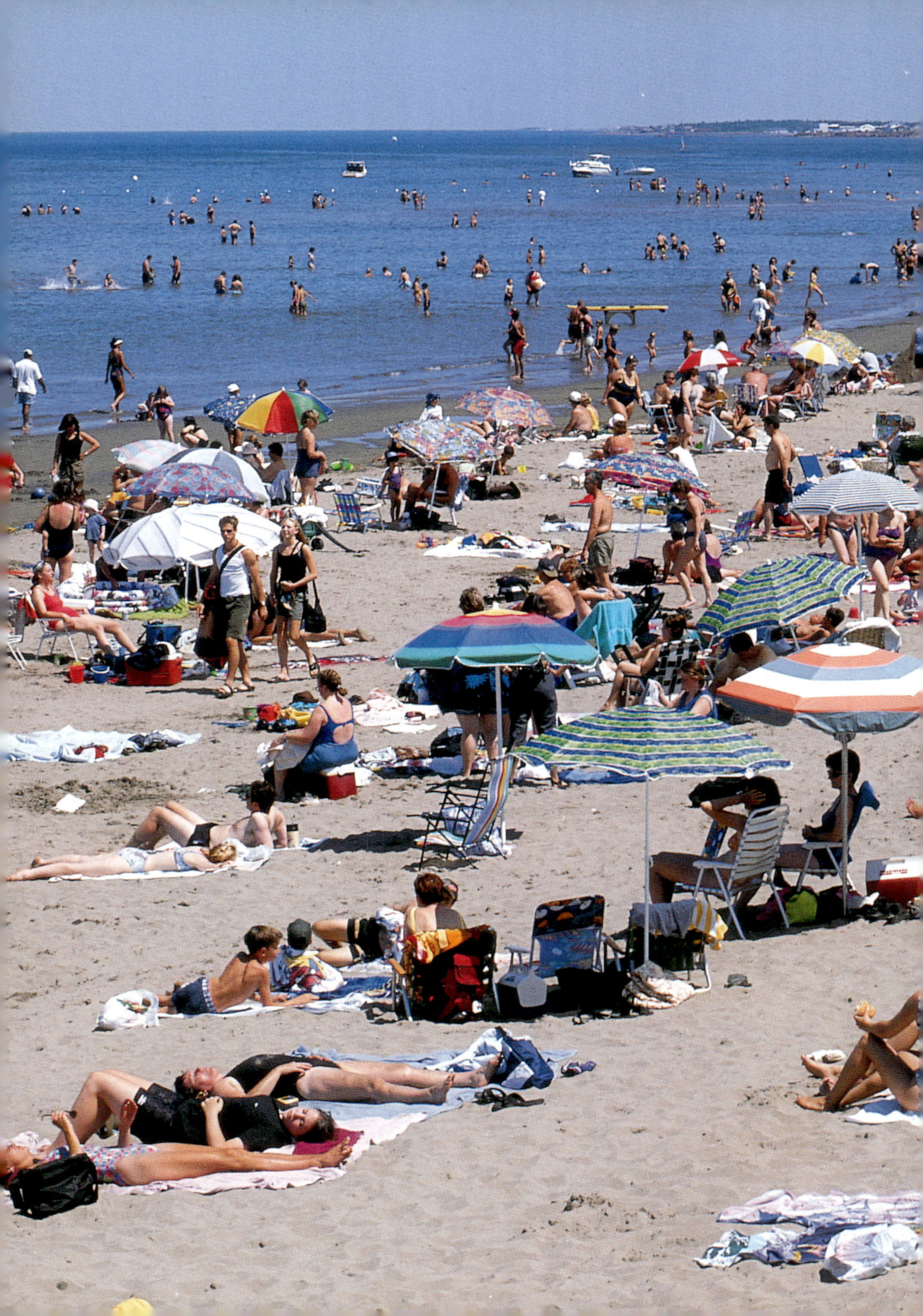

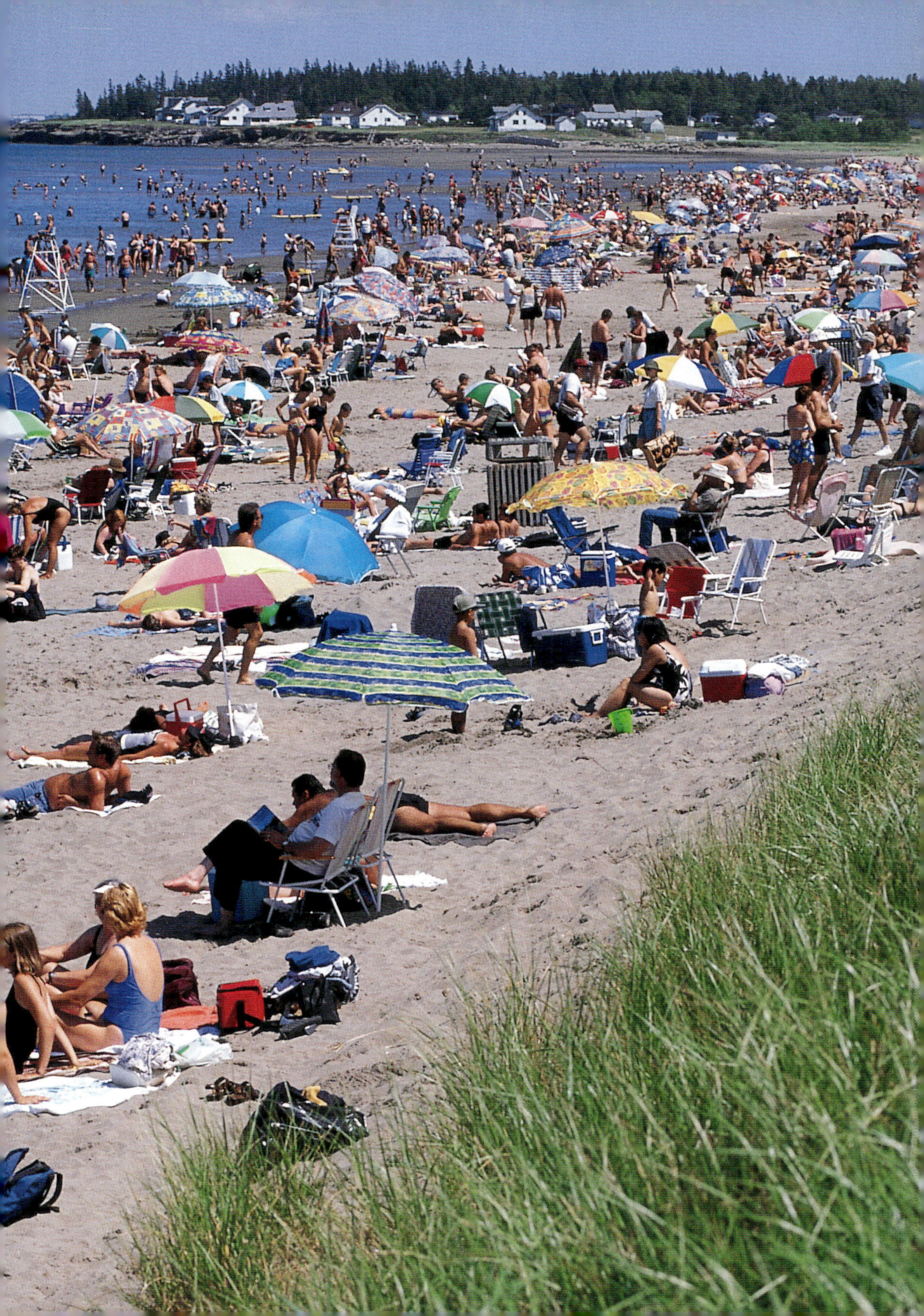

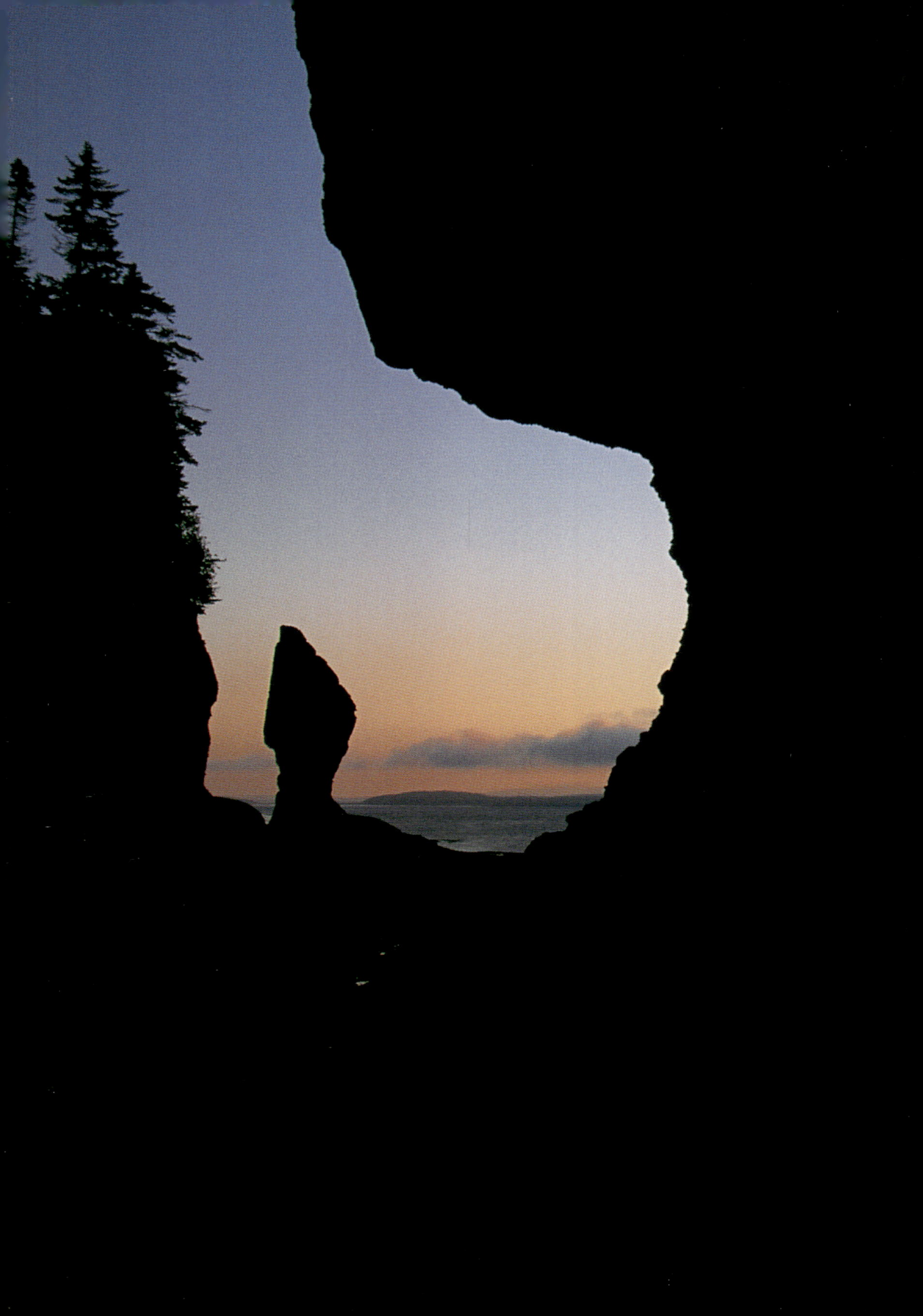

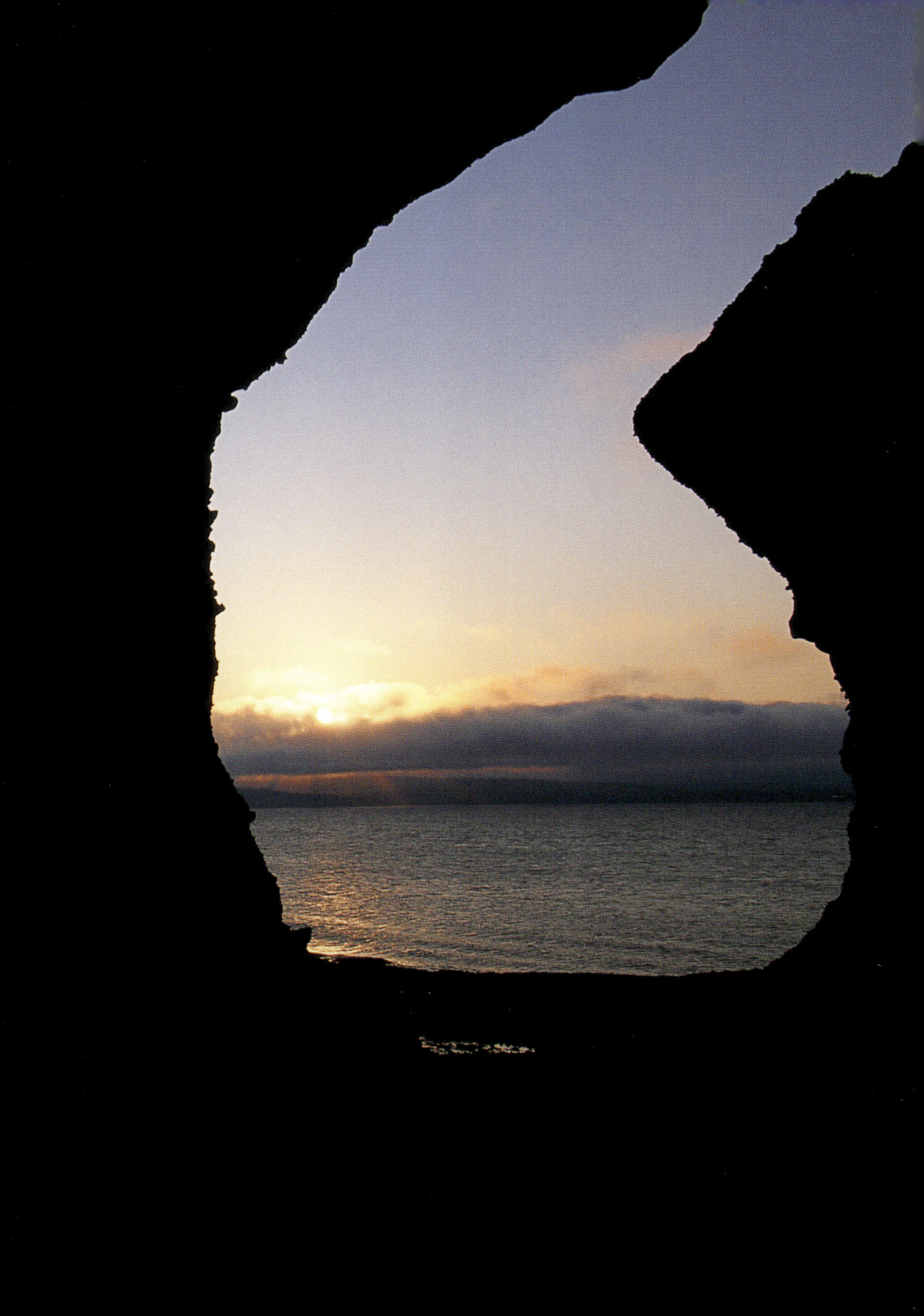

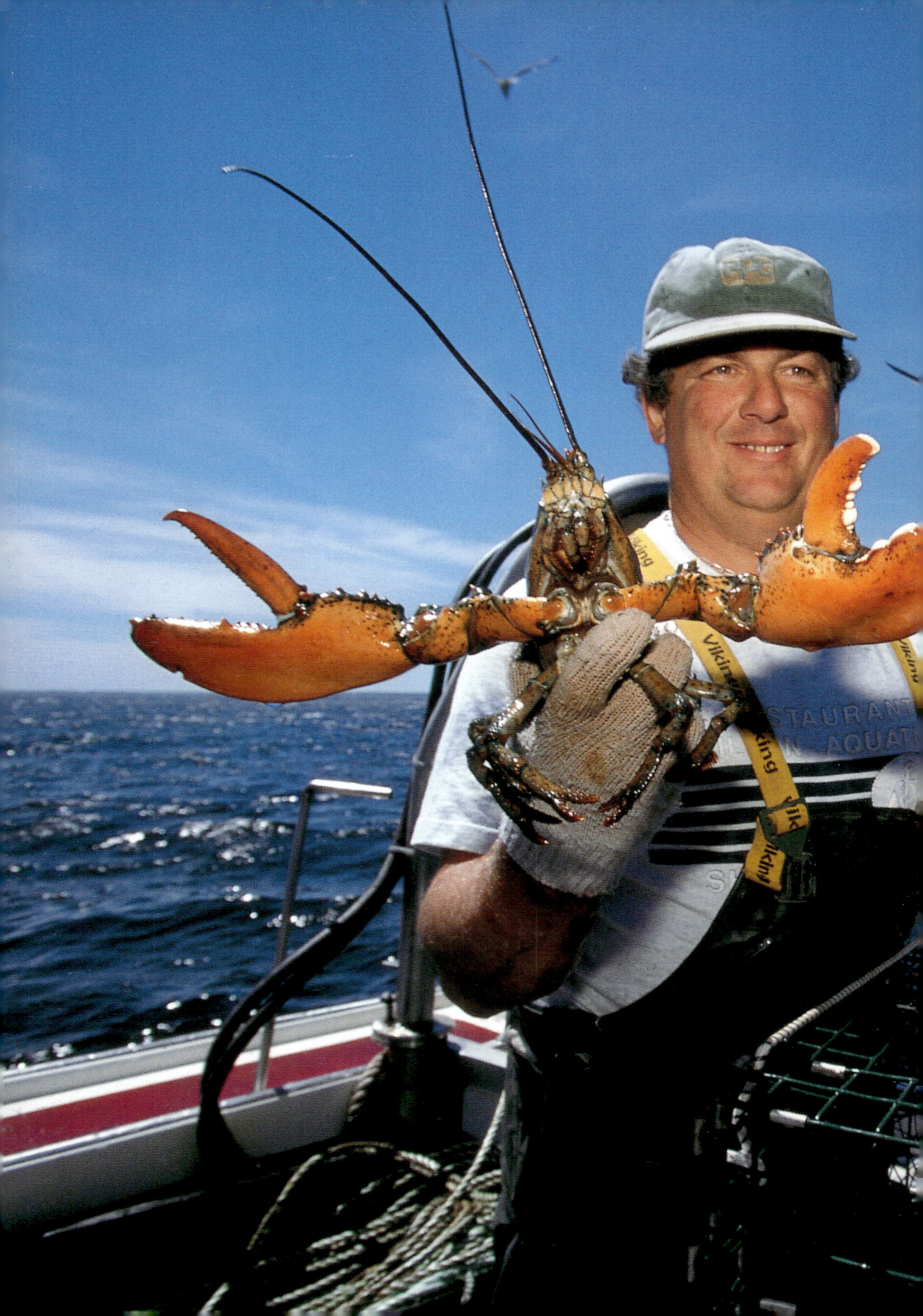
Viking

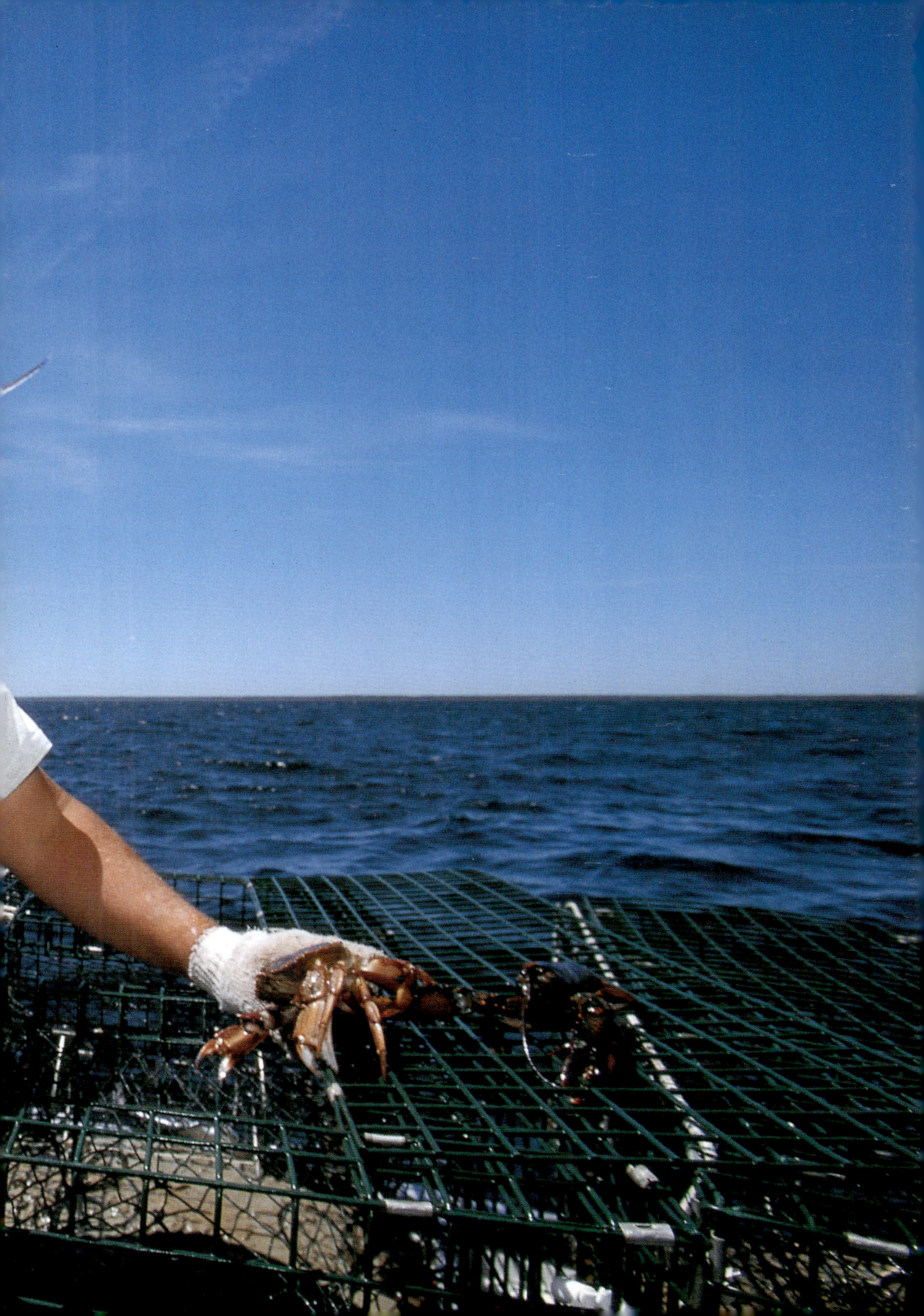

ACADIENS ET HIGHLANDERS EN NOUVELLE-ÉCOSSE

La route Évangéline

Longtemps, sur la côte qui s'étend au sud de la baie de Fundy sur plus de 500 km – de Amherst à Yarmouth – la langue dominante fut le français. Pour plonger plus profondément encore au cœur de l'ancienne Acadie, il faut se rendre à Grand-Pré. On y a reconstruit en 1922, sur le lieu historique de la colonie, l'église Saint-Charles, une réplique de l'ancienne église acadienne incendiée lors du Grand Dérangement, comme les 698 maisons qui s'éparpillaient alentour. L'intérieur abrite un petit musée particulièrement émouvant où six grandes toiles dues à l'artiste Robert Picard retracent la vie des colons et leur déportation. Sur le parvis se dresse un buste de l'écrivain américain Henry Longfellow et une statue de son héroïne Évangéline.

En 1847, cet écrivain publie aux États-Unis un long poème qui va changer la vie des Acadiens. Son héroïne, Évangéline Bellefontaine, une jeune femme vivant dans la communauté acadienne de Grand-Pré est séparée le jour de ses noces de son amoureux Gabriel Lajeunesse au cours du Grand Dérangement de 1755. Avec un groupe d'exilés, elle se rend en Louisiane en descendant le Mississippi. Elle passera toute sa vie à la recherche de Gabriel. Devenue religieuse, elle ne le retrouvera qu'à la fin de sa vie dans un hôpital. Mourant, il s'éteindra dans ses bras. Les deux amants se retrouveront peu de

"Le départ vers l'exil 1755", tableau de Claude Picard illustrant la déportation des acadiens.
La statue d'Évangéline devant l'église Saint-Charles à Grand-Pré.

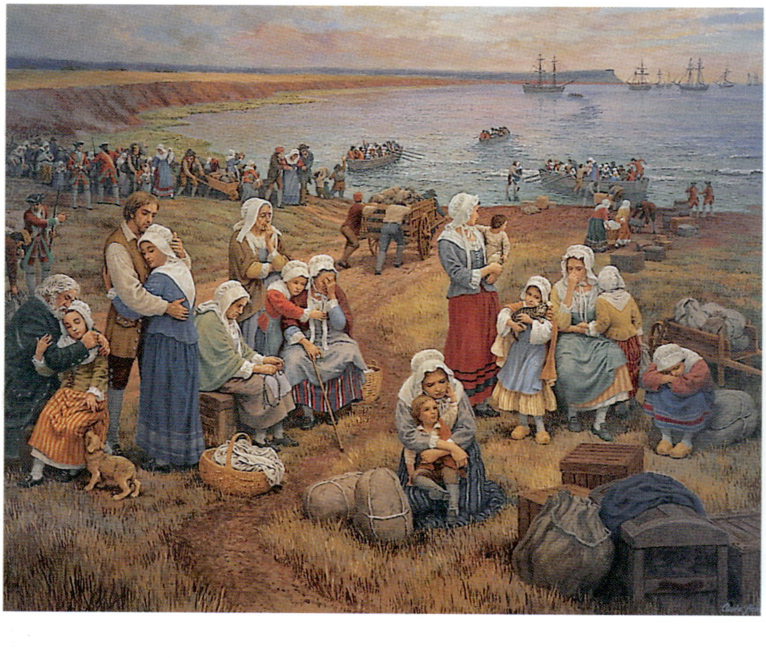

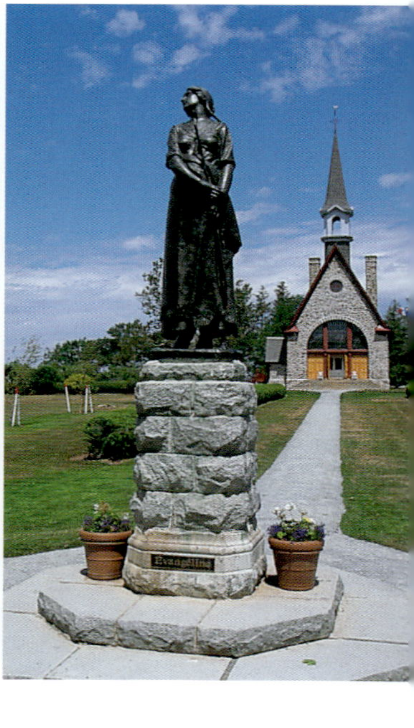

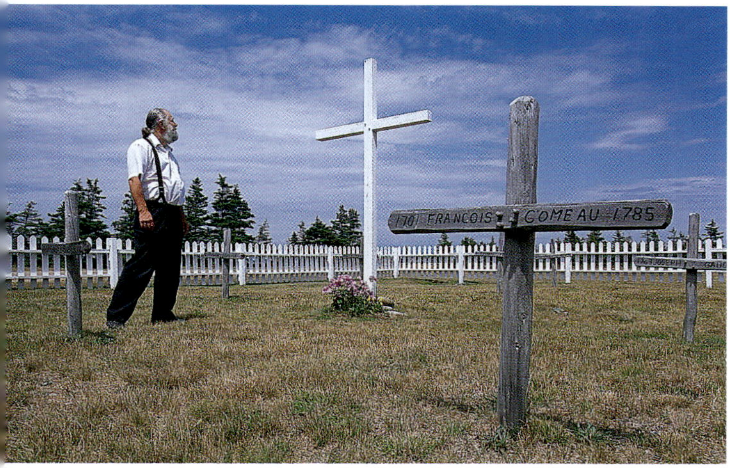

Le premier cimetière acadien à Clare.

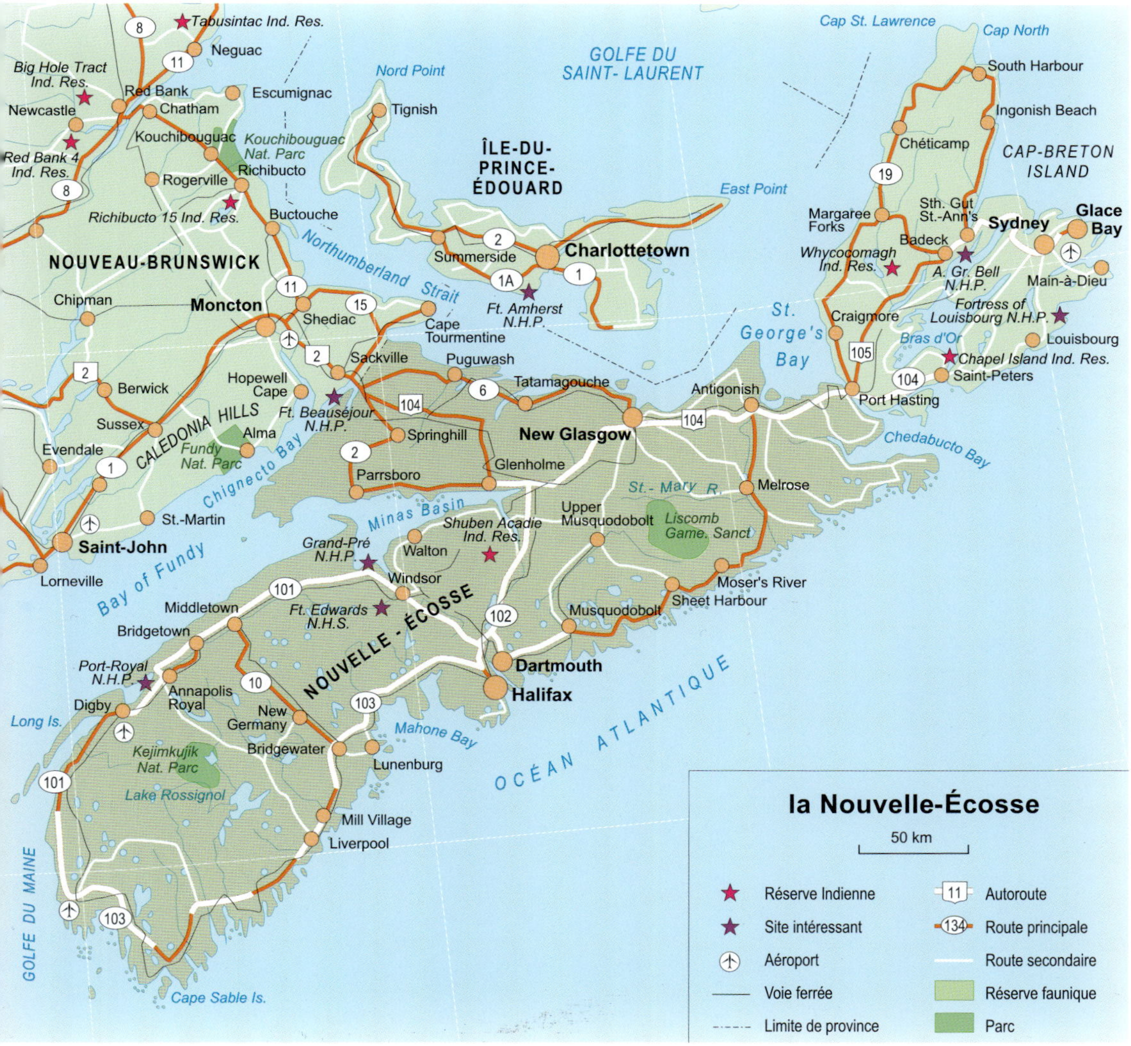

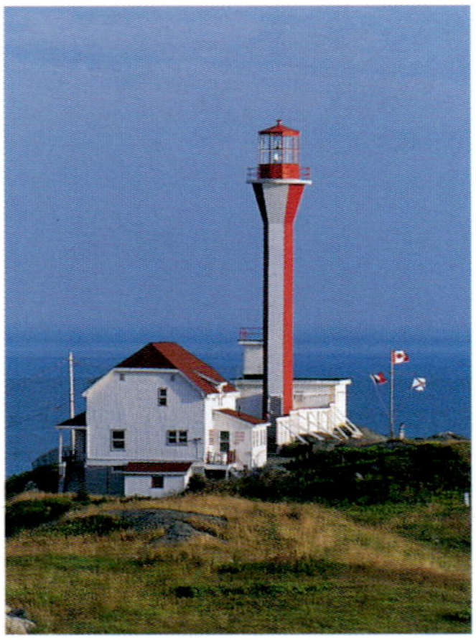

Ci-dessus : le phare de Cap Fourchu, près de Yarmouth.

temps après, dans la mort, pour être enterrés dans une même tombe du cimetière de Philadelphie. Cette tragique histoire basée sur des faits historiques, fut un énorme succès de l'époque et révéla au monde anglophone la cruauté de la déportation des Acadiens. Des touristes américains commencè-rent à visiter Grand-Pré oublié alors depuis presque un siècle Aujourd'hui, de nombreux Acadiens du monde entier y vien-nent à la recherche de leurs racines.

150 km plus à l'ouest en se dirigeant vers Yarmouth vivent deux importantes communautés acadiennes : les enclaves francophones de Clare et, plus au sud, celle d'Argyle

"Ici, c'est la dernière frontière", expliquent les habitants qui luttent farouchement pour la préservation de leur langue et de leur culture. Toute proche, l'université Sainte-Anne est la

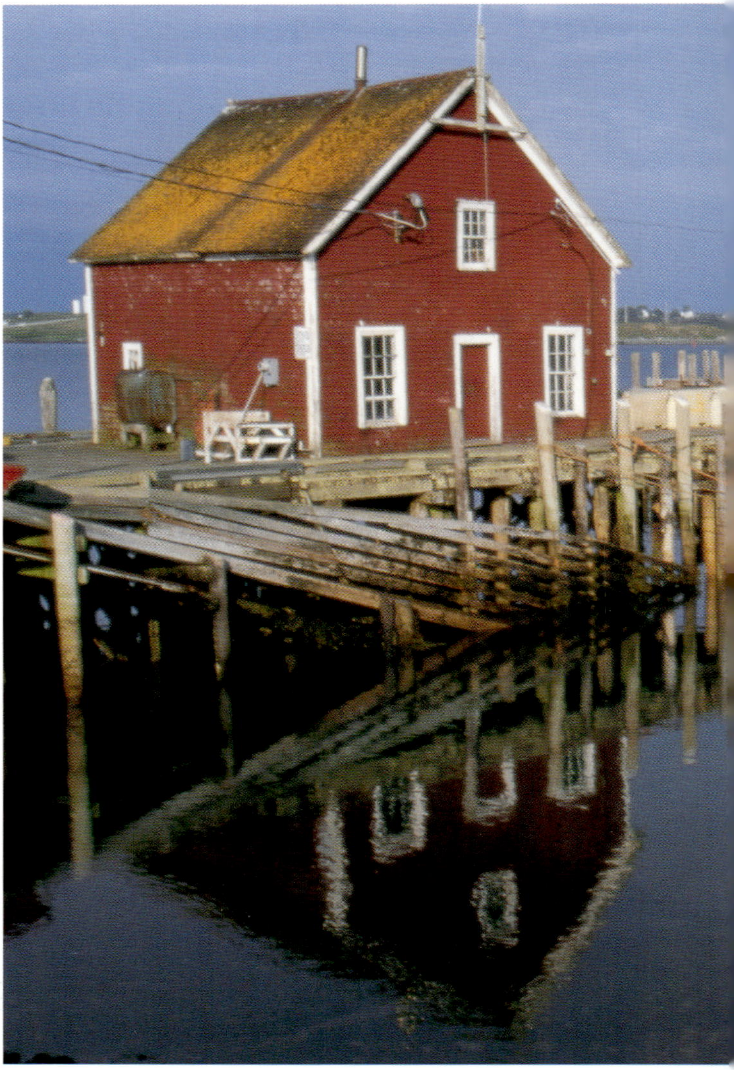

Doubles pages suivantes :

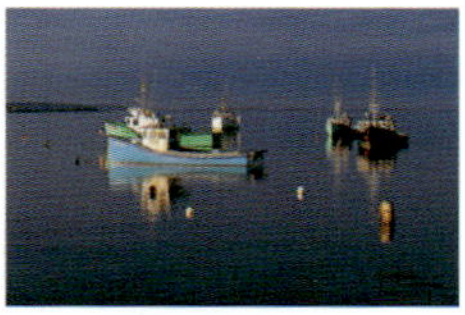

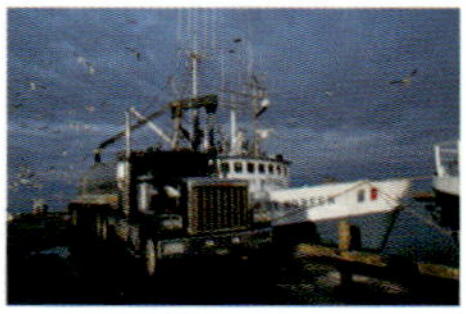

Le port et l'arrivée des pêcheurs à Pubnico West une enclave acadienne en Nouvelle-Écosse.

seule université de langue française en Nouvelle-Écosse. Avec ses 250 étudiants permanents et ses stages d'été, elle joue un rôle majeur pour la communauté acadienne. Elle accueille dans ses murs un musée et un petit café où l'on peut déguster, à l'heure du déjeuner, un pâté de râpure, une recette locale.

La route vers le sud traverse de charmants villages anglophones de pêcheurs dont le plus coloré est certainement Cape St Mary. Puis c'est la ville de Yarmouth, fondée en 1768 par des colons venus du Massachusetts aux États-Unis. Là, il ne faut pas manquer de se rendre au cap Fourchu où les paysages sont dignes des plus belles cartes postales. Commence alors une succession de petites baies, îles et presqu'îles tournées vers l'océan où, à tort, peu de touristes s'aventurent.

Petit port de pêche sur la presqu'île de Cap Fourchu sur la côte ouest de la Nouvelle-Écosse près de Yarmouth.

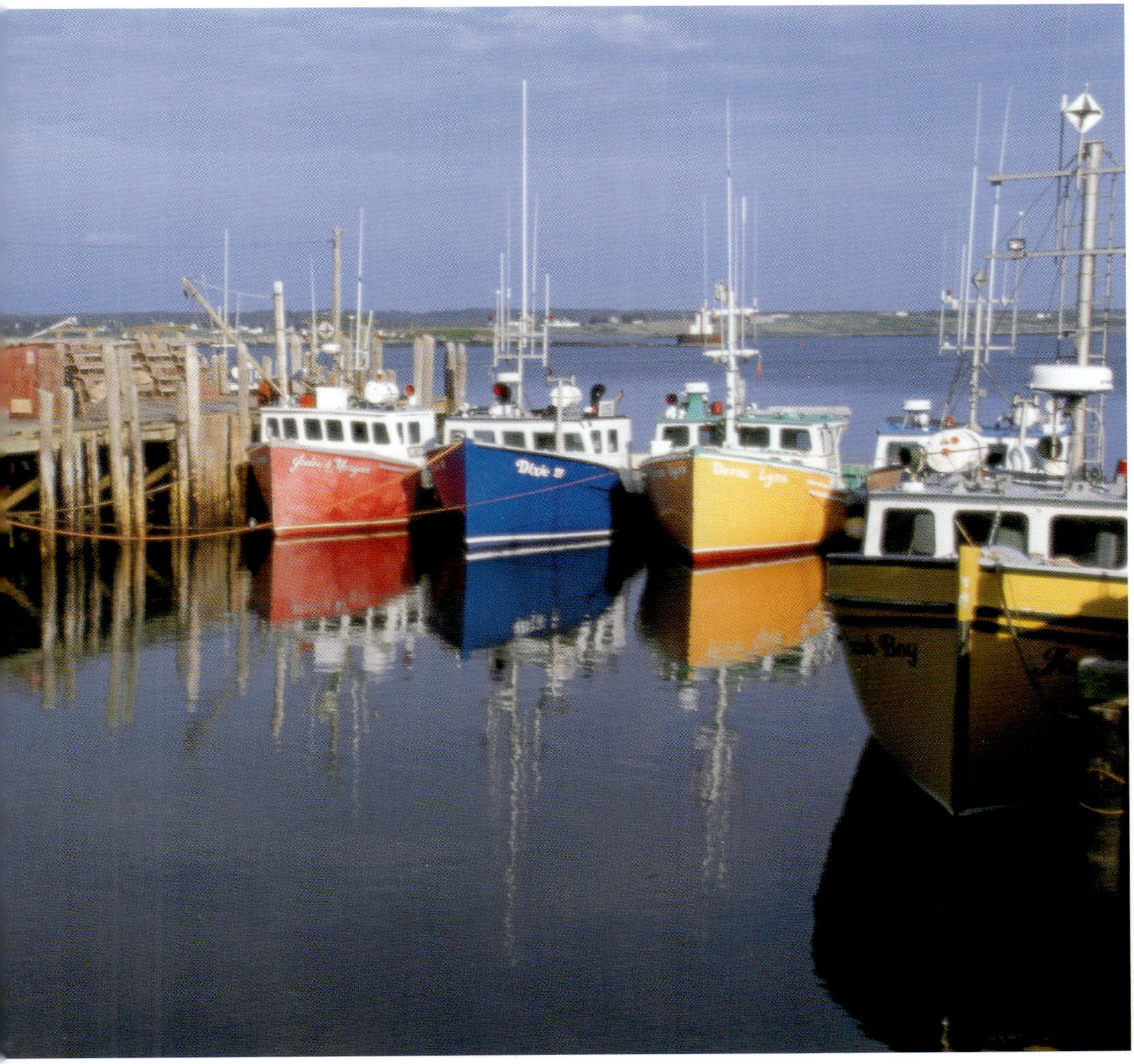

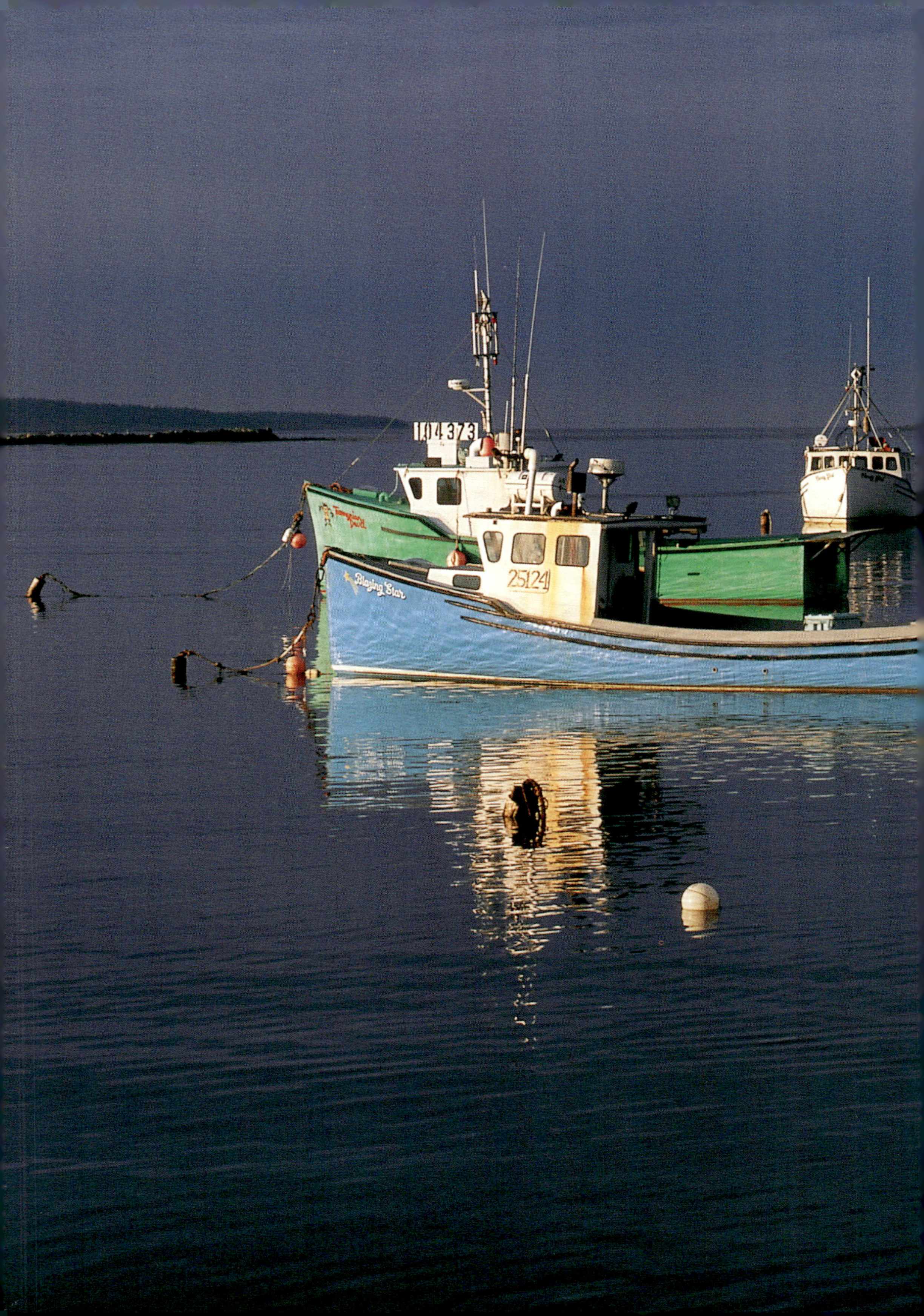
104373
Blazing Star
25124

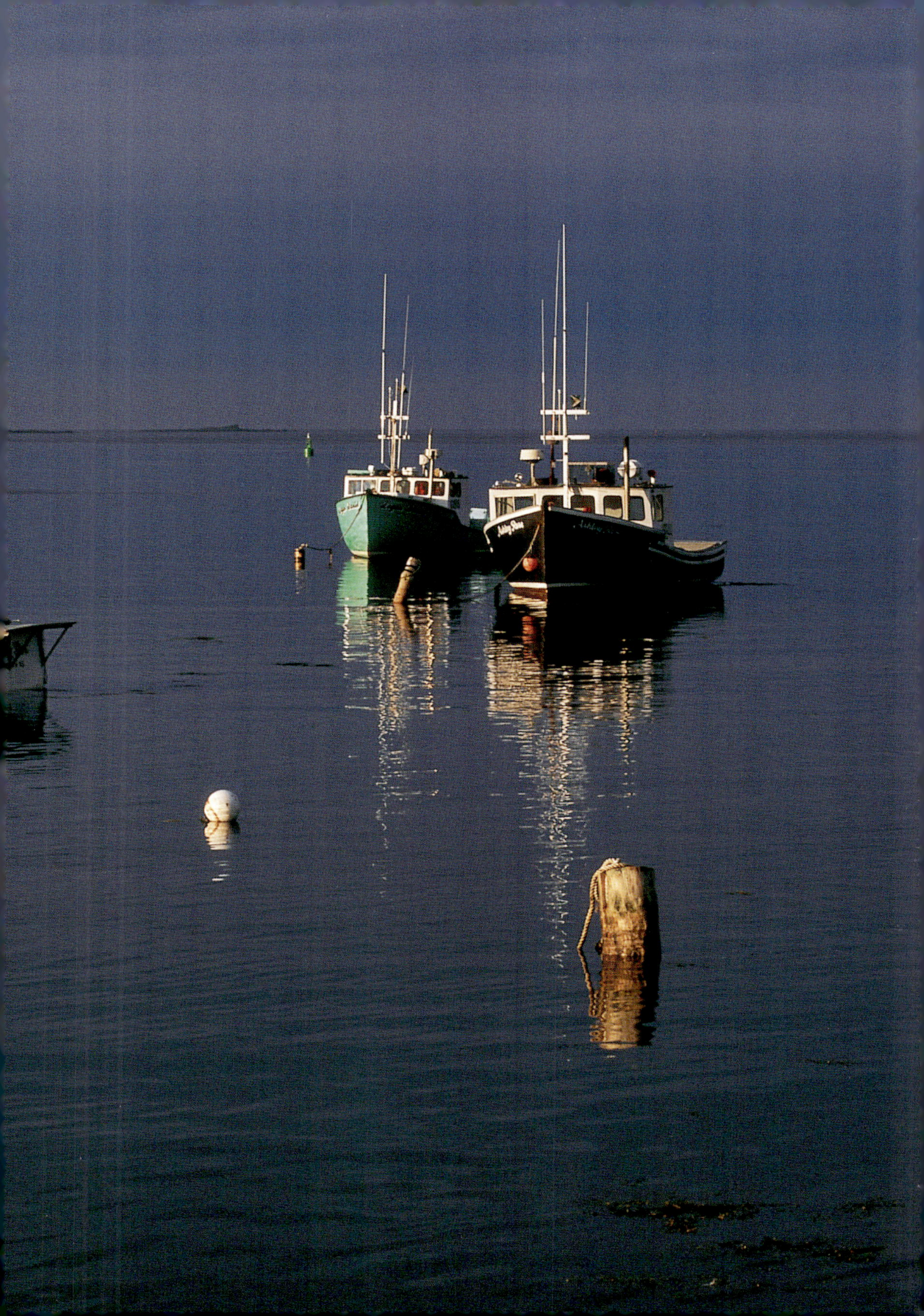

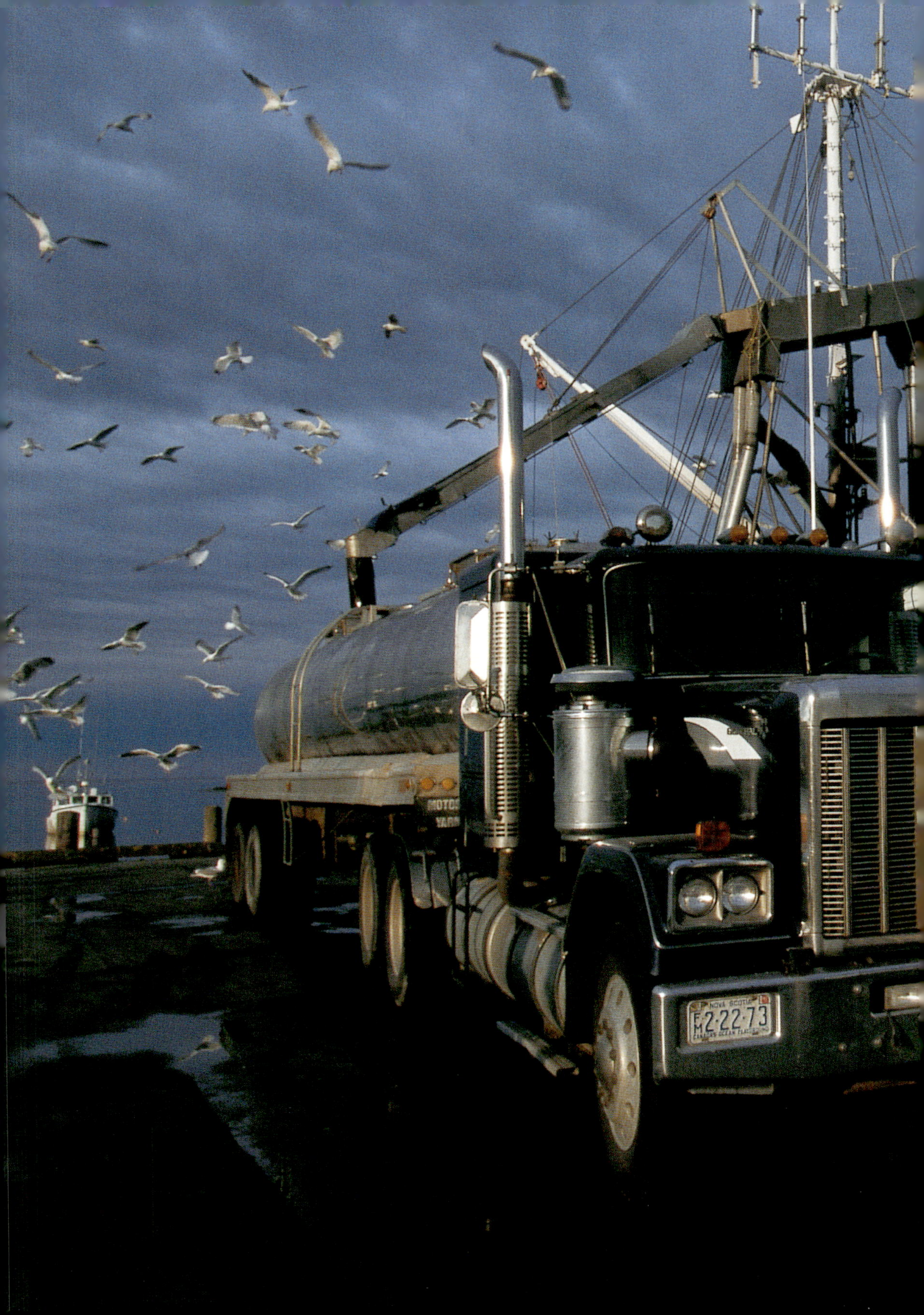
NOVA SCOTIA
FM 2·22·73

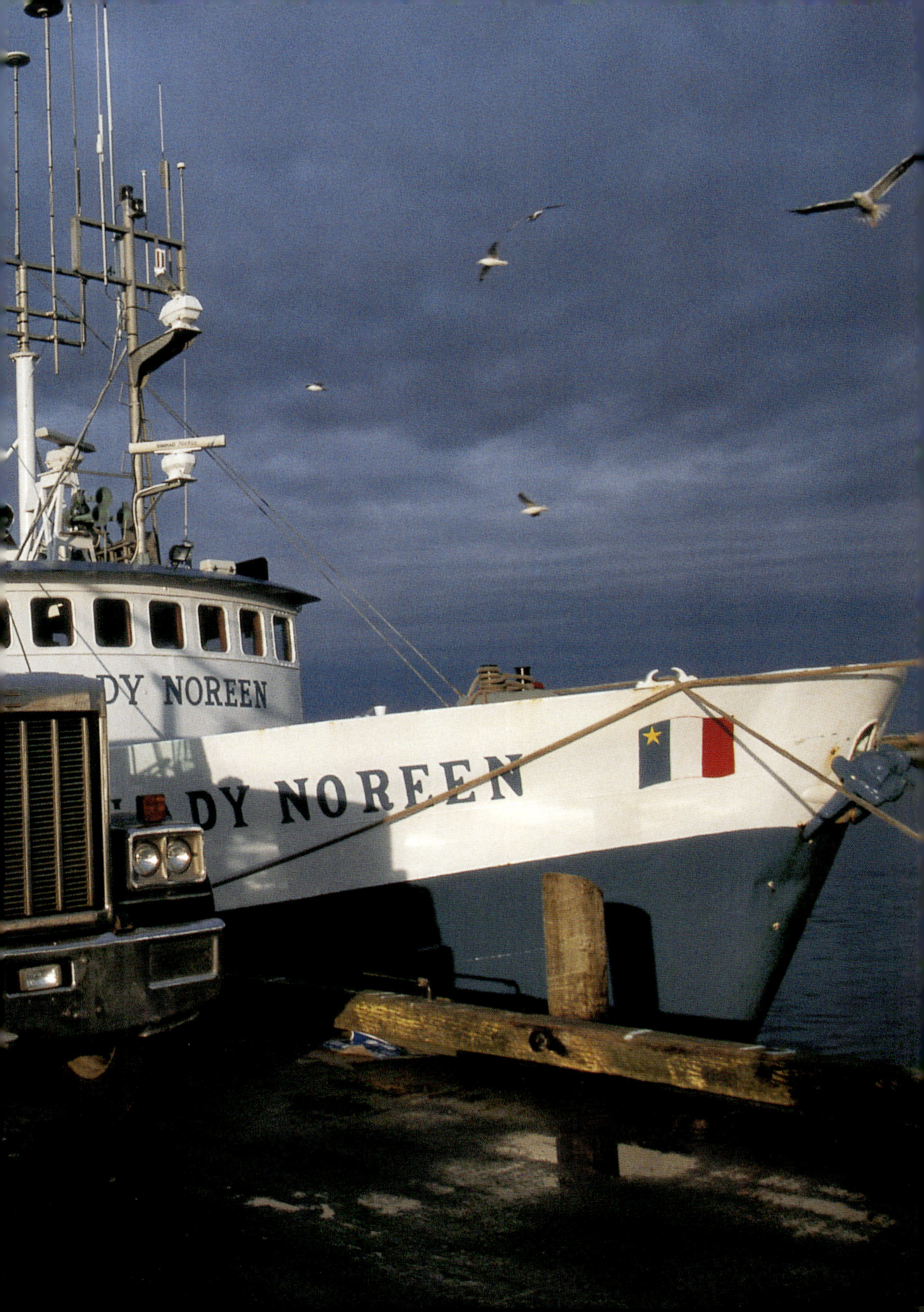
DY NOREEN
DY NOREEN

HALIFAX, UNE CAPITALE DANS LE VENT

C'est avec ravissement que l'on découvre Halifax. En arrivant par le pont MacDonald, la ville s'étend au pied d'une acropole surplombant l'un des plus grands ports naturels du monde. Halifax est une ville de balade, de douces flâneries au gré de ses quartiers. On est charmé par ses villas à perrons, colonnades et bow-windows, par ses artères commerçantes où il fait bon chiner, par ses quais toujours en effervescence, sans oublier la citadelle dont la silhouette domine la ville. A midi, on y tire le rituel coup de canon quotidien. Face à la citadelle, un autre symbole de la ville, la Old Town Clock impressionne avec ses quatre cadrans. Cette horloge qu'on ne peut pas manquer fut offerte en 1803 par le prince Édouard, commandant en chef de la garnison d'Halifax et très attaché à la ponctualité.

En descendant vers le port, nombreux sont les musées et monuments dont la visite s'impose aux visiteurs : l'Art Gallery of Nova Scotia et ses 3 000 œuvres, Province House bâtiment géorgien de 1819 et siège du gouvernement actuel de la province, le City Hall (mairie) où l'on peut prendre le thé l'été entre 15 h 30 et 16 h 30, les églises de Saint-Paul et la cathédrale Church of All Saints… Le lieu le plus animé de la capitale est sans aucun doute celui des Historic Properties. Les bâtiments et entrepôts construits directement sur les quais ont été transformés en un ensemble de boutiques, restaurants et café à l'atmosphère proche des "waterfronts" de Vancouver ou de San Francisco. C'est ici qu'en été, est amarré le "Bluenose II", réplique de la célèbre goélette des années 20 représentée sur la pièce canadienne de 10 cents qui propose des excursions dans le port ou sur l'île du Fort Macnab. Sur les quais, le musée maritime de l'Atlantique propose de découvrir la vie en mer "mais au sec et dans un milieu confortable et sans brume"… C'est là notamment que se trouvent des vestiges du "Titanic", dont les victimes ont été enterrées dans les cimetières de la ville.

Le port d'Halifax et son "waterfront" animé et Fairview Lawn cemetery avec les tombes des victimes du naufrage du Titanic.

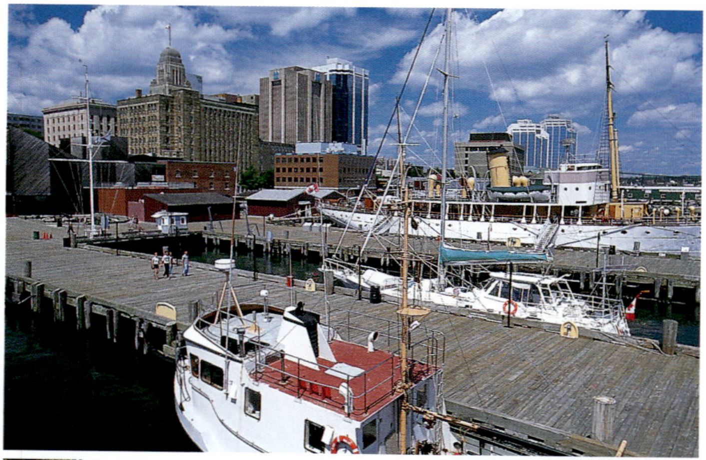

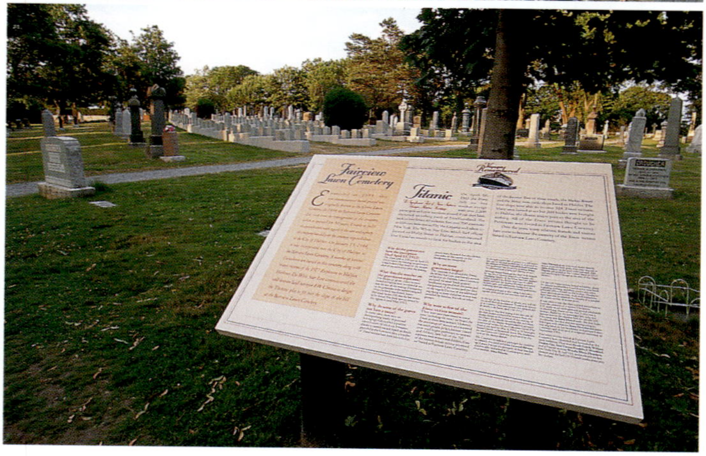

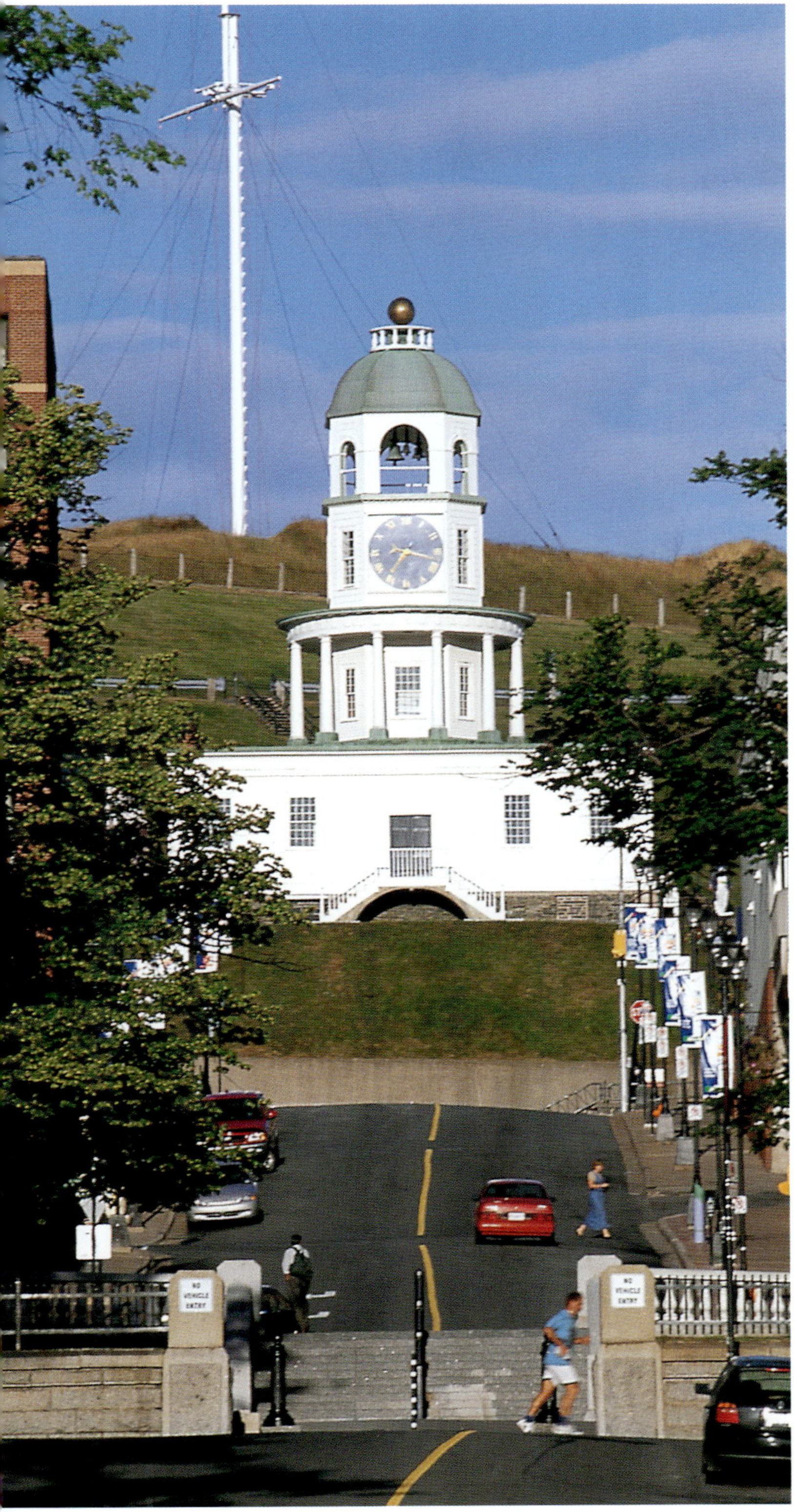

Halifax, Old Town Clock, l'horloge du Vieux-Halifax se dresse sur le versant est de la Citadelle.

Doubles pages suivantes :

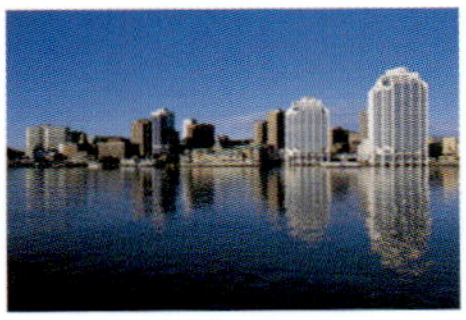

Le port naturel d'Halifax.

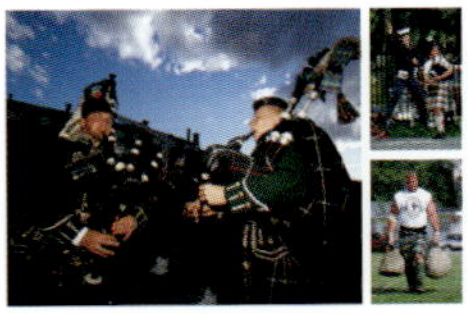

Parade militaire du 78e régiment des Highlanders dans la Citadelle et les Scottish Highland Games, jeux de force et danses traditionnelles écossaises.

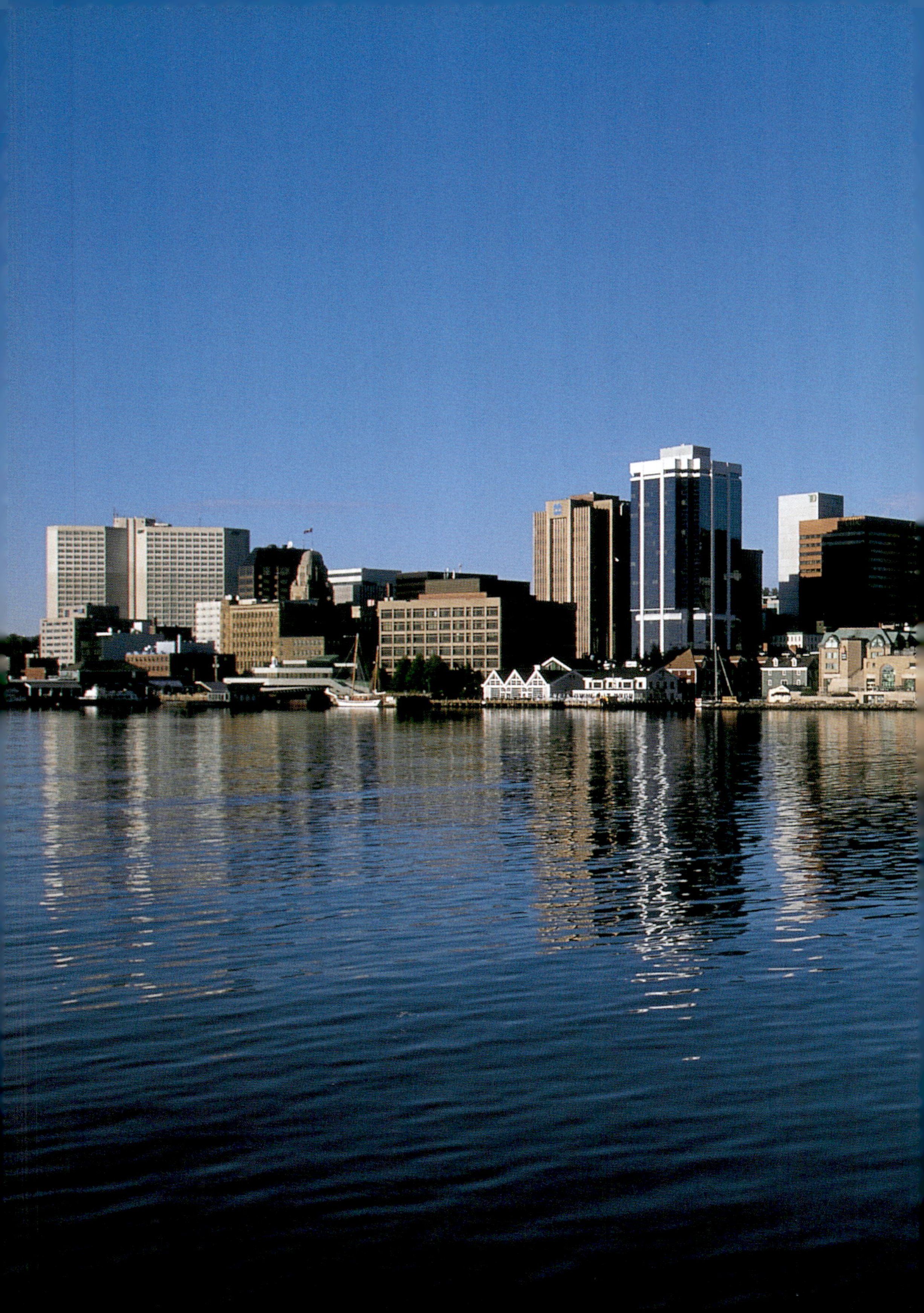

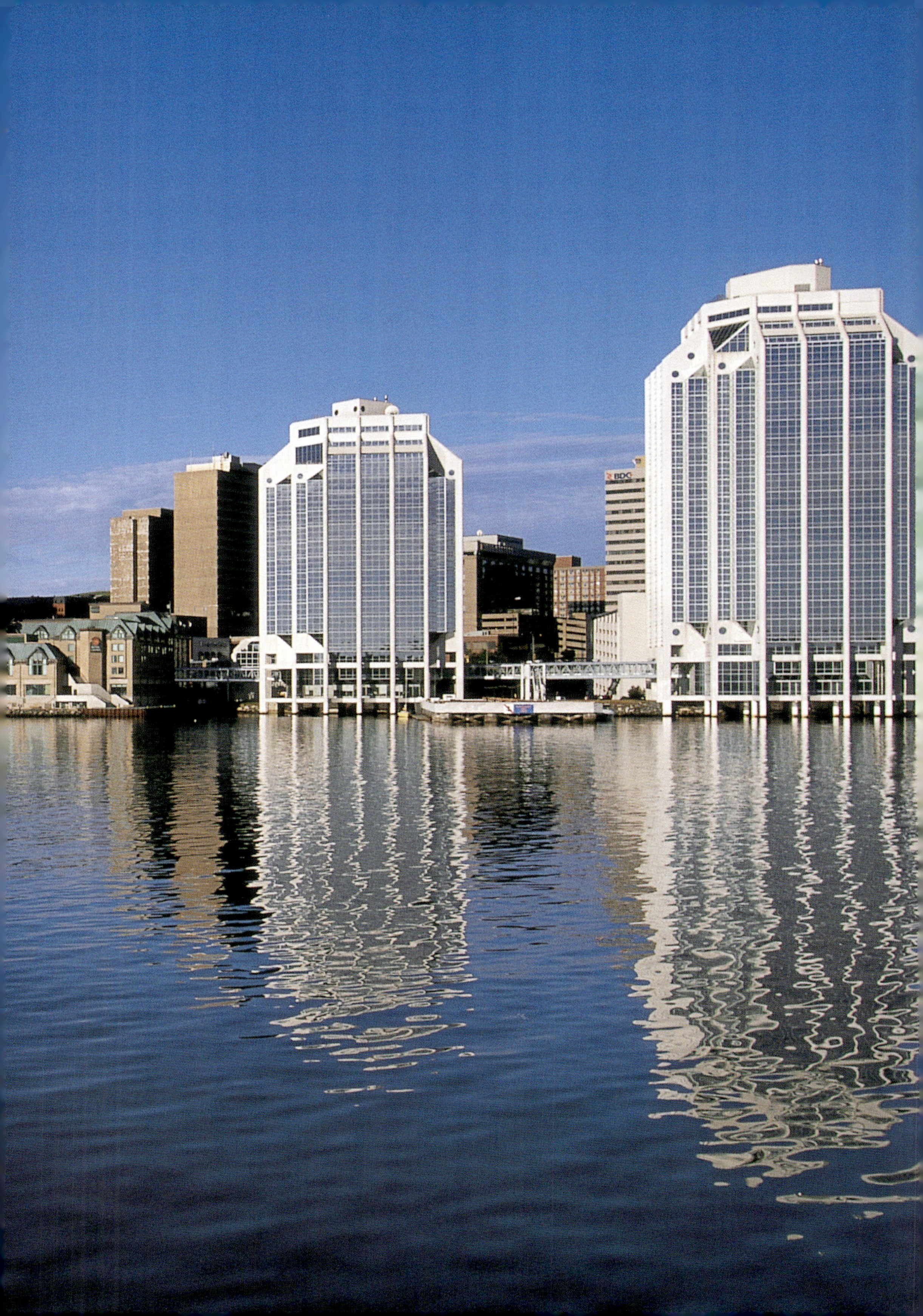
BDC

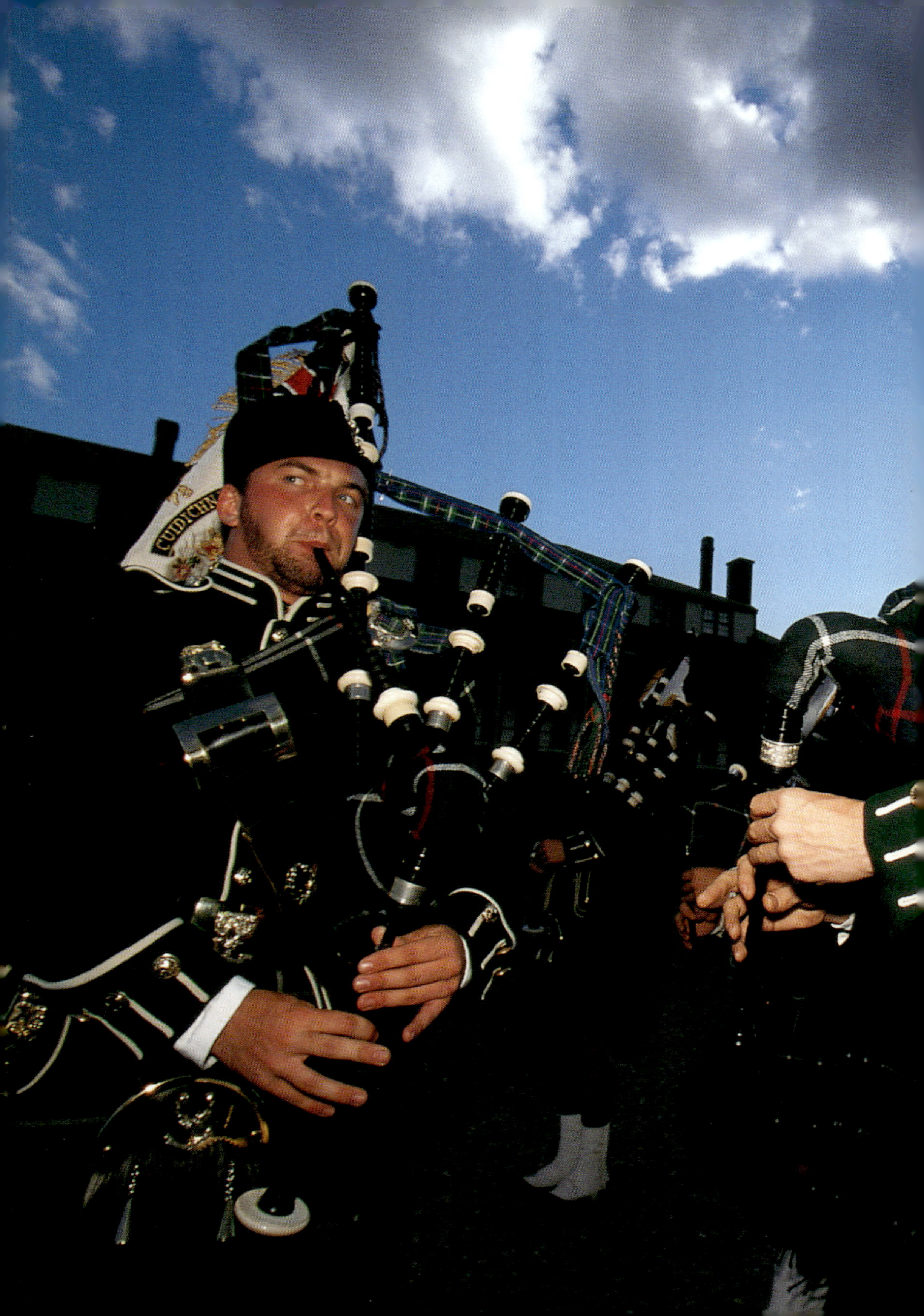

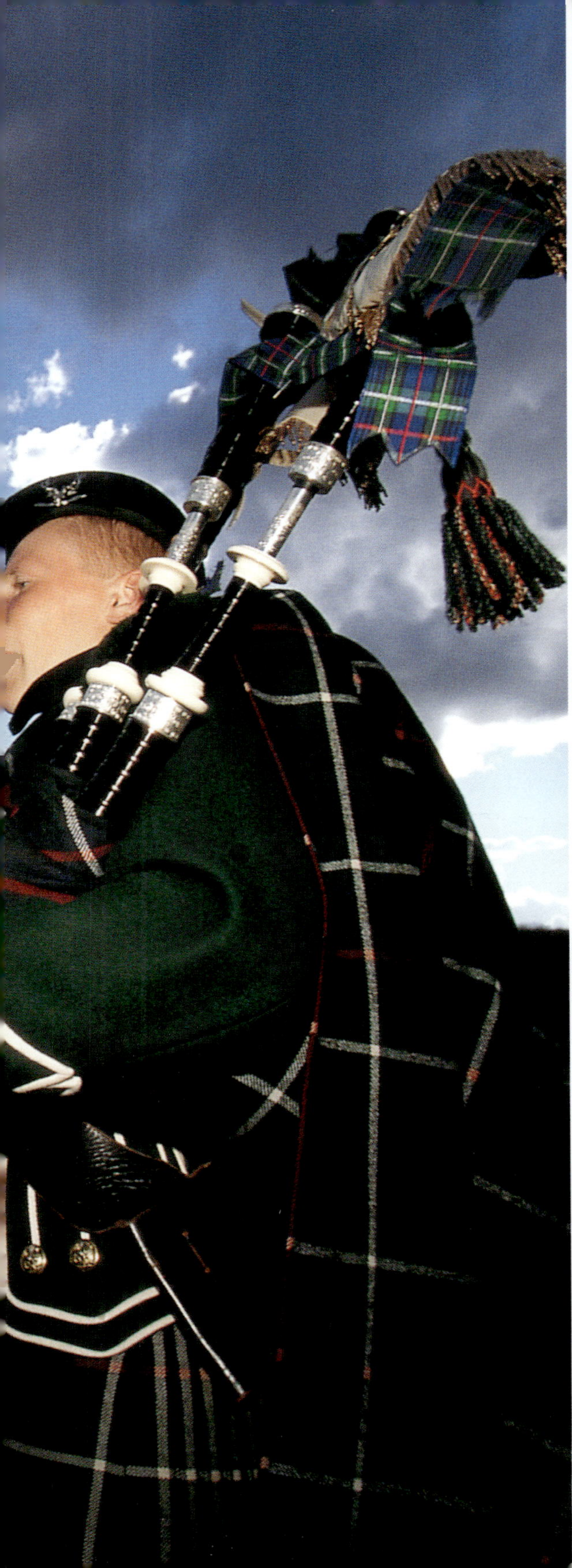

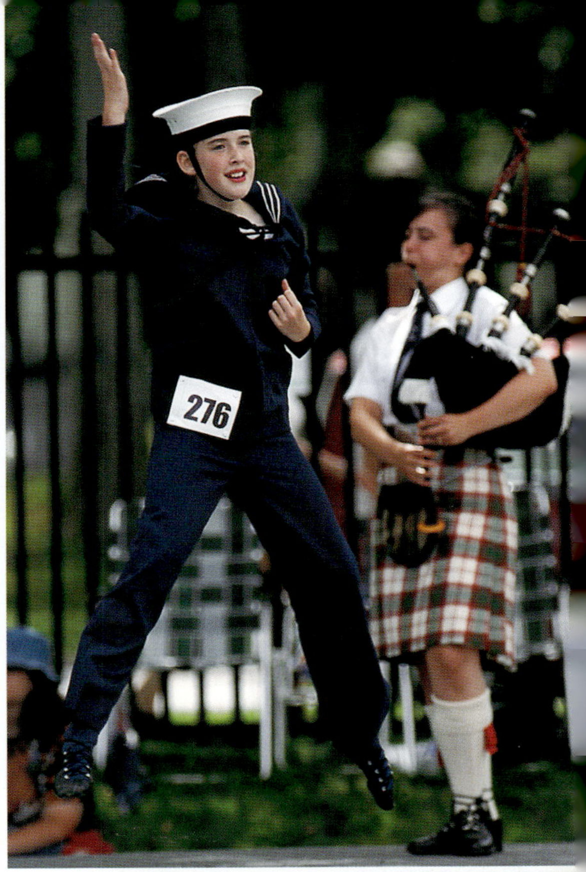
276

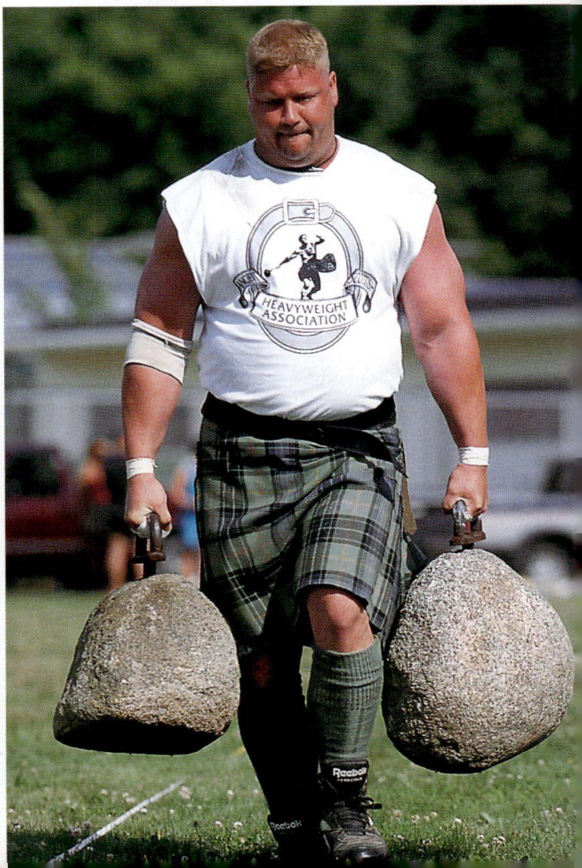
HEAVYWEIGHT
ASSOCIATION
Reebok

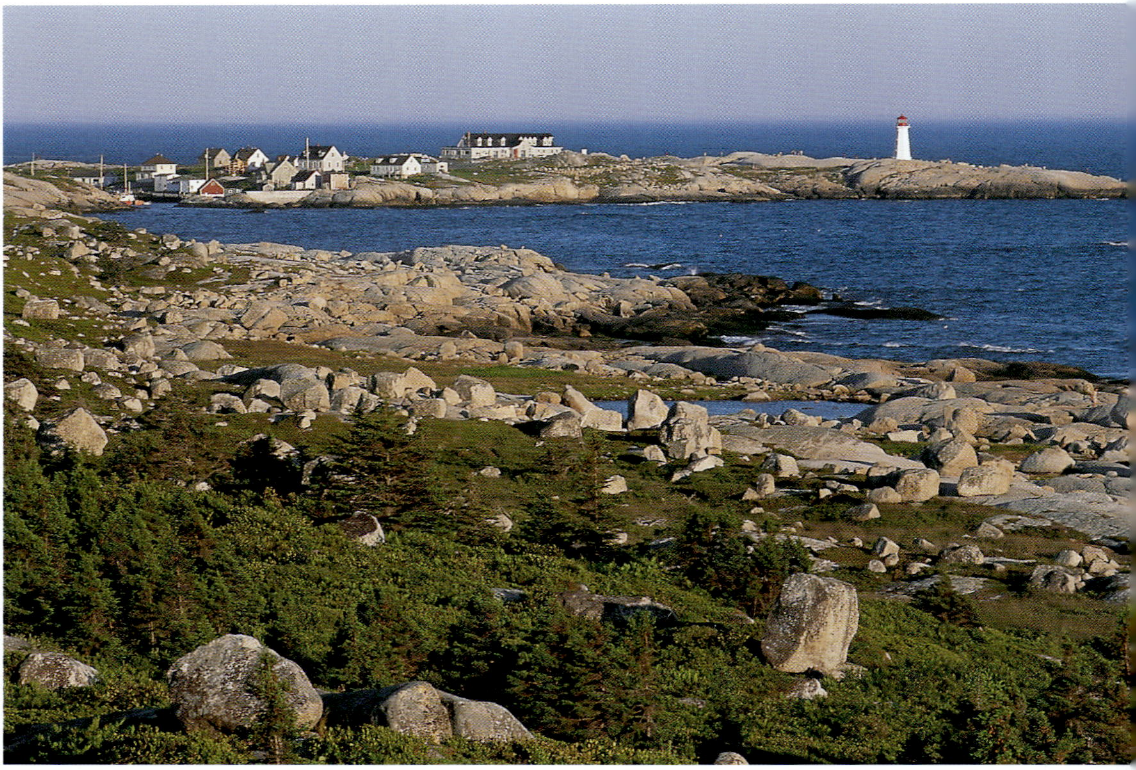

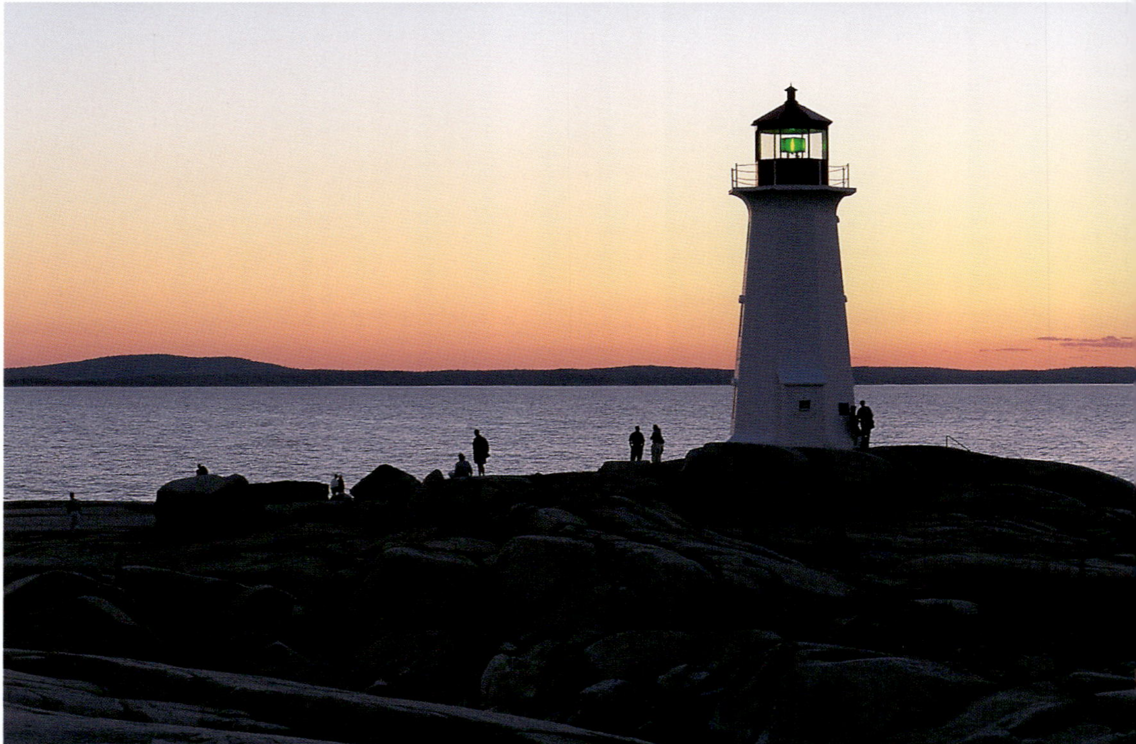

LA ROUTE DES PHARES

En quittant Halifax par la route 333, on se rend directement sur la côte vers Peggy's Cove. Ce pittoresque village de pêcheurs, immortalisé par les peintres et les photographe du monde entier, souffre de sa popularité. Il est chaque jour envahi de touristes qui se pressent jusqu'à la nuit au pied de son célèbre phare blanc pour une photo souvenir. Pour bien profiter de la magie du lieu, il faut s'y rendre très tôt le matin avant l'arrivée des premiers cars. A quelques kilomètres, les villages de Dover, Indian Harbour ou Prospect ne manquent pas de charme eux non plus et sont beaucoup moins fréquentés.

En longeant la côte vers l'ouest, les paysages marins se suivent sans se ressembler et chaque petite ville possède son identité. Chester, fondé en 1760 par des familles venues de la Nouvelle-Angleterre, est un centre de villégiature très recherché. De nombreuses familles fortunées d'Halifax y possèdent une résidence secondaire. De beaux hôtels, trois ports de plaisance et un golf 18 trous complètent la carte postale. Mahone Bay, reconnaissable de loin à ses trois églises alignées côte-à-côte face à la baie, fut un refuge de corsaires au service des autorités britanniques avant de devenir prospère grâce à la pêche et la construction navale. Lunenburg doit son nom aux colons protestants allemands, suisses et français du canton de Montbéliard qui vinrent s'installer ici en 1753. Jusqu'à la fin du XIXe siècle, la langue allemande était ici d'usage courant. Site exceptionnel, la ville s'étire sur les flancs escarpés d'une colline dominant une baie, immense port naturel. Ses maisons colorées et ses bâtiments publics de la fin du XVIIe et du XVIIIe siècles ne sont pas sans rappeler certaines villes nordiques européennes. Sur les quais, la visite du Fisheries Museum of the Atlantic est incontournable. Installé dans une ancienne usine de transformation du poisson, ce musée remarquablement réalisé rend hommage à la rude vie des pêcheurs qui, au cours des derniers siècles, firent vivre la ville. Des petites maisons de pêcheurs traditionnelles, on en trouve encore à quelques kilomètres dans les petites criques sauvages du hameau de Blue Rocks, un lieu hors du temps, magique comme ses rochers bleus.

Doubles pages suivantes :

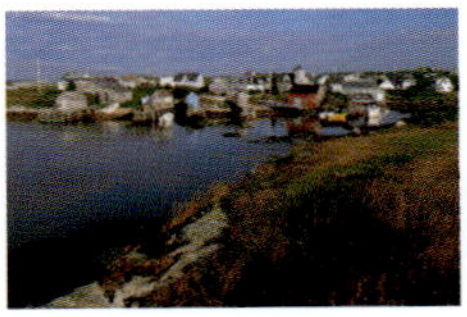

Le petit port de Prospect.

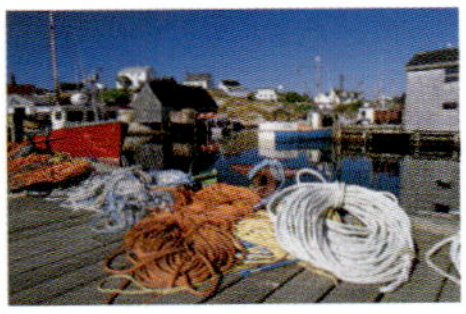

Peggy's Cove un des sites les plus photographiés du Canada.

*Page de gauche : Peggy's Cove.
Ci-dessous : le Vieux Lunenburg offre le meilleur exemple encore existant d'un établissement colonial britannique, sur les quais on y visite un intéressant musée de la pêche.*

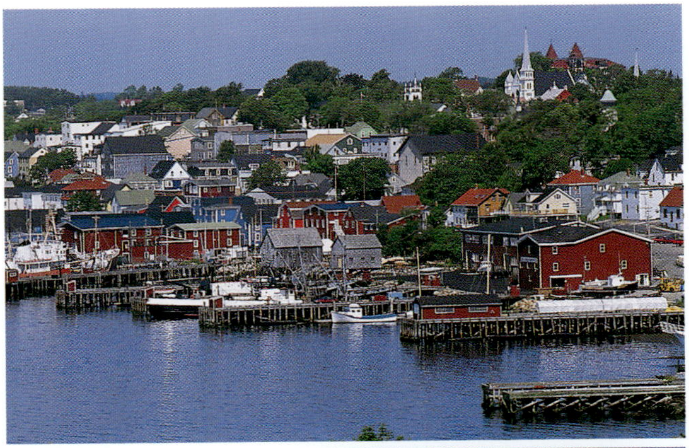

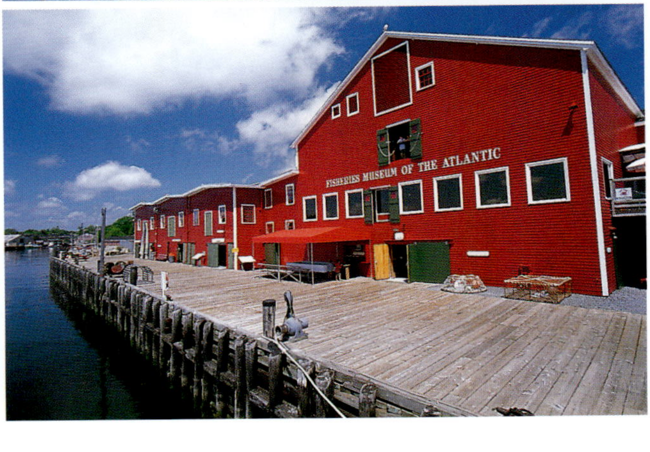

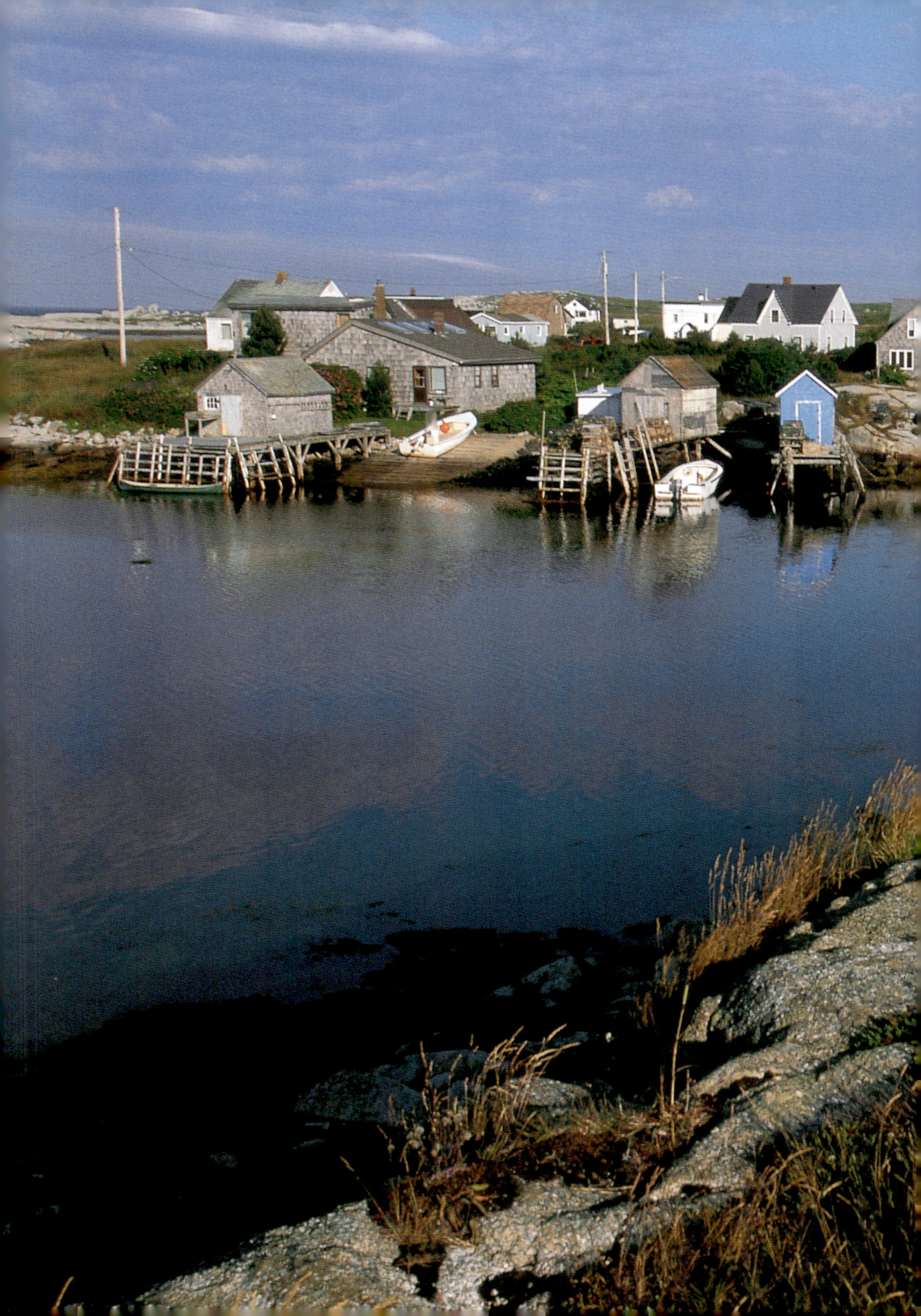

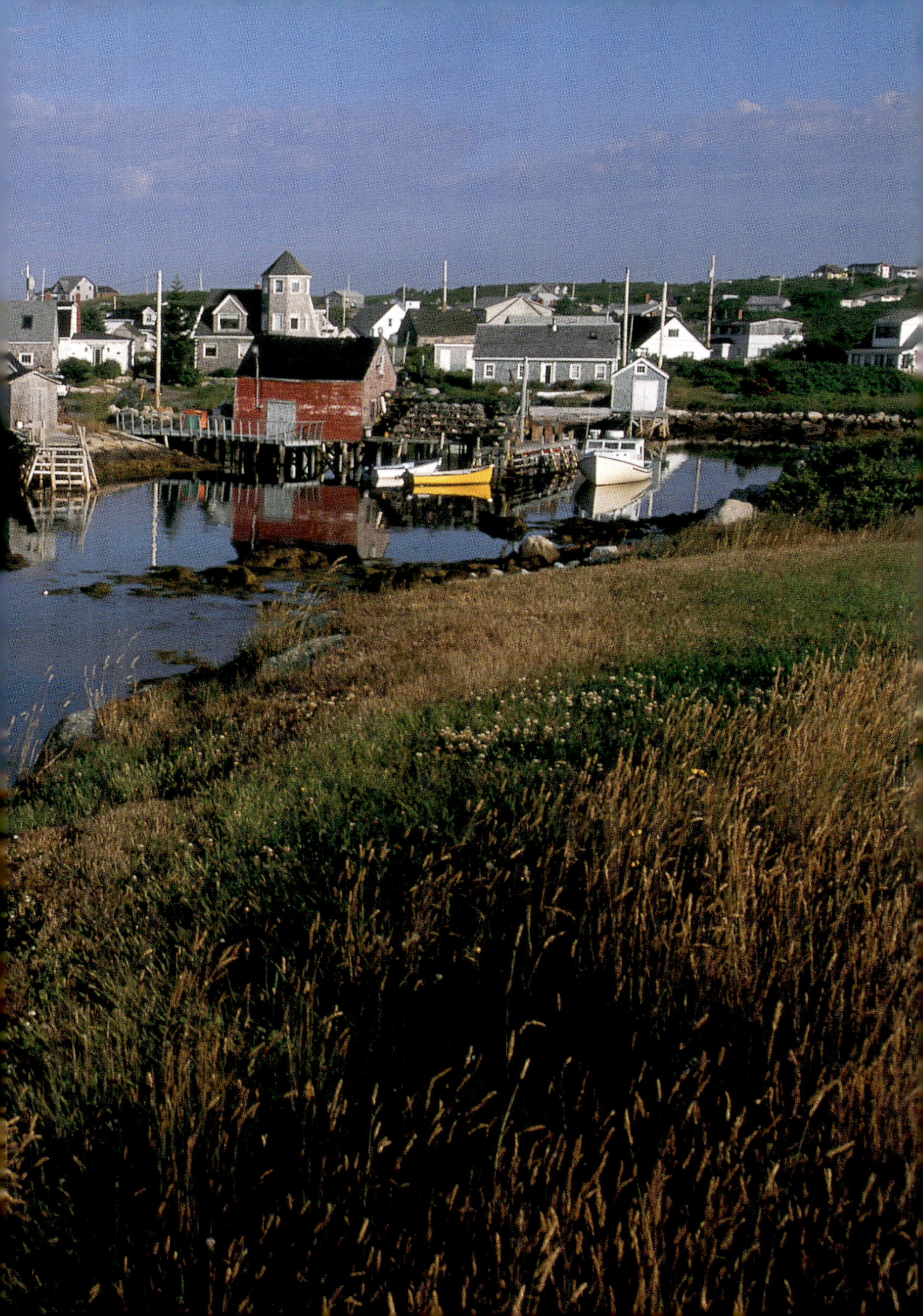

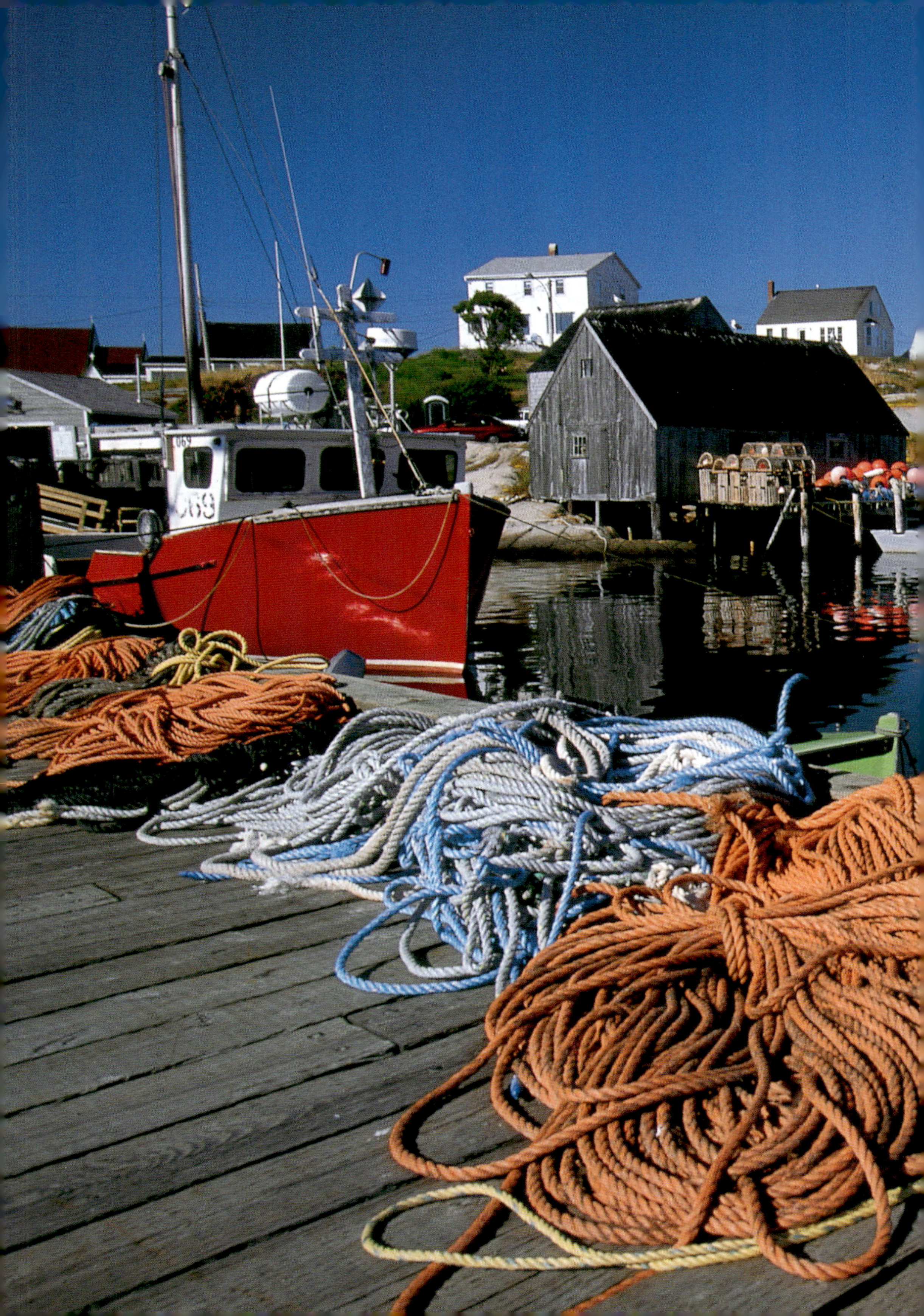

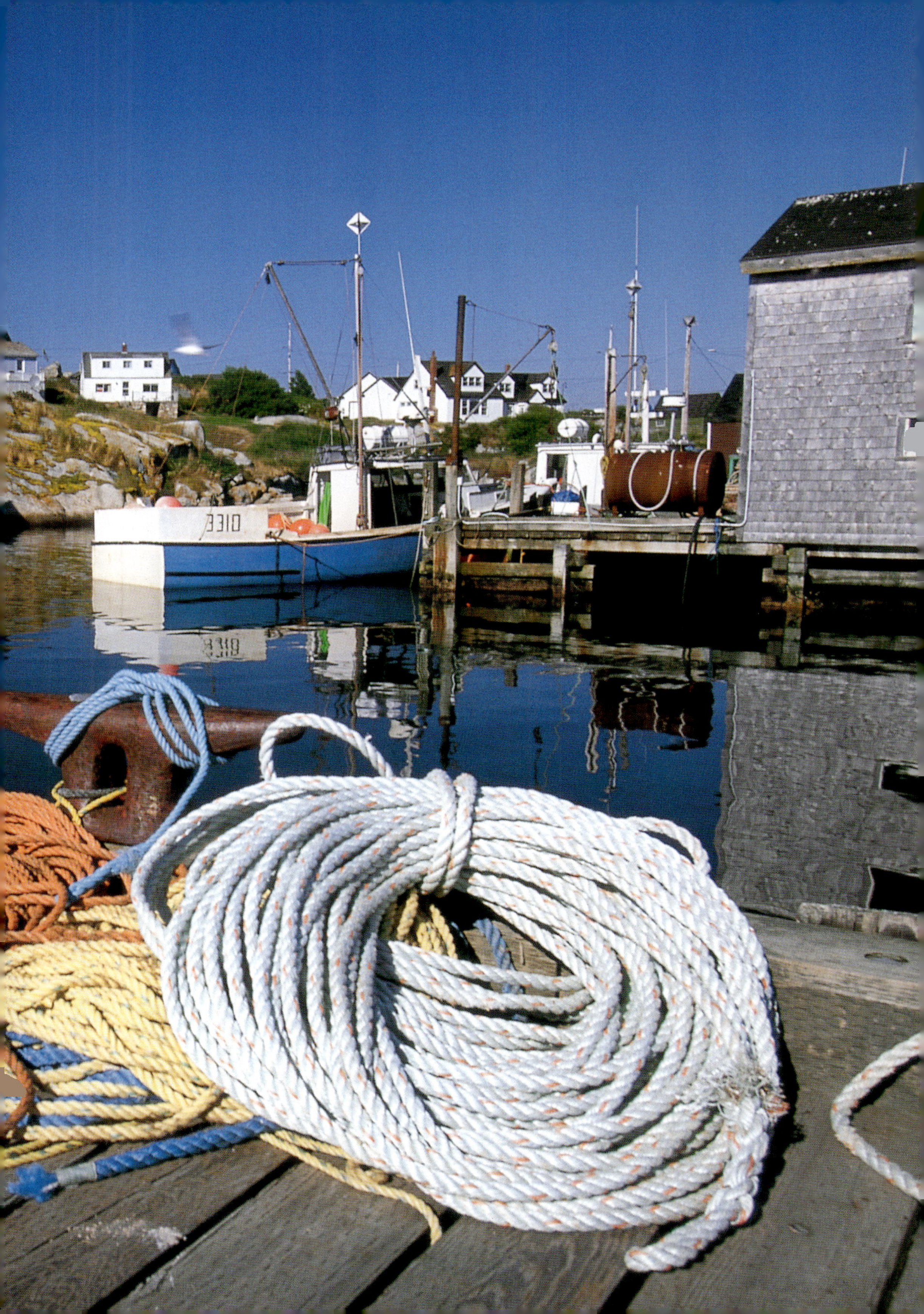
3310

L'ÎLE DU CAP-BRETON

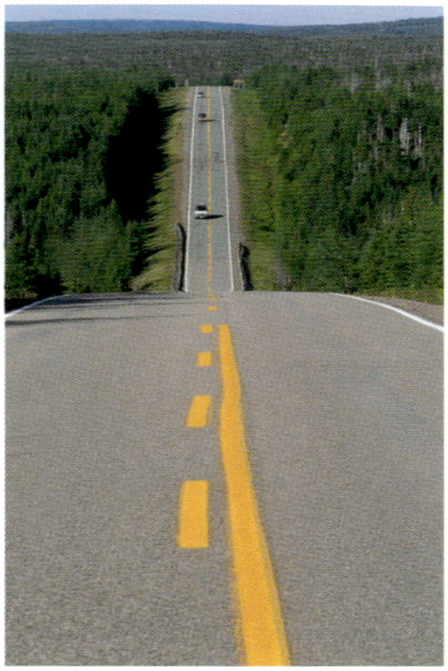

Ci-dessus : le cabot trail
Page de droite : la boutique de Reed Timmons, peintre-sculpteur, sur le Cabot Trail dans l'Île du Cap-Breton.

L'aigle à tête blanche a fait des hautes terres du Cap-Breton son royaume et, vu d'en haut, de ses yeux perçants, le spectacle doit être incomparable. La route serpente le long des falaises escarpées qui se jettent dans l'océan. Elle s'enfonce ensuite dans la forêt en une longue ligne droite en pente douce. Puis la montée s'accentue et c'est un véritable col qu'il faut grimper. Du sommet, la vue s'étend à l'infini et, lorsque la brume se lève, c'est une mer de nuages qui s'étale à nos pieds, d'où émergent les cimes des arbres. Enfin, au détour d'un virage apparaissent en contrebas les maisons d'un village, sorties comme des champignons colorés de la lande fouettée par les vents. Ces méandres surplombant la mer, ces hauts plateaux boisés et ces points de vue spectaculaires figurent parmi les plus célèbres du monde, ce sont ceux du Cabot Trail, 300 km de paysages marins et de nature sauvage. Les plus grandes marques de voitures américaines y ont tourné de nombreux spots publicitaires, tant l'endroit fait rêver.

Des familles acadiennes s'y installeront après le Grand Dérangement et, à la fin du XVIIIe siècle, une nouvelle vague d'immigration, écossaise celle-là, viendra peupler l'île. Les traces en sont encore bien visibles. Les Highlanders, ces paysans des hautes terres d'Écosse dont la langue est encore le gaélique, sont chassés par des propriétaires fonciers qui leur préfèrent des moutons dont l'élevage extensif s'avère plus rentable. S'ils choisissent de s'établir sur l'île du Cap-Breton, c'est que les paysages tourmentés, le climat rude, les lacs profonds leur rappellent la terre natale. Inverness, Skye Glen, Glencoe, MacCormak Corner, MacKinnon's Brook, MacDonalds Glen… ces villages témoignent toujours de la présence écossaise. Organisation de festivals de danse et de musique, jeux de force (Highland Games), sociétés de clans… la culture gaélique s'est d'ailleurs largement développée cette dernière décennie et elle semble plus présente qu'en Écosse elle-même.

Double page suivante :

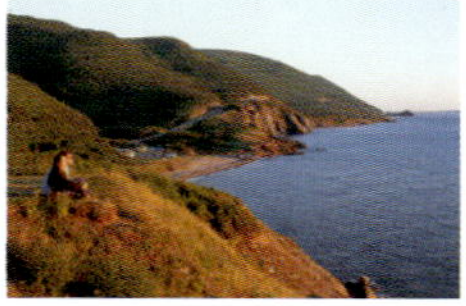

Double page suivante : de renommée mondiale, le Cabot Trail (du nom du célèbre explorateur) constitue l'une des plus belles routes panoramiques de la Nouvelle-Écosse. Il forme une boucle de près de 300 km à l'extrémité nord de l'île du Cap-Breton. Un peu plus du tiers du Cabot Trail (106 km) traverse le parc national des Hautes-Terres-du-Cap-Breton.

Face à ce sursaut écossais, les Acadiens ne sont pas en reste. L'île du Cap-Breton compte plusieurs communautés acadiennes, dont celle très dynamique de Chéticamp. Admirablement placée sur le Cabot Trail à l'entrée ouest du parc national des Hautes Terres du Cap-Breton, ce village de 3 500 personnes dont 85 % de francophones a longtemps été un village de pêcheurs et vit maintenant principalement du tourisme. Les plus anciens se souviennent qu'en hiver, avant la construction de la route, les Écossais des villages plus au nord, bloqués par la neige, faisaient escale plusieurs jours à Chéticamp avant de rentrer chez eux.

Ici, comme partout en Acadie, l'accueil chaleureux réservé au visiteur n'est pas un vain mot.

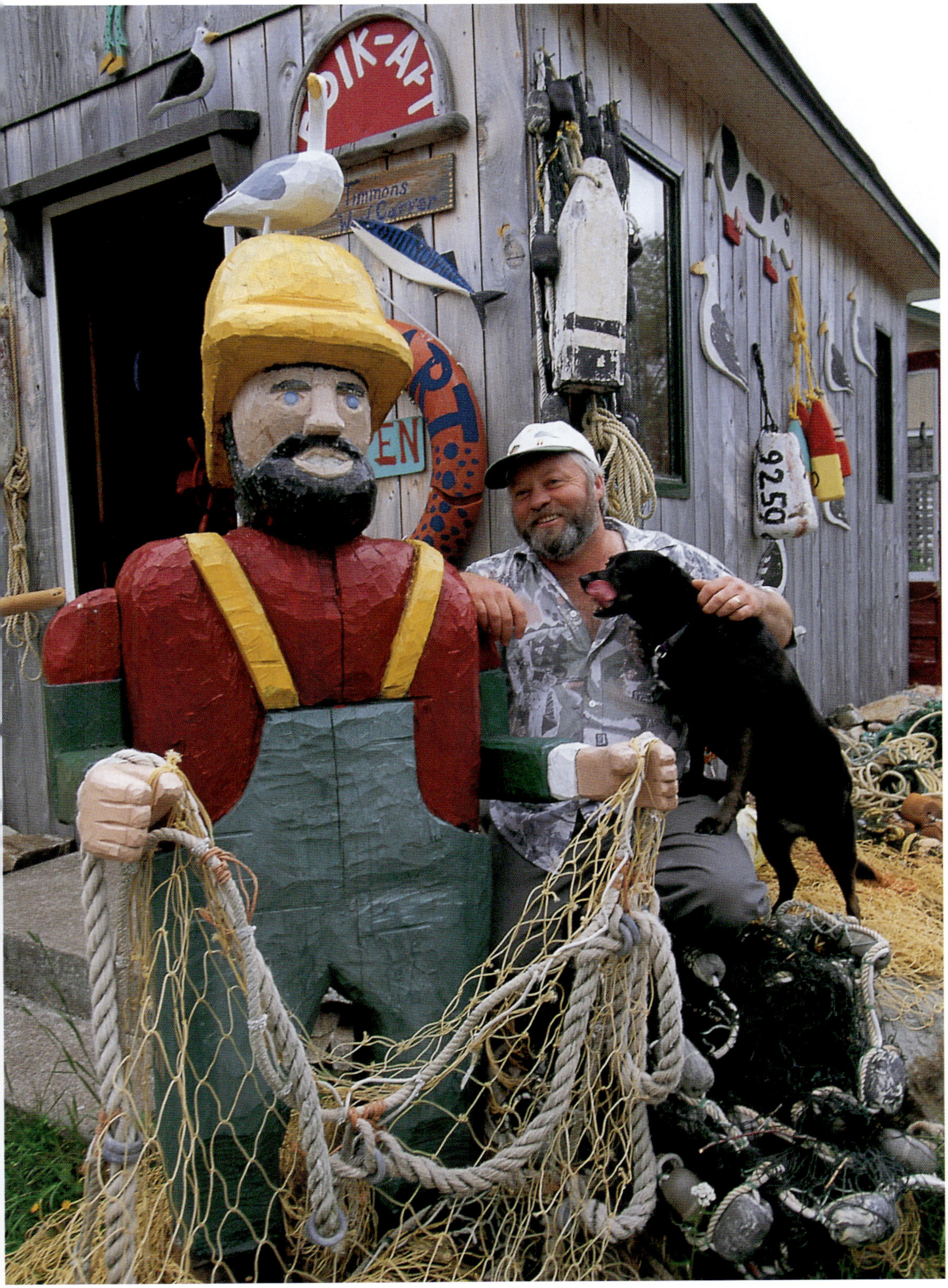
Timmons
9250

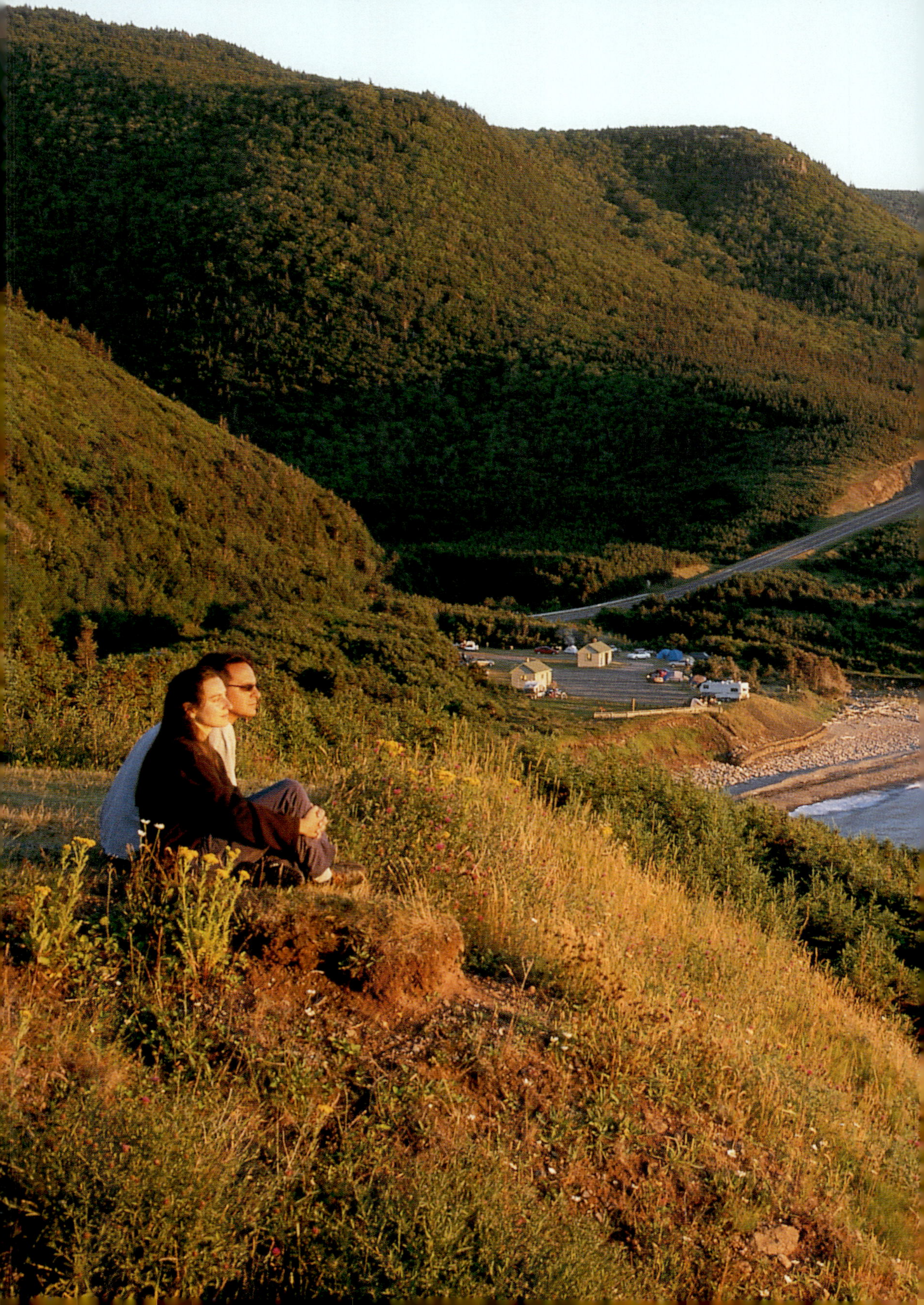

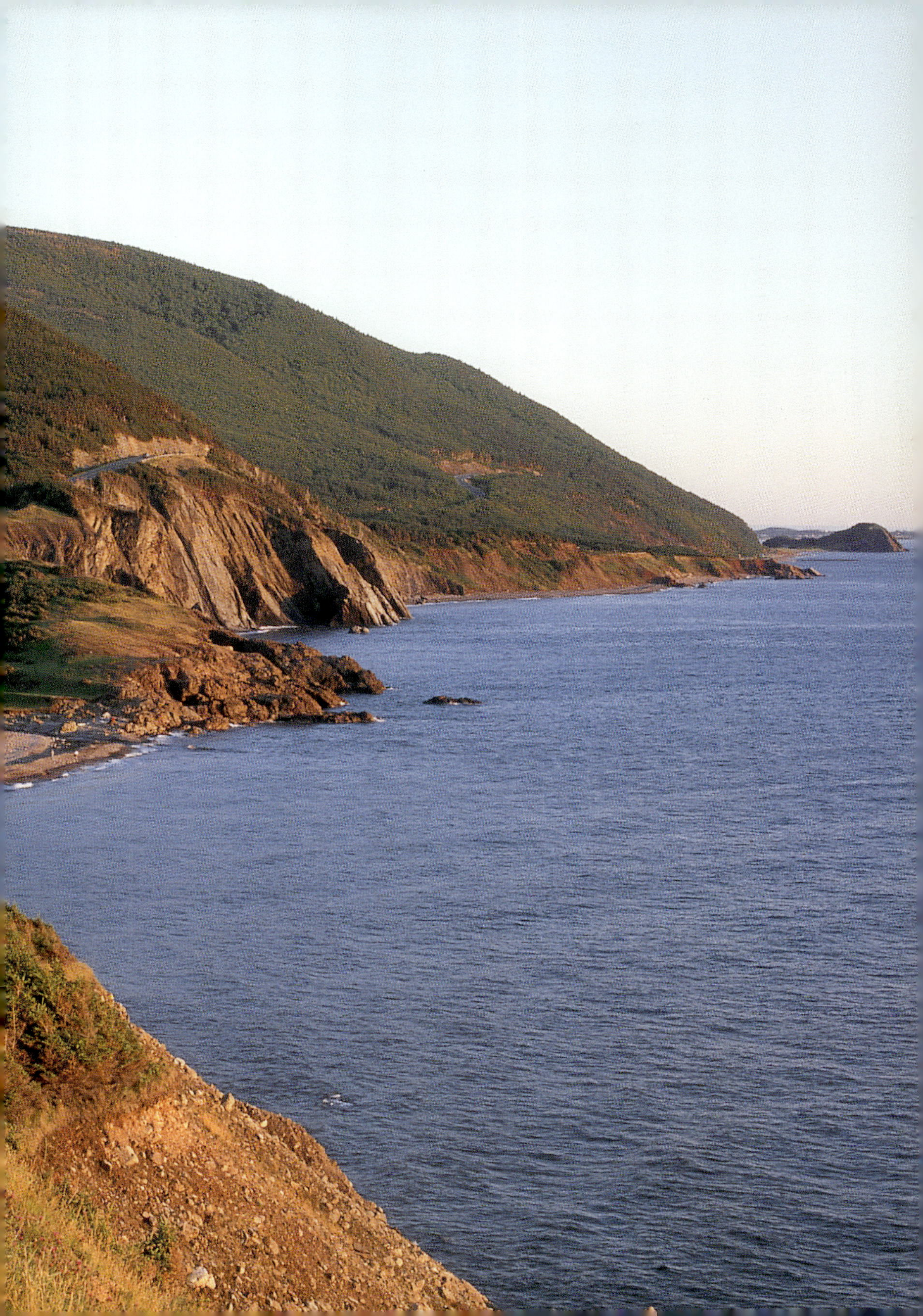